The History of Soochow University

苏州大学校史
1900—2019

《苏州大学校史》编写组　编著

苏州大学出版社
Soochow University Press

图书在版编目(CIP)数据

苏州大学校史:1900—2019/《苏州大学校史》编写组编著.—苏州:苏州大学出版社,2020.9(2023.11重印)
ISBN 978-7-5672-3257-0

Ⅰ.①苏⋯ Ⅱ.①苏⋯ Ⅲ.①苏州大学-校史-1900-2019 Ⅳ.①G649.285.53

中国版本图书馆CIP数据核字(2020)第133929号

SUZHOU DAXUE XIAOSHI(1900—2019)
苏州大学校史(1900—2019)

编　　著	《苏州大学校史》编写组
责任编辑	周凯婷
助理编辑	刘　冉　张　芳
装帧设计	吴　钰
出版发行	苏州大学出版社
地　　址	苏州市十梓街1号
邮　　编	215006
电　　话	0512-67481020　65222617(传真)
网　　址	http://www.sudapress.com
邮　　箱	sdcbs@suda.edu.cn
印　　刷	苏州市越洋印刷有限公司
开　　本	787 mm×1 092 mm　1/16　印张36.25　字数650千
版　　次	2020年9月第1版
印　　次	2023年11月第2次印刷
书　　号	ISBN 978-7-5672-3257-0
定　　价	120.00元

版权所有　侵权必究

序

苏州大学是中国最早建立的现代大学之一,也是江苏省最早迎来 120 年校庆的高校。在迎接双甲子校庆的过程中,学校以"总结弘扬优良传统,探讨凝炼苏大精神"为主题广泛开展了校史、院史、学科史、人物史的挖掘和研究工作。作为其中的龙头项目,学校组织力量编写了一本全面记载和清晰描绘建校 120 年的历史进程,充分反映中华人民共和国成立后学校发展的历史成就,特别是改革开放以来学校事业取得巨大进步和进入新世纪后改革发展重大变化的苏州大学史。

在中国高等教育史上,东吴大学是最早开展研究生教育并授予硕士学位的高校;是最先开展法学(英美法)专业教育的高校,也是第一家创办学报的高校。1952 年院系调整中,东吴大学文理学院、苏南文化教育学院、江南大学数理系合并在东吴大学原址组建苏南师范学院,同年更名为江苏师范学院。其中,苏南文化教育学院于 1950 年由江苏省立教育学院、国立社会教育学院和中国文学院(无锡国专)等合并而成。

1982 年,为适应改革开放后经济社会发展需要,经国务院批准,学校改为苏州大学,1996 年跻身国家"211 工程"重点建设高校行列。在 20 世纪末中国高等教育管理体制改革浪潮中,始建于 1903 年的苏州蚕桑专科学校、创建于 1960 年的苏州丝绸工学院和创建于 1912 年的苏州医学院等相继并入苏州大学。进入 21 世纪后,南京铁道职业技术学院苏州校区等又并入苏州大学。苏州大学的校史宛如万里长江,源远流长、枝脉繁多。各前身校在不同历史时期为国家在人才培养、科学研究和社会服务等方面做出过巨大贡献。各校虽风景独好，终又顺应高等教育发展的历史潮流，流水朝宗，九九归一，加入苏州大学大家庭，形成了一幅波澜壮阔、百川汇海的雄伟画卷。

120年来，学校在晚清时期的民族危亡中应时而生，历经各个历史时期，始终与祖国共命运，坚持为国育才。从民国时期的文脉坚守，到共和国时代的群星璀璨；从师范教育的默默耕耘，到综合性大学的战略转型；从多校合并的跨越发展，到争创一流的重塑辉煌，苏州大学波澜壮阔的120年办学史诗，如黄河九曲，虽经曲折，从未断流，且奔腾不息，在中国高等教育史上留下了浓墨重彩的一笔。

苏州大学校史中蕴含着丰富的教育资源，为我们立德树人，弘扬社会主义核心价值观提供了生动的校本教材。在学校120年的发展史中积淀着学校不变的基因：立德树人，德育为先；爱国奉献，学以致用；开拓创新，勇于实践；学术至上，追求卓越；中西并重，包容并蓄。

120年来，一代代苏大人立德树人，德育为先。在一个多世纪的办学过程中成才遍中外，驰誉满东南，为社会输送了50多万名各类专业人才，包括费孝通、孙起孟、赵朴初、钱伟长、董寅初、顾维钧、倪征𣋉、杨铁樑、金庸、吴经熊、盛振为、王蘧常、唐兰、夏承焘、朱东润、顾廷龙、李一氓、潘汉年、蒋纬国、杨绛、端木恺、李浩培、郭影秋、许国璋、蒋学模、周振甫、徐迟、柯岩、林斤澜、方汉奇、范敬宜等一大批精英栋梁和社会名流，李政道、马寅初、胡经甫、陆志韦、谈家桢、顾翼东、谢少文、钱俊瑞、高尚荫、苏元复、时钧、汪菊渊、冯新德、宋鸿钊、陆宝麟、钦俊德、朱洪元、刘建康、黄培云、董申保、汪闻韶、殷之文、周维善、谢毓元、王守觉、苏肇冰、郁铭芳、李正名、陆埮、吴培亨、宋大祥、詹启敏、芮筱亭等40多位两院院士。

120年来，一代代苏大人爱国奉献，学以致用。爱国主义是贯穿苏州大学整个校史的一条鲜明的红线。从甲午战争后苏州爱国知识青年要求学习西学发端，从而促使这所现代大学的创建开始，爱国主义是一代代苏大师生最深沉的精神追求：在五四运动、五卅运动等时代重大事件中，苏大爱国师生始终走在时代前列；在抗日战争中，苏大人颠沛流离，绝不与日伪发生联系，坚持抗战、坚持教育，克服艰难困苦，弦歌不绝；解放战争中，爱国学生在地下党组织引领下与黑暗势力做斗争，保护学校昂首走进新中国；在社会主义建设阶段，广大师生积极参与学校改造和教育探索，为社会主义建设事业培养大批高层次人才；在改革开放的新时期，苏州大学锐意进取，敢为人先，成为中国高等教育改革的探索者与先行军，为中华民族复兴，为社会进步和文明发展做出了重要贡献。

120年来，一代代苏大人开拓创新，勇于实践。苏州大学及其各前身校为中国现代高等教育的建立与发展进行了各种不同层面的探索，涌现了杨永清、林乐知、孙乐文、潘慎明、唐文治、张謇、郑辟疆、俞庆棠、高阳、陈礼江、吴经熊、盛振为、吴天石等一大批教育家。东吴大学特别是文理学院的博雅教育、东吴法学院的专业教育、无锡国专的书院教育、江苏省立教育学院的民众教育、国立社会教育学院的社会教育、南通学院医科的医学教育、东吴大学早期的医学教育与医预科教育、女蚕校的实业教育和职业教育、苏南文教学院和江苏师范学院的师范教育、苏州医学院服务于国家核工业的医学教育、苏州丝绸工学院服务于纺织丝绸行业的工科教育、苏州蚕桑专科学校的农学教育、南京铁道职业技术学院苏州校区的高等职业教育等，各种形式的开创性探索是学校在新时代加快发展的宝贵经验和财富。

120年来，一代代苏大人坚持学术至上，追求卓越。从开创中国现代生物教育与科研、法学教育与英美法研究，到首批入选国家"2011计划"；从功底厚实的师范教育，到特色鲜明的医学教育、丝绸教育；从面向21世纪重点建设的高校，到致力于创建世界一流学科、一流大学，学校以学术为魂、大师为先，坚守大学之道，汇聚天下英才，不断创新知识，传承文化，服务社会。学校名师荟萃，许德珩、周谷城、雷洁琼、章太炎、黄人、王宠惠、陈望道、祁天锡、龚士、刘承钊、吴梅、陈衍、吕思勉、蔡尚思、吕凤子、钱基博、梁漱溟、俞颂华、顾颉刚、胡曲园、郭绍虞、饶宗颐、周有光、洪深、胡适、潘光旦、林语堂、徐志摩、曹聚仁、焦菊隐、梁实秋、陈白尘、柴德赓、钱仲联、朱正元、程有庆、陈王善继、陈悦书、陈明斋、杜子威、周同庆、陈子元、乔登江、沈之荃、薛鸣球、阮长耿、潘君骅、李述汤、柴之芳、李永舫、王志新、刘忠范等著名学者和两院院士先后在此任教，他们表率群伦，粲然可观！

120年来，一代代苏大人坚持中西并重，包容并蓄。为救民族于危亡之中，顺应睁眼看世界之趋势，学校开国内西式教育之先河，虚心学习西方现代科学与文化。同时，又坚守民族文化本位，继承和弘扬中华民族优秀传统文化。学校有着国际化开放办学的牢固基因，特别是进入21世纪以来，学校坚持走国际化办学道路，主动融入国际学术环境，积极推动跨文化交流，努力创建世界一流的学科和一流的教育。

苏州大学还汇聚融合了不同时期并入的前身校的优良传统，如张謇创办的南通学院医科"祈通中西、以宏慈善"的精神；史量才创办的女蚕校"朴勤谨诚"的精神；唐文治创办的无锡国专"正人心、救民命"，"作新民"，坚守民族文化本位的精神；人民教育家俞庆棠创办的江苏省立教育学院"明礼仪、务实践"，开门办学、服务民众的校风；诞生于抗日烽火中的国立社会教育学院"人生以服务为目的，社会以教育而光明"的精神；荣德生创办的江南大学"笃学尚行、止于至善"的精神……这些优秀传统和校风的汇入，形成了现今学校自由开放、包容兼蓄、追求卓越的文化品格。

习近平总书记指出："历史是最好的教科书。"研究历史是为了更好地认识今天，开创更加美好的明天。苏州大学一个多世纪的各种艰辛探索也必将成为我们在新时代创建一流大学的宝贵精神财富。在校史编写过程中，我们要求编撰班子坚持以习近平新时代中国特色社会主义思想为指导，遵循历史唯物主义的要求，系统梳理校史，讲好"苏大故事"。通过对学校历史的梳理，全面总结办学经验，弘扬优良传统，凝炼苏大精神。

历历岁月，莘莘往事。回望双甲子，那些风云激荡、风雨如晦的沧桑岁月，那些激情澎湃、令人骄傲的奋斗足迹，已化作温暖而珍贵的历史记忆；展望新时代，面对高等教育千帆竞发、百舸争流的逼人形势，面对不进则退、慢进亦退的严峻挑战，唯不忘初心者进，唯从容自信者胜，唯改革创新者强。120年厚重的历史文化积淀，给了我们敢入"无人区"的勇气和底气，勇做"先行者"的激情和智慧！

百年树人，千载一时。在民族复兴"中国梦"的伟大征程中，苏州大学面临着更艰巨的任务和更严峻的挑战，同时也迎来加快发展的大好历史机遇。我们相信，在全校师生的共同努力和社会各界的关心支持下，苏州大学一定会在创建"人民满意、国际认可、世界尊重"的高水平研究型大学的历史征程中腾蛟起凤，大展宏图，再创辉煌！

党委书记　江　涌
校　　长　熊思东

目 录

第一编 源远流长 筚路蓝缕（1900—1952）

第一章 东吴大学的建立与早期发展 / 003
- 第一节 东吴大学的创办背景 / 003
- 第二节 东吴大学的诞生 / 010
- 第三节 奠定发展基础 / 012
- 第四节 "东吴系统"建成 / 019
- 第五节 推进本土化 / 030

第二章 东吴大学的本土化及发展壮大 / 039
- 第一节 宏规大起 / 039
- 第二节 烽火弦歌 / 050
- 第三节 复校与联合 / 058
- 第四节 走进新中国 / 063

第三章 苏南文教学院等其他前身校 / 070
- 第一节 江苏省立教育学院 / 070
- 第二节 国立社会教育学院 / 078
- 第三节 无锡国学专修学校 / 085
- 第四节 苏南文化教育学院 / 096
- 第五节 江南大学及其数理系 / 099

第四章 从南通医学专门学校到苏北医学院 / 106
- 第一节 方兴未艾初创期 / 106
- 第二节 奋力前进成长期 / 111

第三节　风云激荡转折期 / 120

第五章　蚕学教育的开创与发展 / 130

第一节　女蚕校的创办 / 130
第二节　规模初具 / 140
第三节　千里播迁与战后复校 / 148
第四节　中华人民共和国成立初期的蚕校 / 152

第二编　艰苦奋斗　调整发展（1952—1982）

第一章　江苏师范学院的诞生与发展 / 157

第一节　建院初期 / 157
第二节　新的教学体系 / 164
第三节　党建和行政管理 / 173
第四节　吴天石的办学思想和实践 / 182

第二章　在探索中曲折发展 / 185

第一节　在"左"的干扰下的教育革命 / 185
第二节　科学研究与师资培养 / 195
第三节　党的建设和行政管理 / 198
第四节　艰难前进与拨乱反正 / 203

第三章　从苏北医学院到苏州医学院 / 227

第一节　医科独立发展期 / 227
第二节　搬迁苏州发展期 / 231
第三节　"文革"十年与拨乱反正 / 243

第四章　蚕校的调整与发展 / 257

第一节　院系调整后的蚕校 / 257
第二节　更名苏州蚕桑专科学校 / 260
第三节　动荡与恢复 / 263

第五章　苏州丝绸工学院的建立与发展 / 267

第一节　苏州丝绸工学院的建立 / 267
第二节　建院初期的发展 / 270
第三节　艰难中前进 / 274

第三编　改革开放　百川汇海（1982—2000）

第一章　向综合性大学转变（1982—1989）/ 283

- 第一节　改为苏州大学 / 283
- 第二节　教学工作新局面 / 293
- 第三节　科学的春天 / 299
- 第四节　建设合格的师资队伍 / 302
- 第五节　改善后勤管理 / 304
- 第六节　在改革开放中加强党建工作 / 306

第二章　争进"211工程"（1990—1995）/ 313

- 第一节　三军用命，争进"211工程" / 313
- 第二节　适应社会主义市场经济的教学改革 / 319
- 第三节　学科建设和科研水平的新突破 / 326
- 第四节　广开渠道与内增活力 / 332
- 第五节　加快改革步伐的组织和思想保障 / 334

第三章　并校、融合与发展（1996—2000）/ 340

- 第一节　推进管理体制改革 / 340
- 第二节　合而能融，推进素质教育 / 351
- 第三节　跻身国家"211工程"行列 / 356
- 第四节　推进后勤社会化改革 / 357
- 第五节　固本强基，继往开来 / 362

第四章　苏州医学院的改革与发展 / 367

- 第一节　开创教学工作新局面 / 367
- 第二节　科学研究的发展与师资队伍建设 / 373
- 第三节　国际交流合作与国际医疗援助 / 378
- 第四节　后勤保障与校办企业 / 381
- 第五节　附属医院建设 / 383
- 第六节　党的建设 / 390

第五章　苏州丝绸工学院的改革与发展 / 397

- 第一节　在改革中发展 / 397
- 第二节　面向行业与地方的人才培养 / 399
- 第三节　科研与师资水平的提升 / 409

第四节　加强后勤管理，改善办学条件 / 418
第五节　党的建设与思想政治工作 / 421

第六章　苏州蚕桑专科学校的改革与发展 / 428
第一节　培养新时代的蚕业人才 / 428
第二节　提高科研与师资水平 / 433
第三节　组织、思想和物质保障 / 435
第四节　与苏州大学联合办学 / 439

第四编　世纪春风　再展新猷（2001—2019）

第一章　融合发展拓空间（2001—2005）/ 443
第一节　新校区、新格局 / 443
第二节　全面推进素质教育 / 450
第三节　提升学科和科研水平 / 457
第四节　大力改善办学条件 / 463
第五节　与时俱进抓党建 / 467

第二章　科学发展提水平（2006—2010）/ 472
第一节　向"研究教学型大学"转变 / 472
第二节　坚持质量育人才 / 476
第三节　"顶天立地"的科学研究 / 480
第四节　实施以国际知名带动国内一流战略 / 486
第五节　规模已具的新校区建设 / 488
第六节　践行科学发展，建设和谐校园 / 492

第三章　提高质量强内涵（2011—2015）/ 497
第一节　推进高水平研究型大学建设 / 497
第二节　回归大学本位 / 503
第三节　人才强校，提升学术水平 / 509
第四节　办学和保障体系不断完善 / 516
第五节　营造风清气正的氛围 / 518

第四章　争创一流再出发（2016—2019）/ 523
第一节　全面深化改革，聚力攻坚 / 523
第二节　立德树人，作育英才 / 529

第三节　梧桐栖凤，建设创新型大学 / 535
　　第四节　为一流教育提供坚实保障 / 541
　　第五节　德政善治，云程高步新时代 / 543

苏州大学院士校友一览 / 551

主要参考文献 / 557

后　记 / 560

第一编　源远流长　筚路蓝缕（1900—1952）

第一章 东吴大学的建立与早期发展

第一节 东吴大学的创办背景

中国现代高等教育是在向西方学习的过程中建立起来的,其中教会学校直接引进西方近代教育模式,对中国高等教育的建立和发展产生过重大影响。东吴大学是中国现有大学中最早全面以西方现代大学体系和方式举办的大学,是当时中国最著名的教会大学之一。其主要前身有博习书院、中西书院和宫巷书院。

一、博习书院

博习书院是监理会最早在苏州创办的书院,其前身是曹子实在苏州所办的主日学校和在此基础上形成的存养书院。曹子实,浙江秀水人,孤儿,1859年随传教士蓝柏之夫人去了美国。在美期间,接受了监理会牧师的施洗,南北战争时为南部军医雷大卫的助手,战后在美国学校读了四年书。1869年回国,1871年到苏州传道布教,并创办十全街主日学校(Sunday school)。

1876年,监理会传教士潘慎文(Parker, A. P.)到苏州协助曹子实办学。1878年,美国肯塔基州科文郡的Buffington向监理会捐款2 000美元,后又增加4 000多美元。同年,监理会在天赐庄购地,兴建住宅和校舍。1879年,曹子实调往上海,十全街主日学校由潘慎文主持。不久,学校迁入天赐庄,命名为存养书院(亦名存养书塾)。1884年,改名为博习书院,以纪念捐款办校的Buffington。

曹子实

潘慎文

潘慎文对博习书院的发展乃至中国近代教育的变革贡献甚大。他执掌博习书院后,强调书院最重要的工作是训练当地的辅助传道人员,实行寄宿学制的传教教育,并努力促进办学的规范。19世纪90年代后,潘慎文转向实施基督教教育色彩的博雅教育。"教会学校的目的不是去造就专家,而是给予一种广泛的、博雅的教育,以便为学生未来的生活工作提供充分的准备,不论它将是什么样的生活和工作。"潘慎文反对教会学校培养粗通英文的买办型人才的做法,强调使用汉语进行教学。

潘慎文在母国虽未接受过高等教育,但才华横溢,边教边学,不到6个月就过了汉语语言关,能自如地与人交谈和做祷告。他只要发现想讲授课程的教科书,就着手翻译成中文。1892年,潘慎文将罗密士(Loomis)的三角学教材翻译成《八线备旨》,并于1893年由中国教育协会赞助出版发行。1894年,潘慎文又将斯蒂尔(Steele)的《物理学》翻译成《格物质学》,并于翌年出版。

在潘慎文的努力下,博习书院的办学条件显著改善。博习书院可容纳75名住校生和25名走读生,有宿舍、教室、教堂、图书馆和实验场所。配备了价值3 000多美元的仪器、工具和机器……还有一个天文台,里面配有一流的赤道仪望远镜。博习书院还改良了一架螺旋切割车床、3马力的水手牌发动机。潘慎文还亲自动手制作讲授自然哲学、化学和机械等课程所需的大量教具。他通过自制的电报设备与别处联系,自己发电,用电灯照明。他在屋顶小阁楼安装了一面来自伦敦的钟,又制成另外三个钟面,以便东南西北四个方向观看。

潘慎文重视基础,反对急功近利,曾针对当时出现的偏向发表意见:"正在到来的这场教育改革运动的一个很大危险是,中国人试图获得我们西方教育的结果,却不打算通过艰苦的、单调的学习来掌握我们知识中有用的、已经被确立的原理;他们想获得'法',却不愿费力地学习'理'。"博习书院倡导学生全面发展,要求学生学习规定的全部课程,而不是只学一门英语,或只学一些实用课程而忽视基本原理的学习。基于此,潘慎文为博习书院制订了独特的教学计划。这一教学计划覆盖11年。第一年至第五年为预备课程(preparatory course），包括三字经、百家姓、教义问答、论语、本国地理、圣经故事、算术、大学、中庸、地理学、文言概说、基督的生活、孟子、自然科学初阶等。第六年至第十一年为书院课程（college course），包括散文范例、神学要义、世界史、春秋、写作、几何、自然哲学、流体力学、三角、测量、自然史、电、生理学、生物学、自然史、自然神学、礼记、化学、无机化学与有机化学、易经、解析几何、天文学、伦理学、古代文学、微积分、政治学等。

博习书院继承了存养书院的传统，这些课程用中文讲授，以便学生领会与掌握。潘慎文并不反对教授英语，1887年，为满足社会对英语人才培养的需要和扩大招生规模，博习书院又增设英语科。博习书院在初级教学中使用汉语，更高级的学科教学还是要使用英语。

1896年，潘慎文被调往上海出任中西书院监院，韩明德（Hearn，A. G.）继任博习书院监院。这年3月，文乃史来华，至博习书院襄理校政。1898年，文乃史主持博习书院校政，直到1899年2月博习书院并入上海中西书院。曾在博习书院执教的有潘慎文夫妇、衡特立（Hendry，J. L.）、裴先生（Brown，O. E.）、韩明德夫妇、良知道（Leitch，L.）、盖韩伯（Gray，H. L.）、文乃史以及三位华人教师，师资力量颇为雄厚。

博习书院的生源情况一直较好，培养了一些知名学生：李伯莲，东吴大学创办时任提调（学监）；史拜言，后任东吴大学数学教授；沈觉初，后任东吴大学历史学教授；李仲覃，李伯莲之弟，李政道的祖父，后任博习书院和东吴大学的教习、苏州教区教区长；谢洪赉，曾在中西书院任教，是清末民初中国教育界最著名的基督徒著作家。

博习书院作为东吴大学的前身之一，对东吴大学的创办有三个主要的贡献：其一，博习书院在办学中基础理论与实验操作并重，又以理科见长，对东吴大学重视科学教育不无影响；其二，为东吴大学培养了一批师资，这在东吴大学早期办学师资短缺，特别是华籍教师短缺的情形下尤为可贵；其三，在办学条件方面对东吴大学早期办学不无助益，博习书院迁并上海中西书院时，其设备仪器留给宫巷书院，并随之转入东吴大学。东吴大学正是在博习书院校址的基础上开办的，而且在很长一段时间内仍使用原博习书院的校舍和建筑。

博习书院（早期）

二、中西书院

中西书院（一般被称为上海中西书院）是监理会在上海创办的著名书院，

林乐知

其创办人是监理会在中国的重要代表人物林乐知。林乐知（Allen，Young J.）是对中国近代文化、教育、出版等领域产生过重要影响的翻译家和教会教育家。1858年毕业于美国埃默里大学，1860年偕夫人来上海传教。他曾在清政府办的上海广方言馆、江南制造局翻译馆等机构任职，创办了《教会新报》（1874年9月更名《万国公报》）。

1881年冬，林乐知在上海法租界八仙桥购置土地，建立了"中西学堂第一分院"，时人称为林公馆或林华书院。1882年，林乐知又在虹口吴淞路建立中西学堂第二分院。之后，林乐知购得吴淞路分院旁35亩地，合计41亩，另建新校舍。落成后，两分院一并迁入，学校正式命名为中西书院（Anglo Chinese College）。林乐知为创办中西书院花了很大的心血，为此，他特地辞去广方言馆教习职，还停止出版《万国公报》，专注于中西书院，并以沪上名士沈毓桂为助手，管理校务。

林乐知对中西书院的教学体制做了精心策划，按中西并重的原则，进行双语教学。课程设置分为三个阶段：初级教育2年、中级教育4年、高级教育2

年,即 2-4-2 三级教育体制。学生在修完中级教育课程毕业后,可以继续在院深造 2 年,学习高级教育课程内容。课程设置如下:初级教育课程有认字写字、浅解辞句、讲解浅书、习学琴韵、练习文法、翻译字句、习学西语等;中级教育课程有数学启蒙、各国地理、翻译选编、查考文法、代数学、讲求格致、翻译书信、天文、勾股法则、平三角、弧三角、化学、重学、微分、积分、讲解性理、翻译诸书等;高级教育课程为航海测量、万国公法、全体功用、翻书作文、富国策、天文测量、地学、金石类考等。

上海中西书院

中西书院中西并重的办学思想和宽松的宗教氛围使之易为中国士绅阶层所接受。办学的第二年,学生达 330 人,还有 100 多人因校舍有限而未能入学。比中西书院早开办两年的圣约翰书院同在沪上,办学的第二年,学生仅增至 71 人,到 1896 年才增至 159 人。中西书院还曾得到李鸿章、唐廷枢等显宦巨贾的解囊相助。

由于当时上海以及洋务运动对会讲英语的中国人需求量大,几乎没有学生能够完成 8 年的课程。为此,监理会进行了调整,1896 年任命博习书院监院潘慎文为中西书院监院。潘慎文出掌书院后,对原来过分重视英语教育而忽略儒学和西方科学的状况进行了调整,修订了林乐知的 8 年学制,改为正科 4 年,预科 4 年,预科又分初级和中级两等。1897 年,全校只使用汉语作为教学语言教授数学。书院比以前更重视自然科学各门课程的教学和实验,实验设备不断增加，办学条件日益完善，使书院又有较大的发展。1899年春，苏州博习书院迁沪并入中西书院。中西书院正科的部分数学和理科课程达到了后来高中和大学低年级的水准。

曾在中西书院任教的中外教师有林乐知、刘乐义（Loehr，G. R.）、林美丽、梅文纤（Muse Anna，J.）、罗文耀（Royall，W. W.）、明乐信（Mingledorff，C. G.）、潘慎文、葛赉恩、谢洪赉等。中西书院的学生多为宦富家庭子弟，毕业生分布在海关、电报、邮政、商界、政界及宗教界等，知名校友有顾维钧、尹致昊、梁桂三、马寅初等社会知名人士。

三、宫巷书院

1896年，孙乐文在宫巷创办了一所书院，即宫巷书院，亦称宫巷中西书院。孙乐文，1850年出生于美国南卡罗纳州的萨默尔维尔，曾在华盛顿大学（后为华盛顿和李大学）就学。1882年，孙乐文受命携妻来华，一年后至苏州，担任教区长老。1889年，孙乐文曾在常熟创办算术馆，聘李伯莲为主任，在十二年一次的拔贡考试中竟有3个学生得拔贡，引起常熟学界的重视。孙乐文后又负责宫巷堂。宫巷堂位于苏州城中玄妙观前，由监理会传教士韩明德、项烈与华人牧师陈楒卿于1891年创办。正是在这里，1895年，一个偶然的机会，促成孙乐文创办了宫巷书院。

孙乐文

1894年，张之洞署理两江总督，他主张中体西用，提倡学习西方的科学技术。1895年甲午战争中北洋海军全军覆没，清政府被迫签订《马关条约》。甲午战败的耻辱和张之洞的主张在当时苏州的一些爱国知识分子中产生了巨大的影响。文乃史后来在《东吴大学史》中绘声绘色地描述了宫巷书院的诞生缘由：

1895年某日，宫巷堂里孙乐文布道的时候，他惊喜地看到，6位身着丝绸长衫的年轻士子进入教堂，悄然在后排落座。这是在苏州，或许在其他任何地方都从未发生的事情！当其他会众散走之后，他们留了下来。孙乐文邀请他们到办公室就座并请他们用茶。稍事跨踏后，他们中的一位清了清嗓子说："孙乐文先生，我们是来请你帮个忙。……我们读了总督（当时署理两江总督的张之洞）的文章，现在懂得了为什么这个奇耻大辱落到我们身上。我们过去过于自负，不向别的国家学习。而日本向西方学习致强，跻身于当代世界列强。张之洞说:'对中国来说,没有别的路可走!'在我们看来,由于要学的东西很多,开始的最好方法是学习你们的语言,这样我们才能读你们的书。"孙乐文提出若能组成一个25人的班级就同意教他们。

这个班为期6个月,班上25个人大多数已经是通过科举考试的秀才,他们深谙儒家学说,但不懂数学、自然、科学、地理和其他国家的历史。他们渴求西学。这些学生热情好学、刻苦努力,这使孙乐文确信,在苏州创办一所英文学校是正确的。1896年中国春节时,宫巷书院正式开办。

宫巷书院的创办适应了教与学双方的需要。对中国的爱国知识分子来说,要图强只有学西学,而西方基督教教会在中国的教育事业是扩大基督教影响为数不多的重要渠道之一。这种奇特的结合不能不说是中国当时特殊国情的特殊产物。

1898年是宫巷书院发展势头最好的一年。孙乐文在1898年的报告中指出:"秋季学期开学后,维新运动正处高潮,许多新生申请入学,我们书院成为苏州最受欢迎的学校之一。""春季学期我们招到了90名学生,秋季学期则招收了109名学生。""现在大多数学生入学已不是为了学几句简单的商务英语句子,而是渴望接受真正的教育。"宫巷书院对中国本土青年知识精英的吸引力使得监理会领导层与惠会督决定集中力量办好宫巷书院,为此关闭了博习书院,其财产、设备等移交给宫巷书院。

宫巷书院最初有6名教师,其中3名美国教师,即孙乐文、孙乐文夫人和他们的女儿孙令仪(Anderson, Ida.);还有李伯莲、李仲覃兄弟等3位中国教师。1899年11月,书院又增加了3名美国教师:薛伯赉(Shipley, Lester)和葛赉恩夫妇。

在一个多世纪的校史书写中,都以宫巷书院而非博习书院或中西书院为东吴大学的直接前身,这不仅因为孙乐文后来成为东吴大学的首任校长,更主要的是宫巷书院的起点高,使得监理会教育人士看到了实施真正大学教育的希望,同时也因满足了中国本土青年知识精英学习西方科学技术的愿望而呈现出更好的发展态势。宫巷书院能够实现经

宫巷教堂

费自给，还得到苏州人士设立的两项各为期十年的奖学金、一项为期五年的奖学金。宫巷书院建立了与上层社会的联系。据孙乐文1900年的报告："宫巷书院有许多强有力的朋友，这些人不但是学生的家人，还有不少别的士绅，这些人是苏州城里有影响的人物。我们得到他们的赞成和鼓励。从我们所遇到的这一广泛而有影响的阶层来看，他们渴望政府和政策的变化。希望政府彻底改革，清除旧的弊端和腐败，使中国赶上时代，在前进中立于世界民族之林。"

第二节　东吴大学的诞生

1899年10月，监理会在苏州举行了第十四届年议会。监理会掌管东方传教事务的惠会督和差会的蓝华德总干事都参加了在中国的传教会议。会议提议调整现有学校，创办东吴大学，宫巷书院须迁至博习书院在天赐庄的校舍。

1900年5月13日，美国监理会的一些重要成员，包括纳什维尔的哈蒙德（Hammond, J. D.）、埃特金（Atkins, J.）、柯克兰（Kirkland, J. H.）、蓝华德、马里兰的惠会督，以及密西西比的盖会督，在田纳西州首府纳什维尔集会，正式决定创办东吴大学。英文校名为Central University of China，即林乐知所说的"在华之中央大学"。

1900年11月，监理会在上海举行年议会，在惠会督的指导下，年议会制定了《东吴大学校董会章程》。该章程规定，由美国监理会差会选举东吴大学董事会，董事会接受委托照管在中国的学校工作，特别是拟议在苏州设立的大学。《东吴大学校董会章程》责成差会书记盖会督等5人，根据1900年5月田纳西州纳什维尔会议通过的决定，尽快在田纳西州取得法人执照。董事会由12位经差会选举产生的董事组成，其中7人须为居住在中国的传教士，另外5人须在美国本土居住；负责中国传教的会督则为当然董事。第一届董事会由惠会督、林乐知、孙乐文、潘慎文、柏乐文、步惠廉、文乃史、葛赉恩及盖会督、哈蒙德、埃特金、柯克兰等组成。

章程细则第三款规定董事会的权利，"在苏州建立一所名为东吴大学的大学，这所大学包括三个系科：一为文学系，目的在于为中国的年轻人提供按西方标准的全面彻底的大学教育。二为神学系，目的在于培养传教工作的完全合格的学生。三为医学系，目的在于指导和培养学生的医学和外科的理论与实践能力。此外，董事会还可以设立诸如法学、工程学等可能被认为适宜的其他系科"。日后东吴大学着重发展了文学（与今日文学的含义不同，是指与神学、医学、法学等相对应的博雅教育和文理教育）与法学，在神学、医学、工程

(化工等)等领域进行了尝试。

世纪之交,开办东吴大学的准备工作加紧进行。董事会很快选举林乐知为首任董事长,孙乐文为首任校长。最重要的工作之一是为宫巷书院搬迁天赐庄做土地和校舍的准备。东吴大学开办初期的办学经费,主要来源于捐款和学费,监理会为东吴大学募得第一笔较大的捐款为5万多美元。1901年4月,"二十世纪运动"在路易斯安那州新奥尔良举行的盛大的传教大会上被推向高潮,会上盖会督就近期在中国的发展机遇发表了演说。1901年5月,在监理会举行的年会上,监理会又筹集10万美元,以迅速启动和推进东吴大学的工作。1903年,收到江苏巡抚恩寿捐款3 000元。

在这方面,苏沪一带的民众做了很大的贡献。为购买土地和盖房架屋,中国人捐款18 093.72美元。大量捐款是通过柏乐文的努力而来,正要赴美的柏乐文热情地为学校工作。林乐知也努力在上海募集资金。清政府江苏与苏州地方当局也给了东吴大学的开办以大力的支持。时任两江总督的刘坤一与江苏巡抚鹿传霖对创办东吴大学的支持至关重要。东吴大学的中文名称,则与刘坤一有关。据林乐知在《监理会创立大学堂之历史》中所述,"若以其地称之,则苏州大学堂。所以称为东吴者,因刘制军函中,有造就东吴人才字样,故题斯名也"。学校选举成立了新的教授会,文乃史和白约瑟调为东吴书院教授(苏州的书院在其进一步发展前被称为东吴书院)。

1901年1月,义和团运动平息后,慈禧太后在西安宣布实行"新政",于是东吴大学的筹备工作又重新启动了。1901年3月8日(星期五),书院从宫巷迁出,东吴大学正式开学。1901年3月中旬,东吴大学开办的第一个工作周,惠会督从上海登舟来苏州,参加了东吴大学的开学活动和工作。

新奥尔良会议后,1901年6月13日,美国监理会以惠会督、哈蒙德、埃特金、柯克兰、蓝华德等5人的名义,向田纳西州政府申请注册立案。注册文件显示:监理会申请在中国的江苏省创办大学,名为"在华之中央大学"(Central University of China)。6月24日,这一注册文件由田纳西州州务卿最后签署生效。林乐知在谈到东吴大学注册时说:"建造大学堂之时在西国得有照会,原名在华之中央大学堂(加一中央字者以备他年分设东南西北各院也),但在中国则称为东吴大学堂,若以其地称之,则苏州大学堂。"虽然在美注册为"在华之中央大学",实则在中国都使用东吴大学堂的名称。1907年10月5日,东吴大学校董会又以孙乐文、惠会督、步惠廉、潘慎文、文乃史、李多玛、柏乐文、葛赉恩、韩明德、哈蒙德、蓝华德等11人的名义,为修正法人章程，向田纳西州州政府提出申请，将上述法人团体的名称由"在华之中央大学"更改为"东吴大学"。1908年6月28日，变更校名的申请仍由田纳西州州务卿签署生效。

东吴大学是监理会在华传教事业发展的产物，也是处于民族危机中的国人急切学习西学的产物。

早期校门

东吴大学注册文件

第三节　奠定发展基础

东吴大学开办后，师资水平较宫巷书院时期有了很大提升，美籍教师有孙乐文（校长、史学教习）、柏乐文（医学院院长）、文乃史（英文及神学教习）、祁天锡（Gee, N. Gist）（格致教习）、孙明甫（Anderson, R. S.）等；

华人教师有李伯莲（提调）、黄人（汉文教习）、章太炎等。据1903年出版的《雁来红》记载，东吴大学共有教师14位，美籍教师还有司马德（Smart, R. D.）（算学教习）、罗格思（Lucas, B. D.）（兵操教习）；华人教师还有徐允修（汉文教习）、张秉生（汉文教习）、方佩纲（汉文教习）、奚伯绥（格致帮教、汉文帮教）和周克家（汉文帮教）等。其中，美籍教师基本都接受过高等教育，华人教师多为贡生、禀贡生等饱学之士以及监理会自己培养的师资。尤其有代表性的是1901年来东吴大学执教的祁天锡，毕业于美国沃福德学院，获得硕士学位后即赴苏州东吴大学任教，是当时来华传教士中第一位具有大学水准的理科教师。

为了适应开办大学的需要，校方的一项重大决定就是建筑一幢大楼（主楼）。这幢被称作"林堂"的大楼由英国建筑师设计，1901年12月12日，工程承包合同签订，年底破土动工。东吴大学有了通风、明亮、宽敞的教室，还有图书室、实验室和必需的办公室。会议

林堂

厅大约可以容纳500人舒适就座。会议厅全部配置从美国运来的最新式样的家具。足够的乙炔气灯为整个主楼照明，还有一台电动机和水泵来供水。1907年，新的学生宿舍楼落成，可供218名学生住宿。1908年，又有3幢雅致的教师住宅投入使用。加上此前已建成的3幢，共有6幢教师住宅，2幢供中国教师居住，4幢供美国教师使用。此外，1906年，在校园内成功地开凿了一口自流井。1907年，柏乐文医师在苏举行五十岁大庆，医科学生集款建筑纪念水塔以示感恩，使校园内有了充足的清洁水源。1908—1910年孙乐文在美国访问期间，还从弗吉尼亚州林企堡考特街区教堂募得捐款约2万美元，准备用来建一座大楼。

东吴大学的创办者们起初并不是职业教育家，他们在中国建立起来的大学的模板是美国当时的文理学院和大学。19世纪，美国传统博雅教育遭遇科学教育和专业教育（如法学、医学、工学等）的严峻挑战，美国大多数大学吸收了博雅教育、科学教育和专业教育的长处。这样的融合在东吴大学的创办及发

展过程中同样存在。博雅教育的特征是注重全面发展，强调古典知识和文理结合等。文乃史在其所著《东吴大学》一书中，回忆了孙乐文掌校的一些想法。学校开办不久，孙乐文去拜访上海圣约翰大学的校长卜舫济。归途中，孙乐文向文乃史陈述了他所考虑的办学三项基本原则。其一，"目前和未来几年，在中国，现代教育只能用现代语言，当然，对我们来说，意味着用英语。但首先关心的应该是增加能够确定专门名词和编写汉语教科书的人员。英语最终将成为第二语言，如同法语或德语在美国大学一样"。其二，"同时采取教学和示范两种教育方式，使我们的学生有充分的机会去了解基督教信仰在整个生活——个人、社会、国家、世界关系中的要旨与意义"。其三，"学生必须掌握他们本国的语言，并跟上时代发展，以便在向中国千百万人传播世界进步和文化中发挥传媒作用"。

这里表达的教育思想就是博雅教育的思想。东吴大学不同于原先的中西书院，不是为满足中国人学习英语需求而存在的，英语只是教学现代知识，包括现代科学知识的工具。在1902年的报告中，孙乐文强调"学校教授英文，不是为了英文而教英文，尽管英文本身具有实用价值，教英文是让他们利用英文这个媒介去学习西学"，一旦中国现代语言发展起来，英语会自动变成第二语言。博雅教育特别注重学生全面发展，因此孙乐文特意从《新约·以弗所书》中选取 Unto a Full Grown Man（"长大成人"，后来被东吴大学译为"为社会造就完美人格"）作为校训。在1901年的报告中，孙乐文指出："我们的目标就是利用最好的教学方法对我们的学生进行最全面的教育，这种教育有助于他们成为纯朴、有用的人才。"孙乐文强调学习中国传统文化，给予中国的古典知识、中国的语言以应有的地位。《东吴大学堂试办章程》明确了中西并重的办学方针："本国文字国民之关键，全球文明各国从无舍本国文字，专务他国文字者。故本学堂中西并重……"当时美国文理学院中分量很重的拉丁文、希腊文古典课程在东吴大学的课程体系中分量大大减少，中国儒家经典很大程度上替代了西方古典知识。东吴大学早期的一些杰出中文学者，如章太炎、黄人、吴梅、张秉生、嵇健鹤、朱稼秋、薛灌英等在教学中发挥了重要作用。孙乐文在1904年的报告中说："我们一如既往地强调开展全面的中文教学。因此，作为一个中国人绝不应该忽视其本国的历史与文明，而那些仅仅想学一些英文的人很快离开了。"因为要按现代大学方式授课，黄人（黄摩西）改变了传统中国文学的授课方式，所著《中国文学史》，成为中国近现代最早的文学史著作。

在孙乐文制定的《东吴大学堂试办章程》中,东吴大学课程分为三个层次:初等学4年,高等学4年,专门学2年。在1901年年度报告中,孙乐文提到监理会的目标是建立一所高等学府,尽快引入完整的大学课程,并适时设立神学、医学和法学等专业。孙乐文在1904年的报告中指出,我们的奋斗

黄人(字摩西)的《中国文学史》

目标是,"获得中文预科证书的学生,其水平达到秀才等级(中国科举制度的文学学士),而获得大学毕业文凭的学生,其水平达到举人等级(中国科举制度的文学硕士)。本校6名预科班学生参加科举考试,其中3人考中秀才"。设立初等学课程是为了向大学提供生源,也就是日后的中学部;高等学课程就是博雅教育的课程,预科之后完成正科即可授予文学士。

东吴大学在美的注册使其有了授予学位的权力。1908年2月,东吴大学正式为1907届毕业生沈伯甫颁授文学士学位证书,东吴大学也成为国内最早正式授予学士学位的大学之一。[1]大批官员和士绅出席毕业典礼。江苏巡抚因病未能出席这次毕业典礼,但他派一位官员代表他与会,并口授一篇讲话以向学生宣读。美国驻沪总领事田贝(Denby, Charles)出席毕业典礼并发表了演讲。第二年2月,又有3名学生(陶甸夏、陈海澄、裘昌运)修完大学课程毕业,被授予文学士学位。其中裘昌运在1909年留美学务处首次招考中获得初试第一名,并首批赴美留学。在清政府举行的历次选派学生出国留学的考试中,东吴大学学生无论在中文还是在英文考核中都名列前茅。

---

[1] 汇文学院虽然最早授予学士学位,但该学校没有获得任何授权;圣约翰大学1907年授予学士学位,但授予者均为往届生,应届生获得学位从1909年开始。东吴大学是国内最早合法授予应届毕业生学上学位的大学。

1910年第三届毕业生毕业典礼

1910年,在由省学政督办的省级考试中,东吴大学学生"因其中文考试中的优异表现而受到该大臣当众褒扬,该大臣对来自教会学校的学生能有如此出色的中文水平大为惊叹"。东吴学生在北京举行的官方考试中连续两年表现出色,"举国上下皆知,东吴大学培养的学生不但熟习中文,在西学科目上也不输于任何人"。

创建之初,东吴大学特别重视发展理科教育。1908年,东吴大学花了约1 200墨西哥元添置了很多化学仪器和物理设备,这些仪器和设备为化学和物理教学研究提供了很大帮助。东吴大学生物学教学的开创者是祁天锡教授。起初,祁天锡还需要兼教化学或物理。1907年,米切尔到东吴大学,承担了物理和化学的教学。之后,祁天锡专注于生物教学,使得东吴大学很早就能在生物学方面领先,并能选派基础扎实的学生到国外继续进行研究生阶段的学习,这些学生从国外回国后教授生物学,并主管私立和公立大学的生物学系。更多未能出国者则在中学任教或作为大学的助教,为中国生物教学做出了很大贡献。

东吴大学早期还举办了医学和神学两种专业教育。1903年,柏乐文筹建东吴大学医学院。教员包括柏乐文、斐恒、斐美德、卜明慧(Polk, M.)、罗格思等美籍教师5人,还有华人提调成颂文。入学的学生都是东吴大学的预科生。1909年5月26日,医学院举行毕业典礼,1901年入学的沈阶平、陈蓉孙、富绍卿3名学生毕业,获得医学学士学位。1912年,几个教会系统在南京合办了一所医学院,监理会是发起人之一。东吴大学就此停止开设医学本科课程，转而开设医学预科课程，为那些想进入医学院的学生提供预备训练。

1909年，东吴大学开始系统的神学教育。戈璧（Campbell, C. K.）开设了希腊语课程，文乃史开设了系统的神学课程，孙乐文则开设了基督教教会史，次年还增加了神学实践课程。东吴大学学习神学的学生不多。1909年，江长川从中西书院毕业后到东吴大学就读。东吴大学由孙乐文校长、李仲覃牧师、文乃史和戈璧等组成了一个神学教师群体，单独给江长川讲授神学课程。三年后，江长川被授予东吴大学神学学士学位。此后，江长川在监理会年议会上迅速地成长为领导人物，20世纪20年代成为东吴大学首任华人董事长，40年代被卫理公会选为第一批华人会督。

江长川

李仲覃

1910—1911年，美国长老会在南京开办了一所神学院。东吴大学便不再开设神学本科课程，转而开设两年制神学预科课程。

东吴大学的"大学课程之于英文者，悉照太乃需大书院"。用英语教授西学课程，对学生的英语水平和英语教学的要求比较高。为便于学生在最短时间内掌握这门语言，东吴大学改进英语教学方法，于1902年引入了"古安系列"（Gouin）语言教学法。来自伦敦的霍德华·斯旺（Howard Swann）是"古安系列"语言教学法的主要代表，他在学校协助英语教学，学生获益很大。孙乐文校长的儿子孙明甫未读完大学就来到苏州，他对古安体系很有兴趣，发展了大量"系列"例句，在课堂上边说边表演。有人将其教学成果汇编成规范的教材，后来被广泛采用。

东吴大学开办之初，由于办学条件以及清末社会环境的局限，办学规模并

不大。据孙乐文校长报告,东吴大学历年入学人数如下表:

东吴大学历年入学人数表

时间/年	1901	1902	1903	1904	1905	1906	1907	1908	1909	1910
人数/人	64	103	115	118	120	156	233	203	303	309

孙乐文注重对学生进行道德上的培养和教育,要把学生培养成社会的有用人才,为社会、为国家做出贡献,同时还力求在道德上使学生养成基督教式的"完全之人格"。东吴大学有"自觉为中国革新的伟大事业培育出一批批领导者"的抱负,因此,特别注重辩论、体育等各方面素质的培育。

东吴大学早期学生社团有健身会、益智会、东吴剧社等,其中尤以辩论会影响较大。1906年,东吴大学在学校建立了两个互不统属的辩论团体,一名"竞智会",一名"丽泽会"。1913年,圣约翰大学校长卜舫济博士到苏州参加东吴大学学位授予典礼,他认为,对准备成为公众生活中领导人物的年轻学生来说,辩论中才智的抗衡可能是一种比体育比赛更有价值的竞赛。于是,两校间安排了"竞辩"。每次辩论时,东吴大学即以竞智、丽泽两会精锐充任辩论代表。1914年,辩论在东吴大学举行,辩题为"中国今日借外债利害孰甚?"东吴代表为潘慎明、徐景韩、邵桐轩,结果东吴胜出。1915年,辩论于圣约翰举行,辩题为"欧战结果三协约或德奥胜于中国孰为有利?"东吴代表为高阳、徐景韩、邵桐轩,主协约国胜于中国有利。东吴再次胜出。1918年,辩题为"道德问题与生计问题于今日中国孰为尤要?"东吴代表为陈调夫、陆季清、王怀仁,主道德问题于今日中国为尤要。结果东吴再次击败圣约翰。东吴与圣约翰两校的辩论共举行7次,东吴大学赢得4次。

东吴大学在1903年创办了《雁来红》特刊。《雁来红》标明为"东吴大学堂杂志之一,Soochow University Annual,1903",是中国大学现存最早的中文年刊。1906年6月,东吴大学创办了《东吴月报》,这是中国大学的第一本学报。孙乐文在年度报告中介绍,《东吴月报》是一本月刊,由本校学生和教师共同编辑。创办该刊目的是向这片区域内众多对教学改革有兴趣的人宣传东吴大学的影响。《东吴月报》创刊号及以后几期刊名为《学桴》,后来又几易刊名为《东吴》《东吴学报》《东吴杂志》《新东吴》《东吴季报》等。

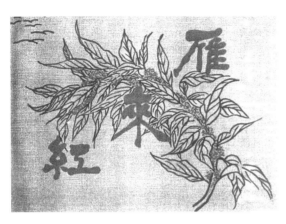
中国大学现存最早中文年刊《雁来红》

《东吴月报》创刊号《学桴》

1911年3月16日，孙乐文校长因肺炎去世。作为东吴大学第一任校长，孙乐文为东吴大学的发展奠定了基础，也给后人留下了一笔思想遗产。他始终坚持教会学校应视教育工作为首要，传教工作为次要，强调教会教育在中国社会和教育变革中的关键作用。孙乐文还强调："即将在中国建立的新教育体制必须是属于中国的体制，'新学'必须要经过'本土化'改造，而不应仍旧保持其舶来品的'异国情调'。"

第四节 "东吴系统"建成

一、葛赉恩出任校长，中西书院并入

孙乐文因病去世后，校董会认为中西书院监院葛赉恩是校长的唯一最佳人选，遂选举葛赉恩为东吴大学校长，文乃史为副校长。葛赉恩出生于美国北卡罗来纳州的门罗市（Mouroe），曾在亨得里克斯（Hendrix）学院就读，不久又转入范德比尔特大学神学院攻读神学。他在上海中西书院和苏州博习书院任教多年。1905年葛赉恩接任中西书院监院，他的母校阿肯色州的亨德里克斯学院为此授予他荣誉神学博士学位。

葛赉恩的教育理念与林乐知、孙乐文一脉

葛赉恩

相承。他注重教育对于传教事业的作用，认为传教士的基本角色应是一个教育者而不是宣教士。基督教教育在中国文化复兴运动中所产生的有力影响，主要反映在为复兴的中国社会培养出建立在个人思想和精神自由基础上的文明人。

在任命葛赉恩为东吴大学校长的同时，校董会认为，当时也正是将中西书院并入东吴大学的最佳时机。在东吴大学的最初十年里，上海的中西书院和在苏州的东吴大学并行发展。中西书院在上海昆山路拥有很大一片场地，资金状况良好，同时在上海已有很大的影响力，为人们所熟知。

葛赉恩出任东吴大学校长后，上海中西书院的学生并入了东吴大学相应的班级。合并前，中西书院有17位教授、229名学生，东吴大学则拥有18位教授、183名学生。书院的合并大大增强了东吴大学的师资力量，扩大了办学规模，中西书院的财务盈余也缓解了东吴大学的财务困难。两校合并后组建东吴大学文理科，东吴大学由此步入一个新的历史阶段。

中西书院的并入加强了东吴大学的人力物力。在其后两年中，差会虽未提供资金，但同意东吴大学以上海昆山路上的地产抵押贷款，并可在空地上建造店铺、公寓房等出租。这就为学校提供了相当丰富而又稳定的校产收入。到1930年，平均每年盈利达1万美元。

校园面积不断扩大。1917年，东吴大学在学校附近购买了一块地皮，原打算在此建设中学，后因资金不足而改为操场，从而增加了体育活动的场所。1919年，在校园附近又购买了3亩土地，并重新建筑了校园的围墙，将新增加的土地围入校园。

1912年11月16日，由美国弗吉尼亚州林企堡考特街区教堂为东吴大学捐建的大楼被命名为"孙堂"（Anderson Hall），举行了献堂仪式。同日，孙乐文校长纪念碑于东吴校园揭幕。江苏都督程德全和其他官员出席了揭幕仪式。此外，3月16日还被定为校长节（President Day），后又被命名为"校节"（University Day），并扩大到用以纪念其他在东吴大学的教育事业中做出突出贡献的人们。

孙堂是一座规模宏大的教学大楼，为学校提供了足够的办公、教学、阅读、自修等空间。图书馆也于1913年夏从林堂搬到孙堂，面积是原先的两倍。1921年，图书馆开始按杜威十进法编排图书。

孙堂

图书馆

1919年的美国卫斯理教会传教一百周年庆祝活动，为东吴大学提供了一个良好的机遇，这意味着差会将在资金、人员等方面加大对在华教育事业的投入。东吴大学此时正专注于理科的建设和发展，建筑一幢理科大楼已迫在眉睫。1920年，美国阿肯色州小石城第一监理会教堂向东吴大学捐赠6.5万美元，用于建筑一幢理科大楼。这是东吴大学开办后所接受的最大一笔捐款。用此捐赠所建的理科大楼被命名为"葛堂"，以纪念葛赉恩校长的父亲，他一直是小石城教会忠实的教友。1923年夏，科学馆（葛堂）竣工。葛堂设有科学教室、实验室以及演讲厅等，建筑物体现了当时的科技水平，光线、声浪、构造乃至听众席次之位置，都与科学原理相吻合。葛堂用于生物、化学、数学和物理等四科教学。12月，学校向洛克菲勒中华医学基金会（the Rockefeller Medical Board in China）请求为葛堂补助设备与经费，当即收到捐款2.8万美元。1924年11月，葛堂落成典礼举行。葛堂的设施被中外参观者赞为"非但中国各大学所仅有，即美国最著名之大学中亦少见"。葛堂的建成为后来东吴理学院各系科的发展创造了良好的条件。

葛堂

为促进体育事业的发展，学校于1920年自行设计建筑了一个半封闭式的体育馆，这就保证了在任何天气条件下体育课程的正常进行。葛赉恩任校长后，还改善了学校的供电，照明有了很大的改善。1913年，宿舍、食堂、厨房、图书馆、文学会楼、办公室、礼拜堂、自习室、接待室、走廊，还有其他一些教室都安装了电灯。最初，电是由苏州电厂供给的，后来，这座苏州电厂抵押给了日本人。1919年五四运动爆发，东吴大学学生反对使用日本人的电。校方通过上海进口商购买电机，在校园内建永久性发电房。1920年，电房建成使用。

二、理科教育的进一步发展与研究生教育的开创

随着师资力量的不断加强，课程设置日趋合理和规范，系科的概念逐渐明晰，学校逐渐从古典博雅教育向分科教育发展。1912年之后，东吴大学学科、学系开始逐步设立起来。早期东吴大学授予的学位都是文科学士，1915年开始授予理科学士，其中部分毕业生在获得文科学士后，继续修业一年又获取理科学士。1915年东吴大学开始发展研究生教育，1917年开始授予硕士学位。1915年，开始举办法科教育。到20世纪20年代初期，东吴大学已基本形成包

括文理科（苏州）和法科（上海）的综合性大学格局。

葛赉恩掌校期间，东吴大学理科教育发展迅速，数年内形成生物、化学和物理三个系科，并取得了令人瞩目的成就。特别引人注目的是，东吴大学理科启动了研究生教育。据东吴大学建校25周年特刊《回渊》中《东吴之文理科》载："理科研究生工作从1915年开始。"[1]最早的两位硕士学位获得者中，徐景韩1915年获得理科学士学位，陈调甫1916年获得理科学士学位，两人均于1917年获得硕士学位。从现有史料看，东吴大学是中国最早授予硕士学位的大学之一，是现存大学中最早授予硕士学位的大学。

徐景韩一生贡献于东吴大学，是东吴大学知名教授之一，长期担任化学系主任一职，后担任东吴大学教务长。陈调甫从东吴大学获得硕士学位后，于1918年与范旭东等人在天津创办永利制碱公司。

徐景韩的硕士学位证书　　徐景韩　　陈调甫

东吴大学的生物和化学学科是遥遥领先于同时期其他大学的。1912年，东吴大学设立生物学系，祁天锡被聘为系主任。其研究成果及学科建设成就主要集中在四个方面。其一，淡水生物研究。祁天锡发现华东地区有着丰富多样的动植物群体。他自1915年起，渐专注于淡水海绵动物的研究。1917—1936年，发表论文45篇，散见于中、美、法、英等四国之名刊。这些研究成果是当时中国淡水海绵动物研究的一流成果。此外，祁天锡在藻类研究方面也有相当的建树。其二，农作物研究。对于苏州地区农作物的分类、生产及耕作，特别是中国品种丰富的豆类作物方面，祁天锡做了广泛深入的研究，取得了非凡的成果，并以此指导硕士研究生。他的学生施季言的硕士毕业论文即为有关豆

---

[1] 东吴大学编：《回渊》（未正式出版，现存于苏州大学档案馆），1926年，第17页。

祁天锡（前）和研究生

类的研究。1913 年，祁天锡编写了《江苏植物名录》。其三，鸟类研究。祁天锡在慕维德和沈文蔚两位牧师的协助下，共同编著出版了《华东鸟类指南》。其四，实验室建设。建立了当时中国最先进、最完善的生物实验室。1919 年，戴荪（Dyson, Joseph W.）来东吴大学任教，又继续拓展这一领域的研究工作，并与美国农业部及其他机构合作，使东吴大学的生物实验室得到了这些机构大量的先进设备援助。祁天锡自 1909—1915 年数年中，编有英文教科书数种，均由商务印书馆出版，如《益智读本》《格致读本》（四卷）、《生物学初恍》《普通植物学教本》等。出版后，有再版多至 30 余次者。

祁天锡非常支持东吴大学的研究生教育计划。1917 年，师从祁天锡的几名学生毕业并继续接受研究生教育。1919 年，祁天锡的两位研究生毕业，被授予硕士学位。他们不仅是东吴大学的第一批生物学研究生，也是全国第一批生物学硕士。一位是施季言，他对当地的粮食作物做了系统集中的研究，并于 1919 年在美国的《美国水稻杂志》上发表了研究成果。另一位是胡经甫，他在昆虫学方面的研究对中国昆虫学做出了杰出的贡献。胡经甫从东吴大学毕业后，到美国康奈尔大学留学，师从昆虫学家尼登教授，获博士学位，1920 年起担任东吴大学生物系系主任，1926 年转任燕京大学生物系系主任。

施季言

胡经甫

东吴大学在化学领域取得领先地位主要依靠龚士教授。龚士毕业于美国莫里什维尔学院（Morrisville College）。1909年获范德比尔特大学数学硕士学位，1912年获化学博士学位，1913年到东吴大学任教。他是东吴大学第一个获得哲学博士学位的教师，对东吴大学物理和化学教育做出了重大贡献。当时，既没有规范的教科书，又没有标准的实验器材，龚士依靠自己对于教育的热情、不畏艰难的毅力和渊博的学识，一步步将东吴大学理、化两科发展到全国一流的水平。

龚士

龚士花费大量的时间和精力，依靠当时所能利用的一切材料逐步建立起理化实验室；通过引进有很高学术和教学水平的教师，引进实验教学方式，从而形成了一套完善的发展思路，即从发展实验开始，依靠实验教学这种国外流行的新的教学方式，结合有素质的师资队伍保证和提高初、中级的理化教学，在高级阶段则重点发展提高学术水平。龚士还积极寻求外界如洛氏基金社及其母校范德比尔特大学的支持。正是他切合实际而又领先该领域一般水平的教学思想与实践，使得东吴大学理科迅速步入全国高校的前列。

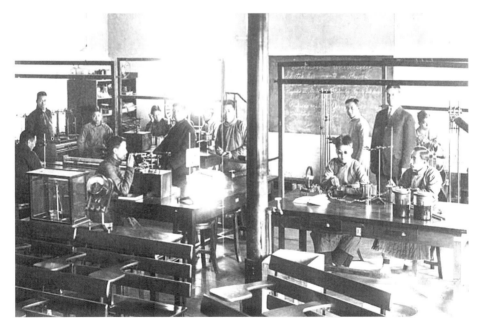

物理实验室

龚士于1922年离开东吴大学。在他任教的九年间（1913—1922），东吴大学理科特别是化学学科从起步到成熟，并迅速提升到全国的领先地位，在学术界有很高的声誉。在龚士的指导下，理学院学生成立了科学会。龚士还投入大量精力和时间开设了化学研究生的课程。1917年获得化学硕士学位的徐景韩、陈调甫即为龚士所精心指导。

根据文乃史的不完全统计，东吴大学早期，理科专业取得硕士学位者，分析化学有徐景韩、陈调甫、徐作和、潘履洁；生物学中植物学有施季言、王志稼、沈毓凤，昆虫学有胡经甫、陶心治、李琮池、胡梦玉，寄生虫学有吴光，脊椎动物学有郑思竞，细胞学有陆近仁。另据戴苏的回忆，生物学硕士还有陈新国。[1]这些东吴早期的硕士后来大多成为国内一流的专家、学者，享有很高的声誉。

三、法科的创办

兰金

上海中西书院并入东吴大学后，大批预备班的学生还留在上海上课，由中西书院的一些老校友、部分教师及当地教会人士共同维持。1915年，在韩明德牧师的要求下，葛赉恩校长委派兰金（Rankin, C. W.）到上海主持学校工作。兰金到上海后重新组织教学，制订教学计划，并把该校命名为东吴大学第二中学。

社会要求学校培养大量合格的法律人才来担任司法工作。兰金抓住这种有利条件和机遇，利用二中的教室开办起一个夜校形式的法律学校，英文校名为"The Comparative Law School of China"（中国比较法学院），中文校名为"东吴法律专科"。东吴法科的开办得到了上海美国司法委员法院和有关人员的大力支持和帮助。兰金聘请当时上海法律界的许多中外名人，如罗炳吉（Lobingier, C. S.）、佑尼干（Jernigan, Thomas R.）、林百克（Linebarger, P. M.）、甘维罗（Kentwell, L.）、王宠惠、罗泮辉、梅华铨等，到东吴法科兼职授课。

东吴法科侧重培养学生通晓三种不同的法律体系：英美法、罗马法及希伯来法，学生在比较中掌握法律制度的基本原则，在课程设置上则注重中国法的

---

[1] 东吴大学编:《回渊》（未正式出版，现存于苏州大学档案馆），1926年，第143—144页。文乃史和戴苏回忆中均遗漏了徐景韩。

教学和研究。对于学校的这种独特的教学模式,哈佛法学院的哈德逊教授到校参观时说:"对国内法的教学建立在对英美法及民法进行比较的基础上,你们学校是我所知的唯一的真正名副其实的比较法律学校。"

东吴法科效仿美国著名法学院的做法,招收的学生至少须有两年大学学历,法律课程的学制为 3 年。教学上除与中国法有关的课程用汉语外,其他课程均用英语教学,使学生受到更多的英语训练。在 3 年学习期间,学生要完成一定的课时、学分,否则不予毕业。对于完成所有学业、成绩合格的学生,由教师推荐,学校授予法学士学位。

东吴法科得到美国一些著名大学法学院如哈佛大学法学院、密歇根大学法学院等的大力支持和合作,这些院校承认东吴法科毕业生的法学士学位。这使很多成绩优秀的法科毕业生从东吴大学取得法学士学位后,可经学校推荐直接到美国攻读硕士和博士学位。

1918 年 6 月,东吴法科第一届 7 名学生毕业,获法学士学位。东吴法科成才率极高,毕业生均在中国法律、政界、商界、教育界发挥重要作用,全国各地学生争相投考东吴大学法科,东吴法科声誉鹊起。

四、东吴体系的形成

在葛赉恩校长的领导下,东吴大学逐步发展了一个庞大而又完整的教育体系,包括苏州的文理科、上海的法科;苏州的第一中学、上海的第二中学、湖州的第三中学、无锡的第四中学;20 所附属小学、惠寒小学;吴语科、松江圣经学校,以及与东吴系统有关联的、与其他教会合作的南京神学院和北京协和医学院。

1. 第一中学

宫巷书院迁入天赐庄后,大部分学生就其知识水平来说只相当于中学程度,所以东吴大学开始几年内只能开设一些中学课程,直到 1904 年才开始设置大学课程。第一中学从一开始就开设在东吴校园内,一直没有从大学部剥离。1912 年孙堂交付使用后,林堂则完全给中学使用。中学与大学"在形式上和实际上都是一个整体,中学的校长,也就是大学的校长",有很多大学教师也同时在中学上课。为便于管理,中学设中学部主任一名,由大学校长指定,全权主持中学日常事务。第一届中学部主任是平客楼,第二届是史襄哉,第三届是孙蕴璞。

2. 第二中学

中西书院与东吴大学合并后,所留下的低年级学生先是由华人董事会管理,后学校改称"中西中学校",由中西书院前监院潘慎文任名誉校长,孙闻远任教务长,总揽校务。1915年,经校董会决议将该校直属东吴大学,葛赉恩派兰金到上海综理校务,始正名东吴第二中学。

不久兰金又在中学的基础上创办了东吴大学法科。在兰金执掌校务期间,第二中学和法科是合在一起的,法科借中学教室上课,兰金总理两校一切事务。但随着法科的发展,到兰金离任时,法科和中学在行政、教职人员方面已分为两个部分。中学先后由平客楼、潘慎文、卜德士等人任校长。校长主管校务,而教学事务则由教员会集议。

葛赉恩在1922年辞去东吴大学校长职务后,也担任过二中的校长职务(1924—1927)。1927年夏季后,由孙闻远继任校长。

3. 第三中学

1900年,衡特立牧师在湖州城内马军巷创办华英学堂。1903年迁至天宁巷,1905年又迁旧府学之西,改名中西学堂。再经几迁校址,至1911年得美国捐款,始建固定校舍于海岛,地处湖州北门内,三面环山,北临太湖,遂改校名为海岛中学。1915年改名为东吴大学第三中学,一切编制、课程设置、设施等均遵东吴大学颁布之制度,其高中毕业生可进入东吴大学本科。

4. 第四中学(无锡实业学校)

实业教育是东吴大学早期的教学计划之一。1920年,司马德被派往无锡筹建实业学校,他与当地官绅广泛接触,募集捐资,征集土地,筹划校舍,校址选在靠近火车站的一个地方。筹建工作进展顺利,到第二年,学校已初具规模。不幸的是,司马德于1921年突然病逝。学校又委派司马德好友、时任上海交通大学土木工程科科长的万特克(Vanderbeek,H. A.)继掌校政。1922年,学校基本建成,10月开办,招收第一届学生50人。至1923年,学生总数达97人。

实业学校的培养目标和教学计划不同于普通中学,主要分建筑、机械两科,学生一半时间在车间里,一半时间在教室里。通过四年的课程学习,每个学生将达到一个正规中学学生的文化水平,从而确保能够顺利进入一所普通大学或高级技术学院。

可惜的是,无锡实业学校刚开始正常教学,江浙军阀混战爆发,学校被战火严重毁坏。1924—1927年,学校多次被军队占用,所有设施尽毁于战火。1928年,俞庆棠创办民众教育学院,为支持这项事业,东吴大学将无锡实业学校校舍以低价转让给民众教育学院。

5. 小学

在葛赉恩任校长期间，东吴大学还发展了小学系统。校董会任命了一个委员会，由金培德负责，先后开办了二十几所小学，每一所都被冠以"东吴大学第×小学校"校名。1911年，由基督教青年会出面，东吴大学学生在望星桥边觅得小屋一间，开办"惠寒小学"，招收贫寒人家的孩子免费入学，给他们提供一个受教育的机会。惠寒小学的开办是东吴大学学生的义举，学校由大学生主持，校长由大学生推选，许多有活动能力、充满爱心的大学生如陈宝珊、谈家桢、富纲侯等都曾担任过校长。常驻管理人员由学生出资聘任，教师由大学生自愿充当，课本与办学费用由大学生募捐而来。

惠寒小学在一届又一届东吴大学学生的关怀下稳定发展，成百上千的贫寒子弟由此圆了入学梦。惠寒小学所体现的东吴大学学生同情贫寒子弟、报答社会、希望民富国强的思想品格也在一届又一届的学生中得到继承并发扬光大。

6. 吴语科

1919年，卫斯理宗教会庆祝传教100周年，教会计划派大批传教士到中国。吴语教学也由此提上了东吴大学的议事日程。为了对新来的传教人员进行吴语培训，以便传教士在华东地区从事传教、医疗和教育工作，监理会蓝华德会督商请东吴大学校董部及李伯莲创设吴语一科。1920年1月，吴语科正式开课。文乃史被任命为吴语科校长，李伯莲为主管教师。文乃史在国际音标的基础上创制了一套吴语音节表，使用这套音节表就可以对吴语中700多个音节进行准确拼读。大多数传教士学习一年后就能掌握基本的吴语。

吴语科的开办不仅培训了大量来华传教人员，使他们能够迅速适应吴语地区的语言环境，加强了对中国社会的了解；同时，也对吴方言的语音系统研究做出了贡献，促进了苏州地方文化遗产的传承和发展。

7. 松江圣经学校

圣经学校于1914年2月在松江开办，步惠廉任校长。步惠廉毕业于美国艾默里大学和范德比尔特大学，是监理会在华东的一位非常有影响力的传教士，从1900年开始就长期担任东吴大学校董会董事。杨永清之父杨维翰曾担任该校教务主任。该学校于1932年关停。

1912年，东吴大学停办神学和医学专业。1914年，监理会参与创办南京金陵神学院。1919年，东吴大学与金陵神学院共同拟订了一套神学教学方案，即东吴大学学生先在本校完成两年预科课程，再到金陵神学院修完神学高级课程后，可获得金陵神学院神学学士学位和东吴大学文学学士学位。此外，东吴大学在生物系基础上举办医预科，学生完成两年预科课程后再到北京协和医学院等完成高级课程，获得医学学士后，东吴大学也同时给予理学学士学位。

在葛赉恩任校长期间，东吴大学经历了一个快速发展阶段。校园扩大了，新的教学大楼、宿舍耸立在校园内，教学设施逐渐完善；建立了比较完整的教学体系，系科建设、学术研究成就斐然；构建了一个包括文理科、法科以及中小学、吴语科、圣经学校等在内的东吴系统。至1922年，东吴大学和东吴体系继续扩大：大学部招生183人，吴语科32人，法科23人，大学生总数达243人。第一中学招收了343人，上海第二中学222人，湖州第三中学186人，三校共计751人。松江圣经学校有23人，附属小学有1400人。东吴大学和东吴体系学校共有2400人。到20世纪20年代初，东吴大学已发展成一所全国著名的教会大学。

第五节 推进本土化

一、文乃史出任东吴大学第三任校长

文乃史

1922年春，葛赉恩因病辞去校长职务，校董会研究决定推选文乃史为东吴大学第三任校长。文乃史1893年毕业于美国范德比尔特大学，获文学士学位，又花三年时间继续学习神学。1896年，文乃史来到中国从事教育工作。1896—1900年，在博习书院任教。博习书院迁到上海并入中西书院后，他在中西书院任教。文乃史参与了东吴大学的创办，是东吴大学首届校董会成员。东吴大学开办时，他是最初的六名教职员之一。文乃史对东吴大学的早期创办和发展付出了很大的心血。他不但全身心地投入东吴大学的教学活动，还为学校的各项基本建设尽心竭力，协助制定学校的各项规章制度。1911年3月16日孙乐文校长去世后，文乃史曾代为主持校政。5月1日，葛赉恩校长上任，文乃史任副校长。文乃史当选校长之时，正逢中国"非基运动"（非基督教运动）开始兴起，其在校长任期内不断推进东吴大学的教育事业本土化。至1927年辞职，在此期间，东吴大学又有新的建树和发展。

二、理科教育的发展

在文乃史任期内,学校理科师资大大加强。继戴荪、开霭到校之后,其他先后到来的有华霭德(Frank, Marion)(化学)、花霭德(White, James F.)(化学)、达思格(Tasker, Roy C.)(生物)等,大大增强了理科的教学和科研力量。与此同时,一大批东吴大学自己培养的学生,如胡经甫、沈青来、张和岑、李庄贤、徐荫祺、顾翼东等,在出国深造后也于20世纪20年代中期纷纷返回母校,成为教学科研的骨干力量,有些还担任了领导职务。生物系教师王志稼硕士还应中华基督教教育会之邀为中学编写了一本生物学教材,该教材成为当时被普遍采用的中学生物学教材。

20世纪20年代中期,东吴大学在理科方面的一个重要建设项目是创办生物材料处。东吴大学的生物学教研在全国起步最早,处于领先地位。1923年,祁天锡离开东吴大学担任洛克菲勒中华医学基金会的中国代表,他积极帮助东吴大学筹措设备和资金,以加速生物供应处的建立。在他的帮助和主持下,1924年,动物学家约翰生(Johnson, H. H.)来东吴

东吴大学生物材料处

大学专门负责此项工作。于是,当时全国唯一的生物材料处应运而生。生物材料处的产品可分为四大部分:一为保藏标本,二为玻片标本,三为装置标本,四为仪器用品。生物材料处所制作的产品除满足东吴大学理科专业和附属中学的需要外,还销往国内各大、中学校,以及远销国外特别是美国和东南亚各地。东吴大学生物材料处的创办得到国内外教育界人士的普遍欢迎和赞扬。

约翰生因健康原因于1925年回国,生物材料处由胡经甫主持,发展更为迅速。到抗战全面爆发时,该处已拥有15名职员和全套教学材料。生物材料处在国内外享有广泛的声誉。

三、法学教育的正规化

刘伯穆(Blume, W. W.)毕业于美国密歇根大学,1920年到上海,在东

吴法科任全职管理人员。1920年，兰金去职，刘伯穆接任法科教务长。[1]在刘伯穆的主持下，法科日臻规范和完善，逐步提升到国内领先的地位。

为加强法科教学科研能力，刘伯穆先后采取了几项措施。其一，改变了长期以来完全依赖兼职教师的状况，逐步增加全职教师。1922年，萨赍德（Sellett, George B.）博士到校任教。吴经熊、陈霆锐等东吴法科优秀毕业生在美国获博士学位后回到上海，不久成为上海乃至全国最著名的律师，他们也应邀回到东吴法科任教。此外，法科还聘请当时上海的许多社会名流、学者、专家到校兼职执教，如胡适、林语堂、陈望道、徐志摩、许国璋等。1924年，东吴法科授予最高法院首席法官董康、司法部部长王宠惠荣誉博士学位，这两位都曾在法科教过书。

其二，创办 The China Law Review（《法学季刊》）。该刊物以中、英文两种文字印刷，于1922年开始以季刊的形式发行，是全国最早出版的大学法学学术刊物。该刊物创办伊始就表现出很高的学术水准。

型式法庭

其三，在教学中引入"型式法庭"（Moot Court）。刘伯穆在教学上进行了大胆尝试，于1921年秋将每两星期举行的辩论会改为"型式法庭"的学习时间。将"型式法庭"引用到教学上来，与教学活动相结合，是东吴大学法科教学的创举和特色。有关政治、经济、外交等方面的复杂案件都经常在型式法庭上得以模拟演练，增强了学生运用课堂上所学理论和知识的能力，增长了才干。

随着申请入学人数的增加，为保证质量，并和美国学校的标准相统一，自1924年起，学校进一步提高了入学标准，要求所有入学者必须在入学前完成学士课程或至少修完三年的大学课程。自1927年起，预科开始扩大到直接招收中学生，并将预科延长为2—3年。

为适应发展的需要，1924年东吴大学校董会决定将法科搬迁到昆山路11A

---

[1] 陈霆锐：《东吴法科大事记》，《东吴法科年刊》1923年版，第21页。

号,这样法科有了自己的校园。教室、宿舍、食堂、办公楼等一应俱全,图书馆也于当年建成,并获得海内外特别是美国方面的大量赠书。

在刘伯穆主持法科的几年中,法科培养了一代不仅在国内,而且在国际上知名的法学人才。20世纪20年代,上海公共租界工部局的8名律师中,除1名牛津大学毕业生外,其余7名均为东吴法科毕业生。

20世纪20年代,随着社会经济的发展,中国社会特别是上海商界对高层次的法律人才有很大需求,东吴法学院的很多本科毕业生也渴望得到进一步深造,但当时国内没有相应的学校开设研究生课程,不少人只能花费巨资,远涉重洋赴美留学。东吴法学院根据社会需要,在1926年开设了一期法学硕士班。学生由法科毕业获得法学学士学位后,可再进入研究院攻读一年,成绩合格者可授法学硕士学位。东吴法学院成为中国建立研究生学程的极少数法学院中的一所,无须留学就可为学生提供法学硕士学位。这些都提升了东吴法科在国内的地位与声誉,使东吴法科教育始终保持领先地位。

四、体育专修科与学生体育

东吴大学自创办以来就非常重视学生体育教学。司马德对东吴大学的体育发展贡献很大。司马德,1900年毕业于范德比尔特大学,是该校田径赛纪录的长期保持者。1903年秋,司马德到东吴大学任教。第二年,他就在东吴大学建立了一支田径队。这支田径队多年来以短跑著称。不久,东吴大学联合南洋、约翰、中西书院成立华东联合会,之后扩充为华东八大学体育联合会、全国及远东联合会。司马德任第一届远东运动会执行

司马德

委员。司马德去世后,聂显(Nash,W. L.)接任东吴大学体育主任和华东八大学体育联合会书记。东吴大学在体育教育方面的率先探索,促成了体育专修科的建立。

1924年,东吴大学和中华基督教青年会全国协会合作,创办了东吴大学两年制体育专修科,许民辉任体育专修科主任。1930年,许民辉离开东吴大学后,由赵占元负责体育专修科的工作。从1926年起,将原来与青年会合办的体育专修科改为东吴大学独办。同年,东吴大学在体育专修科两年制的基础上增设了四年制的体育本科,授予体育学士学位。

东吴大学培养了不少体育优秀人才,为推动我国近代体育事业的发展起到了重要作用。张信孚、卢颂恩、梁官松、胡维岳、刘崇恩、李骏耀、陈作新、侯成之、程金冠等先后参加了第二届至第十届(第四届除外)远东运动会。程金冠还作为中国奥运代表团成员,在1936年的柏林奥运会上参加了100米、400米接力两个项目的比赛。

五、25周年校庆

1926年,东吴大学举行了盛大的建校25周年纪念与庆祝活动,并为此出版了纪念文集《回渊》。《回渊》所刊载的《二十五年来之东吴》列举了东吴大学创办以来至1926年师生所撰写的著作,如黄摩西的《中国文学史》,潘慎文的《八线备旨》《格物质学》《代形合参》《质学新编》《微积学》《天演辨证》等,谢鸿赉的《基督教与科学》《共和基础》《基督教与中国自由精义》《基督教与进化论》《基督教与哲学》《新教育探本》《卫生新义》《最新地理教科书》《最新理科教科书》《瀛寰全志》《平面几何学》《立体几何学》《代数学》《三角术》《化学》《物理学》《生理学》《微积学》等,胡贻谷的《现代思想中之基督教》《基督教与中国文化》《科学与基督教信仰》等,刘湛恩的《公民教育运动计划》《职业指导实施法》《青年会教育事业概要》,赵紫宸的《基督教哲学》《耶稣的人生哲学》等,沈青来的《什么是基督教》等,陆志韦的《渡河》等,徐雉的《毁去的序文》,王佩诤的《宋平江城坊图考》等,王志稼的《公民生物学》等,史襄哉的《纪元通考》等,谢颂羔的《宗教教育概论》《理想中人》、*How to Improve Your Style and Other Short Essays*、*The Confucian Civilization* 等,吴献书的 *Elementary English Grammar and Composition* 等。

《回渊》所列举者绝非东吴大学当时已经取得的学术成果的全部。例如,黄摩西还著有《小说小话》《石陶梨烟室诗》《摩西词》,祁天锡著有《益智读本》《格致读本》《生物学初恍》《普通植物学教本》《华东鸟类指南》等,胡经甫著有《翅目(叉属)之形态解剖及生活史研究》等。另有学生彭学海所著《失踪的情书》《她的日记》及译作《天才者的情书》等,王佐才的诗集《蝉之曲》《东方》等。具有开创意义的著作除黄摩西的《中国文学史》外,谢洪赉所编译的《华英初阶》《华英进阶》是中国当时最流行的英语课本之一。

六、学生运动

爱国主义精神始终蕴含在东吴大学的基因中,宫巷书院乃至东吴大学创办的缘起之一就是中国知识青年为救亡图存而积极要求学习西学。从甲午战败后要求孙乐文教授英语的那6位不知名的爱国书生发端,爱国主义精神一直在不同历史时期的学生运动中传承。在东吴大学早期,东吴学子积极参与到1919年的五四运动、1925年的五卅运动及1928年济南惨案等事件发生后的学运中,展现了东吴学子的爱国热情。

1. 五四运动中的东吴学生与学生会

五四运动在古城苏州激起巨大的浪潮。1919年5月8日,东吴学生召开"五九"国耻纪念会,抗议北洋军阀政府四年前接受日本欲灭中国的"二十一条"。晚间,又开学生大会,决议翌日举行集会游行,连夜派代表与各校接洽。9日下午,东吴与苏州各校学生在体育场集合,举行环城游行。"五九"环城游行,是苏州最早的有组织的群众性反帝反封建活动。

从5月10日起,苏州各校酝酿成立苏州学生联合会。东吴大学尤敦信被推为学联书记。学联是五四运动在苏州蓬勃兴起的产物,它的成立又推动了五四运动在苏州和东吴大学的扩展。之后,为了协调众议和统一行动,东吴大学学生决定成立学生会。遂由各级选举的代表组成章程起草委员会,通过了东吴大学学生会章程,学生会选举王志稼为会长,并选出各部部长。

在学生运动的推动下,东吴学生带头不用日货,各人将自有之日货一律毁尽,并调查本校理化试验室之日货。1918年,振兴电厂暗中与日商大仓洋行及兴业会社勾结,将电厂财产出卖给日方,东吴学生坚决要求并迫使校方同意抵制振兴电灯。学生还组成讲演团,分头在热闹场所演讲,痛斥卖国贼,揭露日本帝国主义亡我之野心,宣传抵制日货,劝用国货。

5月29日,学联在体育场集会罢课,与会者上万人。首由东吴大学乐队奏乐行敬礼,次读《宣言》。会后举行大游行,号召民众抵制日货,团结救国。队伍经十梓街、西街、濂溪坊、观前街至察院场口分路回校。所持旗帜,都插于玄妙观,宣传群众。同时,东吴学生代表赴沪联络,以通声气。这次集会游行,规模大、影响深,是东吴和苏州各校在五四运动中一次盛况空前的活动。

6月初,北洋政府在京镇压爱国学生,东吴法科学生张亮吉入狱,激起东吴学生的极大愤慨。尤敦信至总商会洽谈,得到大力支持,苏州各商店依照上海商店办法一律罢市。江苏教育厅要求学生停止罢课,校长葛赉恩及学监李伯莲力劝学生克期上课,以6月7日

尤敦信

星期六为止，否则即提早暑假。学生会则发表《散学通启》宣称：东吴大学学生目的未达，万难中止，并决定"散学"离校。6月16日，东吴大学学生尤敦信代表苏州学联赴沪参加全国学生联合会成立大会。全国学联成立后致电北洋政府，誓不承认"和约"签字。28日，中国代表拒绝在"巴黎和约"上签字。

五四运动深刻影响了东吴大学，特别是此后的学生爱国主义传统。1920年、1921年的《东吴学报》曾经分别刊载了张原絜的《社会主义社会问题与社会学》、《革命的劳工史》（译著）等文。1921年秋，《东吴学报》又刊载张原絜撰《布尔萨维克之研究》一文。

2. 五卅运动中的东吴学生

1925年5月，青岛、上海等地日本纱厂先后发生工人罢工，遭到日本帝国主义及北洋军阀的血腥镇压。在上海，工人顾正红被枪杀，十余名工人受伤。30日，上海学生在租界声援工人。

赵朴初

5月31日，苏州学联在北局青年会召开紧急会议，邀请各校同学听取上海学联代表报告五卅惨案经过。前来参加者有东吴大学等13所学校学生约800人，报告会由苏州工专学生秦邦宪主持，全场不断高呼"打倒帝国主义""废除不平等条约"等口号，声震屋宇。与会学生议定自即日起罢课示威。当日晚餐时，东吴大学学生邀请上海学联代表来校报告。晚8时半，又在林堂礼堂召开大、中学生各级级长联席会议，议决对外代表4人，加入苏州学生联合会，与苏州学联一致行动。6月1日，东吴大学全体学生致电上海学联及各报社。东吴一中全体学生还集会选举成立"临时执行委员会"，全权处理支援上海爱国运动各项事务。赵朴初就是当年执行委员会成员之一。同日，上海东吴法科全体学生召开特别会议，决定响应罢课，并由学生会发表宣言。6月2日，东吴大学等20余校学生两三千人在体育场集合示威游行。6月25日为全国总示威日，东吴学生和各界代表2 000余人参加。

东吴法科学生身处上海，近距离面对五卅惨案。除积极参加各种活动外，东吴法科学生会设立了"法律讨论委员会"，研究五卅惨案有关法律问题。该委员会为弄清五卅惨案死伤情况，深入医院调查。在大量调查取证工作的基础上，编写了《五卅惨案受伤调查表》及《五卅惨案死亡调查表》，出版了《五卅血案实录》。法科学生会法律讨论委员会的爱国活动，为东吴大学赢得了良好声誉。

七、活跃的学生社团

东吴大学学生社团丰富多彩，学生各方面的才能得到锻炼与发展。20 世纪 20 年代，东吴的学生社团有：

学生会。五四运动期间，东吴大学学生会应运而生。第一届会长为王志稼。1919 年秋，学生会改组，根据"民治"的精神，学生会分设评议部、干事部。会长兼干事部长为尤敦信，副会长兼副干事部长为金其桐，评议部长为沈体兰。

1920 年，盛振为当选为会长。修改了学生会章程，主要内容有：① 学生会应派代表列席校政部会议；② 另组司法部，实行三权鼎立；③ 每部应聘请校政部人员做顾问。1921 年秋，因发生教员殴打学生事件，学生会与校方严重对立，学生会被迫解散。1925 年五卅运动推动了东吴学生会的重建，几经周折，学生会于 1926 年得以重建。会长为凌景埏，凌旋即辞职，由副会长赵端源代行职权。

学术社团。东吴大学于 1921 年秋季组织了文学、宗教、哲学、史地、理化、教育、算学、地质、生物、社会科学等 10 个学术社团，对培养学生的科研精神和学术兴趣发挥了重要作用。

辩论社团。1921 年冬，东吴大学辩论会进行了改组。除丽泽会和竞智会外，又建立了昌言辩论会、正名会、明强会、立诚会等。

体育社团。至 1922 年，学校体育团体有棒球队、足球队、网球队、田径赛队、篮球部、技击（武术）部等。

棒球队

女子篮球队

文化艺术社团。东吴大学的文艺社团丰富多彩，有东吴剧社、东吴大学音乐团、景俺会、美术会、摄影研究会等。东吴剧社成立于1907年，致力于推广普及话剧这门新兴的西洋艺术，并探讨话剧艺术在当时所秉持的价值。军乐队曾于1916年、1921年、1927年三次代表中国出席远东运动大会。后军乐、弦乐、歌咏、国乐、京剧等五个音乐类社团合并为东吴大学音乐团。景俺会以研究音乐、陶冶性情为宗旨，分丝竹、胡索、古乐及锣鼓四部。

东吴剧社演出照

同学会。即校友会，筹建于1912年，所认定校友包括东吴大学、博习书院和中西书院3所学校的学生。1913年7月，谢洪赉联合各校先后毕业的校友成立了同学会。同学会下设交谊科、著述科、荐恤科、协进科、庶务科等。1919年夏，胡贻谷等又倡议设立各地支会。1924年秋，周泽甫等鉴于同学会因缺乏中枢而渐有停顿之象，遂发起重行组织。与会校友70余人公推尤符赤、金志仁、高践四、姚铁心、陆季清、张师竹、史襄哉7人为理事，会同主席周泽甫、书记王佩诤执行筹备事宜，会议还通过了东吴大学同学会章程。

第二章　东吴大学的本土化及发展壮大

第一节　宏规大起

1927—1929 年，东吴大学校董会顺应中国社会发展潮流，任命杨永清为校长，改选校董会，改向中国政府注册立案，完成了法理上由美国教会学校向中国私立学校的转变。杨永清掌校至抗战全面爆发十年间，学校获得长足发展。

一、立案与国人掌校

中国文化教育界在 1922—1926 年连续发动了三次大规模的"非基运动"和收回教育权运动。这些运动的核心就是要收回教会学校的主权，加强对教会学校的管理，取缔教会学校的宗教教育。东吴大学领导层本来就希望能使学校中国化，注意协调与中国政府、地方社会的关系，为自身的生存和发展创造良好的社会环境。在教会大学向中国私立大学转换的过程中，东吴大学走在了全国同类学校的前列。

1922 年，初任校长的文乃史邀请在中国外交部任职的东吴 1909 届毕业生杨永清回校工作，并举荐其为副校长。杨永清此时公务繁重，辞职未准，未能到校。不久，学校任命神学教授赵紫宸为教务长。赵紫宸成为进入东吴大学领导层的第一位中国人。

赵紫宸

1923 年，东吴大学设立了由大学校长、大学教务长、中学校长、校监及校董会选举的 3 位教授共同组成的校政部。校内所有事务的最终决断权在校政部。凡东吴大学和第一中学教职员所提议的事，须经校政部研究与通过，方可实行。1924 年，东吴大学校董会实现初步改组。东吴校友、监理会著名牧师江长川和中央银行秘书胡贻谷等进入校董会，成为东吴校史上第一批中国校董。

1924年，东吴大学法科向北洋政府教育部呈请立案，1925年获正式批准。1924年，东吴大学率先取消必修宗教课程，改为选修。[1]1926年，正式废除宗教必修课。

吴经熊

1926年北伐战争开始，全国上下爱国热情高涨。法科教务长刘伯穆率先提出，鉴于目下时势，该校行政事宜应及早委诸中国人士办理。虽然他还有两年多任期，但还是向校董会呈请辞职，并请求物色中国人继任，将法科校务交由中国人管理。

1927年3月1日，文乃史校长在校董会议上主动辞职并要求赶快选举中国人继任，新校长上任前仍由他任代理校长。因为局势不稳，学校的工作已经逐渐由中国教职员工承担。30日，美国教师撤离后，校董会紧急推荐教务长潘慎明教授为代理校长。与此同时，自3月下旬至4月上旬，因局势的急剧变化，东吴大学董事会又一致推选钮永健为继任校长。旋因南京国民政府成立，钮永健任国民政府秘书长兼江苏省主席，东吴大学校长之议无果而终。

3月16日，校董会议决聘任法学博士吴经熊为该院院长，又聘盛振为为教务长。吴经熊（1899—1986），浙江鄞县（今宁波市鄞州区）人，曾先后在上海沪江大学、天津北洋大学法律预科读书。1917年8月入学东吴大学法科，1920年6月毕业，获法学学士学位。同年留学美国，1921年获密歇根大学法律博士学位。由于学业优秀，毕业时获公费访学机会，曾游学于法国巴黎大学、德国柏林大学等名校。1924年春回国，任东吴大学法科教授。盛振为（1900—1997），1921年东吴大学文学学士，1924年东吴大学法科毕业。后留学美国，师从西北大学法学院院长威格摩尔，获西北大学法律博士学位。遵照校董会决议，1927年4月1日刘伯穆正式离职。

盛振为

1927年6月，文乃史推荐杨永清为首任华籍校长人选。10月，校董会正式决议杨永清任东吴大学校长。杨永清（1891—1956），字惠庆，浙江镇海

---

[1] 杨秉诚：《百折不挠的毛吟槎牧师》，《江苏文史资料选辑》1990年第38辑。

人。杨氏全家都是监理会信徒，其父杨维翰是柏乐文的学生。1909 年，杨永清从东吴大学毕业，之后考取清华派送游美，入威斯康星大学，后转入乔治华盛顿大学，获法学学士及文学硕士学位。杨永清社会活动能力强，有外交才干。1917 年，杨永清任留美中国学生会会长，并兼该会月报主笔。1919 年，任中国驻英公使随员。1919 年冬，国际联盟在日内瓦开会，杨永清为中国代表团秘书。1921—1922 年，杨永清任华盛顿国际会议中国代表团秘书。1922—1927 年，任外交部条约司佥事、秘书等。其间，1925 年被派为驻伦敦总领事，旋因关税会议在北京开会留用国内，为会务处第一帮办。

杨永清

1927 年 10 月 28 日，全校师生热烈集会，欢迎新当选的杨永清校长到校履新。12 月 3 日，学校举行新校长就职典礼，杨永清正式成为东吴大学第一任中国籍校长。东吴大学成为中国教会大学中最早由国人掌校的大学之一。

在新成立的校行政机构中，东吴大学设立了"西顾问"职位。西顾问的职责主要为襄助校长处理西方教员个人问题，充当校董会与创办人之间的联络机关。西顾问列席校董会会议，有发言权，无表决权。文乃史为东吴校史上唯一的西顾问。

1927 年 12 月，国民政府颁布《私立大学及专门学校立案条例》。1928 年 2 月，国民政府大学院又颁布《私立学校条例》。这两份文件的核心：第一，私立学校的校长必须是中国人；第二，私立学校校董会董事长和半数以上成员必须是中国人；第三，私立学校不得设置宗教必修课，亦不得强迫学生接受宗教宣传；第四，私立学校校董会和私立学校必须分别向中国政府教育主管机关注册立案，且校董会的立案必须在学校之前进行。

至 1927 年年底，东吴大学已完成改任中国籍校长和废除宗教必修课的工作，要向中国政府注册立案，只需完成改组校董会的工作。1927 年，东吴校董会进行改组，由 9 名中国籍校董和 6 名美籍校董组成。随后，东吴大学又拟定了新的《校董会章程》，章程规定校董会由中西教士 3 人、同学校友 6 人、其他 6 人组成；校董会会员中须多数为本国人，校董会会长须为本国人。这些规定使新的校董会符合国民政府的立案要求。为保持教会大学特色，《校董会章程》也明确规定了校董会的目的是"就华东区域内，以基督教精神经营私立东吴大学，实施高等教育，促进社会福利，及公民训练，并依创办人设学本旨造就健全之人格"。

美国监理会最终同意东吴大学进行改组。1929年，校董会又继续进行改组：江长川为会长；校董会中美籍校董为5人，中国籍校董为10人，中国籍校董人数占了整个校董会人数的三分之二。这种构成已完全符合南京国民政府关于私立学校校董会立案的规定，东吴大学校董会遂于1929年6月先行立案。

东吴大学早期只有英文校训"Unto a full grown man"，语出《新约·以弗所书》第四章十三节，原意为"得成人"。作为东吴大学的校训，"Unto a full grown man"被赋予"为社会造就完人"的寓意。1928年2月，国民政府派专员到东吴大学考查立案工作，同意东吴大学继续使用"为社会造就完人"的校训，东吴大学英文校训得以继续保留。1929年3月31日，校政部会议"通过第六十议案，议决接受杨校长奉献本校之中文校训'养天地正气，法古今完人'"。自此，东吴大学有了中文校训。此外，东吴大学又有了新的校旗、校歌和徽标。

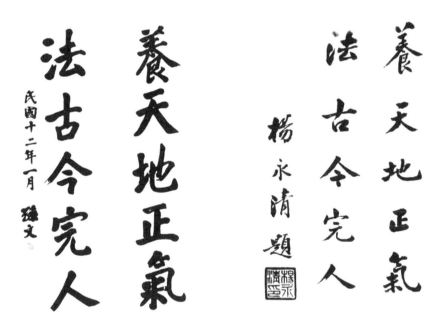

孙中山墨迹　　　　　　　　杨永清题词的校训

1929年6月，教育部委派教育司司长朱经农等来校考察立案准备情况。据7月29日《教育部训令第九八〇号（私立东吴大学立案由）》称，"为令饬事：前据该大学呈送私立东吴大学立案呈册，请准立案。当经派员前往视察，兹据该员等等呈报视察情形，核与私立大学及专门学校立案条例第三第四两条，尚无不合，应即准予立案"。

东吴大学校旗

东吴大学徽标

东吴大学校歌

二、办学条件显著改善

杨永清就任校长后，鼎新校政，推进男女同校，筹集资金，扩大基本建设，推进教学改革，取得了可观的成果。

东吴大学在国民政府立案后，文乃史在差会与校董会规约草案中建议：母会应该继续资助东吴大学，目的是预防其他外界非教会势力渗透学校。在向中国政府注册立案后，东吴大学继续得到教会的津贴。从总体上看，教会津贴在学校收入部分中所占份额已经很少，如1934年学校总收入为176 060元，创办人补助金是7 000元，只占总收入的3.9%左右。向中国政府注册后，学校得到了国民政府教育部的补助金，如1934年学校得到教育部1万元的资助。此外，来自国内社会各界的捐赠显著增加，其中比较突出的是李维格先生的捐款。

李维格

李维格早年就学于上海中西书院，后留学英国，回国后曾参与维新运动，是我国近代著名的实业家，一生重视科技教育。李维格将其上海环龙路房产每年的收入捐助学校，设立李维格补助及奖励科学基金。该项房产后经李维格合法继承人李中庸、李中道同意，变易现金建造维格堂，维格堂宿费一部分继续作为补助及奖励科学教育之用。

其他较有影响的捐赠奖学金还有：玉麟化学贷金（4 000元）、张尔馨化学奖学金（1 000元）、黄嵇朱国文奖学金（2 000元，以纪念黄人、嵇健鹤、朱稼秋三先生）、沈长赓清寒奖学金（12 000元）、裘可桴奖学金（1 000元）。此外，还有学校筹集的清寒教育基金和周元恺纪念奖学金等。

随着学校规模的扩展，1927—1937年，东吴大学建成不少新建筑，改建了校园内的一些设施，包括宿舍、体育馆、游泳池等，形成了东吴校园的基本格局。

女生宿舍。1928年，杨永清到任后不久提议招收女生，实行男女同校制。因住宿房间乃利用一幢暂时空出的西教士住宅，当年限定招生15—20名，结果有30名女生入学。1929年，原妇孺医院的一幢大楼改归东吴所有，并经苏州地方当局允许，改变道路，纳入了东吴校园。这座大楼成为女生宿舍。这一年，原计划招收50名女生，结果有64名女生入学。为了满足女生人数不断增长的需要，1935年，又改造女生宿舍的阁楼，增加了住宿房间。1936年，学校更拆掉这幢女生宿舍，就地建造了一幢四层楼的崭新的女生宿舍。至此，东吴大学已可安置200—230名女生住宿。东吴大学较早推行男女同校，也培养了一批杰出女性。

女生宿舍

东吴大学的女生

子实堂。1930年春，男生宿舍楼开工建设。自1930年秋季开始使用，名曰子实堂，以纪念曹子实。

维格堂。1932年10月，举行维格堂揭幕典礼。李维格之子、东吴大学校董李中道到会致辞，李维格夫人授钥，董事长江长川受领。

教员住宅。1933年，新建教员住宅三大所，可供8户住用。

新体育馆与游泳池。杨永清上任后提议建立纪念司马德的健身房和游泳池，并已募捐7 500元。1928年11月校董会同意并提供与捐助等额的资助。文理学院1930届毕业生捐赠了一个跳台，作为送给母校的毕业纪念。这一泳池为当时苏州地区所仅有，亦是中国"东南各池之冠"。

子实堂

维格堂

体育馆

1934年11月，新生开学典礼时学校举行了体育馆奠基仪式。因资金缺口较大，1935年，东吴大学师生发起募捐活动，杨永清校长为募捐活动题写了"人人尽力，个个有份"的标语，并以此为题进行演讲，倡导师生校友同心同力来建设母校。募捐活动在校园内外，苏、沪两地产生很大影响。学校用6位捐款最多者的名字命名体育馆6个门。正门命名为"新德门"，因周新德堂主人周子兴首创义举，捐款2 000元。之前在建筑女生宿舍时周也曾捐助1 000元。西北门为"长赓门"，因沈长赓捐款1 100元。之前他曾捐助博习医院建设隔离病院，出资上千元捐助东吴大学建立"长赓图书室"，1936年又斥巨资在东吴设立清寒奖学金。东门为"裕棠门"，因严裕棠捐了价值3 500元的钢质衣柜。其他各门分别为"昌淦门""迈尔门""冶诚门"，因桥梁专家钱昌淦、原东吴校医苏迈尔（Snell，J. A.，M. D.）及蒋纬国以其母姚冶诚名义各捐1 000元。东吴大学校董孔祥熙捐款500元并题写馆名。

石岩花园。葛赉恩、文乃史两位前校长和英文教授白约瑟都是创建东吴大学的元老。1928年，恰逢三人皆六十华诞，学校为他们举行了中国式的寿辰庆典，三位先生接受师生亲友们的祝贺。东吴学生还特地建筑石岩花园，为喜庆留下一份永久的纪念。

1930年学校新建发电房，满足了快速发展的需求；30年代早期，杨永清募集资金将供水系统扩展到校园里和附近住户。学校教学仪器设备、图书、运动设施等均趋于完备。据1935年《东吴校刊》记载："本校对于生物、物理及化学各科皆注重实验，故除应用之一切新式仪器外，备有显微镜三十具、标本数千种，专为学生实验之用。本校图书馆……历年购置或由各界人士捐助中西文书籍七万余册、中西文日报数十种、中西文杂志三百余种。本校有足球场二、网球场六、篮球场三，以及关于田径赛之种种设备。校场中设有铁杠云梯等。"

1937年4月24日，是东吴大学喜庆的日子。这一天，校园内嘉宾云集，热闹非凡。全校师生、四方宾客都来庆贺东吴大学的四大成就——新体育馆启用、新女生宿舍启用、新一届科学展览会开幕和生物系全国唯一的淡水生物研究所成立。

至1937年上半年，东吴各项主体建筑皆已完工，布局基本定型。中西合璧、典雅精致的东吴景致，充溢着浓郁的书卷气，呈现着勃勃生机，美不胜收，令人流连忘返。

私立东吴大学暨附属中学鸟瞰图

三、教学改革与成果

1927—1937年，东吴大学在教学方面又采取多项措施，充实了师资队伍，加强了实践环节，提升了法学教育层次，特别是发展了法学研究生教育，取得显著效果。

1. 师资建设方面

东吴大学广揽人才，每年均有新教师引进，师资水平进一步提高。仅1929年一年之中，文理学院及附中就新聘苏雪林、杨荫榆、吴献书等教职员31人。杨永清初任校长的1928年，东吴大学文理学院仅有教员35人，职员23人（其中8人亦为教员）。至1937年，文理学院有教员72人（含3名特约讲师），职员37人（其中8人亦为教员）。

东吴大学采取多种措施加强了师资队伍。① 大力引进优秀校友，促进师资本土化。以1930年为例，学校新聘10名教职员，其中孙晓楼、凌景埏、张梦白等7名男教师都是东吴大学的毕业生，3名女教师中有2名来自同属监理会系统的上海中西女塾。② 广聘外籍教师，扩大与国际间的交流。1929年，文理学院及第一中学教职员88人中有外籍教师12人。③ 加强与国内文化学术界的交往，延揽国内名师到校短期任教。1927—1929年，应聘到东吴法学院的国内知名教授就有胡适之、徐志摩、林语堂、张慰慈、潘光旦等。④ 加强与国外文化学术界的交往，聘请名家到校做短期讲座。1929年夏，美国哈佛大学国际公法教授韦尔逊博士来华游历，东吴法学院就请他莅校讲演，题为《国际公法之趋势》。当年秋天，菲律宾大学法科教务长卜科博博士来华考察司法状况，慕东吴法学院之名到校参观，法学院也请他做讲演。12月，美国华盛顿大学法科教务长马丁博士偕夫人来华，也来东吴参观并做讲演。⑤ 派遣教师留学或访问，进修深造。如1935年莅校之四大教授中，化学系主任顾翼东、招生主任沈青来均是赴美攻读博士返校的。

2. 教学实践环节

注重开展调查研究以及丰富社团活动等，以提高学生调查研究和实际工作能力。以1936年的几项活动为例：① 洞庭西山生物标本采集活动。4月，生物系7名学生在刘承钊、李惠林两教授率领下，赴西山进行生物标本采集。各人就所获成果细加整理研究，并由彭佐权同学对全过程做出总结，撰成《洞庭西山采集记》一文，刊于《东吴学报》第四卷第三期"生物学专号"上。② 卫生调查团活动。4月，东吴大学卫生调查团的同学对苏州各公共场所空气中细菌数进行了调查，并由朱伯尼撰成《苏州公众场所空气中之细菌数调查》一文，亦刊于《东吴学报》上。③ 社会调查活动。6月，社会学系教授朱约庵组织东吴大学暑期农村服务团。服务团学生到苏州城东北里巷村调查全村情况，绘制了地图，开展社会公益服务。11月，社会学系组织50多名学生分乘3条船，到葑门外杨枝塘一带的2个村子展开调查活动。

还有诸如开办惠寒小学、民众夜校、暑期游泳专修科等活动。学生社团的活动也得到发展。1927年之后新增塔社、政治学会、化学会、教育学会、英语演讲会、乒乓会、摄影学会、经济学会、音乐团、医预学会、无线电学会、历史学会等，这一时期，东吴大学共有88个学生社团。[1]1936年春，东吴大学文理学院采用绩点制，要求学生积极参加课外活动。

3. 法学教育方面

1927年后，法学院学生由二三十人迅速增至100余人。1929年9月，将法学预科并入文理学院，迁往苏州本部办学。1932年秋季，法学院在校生已达337人，授予学士学位人数已超过文理学院，1933年授予法学学士学位87人。[2]

东吴大学曾在1926年开设了一期法学硕士班，后中断。应毕业生之请求，1929年秋又开办了硕士班，至1930年有17人入学。法学硕士班开设主要科目一种，次要科目两种，院长吴经熊亲自授课。1931年，将硕士班改为研究院，凡东吴大学法学院毕业生，或经该院认可的其他法学院法律系毕业生，并获法学士学位者，均可报考。研究院为3年卒业制，所授科目以各国法系之民法比较为主，其中尤其着力专攻英美民法、法国民法、德国民法、日本民法、苏

---

[1] 张燕博士论文《东吴大学学生社团研究（1902—1952）》，第22页。
[2] 佚名：《学校教育汇报·东吴大学》，《福音光》1934年第41期。

联民法及中国民法。修业期满，成绩合格，学位论文符合要求，方可授予法学硕士学位。为保证教学质量和信誉，研究院特别注重师资建设，所聘教授如吴经熊、萨贲德、姚启胤、梁仁杰、刘世芳、张志让、戴修瓒等，均系法学界知名人士。1935年，经南京国民政府教育部核准，学校正式成立"法科研究所"，承担研究生培养工作。至1937年共有8届计14人毕业，获硕士学位。

法学院还招收留学生。1929年，法学院有留学生4人，分别来自美国康奈尔大学、密歇根大学、纽约大学、科劳鲁劳大学。1930年，又有3名留学生入学，其中1人来自哈佛大学，2人来自密歇根大学。

1930年，东吴大学文理学院学生大学部450人，中学部365人，法学院308人，大学学生共758人。这年，北平燕京大学本科生及研究生共625人，受短期课程者105人，总数也只有730人。以人数言，东吴大学当时"实为全国基督教各大学之冠"。胡适认为，在燕京大学于20世纪30年代成为领先的教会大学之前，东吴大学和圣约翰大学在中国的教会大学中发挥了领导的作用。

第二节　烽火弦歌

全面抗战期间，东吴大学广大师生坚持爱国主义传统，为坚持抗战、培养人才而颠沛流离，历尽千辛万苦。这一时期可分为两大阶段。第一阶段从八一三事变至1941年12月的珍珠港事件，东吴大学一迁于湖州，再迁于屯溪，三迁于上海，于"孤岛"坚持办学。第二阶段从珍珠港事件至抗战胜利，东吴大学千里播迁，直至福建、两广、重庆。烽火之中，弦歌不辍。

一、转辗浙、皖、沪

1937年八一三事变发生，校政部决定将苏州的大学部迁到浙江湖州，中学部（第一中学）迁到浙江南浔。师生员工分批撤往湖州，但大批设备器具、图书资料只能留在校园。1937年11月底，日寇占领上海，且从杭州湾登陆包抄中国抗日军队，湖州是日军必经之路。于是校方只能疏散人员，继续向西撤退。部分师生包括文乃史等外籍教师以及陆季清、赵荫庭等教师和大批中学学生则向莫干山撤退，在莫干山开办了一所补习学校，直到1938年8月底，奉杨校长之召回到上海。

撤离湖州后，东吴师生陆续抵达屯溪。之江大学的大批师生已先于东吴大学逃难到此，两校协商决定开办一所"流亡大学"。但不久南京失守，屯溪到处都是撤退的士兵，东吴师生不得不继续流亡。由于得不到上海方面的任何消息，校方以为上海包括租界均已为日军占领，决定师生分散行动，向长沙集结。杨校长则返回上海了解情况。

上海的东吴法学院在战事爆发后则避难租界。法学院地处虹口，很快被日军占领，学校因此未能如期开学。直到10月初，始借得南洋路治中女校恢复上课。为避免各种危险，学校劝使家居上海、未能随校撤往湖州的文理学院学生，特别是女生不要赶赴湖州，而就近去法学院，或到其他大学"借读"。为此，法学院增设了文科课程。由于教室有限，一、二年级安排在午后一至四时上课，三、四、五年级四至七时上课。法学院避难租界时，原图书馆所藏大量各国法律书籍被分别寄藏于盛振为院长及校友艾国藩（律师、瑞士驻沪总领事署秘书）家中，借此才免遭日寇破坏。1938年春，法学院由治中女校迁到慕尔堂时，部分书籍被移至该处，供学生阅览。

杨永清等从皖南回到上海时才知道，日军并未进占租界，租界内教学活动还是自由进行的。校方于是决定在上海复校，校本部设在慕尔堂（今黄浦区西藏中路之沐恩堂）。尚未撤往内地的学生闻讯而来，散落在内地的教职员工也纷纷向上海聚集。到1938年2月，已有90%的教员回到上海，学生已达1 481人。

东吴大学在"孤岛"内有两个中心，法学院与"联合中学"（原苏州的一中、上海的二中和湖州的三中）的主体部分在慕尔堂，文、理学院学生及其余的中学学生则租借南京路上的一幢七层大楼（原名大陆商场，1938年更名慈淑大楼，1956年更名东海大楼，今南京东路353号）作为教室。

慕尔堂

东吴大学与之江大学、圣约翰大学、沪江大学四校协商决定联合办学，共同组成上海基督教联合大学，租用慈淑大楼房舍百余间。东吴大学文、理学院及部分中学部在三楼，圣约翰大学在四楼，沪江大学在五楼，之江大学在六楼。四校使用共同的图书馆和实验室，课程互通，供学生自由选修。1938—1941年太平洋战争爆发，四校共同举行学位授予仪式和毕业典礼。

从湖州撤离时，东吴大学生物系部分师生在刘承钊、陆近仁教授带领下于

1938年1月辗转千里到达成都华西坝，并借华西大学生物系复学，以东吴大学名义在华西生物系开设课程，学生则为华西大学借读生。四川省教育厅曾委托东吴生物系师生开办东吴华西生物材料处，成绩斐然。1939年，这部分师生正式并入华西协和大学。

二、"孤岛"时期的教学调整与教学成就

在上海的战时教学中，东吴大学对应用科学尤为注重。在理科原有各系科的理论课之外逐渐增加应用性课程的教学，社会科学更注重培养能够了解社会问题，能够指导一项社会服务计划的实践性的社会工作者。从1940年开始，东吴大学着手重新调整原有院系。调整前，学校有3个学院12个系科：文学院下设文学系、经济学系、政治学系、社会学系、教育系、历史地理系6个系，理学院下设生物系（包括医预科和护理预科）、化学系、物理系、数学系（为副系），法学院下设法律系、会计系。调整后，文学院下设中国文学系、外国语文学系（英文组）、历史学系、经济学系、政治学系、社会学系，理学院下设物理学系、化学系、化学系化工组、生物学系，法学院下设法律系、会计系。

尽管处于险恶的战争环境，东吴大学还是取得了一定的教学成果。

化学工程系。1940年秋，校方正式增设化学工程系，邀请孙令衔回校主持、规划化学工程系的发展。孙令衔是东吴大学化学系毕业生，后来获清华奖学金出国留学取得博士学位。化学工程系成立后，即开设一、二年级课程，招生50多人。课程除化学各科外，还设有各种工程科目。

社会学系。1939—1941年，社会学专业得到进一步发展，学生人数扩大到80名。社会学专业教师队伍也扩大了，这一时期来社会学专业执教的有高阳、高君哲（纽约大学社会学硕士）、俞庆棠（哥伦比亚大学教育学硕士）、严景耀（芝加哥大学哲学博士）、雷洁琼（加利福尼亚大学社会学硕士）、谭明德（纽约大学法学博士）等。课程方面，与沪江大学合作，允许学生在两校之间任意选修课程。学校经常邀请一些社会学界的名流到校座谈，请他们帮助设计研究课题，并为学生提供社会实践的机会。社会实践的机会增多且实践面进一步扩大，学校与社会机构的关系非常密切。1940年秋，当时上海联大联合委员会鉴于社会学专业所取得的成果，特为该专业的教学计划提供全部资助，并为东吴、沪江两校社会学系提供一个专门办公室和研究室。系里特聘了一位研究助理，协助社会调查的研究工作。作为当年的教学成果，出版了《上海社会机构指南》。学生通过调查接触上海各阶层的社会生活，增强了认识问题、分析问题的能力。

物理系。在系主任李庆贤博士和陆鸿钰等的主持下，重新开办机械加工车间，虽然规模不大，但加工的产品在质量上、数量上都比以前大大提高，并为中学和大学实验室加工教学实验仪器。物理系还出版了《物理学示教与实验》杂志，刊登论文，介绍有趣的物理实验，同时转译一些国外杂志的论文资料和物理学相关书籍。

生物系。生物材料处在生物系主任徐荫琪博士及尤大寿、谢颂三等的努力下，于1939年5月恢复，重新购置了切片机等设备，加工国内各大、中学校所紧缺的各种实验标本。经过不懈的努力，该处很快就恢复到全面抗战爆发前的水平，各种动植物标本应有尽有，国内外订单数量超过了以前水平。

会计系。抗战全面爆发后，很多金融和会计业人士流落"孤岛"，同时大批因学校解散或流亡而失学的青年也涌向租界内仅有的几所坚持开办的大学。鉴于此，东吴大学决定开办会计系，拓展学科领域，扩大影响，为社会培养新型的金融、会计业人才，同时扩大学校规模，增加入学人数及学费收入，以缓解资金困难。学校认为法学与会计关系密切，律师与会计业务上息息相通，一个好的会计师必须有很高的法律造诣，对国际、国内各相关法律条文均应有一定的了解，故将会计系附设于法学院。该系设立之初，以周仲千为主任。除了开设相当比重的法律课程外，以统计、会计二者并重。会计系从一开始就拥有一支业务精深的教职员队伍，许多财界著名人士如潘序伦、奚玉书、安绍芸、李文杰、梁冠榴、唐庆增、朱通九等都曾在该系任教，他们对东吴会计专业的建立和发展做出了重要贡献。

体育专修科。东吴大学在沪办学后，鉴于社会对体育人才需要之迫切，即有恢复体育系及体育专修科之议。至1940年夏筹备就绪，并呈准教育部自下学期起，先行恢复体育专修科。7月间，登报招生。

药物研究室。1939年，学校安排留美归来的顾翼东博士和留德归来的黄兰孙博士牵头创办了药物研究室以研究制造新药。针对当时疟疾横行的情况，实验室主要研究两种抗疟疾药物，至珍珠港事件爆发，针对恶性疟疾的扑疟喹啉已经合成完毕，准备进入生物实验阶段，疟涤平的研制也完成了一半的工作。

附属中学。在上海期间，中学规模迅速扩大。东吴附中初中部于1939年开始招收女生。1940年附中的879名学生中，女生已达200多人。在短短两年间，东吴附中就发展成为华东地区规模最大的中学。

东吴大学还远赴云南创办了一所天南中学。这是云南第一所也是当时唯一的教会中学。校长由一位东吴校友担任,还有几位校友在校任教。东吴大学提供的书籍和生物材料处制作的教学标本、物理系加工生产的仪器设备一批批地被运往这所中学。

1941年,在中国115所高等学校中,东吴大学是12所受到国民政府特别表彰的学校之一。这12所学校中,有5所是国立大学,4所是私立大学(包括教会和非教会大学)。在教会大学中,东吴大学是3所规模最大的学校(学生数超过1 000人)之一。东吴大学学额后来扩充至1 300人。

三、千里播迁

1941年12月7日,太平洋战争爆发。8日,日军占领上海公共租界。东吴大学如果继续在上海办学,就意味着与日本军事当局和傀儡政府妥协。因杨永清赴美未归,文乃史以美籍身份不能自由离沪,校董会议决选任沈体兰为副校长代理校务,盛振为接任法学院院长。1942年1月8日,东吴大学校董会一致通过"停办学校案"。决议由代理校长沈体兰、潘慎明(校务长兼理学院长)、盛振为(法学院院长)组成东吴大学内迁委员会,沈体兰为委员会主席。

沈体兰

1942年4月中旬,沈体兰、潘慎明、盛振为一行抵达浙江金华。5月中旬,东吴师生经浙江金华迁至福建邵武。东吴大学、之江大学的代表与福建协和大学执行委员会的代表讨论在邵武建立基督教联合大学。设立联合大学行政委员会,由福建协和大学林景润校长为主席,之江大学李培恩校长为司库,东吴沈体兰代校长为秘书长。并达成一个联合的方案:联合大学分成两大部分,一为福建协和大学,主办文学院、理学院与农学院;一为东吴大学和之江大学,共同主办法学院、商学院和理工学院。至6月中旬,因敌情变化及合作分歧,联大计划被搁置。之后,沈体兰带领文理学院迁往曲江,盛振为则前往重庆。

1. 曲江文理学院

8月底,沈体兰到曲江与已在曲江仙人庙办学的岭南大学洽商迁校问题,受到岭南大学的欢迎。9月初,东吴全体内迁师生暨眷属约30人抵达曲江,决定留在曲江复课。不久,东吴与岭南达成合作计划:由岭大主办文科,东吴大学将所招收的文科新生及教师交由岭大管理;理科将在下学期恢复,东吴负主要责任。岭大将从香港把他们的理科仪器设备等运到曲江供理科使用。10月初，文学院先行招生开学，学生40人全部寄读于岭大。1943年春季，东吴大学恢复了理学院，招收35名新生。在曲江的文理学院有学生70多名。文理学院在曲江安定下来后，原有各种学生团体、学术活动也先后得以恢复，政治学会、经济学会、学生自治会、青年会等组织都先后恢复活动。

到曲江后，东吴大学又营建了自己的校园。校园位于曲江北约30千米粤汉铁路仙人庙站以东，入校门后循甬道东行并列三座教室，名为"林堂""孙堂""赉恩堂"。办公厅北部的实验室为全校最大之建筑，名"抗建堂"；学生宿舍名为"英盟堂""美盟堂"；礼堂，也是膳厅名为"永清堂"；女生宿舍名为"桂友堂"；教职员住宅名为"天赐庄""螺丝浜""姑苏坊""葑溪坊"；山前山后有中西球场、博习球场。

文理学院仅获得一个短暂的喘息机会，因经费严重短缺和人事矛盾，对选址曲江办学的不满等接踵而来，沈体兰自觉

曲江版《东吴校闻》

无力应付，向校董会提交辞呈。在重庆校友的强烈要求下，校董会于1944年4月中下旬着手对校行政进行改组，推选时任朝阳学院院长的孙晓楼为代理校长。但战争的发展已使改组计划来不及实施。这年春夏，日寇为打通从华北到东南亚的通道而发动了豫湘桂战役。东吴大学不得不仓促撤到桂林，留下事务长和4名校工看守校园，大部分图书资料、仪器设备等存放在岭大校园。沈体兰到桂林后，设立了东吴大学办事处，并想到贵阳继续办学。但学校拖欠银行贷款75万国币，教师薪金没有着落。6月16日，校董会决定：① 将文理学院暂时停办；② 帮助偿还文理学院所欠款项；③ 提供资金帮助撤离教职工，并决定曲江校产以150万元国币卖给岭南大学（校舍100万元，图书、仪器等50万元）。曲江原有学生可在岭南大学借读，部分转到重庆的学生插入法学院班级或到其他学校借读。1944年年底，校董会正式接受沈体兰辞呈，改选盛振为临时代理校长。

2. 重庆东吴沪江法商学院

太平洋战争爆发后，在重庆的东吴校友曾召开会议讨论帮助母校西撤的计

划。会议选举江一平、董承道、施季言等5人组成一个委员会负责与母校联系西撤事宜，并选派施季言为校友代表前往上海接洽。委员会募得15万元捐款作为母校师生的西迁费用。

1942年8月，邵武联大计划失败后，盛振为决定带领法学院西迁重庆。他认为，上海与东南交通线已被切断，唯有西迁陪都，最为便利。原任课教授很多人已抵达重庆，校舍也"已蒙教会拨用"，图书设备等则由校友会指拨款项购捐供需，或承各机关暂借部分，就地使用，且内迁员生"来渝之川资已有相当之准备"。

这时，东吴大学非常时期校董会也在重庆组成。原校董会自东南沦陷后，既未能正常行使职权，亦不能全体转来后方，只得暂告解散。非常时期校董会以孔祥熙为董事长，成员有陈文渊、力宣德、江一平、锐璞、贝祖贻、居正、张群、罗运炎、李骏耀、陈霆锐、董承道、骆爱华、黄仁霖、任学宗等。卫理公会华西区以保安路214号社交会堂原址作为法学院开办地址。1943年春，教育部核准东吴和沪江两校联合开办一所夜校。两校于社交会堂废墟上修建校舍数栋，于3月8日举行入学考试，3月15日正式开学，东吴沪江联合法商学院在重庆成立。经两校协商，联合法商学院的法学院由盛振为任院长，商学院由凌宪扬为院长，校务委员会由两校校董代表及两院院长与教务长组成，直接隶属于两校校董会。联合法商学院开始时设有三个学系：东吴大学法学系，沪江大学工商管理系，东吴法学院会计系与沪江大学商学院会计系、银行系合并组成的会计银行系。东吴大学法学系由卢峻、姚铁心等先后主持教务，陈晓博士主持总务，教授有陈霆锐、江一平、查良鉴、俞叔平、杨兆龙、倪征燠、范扬、利荣根、王化成、陈丕士、张企泰、吴祥麟、张庆桢、徐中齐、黄应荣、沈青来。不久，东吴法学院恢复法科研究所，由前院长吴经熊任所长，并开设了法律专门部，由杨兆龙任主任。1943年6月学期结束时，举行了西迁重庆后第一届毕业典礼，法学院6名学生、商学院1名学生分别被授予法学学士和商学学士学位。此外，法学院、法科研究所在1943年年底已有研究生10余人，到1945年第一届研究生毕业。

在重庆各界人士的支持下，法商学院在重庆顺利发展。1945年8月开始，之江大学工学院加入法商学院联合办学，组成了东吴沪江之江联合法商工学院。

3. 在沪师生的办学活动

太平洋战争爆发后，日军占据慕尔堂，法学院师生仓促撤离，转入慈淑大楼继续授课。1941年年初学期结束后，东吴大学停办。除一部分学生西撤外，大部分学生不得不滞留于沪。留沪学生与未及离沪的教师暗中维持课务，自1942年春起，借华龙路中华职业教育社教室继续上课。为避免敌伪注意，不再沿用"东吴大学法学院"名义，而临时改称"董法记"，取其谐音"东法"，加"记"听起来像商号名，以免特务干扰。不久又迁至重庆路新寰中学上课，直到暑假。

1942年秋，学校借用南洋路爱国女子中学校舍开学，改名为"中国比较法学院"，此名称为原英文名称"The Comparative Law School of China"之直译。任课教师有鄂森、吴芷芳、姚启胤、刘世芳、费国南、张中楹、安绍芸、李文杰等。费青任教务长，鄂森任秘书长，周泽甫掌总务，刘哲民掌会计。

在日伪恐怖淫威下，留沪师生抱定宗旨：处此黑暗时期，适足砥砺气节，充实学问；将来海晏河清，即可出而用世。教授们竭力摆脱外界干扰，潜心教育；学生益知自奋惕厉，群策群力。当时师生约定，敌伪倘来干涉，当立即停办，以示忠贞不渝。尽管学校曾遭敌伪注意，但由于校方沉着应付，终免于日伪迫害。

当法学院师生借用一些中学的教室恢复上课时，其他班级也如法炮制，分散在不同地点，以"补习班"的名义继续秘密上课。1943年6月，经东吴大学文理学院和之江大学在沪教师协商，决定两校留沪部分联合开办华东大学。于是，华东大学于7月在上海正式开学，从而结束了两校留沪师生分散的局面。东吴大学化学和化工系原分散在各化学研究室的教师也应召加入华东大学任教。华东大学设有5个学院：文学院、理学院、工学院、商学院和教育学院。大学不设校长，而由一个联合委员会具体管理日常事务。杨永清曾评价华东大学"先后三年，从不与敌伪方面有所来往，所授课程亦与敝校所授者完全一致"。

这一时期滞留上海的化学化工专业教师分散在20多个制药和化学实验室里，他们通过不懈努力，取得了不小的成就。例如，严志弦首次用电解方式研制出治疗结核病的药物葡萄糖酸钙，并由汪葆睿投入生产。再如，战前从美国进口的磺胺类抗生素已经库存耗尽，东吴大学的研究人员在光明实验室研制出一种最安全可靠的配制工艺可以大量生产，这种工艺被称为"东吴工艺"。

第三节 复校与联合

一、胜利光复

抗战结束，东吴大学纽约办事处的魏廉士、戴荪、卡德雷特即与杨永清等紧急磋商，于1945年9月1日致电东吴大学重庆分部，分别指定重庆和上海两处各三人为代表，接洽恢复东吴大学事宜。留在上海的校友会成员也与坚守在上海的周泽甫、徐景韩、黄式金、鄂森等原文、理、法三院的教务长们会面，决定立即恢复东吴大学，并特设了一个委员会来执行，选任周泽甫为代理总务长，徐景韩、黄式金及鄂森分别担任文、理、法三院教务长，孙蕴璞为中学校长。

流亡重庆的校董会成员也回到上海。1946年1月，差会执委会增补陈霆锐和李骏耀为校董会成员。1月26日，重组后的校董会召开第一次会议，选举学校新的领导机构。由于杨永清校长仍滞留美国，法学院院长盛振为被任命为代理校长，直到杨永清校长返回为止。周泽甫、徐景韩协助行政事务。

1946年年初，校董会、教授会及校友联名致电文乃史，邀请他速回东吴大学协助复校。日美宣战，文乃史被俘，被幽禁于上海集中营两年有余，其间备受苦楚，直到1944年日美交换俘虏，始得遣归美国。文乃史欣然应允，于1946年5月7日回到东吴大学。由文乃史主持复校工作，在很大程度上降低了东吴大学恢复工作的难度。

杨永清原计划于1945年10月回国，但中国大使馆敦促他改变行期，等到联合国大会结束之后再回国。1947年3月，杨永清回国，受到全校师生、校友和校董会的热烈欢迎。杨永清在欢迎会上说："永清身在外洋，心在祖国。永清有三件一直不能忘怀的事：祖国、母校东吴和青年。"

战后，学校的教学秩序很快得到恢复。1945年9月，华东大学停办，原华东大学文、理、教育三学院的学生大部分进入东吴大学。东吴大学在上海复校后于1945年9月25日开学。11月，苏州校园的一部分得以恢复，校临时委员会决定在苏州恢复办学，先开办大学和中学一年级，12月12日正式开班上课。自1946年秋季学期起，文理学院的一、二年级迁回苏州，三、四年级学生仍留在上海上学。到1946年秋季，文理学院大体上恢复了战前教学计划的框架。1947年，文理学院春季学期的学生注册数为：文学院420人，理学院310人；秋季学期的学生注册数为：文学院375人，理学院486人。

1945年9月，法学院恢复"东吴大学法学院"名称，迁回慕尔堂上课。

10月17日，东吴大学校董会代理董事长罗运炎致函国民政府教育部，申请学期结束后即撤销联合法商学院，各校迁回原址办学，随即得到批准。重庆法学院于1945年冬提早结束渝校课程，复员东下，与原上海比较法学院部分会合。1946年初秋，法学院迁回昆山路旧校舍，原有的法科研究所已于当年春季恢复，刘世芳、姚启胤教授先后为研究所主任，姚启胤兼任法律系主任。陈来文任会计系主任。1946年，由司法行政部提请教育部核准，法学院增设"司法组"，以事训练司法人才，适应国家急切需要。曹士彬任司法组主任。一切工作都基本上恢复到战前水平。1947年秋学期，法学院在册学生数为：男生577人，女生169人，总数746人。

东吴法学院师生和校友在举世闻名的东京大审判中做出了卓越贡献。1946年5月，东京审判开庭，这是第二次世界大战结束后重大国际政治事件之一。这次审判中，中国派赴远东法庭的法官、检察官、顾问、秘书、翻译等人员中，就有来自东吴大学法学院的向哲濬（检察官）、倪征燠（检察官首席顾问）、桂裕（检察官顾问）、鄂森（检察官顾问）、裘劭恒（首任检察官秘书）、高文彬（翻译、检察官秘书）、方福枢（首任法官秘书）、杨寿林（法官秘书）、刘继盛（翻译）、郑鲁达（翻译）等。

倪征燠

高文彬

二、艰难重建

抗战期间，东吴大学苏州校园两度被日军占领，损失惨重。1937年11月至1939年3月，日军第一次占领校园，学校大楼和住宅遭到洗劫和糟蹋。由于当时日本尚未向美国宣战，所以虽然东吴大学已在国民政府立案注册，但文件及校园的界牌上却写着"监理会东吴大学"字样。通过监理会文乃史、许安之博士及慕雅德会督的不懈努力，日军不得不在占用了16个月后，于1939年

3月将校园归还东吴大学,但校园建筑、教学设施、图书馆书籍已遭严重破坏。

1941年12月,太平洋战争爆发后,校园又一次被日本侵占。这一次的破坏程度更加严重。在这次占领期间,葛堂经历了许多结构上的变化,被日军医院改变为办公室、手术室、药房和急诊病房等。

1945年8月,日本宣布无条件投降,饱受战争苦难的人们迎来了新生的希望。但是,国民党政府的腐败统治造成了严重的后果,社会经济急剧恶化,物价飞涨,货币贬值,民不聊生。面对战后复校、学生增加、通货膨胀等种种困难,东吴大学举步维艰。

抗战结束之前,校董联合会预见到在华教会大学将需大量资金以恢复在战争中被毁的校园建筑和教学设施,并为此准备了相当的资金。但随着战后中国社会金融动荡,物价上涨,货币急速贬值,教会大学经费情况异常严峻,教师生活水平急剧下降,迫使校董联合会改变原先的计划,将修复各校校园为重点转变为重点帮助各校渡过危机。同时向各有关教会发起募捐运动,以筹集资金,帮助在华各教会大学的校园恢复工作,募捐标的为1 500万美金。为此,东吴大学加入了中国基督教大学联合募捐运动,并与圣约翰、沪江、之江等一起组成筹备委员会。

筹备委员会第一次会议于1947年1月18日在东吴大学法学院召开,由盛振为代校长主持。会议设立了募捐运动委员会,确定了捐款目标(暂定为国币100亿元)。此外,东吴大学还另行设立校友募捐委员会,向校友募捐。东吴大学校友会自1913年建立后,在全国各大城市都设立了分会,对母校教育事业做出了巨大的贡献。战后不久,南京、武汉、广州等地的校友会又迅速得以恢复。各地校友纷纷尽己所能捐钱捐物,帮助母校恢复工作。其中捐款最多者为李骏耀,捐款4 000余万元;其次为蒋纬国,捐款3 000万元。

复校工作由文乃史主持。日本投降后,杨永清在从美国出发去伦敦参加第一届联合国大会前,文乃史参加中国基督教大学校董联合会,以便为东吴大学的复校提供便利,包括定购物理、化学和生物教学设备,以及一些重要的剩余战争物资,并准备好尽早海运至中国。文乃史主持复校期间,在东吴师生及各方努力之下,复校工作艰难进行。

一是修葺、恢复校园建筑。在各方努力下,课室、宿舍、体育馆、游泳池等均已可用。林堂屋顶的四面大钟,由严馨垂资助予以修理。葛堂经陆鸿钰博士苦心设计,尽量利用废料,加以修葺,全部电线及自来水管均重新装置或加以修整，完全恢复旧观。东吴大学校门，战前系坐南朝北，抗战期间被日军转移至天赐庄道上，改为坐东朝西。1948 年 5 月，1928 级校友集资为母校重建校门。

二是恢复、充实图书馆。文乃史返校前，曾在美国与十几位美国大学的专家学者合作，编列了一份给东吴大学图书馆订购的 1 500 册书的基本清单。图书馆还收到罗汉槎校友捐赠的大英百科全书一部，得到教育部配给最新大英百科全书一部，校友严欣淇、黄廷英捐赠图书多种，校友余经藩捐国币 200 万元用于购买杂志。上海美国新闻处图书馆主任 Miss Margaret Thompson 到东吴大学参观，携来书籍百余册及图画等。不久，图书馆藏书恢复至 5 万册（中西文合计）。

三是恢复生物材料处、物理仪器工厂。战后，生物材料处从上海全部迁回苏州，由徐荫祺任主任，并聘戴荪、陈子英、张和岑、李惠林、沈毓凤、徐祥生、杨祺柞、黄佩英等为专门技师协力整顿，充实内容，恢复生产。此外，生物材料处又筹备恢复大学 *B. S. S. Bulletin* 和《中学生物学刊》两种杂志，还恢复了在苏州建立淡水养殖场的计划。物理仪器工厂也得到恢复。苏州沦陷后，仪器工厂被日军搬走。东吴大学在沪办学时，曾在上海重新购置机器。战后，将沪厂机器迁回苏州装置开工，生产自制的高档仪器。同时，又从美国增购机器，扩大规模。

四是解决教师生活困难问题。校方花了大力气解决教师生活困难问题，除依靠校友捐资设立教师退休基金外，又建立了两项基金。1947 年下半年，由于国内经济进一步恶化，学校财务愈加紧张，同学会（校友会）向广大校友筹集资金，设立教职工补助基金会，并制定了《东吴大学同学会补助母校专任教职员生活费暂行办法》。1948 年，学校又设立了教工互助基金。东吴大学的学生也为教师建立了"教工福利基金"（"尊师基金"）。

战后东吴大学克服重重困难获得一定发展。据 1947 年教育部进行的教育调查，东吴大学在校学生为 1 626 人，所设院系有法学院，法律系（甲组）、法律系（乙组）、法律学组、行政学组、国际法组、司法组、会计系、法律研究所；文学院，本国文学系、英文学系、政治系、社会系、教育系、经济系；理学院，物理系、化学系、生物系。

另据 1948 年 11 月 3 日的一份中国基督教大学校董联合会的通报，在华各教会大学 1948 年在校学生数如下表所示，东吴大学在战后还保持着规模上的领先地位。

在华教会大学在校学生数统计表（1948年）

单位：人

华西协和	东吴	金陵	沪江	岭南	燕京	之江	福建	华中	齐鲁	金陵女子	华南
1 733	1 210	1 188	1 072	1 058	921	891	590	530	478	437	223

三、联合办学

东吴大学的战后复校平行穿插着与圣约翰大学、之江大学联合办学，筹建华东联合大学的过程。

教会大学联合办学的思路由来已久，其起源可追溯到20世纪20年代巴顿调查团访华及由此而产生的在华传教士教育政策的调整。抗战全面爆发之初，华东几所大学避难上海，为克服战争所带来的诸多困难，圣约翰、东吴、之江、沪江、金陵、金陵女子文理学院等教会大学协作办学，历时4年之久。太平洋战争爆发后，东吴法学院、沪江商学院、之江工学院于重庆合办东吴沪江之江联合法商工学院，直到抗战胜利。而滞留上海的东吴、之江、圣约翰部分师生合作开办华东大学。东吴大学文理学院则于广东曲江与岭南大学合作办学。1943年春，中国基督教大学校董联合会专门成立了一个计划委员会，对在华教会学校的现状、未来等进行研究。该计划委员会于1945年制定了一份"计划委员会报告"，确定了战后教会在华教育的总方针。该委员会建议，上海地区如欲成为"最高水平、优先对待的基督教教育中心"，有待于圣约翰、东吴、之江、沪江四所大学联合或联盟才能促成。

圣约翰、东吴、之江、沪江等四所大学的创办人——各自的差会积极响应中国基督教大学校董联合会执行委员会的方针和计划。1945年3月，四所大学的差会代表于纽约召开会议，表决通过给予四院校各自董事会完全自主，协商探讨合作、协作或联合的具体计划，并决定由四校美国差会探讨提供四校合作所需的中心地址问题。1946年6月，东吴、圣约翰和之江三校代表组成一个代表委员会，同意几个大学应按一个行政、一个财务、一个校址原则实行合并。沪江大学未参加委员会，宣布单独办学，不参与联合。

1946年6月22日，东吴、圣约翰和之江三校联合学位授予典礼在慕尔堂举行。次日举行联合毕业典礼，三校共有425名学生毕业。12月5日，联合大学筹委会正式组建。在拟议的合并章程中，联合大学被命名为"华东联合大学"。

但三校联合中困难重重，时局的发展更打乱了联合大学的筹备，华东联合大学也终成"一枕黄粱"。1948年，华东联合大学的计划未取得任何成果。中华人民共和国成立后，新的形势又一次激发起新的联合热情。1949年11月，在东吴大学的推动下，东吴、圣约翰和之江三校又连续召开合作会议，商讨按1948年计划继续尝试联合办学。在12月17日的三校联席会议上，杨永清校长被选为联合委员会临时主席，负责召集会议，协商联合事宜。此后，三校相继召开了多次会议，但始终未能找到一个被各方所接受的联合方式。不久，随着抗美援朝战争的爆发，华东联合大学的筹设也画上了句号。

第四节 走进新中国

一、地下党组织与学生运动

早在建党之初，东吴大学就已有共产党员开展活动。诗人徐雉于1921年加入中国共产党，受陈独秀派遣到苏州，进入东吴大学学习，宣传马克思主义，并从事党的秘密工作，东吴大学地下党活动自此萌芽。1925年东吴大学正式建立了中共党组织，宣传革命思想和党的政治主张。1941年年底，东吴大学地下党在上海学委教会大学区委指导下开展工作，先后由雷树萱、丁景唐、雷筱粹任支部书记。

抗战胜利后，东吴大学在上海和苏州相继复校。中共苏州地下党系统（苏州市工委）在东吴大学建立了地下党支部。1946年秋季学期，在上海的东吴文理学院（三、四年级学生除外）迁回苏州，其中的地下党员于1947年下半年也在苏州建立党支部，朱承烈任书记。该支部仍由上海市委学委联系。1948年3月，两个党支部合并，路尔铭任书记。9月后，陆亨俊任书记，黄俊明、汪家学、王瑞莲为支委。此外，1948年春，中共茅山工委也在东吴学生中发展党员，9月建立党支部，何福源（物理系学生）任书记，沈剑涵、章腾文为支委。1949年3月，何福源、章腾文奉命去丹阳农村从事游击活动，沈延富接任书记。两个地下党支部密切配合，到1949年苏州解放后公开合并。

在东吴大学地下党组织的领导下，学生运动局面一新。1946年年初，学生中建立了秘密的"时事学习小组"，在上海学生迁回苏州后扩大成立了秘密组织"今天社"。此外，又建立了一些公开的外围组织，如1946年上半年成立的"文学研究会"、1947年春建立的"东吴新闻社"、1947年10月成立的"姐妹兄弟团契"（S. B. Club）。1948年10月，为建立新民主主义青年团组织，建立了"新民主主义研究社"，对外称"新民社"。

1946年冬，北平发生"沈崇事件"，地下党组织进步师生在拙政园与社教学院部分学生会合，组成抗暴委员会，发表宣言，抗议美军暴行。1947年5

月，东吴大学学生响应全国学联号召，积极投入国统区学生"反饥饿、反内战、反迫害"运动。

1947年夏，地下党支部团结大多数学生成立学生自治会。选举帷幕拉开后，进步同学以文学研究会名义提出了候选人名单，东吴新闻社全力支持，派记者采访出刊专号，发表候选人施政纲领。受反对势力影响和控制的一方则提出另外候选人名单，竞争非常激烈，民主气氛空前活跃。最后由全体同学直接投票选举，结果，路尔铭以249票当选为主席，刘庆曾、朱承烈为副主席。其中路尔铭、朱承烈是地下党成员。这样，战后苏州东吴大学第一届学生自治会正式成立了。

1948年5月，"姐妹兄弟团契"和东吴新闻社联合其他学生社团举办五四晚会。1949年4月1日，南京学生游行示威，要求国民党当局接受中共八项和平条件，遭到血腥镇压。东吴学生谴责国民党当局制造"四一惨案"。一夜之间，校园里遍贴声援南京学生的传单、标语。第二天晚上，又举行了营火追悼会。

苏州解放前夕，东吴大学组织了"应变委员会"。当时，校方拟将学校南迁。学生自治会参加应变委员会的诸汉文、张崇高、何祚永、徐佩芳、黄绪德，教师代表周孝谦、徐荫祺等竭力反对迁校，结果迁校被否决。为了保护学校安全，防止破坏盗窃，应变委员会决定成立护校纠察队，由学生自治会负责。地下党支部团结师生，为保护学校迎接苏州解放做出了贡献。

1949年4月27日，苏州解放。东吴大学师生纷纷上街，敲锣打鼓，迎接解放军进城。在革命战争年代，东吴大学及其附中涌现出贺威圣、徐玮、丁香、胡陈杰、茅丽瑛、顾葆恒、唐崇侃、孙方璟、何福源、刘湛恩等为人民解放事业奉献了生命的革命英烈。

二、在维持中改造

党和人民政府对私立学校的方针是"积极维持，逐步改造，重点帮助"，允许教会学校在行政上维持现状，同时"在维持中改造"。

苏州解放后，杨永清代表校方对局势转变做出了最初的反应。他在5月5日晨会上对学生做了讲话，高度肯定了学生的护校活动，表示了当前校方的政治态度：在未奉到新教育法令之前，一切现行学制、行政组织系统暂不变更，并表达了对"新东吴"的期望。

1949年秋，东吴大学校董会由陆干臣、伍克家、李中道、安迪生、董承道、江长川、项烈、罗运炎、严欣淇、梁冠榴、裴格萌、费雪珍、姚克方、钮师愈、蔡汝栋、黄安素等组成。1950年春，董事会董事长为陆干臣，副董事长为伍克家,中文书记为李中道,英文书记为项烈,会计为董承道,董事还有洪士豪、江长川、罗运炎、严欣淇、梁冠榴、谢颂三、费雪珍、乐安伦、纽斯愈、蔡汝楝,当然校董为黄安素。

9月30日,东吴大学校务委员会筹备会成立。10月,苏南行政公署下达指令,同意校方所报校委会筹备委员会名单。在校务委员会正式成立之前,筹备会代行其职权。经一年筹备,东吴大学校务委员会于1950年10月11日正式成立,由杨永清任主席,徐景韩为副主席,王应鼎为书记。委员会当然委员有校长、教务长、理学院院长、文学院院长、事务长及各系科主任。另有选任委员6人,其中工会代表4人,学生会代表2人。校长综理全校行政,教务长协助校长主理校务,文理两院院长、事务长分别负责处理院务与事务。校委会之下分设各项委员会如教务、生辅、财务、事务、政治教学、学习、生产等。

1951年8月下旬,学校进行了一次行政改组,增设副校长两人。由校董会呈准华东教育部,聘任钟伟成为第一副校长,潘慎明为第二副校长兼文理学院教务长。

1950年10月,抗美援朝战争爆发后,东吴大学与教会的关系发生了根本性变化。12月29日,政务院第65次政务会议通过《关于处理接受美帝津贴的文化教育救济机关及宗教团体的方针的决定》。1951年1月14日,中央人民政府教育部召开了全国接受外资津贴的高等学校代表会议。东吴大学杨永清校长、王涵清教授、何福源同学代表学校赴京出席会议。同日,政务院文化教育委员会公布《接受外国津贴及外资经营之文化教育救济机关及宗教团体登记实施办法》。1月16日,教育部决定将东吴大学等9所院校接收过来,改为中国人民自办,政府给予办学补助,但仍维持私立。3月,东吴大学在华东军政委员会教育部专门设立的登记处登记,与教会割断联系。从1951年春季学期起,东吴大学不再接受美国教会津贴。

1950年11月中旬,东吴大学88名学生(占全校学生总数的五分之一)响应政府号召,报名参军参干,其中34人获得批准。12月,东吴大学建立了抗美援朝保家卫国工作委员会,推动和组织各项行动。12月8日,举行了反美控诉会,除师生工友代表外,校长杨永清也在大会上讲话,表示要与美帝斗争,直到世界得到永久和平。1951年4月底,东吴大学举行全校性的抗美援朝代表会议,由何福源同学做抗美援朝运动的工作报告,凌敬言教授做会议小结,杨永清校长致闭幕词。大会决定把校园内孙乐文的纪念石柱与石基全部拆毁,把校门上的英文校训涂去,代之以"全心全意为人民服务"。此外,还将林堂、葛堂、孙堂等建筑的名称全部更改。

之后深入开展的政治学习与思想改造为学校转变打下了坚实基础。1950年1月，苏南行署召开了第一次教代会。3月11日，东吴大学举行第一次师生代表政治教育座谈会，决定成立政治学习委员筹备会，由师生代表15人组成。校务委员会通过政治学习委员会组织办法，普遍建立了学习小组。从1950年春季学期开始，学校开设了社会发展史、政治经济学、中国革命问题等马列主义政治理论课程。

1952年3月7日，以宫维桢、吴天石为首的思想改造工作队进驻东吴大学。3月17日，"毛泽东思想学习委员会"成立，宫维桢为主任委员，吴天石为副主任委员。学习委员会的任务是领导和组织东吴大学师生学习马克思列宁主义和毛泽东思想，开展思想改造运动，以树立工人阶级的思想领导。这次学习和思想改造运动为时5个月，于1952年8月告一段落。思想改造运动同时也为院系调整打好了基础。

三、院系调整

1949年8月，东吴大学曾向苏南行政公署申请增设药学专修科、社会教育专修科等4个专修科。苏南行政公署同意东吴大学增设除社会教育专修科以外的3个专修科。后因准备不足，只增设了药学专修科。

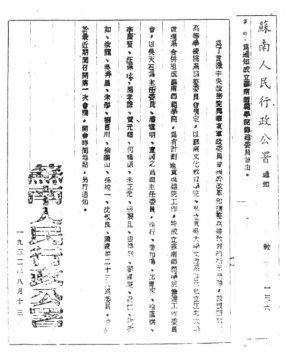

成立苏南师范学院筹建委员会通知

东吴大学的院系调整早在1951年就已进行。这年9月，东吴大学社会系各级学生20人及教师3人并入国立复旦大学社会系；医预组学生24人转入国立上海医学院。

1952年8月，华东区院系调整开始，以苏南文化教育学院、私立东吴大学文理系科及私立江南大学数理系合并组成苏南师范学院。8月13日，苏南人民行政公署行文通知成立苏南师范学院筹建委员会，以吴天石为主任委员，潘慎明、童润之为副主任委员。苏南师范学院筹建委员会负责建院工作，并代表华东区高等学校院系调整委员会苏南分会"监交"和"接受"东吴大学向苏南师范学院的校产移交等工作。

8月24日，东吴大学院系调整委员会召开第一次会议。该委员会由原东吴大学的学习委员会扩大并改组而成，以吴天石、徐行、杨永清、钟伟成、潘慎明等21人为委员，吴天石任主任委员。调整委员会下设物理、生物、化学、化工、药专、经济、语文、图书、体育、事务（包括医务）、教务、秘书（包括会计）等12个领导小组。调整委员会设办公室，由钟伟成任主任。院系调整委员会的工作范围为东吴大学各部门的结束工作及调出系科的调整计划工作。

根据华东区高等学校院系调整设置方案，东吴大学法学院大部并入华东政法学院，法学院的会计系并入上海财经学院。东吴大学文理学院的3个系科调出：化工系调往华东化工学院（上海），

苏南人民行政公署关于院系调整的文件

经济系调往上海财经学院，药学专修科调往华东药学院（南京）。东吴大学文理学院的其他4个系科包括语文系、化学系、生物系、物理系就地移交苏南师范学院。法学院的有关档案与文件，均由华东高教局接收保管。1953年冬，东吴法学院的原址让给新建的上海财经学院。

调整至苏南师范学院的四系（语文系、化学系、生物系、物理系）和各行政部门的移交工作自10月3日开始。事前举行了一次接收移交会议，东吴大学调整委员会各调整小组的负责人和苏南师范学院筹建委员会各接收小组的负责人出席了这次会议。会议讨论了移交的具体步骤与手续。接收移交会议于图书馆举行，王应鼎等20余人出席。按规定，关于东吴大学校董会房地产、家具、仓库、物资、专用器具、水电设备、油脂工场、医务室之设备药品等，均一并移交苏南师范学院。

东吴大学教职工调整至华东各校情况如下表：

东吴大学教职工调整至华东各校情况表

单位：人

调整学院（去向）	校长	教员	职员	工友	合计
苏南师范学院	1	32	29	63	125
上海财经学院		7			7
华东化工学院		7		1	8
华东药学院		5	1	1	7
上海药学院		2			2
上海水产学院		1			1
山东工学院		1			1
复旦大学	1	1			2
江苏医学院			3		3
苏南中等学校		2	2		4
苏南工专				15	15
苏南技术学校				9	9
回乡生产				2	2
原已离校			1	1	2
未定	1	1		2	4
总计	3	59	36	94	192

1952年10月22日，苏南师范学院在东吴大学原址举行开学典礼和学校成立大会，11月1日正式开始上课。1952年12月1日，经中央人民政府教育部批准，改名为江苏师范学院；1982年，经国务院批准，改名为苏州大学。

与此同时，在海峡对岸的"东吴大学旅台同学会"（后改称东吴大学校友会）决定在台湾继续东吴大学的办学。1951年8月，校董会成立并决定先恢复法学院，在核准以前先设补习学校。同年10月招生，11月正式上课，分法政、商业、会计、英文四科。另设比较法律一科，限大学肄业两年者报考。1954年7月，获准先行恢复法学院，准设法律、政治、经济、会计四系及附设外国语文学系共五系。同年8月校董会再改组，定名为东吴大学董事会。1968年秋，获准增设商学及商用数学两系，并同时成立文、商两学院。1969年12月，获准恢复完全大学建制。

在东吴大学半个多世纪的办学过程中，百余位美籍人士任职授课，其中有东吴大学及其前身学校的创办人林乐知、惠会督、盖会督、蓝华德、孙乐文、潘慎文及由美国归来的曹子实，有柏乐文、文乃史、祁天锡、孙明甫、孙令仪、罗格思、白约瑟、司马德、韩明德、戈璧、葛赉恩、葛赉恩夫人、龚士、龚士夫人、戴荪、卜明慧、薛伯赉、苏迈尔、史密德、齐唯夫、达思格、唐墨林、唐墨林夫人、开霭、许安之、兰金、刘伯穆、萨赉德、鲍乃德、平客楼、韩复生、项烈、庞女士、林夫人、骆克烈、劳莱、劳莱夫人、罗心权、孟琪英、马丁、墨亚、米切尔、万特克、安妮、慕亚、聂显、诺是、葛海伦、富德生、伊莎贝尔、华蔼德、葛维廉、葛伦、魏廉士、魏廉士夫人、费德乐、德丽霞、华克蒙、步惠廉、衡特立、刘乐义，等等，这里留下了他们不会磨灭的足迹，留下了让后人评说的是非功过。

有数百位教师曾在这里任职授课，其中有黄慕庵（黄人）、徐允修、张秉生、嵇健鹤、方佩纲、章炳麟、吴梅、陈钟凡、苏雪林、胡适、林语堂、陈望道、王宠惠、潘序伦、严景耀、雷洁琼、俞庆棠、吴大琨、许民辉、张君劢、刘承钊等。其中有不少毕业于东吴体系又在东吴大学任教的东吴学子，如李伯莲、李仲覃、奚伯绶、谢洪赉、杨永清、江长川、赵紫宸、赵朴初、徐景韩、陈调甫、胡经甫、徐荫祺、吴献书、吴经熊、陈霆锐、高践四、顾翼东、凌景埏、沈体兰、沈青来、盛振为、倪征燠、徐荫祺、李惠林、李庆贤、李琮池、陆鸿钰、吴芷芳、姚铁心、孙蕴璞、孙闻远、王謇等，这里留下了他们令人景仰的身影，后人不能忘怀。

有数千名学生肄业与毕业，人才辈出，如费孝通、谈家桢、孙起孟、冯梯云、赵朴初、董寅初、马寅初、顾维钧、奚伯绶、谢洪赉、宋汉章、贝祖贻、杨豹灵、徐景韩、陈调甫、吴献书、江长川、赵紫宸、吴经熊、陈霆锐、张信孚、倪征燠、端木恺、王绍堉、杨公素、高践四、李浩培、吴于廑、许国璋、杨绛、浦山、徐迟、舒适、吴锡军、程金冠、蒋纬国等。其中，毕业于或曾经就学于东吴大学体系各校，后来成为院士或学部委员的就有董申保、冯新德、高尚荫、顾翼东、胡经甫、黄淑培、李正名、李政道、刘建康、陆宝麟、陆埮、陆志韦、钦俊德、时钧、宋鸿钊、苏元复、苏肇冰、谈家桢、汪菊渊、王守觉、吴培亨、谢少文、谢毓元、郁铭芳、周维善等。这里流传着他们的故事，催后人深思和奋发。

第三章　苏南文教学院等其他前身校

苏南文化教育学院是由江苏省立教育学院、国立社会教育学院与中国文学院（无锡国专）于1950年合并而成的。1952年秋全国院系调整时，苏南文化教育学院、东吴大学文理学院和江南大学数理系合并，成立了苏南师范学院（同年更名为江苏师范学院）。正是这些院校良好的教学基础和较高的办学水平，为江苏师院的蓬勃发展打下了坚实的基础。

第一节　江苏省立教育学院

江苏省立教育学院是由人民教育家俞庆棠创办的，在其20余年的发展历程中，历经磨难，大胆创新，成为民国时期一所颇具特色的高等学府，不仅教育培养了一大批人才，还对当时民众教育的发展起到了很大的推动作用，是民众教育史上的一颗明珠。

一、历史沿革

1. 创建初期

国民政府定都南京后，在蔡元培的主持下，仿效法国的教育制度，试行大学院制，省试行大学区制。大学区设高等教育、普通教育和扩充教育等处。1920年俞庆棠在美国取得哥伦比亚大学硕士学位归国后，先后担任江苏省立第三师范学校教员、大夏大学教授。恰逢教育制度改革，俞庆棠又被聘为中央大学教授兼任扩充教育处处长。俞庆棠从孙中山的遗嘱"唤醒民众"一词中领悟到民众教育的重要性，有志于推行民众教育。为了培养民众教育师资和社会教育行政人员，1928年暂借苏州前省立医专校舍，筹建了一所民众教育学院，名为"江苏大学区民众教育学院"，俞庆棠任院长。3月开始招生，3月15日开始上课，4月1日举行开学典礼。是年6月，江苏大学改名"国立中央大学"，学院也随之改为"中央大学区区立民众教育学院"。其后俞庆棠辞去校长职，由赵叔愚任院长，院址迁至无锡荣巷。此时，中央大学区以"吾国民众业农者最多,改良农民生活是为要图"为宗旨,开始筹建劳农学院,聘请民众教育学院院长赵叔愚为该院筹备员。赵院长病逝后,1928年10月,高阳继任学院院长。高阳向东吴大学商购了无锡社桥的该校附属实业学校的校地和校舍,随即将学校迁至无锡社桥。1929年春,劳农学院筹备工作完成,正式开学,高阳兼任院长。是年8月,江苏省停止实施大学区制,两院隶属教育厅,称为江苏省立教育学院、江苏省立劳农学院。此时,俞庆棠已回院任研究试验部主任,她力主用"民众教育学院"这一名称。但教育部借口"大学法"无此学院名称予以拒绝。1930年夏,按大学组织法及大学规程,将两院合并为江苏省立教育学院。

俞庆棠

江苏省立教育学院校门

江苏省立教育学院在无锡北门外通惠路社桥之西,交通便利,附近村落甚多,农田工厂林立,为民众教育实验提供了便利条件。随着学院的不断发展,到全面抗战之前,院舍占地103亩,房屋170多间。

2. 全面抗战期间

1937年七七事变后,全院师生员工及家属先迁至无锡南门外乡间,在高阳和俞庆棠的率领下,迁往汉口。其后,电影播音教育专修科的师生被遣往重庆,大部分师生与教职员眷属转往长沙,暂借益湘女中和湖南省农民教育馆复课两周。原想前往湘西做较长久的停留,但由于雷沛鸿曾在广西任省教育厅厅

江苏省立教育学院在桂林

长,一度担任学院的教授兼研究试验部主任,在其任内每年都会保送学生到学院学习,与学院有着密切的交流。因此在与广西省政府取得联系后,学院便迁至广西桂林,学院先借用广西大学部分校舍进行复课。之后由广西省政府拨款在七星岩附近建筑临时校舍,并租用民房、庙宇等作为师生宿舍。此时经费紧张,师生生活艰苦,国民政府对迁入桂林的学院不仅不拨经费,反而一再下令让其解散或迁入沦陷区。学院有赖各方补助,才勉强维持办学。但是随着法币贬值,经费全面断绝,1941年学院不得不暂时停办,学生分别转入国立广西大学和新成立的国立社会教育学院。在桂期间,学院坚持办学,并根据当地情况办有国民教育实验区,还代办实验国民中学一所,编写成人班、妇女班及国民中学有关学科教材,协助教育厅推行成人教育以扫除文盲。学院还组织了岩洞教育队、电影放映队、儿童教育团进行抗日宣传。

3. 学院重建

抗战胜利前夕,高阳院长病逝。他早年毕业于东吴大学,后留学美国,学成归国后曾捐资创办私立无锡中学,并兼任东吴大学校董,是我国近代教育史上享负盛名的社会教育家。他的一生都奉献给了社会教育与江苏省立教育学院。自高阳担任教育学院校长以来,开设系科、设立实验区、进行教育推广,不断推进学院各项建设,推动社会教育事业的发展。可以说,江苏省立教育学院能有当时的成就,离不开高阳的贡献。高院长虽已去世,但大家复校的意愿仍然强烈。散居后方的一些毕业校友组织复校的筹建委员会,邀请吴稚晖、钮永健领衔筹委会,并分别致电当时的教育部部长朱家骅和江苏省主席王懋功,请求恢复学院重新办学,但被教育部所拒绝。童润之和省立教育学院克服重重困难,使学院得以在无锡社桥原址上重新办学。学院院长由原教务主任童润之教授继任,设社会教育、农业教育两系和电化教育、农作师资两专修科,各系试验单位也依次恢复。由于当时国民党政府对于学院经费的限制和缩减，学院不得不经常外出募捐来维持最低限度的开支，师生的粮食没有着落，迫使学生到街头募捐，以维持日常生计。

高阳

童润之

4. 学院改组与新生

1949年4月23日，无锡解放，学院在苏南行署文教处接管和领导下，废除了训导制度和反动课程，全部经费由苏南文教处拨给，一切教学和实验工作照常进行。是年暑假，学院进行了局部改组，设院务委员会，进行民主管理。暑假后，除了继续开设社会教育等系科外，增设了教育研究班，招收一部分旧教育工作者，进行为期一年的思想改造工作。12月4日，时任教育部社会教育司司长的俞庆棠因脑出血去世。俞先生一生从事社会教育事业，对中国社会教育事业的发展做出了卓越的贡献。她首创江苏省立教育学院，改变了当时社会教育一无经费、二无人才的有名无实情况；又根据当时社会教育发展状况，成立中国社会教育社，为相关学者开展社会教育学术交流等提供机会，推动了当时社会教育的发展。其后，还在上海开办了民众教育实验学校。俞先生不仅躬身社会教育实践，在社会教育思想上也建树颇丰，她无情地批判旧教育、旧社会，认为过去的教育忽略了广大失学青年和成年人，而只考虑中产阶级以上的人群，但是只有唤醒民众，对民众进行教育才能使中华

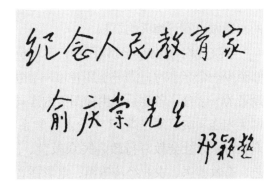
邓颖超为俞庆棠题词

民族得以复兴，只有民众教育才是出路。俞先生的一生都在为社会教育而奋斗，不愧为"人民教育家"的称号。1950年春，苏州的国立社会教育学院迁至无锡与该院合并，改名为苏南文化教育学院。

二、治理体系及专业课程

1. 组织系统

学院设院长一名，总理学院事务，院长之下设总务、教务、研究实验三部管理院务。各系科与农事实验场、图书馆、实习指导处、实验工厂均属教务部管理，教务部下设注册、课务、训育三股；总务部分文书、会计、事务、卫生四股，并负责管理民众医院；研究实验部则由调查、通讯、视导、编辑、发行及研究图书室六股构成，学院下设的各实验机构也由研究实验部管理。

此外，学院在建校之初还设有党义训练、院务设计、经济稽核等三个委员会。党义训练委员会与院务设计委员会各设主席一人、委员若干，帮助院长分理党义训练和院务设计事宜。经济稽核委员会依照江苏省教育厅颁布之规程而组建，负责管理学院经费问题。1949年，为了辅助研究部推动教职员工在职学习计划，成立了教职员在职学习委员会；为辅助教导处推动学习生活辅导计划，组建了生活辅导委员会；为辅助总务部推动生产节约运动，组织了生产节约委员会。其后，为了进行系科调整和课程改进等工作，又成立了系科调整与课程改进委员会。

2. 专业及课程设置

民众教育学院在开办之初，只有民众教育和农民师范两个班，设置课程不多，学生上课一年半之后，即分到各县实习。教育学院成立后又开设了民众教育和农事教育两个四年制的学系。之后，又增设了电影播音教育专修科，并将农专科改为农作师资专修科。其中，学院开设的电影播音教育专修科可以说是我国设立的第一个电化教育专修科，培养了一大批专业人才，为我国电化教育的发展做出不可磨灭的贡献。

学院课程分必修与选修两种，其单位均以学分计算，每周上课一小时，自修至少一个半小时，满一学期者为一学分；实习服务课程每周三小时，满一学期者为一学分。各学系学生在四年内连同实习须修满160学分，专修科学生在两年内连同实习须修满97学分。各学系课程还根据内容不同而细分为组：民众教育系分社会教育行政、民众教育、图书馆等组，农事教育系分农艺、园艺、畜牧兽医、农业经济等组，电影播音教育专修科分为电影与播音两组，农作师资专修科则分为农艺、工艺、农事三组。

3. 研究工作

江苏省立教育学院作为全国民众教育主要发源地之一,不仅承担着培养民众教育人才的重任,还肩负推行民众教育的工作,在推行民众教育实验工作(特别是编印民众教育的教材、推广教法等)方面进行了不懈探索,做出了很多创新之举。

学院的研究工作由研究实验部负责管理。研究实验部最初名为实验部,1929年秋季,因感于研究工作的重要,在实验部之下又增设研究部。1930年夏,学院奉令改组实验部与研究部,两部合并成为研究实验部,其用意是从研究中探求实验的方法,在实验中找出研究问题,两者结合起来,以期建立民众教育之学术,供全国民众教育借鉴。

为了多方面探索民众教育的实施办法,方便学生的实习,学院先后设立了许多实验区。学院迁至无锡后,首先在附近开办了黄巷实验区,对民众教育中识字教育、公民教育、健康教育、生计教育等方面进行了一些调查研究、实验和推广工作。之后又在无锡北郊和东郊分别开办了惠北实验区和北夏普及民众教育实验区,在市区先后开办了丽新路工人教育实验区、蓬户教育实验区和实验民众学校。这些民众教育的实验、研究和推广工作,大部分是由学生在教师的指导下进行的,既作为学生的教育实习,又作为学校和教师进行民众教育的经验积累。这些民众教育实验研究卓有成效,每年都会吸引众多从事社教工作的人士前来参观学习,每年3月举办院庆期间尤其如此。

学生在民众教育实验区进行教学实习

研究实验部还编印了《教育与民众》月刊，刊载有关民众教育的理论和实验方法的论著和报道。月刊由俞庆棠主编，对当时的教育界，特别是民众教育工作者有一定的影响，被视为国内社会教育的权威刊物。黄巷实验区编辑出版的《民众读本》四册，成为畅销全国的扫盲教材。

4. 附属机构

1944年2月，省立吴江乡村师范学校并入省立教育学院，改组为附属吴江乡村师范。学校以训练师资、改造教育为宗旨，暂设高中师范科，修业年限为三年。在行政系统方面，学校设主任一名，在省立教育学院院长领导下统辖全校行政。

1949年4月30日，中国人民解放军无锡市军事管制委员会决定将私立忠勤高级职业学校改为江苏省立教育学院附设高级职业学校，行政上划归学院统一领导。

5. 学生运动

在历次学生爱国运动中，江苏省立教育学院的学生热烈响应，表现积极。1931年九一八事变发生后，上海学生冲破反动军警的阻挠，自行去南京请愿抗日。学院学生奔赴车站，加入上海请愿大军，去南京请愿抗日，苏锡常等地区推举江苏省立教育学院为领队单位，郭影秋为总指挥。1935年一二·九运动中，学院学生走在游行队伍的最前列。1946年初夏，中共无锡工作委员会书记周克在校内建立地下党组织，团结进步学生，组织学生运动。同年年底北京发生美军强奸北大学生沈崇的事件，激起学生极大愤怒，学生于1947年元旦开展了一次规模盛大的反美示威大游行。同年6月，学生克服院内外反动特务的阻挠，成功公演了一出讽刺当时国民党统治区法币贬值、物价飞涨的话剧——《万元大钞》。6月2日，为了响应南京五二〇事件，学生组织了一场绝食游行活动。学生爱国活动规模最大的一次是1948年5月24日为纪念五二〇惨案而举行的盛大营火晚会。1949年年初，学生掀起了"万石米"的募捐活动，在无锡街头演唱进步歌曲，进行反蒋爱国的化装表演。无锡解放前，学生组织了护校委员会，日夜巡逻，防止特务的破坏活动，迎接无锡解放。在革命战争年代，省立教育学院及其附属机构的学生中涌现出王新、钱培均、钱诚斋、邓华、华梅春等一批党员英烈。

三、办学特色与成就

"惠山之麓，梁溪之滨，黉舍宏开，学子莘莘。教育农事，力求专精，习苦耐劳，克俭克勤，手脑并用，坐言起行"，这是高阳亲笔撰写的江苏省立教育学院院歌中的几句歌词。他以精练的语言，高度概括了学院的办学目标和教学重点，反映了当时开办者的办学理想。这所学院与河北晏阳初的平民教育促进会、山东邹平梁漱溟筹办的乡村建设研究院并称为20世纪30年代三大农村改造的基地，为当时的社会培养了一大批人才，在中国近现代历史上产生了重要影响。其办学特色有以下四点：

其一，注重实习。学院一开始就开设了工人教育、农民教育实验区。学生除了平时有四分之一的时间在学校上课外，还专门安排了四分之一的时间去实验区或者相关的学校进行实习，有更多的机会将在学校学习到的知识真正运用到实际生活之中，学生更多地参与到实际的民众教育活动之中。除此之外，学院还规定本科生第四年、专科生第四学期全部去实习，实习成绩不及格或实习时间不足，皆不得毕业。

其二，教师以身作则，言传身教。学院曾定下制度，教师除课堂讲解外，还须带学生到实验区夜校一起办民教、社教。教师须同学生一起深入民众，开展民众教育工作，总结提高，改进教学的方式方法。

其三，培养务实精神。学院对于培养学生克勤克俭的精神及独立生活、学习和工作的能力一直都很重视。学生从入学起，便要参加学院内各种体力活动；在实验区实习时，学生也要与民众一起生活，共同劳动。这样使学生更讲实际、会办事，能自己动手创造条件，更具务实精神。

其四，修习课程广，知识丰富。学院根据民众教育、社会教育的需要，开设了教育概论、教育心理学、教育统计、社会学、图书馆学等专业所必需的理论课程，还开设了演讲术、地方自治等实际需要的课程。另外，还根据实际情况，开设了工艺、图画、戏剧、武术等选修课程，增加学生多方面的学识。

学院先后聘请了许多著名学者任教或担任部门工作，如俞庆棠、孟宪承、雷沛鸿、李燕、刘季洪、古楳、陈礼江、王倘、陈友瑞、赵冕、甘豫源、童润之等知名教授。学生则由江苏省各县保送，考试入学，完全公费，后来也逐渐招收一些省外的学生。截至全面抗战之前，在校生达四五百人，前后毕业学生约2 000人。学生毕业后，分别回县充任民教馆、农教馆、图书馆等社会教育机关负责人，还有人担任了教育局局长、中学或师范学校教师、农校教师、农业科技人员乃至大学校长。江苏省立教育学院作为中国教育史上第一所培养民众教育专业人才的高校，虽然抗战期间一度停办，但经过努力，艰难复校，中华人民共和国成立后并入苏南文教学院，在中国民众教育史上留下了浓墨重彩的一笔。

第二节　国立社会教育学院

国立社会教育学院创立于战火之中，是当时全国唯一的培养社会教育专门人才和进行相关学术研究的高等学府，虽存在时间仅短短十年，却是我国教育史上的创举。

一、历史沿革

1. 学院的创建

国立社会教育学院办学宗旨与江苏省立教育学院一脉相承。1935年10月，国民政府教育部部长王世杰邀请时任江苏省立教育学院教授、教务主任陈礼江出任教育部社会教育司司长。为将民众教育推向全国，省立教育学院同意陈礼江离院赴教育部任职。1936年，陈礼江到教育部任社会教育司司长。后因全面抗战爆发，各地社会教育推行成效不大。

1938年7月，国民参政会第一届第一次会议举行，教育部提出"设立培植社会教育人员专科学校"，在大会上通过，并建议政府予以实施。1939年教育部拟订第二期战时行政计划教育部分，又提出"筹备国立社会教育学院，培养社会教育高级人才，并训练社会教育干部人才"，经行政院核准施行，并于同年4月设立国立社会教育学院筹备处。其后，经国防最高委员会审查，改为"于民国二十九年度内筹设国立社会教育学院，先设筹备处"。1941年，内迁到桂林的江苏省立教育学院难以为继，陈礼江建议尽快举办国立社会教育学院。教育部于是调陈礼江为董事，负责筹建工作。为做好筹建工作，教育部于此年1月成立由陈礼江、吴俊升、刘季洪、邵鹤亭、高阳、相菊潭、钱云阶、马宗荣、王星舟等9人组成的筹备委员会，陈礼江任主任委员。筹备委员会第一次会议决定将院址暂时定在重庆附近，教育部核准将院址设在四川璧山，其后向璧山县政府借用原璧山县立中学、璧山县立女子中学及璧山县立职业学校三校的校舍为学院临时校舍。第二次筹备会议通过了学院的组织大纲。

8月1日，教育部聘请陈礼江为院长。8月25日，学院开学。9月1日，开始上课，到院上课的学生有270余人，其中有并入的江苏教育学院和大夏大学社会教育学系二、三、四年级学生。12月5日举行开学典礼，学院宣告正式成立，并将此日定为学院的校庆日。陈礼江拟定了学院校训："人生以服务为目的，社会因教育而光明。"

陈礼江

院徽　　　　　　　　　　院训

2. 东迁后

抗战胜利后，学院东迁，将南京栖霞山定为学院的永久校址，暂借苏州拙政园为临时院址。1946年10月，搬迁工作结束。在栖霞山校舍落成之前，先借用栖霞禅寺一部分房屋和栖霞乡师校舍作为学院各系一年级新生上课之用，称为新生部，而各系其他年级的学生与各科一、二年级的学生则在苏州拙政园上课。1948年冬，学院为应对时局之变，将栖霞山新生部全部迁至苏州拙政园，至此全院师生汇聚一处，等待苏州解放。

1949年4月23日，陈礼江校长离校。4月27日苏州解放，5月，市军管会宣传部徐步接管学院。之后，人民政府对学院做出了一系列的调整。首先，调整学院的教育使命与方针。学院要培养以工农群众为主体的社会教育专门人才，研究新社会教育的高深学术，提高学生的政治水准和理论水平，确立为人民服务的新人生观，坚定为新民主主义社会教育而奋斗的新信念。其次，设立院务委员会取代校长之职能。院务委员会由苏南行署选派的5人和学院师生代表各1人共7人组成，为学院最高行政决策与领导机构，负责处理各项决议及日常工作；此外，精简机构，裁减人员，学院的行政组织只保留总务处、教导处和研究委员会，而后又根据实际需要增设了经费稽查委员会、福利委员会、学习委员会。再次，组建课程编写委员会对过去繁多的系科课程进行调整，经过委员会历时1个月的协商后，全部草案最终成稿，之后又根据苏南行署的指示及实际需要重新调整。最后，结束国民实验区和社会教育实验区，实验民众学校和补习学校改为实验职工学校，与苏州市总工会合作办学。

1950年1月，苏南行署决定将国立社会教育学院迁往无锡，与江苏省立教

国立社会教育学院苏州拙政园校区大门

育学院合并调整为苏南文教学院，校址定在无锡社桥。

二、组织机构与系科专业

1. 行政组织

国立社会教育学院是独立学院，学院的行政组织是遵照国民政府教育部颁发的大学法、大学规程和学院的特殊需要而设置的。学院设院长一名，总理全院事务，由教育部聘任，院长室下设秘书一人；院长之下，设置教务、训导、总务三处，以及研究部、推广委员会、图书馆、会计室、附属实验事业机构，各处设主任一名，主任均由校长聘请学院教授兼任，处理该处的相关事务，但训导主任则需院长呈请教育部核定之后方能聘任。其中，教务处之下又分为注册和课务两组；训导处下设生活指导、体育卫生及课外活动三组；总务处则由文书、出纳和庶务三组组成；研究部分为研究设计和编辑出版两组，各组设主任一名管理本组事务。之后由于生源增加，学院于1942年夏成立学生实习指导委员会。

2. 系科设置

学院成立之初根据当时的社会需要，设置社会教育行政、社会事业行政与图书博物馆这三个学系，另设社会艺术教育与电化教育两个专修学科，其中有的科系的设置在国内高校中实为首创。社会艺术教育专修科又分为图书、戏剧和音乐三组，电化教育专修科则分为电影和播音两组。其后，根据当时社会的实际情况,学院的科系不断进行调整。1944年1月,由"内政部"请求,经教育部核准后,在社会教育行政系中,增设礼俗行政组,培养专门处理礼俗事务的人才。1944年8月,增设国语教育专修科。1945年8月,增设新闻学系。1946年8月,在电化教育专修科的基础上,设立电化教育系。1947年,社会艺术教育专修科扩充为系。至此,全院有六个学系与一个专修科,规模不断扩大,系科设置也更趋完善。

3. 学院师生

学院在开办之初便十分注重储备师资力量。1944年,学院专任教师只有35人,但学院不断聘请学者来院任教,至1946年时,学院专任教师已有123人。

在十年的办学过程中,学院先后聘请程锡康、童润之、杜佐周、朱约庵、朱亦松、许德珩、刘及辰、汪长炳、俞颂华、马荫良、汪畏之、许庆之、戴公亮、吕凤子、应尚能、何容、萧家霖等担任各系科主任;聘请陈白尘、郑君里、刘雪庵、焦菊隐、张骏祥、应云卫、戴爱莲、许幸之、钟灵秀、岳良木、梅经香、董渭川、刘及辰、许杰、洪琛、庄泽宣、许德珩、陈仁炳、言心哲、张少微、杜佐周、陈剑脩、钱仁康、韦悫、邱椿、肖家霖、何容、乌叔养、吕凤子等知名学者到校任教。与此同时,还邀请各界著名人士,如郭沫若、黄炎培、徐悲鸿、叶圣陶、梁漱溟、顾颉刚等学者来院讲学,以提高学院的学术水平。

为了使社会教育普及全国各地,学院一开始便采取了不同于传统的招生方式。招收的学生一部分来自学院招考,另一部分则来自各省市教育厅选拔保送,从而确保各个省市均有社会教育人才,使人才得以均衡分配。学院共培养毕业生1 700余人,虽然人数不多,但是其足迹遍布海内外,有教授、学者、作家、画家、演员、编辑、记者、社会活动家,更多的则分布在各级各地的社会教育机关及学校之中,他们辛勤耕耘,默默无闻,有力推动了中国社会教育事业的发展。

4. 实验及其附属机构

学院的教育目标为培养社会教育人才,研究社会教育学术。但是由于当时的社教理论尚不成熟,因此,学院在创立之始便十分重视实验,开设了国民教育实验区,随后又开设了社会教育实验区及实验民众补习学校等。

(1) 国民教育实验区

该实验区于1941年设立,以四川省城东乡为基本实验区,城南、城北、城西三乡为推广区。实验分为三期，第一期以城东乡为实验对象，第二期范围扩大到推广区，第三期则是将实验区的实验成果推广到全县。抗战胜利后，实验区随院东迁，金轮海任主任，在江苏昆山和嘉定两县县属的安亭镇继续进行实验。该实验区先后进行了失学民众补习教育实验、扫除知盲实验、分组教学法实验、协助地方自治施政实验、教师福利事业实验、国民教师辅导研究实验等诸多实验。

（2）社会教育实验区

成立于1946年12月，由陈大白、杨兴荣、王苏明任正副主任。在确定实验区为江宁县栖霞乡后，经过两个月的筹备工作，步入正轨，开展了诸多社教实验。这些实验包括：开办乡村干部学校、创办成人班妇女班、组织各村读书会、开展国语教育实验、建立乡村卫生制度、扶植示范乡农会、协助建设示范镇、举办社会概况调查等。

（3）实验民众补习学校

该校与前述实验区稍有不同，主要从事城市扫盲的教材教具和制度及继续教育的教材教法的研究。实验成功后，1946年8月在苏州筹办实验民众学校和实验补习学校，由马祖武、王本慈担任正副主任。当时商借观前中山堂为两校校舍，于11月开学。1947年，民众学校设有初级成人班3个班、高级成人班3个班，初级妇女班3个班、高级妇女班2个班，初级儿童班2个班、高级儿童班1个班，共有学生669人；补习学校此时设成人补习班4个班、妇女补习班2个班、商业补习班2个班，有学生445人。此外，学校还特别注重教材教法和教具的研究，并取得一定的成果。

（4）附属学校

1942年秋，学院于青木关设立附属中学。1943年设立附属师范。为使师范生有实习之所，1945年又将青木小学改为附属小学。抗战胜利后，学院附属机构东迁，附属中学本部设在南京，有高级初中班8个班；分校在丹阳，有高级初中班14个班，共计学生1 236人；附属师范设在常熟，有简易师范5个班、社教师范8个班，共计学生420人；附属小学则设立在南京栖霞山，有小学部初级班4个班、高级班2个班、幼稚班1个班，以及民教部初级成人班、高级成人班、妇女班各1个班，共计学生399人。1948年附属师范移交江苏教育厅管理。

5. 学生活动与地下党

学院刚建立时，院内就有党的秘密组织领导抗日救亡运动。其后在中共中央南方局青年组织的指导下，从1943年春起在院内设立"据点"，广泛接触学生，为其后开展民主学运打下坚实的基础。此外，进步学生还先后创办了《火炬报》和《雷》等进步刊物。《火炬报》于1943年由进步学生掌握编辑出版权之后，社员经常发表时事评论、学院新闻、社会调查、文艺小品等文章，并给《雷》等进步壁报写出一系列论文。

1945年"一二·一"惨案后，进步师生在礼堂召开声援大会。1946年"沈崇事件"后，以《雷》社为首的学生发动了抗议美军暴行运动，并联合苏州各大中学校学生举行罢课、游行示威活动。1947年5月，全国开展了"反饥饿、反内战、反迫害"的爱国民主运动。5月19日，学院学生派代表李明杠、强国瑞等赴南京参与学生代表联席会议，决议向国民党参政会请愿，并于5月20日举行了"挽救教育危机联合大游行"，遭到反动军警的残酷镇压，这便是震惊全国的"五二〇"惨案。学院学生对此无比愤慨，组织罢课抗议、绝食斗争。反动政府通过逮捕、开除学籍、提前放假等手段镇压学生运动，瓦解学生运动，使得学生运动暂时处于低潮。1948年5月，又爆发了反对美国扶植日本侵略势力的运动。由上海青委领导重新在学院内建立党支部。国民党政府从南京迁至广州后，学院内开展了迎接解放的斗争。新的学生自治委员会成立，在共产党的领导下，积极开展各项活动。在革命战争年代，国立社教学院学生中涌现出梁桂华、陈馨德等一批党员英烈。1949年4月27日，苏州解放，师生欢欣鼓舞地迎接解放军进城。

三、办学重点与成果

教学、研究和推广，一直是学院办学的重点，三者为相互配合的整体。

课程如何设置是教学工作的难点。由于学院所设之系科为国内首创，因此需要系科主任和特聘专家进行商讨并不断修改与调整，经过一段时间的努力后，确定了学生在校学习的具体实施方法。各学系课程分为学系共同必修、主系必修、辅系课程和选修课程等四项，图书馆系则须再多修分组必修这一项，学生须在四年内修满132—148个学分方能毕业；各专修科则分为各科共同必修、主科共同必修、分组必修和选修等四项，学生须在两年内修满66—76个学分方可毕业。三民主义和军训等课程亦为必修科目，其学分另算，不计入上述学分之中。同时，学院为了培养学生的学习习惯，将学生的成绩考查项目分为平时成绩、学期成绩和毕业成绩三项，在学生毕业时学院会将三个成绩合算作为最终的毕业成绩。此外，学院还特别重视学生的实习工作，并对此做出相关规定。各学系学生从第四年第一学期起须实习六个月，各专修科学生则须在第二学期时，利用寒暑假进行实习。所有学生在实习期内都要求做实习报告，若实习成绩不合格则不予毕业。

学院以研究社会教育问题、探讨社会教育方法、介绍社会教育理论为使命，因此，学院在开办时便特设研究部，作为社会教育的中心机构。研究部的主要工作包括研究设计、编辑出版和研究资料三方面。经过师生的共同努力，学院研究成绩斐然。截至1947年，在研究设计方面，完成专题研究百余篇，举办社会教育论文竞赛7次，举行社会教育论谈会22次；在编辑出版方面，《教育与社会》季刊出版了6卷，编辑民众读物7本、成人班妇女班补充读物5种、民众读本2种、国民读本1种、社会教育论文检索1卷。在研究资料方面，剪贴社会教育参考资料400余篇，征集社会教育参考资料60余种，调查全国社会教育机构概况1次，调查农村社会概况2次，调查成人学习困难情况1次。此外，学院还招收研究生（公办或者已经立案的大学毕业生）和社会教育机构中有志于社会教育问题研究的人员，不断扩充学院的研究实力。

为了使学院成为改造社会教育的中心，学院需要将学术教育社会化，增进民众对于社会教育的理解，提高民众的文化水平，因此，学院设有推广教育委员会负责学院的教育推广工作。教育推广主要包含以下三点：

其一，扩充教育，即公开学科选习和学术讲演。学院将各系科中教室有空位的课程，对院外具有高中毕业程度的人员开放，并提供讲义及参考资料，他们随同本院学生一同上课；聘请国内外著名学者举办的学术讲演也向社会公众开放，以提高民众的学术素养。

其二，民众教育，即利用各种影片对民众进行教育。为此学院专门设立电化教育施教队，定期在学院附近循环播放影片。此外，学院还在暑假开设补习班对民众进行教育。

其三，社会服务。学院的大部分社会服务都是由学生主动兴办的，教务处、训导处和推广委员会从旁协助，主要包括职业介绍、代社教机构拟定研究设计及人才训练事项、介绍国内外社教工具与材料三大内容。

1941—1948年，教育推广工作卓有成效。入校选读生为594人；举办公开学术讲演109次，听众达6万余人；组织音乐演奏42次，听众4万余人；举办戏剧公演76次，观众10万余人；举办美术展览36次。推广委员会的诸多活动，自璧山到苏州从未中断。

四、办学特色

中国当时之教育，只考虑到极少数人，而忽略了对于国家极为重要的社会普通民众，没有为他们提供相应的教育。正是在这一时代背景下，国立社会教育学院应运而生，其发展速度、规模令人惊叹，实为当时教育之创举。其办学特色主要有以下三点：

其一，理论与实践并重。社教学院的办学宗旨是"以培养社会教育专门人才，研究社会教育高深学术为任务"，要想实现这一宗旨，非理论与实践结合不可。这一特色鲜明地反映在课程设置上。学院各系科共同必修课程有20门，包括哲学、经济学、政治学、社会学、教育概论、普通心理、教育心理、注音符号、讲演术、体育、音乐、国文、外国文、社教概论、普通教学法、中国通史、世界通史、三民主义、伦理学、自然科学（物理、化学、生物、自然地理任选科）等。此外，各系科还设有其必修专业课与选修课，确保学生能够学习到全面而又专业的知识。教育本就偏于应用，社会教育尤为明显。陈礼江校长构建社教学院蓝图时就格外注重学生技能方面的培养。全院各系必修课程中都有平日实习与毕业实习这一项。学院专门设有"学生实习指导委员会"，帮助学生制订实习计划，解决实习过程中遇到的困难。另外，学院在其研究部和推广委员会主持下，组建了两个实验区，即国民教育实验区与社会教育实验区，为学生提供实习的场所。

其二，共性与个性并重。在课程设置方面，学校设立全院共同必修课、各系科共同必修课，以培养学生的共性。除必修课外，各系科都开设了大量的选修课，尽量照顾学生的个性需要。此外，学院还在课余时间帮助学生开展各种活动，例如举办学艺活动、进行专题研究、参加社会活动等，充分发挥学生的兴趣爱好，帮助学生发展各种可能性，这对于发展学生个性起了积极作用。

其三，开门办学。为了让更多的社会人士有机会接触社会教育，免费为他们提供进修的机会，学院开放社会学科、自然学科、艺术学科及应用学科等学科，供校外一般人士选择。并规定校外人士必须为中等学校毕业者，或现任公务员（或各界职员），课后必须参加学院有关系科的实习。此外，学院还邀请各界著名人士来院讲学，让学生与名家有亲密接触的机会，帮助学生答疑解惑，促使学生树立远大的抱负与理想。

第三节　无锡国学专修学校

无锡国学专修学校（简称"无锡国专"）从创建到合并历经30年，虽然办学时间不长，却为中国国学教育事业的发展做出了巨大的贡献。开办期间，无锡国专不仅为我国培养了一大批著名的国学大师，还出版了诸多学术刊物和国学专著，在那个社会动荡、新思潮涌进的年代，留下了独属于自己的璀璨篇章。

一、历史沿革

1. 无锡国学专修馆时期

无锡国学专修馆创办于1920年冬。施肇曾等捐拨经费，发起创办国学专修馆，并由陆勤之引荐，邀请已辞去上海工业专门学校（后为交通大学）校长之职的唐文治为馆长。

唐文治

唐文治，字颖侯，号蔚芝，别号茹经，曾从王紫翔受性理之学，又肄业于南菁书院，受业于时称东南经学大师的黄以周山长，是中国近现代著名的教育家、国学大师。他以满腔的爱国之情、丰富的学识、伟大的抱负，为我国近代教育的发展做出了重要贡献。清朝末期，历任户部、总理各国事务衙门、商部、农工商部的主事、章右、右丞、左丞、侍郎、署理尚书等职。1907年，唐文治担任上海高等实业学堂监督，苦心经营，培养出了一大批优秀的实业人才，也为之后交通大学的发展奠定了良好的基础。1920年4月，唐先生应高阳之请组织创办无锡中学，制定章程，出任名誉校长。10月辞去上海工业专门学校校长，由沪入锡定居。12月，应施肇曾与陆勤之邀请创办国学专修馆。[1] 唐文治乃订立《无锡国学专修馆学规》，托门人蔡生虎臣租赁惠山之麓的锡商山货公所两幢楼房为教室宿舍。这样，以"正人心、救民命"为主旨，以"检束身心，砥砺品行"为追求的无锡国学专修馆开办起来了。

无锡国学专修馆是一所书院性质的学馆，承担学生的全部膳食费和少量的零花钱。1920年学馆开办后第一届招生时，分别在南京、上海、无锡三处设置考点，应试考生1 500余人，经过严格的笔试与面试之后，最终录取学生仅30人，学制3年。

1921年正月行开馆礼，正式开学。是年10月，无锡当地士绅孙鹤卿等认为惠山的租屋过于简陋，因此着手重建尊经阁，修建教室，并由陆勤之等筹款

---

[1]《唐文治年谱》："十二月，钱塘施君省之名肇曾，托友人陆君勤之介绍，属余在无锡开办国学专修馆。定开办费八千元，常年经费每年一万元。"

另外修建宿舍，宿舍落成后，由县公署函请学馆迁入。1924年，第一届学生毕业。同年，齐燮元、卢永祥战事起，周边骚动不断，唐先生讲学不辍。1925年1月，施肇曾不再担任国学馆馆主，孙鹤卿继任。同年苏奉战事起，齐军以无锡为根据地，交通断绝，城门紧闭，报考学生被隔绝在城门之外苦不堪言，恰逢唐先生家中亲人去世，幸赖孙鹤卿竭力维持，陈柱尊与沈建生两位坚决追随唐先生，才使得学馆得以存活。

2. 立案转制

1927年3月，学馆为提高程度改名为无锡国文大学。不久，学馆受时局影响，停课两月。5月初，学馆向南京政府教育部门呈请复校。江苏省教育厅饬令无锡县政府出示保护开学。6月1日，学生崔履宸、路式遵等人恭请校长复职，6月10日学馆复课。7月董事会正式成

无锡国专校门

立，孙鹤卿任董事长，并将学馆改名为无锡国学专门学院，呈请教育厅备案。

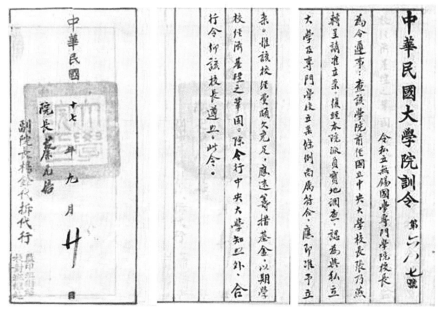

学校立案的训令

1928年2月，改名后的学校参照国立大学中国文学系各项必修选修学程实行学分制，并规定毕业生必修、选修学程至少须读满120学分。是年3月，中央大学特派汪东宝、王瀣前来调查学校办学状况。他们两位回去后复呈的报告书中称赞学校"办理七年，颇著成效"，建议"应请准予立案"。6月，大学院派俞复来院监考三民主义。9月，大学院特派柳诒徵与薛仲华来校调查，报告称"条例符合，成绩优良"。20日，大学院批准学校立案。

1929年春，成立经济董事会。9月，学院鹤卿图书馆落成，并将北平和太仓两处先后迁来的图书15 000册，连同学院原有的6 000册书，一同搬入新图书馆。10月，国民政府教育部下达训令，称学校校名与新颁布的大学及专科学校组织法与规程不合，学校再三争取无果。1930年1月，学院奉教育部令改名为私立无锡国学专修学校。

1931年11月，国联教育考察团唐克尔、培根伦来校参观后感慨道："我们来中国看过很多学校读的是洋装书，用的是洋笔，充满洋气。在这里才看到纯粹中国文化的学校，才看到线装书和毛笔杆。"唐克尔在演讲中指出，"贵校为研究国学之最高学府，负有保存固有文化之责，与普通学校之使命不同"。

无锡国专藏书楼

这一时期，无锡国专虽然积极争取融入现代高等教育体系，但仍然保持了原来的基本特点。1931年1月，举行周年纪念前夕，唐文治校长制成校歌："五百载，名世生，道统继续在遗经。乾坤开阔，学说何纷纭。惟我中国，教化最文明，上自黄帝迄孔孟，先知先觉觉斯民。大道行，三代英，我辈责任讵敢轻，勉哉！勉哉！俭以养德，静以养心，建功立业，博古通今，为生民立命，为万世开太平。"校歌由上海沈叔逵编谱。同时，唐文治还定"作新民"为校训。

这一时期，国专逐渐稳定下来，学校进入了稳定发展的轨道。招生数显著增加，生源范围大大扩大，国专的影响力也与日俱增。这期间，学校经历了三轮较大改造。第一轮是1930年2月，学校将无锡文庙闲置房屋扩充为校舍。学校依据教育部令，修整文庙余屋作为教育产业之用，修葺文昌阁及其他余屋扩充校舍，并在无锡县政府教育局备案。第二轮是1931年6月，开始修建第一进校舍8幢，到12月时第一幢宿舍楼落成。7月，教职员会议决议自下学期起，兼收女学生。第三轮是1933年6月，建第二、三进校舍14幢，扩充运动场1区。重新布置膳堂，悬挂了王阳明、高攀龙、顾炎武、陆世仪四人画像。1934年3月，开辟校园运动场。12月，租借马姓房屋为校外宿舍，共住学生30余人。1935年4月，扩充图书馆并添设楼房两幢。5月，教育部参事陈梓屏与编译主任陈可忠奉教育部令到学院视察，称该校风气纯朴，值得嘉许。

1935年年初，唐文治门生弟子相约在五里湖购地十余亩为师七十寿辰建造的茹经堂落成。之后，唐文治有意在无锡五里湖、宝界桥一带购地建造新校舍。无锡绅商给予大力支持：1935年11月，唐星海购地20亩作为校产；1936年年底，学校利用校董捐款、学费等购地43亩；其后，荣德生、唐星海等主动承担校园建设费用。可惜日本侵华战争打乱了这一计划。

茹经堂

3. 搬迁沪桂

全面抗战爆发后，学校受到战事影响，不断搬迁，但一直坚持办学未曾中断。

1937年，八一三战事起，学校依旧照常开课。10月，无锡遭受轰炸，唐校长率领学院教员与学生迁往无锡南门外上课，教务主任冯振心与总务主任时长青及三年级少数学生仍在原址学前街上课。11月战事恶化，唐校长率领员生数十人于14日出发，经镇江、汉口至长沙，租赁黄民街民房上课。1938年1月，长沙频繁遭到战事，大部分员生先后疏散。唐校长带领少数员生于2月20日迁至湘乡，租赁房屋在铜钿湾大厦上课。后因伤兵充斥，地方拥挤，于同年2月27日迁往桂林，途中遇空袭数次，虽历经艰难，但精神极为振奋。到达桂林后，当即租赁正阳街王姓房屋开课，后又租赁环湖路张姓房屋上课招生。7月，唐校长在暑假结束之后，因水土不服，呈准教育部返回上海，桂林学院的校务由冯振心代理。1939年2月，唐校长在沪复课，重新开始招生办学，3月3日正式上课，一切均遵照学院过去之方针办理，并每月邀请各界名流前来进行讲演，听讲者甚至达到200余人。6月，决议桂、沪两校同时遵照教育部令办学。至此，学院形成了一校两地的局面，广西与上海两校因环境等条件的不同，所以在办学方面有着很大的差异。

（1）广西分校（桂校）

广西分校由冯振心代理院长之职，该校先后迁往桂林、山围、萝村、穿山、蒙山、金秀等地，当时经费紧缺，主要依靠重庆教育部每月少量补助、广西省政府的临时补助及学院募捐集资所得勉强维持，生活十分艰辛。国专桂校董事长李济深亦曾多次函请教育部给予支持。

广西分校的学生主要来自广西北流、梧州、桂林等地，学校先后聘请梁漱溟、饶宗颐、张世禄等著名教授前来任课。学生毕业后，绝大多数在广西从事文教工作，为当地文化发展和文教进步做出较大的贡献，"在广西开一代文风"。

（2）上海分校（沪校）

因校长唐文治年事已高，且身体病羸，该校一切校务由教务主任王蘧常主持。学校开办之初本着厚植基础、由博返约的精神，进行了一项改革。三年制专修班自二年级起，分哲学、史地、文学三科，第一年打好基础，然后学生根据个人的兴趣爱好选择对口专业进行深造。太平洋战争爆发后，国专沪校本拟内迁，后因形禁势格无法实行。为避免向敌伪登记立案，遂改回原名国学专修馆。

上海分校设在租界之内，环境特殊。许多人纷纷来到"孤岛"避难。在寓居上海的学者中，既有清末的遗老遗少，也有一些参加过新文化运动的新学者，以及深受我党影响的学者，他们来校上课，用新思想、新眼光来看待问题，使无锡国专的教学内容发生了很大的变化，打破了该校自建校以来尊崇孔学的传统。周予同在教"群经概论""经今古文"等课时，要求学生不要迷信经学，跳出传统的藩篱，科学地分析评价经学。蔡尚思的《中国思想史》，批判和否定了历代封建文人给孔学套上的光环。周谷城、胡曲园等在课堂上试图用辩证唯物主义和历史唯物主义的观点解释和评价历史。其他来兼课的著名学者有吕思勉、李长傅、鲍鼎、朱大可、胡士莹、夏承焘、郝立权、黄云眉、童书业、谢国桢等。

4. 复校以后

抗战胜利后，广西分校逐渐迁返无锡，上海分校也有一部分迁至无锡，但由于时局动荡，国专难以维持正常的教学与生活秩序。无锡校本部200多名学生，被分成20个班级进行授课。虽然请来朱东润、周贻白、吴白匋、汝龙等学者执教，但因无办学经费，教师工资视学生所交学费多寡而定，时有断炊之虞。国专沪校因唐先生年老，始终在沪坚持办学，直至上海解放。

1949年4月23日，无锡解放，经苏南人民行政公署批准，无锡国专改名为中国文学院，分文学、史地、哲学三系，由唐文治任院长，王蘧常任副院长。1950年5月，中国文学院并入苏南文教学院。

二、组织机构与课程设置

1. 行政组织

唐文治始终是无锡国专的灵魂。国学馆初创时期，馆中事无巨细，都为唐先生一人全权负责。办学经费上由先后两任馆主施肇曾、孙鹤卿负责。立案以后，管理体制与机构设置向高等学校转变。学校设有校董会，校董会分为教育股和经济股，两股的第一任董事均由校长函请，教育股董事任期两年，经济股董事任期四年。教育股由教育董事10人组成，负责学院教育计划及指导实施。经济股由经济董事10人组成，负责保管学院财务，并支配学院经济；除此之外，每一位经济股董事每年都要负责为学院筹措500元的经费，须在每年学校会计年度开始之前缴纳。

校长唐文治总理全校，下设秘书、教务、总务、训育四处。秘书处设秘书一人，处理一切公文并传达命令；教务处设教务主任一人，总理全校教务事项；总务处设总务主任一人，总理全校后勤事宜；训育处设训育主任一人，总理全校学生训育事项。此外，学院设两种常会：校务会议和教务会议，凡关乎学校的一切教学、教务、建设、管理等计划均由此商定。校务会议由校长、秘书、教务主任、总务主任、训育主任、教授代表等组成，负责学院的计划规划、校历、学生奖惩，以及提高行政效率，解决行政部门困难等方面的事项；教务会议由校长、秘书、教务主任、教授代表、教务员等组成，负责制订教务计划、各学年课目、各班级学程、教务方面的细则等。

学院还另设三个委员会。教训军合一委员会、招生委员会和毕业考试委员会，校长为当然主席。教训军合一委员会负责履行军事管理、军事训练实施、推行导师制度及办理教导训育军训三合一等事项；招生委员会负责拟定招生广告与招生文件、核查新生登记、组织新生考试与手续办理、登记新生成绩、核查新生成绩与确认是否录取等事项；毕业考试委员会负责核查毕业生人数与各学期成绩、确定毕业考试相关问题、监察考试等事项。

2. 专业与课程

无锡国学专修馆的课务安排基本采用旧江阴南菁书院的方法，每日两节课，除馆长唐文治外，还聘请了唐先生就读南菁书院时的同窗朱文熊为教习，自家塾师陆景周为助教，教学内容以讲授专书为主，如《论语》《孟子》《礼记》《孝经》《史记》《汉书》《周易》等，另设有"性理学大义""政治学大义"等专题。学生大部分时间以自学为主，根据所学课程习作读书札记，由先生逐字审批。所有作业一律用文言文书写。本着"勿读无益之书"之师训，校内从不使用白话文书籍，该专修馆的学生一般都埋头读书，专志研经，与外界的联系极少。学生古代文化的知识比较扎实，都能熟练地掌握旧体诗词歌赋。仿南菁书院例，学馆选印《国学专修馆文集》，并由学生编辑出版《国学年刊》，刊载学生习作的研究论文和诗文作品，学生还组织了"国风诗社"，以文会友、切磋诗艺。此外，学生在唐先生的指导下，从事了一些古籍整理工作，如《朱子全集校释》，由王蘧常、唐兰等人抄录整理。

战时，课程有所变化。广西分校的课程设置，仍保留战前的各课，还特设民族文学、抗战史料、国防地理等课程，以激发学生的民族精神，配合抗日战争。虽然学生生活清苦，书本奇缺，课本经常由学生手抄传阅，但他们学习热情普遍很高，学校校风朴实，注重务实，在力所能及的情况下，开展了抗日宣传。学校成立"民众教育馆"1所，平民教育班3所，从事义务教育和文化普及工作。又专门设立学术咨询机构，"凡中等学校来函咨问文史科学上之疑难或设计，由该校教授分别答复"。学生的学术活动也正常开展，"国风诗社"仍然保留，还开设了书法研究会、史地研究会等，研究的重点放在古代兵法、边疆地理和我国文化特点的研究上，一些学生还致力于研究西南少数民族文化。上海分校地处租界，办学者本着兼容并包的开明思想，学校只聘少数几个专任教师。大量不同类型的专家学者被聘任为兼课教师，他们用不同的眼光来看待问题，为学生打开了新的思路。除了日常教学之外，学生课余还组织了"史学研究会"，以爱国为宗旨，研究历史。"国风诗社"改成"变风诗社"，除抒写风花雪月之外，还写了许多抒发民族情感和爱国热情的作品。这一时期，进步势力在学校的活动增多，我党的地下工作曾影响学生，甚至感染了一部分学生赴苏北参加抗日。

3. 学院学生

随着学生不断与外界接触，国专的学生不再整日禁闭于书斋之内，沉浸于旧文化之中而百事不闻，在学校里，他们已经接触到一些与经学无关的新事物。本校教授的课外讲座根据形势开设了"历代战争史料""近代战争史料""中华民族史料"等，这样，学生的眼界大大开阔，逐渐开始关注时事政治。一些学生还在校刊上撰写论文，探讨国家贫弱的原因。例如，吴雨苍的《经济发蒙》论述了振兴实业以御外敌的重要性；黄光泰的《国耻地理之一斑》历数了清末割地赔款、丧权辱国的历史来警觉世人。七七事变前两月，教师魏建猷写了《中日关系和甲午之役》一文，深刻分析了近代中日关系的历史和现实，认为要想避免帝国主义侵略我国，"惟努力自强，统一团结，发展生产，充实国防以与帝国主义者相周旋，则人自不敢侵略我，若舍此不求，图侥幸于一时，终亦必亡而已矣"。

此外，无锡国专的学生还参加了许多社会政治运动。1935年一二·九运动时，该校学生与无锡江苏省立教育学院学生一起发电报，声援北京各大学救亡图存的游行示威，并曾冲破军警阻挠，支援赴南京请愿的上海学生。1936年，全校师生素食两周，节衣缩食援助绥远抗敌将士。一些学生参加了我党领导的抗日救亡运动。

抗战胜利后，国专学生、地下党员甘京林在中共无锡工委领导下积极发展党员，领导进步学生开展活动。国专沪校地下党员于廉等也开展了卓有成效的工作。国专学生中也涌现了王尘无、瞿犊、凌云、臧庚等一批党员烈士。

国专的课余生活组织得丰富多彩，除了继续办好各种刊物外，学生自发组织了不少学术团体，早期"国风诗社"继续存在，其他还有演讲研究社、时事研究社、意阿问题研究社等。学生会根据无锡经济发达、工厂众多的特点，组织学生参观了申新纺织第三厂、庆丰纱厂、无锡工艺厂、永盛缫丝厂等，使学生们了解社会。每学期定期举办文娱活动、美术展览等。体育活动也经常开展，学校特别重视"国术"，聘请了著名武术教师，开辟运动场，组织篮球队、排球队等，还曾多次走出校门参加比赛。此外，假期还组织自行车旅行，开展远足等活动。

三、办学特色与成就

办学者在创建无锡国专时，期望通过办学"振起国学，修道立教"，而且试图通过设帐讲学来"造就领袖人才，分播吾国，作为模范"，培养能够力挽狂澜的政治人才。因此，在教学时以经学为主，虽然后期受时局影响，教学内容有所调整，但是其办学宗旨一直未变。其办学特色有以下五点：

其一，教书又教人。唐文治先生创办的国学专修馆虽然提倡孔孟儒学，但更注重品德修养，因此校园中的对联既有"栽培树木如名节"，又有"铁肩担道义，辣手著文章"这样的联语。学校礼堂中悬挂着唐文治集儒经而成的长联："好学近乎知，力行近乎仁，知耻近乎勇，所过者成，所仁者化；富贵不能淫，贫贱不能移，威武不能屈，虽愚必明，虽柔必强。"唐先生就是以此来要求他的学生的，钱仲联回忆说："唐先生是程朱陆王兼采的理学家，但很通脱，很开明，他并不要求学生都做道学先生。事实上，学生爱好理学是少数，不少人爱好考据词章，都得到他老人家赞许。"

其二，重古籍原书。学校上课都会尽量使用古籍原书，即使自编教材，也会选录大量原著，结合理论进行编写。例如，唐先生教四书时，自编四书新读本，在吸收前人研究成果的基础上，又有自己的阐述。朱叔子教理学讲张履祥、陆陇其的专集，讲古文用《古文辞类纂》，讲诗用《唐宋诗醇》，讲诸子自编《庄子新义》。陈守玄讲文字学用段注《说文》，讲《诗经》自编讲义。这样，学生学到的知识是最基础的，是无数大家理论中最精华的部分。

其三，自学与启发相结合。国专设置的课程不多，每天上、下午各两教时。学生在学好课授内容的基础上，会根据自己的爱好，主动自学。像《资治通鉴》这一类的大部头书是无法在课堂上进行教学的，因此，唐先生就把自己用五色圈点的书借给学生，让学生相互传看并记录书上要点，不过一年下来许多学生就已经把《资治通鉴》通读了。但是自习中难免会遇到诸多问题，在教学时教师特别注重使用启发法，来培养学生原文阅读的能力。老师上课讲原书时，会讲解书中每字每句的作用及布局的变化，更注重讲解它的思想意义。老师讲解时总有不少精辟的见解，这样得到老师的数语点破，举一反三，学生自学时大得其力，也能不断增加自己的创获。

无锡国专办学有"熟读精审，循序渐进，虚心涵泳，切己体察"十六字诀。唐先生强调读文，逐渐发展出一套吟诵诗文的方法，被称为"唐调"。"唐调"成为国专朗诵诗文的统一调子。1934年和1948年，唐先生先后两次灌制唱片，"唐调"读书法愈加声名远播。

其四，重写作。专修馆特别重视文言文写作，每两星期写作一次，当堂3小时交卷，并按评分等级给予奖励。每次作文，老师都精心批改，批多过于改。因为专修馆重视写作，所以学生的写作水平提高得很快。学生通过写作，对古人的作品有更深的感悟。

其五，聘请名师。聘任教师的方面，唐先生兼收并蓄各种学科之长。即使是与理学不相容的学派中人，也一样给以礼遇。如顾实个性怪癖，在课堂上公开批评理学，唐校长对他仍以礼相待，因此不少知名的学者、教授有请必应。先后在无锡国专任教的名家如陈衍、钱基博、顾实、朱文熊、王蘧常、魏建猷、冯振、钱仲联、梁漱溟、饶宗颐、巨赞法师、张世禄、阎宗临、夏承焘、周予同、周谷城、蒋伯潜、黄云眉、王謇、童书业、金德建、郭绍虞、胡曲园、蔡尚思、葛绥成、任中敏、朱东润、周贻白等，学校还邀请了章太炎、钱穆、吕思勉、李济深、田汉等开设讲座或做专题演讲，可以说是名士汇聚。

1949年夏毕业生留影

三十年间，从无锡国专毕业肄业的学生达千余人，有人把从国专毕业的学生称为"唐门弟子"，由此可见唐文治先生对于无锡国专的影响力。正如陆阳所说，"唐文治是无锡国专的灵魂"，"无论是办学宗旨还是办学方式，乃至办学特色，无锡国专的方方面面无不深深地打上了唐文治的烙印"。唐文治身怀"理学救国"的期望，实践于无锡国专，在战乱中也未曾停止。他坚信"挽回世道之责，诚莫先于振兴理学"。正是由于带着这样的使命，无锡国专在那样一个时代依然取得了不俗的成就。学院培养的学子中，一部分在当时政府各部门充任文职人员，少数人后来还担任了要职。一部分在革命斗争中锻炼成长，成为共产党员，担任了人民政府一些部门的领导职务。还有一部分学生，经过继续深造和工作中的继续学习，成了学有专精的专家教授，在研究整理我国古代文化及普及教育方面，做出了显著的成绩。如王蘧常、唐兰、吴其昌、蒋天枢、钱仲联、魏建猷、朱东润、马茂元、朱星元、冯其庸、范敬宜、王邵曾、周振甫、陈旭麓、曹道衡等学术界名流，以及钱伟长、潘汉年、郭影秋、吴天石、俞铭璜等教育家、革命家。

第四节　苏南文化教育学院

苏南文化教育学院是由江苏省立教育学院和国立社会教育学院两校合并而成的，其后又将中国文学院并入其中。虽然学院开办时间很短，但承担了其改造旧教育建设新教育的使命，并为之后苏南地区高等教育的发展打下了良好的基础。

一、历史沿革

1950年1月，为了配合改造旧教育建设新教育的要求，苏南行政公署先后向中央人民政府教育部及华东军政委员会建议，在两个学院原有的基础之上创建一个新的学院，以改造旧教育，培养苏南地区所需教育人才。经上级政府同意，创立公立文化教育学院。

筹备工作随即展开。1月21日，苏南行政公署教育处召开江苏省立教育学院和国立社会教育学院并校协商会议。经过3天的商讨，陶白处长根据讨论结果形成报告：① 系科分为工农教育、艺术教育、语文教育、农业教育等四系和电化教育专修科；② 设置政治教育研究班、工农中学教育研究班、师范教育研究班、群众文艺工作人员训练班及文史地教育研究班；③ 领导机构采用院长制并组织院务委员会，另设秘书处及教导、总务、劳动生产等部；④ 附属机构设工农速成中学一所；⑤ 名称暂定为无锡文化教育学院；⑥ 人事由两院院委会决定；⑦ 本会结束后另设新院筹备委员会，委员会由15人组成，刘季平为主任委员，陶白为副主任委员。

2月1日，筹委会正式开始办公。其后经筹委会决定，学院设工农教育、艺术教育、农业教育三系，电化教育及俄文教育两个专修科，以及政治教育、文史教育、师范教育三个研究班。3月6日至7日，举行招生考试，除政治教育研究班学员全部选调及工农教育系未招新生外，其余系科及研究班均招收部分新生或插班生，原两院各系科的学生编入新学员的相关系科，裁掉的社会教育、新闻、图书馆等系科的学生则转系或者转入其他学院。3月中旬，筹委会确定了学院的行政组织及各部与各系科班的主持人选。

3月20日，学院开学注册，全院师生开展了为期两周左右的开学动员学习，使学院师生更加了解学院的办学方针和任务，以及各系科研究班设置目的。4月6日起正式开始学习，各系科开始上中心课。

4月13日，苏南行政公署经华东军政委员会与中央人民政府教育部核准，发文将中国文学院并入文教学院，并对并校事宜发出一系列的指令。其一，指定童润之、古楳、严济宽、冯励青（原就职于无锡国专）和徐朗秋等5人组建临时委员会，负责办理中国文学院并校事宜，命童润之为主任、严济宽为副主任；其二，中国文学院的专任教职员原则上都转为新院的教职员；其三，文教学院增设语文教育系，并对中国文学院的学生做出安排；其四，对中国文学院的校产、校具、图书等交接事宜做出安排。4月15日，学院补行开学典礼。5月9日，将国立社会教育学院与省立教育学院合并经过详情与新学院筹备工作，以及私立无锡中国文学院并入的情形呈报苏南行署备案。5月17日，举行国立社会教育学院与江苏省立教育学院合并交接会议，完成交接工作。12月16日，奉苏南行署教人字第512号令，古楳为公立文教学院院长，童润之为副院长。

1951年1月9日，召开筹委会二十九次会议，商讨筹委会结束事宜及新院建设方针。1月15日，举行院务委员会第一次会议，通过本院院务委员会组织规程，决定院委会常务委员会人选，除当然委员5人外，其余两人中一人由学生代表推选，另一人由委员推选，定为刘百川先生。1月16日，奉苏南行署文教处通知，学院改名为苏南文化教育学院，并制发新印信。

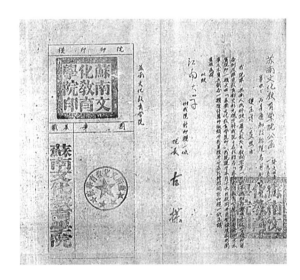

学院更名公函

1952年3月10日，根据苏南行署通知，学院开展思想改造运动，并设立思想改造学委会。其后，决议学委会分设研究联合部、通讯报道组、节约检查组及秘书组等4个部门，并召开思想改造动员大会。8月，根据华东区高等学校院系调整方案，将苏南文教学院迁往苏州，与东吴大学文理学院等合并建立苏南师范学院。

苏南文化教育学院校门

二、组织机构与科系设置

苏南文化教育学院是中华人民共和国成立后人民政府在苏南建立的第一所新型高等学府。其行政组织与系科设置及附属机构如下所述。

1. 行政组织

学院在筹备期间，设立筹备委员会，负责办理两校合并、调整人事、搬迁器材等事宜。筹委会下设课程研究、组织编制、学生甄编考试3个委员会，负责研究办理学院课程、人事编制、旧生甄编、新生考试等事宜。1950年3月中旬，学院将之前筹委会下设的3个委员会撤销，在院长与副院长未任命之前，筹委会暂代院委会的职权，下设教导、研究、总务及劳动生产4部。教导部下设辅导组、注册组、课务组及图书馆，研究部下设资料室，总务部下设文书组、事务组、会计组、卫生组、膳食组等5组，劳动生产组下设技术组、管理组和农牧场。除上述4个部门之外，学院还设立了教职员在职学习委员会、经费委员会等委员会。1951年10月8日，举行农牧场会议，决定农牧场改由农业教育系直接领导。1952年3月，根据苏南行署指令，设立思想改造学委会。

2. 科系设置

学院成立之初，为培养推广工农识字及业余补习教育的初级与中级干部而设置了工农教育系；为培养群众文艺活动的组织者与指导者而设立了艺术教育系；为培养有关农业生产的科学师资而设立了农业教育系；为培养电化教育、广播教育的技术人才和中等以上学校的俄文师资，分别设置了电化教育和俄语专修科；为了适应当时中等以上学校开展政治思想教育的迫切需要，设立了政治教育研究班；为了适应中等以上学校改造文史教育的需要，设立了文史教育研究班；为了改造师范教育，提升师资水平，设立了师范教育研究班。农业教育系修业年限为 4 年，工农教育系、艺术教育系为 3 年；电化教育与俄语专修科修业年限为 2 年；3 个研究班修业年限为半年。

1950 年 4 月无锡中国文学院并入后，学院增设了语文教育系。4 月下旬，为满足苏南地区中等学校各科教育及一般文化教育工作的需要，又设立文教班。1951 年 10 月，学院将文史、数理化、教育 3 个研究班改设为语文、历史、数理化、教育四个专修科。11 月 1 日，奉苏南行署文教处通知，将电化教育专修科改为专门培养电影放映队干事之专业。翌日，苏南文教处通知，华东文化部同意将学院艺术教育系戏剧组师生并入上海戏剧专科学校。1952 年 4 月 18 日，学院奉苏南文教处转奉华东教育部批复，自 1952 年第二学期开始将艺术教育系乐剧组改为音乐组。

3. 附属机构

工农速成中学是培养工农知识分子，使其成为建设新中国有用人才的一个崭新的学校。早在 1950 年 1 月，苏南行署教育处即根据 1949 年全国教育工作会议的决议，着手进行筹备工作。在筹备期间，完成建设校舍、选聘教师、选调学生等事宜，并依据教育部规定，制订教育实施计划草案。其后各科教师即根据计划，先后编订了部分教材，待开学后根据具体情况进行调整，以达到实际学习的需要。学校于 1950 年 5 月 10 日举行开学典礼，正式开课。学院的办学任务是在 3 年的时间里完成普通中学 6 年的教学，以便之后学生能直接升入大学或专科学校。

第五节 江南大学及其数理系

1947 年秋，荣德生及其三子荣一心，以发展工农业、培养高级人才为宗旨，创建私立江南大学，从创办到 1952 年大学院系调整，历时 5 年，为新中国建设培养了一批优秀人才。

一、历史沿革

1. 江南大学的创办

1946 年，荣德生决定独立创办江南大学，并开始了一系列筹备工作。1947 年 7 月，大学筹备处在无锡申茂新办事处挂牌办公。8 月 12 日，学校董事会经教育部批准立案，董事会由董事长吴稚晖，副董事长荣德生、戴传贤及 18 名董事组成，学校拟开设文学院、理工学院及农学院三个学院。9 月 20 日，学校召开第一次董事会议，会议决定聘请章渊若为校长，并设校政委员会，协

江南大学校门

助校长处理校务,由荣一心任主任委员。随即校政委员会制定了一系列规章制度,以规范管理,保障教学质量。

9月11日,录取学生名单公布,共录取学生328人。校址选定在太湖后湾山,但由于新校舍要一年后竣工,因此在无锡荣巷设立临时校址,将荣巷公益中学校舍、公益铁工厂旧厂房改造为临时校舍,供学生上课及寄宿用,为第一院;荣巷私宅供教职员住宿和先修班学生上课使用,为第二院;梅园内别墅供教授住宿,为第三院。校部办事处起先在第二院办公,10月20日迁至第一院办公。10月27日,江南大学举行首届开学典礼,荣德生亲自主持,并介绍了大学开创的缘起,鼓励学子刻苦学习,学以致用。

1948年4月19日,章渊若旧疾复发,校政会议决定顾惟精副校长"即日视事,处理校务"。5月18日,后湾山新校舍验收。8月18日,荣巷第一院开始搬迁至后湾山新校舍。8月28日,第二届学生录取名单公布,共录取学生296名。9月20日,将荣巷的办事机构迁入新校舍。10月2日,在新校舍举行了开学暨新校舍落成典礼,由顾惟精副校长主持并致辞。11月,顾惟精副校长辞职。12月19日,荣一心因飞机失事遇难,学校于28日举行了隆重的追悼会。

荣德生

荣一心

1949年1月，因缺少校务主持、经费困难等原因，学生代表分别拜访了荣德生、钱孙卿等请求维持学校，荣毅仁表示，一定筹措经费按时开学。2月18日，按吴稚晖董事长指示，由荣毅仁、钱孙卿、乐智幻三位董事，会同学校三院院长及教务、训导、总务三长组成校务委员会，由荣毅仁任主任委员，不再设副校长。

2. 进入新中国

1949年4月23日，无锡解放。24日，学生自治会组织学生欢迎解放军。4月27日恢复正常上课。5月2日，苏南行政公署及无锡市军事管制委员会派军代表吴锷、沙荣生进驻江南大学，在苏南行署文教处的领导下，贯彻党对私立大学"维持、改造"的方针，从此江南大学进入新的发展时期。

开学后，吴锷以苏南行署特派员身份驻校，协助学校开展校务工作。7月校董会改组，由荣德生任董事长，钱孙卿、荣毅仁任副董事长。7月28日，校董会根据校务委员会副主委沈立人的建议，决定撤销学院建制，调整系科。9月27日，经苏南行政公署核准，由荣毅仁任校务委员会主任委员，诸祖耿为学生辅导委员会主任委员。10月2日，20名学生组成火炬长跑队，由队长冯锡章背送江南大学致中央人民政府的贺词，至无锡市庆祝开国大典会场，呈交大会主席团。11月12日起，全校学生开设政治课，由中共苏南区党委宣传部部长汪海粟主讲，每周六下午进行，部分教师也踊跃参加。

1950年上海发生二六大轰炸，荣家申新各厂一度陷于停工，学校经费不能按时发放，校内不免人心浮动。荣德生父子抛售仅有的工厂库存纱布，筹集经费，资助学校补发了教职工的工资，与此同时，学校也得到苏南行署文教处支持的每月2 000折实单位的经费。全校师生团结一心，共渡难关。不久，全国财政经济状况有所好转，经费基本得到保证，学校渐趋稳定。

5月11日，经苏南行政公署同意，任命朱正元为校务委员会第二副主任委员。7月30日，荣毅仁来锡，参加苏南行政公署文教处召开的江南大学问题协商会议。会上，荣毅仁表示：① 他不再担任校务委员会主任委员，由沈立人全权处理校务，他以校董身份协助校务；② 校董会每月补贴经费1 800个上海折实单位，这是在工厂赔本状况下拿出来的，不可以增加；③ 不与学校行政上合作的教师不予续聘，下学期聘书先由校董会草聘。

8月1日，校董会决定在新校务委员会成立前，组织临时校务协商委员会，聘沈立人为主任委员，朱正元为副主任委员。主任委员、副主任委员联合各系主任、教导长、总务长及讲师助教代表各一人、职员代表一人、学生代表一人共同组成协调委员会。9月11日，华东区行政委员会教育部批示，沈立人为江南大学校务协商委员会主任委员，准予备案。

1951年4月12日，校董会按照中央教育部颁布的高等学校规程，呈准教育部，学校领导体制改为校长制，聘沈立人为校长，并兼任新组建的校务委员会主任委员。5月17日成立肃反委员会，开展镇压反革命运动，组织学生巡逻队保卫学校治安。学生主办的校刊《江大生活》也在本月出版。6月1日开展抗美援朝爱国主义教育及政治思想教育运动。11月至12月，先后成立学习委员会、经费委员会和增产节约委员会。

3. 院系调整

1952年，全国高等学校进行院系调整，取消私立大学。5月，华东区教育部决定：江南大学电机系、机械系、化工系、工业管理系、食品工业系三年级学生全部于本年暑假提前毕业；原为三年制的面粉专修科二年级学生也同时提前毕业。应届毕业生和提前毕业生共217人，于7月份由国家统一分配工作。

7月下旬，校长沈立人赴沪出席华东区高等学校院系调整委员会会议。私立江南大学撤销调整方案为：工业管理系调整到上海财经学院，化工系调整到华东化工学院，数理系调整到苏南师范学院，农艺系调整到苏北农学院，机械系、电机系、食品工业系调整到南京工学院。1950年和1951年学校招收的学生，分别转入有关院校继续学习。校本部档案和图书资料等转入苏州江苏师范学院，有关江南大学的后续未了事宜，如学生学历证明等，都由江苏师范学院代办处理。

8月22日，江南大学调整委员会成立，各系科也设调整小组，沈立人校长任调整委员会主任兼办公室主任。9月上旬，调出设备、资料、图书等分别装箱，发运到相关单位。9月下旬，后湾山校舍被无锡市政府用作招待所接待外宾，尚未离校的师生员工迁移到梅园，继续完成调整的善后工作。9月27日，宣布教职员工调配名单，教职工陆续离校到各新单位报到。10月29日，江南大学调整委员会对院系调整工作做出总结。私立江南大学正式停办。

二、组织机构与系科课程设置

1. 组织结构

学院的组织机构在不断变化之中。1949年之前，学校设校长一名，由董事会选择任命，总理全校事务。校长室设秘书一名或两名，处理校长交办事宜。校长之下设总务、教务及训导三处，总务处负责处理后勤等事宜，下设会计、事务、医务及出纳四组；教务长负责处理学校教务及学术设备等事宜，下设教务、注册及体育三组；训导处下设生活指导与体育卫生两组。各处设处长，总务长与教务长由教授兼任，训导长则根据教育部颁布的专科以上训导人员资格审查条例设立。另设会计室，由董事会聘派会计主任一名，负责处理学校的会计事宜。

此外，学校还设有校政委员会，设主任委员一名、副主任委员一名，除校长为当然委员之外，其余委员均由董事会聘请。校政委员会秉承学校董事会意志，负责计划及审议学校重要的施政事项，计划和督导学校校舍的修建及各种仪器的购置，审核学校教职员的资历、学校重要规程、学校预算及决算，处理董事会与校长提出的事宜。

1949年2月，学校不再设立校政委员会，改设校务委员会，且不再设立副校长。1950年8月，在新的校务委员会成立前，组织临时校务协商委员会。1951年4月，学校领导体制被改为校长制。

2. 系科设置

学院系科设置主要分为两个阶段，前期是江南大学创建之初的1947年10月，至无锡解放后的1949年7月28日，校董会根据校务委员会沈立人副主委的建议决定撤销学院建制，调整系科；后期是从撤销学院建制至院系调整这一时期。

前期学校共设有三院九系一科。三个学院为：文学院、理工学院与农学院。其中文学院下设四系：中国语文学系、外国语文学系、史地学系与经济学系，理工学院下设三系：数理学系、机电学系与化工学系，农学院下设两系：植物生产学系与农产制造学系。1948年7月，学校受全国面粉工业同业会委托，增设面粉专修科，学制3年。至此，这一时期江南大学的系科设置基本定型。

后期从1949年7月28日开始，撤销学院一级建制，调整系科。增设工业管理系，将原经济、中文、外文、史地系学生转入工业管理系或转学；将原植物生产学系改为农艺系，形成了"七系一科"的格局，即工业管理系、数理系、机械工程系、电机工程系、化学工程系、农艺系、农产制造系及面粉专修科。1950年12月10日，经朱宝镛教授建议，中央人民政府教育部批准，农产制造系改名为食品工业系。5月16日，学校决定将面粉专修科并入食品工业系，不再单独设立。

数理系是江南大学设置最早的学系之一。当初创立该学系时，校方认为数理是工程的基础，只有拥有良好的数理师资才能培养出社会所需要的工程人才。学系在刚设立时隶属于理工学院，于 1948 年夏聘请周怀恒主持系务，翌年周先生离校后由朱正元继任。1950 年 5 月，由于朱正元已任校务委员会第二副主任委员，无暇兼顾系务，学校改聘闻诗为系主任；是年夏，闻先生离校，由金圣一继任系主任。

数理系创设时有教授 3 人，讲师 1 人，助教 5 人，随着学生数增加，师资有所增加。在设备方面，经过四年的发展，学系已有完备的普通物理实验室一所，电磁学实验室一所，其他如光学、热学、声学、高级物理实验室等仪器，亦初具规模；在课程方面，由于学系一开始由数学与物理两专业合并而成，因此，从二年级始分为数组与理组，除共同课程外，每组每学期另设一两门专门课程。

3. 学生与学生运动

江南大学注重丰富学生的课外生活。仅 1948 年上半年，学校先后举行了 12 次学术演讲活动，邀请唐君毅、钱穆、牟宗三、顾惟精、王以中、王文元、杨惟义、王效三、韩雁门、陈机等学者为学生讲演；还举办了越野赛、英语比赛、球类比赛、壁报比赛、联谊晚会等活动，丰富了学生的校园生活。

中华人民共和国成立前后，学生积极投入反帝爱国运动。1948 年 1 月 16 日，无锡城区学生抗议英国制造的九龙事件，江南大学学生组织"抗暴团"到各校宣传演讲。2 月，学校地下党员陈秉基通过学生自治会与学生代表发动无锡大中学校开展劝募助学金运动。10 月 4 日，全校师生员欢欣鼓舞参加无锡市庆祝中华人民共和国成立大游行。1950 年 12 月，开展抗美援朝、保家卫国宣传运动，学生宣传队下乡进行宣传。江大话剧社、江社（京剧）联合举办两场为捐献飞机、大炮而进行的义演活动。江南大学党的力量也不断发展。1948 年 3 月，中共无锡县委发展唐叔勤、钱拙两位学生入党，并成立地下党江大学生党支部，陈秉基为支部书记。之后，王国忠、邹福祥、李修斌、邓鸿勋等先后为书记。

三、办学特色和成就

荣德生创办的私立江南大学从一开始就有着非凡的气质。学校的创办者在国内时局动荡不定之时，抱着教育救国的理念，力图为企业、为家乡、为国家办一所先进的、为工农业发展所需要的实用型综合型本科大学。其办学特色主要有：

一是办学指导思想明确，始终贯彻"实学""实用"的方针。荣德生在给 1951 届毕业生的题词中勉励学生"在校求得实学，毕业后到国家社会上向实用而努力!"在系科设置上也独树一帜,许多学系都根据当时的社会需要而设置。办学目标就是为发展国家工农业培养专门技术人才,因此不惜成本发展了许多工程类和农科类专业,如化工系、机电系、农艺系、农产制造系、面粉专修科等。这些系科都是为了适应社会经济发展的需要而设置的,为我国食品工业(特别是面粉工业)、机电工业以及工业管理做出了贡献。

二是采用先进的教学制度。学校采用学分制、学程制和学期制相结合的"三学"教学制度,同时强调启发式教学,强调学好基础课与专业课("二强调"),坚持与力求"高、精、新"的教学内容相结合的教育方向。

"三学"与"二强调"相结合,对学生学业要求非常严格。在学分方面,学校规定学程以每周上课一小时满一学期算作一学分,而实验学程则是以每周上课两小时满一学期算作一学分,学生每学期应按照院系及年级所规定的学程学分进行修习,且不得少于12学分,最终学分须经系主任与教授确认,酌情增减;在考试方面,学校设定了四类考试,包括临时考试、小考、学期考试及毕业总考;在成绩方面,学院十分重视学生日常的学习及考试成绩,比如在计算每学期总成绩时,临时考试成绩和小考成绩共占50%,学期成绩占50%。

三是聘请名师。学校创办后,十分注重师资力量的扩充,创办人筹措资金,花重金聘请国内著名学者到校主持校政或授课。先后聘请章渊若、沈立人为校长,聘请钱穆任文学院院长、韩雁门任农学院院长、顾惟精任江大副校长兼理工学院院长,教务长前有唐君毅、后有骆美轮,总务长为陆仁寿。知名教授有周同庆、张泽尧、朱东润、牟宗三、程修龄、朱宝镛、张云谷、金圣一、郭守纯、陈陵、夏炎德、朱正元、吴大榕、毕仲翰、金宝光、夏彦儒、金善宝、秦含章等。

在五年的办学实践中,学校逐渐形成了优良的校风,如艰苦朴素、尊师爱校、师生融洽、同学互助、热爱公益等。正因为如此,江南大学虽办学时间很短,却培养出一批优秀的人才,如邓鸿勋、戴立顺、刘家和、尤新、赵德厚、孙鸿达、朱耀西、王振之、孙文卿、杨克平、沈柏森、范文元、曹星鸿、施佐康等,为新中国的建设添砖加瓦。

第四章　从南通医学专门学校到苏北医学院

1912年创立的南通医学专门学校，经过张謇、张詧及张孝若的不懈努力，历经磨难，不断奋力前进，成为颇受赞誉的近代中国高等医学教育的一颗明珠。

第一节　方兴未艾初创期

苏州医学院的前身——民国元年（1912）创办的私立南通医学专门学校，既反映了创办人张謇"父教育而母实业"的理念，又顺应了西医东渐的时势发展和现代正规医学教育规律的需求，成为我国民办高等医学教育本土化的发端。

一、私立南通医学专门学校的创办缘起

私立南通医学专门学校，是国人最早创办的高等医学院校之一。学校的创办，既体现了清末民初西医教育引入中国并初步发展的社会背景，也留下了创办人张謇和张詧两人的思想、理念、实践的深刻印痕。

1. 张謇张詧兄弟联手，奠定医校创办基础

张謇

张謇（1853—1926），字季直，号啬庵，江苏南通人，我国近代著名的实业家、教育家、思想家。孙中山称赞张謇为中国教育事业开了"历史之先河"。张謇陆续在南通、海门等地呕心沥血创办了各类学校，包括335所小学、21所中学、30多所职业中学、3所高等专门学校（纺、农、医）。特别是他后半生，竭尽全力经营故乡南通，将一个封建闭塞的小县城建设成一个城市布局合理、经济社会协调发展的模范县。

校长张詧，字叔俨，号退庵，晚号退翁，为张

詧三兄。他是张謇在南通创办各项事业的得力实施者。1904年，张詧因张謇电促，辞去江西东乡知县并获允。回乡后全力协助张謇开创各项事业，如大生纱厂、通海垦牧公司、大达轮步公司、广生油厂、复新面厂、阜生蚕桑染织公司、货生铁冶公司及淮南各盐垦公司，历任大生纱厂、大生分厂、复新面厂协理，通州劝学所总董，筹备自治公所董事会副会长，通崇海泰总商会、农会会长，南通纺织专门学校、甲种商业学校、南通医学专门学校校长或总董，南通女子师范学校名誉校长等职。

张詧

张謇因国事在外奔波时，他所创办的一系列的实业、教育和社会公益事业全靠张詧在南通鼎力相助。时人评说，南通的事业由张謇手创，而获得成功者，都是张詧协助完成的。张謇主外，张詧主内；张謇做规划，张詧去执行；张謇主持大计，张詧料理细节。

2. "父教育而母实业"，医校创办变为现实

私立南通医学专门学校成功创办，是学校创办人张謇"父教育而母实业"理念的实践硕果。"父教育而母实业"是张謇一个著名的论断。他把实业与教育两者的关系比喻为一个家庭的父母双亲相互补充、相辅相成的至亲至密关系。教育要靠实业来资助，而实业又要以教育培养人才，"教育又为实业之母"，也就是以教育来哺乳实业。用他的话说便是"以实业辅助教育，以教育改良实业"，教育为实业培养人才，实业为教育提供资金。

当历经艰难曲折，创办大生纱厂成功，有了一定的经济基础之后，张謇从1902年开始创办教育事业。又经过十年创办初等、中等教育的经验积累，在所办的实业和教育之间形成良性互动的基础上，张謇和张詧萌发了创办农、医、纺三科高等教育的想法。尤其在辛亥革命前后，张謇和张詧兴办的工业已初具规模，张謇感到医药卫生落后，影响实业发展，于是决意创办一所高等医学专门学校及附属医院。

3. 办学主张循序渐进，创办医校水到渠成

张謇自甲午战争始，至1926年逝世止，从事教育活动凡三十年。三十年间，他大力倡导推进近代教育，提出"师范启其塞，小学导其源，中学正其流，专门别其派，大学会其归"的不同层次学校具有不同教育职能的理念。他所创办的教育事业，在纵的方面，由普及到提高，有完整的体系，如学前教

育、初等教育、中等教育、高等教育；在横的方面，有普通教育、职业教育、特种教育、社会教育等。

二、南通医学专门学校创办经过

建立医科教育是张謇早有的设想。1904年，他派熊辅龙（字省之）至日本千叶医学专门学校学习。辛亥革命爆发，熊辅龙正好毕业回国，并受命组建了军医处。未久，军医处成立了通州医院，熊辅龙任院长。1912年2月，遂由熊辅龙具体筹办通州医院附设医科学校。之后，在张謇和张詧精心策划和多方筹措下，一所与南通早期现代化的发展相适应、为城乡民众防病治病所需而培养医生的私立南通医学专门学校就应运而生了。

1. 建校选址及规划设计

1912年3月19日，私立南通医学专门学校创办，暂借籍仙观（即三官殿，又称温元帅庙）庙宇西院招生授课。该校初称通州医院附设医科学校，在3月14日的报纸上还刊登了《通州医院附设医科学校特别广告》，宣布开始招生。之后，又在4月7日的《通报》上刊登了《南通医院附设医科学校续招插班生第一次试验合格者》的17人名单。此时因江苏省临时议会已做出了关于废州称县的规定，故原校名更名为南通医院附设医科学校。是年夏，学校改名南通医学专门学校，张謇、张詧出任校长。

因城南籍仙观的场地狭小，没有发展的余地，1912年8月，张謇和张詧共同出资13 700余元，委派学校庶务——南通名中医金石筹办新校址选址、建设等事宜。1913年4月竣工，建成校舍房屋73间，回廊雨道37处。南通医学专门学校的开办费用及日常运营经费，除学费、膳食费外，主要由张謇和张詧资助。

2. 扩建南通医院（附属医院）

张謇十分注重实践教学环节。他强调"将欲行之，必先习之，有课本之学习，必应有实地之经验"。医学作为一门分类繁多、科目复杂的学科，必须有相应的实物教具、实验室、医院等一系列教学辅助设施。张謇和张詧创办私立南通医学专门学校之后，为满足学生实习的需要，1912年8月9日，决定对1911年创办的南通医院进行扩建。1913年5月，张謇亲自选定了医院地址，他和张詧又出资16 400余元，购得校南土地11.7亩，并委托宋跃门主修附属医院，扩建医院院舍。1914年6月建成，张謇题写院名"南通医院"。此外，张謇和张詧还斥巨资购买了一批先进医疗器械，充实和装备南通医院。医院后改称为私立南通医学专门学校附属医院。

南通医院创立之初，设有病床80张，分内科、外科及妇产科，医生有熊辅龙、熊雪松等人。熊辅龙内外兼治，曾主持南通第一例尸体解剖示教。

1916年2月，熊辅龙离开医院，沈尧阶任医院主任。同年9月，添聘金沙镇中医专家胡瑞，诊治内科、妇科、幼科、喉科及其他疑难杂症。在20世纪20年代末，私立南通医学专门学校附属医院已成为一所颇具规模，医疗设备与诊治水平较高的现代化医院了。

三、建校初期的学科学制及课程设置

1. 初创时期的招生和学制及课程设置

私立南通医学专门学校以"祈通中西，以宏慈善"为宗旨，以高等学识技术养成医学专门人才为目标。根据"壬子癸丑学制"中有关医学教育的规定，私立南通医学专门学校的学科、学制及课程等设置如下：

学科学制。学校初创时期（1912—1916），只设西医科。1915年附设产科传习所。西医科，设预科和本科，预科学制1年（1919年下半年起预科停办），本科学制4年。教学内容等基本仿效日本模式。

招生对象。学校开办伊始实行单独招生，招生计划、招生条件和招生办法均由学校自行决定。本科招收旧式中学毕业或有同等程度者；预科招收新式中学二年级以上或有同等程度者。考试科目为国文、数学、理化、英文或德文，每次招生少则10名，多则20名不等。

课程设置。西医预科：修身、国文、日文、德语、算术、代数、几何、物理、化学、生理、动物、体操。西医本科：修身、德语、化学、物理、系统解剖学、局部解剖学、组织学、胎生学、生理学、医化学、卫生学、微生物学、病理学（总论）、病理解剖学、病理组织学、药物学、诊断学、内科学、外科学、矫正学、眼科学、耳鼻咽喉科学、妇科学、产科学、儿科学、皮肤病学及花柳病学、精神病学、裁判医学。

学年学时。1912—1913年，学校实行春季始业，新生2月入学；1914年改秋季始业，新生9月入学。一学年分三学期，第一学期8月1日至12月31日，第二学期1月1日至3月31日，第三学期4月1日至7月31日。暑假70天，寒假15天，春假7天。学时：第一学年每周29学时至32学时，第二学年每周34学时至36学时，第三和第四学年每周35学时以上。

成绩考核。考核有临时测验、学期测验、学年测验和毕业考试。临时测验一学期两次以上。核定学期成绩时参照临时测验成绩，核定学年成绩时参照学期测验成绩。有一项主要学科不及格者留级，一学年缺席三分之一以上者不得

参加升级考试。毕业考试分理论考试和实践考试。学生成绩优异，可获学校奖励；学期考试合格列本年级第一名者，下学期免交学费。学年终，对品行方正、学术优异者发奖励证书；毕业考试名列第一者，可获成绩优异证书。

2. 初创时期的教学方法

私立南通医学专门学校的西医教育初具规模，开办之初，招收培养的人数不多，但其教育形式、内容和质量与欧美的教育水准相比较，差距并不很大。教学方法，因没有医学教科书，基本采取教员口授、学生笔记的方式。人体解剖等形态课，结合模型、挂图讲解。第三学年进入临床教学阶段，三年级和四年级学生每天轮流至南通医院实习。

3. 熊辅龙做南通第一例尸体解剖示教

1902年，清政府颁布的《钦定大学堂章程》中明文规定不解剖尸体，只能用模型学习解剖。直到1913年11月22日，北洋政府才颁布准许尸体解剖的总统文告和内务部令。

解剖学是近代医学的一门基础课程，通过尸体解剖可以明确诊断，积累教学和科研经验，促进医学诊治进步。为了让学生对书本知识有一个感性认识，1915年4月30日，在张謇和张詧的竭力支持下，熊辅龙在校内做了南通历史上第一例尸体解剖示教，成为当时轰动一时的重大新闻。

4. 制定《学则》，服从师训，遵守校规

张謇十分重视对学生品德修养的教育。他历来主张"首重道德，次则学术"，认为如果"道德学术，俱属优美，又何患其学无所用哉？"学校创建之初，制定了《江苏南通医学专门学校学则》。1914年12月，张謇为私立南通医学专门学校题写了"祈通中西，以宏慈善"的校训。

作为近代中国民办高等西医教育肇端的私立南通医学专门学校，在张謇和张詧的带领下，从方兴未艾初创期走向奋力前行的成长期，谱写着近代中国医学教育的新篇章。

江苏南通医学专门学校学则

第二节 奋力前进成长期

私立南通医学专门学校创办后经过十余年的发展，逐渐走上正轨，步入了奋力前进的成长期，在社会上颇受赞誉。1922年3月，经北洋政府教育部迭次考鉴，批准私立南通医学专门学校立案，并准予毕业证书由省教育厅验发，招生呈报备案。1927年，更名为私立南通医科大学。1928年，继而成为私立南通大学医科。1930年，又更名为私立南通学院医科。

一、"祈通中西　以宏慈善"的办学模式

张謇和张詧办学的目的是为了培养中西医相结合的新型医生。在西医科的基础上，1917年大胆独创，增设了中医科，学制为预科一年，本科四年，并聘请了一批有名望的中医任教。这一措施与1914年张謇题撰的"祈通中西　以宏慈善"校训是一致的。这个校训阐明了"中西医合校、中西医渗透、中西医双学"的办学宗旨，在当时的全国高等医学教育中是独树一帜的。

中华民国成立后，1912年10月教育部公布的《大学令》（后称"壬子癸丑学制"），其中唯独没有中医内容，这就是近代史上著名的"教育系统漏列中医"案。该学制一直执行到1922年公布新的"壬戌学制"为止。但这个新的"壬戌学制"也未包括中医教育，遭到中医界的强烈反对。

清末民初两次制定学制均以日本体制为蓝本，其不列中医的意图是十分明显的。张謇不顾部规，力排众议，结合南通地方自治和医疗卫生实际，于1917年在私立南通医学专门学校增设了中医科，当年招生，开设医学源流论、内经、难经、金匮要略、伤寒论、温病论、杂症论、外科正宗、伤骨科、生理、生化、生理解剖学、国文、医德等课程。为便于中医科学生的临床实习，张謇和张詧在学校附近临时办了中医院，由中医科的教师担任医师，带教医学生。

张謇认为中西医两者各有所长，应各取所长。祖国医学是中华传统文化的精华，应该弘扬；西医是先进的医学技术，应该好好学习，为我所用。为促进中西医结合，培养取中西医所长的医学人才，张謇和张詧做了大胆的

中医科第一届毕业生毕业证书

探索。一是聘请一批留学日本的西医学专家，如熊辅龙、李希贤、赵铸、李素冰、林之祯等到校任教；二是聘请德国医学专家夏德门医学博士任南通医院总医长兼医学教授；三是聘请了一批有名望的中医学专家到校任教，如俞汝权、刘叔敏、陈巽伯、石念祖、孙在兹、金石、姜省轩、沙元栖、戴用于等。

张謇将中西医专家学者集聚于一校，为中西医之间的交流、切磋、沟通提供了便利的条件。中西医合校汇通融合，为中西医结合、培养中西医兼通的人才打下了坚实的基础。

经过十年的苦心经营，南通医学专门学校规模上有了一定的发展。校园占地面积达20余亩，校舍增加到200余间，教职员工40余人。1922年3月，北洋政府教育部经过迭次考鉴，批准私立南通医学专门学校立案。然而，1922年，北洋政府教育部在批准私立南通医学专门学校立案的同时，强令私立南通医学专门学校停办中医科，强行终止了张謇在中西医结合教育方面的有益探索。尽管如此，张謇"祈通中西"的思想和抱负依然对这所学校其后的建设与发展产生了久远的影响。

二、广纳贤才，选聘中外优秀教师

在筹办私立南通医学专门学校的过程中，张謇和张詧感到最为棘手的就是大学的师资问题。在教师的选聘方面，张謇和张詧坚持唯才是聘的原则，不拘一格，广纳贤才，主要采取了以下两种办法：

一是招聘国外大学毕业生到校任教，或者从本校选派并资助优秀的毕业生到国外深造，学习西方先进的科学技术和管理知识，学成后回母校工作。

由于张謇爱才惜才，才先后有熊辅龙、沈尧阶、俞国钧、赵铸、李希贤、黄鸣鹄等留学生和国内医科大学毕业生中愿意投身于西医教育事业者来校任教。南通医学专门学校在为社会培养医务人才的同时，为本校培养了一批师资。毕业生戴尚文曾任南通医院院长，后去日本留学，回国后又到母校任教。张念和、朱宏之、殷士豪、瞿立衡等都先后出国留学，归国后回校任教。徐光明、黄思完、张炎等毕业后都曾在母校任教。这批从本科毕业生中择优选送出国的留学生，归国后都成为学校教学、科研、医疗、管理的骨干。

二是聘用外国专家学者。1920年，南通医学专门学校聘德国外科专家夏德门任南通医院总医长兼教授。1932年，聘请意大利籍医学博士贝贡新任细菌学、医化学教授。外籍教师的加盟，使医校的学科建设和医院的业务水平在短短几年内有了显著的提高。第一次世界大战期间，当张謇得知因中国对德国宣战而须遣返回德国的德侨中有不少是专家学者时，便与有关当局磋商留下了十

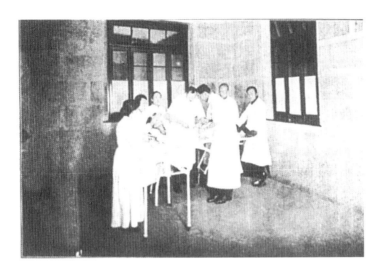

德国外科专家夏德门博士受聘来医院工作

多人，其中有些人也到学校任教。

由于张謇不拘一格，广纳贤才，当时南通成了国内外著名医学专家学者云集的地方。这些专家学者不仅为南通医学专门学校提供了优质的师资，而且带来了新思想、新知识、新技术，推动了南通地区医学教育事业的发展。

三、育精英之才，走精品之路

南通医学专门学校以状元办学的鲜明特色和良好形象，吸引了众人的目光；中西合璧、各具特色的教学内涵，吸引了许多有志学子报考就读。张謇主张要向国外的大学看齐，培养的人才不能比国外大学培养的人才逊色。张謇的教育精品意识渗透到他的办学活动中，南通医学专门学校的教育思路，就是立足育精英之才、走精品之路。

1. 面向全国，招收优生

南通医学专门学校办学规模并不大，但面向全国招生，坚持生源质量，有意控制招生人数，颇有仿效北京协和医学院模式之意。刊登在民国十四年（1925）7月4日《申报》上的招生广告云："学额，二十名。纳费，年纳学宿费四十元，两期预交，膳费自理。学科，照部章。学级，四年毕业。报名，自登报日起至额满日止。随缴试验费二元，取否不退，保证金五元，学费内扣算，不取退还，取而入学者不退。呈验母校校长盖章之照片，曾经教育官厅盖印之毕业证书。资格，旧制中等学校毕业或新制高级中学毕业。有母校校长保函及报名手续齐全者可免试录取，唯入学体格检查不合格者，仍不收录。试期，八月十一日本校试验。校址，南通县南门外。校长：张詧、张謇启。"从上述面向全国的招生启事可见，招生人数少，规模小；对招生对象的资格要求和对招生程序的把控是严格的，入学考试科目是规范的，和现代医科大学入学考试科目相当；该校招生和现代人学招生一样，也实行保送生制。这一时期南通医学专门学校的培养方式是精英模式。

2. 严格考试，规范课程

张謇和张詧办学严谨，且更注重实用，奖惩分明。凡违反校规屡教不改者、未经允许旷课两周以上者及在五年中考试成绩两次不及格者均做退学处理。对于学业成绩优异者给予多种奖励，如学期考试成绩列本级第一名者，次学期免缴学费一次；毕业考试第一名者，给予成绩优胜证书，学年终品行、学术优异者给予奖励证书，并从成绩优异者中选送往日本、德国留学深造。学生毕业时必须通过毕业考试，毕业考试分两期进行。第一期考解剖学、组织学、医化学，第二期考微生物学、内科学、外科学、妇科学、皮肤病学、耳鼻喉科学、眼科学、儿科学等。学生成绩采用四等级分制，即甲（80 分以上）、乙（70—79 分）、丙（60—69 分）、丁（60 分以下）四个等级。这些考核制度虽然严苛，但却有力保证了医学教育的质量。

从课程设置看，南通医学专门学校与国内外正规高等医学院校一样科学规范。预科课程除日语、德语、国文、体操外，数学、物理、化学、生物、矿物等基础课程较为齐全。本科课程除德语、化学、物理外，局部解剖学、系统解剖学、组织胚胎学、生理学、医化学、卫生学、微生物学、病理学、病理解剖学、病理组织学、药物学、诊断学、内科学、外科学、矫形学、眼科学、耳鼻喉科学、妇科学、产科学、儿科学、皮肤花柳病学、精神病学、裁判医学等医学专业课程设置齐全。

1924 年，江苏高等检察厅批准学校解剖监犯尸体，学校开始有条件结合尸体解剖进行教学。组织学、病理解剖学等课，除教员口授外，还指导学生用显微镜和标本实习。至 1921 年，各基础学科均设有实验室。1936 年时有医科解剖示教挂图 600 幅，寄生虫示教挂图 80 余幅，病理肉眼标本 80 余件，寄生虫肉眼标本 20 余件。

学校十分重视理论与实践结合。教学人员既是教师又是医生，注重培养学生实际工作能力，毕业生动手能力较强，因而受到社会赞誉。

四、继承父辈事业，张孝若接掌学校

1926 年 8 月张謇逝世，张詧也因年事已高卸去校长之职。张謇之子张孝若继承父辈事业，致全力于实业、慈善、教育，并接任农、医、纺三校校长，为传承父辈未竟事业而勤勉工作。

1922年,张孝若被北洋政府任命为考察欧美各国实业的专使,先后到美国、英国、法国、德国、荷兰、比利时、意大利、瑞士、奥地利、日本10国专察。回国后,将所见所闻整理成30万字的《专察欧美日本国实业报告书》。1926年8月后,张孝若历任私立南通医学专门学校校长、私立南通医科大学校长、私立南通农科大学校长、私立南通纺织专门学校校长、私立南通纺织大学校长、私立南通大学校长、私立南通学院院长。

张孝若

1. 成立南通大学

1926年,国民政府教育部为了统一全国医学院校课程,更定新制,废去大学两年的预科。1927年6月6日决议先在江苏、浙江、广东三省进行大学区制试验。1929年,南京国民政府教育部制定颁发《私立学校规程》,决定对公私学校重新登记注册。

为了配合上述新的教育体制和新的《私立学校规程》,1927年8月,在张孝若主导下,私立南通医学专门学校升格更名为私立南通医科大学,取消预科,本科学制改为5年;而私立南通纺织专门学校则升格更名为私立南通纺织大学。

1928年6月8日,张孝若校长召集私立南通农科大学、私立南通医科大学、私立南通纺织大学的教职员工和学生代表,召开私立南通大学筹备委员会预备会议。同月又先后召开四次私立南通大学筹备委员会会议,讨论校董会章程、附属中学、各科编制与经费预算各案及私立南通大学组织大纲草案。1928年9月17日,私立南通大学筹备委员会召开第五次会议,讨论礼聘校董事宜,决定敦聘李石曾、于右任、李宗仁、秦汾、何玉书、张轶欧、钱永铭、许璇、荣宗敬、周威、吴兆曾、徐肇钧、张孝若、王志鸿、李希贤、陆费执、戴尚文、张谊等社会名流组成私立南通大学的校董会。

私立南通大学校旗、校徽

经过私立南通大学筹备委员

会五次会议的认真讨论和慎重研究,在张孝若的主导下,决定将私立南通医科大学、私立南通纺织大学和早在1919年就已定名的私立南通农科大学重新组合,统一命名为私立南通大学。农、医、纺三大学,分别为私立南通大学的农科、医科、纺科,张孝若出任校长。私立南通大学于1928年8月成立以后,当即上报南京国民政府教育部备案待批。

由于历史原因,私立南通大学的体制如同"联邦制",农、医、纺三科仍各自为政,各科实行独立招生、独立教学与独立管理、独立核算的体制。

2. 呈部核准暂称南通学院

1929年,南京国民政府颁布《大学组织法》,规范了私立大学的发展。按照部颁新规定,大学分为文、理、法、农、工、商、医等学院,具备以上学院中三个学院的高校,才有资格称为大学。私立南通大学虽有农、医、纺三个学院,但部章上所列学院名称并无纺织学院,因此私立南通大学只能以两个学院(农、医)的办学规模向政府注册,而纺科则成为附办。1930年南京国民政府教育部令:"先准以南通学院名义立案,俟具备三学院呈部核准后再恢复旧名。"但教育部将南通大学以"南通学院"为名立案的签文至1930年11月18日才到达南通,私立南通大学只好暂称私立南通学院,张孝若任院长。

1930年,私立南通医科大学由私立南通大学医科而成为私立南通学院医科。医科本科学制,从1936届起由5年制改为6年制。张孝若院长聘南通医学专门学校毕业后出国留学回校执教的瞿立衡担任私立南通学院医科的第一任科长。1935年10月,院长张孝若不幸去世。此后,郑亦同任私立南通学院院长。

南通大学医科校门

3. 行政机构与经费来源

私立南通医学专门学校至1927年改为私立南通医科大学期间，行政机构无大变化。私立南通大学期间，学校有校董会，设董事长1人，董事若干。医科设科长1人，下设教务主任、舍务主任、事务主任。医科、农科、纺织科房屋均成为校舍之组成部分，由学校统管。私立南通大学改称私立南通学院后，机构仍沿袭私立南通大学体制。1935年，校董事会成员调整，是年院务改革，除农、医、纺分别设科长外，成立总办公处、教务处、总务处，协助院长管理全院教务和事务。其中教务处下设注册组、训育组、体育组、图书组、出版组，总务处下设文书组、会计组、庶务组。

私立南通学院时期（抗战全面爆发前），经费来源一是政府补助，二是大生纱厂补助，三是学校基产及事业收入，四是学费。以1934年为例，全年经费192 148元（其中医科48 110元）。其中国民政府教育部补助42 638元，江苏省政府补助12 400元，南通棉纺会补助25 200元，大生纱厂补助48 010元，大达公司补助10 000元，基产租息4 098元，事业收入13 400元，学费36 402元。后来大生纱厂参加银团，无法开支私立南通学院经费，学校经济较困难。

4. 附属医院

私立南通医学专门学校的附属医院在岁月的更易中稳步前进，良性发展。1916年6月，南通医学专门学校主任李书城专门赴上海采购医疗器械。1917年9月，医院根据医疗业务发展，各科室进行调整，设内科、外科、花柳皮肤科、眼耳鼻喉科，医生由南通医学专门学校教员兼任。

1918年，张謇为了提高医学专门学校教学水平和学习国外先进医疗技术，得知青岛一所野战医院之德人欲变卖医疗器材回国的信息后，即以数万元将该院重要医疗器材全部购下，充实于附属医院。当年7月，附属医院主任沈尧阶辞职，由唐熙年接任。他任职后，扩充西医，加强中医，聘请一批医生充实医院。

1919年夏，南通时疫流行。附属医院在大生纺织公司设立临时分院，历时两月。时疫过后，临时分院撤销。当年年底，附属医院X光楼动工。1920年3月，附属医院主任唐熙年辞职，金聘之接任。同年5月，X光楼建成，分上下两层，共8间，同时建成手术室5间。

是年，又聘德国专家夏德门博士为医院总医长，使医院科室建设、业务技术等方面在短时间内有了显著的改观，成为20世纪20年代苏北地区的一所著名医院。1921年，夏德门离院回德国。

1922年和1924年，附属医院附设产科传习所，开办两期助产护士讲习班，培养助产护士，传授新法接生，在南通市乃至苏北地区开创新法接生的先河。1924年，附属医院新建尸体解剖室和传染病室。1925年年初，医院招收看护妇新生19人，新生学习了一年半时间，全部毕业，医院留用数名。

1928年8月，南通医院（附属医院）更名为私立南通大学医科附属医院，戴尚文任医院主任。戴尚文在私立南通医学专门学校毕业后曾赴日本东京帝国大学深造。他上任后，恢复妇产科。1929年7月，戴尚文辞职，先后由陈定、赵师震、陈端白任医院主任。1930年，私立南通大学改为私立南通学院，医院也改名为私立南通学院医科附属医院。1931年5月，附属医院重新改组，实行院长制，下设医务主任及事务主任。院长及医务主任由外科医长何星萃担任，事务主任由金聘之担任。1935年3月，聘外科专家黄竺如应诊。1936年9月，医院院长由著名寄生虫学专家、医科科长洪式闾兼任。

5. 医学研究和管理机构

随着意大利博士贝贡新和著名寄生虫学专家洪式闾教授的加盟，学校医学科学研究获得跨越式的进展。

1932年，南通学院医科聘请意大利博士贝贡新担任细菌学、医用化学教授后，逐步开展医学基础研究。贝贡新毕业于德国柏林大学，获医学博士学位，曾任意大利那波里血清研究院副院长。学校根据贝氏的专长和医学科学研究的需要，向国民政府教育部申报，创设浆苗血清研究所，获准后，于1934年成立私立南通学院医科浆苗血清研究所，贝贡新博士任技术负责人。这是南通学院医科建立的第一个医学科学研究所。

在贝贡新博士的主持下，南通学院医科浆苗血清研究所在浆苗血清研究方面取得新进展，研制成功十余种生物制品。经过机理和疗效的实验检析，这些生物制品均具有较高的实用价值。

1936年8月，具有国际声誉的著名寄生虫学专家洪式闾教授受聘为医科科长。他研究的成果之一——基础膜染色法和钩虫定量计算法为世界各国医学界所采用。他在虫体形态学方面的研究纠正了医学界有关姜片虫的许多错误观点。他曾去日本参加学术会议，并宣读他关于姜片虫研究的论文。

在洪式闾教授任南通学院医科主任兼寄生虫学教授期间，医学科学研究大大前进了一步。他将原女红传习所改为南通学院医科第二分院，设置了解剖学、生理学、病理学、细菌学、寄生虫学等6个研究室，并增设动物房。他鼓励师生从事科研，定期举行学术报告会、读书报告会等，医科形成了浓厚的学术气氛。同时，出版了首期《南通医刊》。医疗、教学、科研之需的中外图书、杂志资料，也逐年大量增加。

1928年，私立南通大学成立，校长张孝若将其父张謇所办私立南通图书馆划归学校，成为私立南通大学图书馆，后称私立南通学院图书馆。农科、医科、纺织科各设分馆。1937年，总馆藏书2万余册，杂志450余种。1936年，南通学院医科科研仪器设备明显增加，有显微照相机、人工太阳灯、高压消毒锅、大蒸汽消毒器、电气离心沉淀器、电气保温箱、冰箱等，显微镜也增至30多架。

五、风起云涌的学生运动

1. 声援五四运动

1919年，南通医学专门学校学生积极响应五四运动，约请南通纺织专门学校、南通农校、商校、师范等校代表开会。到会代表30多人，公推医学专门学校代表为会议临时主席。会议通过决议，电告北京政府和中国驻巴黎专使，要求收回青岛和废除不平等条约；通电北京、上海总商会和南通商会，要求抵制日货。5月18日，一千余名学生集会公共体育场，成立南通学生会，会后举行示威游行。6月3日起，医学专门学校等各校学生罢课，联合发表罢课宣言。罢课后，医学专门学校学生每天上街讲演。罢课延续至暑假。

2. 组织"南通学生上海五卅血案后援会"

1925年5月，日本资本家在上海枪杀工人顾正红，导致五卅惨案。南通医学专门学校学生与其他学校学生一起组织"南通学生上海五卅血案后援会"，发动各校学生声援上海工人和学生反帝斗争。6月11日，后援会召开第五次会议，公推南通医学专门学校学生代表汪昆为主席。在后援会组织下，医学专门学校学生多次参加游行示威。

3. 组织南通学生反日会

1931年九一八事变后，南通学院农科学生发起组织南通学生反日会，声讨日本帝国主义侵占我国东北三省，南通学院医科学生参加，并组织战地救护队，准备至东北马占山抗日部队，开展救护工作。

4. 一二·九学生运动在南通

1935年一二·九抗日救亡运动爆发，医科学生积极响应。12月23日，医科、农科、纺科学生上街游行示威，高呼"停止内战，团结抗日""打倒日本帝国主义"等口号。游行第二天，医、农、纺三科学生成立"南通学院学生晋京请愿团"，12月28日，全体同学进行绝食斗争并发表《告各界书》。

私立南通医学专门学校,无论是更名为私立南通医科大学,还是继而成为私立南通大学医科及私立南通学院医科,在社会上都颇享赞誉,是中国近代高等医学教育史上的一颗明珠。

第三节　风云激荡转折期

抗日战争全面爆发后,中华民族处于深重的灾难之中,私立南通学院医科师生同全国人民上下一心,共赴国难,渡过了重重困难。在举步维艰的岁月里,学校处于逆境图存的低谷期。

一、全面抗战爆发后的漂泊萍踪

抗战期间,私立南通学院医科师生辗转湘、贵、川,过着箪食瓢饮的清苦生活,流徙之中融入江苏医学院,成为其闪亮的一脉。

1. 救死扶伤,勇赴国难

随着日军侵华战争日益扩大,南通经常遭受日本飞机轰炸,南通学院因战事被迫停课。为了适应抗日战争大局的需要,南通学院医科奉国民政府军委会令,在医科科长、附属医院院长洪式闾博士的率领下,将附属医院的病床设备、药品、器材、化验仪器等运至扬州,医科及附属医院随迁至扬州,改办为第七重伤医院,洪式闾带领大部分教职员和学生前往医院工作,为抢救前线受伤的抗日将士立下了汗马功劳。

2. 西迁沅陵,并校更名

1938年,因抗击日寇的战局发生转移,第七重伤医院辗转到湖南衡阳。南通学院医科的师生在战争中随军事行动转移,颠沛流离,过着极其艰苦的流徙生活,努力完成抢救伤员的任务。1938年夏,恰逢江苏省立医政学院的师生在院长胡定安博士的带领下,迁至湖南沅陵,借沅陵油漆职业学校部分校舍开课教学。其与南通学院医科均感经费无着,前途难测,经磋商有意合并。8月9日,经国民政府教育部呈奉最高国防会议通过,江苏省立医政学院与私立南通学院医科合并,更名为国立江苏医学院,在湖南沅陵正式成立,国民政府教育部聘胡定安博士为院长。南通学院院长蒋亦同和医科主任洪式闾向江苏医学院胡定安院长办理移交手续,移交名册中有教授7人、讲师2人、医师8人等共51人。

国立江苏医学院成立不久,日寇进犯长沙,沅陵逼近前方,学校再也放不下安静的课桌。12月,师生被迫撤离沅陵,迁徙贵阳,借贵阳达德学校的校舍继续上课。

国立江苏医学院校门

3. 苏医邨里艰难复课

1939年1月15日，胡定安在贵阳就任国立江苏医学院院长。同时，接国民政府教育部令，学校迁至重庆。

3月6日，胡定安率员赴重庆安排迁渝事宜，在重庆枣子岚垭47号设驻渝办事处。3月23日勘定北碚为新院址，并购下北碚医院为院舍，办事处移至重庆纪明坊3号。4月14日，学校停课迁往重庆，5月6日师生抵达，5月23日在北碚复课。学校安顿后，获政府资助，教学秩序步入正常。

8月，成立附属医院，为军民分科诊疗疾病。11月20日，附属医院在北碚正式开诊，有固定床位46张，设内、外、妇、儿、眼耳鼻喉、精神卫生、皮肤花柳病等科，以及理疗、检验、药局等科室，既满足教学，又便利群众，因医疗水平高，医院在当地有较大影响。矗立在嘉陵江边的房屋，也被人们亲切地称为"苏医邨"。

师生抵渝不久，于5月30日组成了若干空袭救护队。10月18日，又与红十字会救护总队合作，组成空袭流动医疗队。每当敌机空袭重庆，凡有伤亡群众之处，就有江苏医学院师生奋不顾身救护的身影。1940年5月，敌机轰炸学校所在地北碚，群众伤亡颇重，师生们冲向一线急救和护理伤员，受到国民政府教育部的传令嘉奖。

在坚持正常教学的同时，学校适应当时社会需要，拓展教学，启动科研，服务社会。1939年6月，学校成立了社会教育推行委员会，并兼办卫生教育施教区。1940年1月4日，成立公共卫生学暨邵象伊教授领衔的公共卫生事务所。1941年11月，该所与中国育婴保健会合作，开办了北碚婴儿施诊所，结合临床推动儿童卫生保健。1942年11月,附属医院成立社会服务部。

为满足战时需要,1939年10月,学校开办了以初中毕业生为对象的护士助理职业训练班,学制1年。1941年4月,筹办附属医院高级护士职业学校,于1942年9月1日开学。1941年4月1日,为边疆学校代办卫生教育专修科。1942年8月,国民政府教育部核准添办卫生教育专修科,学制3年。1944年3月,国民政府教育部核准学校举办高中毕业为起点、学制6年的医学本科,修业期满、成绩及格者可授予医学学士学位。同年7月,国民政府教育部批准增办初中毕业为起点、学制6年的医学专修科。

为发展我国预防医学,胡定安院长和洪式闾、邵象伊、褚葆真等教授集议,发起成立中国预防医学研究所。此议得到翁文灏、朱家骅、陈果夫、金善宝、潘公展、茅以升、罗家伦、竺可桢等的鼎力相助。1941年5月17日,成立中国预防医学研究所,胡定安院长任总干事。研究所下设四部九系:微生物学部辖细菌学系、寄生虫学系、疫苗血清学系,卫生学部辖基础卫生学系、公共卫生学系,传染病学部辖流行病学系、防疫学系,编辑部辖杂志系、丛书系。1942年7月,国民政府教育部批准成立医学研究所。8月,医学研究所设立寄生虫学部,国民政府教育部聘洪式闾教授任主任,招收医科大学毕业生,研究期限两年,研究期满,参加硕士学位考试,及格者由教育部授予医学硕士学位。同年12月,招收第一届研究生兼助教1人。1943年8月招收第二届研究生2名。1945年8月和1946年1月,2名研究生完成硕士考试和论文答辩,被授予硕士学位。在寄生虫学部主任洪式闾教授的领导下,李非白教授和杨复曦技师的论文《蠕虫透明标本制作新法》刊登在1945年第156卷《自然》杂志上。

抗战期间,南通学院医科师生们为了国家和民族抵御外敌,义不容辞地奔赴战场,凭借自己的专长,奋力救治负伤的抗日将士。特别是为培养战时紧缺的医护人员,私立南通学院医科做出了贡献,为人类和平与正义书写了光辉一页。南通学院医科师生们在抗战艰苦岁月中付出了极大的辛劳和巨大的代价。

二、抗战胜利,恢复重建南通学院医科

抗日战争胜利后,学校开始筹划恢复重建。

1. 学院回迁,医科重建

随着各大学陆续回迁和复原,国立江苏医学院亦筹划回迁镇江。1946年2月,为了重返南通市原址复校,私立南通学院成立了还校委员会。由于南通市各界人士对恢复医科的呼声很高,私立南通学院决定在原址恢复医科。复办医科的报告很快便得到国民政府教育部的批准。

私立南通学院医科原址遭到了很大的破坏,校舍毁损殆尽,附属医院改为第七重伤病医院之后,医疗仪器设备在内迁转移中全部散失,因此,返原址复课的工作非常艰难。1946年7月,医科正式恢复并招新生,学制仍为6年。同年秋,招收新生81名,课程参照国民政府教育部《大学医学院及医科暂行课目表》设置。8月,私立南通学院本部迁返南通,农、纺两科二、三、四年级学生仍留上海,私立南通学院留上海部分称"沪院",南通部分称"通院"。9月17日,医科、农科、纺科一年级共8个班350名新生在南通开学上课。

1946年11月11日,私立南通学院于西院大礼堂举行隆重的还校典礼。礼堂中悬挂创办人张謇和张詧的肖像,旁悬大幅对联:"韧基于世纪十载以前,群才蔚起,百业昌荣,鼓舞九州树模范;还校于胜利周年之后,四郊筑垒,万方多难,要凭教育挽狂澜。"礼堂大门上悬联:"继续先贤大业,确信唯实业教育真能救国;发扬南通精神,须知必忠诚纯朴乃称学人。"南通各机关负责人、学院校董、校友及师生500余人参加。首由常务校董张敬礼(张謇之侄)领导行礼,来宾相继致辞,院长张渊扬报告还校经过后,复由常务校董张敬礼报告私立南通学院创办历史、宗旨及今后办学计划,末由校友代表傅云鹄致辞。12月,私立南通学院农、医、纺三科校友会成立。

2. 重建时期的经费来源

1946年,私立南通学院常务校董张敬礼任大生纱厂经理,并主持私立南通学院院务。张敬礼再次聘请瞿立衡教授出任南通学院医科科长,继续医科的恢复工作。私立南通学院大部分经费由大生纱厂承担。张敬礼身为大生纱厂经理,除给医科支持大部分经费外,还凭借其社会地位和名望,用法币16亿多元购置敌产——江北医院院舍及设备,装备附属医院。在南通各界人士的支持和全体教职员工的努力下,医科复办计划得以逐步实现。之后,私立南通学院经费大部分仍由大生纱厂承担。1949年开始,人民政府每年补贴5%名额人民助学金。

3. 重建时期的师资队伍

私立南通学院医科复办初期,遇到的最大难题是师资匮乏。1937年有医科教员18名,其中教授5名,副教授4名,讲师6名,助教3名。因战事,师资大部分流失。医科恢复重建后,师资很快得到恢复。1947年有23名教师,其中教授11名,副教授3名,讲师5名,助教4名。

之后,私立南通学院医科科长兼附属医院院长瞿立衡教授和黄季平教授通过各种关系，多方联系，1948年先后又聘请日本九州帝国大学毕业的鲍耀东教授任外科主任，聘请日本京都帝国大学毕业的薛永梁教授担任皮肤花柳科主任，聘请季鸣时教授承担有机化学教学工作，吕运明教授承担生理学教学工作，巫祈华教授承担神经解剖学教学工作，汤肇虞教授承担组织胚胎、解剖学教学工作。由于助教缺乏，学校又从学生中物色一批家庭困难、学习成绩优秀的学生做工读生，这些工读生抽出一定时间担任某些学科的助教工作，学校给予他们一定的报酬，毕业后留校担任各科的助教。

三、私立南通学院医科的教育设施

抗日战争胜利后，在私立南通学院还校委员会和主政南通学院的常务校董张敬礼及南通各界人士的努力下，南通学院及医科被日寇侵占的房屋得以收回，教育设施得到一定程度的恢复。

1. 校舍概况（1946）

东院，有楼房138间，平房24间；运动场3所，家畜场、麦作试验场、棉作试验场及花圃、菜地、鱼池及天水池各1方，共占地约18亩。

西院，有楼房20间，平房43间，内为礼堂、教室及学生宿舍等，场地有曝晒场、运动场各1处，水井2口，共占地5.7亩。

北院，为总办公处、图书馆及实验室，有楼房、平房共66间，喷水池1方，亭榭1座，花圃4块，共占地4.5亩。

南院，有楼房43间，平房61间，内为膳堂、寝室、浴室、盥洗室、厨房等。还有水井2口，天水池1口，曝晒场1处，共占地12.8亩。城南江家桥1号附属医院有4层楼洋房1幢、平房4幢，菜圃、花圃、广场等，共占地97.96亩。

办公室一隅和教室之一

学生宿舍

唐闸纺织科房屋，有楼房 82 间，平房 135 间。运动场 2 处，水塔 1 座，滤水池 1 口，天水池 2 口，共占地约 22 亩。此外，还有漂染整理用房（平房 12 间），水池、烟囱各 1 座。

2. 教学概览

1947 年，新建了解剖室，并建立生物学、化学、组织学、生理学、药理学、病理学等实验室，1948 年建立细菌学实验室。1949 年，南通学院医科已有研究室 6 个，实验室 7 个。

南通学院医科本科课程设置为 34—44 门。医科与农科、纺织科共同必修课有军事教育、国文、体育、外国语、数学、化学、物理等。

医科专业课有战时救护训练、生物学、有机化学、解剖学、组织学、胚胎学、神经系统解剖学、生物化学、生理学、药理学、细菌学、病理学、寄生虫学、物理诊断学、实验诊断学、内科学、热带病学、放射学、小儿科学、皮肤花柳科学、精神病及神经病学、泌尿科学、妇产科学、矫形外科学、公共卫生学、眼科学、耳鼻喉科学、法医学、中国医学史等。

医科学时。6 年制，前 5 年共有 5 940 学时，第 6 年在医院实习，时间为 11 个月。各级每周学时 30—36 小时。1936 年一年级每周 30 学时，其中讲授 21 学时，实验 9 学时；二年级每周 33 学时，其中讲授 16 学时，实验 17 学时；三年级每周 34 学时，其中讲授 17 学时，实验 17 学时；四年级每周 34 学时，其中讲授 20 学时，实验 14 学时；五年级每周 29 学时，其中讲授 14 学时，实验 15 学时。

1947 年，学校《医科暂行科目表》规定，每周授课 33—36 学时。医科仍无教科书，由教员编写讲义，指定参考书，教员口授，学生记笔记。基础课讲授时，按需要配有示教挂图及标本。人体解剖尸体来源少，1946 年仅一具。

人体骨骼常由教员带领学生到农村荒冢拾捡。各学科在实验教学中实行基本操作训练。1947年上有机化学课时，组织学生做尿素提取实验和阿司匹林、萤光素等药物制造实验。

学校规定，成绩优异、品行端正、体格健全、家境清贫的正式生，可申请为免费生或公费生。免费生除膳费、书籍费、制服费照章缴纳或自办外，其他各费一律免收。公费生除享受免费生之待遇外，每年由学校发给津贴150—200元。学校授予毕业生学士学位。

1946—1949年，医科本科毕业生100名，其中6年制毕业生70名，5年制毕业生30名。

3. 附属医院

1946年5月，南通学院附属医院院长先后由黄季平、瞿立衡担任。附属医院下设医务、总务两部，设置内科、外科、妇产科、眼耳鼻喉科、皮肤花柳科、肺科、牙科等11个业务科室，聘请了一批知名医生，共有职工143名。附属医院下设护士学校。后瞿立衡院长因病去上海治疗，由医务长夏元贞任代理院长。南通解放前夕，国民党军队进驻医院，夏元贞代理院长等想方设法保护医院完好，迎接南通解放。

4. 行政机构

抗战胜利后，南通学院及医科的行政机构与抗战前基本相同。1936—1949年，郑亦同、郑瑜、徐静仁、严惠宇、张渊扬、唐启宇、张敬礼先后任南通学院院长；李希贤、赵师震、瞿立衡、洪式闾、黄季平、瞿立衡先后任医科科长。1947年5月《南通学院月刊》创刊。同年6月，南通学院制订《医科发展计划》。1948年9月制定了《私立南通学院组织章程（修正草案）》。

四、抗日救亡运动与地下党组织

1. 师生抗日救亡运动

私立南通学院地下党组织按照上级党组织布置，着重向党员和群众宣传党的抗日民族统一战线政策，宣传毛泽东持久战战略思想，宣传八路军、新四军战绩，帮助师生树立必胜信心，团结师生抗日救亡。党组织介绍部分学生阅读《西行漫记》等书刊，帮助他们认识共产党，了解抗日根据地。1942年，地下党配合上级党组织做代理院长郑瑜的思想工作，促使他带领部分师生一度至淮南抗日民主根据地铜城镇办学。

2. 师生反内战，护校迎解放

解放战争时期，私立南通学院地下党组织党员学习毛泽东《抗日战争胜利后的时局和我们的方针》等著作，使党员认清形势，明确任务。党小组根据学生不同特点，布置党员联系积极分子和中间群众，分析学生政治思想动向、生活和学习状况，与他们结伴，建立感情。党小组利用壁报、油印报对群众宣传教育。1945年9月至1947年，地下党组织利用清寒同学互助会，向校友募捐和组织义卖义演，帮助大部分清寒同学解决学费问题，从而将这批学生团结在地下党周围，使他们投入对敌斗争行列。还组织积极分子参加夜航读书会（后称幼学读书会）、女同学会、"纺联团契"等群众性进步组织，宣传党的方针政策，介绍解放区军民合作、民主、团结等情况，揭露国民党法西斯统治。

1946年3月18日，国民党反动派在南通制造"南通惨案"，广大学生在地下党领导下，不畏强暴，开展反内战、反饥饿、反迫害、争民主的斗争，分化和孤立学校反动势力。南通学院沪院地下党组织发动群众与敌人做斗争，组织学生参加上海反内战大游行，声援南京五二〇运动；开展"反破坏、反开除、反迫害"斗争。

1948年年底，南通处于黎明前夕，南通学院地下党组织发动群众，坚持反迫害斗争，并开展护校活动，迎接南通解放。上海解放前夕，南通学院沪院地下党组织人民保安队和人民宣传队，保护学校，迎接上海解放。

3. 地下党组织的建立与发展

私立南通学院地下党组织早在1927—1928年就已开始组织活动，1928年因白色恐怖而转移。1934年，南通学院医科学生、共产党员王国鼎（王刚）等先后被捕，地下党组织遭敌人破坏。抗战期间，上海地下党派曲苇至南通学院开展工作，至1945年抗战胜利，曾四次建立地下党支部。曲苇、舒鸿泉、胡瑞瑛与尹敏、翁大钧先后担任支部书记。1946—1949年，贺锦霞、王彩彪等先后任党支部书记。1946年，南通学院本部和沪院部分年级回迁南通，南通学院沪院党支部在南通学院建立分党支部。1947年，中共南通城工委学委派党员王彪至南通学院医科读书，同时在南通学院建立地下党支部，王彪任书记。至1949年年初，历任党支部书记的还有李连钊、严春明。因隶属不同的上级党组织，故南通学院两个地下党组织之间没有组织隶属关系。

1949年9月，沪院全部迁返南通。中共南通学院支部由中共上海市新城区委领导改属中共南通市委青年部领导，并与原通院党组织合并，党支部书记为王彩彪，副书记为顾石明。

五、维持接收和改造，建立学校新秩序

1949年2月2日，南通解放；5月27日，上海解放。南通市军管会和上海市军管会按照中央人民政府"对私立学校采取保护维持,加强领导,逐步改造"的方针,依靠学校广大教职员工,保证教学秩序正常,维持工作秩序正常,积极做好私立南通学院沪院迁回原址办学的组织安排工作。

1. 成立临时执委会,沪部迁回南通

1949年2月21日,私立南通学院开学,28日上课。在南通市军管会、上海市军管会的领导下,私立南通学院的通院和沪院分别成立了临时院务执行委员会。之后,上海市军管会决定,将私立南通学院的沪院迁回原址。

1949年8月3日,私立南通学院于南通举行院务联席会议,通院和沪院的临时院务执行委员会全体委员以及教师、学生、工友代表参加会议。会议讨论准予唐启宇辞去私立南通学院院长职务;决定建立临时统一领导机构,定名为私立南通学院临时院务执行委员会,原通院和沪院的临时院务委员会一并撤销。

8月4日,私立南通学院临时院务执行委员会举行第一次会议,选举张敬礼为主任委员,夏永生为副主任委员。8月6日,临时院务执行委员会举行第二次会议,决定成立迁校委员会,办理沪院迁返南通事宜,成立了以教授冯焕文为主任委员、以学生张绪武(张謇之孙,20世纪80年代曾任江苏省副省长)为副主任委员的迁校委员会。9月,沪院迁返南通市原址,恢复上课。

2. 成立院务委员会,改组校董会

1950年6月1日,私立南通学院院务委员会正式成立,相应的行政机构也一并建立,张敬礼任代理院长,冯焕文、蒋德寿任副院长。是年夏,苏北人民行政公署根据私立南通学院关于改组校董会的申请,原则上同意新校董会成员名单,并转请华东军政委员会核定,张敬礼、顾尔钥、瞿立衡等13人组成新校董会。

在校董会和院务委员会的领导下,私立南通学院行政机构逐步健全和加强,学校各项行政事务和教学工作运作正常。代理院长张敬礼因主持大生纱厂不胜劳顿,故向苏北行政公署提出辞呈,并要求苏北行政公署委派人员领导学院工作。1950年12月,中央人民政府教育部批复,顾尔钥任院长。同月,经上级党委批准,中共南通学院支部领导成员进行调整,顾尔钥任书记,孙石灵任副书记。1952年7月,成立中国共产党南通学院委员会。1951年12月,南通学院医科成立科务委员会。

3. 开展思想改造运动,树立为人民服务思想

从1950年年底开始,学院党组织结合抗美援朝、土地改革和镇压反革命

运动，对师生开展爱国主义和国际主义教育。1951年，学院成立政治学习委员会，组织师生系统学习历史唯物主义。1952年，在全体教师中开展思想改造运动，启发教师爱国热情，树立为人民服务的思想。

学生政治思想工作着重于形势任务、爱国主义和国际主义、共产主义教育。废除国民党所设党义、三民主义和训育等课程，开设马列主义理论课。1950年3月至7月，根据苏北人民行政公署规定，各年级均修读"社会发展史"课程，并循序修读中国革命问题、辩证唯物论与历史唯物论、政治经济学等课程。苏北行政公署和地方党政机关还选派专职政治教员来校授课，加强了对师生政治思想教育，学校建立了经常性的时事政治学习制度。

1951年6月，全院师生热烈响应党和国家"抗美援朝，保家卫国"号召，积极报名参加抗美援朝医疗队，奔赴朝鲜战场。同时又有19名学生报名参军和考入军事干校。同年5月，南通学院党支部和团总支分别接受3名同志入党。

4. 统考统招新生，注意吸收工农

根据教育部指示，南通学院向工农兵敞开大门，招收新生时注意吸收工农干部和工农青年入学。从1950年开始，教育部要求私立南通学院报告每年的招生数和毕业生数，按国家计划统一分配。招生时间、招考地点和名额均由人民政府设置。1951年，南通学院41名毕业生都由国家安排工作。这是私立南通学院自成立39年以来，毕业生第一次由国家统一分配工作。

从1952年下半年起，全国范围内进行了高校的院系调整，按照教育部《全国高等院校调整计划（草案）》，南通学院的医科独立建院，取名为苏北医学院，由私立改为公立。

从此，南通学院医科以崭新的姿态，汇入全国高等学校的队伍中，为新中国高等医学教育事业做出新的贡献。

第五章　蚕学教育的开创与发展

1904 年，史量才在上海创办女子蚕业学堂，之后改为公立，并在此基础上成立江苏省立女子蚕业学校（简称"女蚕校"），迁往苏州浒墅关。1918 年，郑辟疆担任女蚕校校长，在其带领下，女蚕校坚持勤俭办学、艰苦创业的办学精神，以振兴中华蚕丝业为目标，坚持理论与实践相统一的教学方法，建立了教学、科研、推广三结合的基地，培养蚕丝科技人才。抗日战争时期，学校内迁四川乐山，设上海分校。抗战结束后，两校迁回浒墅关原址复校。

第一节　女蚕校的创办

一、女蚕校的前身及其初创

1. 史量才与上海女子蚕业学堂

女蚕校的前身为史量才于光绪三十年（1904）春创办的上海女子蚕业学堂。史量才出生于光绪六年（1880），名家修，祖籍江宁（今江苏南京）。光绪二十七年（1901）秋，为学习实用之学考入杭州蚕学馆，杭州蚕学馆是杭州知府林启于光绪二十三年（1897）创办，开了我国的蚕丝职业教育的先河。史量才是杭州蚕学馆第四届毕业生，光绪二十九年（1903）毕业。

1904 年春，史量才创办了上海女子蚕业学堂。[1] 他在学堂章程中提出，应"注重栽桑、养蚕、制种、缫丝等试验，并改良旧法，兼授普通及专门学理，以扩充女子职业，挽回我国利权为宗旨"。学堂章程

史量才

---

[1] 郑辟疆 1958 年所写的学校简史中将上海女子蚕业学堂创建年份写为 1903 年，本书从李喆、石明芳、林冈著《苏州蚕桑专科学校简史》之说。

还规定，招收的女生年龄在15—35岁，学制为预科2年、本科3年，还特别设立了选科，学制为半年。史量才为上海女子蚕业学堂编排了学习课程，不但包括养蚕、制丝和种桑等专业课程，还包括国文、数学、物理和化学等基础性课程。为了使学生能了解世界先进的蚕业知识，学堂专门开设了日语课程，以便学生了解日本蚕业现状，也为将来赴日深造打下基础。此外，史量才还十分重视女生的身心发展，将体操作为必修课，音乐为选修课。

进入20世纪第二个十年，史量才把主要精力投入新闻领域，他产生了转让蚕业学堂的想法。此时清政府下令要求各地积极创办实业学堂，全国开办实业学堂的风气浓厚。江苏巡抚借此机会，与史量才商量后，将上海女子蚕业学堂转为公立，成立江苏省立女子蚕业学堂，迁往苏州浒墅关办学。迁往浒墅关后，学校的规模进一步扩大，江苏省划拨荒地160亩，拨款建设教室11幢、宿舍27幢、办公室7幢、蚕室6幢又10间，以及其他用途的房屋若干。

上海女子蚕业学堂校舍图

2. 江苏省立女子蚕业学校的初创

民国建立伊始，教育部于1912年9月颁布了《学校系统令》，规定"实业学校分甲、乙二种，各三年毕业"。1913年8月，又颁布了专门规范实业教育发展的《实业学校令》和《实业学校规程》。在《实业学校令》中，重申实业学校分为甲、乙两种，甲种实业学校为省级地方行政机关设立，经费由省行政机关负责。蚕业学校按规定被视作农业学校，女蚕校参照各项实业学校规程办理。

章孔昭

1912年秋，学校正式定名为江苏省立女子蚕业学校，为江苏省立甲种实业学校。第一任校长是原杭州蚕学馆毕业生章孔昭。学校建立之初，主要培养养蚕技术人员，仅开设养蚕科一个专业，学制为预科1年，本科3年。招生对象为小学毕业或具有同等学力的学生，学额定为每个年级40名。

女蚕校转为公立学校之后，江苏省每年都从教育经费中单独划拨固定的费用作为其办学经费，因此经费来源有了一定保障。除了省拨经费外，女蚕校还努力发挥其实业学校的优势，积极通过各种生产方式获得更多的资金支持。在大部分省立实业学校还在以学生的学费和伙食费为主要收入来源时，女蚕校已通过出售桑叶、蚕种以及屑茧和屑丝，出租学校空地和空房等形式来增加收入，并以此为基础免除了学生的学费和伙食费，使得女蚕校的许多学生得以摆脱缴纳费用的困扰，全身心地投入学习。

女蚕校拥有一支稳定的师资队伍。女蚕校1912年建立之初，仅有6名教员，到1916年，教职员工增至21人，其中教师16人、职员5人，专业教师大部分毕业于杭州蚕学馆等蚕丝专业院校。女蚕校教职员的薪金待遇并不高，因此教师流动性非常大。

女蚕校的学生人数从1912年学校建立后逐年增加，至1916年，在校学生已从最初的96人增至179人，增长近一倍。1916年，女蚕校有了第一届蚕科毕业生28人。

1916年女蚕校第一届毕业生合影

二、郑辟疆开创女蚕校新局面

1. 郑辟疆出任女蚕校校长

1917年夏，章孔昭卸任校长，省教育厅委派时任江苏省教育厅视学的侯鸿鉴兼任女蚕校校长。半年后，即1918年元月，郑辟疆被委任为江苏省立女子蚕业学校第三任校长。

郑辟疆，字紫卿，光绪六年（1880）出生于江苏省吴江县（今吴江市）盛泽镇，于光绪二十六年（1900）考入杭州蚕学馆。他立志学习先进的蚕丝生产技术，为家乡的蚕丝业发展做贡献。光绪二十八年（1902），郑辟疆以全校第一名的成绩毕业留校任教。次年，他东渡日本，考察爱知、群马、长野、静冈等主要蚕区，访问日本蚕学专家，了解到日本蚕丝业在明治维新后应用先进科学技术，获得迅速发展的情况。回国后，他先后在山东青州蚕丝学堂、山东省立农业专门学校任教。对比我国和日本蚕丝业发展的巨大差距，郑先生忧心如焚，拟就《提倡蚕桑十二条陈》送呈山东巡抚，提出关于振兴中国蚕丝事业的办法与主张。

郑辟疆

2. 女蚕校的办学方针及校歌、校训

郑辟疆任女蚕校校长后，基于其在国内外蚕丝教育和生产实践中积累的经验，提出蚕丝职业教育不能局限于学校教育，女蚕校培养的人才应与蚕丝业现实紧密联系，利用女蚕校改进蚕丝业。郑辟疆上任校长之初，就提出了女蚕校发展的新方针，具体内容为："启发学生的事业思想；树立技术革新的风尚；从自力更生和节约的办法，尽量充实实习实验设备，以提高教学质量；坚决向蚕丝业改进途径进军。"新方针的提出，使女蚕校师生了解了学校的办学目标，明确了前进的方向。

为了振奋学生的事业精神，郑辟疆邀请教育家费迈枢作词，由季镜西谱曲，为江苏省立女子蚕业学校谱写了新的校歌，歌词如下：

宁沪苏常，淮海徐扬，膏腴壤，地利辟蚕桑。

女红无害，农事无伤，实业教育此提倡。

阳山之阳，我校恢张，济济兮乐育一堂。

英才蔚起，成绩昭彰，振振兮名播四方。

经纶天下，衣被苍生，古文明，功业刱西陵。
意法日本，继起竞争，挽回利权谁之任？
勤则能进，诚则能成，勉兮哉，校训服膺。
愈研而精，愈振而兴，盛矣哉，日上蒸蒸。

郑辟疆还提出校训"诚、谨、勤、朴"，引导学生努力学习，刻苦钻研，学校逐步形成优良的学风。

3. 教学工作的进展

在新的办学方针指导下，从1918年开始，女蚕校各项教学工作逐渐步入了正轨。首先，为了更好地普及蚕丝业的新技术、新知识，女蚕校开设了养蚕传习科，并根据学习者的程度分为甲、乙两种，甲种学期一年半，乙种学期半年。到1923年传习科停办为止，甲、乙两科各招生5届。甲部共招生79人，乙部共招生84人，养蚕传习科为普及蚕业知识，推广蚕丝改进事业提供了经验。女蚕校还选派费达生到东京高等蚕业学校学习制丝，选派郑蓉镜到上田蚕丝专门学校学习养蚕制种。她们在日本学习了先进的养蚕和制丝技术，了解了日本蚕丝教育的先进模式。在日本的学习经历对她们回国后在蚕丝改进事业中担当重任产生了积极影响。而作为女蚕校的第一批留学生，她们也为女蚕校和日本蚕丝业界建立起了良好而久远的互动关系。此后，数十人先后赴日本留学。后来为女蚕校技术革新发挥重要作用的日本专家白泽干，也是郑蓉镜在日本学习时结识并邀请来华的。

郑辟疆编写的我国最早的蚕桑专业教材

为了女蚕校乃至我国蚕丝教育更加有效地培养蚕丝人才，郑辟疆自1916年起，便在教学过程中将其教学经验与蚕丝生产实际工作相结合，着手编写符合中国实际的蚕丝学科教科书，到1920年，共编纂了《桑树栽培》《蚕体生理》《养蚕法》《蚕体解剖》《蚕体病理》《制丝学》《蚕丝概论》《土壤肥料论》等8种教科书，先后重版10余次。这些教科书形成了我国蚕丝教育最早的有系统的教科书系列。

三、壬戌学制中的女蚕校

1922年11月，北洋政府以大总统令的形式正式公布了新的《学校系统改革案》，史称"壬戌学制"。新学制对中等教育和职业教育有了新的规定，高级中学分普通、农、工、商、师范、家事等科，按照旧制度设立的甲种实业学校改为职业学校或高级中学农工商科。根据新学制的规定，女蚕校的学级设立、校务规划及学生工作等方面都做了相应的变化，使得学校可以在新的职业教育环境下前进。

江苏省立女子蚕业学校校门

女蚕校全景

1. 学制的变化

新学制颁布之后,女蚕校很快将养蚕科升等为高级养蚕科,确定本科为3年,预科为2年;原来的传习科则改为初级养蚕科,学制为2年。然而1924年2月,江苏省教育会召集省立学校校长讨论江苏省校今后五年间规划,对于女蚕校的体制,初步的意见为:"女子蚕业学校为四年期之职业学校,用单组制,其入学资格准小学毕业程度,并得视地方需要时,设短期之蚕丝职业科,以一级为限。"郑辟疆校长则认为,此种变更是不利于女蚕校职业教育开展的。江苏省教育会经过讨论,大致上接受了郑校长的意见,最终确定:"女子蚕业学校,设蚕丝科,二年毕业,以小学毕业而年龄相当者入之。并设高级蚕丝科,三年毕业,以初中毕业者入之。均用单组制。亦得视地方需要,设短期之蚕丝职业科,以一级为限。"随后,女蚕校因为蚕丝科2年毕业,时间太短,学生的实际经验不能得到足够的积累,要求将蚕丝科的学制延长为3年,并且定名为中级蚕丝科。4月,教育行政委员会同意在蚕丝科之前冠以中级,但学制年限仍维持为2年。

这样,女蚕校从1924年起,正式以高级蚕丝科的名义招收初中毕业生,学制3年;原传习科(包括甲、乙两部)全部改为中级养蚕科,相当于初中程度,学制2年。1925年原蚕丝科本科最后一届学生毕业,自1913年起培养了10届学生,265人。1923年开设的蚕丝职业科也仅招收了1届学生17人,1925年第一届学生毕业后停办。

日籍教师白泽干在女蚕校

2. 教师与教学

女蚕校在开办高级养蚕科后,对于课程的教学要求更加严格。为了能够培养出有益于蚕丝改进事业的合格学生,女蚕校对教师聘任工作也更加严谨。虽然由于教师薪酬仍然偏低,许多教师流失,但学校的教学质量并未因此而受到影响。1923年暑假后,聘任邵申培和童桢接任离职教师的教学岗位。邵申培系杭州蚕校毕业,长期担任江苏省立蚕桑模范场主任技术员,又曾在江苏省立第二农校担任蚕桑主任教员,具有丰富的蚕丝理论教学和蚕业改进实践经验。又添聘俞起亚担任英文、法书、经济等科教员,费达生任日文教员,朱澹如任国文和地理教员。为了紧跟世界蚕丝业发展的脚步,女蚕校积极争取从日本聘请有经验的蚕丝界人才参与教学工作。1926年,郑辟疆邀请日本蚕丝专家白泽干深入参与女蚕校的教学和蚕丝改进工作。白泽干帮助女蚕校创建了天然冰库,试行冷藏盐酸孵化的人工孵化方法,使中国有了第一座用于蚕种改良的冰库;并厉行蚕室、蚕具消毒和母蛾检查,减轻了蚕病的威胁,使女蚕校每个学生养成养蚕消毒的习惯,进而推广到所有蚕丝改进区。

为了提高教学质量,女蚕校还通过多种形式的教学活动提升学生的学习效果。自1923年起,女蚕校组织了学生演说联合会,定期举办演讲比赛,以提高学生的口头表达能力,利于日后向群众宣传先进蚕丝理念、推广蚕桑技术。组织学生阅书部和书画研究会,尽可能扩大学生的知识视野,陶冶其身心。女蚕校还形成了一个传统,组织每届毕业班去一些蚕业学校、蚕业改进机关和蚕丝业的先进企业参观学习,从而使毕业生对蚕丝行业有更直观的认识,有助于毕业后更快地适应工作岗位。

3. 女蚕校初期的技术推广

郑辟疆掌校后,女蚕校逐步将精力投入对中国近代蚕丝业的改进上,最先开始进行的是蚕种的改良。自1918年起,就将培养学生与蚕业改进紧紧联系起来,在教学中非常重视理论与实践的结合,鼓励毕业生经营新蚕种业。1921年学校设立了原蚕种部,生产原蚕种与原原蚕种,备自用和各蚕种场采用,以供新蚕业发展的需要。随着蚕种部的设立,新蚕种的推广应用工作也提上了日程。1923年9月,学校组织推广部,这成为女蚕校进行蚕丝改进计划的新起点。推广部分派技术人员赴各蚕种场考察,使各场合理生产,保证蚕种质量的稳步提高。在对蚕农的指导中,将合格蚕种慎重地推荐给蚕农,使供需相互发展。女蚕校在推广新蚕种过程中,还积极帮助蚕农解决了育蚕的借贷问题,从而获得了蚕农的信任。为了解决蚕农缺乏蚕学基础知识的问题,女蚕校推广部在农闲时举办农村妇女工读班和稚蚕共育技术训练班,以提高农民的知识和技术水平,并编写通俗易懂的教材,如《识字读本》《养蚕大要》《上蔟须知》《消毒法》等。在推广技术的过程中,女蚕校处处从蚕农的需求出发,保障蚕农利益,推进了蚕丝改良事业。

女蚕校原种部

女蚕校实验部

在推广蚕种改良的同时,女蚕校也把土丝改良工作放在同等位置同步进行。1923年,女蚕校决定土丝改良工作先从学校附近的吴县和震泽两地入手,其中吴县成为土丝改良工作的重点地区。1924年2月,女蚕校组织展览蚕丝、茧种及蚕具等模型,并讲演养蚕、制种、制丝、栽桑等生产中可能出现的各种问题。前来参观者有400余人,演讲后还由费达生等教员亲自示范改良丝车的缫丝技术。1923年1月,女蚕校推广部前往震泽示范各项先进蚕丝生产技术,并与当地共同组织蚕业指导所。1924年春,由女蚕校与震泽市公所合组的蚕丝改进社在开弦弓村开办。改进社负责本地区蚕户的消毒育蚕工作,并进行缫丝技术的推广工作,使当地"领受稚蚕之各蚕户成绩亦均优异,茧质之佳、茧量之丰为历年所未有"。传习缫丝工作也吸引了当地蚕户近20人入社练习,使其缫丝技术进步显著。女蚕校还免费接受学校附近的蚕户入校直接学习，以实现土丝改良的新计划。

为了更好地向广大农村地区推广新式的蚕种培育和养殖技术，1923年，女蚕校决定在不同地区直接设立蚕业

女蚕校推广部

指导所，以便就地开展蚕业指导工作，帮助蚕农解决技术难题，进一步深化蚕业改进的成果。1924年，女蚕校在开弦弓村开办第一个蚕业指导所，开展蚕病防治、蚕种催青、稚蚕饲育等方面的工作，积累了宝贵经验，也获得了当地蚕农的巨大信任，从而保证了蚕业改进工作的持续推进。进而把蚕丝改进事业推进到了蚕茧销售环节，在蚕农中提倡鲜茧共售，在各合作社设置评茧台，对鲜茧进行评价，在共同出售时由指导员协助介绍丝厂。在鲜茧共售的基础上，又开始组织蚕农共同售干茧，使蚕农获得了良好的收益。

女蚕校的初步蚕业改进推广工作使当地的蚕业从蚕种培育、稚蚕养殖到蚕茧销售、干茧生产等各个环节都实现了由旧式分散生产到新式有组织经营的飞跃，从而开始形成近代蚕丝产业链的雏形。

4. 学生就业的新局面

为使女蚕校学生利用所学在蚕丝业找到自己的位置，在解决个人生计的同时推动蚕丝行业发展，经过郑辟疆校长及全校教职员工的共同努力，女蚕校学生的就业情况得到明显改善。为了拓宽女蚕校毕业生的就业面，郑辟疆积极帮助学生联系蚕丝业机构，将学校教育与蚕丝改进相联系，使具有先进理论知识的年轻人才进入蚕丝业管理第一线。中国合众蚕桑改良会便是郑先生在20年代初主要依托的对象。成立中国合众蚕桑改良会主要是为了改良和发展苏、浙、皖三省的蚕丝生产事业，尤其是改良蚕种，以期从根本上改变我国当时蚕丝业极度衰弱的局面。郑辟疆校长利用这一机构积极沟通协商，与合众蚕桑改良会达成协议：一是改良会有6个育蚕制种场，其中苏州场场务都由女蚕校毕业生担任；二是女蚕校毕业生可在改良会中承担制种任务相关事宜。

女蚕校毕业生到各蚕种场帮助改良蚕种，积极投入蚕种改良的事业，不少

学生还利用自己所学专业知识开办蚕种场。郑辟疆十分重视学生自己经营的蚕种场，经常定期巡查，与学生讨论经营蚕种场的经验教训。

为了夯实毕业学生的知识和技能，学校于1924年成立练习部，鼓励毕业学生回校进行练习，练习内容包括蚕业经营及改进之研究、推广事业之练习和检种技术等，练习期为半年。学校通过这样的形式来帮助走上工作岗位后的毕业生继续利用学校的优良资源，以弥补其在工作中所发现的差距。

第二节 规模初具

一、大学区制中的女蚕校

1. 校名频繁更迭

1927年7月4日，国民政府公布了《中华民国大学院组织法》，正式施行大学区制。江苏省立女子蚕业学校被改名为第四中山大学苏州女子蚕业学校。

但是，对于将全国各大学区均以中山大学冠名，蔡元培等教育界人士始终持有异议，他们均认为此种命名方式不但国际上没有先例，而且在国内也因为校名过于相似，容易引起混淆，所以提请各地区大学，除广东保留中山大学的名称外，其他均以所在地区命名。为此，第四中山大学校长张乃燕专门向大学院呈文，要求将校名变更为"江苏大学"。1928年2月，大学院以165号训令通知第四中山大学改称"江苏大学"。1928年3月16日，江苏大学颁发指令，"令苏州女子蚕业学校校长：该校校名，经本大学行政会议议决，改称江苏大学女子蚕业学校"。

第四中山大学改名为江苏大学后，遭到江苏各界师生的强烈反对，要求再次改名，进而掀起了声势浩大的学生运动。1928年4月，经多方磋商，大学委员会临时会议决定，"江苏大学"改称"中央大学"，并冠以"国立"二字。而女蚕校则在一年的时间内第三次改名，更名为"中央大学区立女子蚕业学校"。大学区制在实行过程中问题层出不穷，1929年6月，国民党三届二中全会决定停止试行大学区制，江苏省的大学区制于1929年9月1日停止，女蚕校也随即恢复了"江苏省立女子蚕业学校"的名称。

2. 办学经费短缺

自1912年女蚕校转归公立以来，学校经费相对而言较有保障，主要是得益于江苏教育会的努力和江苏省教育经费独特的管理办法。20世纪20年代，江苏教育会为协调江苏省内国立学校与省立学校的经费分配，促成了以税种的划分来确定各自经费来源的分配办法，在当时被称为"国款办国学，省款办省学"。同时，还独立设置江苏教育经费管理处，独立于教育厅和财政厅，专门管理江苏的教育经费。此种经费分配和管理办法保障了江苏各省立学校经费来源的稳定性。然而，1927年南京国民政府成立后，以统一政令为名，将江苏大宗可靠的卷烟特税收归中央，另以江苏田赋收入项下年拨280万元作为江苏地方教育经费的补充。7月，大学区制开始施行后，又造成教育经费明显向大学教育倾斜的问题，江苏省地方中学的经费被严重挤占。作为省立职业学校的女蚕校，这一时期也受到了经费短缺的困扰。女蚕校在经费管理方面一直有经济审查委员会的监督。从1928年起，根据国民政府新的经济公开条例，学校成立了稽核委员会，继续负责监督学校经费的使用情况。然而，稽核委员会所面临的情况却是"事实上经费按八五折发，薪水仍多积欠"，只能向江苏省中等学校联合会申请补发前几个月所积欠的经费，以完成经费使用审查报表的填报。

3. 教师团体及校友组织

1927年11月，成立女蚕校教职员委员会，将维护教职员工的合法权益作为首要的工作。1928年年初，委员会发起了索偿旧欠工薪的活动。教育经费委员会曾将拟补发给教职员工的薪水移作他用，女蚕校教职员委员会即以全体教职员工的名义，向全省其他学校及社会各界发出通告，号召全省教职员工团结起来，坚决追回欠款，保障教师权益。此号召得到了江苏省教育界的广泛响应，使得江苏省教育经费委员会不得不重新考虑经费分配问题，维护了学校广大教工的合法权益。

为了鼓励教师之间勤加交流，共享教学经验，于1927年12月成立蚕业研究会。研究会以交换知识、研究蚕业学术为宗旨，并规定每周五集会一次，以讨论蚕业上的各种问题，以便更好地促进教学及蚕丝推广工作。1928年9月，女蚕校根据南京国民政府要求学校进行"三民主义"学习的命令，组织了党义研究会。

新学制实行中暴露出的不稳定因素及1927年前后国家的动荡，对女蚕校的教职员队伍造成了极大的冲击。仅这一年中，学校教职员退任者就有十余人之多，这是女蚕校建校以来从未经历过的，致使学校教学计划一度难以安排。为了保证学校教学工作能持续开展，郑辟疆校长从内外两条途径努力稳定和完善师资队伍。一方面，继续大力聘请国内蚕丝教育界的专家来校任教，并安排优秀教师负责学生工作。另一方面，利用学校与日本蚕丝业界良好的互动关系，通过派出教师进修学习和邀请日本蚕丝教育家来校讲学等方式，切实提高教学质量，以保证学校在蚕丝理论知识和生产技术领域始终与世界先进水平保持同步。

女蚕校校友会自1912年建校时就已成立，郑辟疆出任校长之后，对校友会进行了改组，设立了通信、出版、图书、交际等部门，每年3月15日校庆日召开大会。自1923年起，校友会编辑出版《女蚕》刊物，介绍当时我国蚕丝

学校校友会主编的刊物《女蚕》

业生产状况，以及日本蚕丝科学方面的进展。从创刊到1936年9月止，计出版发行70期，刊物对指导和推广蚕丝新技术和联络校友发挥了一定的作用。

二、制丝专业的设立与兼办制丝专科学校

1. 增设制丝科，改革与发展蚕丝业

养蚕与制丝本就是相辅相成的，经过20世纪20年代女蚕校的努力，苏南地区蚕种选育和改良工作取得了一定成果，但当时我国缫丝技法陈旧，所制之丝无法与经过机械改良的欧美大工业丝质媲美，日本蚕丝技术也领先我国一大步。苏南地区的地方丝厂亟须改良制丝技术。女蚕校作为江苏地区唯一的蚕丝职业学校和改进推广机关，主动承担了推进制丝改良的任务。推进制丝改良，首先需要开设制丝专业，购买制丝设备，以便培养制丝的专门人才。因此，1928年和1929年，女蚕校先后两次向江苏省政府提出呈请，希望能拨款购置制丝设备以筹办制丝专业，但没有得到任何批复。1929年9月，女蚕校认为完全依靠省政府财政开办制丝科是无法实现的，因此决定自谋出路，联合深切期望制丝改良的苏州和无锡地区的丝厂，希望通过从制丝业界获得贷款先行开始建设，余款分期偿付的方式，来实现学校开办制丝科的目的。省政府同意女蚕校以贷款方式开办制丝科，清偿方式由省政府分年从临时费中划拨，计划4年时间完成还款。1930年9月，正式开办高中程度制丝科，原定学制3年，后改为2年。

制丝科成立后，制定了完备的课程体系，主要包含基础课、专业课及实习课程。为了便于学生将蚕、丝两业的知识融会贯通，从1933年起，初级蚕丝科三年级也开设了制丝实习课程，以加强蚕科学生的制丝技能。1935年春季开学后，学校为了强化高级蚕丝科和初级蚕丝科三年级学生的制丝技能，将原

定每周一天的实习计划,改为学期开始第一周后,两级学生集中实习,分煎茧、立缫、坐缫、复摇、整理、检查六大部分,调班轮流实习,除了由教师指导外,也选派高级制丝科的部分学生参与指导,使学生既能增加实习强度,熟练实习技术,又有机会体会培训制丝技术的经验。为了顺利开展教学工作,学校不断改进制丝科专业设备,以保证毕业生掌握国内最先进的制丝技术。1932年后,制丝技术的重点要求主要集中于生丝制品的匀度,因此,制丝科主任费达生等利用在日本留学期间掌握的先进技术,亲自设计新式缫丝机械,经过十多次的试验,终于实现了生丝制品匀度达到90度的要求,试制出了当时世界先进水平的缫丝机,学校将其命名为女蚕式多条缫丝机。1936年1月,为了满足制丝科学生实习的需要,学校又斥巨资从上海德昌公司购进当时世界最新式的自动干茧机——大和式自动茧机一台。女蚕校还将陈旧的千叶式煮茧机更新换代,与上海寰球铁厂签订协议,让其按新设计图样加工改造,以提高机器利用价值和利用效率。经过努力,女蚕校制丝科"备有女蚕式多条缫丝机32台,五绪再式坐缫丝机30台,丰田式多条缫丝机4台,全部匀度机1台,其他锅炉、全部滤水装置、煮茧器、原动机械等,亦皆设备齐全"。

女蚕校增设制丝科后,同时兴建了一个制丝实习厂,以便学生尽快熟悉制丝生产的技术,培养能够很快应用于制丝改进事业的人才。建设制丝实习厂,必须具备新型而完全的制丝设备。女蚕校凭借在蚕丝业改进事业过程中所做出的贡献和获得的信任,商请无锡永泰、乾森、

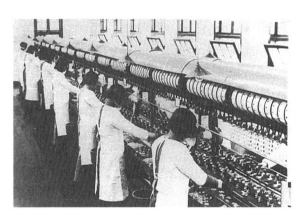

女蚕立式缫丝车

瑞纶、乾泰等丝厂予以集体贷款建设丝厂。1929年年底开始动工建厂,1930年竣工。1930年制丝科成立,实习厂同时开工。从此,女蚕校承担了制丝工业技术人员的培养任务,由于教学与实际相结合,成效显著,实习厂亦成为制丝改进实验的示范。

2. 兼办制丝专科,建立江苏省立蚕丝专科学校

女蚕校开办制丝科后,1932年便为社会输送了第一批毕业生27人。但是,面对亟须改革的中国蚕丝业,这仅是杯水车薪。于是,郑辟疆决定扩大制丝专

业的规模，建立制丝专科学校，以尽可能多地培养各级制丝技术人员，改变制丝业界人才匮乏的困难局面。

1934年2月，南京国民政府在全国经济委员会辖下成立蚕丝改良委员会，负责协调全国蚕丝改良事务。以此为契机，郑辟疆校长建议蚕丝改良委员会建设制丝专修科，以便大规模地培养制丝技术人员。几经交涉之后，蚕丝改良委员会同意拨款7 000元，作为制丝专修科的建设经费。随后，郑辟疆校长又呈请江苏省教育厅审核，教育厅决定同意兴办，并于1935年江苏省教育经费中列入制丝专修科经费项。

江苏省立制丝专科学校校门

在筹办制丝专修科的同时，女蚕校也利用各种途径培养制丝技术人员。从1934年下半学期开始，学校接受蚕丝改良委员会委托，培训蚕桑改进指导人员，第一期共107人，培训4个月。这批培训生，除24人返回蚕丝委员会下属的试验部实习养蚕制种外，其余均由女蚕校代为分配至各地的养蚕指导实验区，开展养蚕制丝的改进工作。

1935年9月，女蚕校正式兼办制丝专修科，由郑辟疆兼任专修科主任，男女生兼收。专修科首先开设蚕业泛论和丝学两门课程，由时任制丝实习工厂主任的张绍武和制丝科主任张复升任课。10月1日，女蚕校为制丝专修科专门补办开学典礼。同年12月，由于"教育部以职业学校兼办专修科于法无据，饬将该专修科改用专科学校名义试办"，江苏省教育厅下令将制丝专修科改为江苏省立制丝专科学校，由女蚕校兼办。1936年，江苏省教育厅下令："派郑辟疆为江苏省立制丝专科学校主任兼代校长。"1937年，省立制丝专科学校正式扩充为江苏省立蚕丝专科学校（简称"蚕专校"），仍由女蚕校兼办，学制为3年。

3. 不断改进制丝技术，推动地方蚕丝业发展

在震泽开弦弓村土丝改良的基础上，女蚕校在震泽塔寺又设立了土丝改良传习所，更大规模地推广土丝改良。此后开弦弓村蚕户们对改良后的制丝生产

产生了浓厚的兴趣，开始要求女蚕校帮助他们实现机械制丝。于是，女蚕校的教工开始着手准备在开弦弓村创办中国自己的农村自办机械制丝工业。女蚕校克服种种困难，建立了农村机械丝厂。开弦弓丝厂是我国蚕丝业史上第一个农村自办机械制丝厂，

开弦弓生丝产销合作社缫丝室

它的成功开办具有划时代的示范作用，成为我国蚕丝业改进道路上的重要里程碑。1935年，国民政府中央合作研究班参观团在实地考察开弦弓村后，给予了高度评价。

进入20世纪30年代，在欧美市场上，中国产的生丝已无法与日丝竞争，女蚕校认为进行制丝技术改进事业已刻不容缓。当时无锡等地的丝厂也深感推行制丝改进事业的紧迫性，从生产技术的改进到技术人员的需求，都要求女蚕校提供足够的帮助。女蚕校非常积极地参与到地方丝厂的改造工作中，首先对无锡的瑞纶丝厂进行了改造。女蚕校选派时任实习丝厂主任费达生亲自主持瑞纶丝厂的改造工作。瑞纶丝厂是推广部继开弦弓村机器制丝后的制丝改进新示范基地。女蚕校与瑞纶丝厂签订了改造合同，双方同意将瑞纶丝厂改称为玉祁制丝所。改造的内容主要包括更新机器设备，进行职工培训，改进生产技术和改变经营模式。改造后的瑞纶丝厂成为拥有260台小篯复摇式机器的丝厂，经营上也完全遵循典型的工业化经营模式，成为我国首先彻底改造的新型丝厂。

养蚕和制丝是互为影响、兴衰相共的。由于女蚕校协助开办的开弦弓合作社新型制丝厂规模太小，对全面推广制丝改进难以起到明显作用。为了改变吴江地区制丝业的整体面貌，促使养蚕与制丝良性互动，女蚕校对震泽的震丰丝厂进行了示范性的改造。震丰丝厂创立于1927年，有坐缫车416台，带川式烘茧机两台，是一所大型丝厂。由于不能适应发展要求，又不善于经营，至1934年已停办。1935年，女蚕校推广部即计划租用该厂，以改造玉祁制丝所的经验对其进行改造，从而带动整个吴江地区的制丝改进事业。但因未获丝厂的同意，只能在平望筹设一座较小的新型丝厂，并附设烘茧部，以应急需。而在平望制丝所已着手建设时，震丰丝厂厂主了解到制丝改进可能给丝厂带来的

变化，又同意出租，女蚕校遂决定两所地方制丝所同时成立。震丰丝厂改称震泽制丝所，与厂主签订 10 年租约，当年即行开车。其经营方式以代缫、代烘专业经营为主，接受本地区各蚕业合作社共同委托代缫或共同委托代烘，有余力时则为其他丝茧商代购、代烘和代缫。此种经营方式不但解决了吴江地区在养蚕业发达之后的蚕茧机械缫丝问题，更为当地的劳动力提供了就业机会，既满足了蚕丝改进事业的需要，又为当地农民带来了实惠。而平望制丝所则缩小建设规模，邀请无锡丝商投资，采取全部新式建设方式，设立 60 部立缫车、大型烘茧机一台，配合震泽制丝所开展机械缫丝。

三、艰难时局中的女蚕校

1. 学校发展举步维艰

20 世纪 20 年代后半期，学校经费短缺非常严重，当时用于女蚕校发展和推广蚕丝推广事务的费用只占全部费用的 20% 多一点，近 80% 的经费用于维持教师薪水和办公等费用。进入 30 年代后，受全球经济危机和国内日益恶化的局面影响，学校的经济更加拮据。为了推进蚕丝改进事业，1930 年，开办了制丝科，仅建筑校舍和购买机械设备费用就达 55 000 余元，而政府的临时补助只有 20 000 元左右，剩余费用都由学校自身垫付，学校背负了 70 000 余元的债务。而政府经费又不能按时划拨。1931 年 11 月时，女蚕校的经费只发放到 7 月，学校垫支日常办公费用达 4 000 余元，教师的薪水也三个月未发，严重影响了学校正常工作的开展。而省政府却并未积极解决。到 1932 年 9 月，女蚕校的经费缺额已有五个月，教职员工也已五个月未领薪水。女蚕校的实习收入已全部用于蚕丝改进事业的推广中，根本无力继续维持，学校的发展陷入极端困境。1936 年，郑辟疆将自己的私人财产作为抵押，才从银行获得贷款，以维持学校的日常开支。

国民党政府为了加强对学生的思想控制，弹压不断涌现的学潮，特别是压制九一八事变后广大学生对其不抵抗政策的强烈不满，对学校实施高压政策，并出台了一系列关于训育的法规。1930 年 5 月，根据教育部颁布的一系列学生组织管理办法，女蚕校原有的学生会被迫改组为学生自治会。学生大会则改为学生自治大会。女蚕校学生自治会虽是国民党训育政策的产物，但学校巧妙利用了这一载体，发挥了职业学校的训育特色，例如自治会演讲股曾组织过"中国蚕丝业衰退的原因及今后补救的方法"的演讲比赛，引导学生对所处环境进行思考。女蚕校还根据江苏省教育厅颁布的江苏省救国教育实施纲领，结合女子学校和职业学校生产教育的特点，拟订了女蚕校救国实施详细方案。

2. 教师与教学

艰难时期的女蚕校，教职员工流动依旧非常频繁，但凭借着对教育事业和蚕丝改进事业的执着追求，只要身在教师岗位上，他们便坚持用知识和行动教育学生。1930年，蚕学教员刘启周因兼任江苏省蚕业取缔所的职务，可以同时领到两份薪水，便将其中一部分薪水捐出，为女蚕校添置了大风琴一只及留声机、唱片等，以改善学生的日常文娱生活。由于郑辟疆校长请病假，学校安排蚕学教员邵申培代职两个月。在此期间，邵先生可以享受校长半薪（当时邵同时兼任学校试验场技术工作，也从校内支领半薪）180元，但邵先生坚决不肯收受，后由郑辟疆校长决定，将其中的一部分捐助中华职业教育社，另一部分150元用作学校建筑体育机械室之用。在生活如此艰难的情况下，女蚕校的教师仍然时时处处为学校和学生着想、不计较个人私利的高尚情操，成为学生的最好教材，潜移默化地影响着学校的精神氛围。

在教学安排方面，女蚕校在课程设置上精心安排，相对于普通中学而凸显作为职业学校的特点：

① 各年级学生所学课程中，除了党义、法制和看护学等训育色彩浓重的课程之外，均分成普通课程和职业课程两部分，其中职业课程包括蚕、桑、丝各学科的内容及实习活动。

② 各年级所学课程，按照学生学年的增加，普通课程逐渐减少，而职业课程逐年增加。其中，普通课程与职业课程的平均比例为：中级蚕丝科为52∶48，高级制丝科为47∶53，高级蚕丝科为43∶57。

③ 对于课程中的选修课与必修课安排，除了高级蚕丝科将英文列为选修外，中级蚕丝科和高级制丝科的所有课程均为必修课。为了增加职业课程的学习时间，1930年，经学校向江苏省教育厅呈请，中级蚕丝科免修英文课程。各学科学分总数分别为：中级蚕丝科186分，高级制丝科191分，高级蚕丝科170—191分。

④ 学校所采用的教材，普通课程多选取与职业教育课程相关联的版本，职业课程的教材则大多为女蚕校教师自己编写，遵循理论学习与实践指导并重的原则。

⑤ 实习课程根据蚕、丝科不同的实习特点而分为平时实习、定期实习和不定期实习三种。其中，平时实习包括栽桑、检种、解剖、煮茧、缫丝、织帛等项，定期实习包括养蚕、制种、原料、生丝检查、整理屑物等，不定期实习

则包括消毒、浸酸、烘茧、干茧、蚕种处理、蚕具消毒等。

⑥ 在教学方式上，普通课程以学生自学结合教师辅导的办法，职业课程则结合学科特点，从设计、研究和实验等方面开展。

⑦ 在成绩考查方式上，女蚕校对学科理论学习和实习实践课程同样看重。对理论学习的考查方式分为日常考查、临时测验、学期考试和毕业考试四种。对实习课程则重在日常考查，考查的项目为五类，其中实习技术占总考查分数的30%，日常勤奋程度占30%，遵守实习规程占20%，个人卫生占10%，实习学习总结占10%。理论学习或实习成绩不及格的学生可以补考一次，实习补考则要跟随其他年级学生随时进行。

3. 学生生活与就业

20世纪30年代社会形势严峻，女蚕校发展非常困难，但在郑辟疆校长的带领下，学校的招生规模保持稳定，女蚕校毕业生的就业形势也较好。由于蚕丝改进事业渐入佳境，苏南地区的蚕丝事业开始复兴，各地都兴办了大量蚕丝改良机构，女蚕校毕业生有了更宽阔的出路。据女蚕校友会刊物《女蚕》记载的1931—1933年毕业生就业升学情况，1931年就业率达84%，1932年就业率80%，1933年达92%。毕业生大多在苏南各地从事蚕丝业，为苏南地区蚕丝业发展做出了重要贡献。

女蚕校具有毕业班学生外出参观蚕丝业相关地区和机构的传统，进入30年代后，伴随着蚕丝改进事业的不断发展，女蚕校学生们的参观范围也日渐扩大，目的地不再局限于学校附近之地区，更扩展到上海和杭州等蚕丝业发达的地区，包括上海生丝检查所、申报馆，嘉兴纬成鹤记丝厂、纬成庆记丝厂，杭州蚕桑改良场、高级蚕桑学校、惠纶制丝所、西湖蚕种制造场、都锦生织造厂等相关蚕丝生产和研究机构。学生在校内的活动也更加丰富，如观看科学电影，组织演讲比赛，参加体育运动和共同读书阅报等活动。1936年呈请江苏省教育厅拨款，扩建图书馆、新建体育场，使学生的课外生活更为丰富。

第三节 千里播迁与战后复校

一、迁校沪川，坚持办学

1937年7月，抗日战争全面爆发后，战火迫近吴县等地，女蚕校制丝科毕业生由费达生带往震泽制丝所安排，低年级学生暂时被遣散，蚕丝专科迁太湖中马迹山（现属无锡市）上课。10月苏州沦陷，专科学生也被遣散。两校原址校舍、仪器设备、实习场地大部遭日军所毁，教职员工有的避居上海，也有的暂避乡间。费达生则从震泽制丝所率部分员工、学生 20 多人渡太湖去浙江入天目山。郑辟疆与部分员工携学校关防、重要文件先到西华寺桥（今苏州高新区镇湖街道），1938 年春返浒墅关时，费达生也从天目山回到浒墅关。经过商讨，他们决定办理三件事：一是为便于处理学校的有关事务，立即在沪设立办事处；二是为发展内地经济，支持抗日战争，保护青年技术人员，应设法打通去后方服务的路线；三是为照顾蚕农的生产，由学校指导的合作社必须结束，代为预定的蚕种要负责领到、发清，所存的干茧应协助出售，以减少蚕农的损失。

费达生去沪稍做安排后，经武汉得到新华银行的帮助，随即入川。郑校长及其他教师陆续进入上海，筹设上海办事处，料理女蚕校及推广部未了事宜。同时资助师生取道香港、海防，经昆明到重庆，筹备在四川复校并委王干治前往主持。1938 年夏，女蚕校上海办事处成立，召集高年级学生借南京西路大夏大学教室复课，补完课程毕业。同时在爱文义路（今北京西路）觉园 5 号建立蚕专沪分校，郑校长委汤锡祥为教导主任、俞懋襄为副教导主任、陆子容为总务主任，主要教员有 20 余人。沪分校建立后，仍设养蚕、制丝两科，1939 年招收养蚕科一个班 18 人、制丝科一个班 19 人，1940 年又各招收一个班。沪分校购置教学仪器较易，专业书也较多。物理、化学实验商借交通大学实验室进行。养蚕实习室则以教室充用，桑叶由合众蚕桑改良会上海实验所提供采摘。制丝实验在上海寰球铁厂专设一小型机械制丝实习工场进行。女蚕校还得到上海各大蚕种场和丝厂的同意，学校任何大规模的养蚕、烘茧实习都可以随时在其厂内进行。1941 年 12 月，太平洋战争爆发后，日军侵入沪租界，为避免遭受日伪劫持，沪分校被迫停办，第一班学生分别进入江苏各地丝厂、种场做毕业实习，1942 年 7 月毕业；第二班学生合并为养蚕科一个班，转移到大有蚕种场实习并补课到 1943 年 7 月，这两班毕业生除少数入川外，大多在各地丝厂、蚕种场从事技术工作。

费达生入川后，由四川丝业公司聘为总技师。其时蚕专及女蚕校师生入川人数已不少，经费达生洽请四川丝业公司协助，由公司酌量安排工作。在四川乐山复校过程中，四川丝业公司也给予多方协助。

1939 年，费达生由新生活运动委员会妇女指导委员会生产事业组组长俞庆棠介绍，改任妇女指导委员会所属乐山蚕丝实验区主任，为安排入川校友的工作创造了条件。由妇女指导委员会与四川省政府商定，乐山蚕丝实验区以乐山、青神、眉山、犍为、井研、峨眉、夹江七县为指导区，进行蚕丝指导工作，除普及蚕桑技术外，亦为两校在乐山复校打好基础。1939年夏，建立蚕专校和女蚕校四川分校，由王干治任教务主任，先借用乐山平门富新绸厂为校址，筹备招生。女蚕校和蚕专校各招收学生一个班，并附设制丝养成班一个班，来自沦陷区的学生由国家发伙食费或生活贷款。后借四川丝业公司乐山蚕种场开学上课，并得养蚕栽桑实习的便利。1941年，在乐山嘉乐门外白杨坝购地45亩，自建校舍并拓植桑园及苗圃20余亩。当时物质条件很差，教职员自编教材，自刻蜡纸，同心协力，克服困难。养蚕专科学生两个班36人和女蚕中技科两个班40人，毕业后大多留在四川工作。

抗战期间养蚕专科学生在四川乐山拍摄的毕业照

《蚕丝月报》

1939年9月学校在内迁四川乐山期间，编辑出版《蚕丝月报》，希望通过刊物的传播，引起金融界、企业界的注意与合作，共同拓展蚕丝事业；引起科学家对蚕丝科学研究的兴趣，加入蚕丝业队伍，共同推进蚕丝科学的进展。内容主要有论著、研究、译述及蚕丝情报等。从1939年9月创刊至1941年5月，共出版21期。

二、抗战期间的推广工作

女蚕校震泽蚕业指导所于1937年代蚕农预订蚕种400余张。为了保证蚕农生产生活不因战争而中断，女蚕校设法将各地蚕种场预订的蚕种全部领齐，秘密运到震泽，按照合同如数发给蚕农。女蚕校吴县善人桥蚕业指导所原本与蚕农预订蚕种700张，但因为战火，订种的名册遗失，在分发时只能依靠蚕农各自报给所订蚕种数量，最后结果与预订总数分毫不差，可见蚕农对女蚕校所给予的支持和信赖。在吴县旺米山养蚕合作社，1937年秋茧干茧后，所制蚕茧一半抵押于浒关农业仓库，另一半则存放在学校等待出售。1937年冬，为了躲避日寇，曾被暂存吴县光福等处。到了1938年春，女蚕校想尽办法，绕道长江，将这批干茧秘密运到上海出售，再将所得款项秘密运回浒墅关，得以按照清册全部发还给蚕农。对在战乱中被抢而损失的一部分干茧，也由女蚕校出资购回，如数补偿给蚕农。

女蚕校在四川乐山复校后，凭借在苏南地区蚕业改进事业的丰富经验，对乐山地区的蚕业进行了改进。女蚕校利用川南地区丰富的桑树资源，在乐山等七县设立蚕业指导所，对当地蚕业进行指导，同时解决了当时川南地区蚕体的白僵病和缉私队敲诈蚕农的问题。蚕种改良顺利开展，女蚕校在乐山设立了嘉阳和苏稽两个蚕种制造厂，在苏稽蚕种场修建一所冷藏库，试行秋蚕培育

四川乐山蚕丝实验区大门

计划。费达生对峨眉山进行了实地考察，又帮助修建了一所天然冰库，提高了蚕种产量。女蚕校又在乐山实验区推行集体售茧，帮助蚕农减少流通环节，节约了成本。1942年，女蚕校开始对乐山地区两家丝厂（华新丝厂和凤翔丝厂）进行生产的改良和提高。经过改造后的丝厂焕然一新，大幅度提高了产量。

三、迁回浒墅关复校

1945年9月，抗日战争胜利，两校校部着手准备重返浒墅关原址复校。女蚕校学生于1946年委托四川南充农校继续教学，直至毕业。江苏省立蚕丝专科学校学生迁返浒墅关。从此两校经费独立，而设备仍合用，郑辟疆仍兼任两校校长。

抗战期间，女蚕校浒墅关原有校舍、设备损失巨大，除蚕桑场外，校舍和实验丝厂，几乎全部被毁。烬余的机器、锅炉、引擎等，则被盗卖一空。1946年复校后，学校根据办学基本要求做出全面的复校计划，首先恢复蚕桑实习场与实验制丝工厂，并决定在两年内更新重植荒废了八年的桑园，校舍则分年重建。当年秋季正式招生。复校所需要的经费巨大，而国民政府对蚕丝教育的复兴不重视，不予增拨经费，因此，学校只有自力更生，规定实习场、厂厉行增产节约，在可能范围内，分别承担建校资金任务。在恢复实验制丝工厂中，学校决定扩大车间，设缫丝车10台，并增加用水设备。在复校过程中，教师不足，参考书缺少，于是学校商请大有蚕种场技师为专业教员，并聘翻译人员，选译外文期刊与专著。在全体教职员工的努力下，复校计划逐步实现。

女蚕校新建成的车间

为恢复实验制丝工厂，女蚕校与新运会妇女指导委员会合作经营，向银行贷款3亿元（当时法币）作为购置机器费用，1946年11月工厂建成开工。女蚕校与妇女指导委员会订立合同，以代缫所得手续费提取17.5%为妇指会生产事业费，校方以所得偿还债务，一直到苏州解放时该项合约才废止。

第四节　中华人民共和国成立初期的蚕校

1949年中华人民共和国成立后，女蚕校开始接受社会主义的"接收、调整、改造"工作。

1949年4月，苏南行政公署对学校进行了调查，认为"郑辟疆是一位爱国的、正直的科技工作者"，决定继续任命郑辟疆担任女蚕校和蚕专校两校的校长，并选举郑辟疆为吴县和苏南地区第一届各界人民代表大会代表。1954年，郑辟疆当选为第一届江苏省和全国人民代表大会代表。1950年3月，苏南行政公署决定省立女子蚕丝科职业学校与省立蚕丝专科学校合并，改称公立蚕丝专科学校，委任郑辟疆为校长。1951年2月，蚕校更名为苏南蚕丝专科学校，由苏南行政公署文教处管理。内分大专、中专两部分,各设养蚕、制丝两科。中专部也开始男、女兼收。大专制丝科为 2 年制,余均为 3 年制。毕业生全国分配。

1949 年 5 月,原由女蚕校所负担的蚕业推广工作改由苏南行政公署农林处蚕业管理局负责,学校推广部即于秋季撤销。为了配合蚕业管理工作,学校除将 1949 届毕业生全部分配工作外,又将 1950 届毕业班(包括大专、中专)提前半年结束学业,然后集中到苏南公学参加政治学习后由苏南行政公署农林处蚕业管理局安排到各地实习,实习结束后分配到各地从事蚕业管理工作。

苏南蚕丝专科学校养蚕技术科毕业生

1950 年,全国高教会议后,一些学校和专业就开始调整。1951 年下半年,杭州工业学校、南通工业学校的制丝科并入蚕校的中专部制丝;1952 年 1 月,苏南苏州高级农业技术学校、苏南宜兴高级农业技术学校的养蚕科并入蚕校中专部。

中华人民共和国成立初期,学校的行政与教学也进行了改革:学校的行政机构中取消了训导处,建立教导处;在课程设置上,取消了公民课,开设了政治课。在大专班级,逐步开设新民主主义革命史、社会发展史、政治经济学三门政治理论课程;中专班级统称政治课,以时事、政策教育为主。

◎ 第二编 艰苦奋斗 调整发展（1952—1982）◎

第一章　江苏师范学院的诞生与发展

中华人民共和国成立后，党和人民政府革故鼎新，大力发展人民教育事业，有步骤地对旧有教育文化事业进行改革，使学校教育制度与思想文化建设适应新的国情，推进经济建设的恢复和发展。

为了适应新中国建设的需要，1952年夏，全国范围内进行了高校院系调整。根据中央人民政府有关指示和华东军政委员会苏南高校调整计划，东吴大学文理学院、苏南文化教育学院和江南大学数理系调整合并建立苏南师范学院，校址设于苏州天赐庄东吴大学原址。同年12月改名为江苏师范学院。

江苏师范学院诞生后，开始了创办社会主义新型大学的历史性进程。学校以培养人民教师为目标，在提高师生政治思想觉悟、改革旧的教育制度、充实师资力量、改善办学条件、提高教育质量等方面都取得了显著成绩，学校事业稳步发展。

第一节　建院初期

中华人民共和国成立初期，为恢复、发展和改革高等师范教育，于1951年8—9月召开了第一次全国师范工作会议，确定了要为培养百万人民教师而奋斗的目标，并确定"每一大行政区至少建立一所健全的师范学院，由大行政区教育部直接领导，以培养高级中等学校师资为主要任务"，"根据需要和条件，以个别大学的文理学院为基础，改组成为独立的师范学院"。根据这一精神，1952年10月，经华东军政委员会教育部和苏南行政公署批准，东吴大学的中国语文系、物理系、化学系、生物系和苏南文化教育学院的语文教育系、工农教育系、艺术教育系、俄文专修科、数理化专修科及江南大学的数理系调整合并建立了苏南师范学院。同年12月，苏南师范学院改名为江苏师范学院。

一、建院初期的组织机构和系科设置

1952年8月，成立苏南师范学院筹建委员会，吴天石为主任，潘慎明、童润之为副主任。中央教育部颁布试行的《关于高等师范学校的规定（草案）》中指出："高等师范学校的任务，是根据新民主主义教育方针，以理论与实际一致的方法，培养具有马克思列宁主义和马克思列宁主义与中国革命实际相结合的毛泽东思想的基础，高级文化与科学水平和教育的专门知识与技能，全心全意为人民教育事业服务的中等学校师资。"师院筹建委员会遵循上述精神，研究了学校行政机构和编制，制订了教学计划、教学大纲，拟订了图书仪器的调配方案，于1952年9—10月正式接收了东吴大学、苏南文化教育学院、江南大学和苏州美专等校的校产、仪器，并初步确定了系科设置。

1952年10月22日，苏南师范学院举行成立大会和开学典礼。吴天石主任报告了新学院的筹建经过，阐明了新学院的办学方针和任务。遵照华东军政委员会教育部颁发的校历，学校于11月1日正式开始上课。此后不久，苏南、苏北两行政区与南京市合并建立江苏省，12月1日，经中央人民政府教育部批准，苏南师范学院改名为江苏师范学院，并颁发了江苏师范学院印鉴。

江苏师范学院大门

学院公章启用

根据华东军政委员会教育部关于新学院行政机构设置规定，江苏师范学院设院长办公室与政治辅导、教务、总务三处。院长办公室设秘书、人事两科，总务处设财务、事务两科和食堂组、医务室。同时设置图书馆、体育室和印刷组。新学院成立之初的机构比较单一，人员也少，基本上能适应学校的正常运转，体现了精兵简政的精神。新学院的校、系级领导人，经苏南行署教育处批准，在院长、副院长未确定前，由筹委会主任吴天石及副主任潘慎明、童润之行使院长、副院长职务，徐行代行办公室主任职务，秦和鸣代行政治辅导处主

第二编 艰苦奋斗 调整发展（1952—1982）

任职务，潘慎明、张焕庭代行教务长、副教务长职务，童润之代行总务长职务。各系科筹建人代行系、科主任职务。

为了讨论和研究学校重大事宜，学校于10月底成立院务委员会，并由校筹委会代行其职权。院务委员会对院长负责，学校一切决议经院长批准后施行。

新学院成立后，为了加强思想政治工作，加快教育改革的步伐，在组织机构上进行了调整。政治辅导处设组织、宣教两科，原青年科并入组织科；教务处的注册、课务两科合并，改为教务行政科，增设教学研究科；总务处事务科与学校校产管理工作分开，增设校产管理科。各系成立系务委员会，设系秘书。

江苏师范学院初建时设7个系，10个专修科。此外，为解决初中师资严重短缺的问题，还举办8个短训班。7个系（4年制）为：教育系、中国语文系、数学系、物理系、化学系、生物系、艺术系（分音乐、美术两个组），10个专修科（2年制）为：教育专修科、中国语文专修科、数学专修科、理化专修科、生物专修科、俄文专修科、历史专修科、地理专修科、音乐专修科和美术专修科，8个短训班（1年制）为：中国语文班、数学班、物理班、化学班、生物班、历史班、地理班和体育班。

各系、科、班的筹建负责人为：教育系、科刘百川，中国语文系、科、班徐铭延，俄文专修科沈叔良，历史专修科、班徐嗣山，地理专修科、班钱兆隆（暂代），数学系、班沈青来，数学专修科孙纯一，物理系、班朱正元，理化专修科李庆贤，化学系、班程有庆，生物系、科、班陶次如，体育班陈陵，艺术系音乐组刘雪庵，美术组蒋仁。

学校的招生工作在院招生委员会领导下进行。当时招收的新生分为两部分，一部分为调干生，其中有优秀小学教师和部分机关干部，这部分学生的录取一般采取推荐和考试结合的办法，以推荐为主；一部分为应届高中毕业生，其中部分为中师优秀生。招生委员会根据苏

1953年江苏师范学院第一届毕业生留影

南行署教育处关于在小学教师中招生的规定，于9月、10月两次派员至松江、苏州、无锡、常州、镇江5个考区分别进行录取工作，共录取合格的小学教师417人（其中本科46人，专科196人，短训班175人）。此外，通过统一招生，录取高中毕业的新生144人（其中本科84人，专修科60人）。选送入学的中等师范毕业生91人（其中本科33人，专修科47人，短训班11人）。各机关选送的工作人员和原苏南文教学院政训班的学员75人（其中本科17人，专修科46人，短训班12人）。其他学校调整来院的学生254人（其中本科233人，专修科20人，短训班1人）。全院学生总数为981人（其中本科413人，专修科369人，短训班199人）。另有华东军政委员会教育部及苏南行署教育处抽调的中等学校以上教师进修马列主义的进修部学员54人。所有学生都免交学费，由学校供给膳宿，并根据家庭经济情况补助少量助学金，以购置学习用品和生活必需品。

师院刚成立时，全校有专任教师115人（其中教授34人，副教授21人，讲师21人，助教39人）；职员72人，工人94人。为解决师资不足的问题，吴天石主任提出了如下应急措施：请他校教师兼课；选拔引进优秀中学教师；根据需要与可能，培养部分助教提前开课；选拔优秀学生任助教。这些办法得到了上级领导和学院筹委会的赞同并付诸实施。特别是从中学选调来院任教的优秀教师，教学经验丰富，熟悉中学实际，在培养合格中学教师的工作中发挥了重要作用，后来都成为各学科的教学骨干。

江苏师范学院是在东吴大学原址建起来的，仅100余亩土地，远远不能满足教学之需。图书馆书库和阅览室、实验室、教室均不敷使用，仪器设备也亟需增添。当时国家处于国民经济恢复时期，各方面需要大量资金，但是为了改善高等师范教育的办学条件，从1953年开始，每年均增加拨款，从而使教学仪器设备等得到逐步充实、完善。

二、新学院初期的附设机构

1. 附设工农速成中学

中华人民共和国成立之

江苏师院图书馆

初，国家为了提高工农干部的文化素质，以适应社会主义建设的需要，在各地成立了工农速成中学。

1952年10月，经华东军政委员会教育部批准，自下半年起，将创办于1950年5月的苏南工农速成中学改为苏南师范学院附设工农速成中学，划归苏南师范学院领导，李荫生任校长。附设工农速成中学的校舍设在师院对面的苏州私立景海女子师范学校原址。当时有教室楼、学生宿舍各一幢，大礼堂、健身房、红楼、绿楼及教职工宿舍和其他零星房屋等，其校舍与师院连成一片。此后，向北扩展，征购了一些农田，又建造了教学行政大楼和学生宿舍。工农速成中学原有6个班级，学生239人，教员41人，职工37人。第一期招生231人，分6个班，全校学生总数为470人。原有6个班为适应国家需要，将原定毕业年限缩短，并试行文理分科教学。

师院速成中学开学后，执行教育部颁布的分类教学计划，其中执行第一类教学计划（文、史、政法）的有6个班，执行第二类教学计划（理、工）的有5个班，执行第三类教学计划（农、医、生物）的有1个班。此外，分别设有4年制预备班及不准备升学的文化补习班。

至1954年时，师院速成中学有14个班580名学生，其中工人占20%、干部占59%、小学教师占11%，其他为革命军人、青年农民等。这些学生大多具有较高的阶级觉悟和比较丰富的实际经验，自觉学习，刻苦钻研，理解能力也较强。当年共69名毕业生，除一人因病未参加高校入学考试外，其余68人中有67人被高校录取。由此可见师院速成中学的教学颇为成功。

1955年2月，师院速成中学教学行政大楼竣工，建筑面积5 164.14平方米，可容纳学生900人。下半年，江苏省教育厅报请教育部批准，将江苏省南京工农速成中学与江苏师范学院速中合并为江苏师范学院附设工农速成中学，仍由江苏师范学院领导。当时有21个班级，学生999人，教职员工132人。为了保证教学质量，培养全面发展的合格人才，决定从并校学期起将学制延长一年，即改为

师院速成中学教学行政大楼

4年。根据江苏省教育厅意见，从1956学年度第一学期起，江苏师院附设工农速成中学改为单独设立的工农速成中学，由省教育厅直接领导，定名为江苏省苏州工农速成中学。1958年8月，江苏省委和省人民委员会决定，江苏省苏州工农速成中学改办为江苏师范学院附设实验中学，进行适当缩短中学学制的试验，并成立了筹委会，由江苏师院党委书记、院长刘烈人任主任委员。1959年7月，江苏省教育厅批准江苏师院附中与实验中学合并，成立新的江苏师范学院附属中学。

2. 附属中学

1953年，根据江苏省人民政府《关于改苏州女子中学为江苏师范学院附属女子中学》的通知，苏州女子中学于8月1日划归江苏师院领导，更名为江苏师院附属女子中学，原任校长、副校长及全体教职员工工作一律照旧。这年秋季开学时，附属女子中学共有18个班级，学生951人，教职员工50多人。1954年9月，学生人数增至1 204人，22个班级，教职员工增至83人；1956年，学生达1 300多人，24个班级。1956年秋季，学校开始男女生兼收，校名改称江苏师范学院附属中学。1959年，江苏师院党委决定，将师院附属实验中学与附属中学合并，校名仍为江苏师范学院附属中学，被列为省、市重点学校。并校后有两种学制，一为"三三制"，另一为"四二制"，学生共30个班级，1 406人。师院附中校址是清代的苏州织造署原址，其前身是1906年创办的振华女中。成为附中后，是师院学生毕业实习的基地，师院也经常派教师前来授课，教学质量不断提升。1960年，江苏师院附中被评为全国文教群英会先进单位。1966年"文化大革命"开始后，师院附中几度改名，基本上与师院脱离了领导关系。1970年9月，正式改名为苏州第十中学，属苏州市教育局领导，现为省属四星级中学。

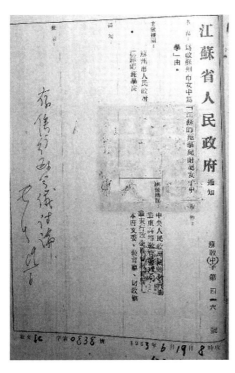

江苏省政府改苏州女子中学为
江苏师范学院附属女子中学的文件

3. 附属小学

1952年8月，苏南人民行政公署下文，将苏南苏州幼稚师范附属小学划归苏南师范学院领导，改名为苏南师范学院附属小学，当时附小还附设幼儿园。师院的教育学教授经常给附小教师做专题报告，帮助附小教师开展教研活动，提高其教育理论水平，改进教学方法。附小也为师院学生提供教学实习，成为师院的"实习工厂"。附小在教学中突出改进课堂教学，加强纪律，曾试行新学制五年一贯制。1956年9月，师院附属小学并入苏州市沧浪实验小学。

4. 生物标本供应所

生物标本供应所原是东吴大学在1924年设立的，分制片骨骼部、注射解剖部等部门，每一部门都有专门的技术员，制作的标本供销全国各校，由于所制标本质量较高，颇受各校欢迎。1952年江苏师院成立后，该所在行政上受师院总务处监管，技术上接受师院生物系教师的指导，所长由生物系教师兼任，充实了工作人员，业务范围不断扩大，成为供应全国大中学校生物标本及仪器设备的重要基地。供应所产品面向师范、医、农等院校和卫生专科学校等，销往全国各大城市，尤以东北、西南地区订购数量最多，一些偏僻地区的中学也前来订货，在全国影响甚大。

1958年1月，教育部和江苏省教育厅决定，将江苏师院附设生物标本供应所迁并至武汉教学标本模型厂。

5. 物理仪器工厂

物理仪器工厂原是东吴大学为修理物理仪器设立的。中华人民共和国建立后开始制造仪器设备，1950年起生产金工机械和木工机械，如12英寸牛头刨床，15英寸钻床、圆锯，6英寸长刨，12英寸木车床等。1952年江苏师院成立后，物理仪器工厂属物理系领导，人力和机器设备上都有所增强，除为物理系修理仪器外，还为物理教学所需制造仪器，也为其他学校提供物理仪器，并成为物理系学生的实习场地。

6. 印刷厂

江苏师院筹建初期，为了及早出版院刊，通过接收《苏南日报》社部分印刷设备和句容农业技术学校的印刷器材，因陋就简地办起了院印刷厂，主要是为本院教学、科研服务，同时少量接受校外业务。该厂较好地完成了全校政治学习材料、院刊，以及各系补充教材、教学参考资料等印刷任务。1958年印刷厂实行企业管理体制，收支均由印刷厂自负盈亏，校内各单位印制教材、讲义、表格、账册等均按规定的价目付款。

第二节　新的教学体系

江苏师院建院后，努力贯彻国家"教育必须为国家建设服务，教育必须向工农开门"的教育方针，积极响应中央关于"学习苏联教育经验"的号召，改造旧教育，建立新的教育体系。

一、学习苏联教育经验，进行教学改革

中华人民共和国成立初期，为了适应社会主义建设事业对高等教育培养人才的迫切需要，必须改造旧教育、发展社会主义教育事业。但刚刚成立的共和国对改造旧教育、发展新教育没有任何现成的经验和模式，在当时的国际舞台上，唯有苏联在教育方面的丰富经验可供借鉴。在这种历史背景下，学习苏联教育经验成为新中国教育事业奠基阶段的重大举措。

1952年11月，吴天石主任、潘慎明副主任等参加了华东军政委员会教育部召开的综合性大学与师范学院教学座谈会，1953年9月又参加了中央教育部召开的高等师范教育会议。会议讨论了高等师范教育在国家建设和教育事业中的重要地位，确定了高等师范教育的方针、任务和教学改革的要求与做法，明确提出必须全面系统地学习苏联的先进经验。

江苏师院十分重视学习苏联教育经验。为使广大教师在思想上认识和明确学习苏联教育经验的意义，1952年年底全院进行了教学思想大检查。这次大检查一是批判教学工作上的盲目性，明确师范学院的性质与任务；二是批判保守思想和形式主义，提高学习苏联教育经验的自觉性；三是批判个人主义的教学观点、态度，认识成立教研组和教学小组的重要性；四是批判自由主义，明确对学生全面负责的要求，树立全心全意为人民教育事业服务的思想。1953年11月，根据全国高等师范教育会议所确定的教学改革方针，学院领导提出，教学改革的中心任务是以改革教学内容为重点，相应地改革教学方法和教学组织，其他一切工作均应围绕这一中心进行。同时明确提出学习苏联教育经验，必须领会其精神实质，要结合中国的实际情况进行，不能生搬硬套。

为帮助教师克服"向苏联学习"在语言文字上的障碍，尽快地掌握俄文，1953年9月，师院举办了理科教师俄文速成学习班，分设物理、化学、生物和数学四个专业，有60多位教师参加了学习，一些老教授也欣然参加学习。两个月的学习成绩显著，不仅为学习苏联教育经验创造了条件，而且有力地促进了教学改革。

学习苏联教育经验取得了明显的成效。

1. 加强政治思想教育

在第一次全国教育工作会议上，教育部提出要有计划、有步骤地在教师和青年学生中进行政治思想教育，让学生逐步建立革命的人生观，树立为人民服务的思想。从 1953 年起，江苏师院开始全面系统地对学生进行马列主义理论教育，开设了马列主义基础、新民主主义论、中国革命史、辩证唯物主义和历史唯物主义、社会发展史、政治经济学等课程。同时，在校部设政治辅导处，各系科设政治辅导员，以加强对学生的政治思想教育和管理，帮助学生树立科学的世界观、人生观。

2. 建立教学组织，发扬集体主义精神，改变教师各自单干的状况

1952 年年底，通过学习、参照苏联教学组织方面的经验，按照"由同一课程或性质相近的课程教师组成教学组织"的原则，学校建立了教研组和教学小组。各系、科、班共成立了两个教学研究指导组、14 个教学小组，组长由院领导指定。教学组织建立后，健全了活动制度，明确工作重点，制订教学研究工作计划，使教师个人负责与集体创造相结合。有关教学上的重大问题，如教学大纲的拟订、修订，课堂讨论的内容，以及实习、见习等，都经过集体讨论决定。而辅导工作、学生疑难问题解答等则由教师个人负责。各系都设置了系秘书，协助系、科、班主任掌握各教学组织的工作情况及学生学习情况。为了充分发挥教学组织的作用，1955 年将教学小组改为教研组。教研组的工作以教学、科研及提高师资水平为中心，并负责指导学生的科学小组活动和联系中小学等工作。

3. 修订教学计划，制定教学大纲，编写教材

教学组织建立后，各系科根据教育部颁发的本、专科教学计划，制订了本学科的教学计划和教学大纲。凡有部颁教学计划的，基本上按照部颁教学计划进行教学；没有部颁教学计划的，参照其他学科的部颁教学计划自订。部颁的暂行教学计划是实现培养目标的依据，必须按计划开设课程。教学计划包括政治理论课程，教育学、外语、体育等公共必修课程，以及专业课程和教育实习等，体现了政治与业务的结合、理论与实际的结合，也体现了师范教育的特点，增强了教学的系统性、科学性，从而使教学工作逐步走上正轨。

1953—1954 年，各系科都把制定教学大纲和编写教材作为教学工作的重点。各门课程都有教学大纲，教学大纲的拟订和修订都经过有关教师的认真研究和讨论。到 1956 年上半年，各系科已开设的课程共 176 门，其中有教学大纲的 172 门，占全部开设课程的 97.7%，暂无大纲的仅 4 门。教材均按教学大

纲进行编写，教师编写教材的积极性很高，仅 1954 年下半年就编写了 500 余种教材。至 1956 年，各系科各门课程的教材大体完备，这一年又新编和修订教材 44 种。这些教材都经过教研组集体讨论，质量有所提高。

4. 提高课堂讲授质量，减轻学生学习负担

在整个教学环节中，课堂讲授是最重要的。课堂讲授效果好、质量高，就可减轻学生的学习负担。因此，学校一开始就以"上好课，做好实验"为重点，要求教师努力提高课堂讲授质量。但是如何上好课、做好实验，还缺少具体的办法，虽然教师做了很大努力，但在执行教学计划、教学大纲中还是出现学生学习负担过重的情况。

1956 年 3 月底至 4 月初，杨巩院长赴北京参加教育部召开的第二次全国高等师范教育会议，师院有几位教授参加了全国高等师范学校教学经验交流会，听取了苏联专家的"答问"报告。此后，教育部根据高校学生学习负担过重的情况，发出了《关于执行高等师范学校暂行教学计划的若干临时措施》。

为了减轻学生过重的学习负担，加强学生独立思考和独立工作能力的培养，师院根据教育部的指示，贯彻德智体全面发展的教育方针和"学少一点、学好一点"的原则，发挥教师全面负责的作用，结合本院具体情况，制定了新的措施，调整了教学计划，减少了上课时数，开设和增加了选修课，精简了某些课程的内容，对专业课、基础课、公共必修课的比重做了适当调整，并修订了学习制度，使学生有更多的时间进行自学。

教师在现场教学

学校通过采取上述措施，减少了上课周学时。一年级每周上课时数由 29—

30学时减至25—26学时，教师在执行教学计划、教学大纲和课堂讲授时有一定的灵活性。为进一步提高课堂讲授质量，改变过去教学脱离实际的状况，在学习苏联教学理论和经验的过程中，学校加强了实践性教学环节，抓好课堂讨论、实验、教育见习、实习等一整套教学环节；坚持理论与实际结合，加强了基本理论、基本知识和基本技能的训练。同时，注意因材施教，让学生发挥其特长和爱好。提倡运用直观教具，使课堂讲授具有吸引力与感染力。教师自己制作教具，并指导学生制作，增强学生的动手能力，以适应毕业后的中学教学工作。适当减轻了学习负担，让学生有较多的时间参加体育锻炼和文娱活动。这些措施有助于培养学生成为德智体全面发展的合格人才。

5. 联系中学实际进行教育实习

教育实习是师范院校教学计划的重要组成部分，是贯彻理论与实际相结合原则的重要方式。从1953年起，师院建立了教育实习制度，之后又不断改进、完善。实习期间，要求实习生了解和熟悉中学的教学计划、教学大纲和相关教科书。学院规定，学生教育实习课程不合格不予毕业，须先行分配去中学任课一年，由任课学校认可后，方能补发毕业证书。

搞好教育实习，必须密切与中学的联系。师院领导对此十分重视，要求各科教学都要面向中学。1953年后，各系科和教研组普遍注重了解中学教学实际，重视研究中等教育中的现实问题。教师经常到附属中学去听课，不仅有助于附中解决教学中的疑难问题，也有力促进了自身的教学改革。1955年12月，时任教育部副部长叶圣陶到江苏师院考察，对师院在联系中学方面做出的努力给予了肯定，并指出今后必须通盘规划，加强领导，争取中学主动配合，以取得更大的成效。

6. 考查和考试

参照苏联经验，按课程性质及其在专业中的地位，对学生学习成绩的考核分考查和考试两种方式。1956学年第二学期全面推行了新考试制度。根据高等教育部颁发的《高等学校课程考试和考查规程》，结合本院的具体情况制定了课程考试与考查暂行办法。

为了检查学生对所学知识的理解程度及实际运用能力，凡应进行考试的课程均采用口试，宜于笔试的课程可在口试考核中兼用笔试。同时采取措施减轻学生的学习负担，适当减少了考试的门数，增加了平时对学生成绩的考查。实践证明，口试有助于培养学生独立思考的能力，也有助于提高其语言表达能力。

7. 开展体育运动，推行"劳卫制"

在学习苏联教育经验的过程中，师院高度重视体育教育和体育运动。学校修辟了球场、沙坑，翻修了跑道，增加了许多运动设备和器材，为开展体育运动创造了有利条件。

学院运动会开幕式

为推动体育运动经常持久地开展，在各系、科、班中普遍建立了体育锻炼小组，师院用多样的运动形式来提高学生体育运动的兴趣。1953年5月举行了全院第一届体育运动大会，提出"个个参加，人人运动"，连白发苍苍的老教授也参加了运动会。这次运动会打破26项苏州市纪录、15项苏南纪录。由于重视体育教育和体育锻炼，学生的体质有了明显的改善，这就保证了学生有充沛精力投入学习。

1954年5月4日，国家体委公布了"准备劳动与卫国"的体育制度（简称"劳卫制"）。江苏省高教局决定江苏师院重点试行"劳卫制"。1955年11月，师院成立了"劳卫制"推行委员会，各系科也建立了"劳卫制"推行工作组。对体质较弱的同学，则建立了健身大队，进行轻松和缓的体育活动。1956年4月，随着群众性体育运动的开展和运动水平的提高，师院建立了大学生体育协会，加强了对学生课外活动的组织领导。

学习苏联教学经验，对改革旧教育制度、探索社会主义高等教育办学经验起了积极作用，但也存在过于死板、不够灵活等弊端。

二、初步开展科学研究

江苏师院建立初期，由于师资力量不足，必须将主要力量集中在教学工作方面，以保证教学任务的完成。同时，鉴于师范院校不同于综合性大学，因而建院初期的科研工作，主要是紧密结合教材建设进行。为提高教学质量，增强教材的思想性、科学性、系统性，学院鼓励教师自编教材，结合教材编写中遇到的问题开展科学研究。

物理系主任朱正元教授通过深入研究物理演示实验,撰写了《用金箔验电器量电势和量电量》《变压器的基本概念和演示实验》《交流电路》等文章,并进行课堂演示实验的观摩教学。中文系吴奔星副教授编写了《现代文选及写作》,化学系许嘉祥教授组织编写了《定性分析和定量分析》等。结合教材编写进行科研,促进了教师业务水平的提高。

1954—1955学年第一学期师院提出的工作任务中要求:"结合教学积极进行科学研究,开展学术批判,以提高教学质量与师资水平。"这一学年度第一学期的科研课题有42个,第二学期的科研课题有75个。至1955下半年,全院的科研课题有66项,参加科研的教师占教师总数的55.83%。

为了进一步加强科学研究,1956年3月师院成立了学术委员会,下设文、理科两个专门委员会。文科委员会包括政治、教育、心理、历史四学科,理科委员会包括数学、物理、化学三学科,俄语、体育、图画制图三学科建立学术小组。杨巩院长任学术委员会主任委员,潘慎明副院长任副主任委员。

1956年年初,全院教师选定研究课题117项,参与教师119名。本年度完成了59项,占既定完成74项的79.7%。院学术委员会分文、理科各组织了一次讨论会,各系科也先后举行了小型的科学报告会,交流了研究方法,促进了科研质量的提高。学校学术空气浓厚,学术活动活跃。

1956年江苏师院科学讨论会会场

1956年前后出版的教材和发表的论文有《近似计算》《中学化学课外活动》《拉普拉斯方程和本征值问题》《静电仪器使用不灵的原因与补救方法》等。

1956年12月底,师院召开了一次规模较大的科学讨论会,兄弟院校的教师147人及本市各中等学校教师226人参加了这次讨论会,会上交流了26篇论文。

为了交流科研工作经验,贯彻落实"百家争鸣"方针,学院选编了科学研究丛刊,1957年11月出版了自然科学论文选第1期。苏联人造卫星发射后,学院组织了4次科学研究报告会,鼓励师生热爱科学事业,向科学进军。

叫歇碑

这一时期影响较大的科研成果是纪庸教授在《吴门表隐》旧抄本中发现了苏州玄妙观机房殿内有清雍正十二年（1734）《永禁机匠叫歇碑》的记载，后又在玄妙观找到了石碑（历史系教授柴德赓对此项科研成果也有贡献），说明当时已有劳资斗争。中国人民大学著名教授尚钺曾撰文赞扬这是我国史学界在资本主义萌芽研究领域的重要发现。

在这期间，学生的科学研究活动也比较活跃。数学、物理等系科组织了航空模型、仪器制造、摄影、几何模型等科技、科研小组，这些小组在教师指导下取得了一定的成果。

虽然这几年学院在科学研究上初见成效，但也存在一些问题。教师的科学研究缺乏规划，一些教师在研究过程中不断改变研究内容，科研项目难以按时完成；有些科研与教学及中学实际联系还不够紧密，年轻教师提交的科研项目较少。

三、师资培养

江苏师院初建时，全院共35个班级，开设了255门课，而实际能胜任教学的教师只有78名，平均每位教师须讲授两三门课程，因此，有的课程只能上大课，教师负担较重。师院领导认识到要办好学校，必须依靠教师，高度重视师资的培养与提高。除了外聘一些教师外，院领导把主要精力放在培养助教上，要求各系科都制订切实可行的助教培养计划，该计划由各教学研究指导组及教学小组指定老教师负责指导，使一些青年助教经过短期培养，在半年或一年后能担任一至两门课的教学。师院要求助教在指定教授指导下，订出自学计划，认真学习，按时交出进修报告，从而使其在业务上不断提高，适应教学需要。

那几年，师院在培养师资方面采取了较为有力的措施。一是以老带新，由老教师为助教开设提高课程，做专题讲座。老教师为28名助教开了课，占当时助教总人数的40.6%。二是送至校外或国外进修深造，有17名教师被送至专业力量较强的国内外大学进修。三是边教学边进修，每个助教都制订自学计划，通过集体备课、老教师审改教案、助教课前试讲、与老教师合作开课、组织交流教学经验、检查教学效果等方式，强化了教师基础知识学习和基本技能训练，较快地提高自身业务水平，从而提高教学质量。

1954年下半年，遵照中央教育部指示，组织全院教师学习《高等学校教师工作日及教学工作量暂行办法（草案）》，并以中文系现代文学教学小组和物理系物理学教研组力学小组进行试点。此前对教师的工作量仅以讲课时数来计算，而实行教学工作量制度后，把考试、答疑、指导、毕业设计、研究生和进修生培养等工作也规定为教学工作量，从而提高了教师的积极性，发挥其潜在力量。这次学习和试点，为全面实施教师工作量制度创造了条件。

四、系科调整

江苏师院从建立至1957年春，系科设置不断有所调整。

1953年增设了政治专修科。同年2月，华东军政委员会教育部决定，将江苏师院的地理专修科调至南京师范学院，并将语文系二年级学生8人、化学系二年级学生6人、生物系二年级学生3人调至华东师范大学。对师院提出在美术专修科中增开制图课，如果条件允许发展为图画制图系，并将音乐专业调至中央音乐学院华东分部的请求，华东军政委员会教育部至8月31日作出回复，准许师院将美术专修科改为图画制图系，并同意美术专修科不再兼修音乐课程。这些调整有利于集中师资与资源更好地培养在校学生。10月3日，江苏省教育厅通知，华东高等教育管理局决定将苏北师范专科学校的教育专修科并入师院速成中学及艺术科，由江苏师院办理。10月17日，华东军政委员会教育部通知，将江苏师院艺术科音乐组二年级学生23名调整至华东师范大学；艺术系音乐专业二年级学生1人、三年级学生6人调往南京师范学院；化学系三年级学生6人、二年级学生2人调往安徽大学师范学院；教育系三年级15名同学，除由学院选留的5名作为政治学科的助理员外，均调往浙江师范学院。江苏师院音乐系科之物资，钢琴除3架自留之外，2架调配到南京师范学院，其余一切教学设备全部调往华东师范大学。12月11日，江苏省教育厅转发中央教育部《关于高师教育系科的适当调整问题的通知》，要求江苏师院教育专修科二年级停开教育史，添设政治、语文、历史三类选修课，由学生在本专业以外选修两门专业课程作为第一、二志愿，之后再由学院根据学生志愿和学业情况，决定一个科目作为其选修课。这种做法，解决了部分学生的毕业分配问题，使毕业生能够胜任中学教师的工作。

1954年9月2日，华东军政委员会教育部根据中央教育部1954年6月5日颁发的《1954年全国各高等师范学校系科招生方案》与《1954年各大区高等师范学校招生任务分配方案》，对江苏省高等师范院校的系科进行了调整，要求江苏师院中文科恢复招生，而化学与美术两科则停止招生。

1955年4月29日，遵循中央教育部对江苏师院、南京师院的系科调整的指示，为了集中力量，合理地使用两校的人力与物力，提高教学质量，两校的系科基本上按照文、理分工的原则进行调整，江苏师院以理科为主，南京师院以文科为主。江苏师院的中国语文系科和生物系调整到南京师院，图画制图系停止招生；南京师院的数学与物理两系调整到江苏师院。两院的音乐和美术系科调整到华东艺术师范专修学校。相关图书、设备、人员等也进行了调整。

7月19日，江苏省教育厅根据中学师资情况，要求江苏师院停止化学系的招生工作，且规定师院可招收学生380人，其中本科生270人（数学120人、物理120人、历史30人），专科生110人（政治教育60人、体育50人）。

为了适应教育事业日益发展的需要，1956年3月，江苏省教育厅决定在江苏师院开办数学、理化、体育三个专业训练班，选调中等师范学校应届毕业生和社会知识青年，通过给以半年专业训练，将其培养成初中教师。此次共招收学生255名。

这次院系调整奠定了江苏高等教育的基本办学格局，有利于加强校际交流，但也有某些弊端。例如语文系科调整后，其相关教职员、图书及设备都调离师院，使得相关教学人员、图书等严重不足，俄语、政治、历史等专业的学生无法正常完成语文课程的学习。1958年，江苏师院重建中文系。

五、函授教育

中华人民共和国建立之初，中等学校师资水平大多不高，需要系统提高专业水平的教师数量很大，而离职进修又受到种种限制，因而举办函授教育以提高师资质量是当时可行的解决方案。为此江苏教育厅决定委托江苏师院筹备函授教育，以适应国家教育事业的需要。

1955年10月，江苏省教育厅要求江苏师院开设数学和物理专修科函授教育，以函授方式招收未达到高师毕业水平的中等学校教师，按照教学计划在学生业余时间进行系统的专业知识教授，使之在三年内基本上达到师范学院本科或专科毕业水平。

为了开展函授教育工作，师院教务处下设函授教育科负责函授教育的日常工作，在有关系科设函授专修班主任，由副系主任兼任。其任务包括组织实施函授专修班的教学计划与教学大纲；编制函授专修科的工作计划，并定期进行检查总结；督促有关教师编写教材；对函授教育辅导站进行业务指导；等等。

同时还着手制定各项规章制度，编写教学计划、教科书、教学参考书及教学指导文件等函授教育材料。

从 1956 年 2 月开始，师院正式招收函授学生。江苏省教育厅分配给师院函授专修科的招生指标为 546 名，包括数学班 323 名、物理班 223 名。但报考的学生数量远远超过分配名额。经请示省教育厅同意，适当放宽名额并照顾到各地区不同的情况，适当降低录取标准，最终数学班录取 388 人，物理班录取 238 人。

4 月 3 日，师院通知录取函授生的所属辅导站办理新生报到入学手续，并将录取名单分送至各任教学校，请各校协助督促录取教师妥善安排学习时间，做到工作学习两不误，并勉励落选教师加强学习，争取下年报考或订购函授讲义进行自学。

函授教育专修科两个班于 4 月 8 日开学，在第十周进行期中考查后，于 6 月 16 日告一段落，暑假后继续学习第 11 周以后的课程。第一学年数学班开设算数和马列主义基础两门课程，物理班开设普通物理、高等数学基础和马列主义基础三门课程。

函授教育的特点是函授学生须在不脱离现任工作的条件下分散自学，把自学作为完成学习任务的主要方式。为了提高函授生的自学质量，帮助他们按时完成学习任务，师院组织了集中讲授、集中辅导、书面指导等。例如，函授教育苏州辅导站每学期进行三至四次重点讲授或辅导。学院和辅导站分工明确，联系密切。学院负责向函授生印发讲义、学习指导文件等；辅导站负责了解函授生学习情况，进行思想教育，协助解决函授生学习上所遇到的困难。院部和辅导站定期联系，交流情况。1957 年，师院又增设历史函授科，招生近 200 人。

第三节 党建和行政管理

江苏师院十分重视党建工作，建立和健全了各级党组织，加强了全院师生思想政治教育，提高了师生的思想觉悟。学院的行政管理和后勤工作，围绕为教学服务，秉持勤俭办学原则，力求充分发挥人力、物力、财力的作用。

一、党委会的建立与政治思想工作

为了加强党对高校的领导，1952 年 10 月，成立了中国共产党苏南师范学院工作委员会，由吴天石、秦和鸣、徐行三同志组成，吴天石任书记。党工委下设大学部支部和附设工农速成中学总支。大学部支部有党员 44 人（其中教师 7 人，职员 18 人，工友 2 人，学生 17 人），党员中候补党员较多。

1953 年 1 月 3 日，江苏省委宣传部批复同意江苏师院成立党委会。党委会由吴天石、秦和鸣、李敬仪、夏溶、孙锋、李荫生、颜真华 7 位同志组成，吴天石任书记。在党委会下，建立师生员工党员的混合支部和附设工农速成中学党支部。根据工作需要，11 月起，将混合支部分开，分别成立了院本部教职员工支部与学生支部。教职员工支部以保证教学、行政工作任务的完成为主要任务，学生支部以保证学习任务的完成为主要任务。另设附设工农速成中学总支、附女中支部。

1954 年 1 月，江苏省委决定调吴天石至省教育厅工作，任命杨巩为江苏师院党委书记，同年 4 月，调整了院党委委员人选，党委会由杨巩、秦和鸣、李鹤皋、夏溶、李荫生等同志组成。6 月，江苏省委批复同意增补江静为党委委员。1956 年下半年，学院按行政与系科分别建立支部的原则调整了组织，教工党支部从 6 个调整为 11 个，学生党支部由 8 个调整为 9 个，从而使各支部便于活动。政专科的两个学生支部与一个教工支部，组成一个总支，以利于加强党的工作的检查督促与对学生工作的思想政治领导。6 月至 10 月，党委书记杨巩至省委高干自修班学习，这期间师院党委书记的职务由秦和鸣代理。8 月，省委任命吴甦、江静为党委副书记。10 月，省委同意院党委建立常委会，杨巩、吴甦、江静、秦和鸣、李鹤皋为党委常委。11 月至 12 月，发展新党员 79 名，其中学生 51 名、教职工 28 名（其中教授、副教授各 3 名，讲师 4 名），基本上覆盖了全院各个基层单位。1957 年 6 月，省委批复同意李鹤皋任院党委副书记。

党委书记、院长杨巩做工作报告

江苏师范学院院长杨巩任命书

院党委加强师生员工的政治思想工作。遵照 1952 年 10 月 28 日教育部关于在高等学校重点试行政治工作制度、设立政治辅导处的指示，江苏师院设立政治辅导处，全院政治思想工作在院党委领导下由政治辅导处主管。各系设政治辅导员，团委在政治辅导处领导下开展工作。政治辅导处的任务是：指导师生政治理论学习；协助教务处指导马列主义理论课程的教学；指导师生员工的社会活动；掌握师生员工的政治思想情况；主持毕业生的鉴定，参与毕业分配工作；参加教职员的聘任、升迁、奖惩等工作。

1953年上半年，政治辅导处通过工会，组织全院教师学习《实践论》，有144名教师参加，分11个小组，以自学为主。11月，院党委动员全院师生员工学习党在过渡时期的总路线、总任务、总政策，要求通过学习，深刻了解我国过渡时期总路线、总任务、总政策的精神实质，明确我国社会主义工业化的方针和第一个五年计划的基本任务及其一系列重大措施，进一步进行自我思想改造，为贯彻和实现总路线、总任务、总政策而努力工作。

1954年10月，苏州市委决定，由江苏师院和苏南工业专科学校联合举办苏州市高等学校教师马列主义业余学校，由苏州市委书记蒋宗鲁任校长，江苏师院院长杨巩和工专副校长许符实任副校长，专门组织了讲师团，负责教学工作。根据中央规定，计划在4年内完成中国革命史、马列主义基础、辩证唯物论、政治经济学4门课程的学习。教职员踊跃报名，全院有257位教职员入学。到1955年6月，参加学习的教职员初步学习了《马列主义基础》和《中国革命史》。同年11月，院学习委员会制订了教职员《辩证唯物论》学习计划，组织全院教职员学习《辩证唯物论》。

1955年上半年，院党委组织全院教职员工进行了系统的政治理论学习，认真研读了《马列主义基础》和《中国革命史》，生物系的教师还学习了《辩证唯物论》。学院还围绕党和政府的中心工作，多次组织师生员工对国际形势等进行学习。

1956年下半年，学院调整学习组织，建立了全院教职员政治理论学习委员会，并按系科建立分会。学院组织全院师生员工学习党的八大文件，教职员以自学为主，辅以报告与小组讨论的形式，学生与工友以听取报告为主要方式。在教职员中，组织了两次报告会、六次小组讨论会和一次以分会为单位的学习心得交流；在学生中组织了两次报告会；在工友中组织了三次报告会。

1957年4月17日，院领导向全院教职员传达了毛泽东《关于正确处理人民内部矛盾的问题》的报告。4月22日，召开了学习委员会各分会主任委员会议，5月召开了教工党员和学生党支部书记会议，部署在党内开展"整风运动"的计划，动员在学习《关于正确处理人民内部矛盾的问题》的基础上开展"大鸣大放"。于是，"整风运动"在全院展开。

为了加强学生政治思想工作，院党委十分重视政治理论课和时政学习，开设了一系列公共政治理论必修课。要求政治教师贯彻理论联系实际的方针，经常深入学生中去了解思想情况，结合教学做好政治思想工作。学生的时事政治学习由政治辅导处宣教科组织，要求每个寝室订一份报纸，组织读报小组，并利用课余时间开展时政讨论。宣教科每月对学生进行时事测验，并在院刊上公布成绩。

1953年12月，学院举行第二届学生代表大会，要求全院学生在党的总路线指引下，贯彻毛泽东关于"身体好、学习好、工作好"的指示，培养自己成为德才兼备、体魄健全的优秀人民教师。会上表扬了42位优秀学生。1954年秋季开学后，学院加强了对学生的共产主义道德品质教育，要求学生严格遵守《学生守则》。

1955年春季开学后，政治辅导处、教务处制定了关于开展评选优秀生、优秀班的办法，要求全院学生养成热爱专业、遵守纪律、尊师爱校、团结友爱的良好风气。3月30日，全院举行表彰大会，表扬了40名德智体全面发展的学生。同时制定了江苏师院优秀生、先进集体奖励办法（草案）。11月，成立优秀生评奖委员会，通过了优秀生评奖办法。1956年年初，又表扬了26名优秀生。通过对学生的政治思想教育和评优等活动，全院学生普遍提高了社会主义觉悟。认真学习，努力锻炼身体，成为广大学生的自觉要求。

1956年前的一段时间，学院政工干部人数虽少，但队伍精干，工作效率较高，能深入学生，做细致的思想工作。学生干部能力也较强，能以身作则，特别是一批调干生起了骨干作用。全院绝大部分学生都热爱学校，热爱专业，努力学习，遵守制度，尊敬老师。同学间团结友爱，相互帮助，爱护公共财物。这个时期可以说是学校历史上校风校纪最好的时期之一。但这几年在对学生的管理上也有不足之处，例如学生自由支配的时间过少，学生思想不够活跃。

1956年下半年，撤销了政治辅导处，院党委设组织科、宣传科、统战科等机构，各系科建立了党支部。学生的政治思想工作暂时划归教务处领导，党、团组织和人事部门也负责做学生的政治思想工作。

为了加强宣传马克思列宁主义、毛泽东思想，贯彻高等师范学校的办学方针，推动教学改革，学院于1952年12月创办了院刊《教学生活》，1955年11

月 5 日改办为《江苏师院》院刊。院刊成为思想政治工作的重要阵地、推动教学改革的有力工具。吴天石主政师院期间对院刊十分重视，亲自参加筹建，制订组稿计划，还亲自撰写社论和重要稿件。杨巩继任院长后也很重视院刊的工作，每期都亲自审阅定稿。每期院刊出版都很及时，推动了学校的政治思想工作和教学工作。院刊当时在全院影响较大，很受师生员工欢迎。1960 年，由于时值困难时期，纸张紧张，院刊暂时停办。

二、贯彻党的知识分子政策

1956 年 1 月，院党委书记杨巩出席了党中央召开的关于知识分子问题的会议。4 月，师院党委领导和政工人员及党员教师代表数十人赴宁参加了省委传达贯彻中央关于知识分子政策的会议。院党委认真研究了贯彻执行党的知识分子政策问题。

为使教师集中时间和精力更好地进行教学和科研工作，院行政会议决定，院长办公室、总务处、教务处、政治辅导处各派一人成立专门小组，进行调查研究，根据需要与可能，在改善教师工作和生活条件方面采取一系列措施，改进教工食堂伙食，院医务室实行讲师以上教学人员优先挂号诊治。

6 月初，召开了全院教职员大会，杨巩代表院党委做了关于进一步贯彻执行党的知识分子政策的报告，提出了进一步贯彻党的知识分子政策的六点意见：一是认真学习，统一对知识分子问题的认识，增加同知识分子的接触，以增强相互间的了解；二是拟定办法，改善知识分子的工作条件和生活条件；三是关心知识分子的培养和提高；四是帮助知识分子继续进行思想改造，使其成为完全的社会主义知识分子；五是在知识分子中扩大党的队伍，以增强党和知识分子的联系；六是整顿和纯洁知识分子队伍。会后，经专门小组研究并在广泛征求意见的基础上，拟定了《关于保证教师工作时间，改善教师工作条件和生活条件的几项措施》。

院党委认真贯彻执行了党的知识分子政策，调动了广大教师的积极性。在改善知识分子工作和生活条件的同时，加强了对知识分子的团结、教育、改造工作，贯彻了与民主党派"长期共存，互相监督"的方针。院党委还充分发挥工会、学生会、青年团和各民主党派的作用，保证了教学工作的顺利完成。在这期间，广大师生员工心情舒畅，生动活泼，在办好学校、提高教学质量方面积极贡献力量。不少教师提出入党申请，党委及时讨论，吸收了一些高级知识分子加入党组织。

三、建立群众组织，开展各项活动

1. 团委的建立及其活动的开展

师院在团委未建立前，团工委工作由李鹤皋负责。1953学年度第二学期，团工委进行改选，团的工作由江静、廖素青负责。1954年3月20日，学院举行首届团员代表大会，要求广大团员进一步贯彻毛泽东"身体好、学习好、工作好"的指示；明确了团组织在学校中必须密切围绕教学，结合青年特点开展工作，协助党委和行政完成教学任务。大会选举江静等11人为团委委员，江静任书记，院团委正式成立。这次会议表扬了102位优秀团员。当时学生团员人数较多，占全院学生半数以上。党组织很重视青年团工作，要求团员在学习、工作中发挥模范作用，真正成为党的助手。党委会研究工作也请团组织的负责人参加，每学期还专门研究团的工作一至两次。

1956年3月，学院举行了第二届团代会，选举江静等19人为团委委员。其时正值党中央向全国青年发出"向科学进军"的号召，大会号召团员充分发挥积极性，为社会主义建设事业向科学进军，使自己成为合格的共青团员。为了鼓励向科学进军的先进人物，院团委建立了"光荣簿"奖励制度。这一年有46人和两个集体上了"光荣簿"。这一时期，团的组织生活主要是围绕如何提高自己的科学文化水平开展活动，既有意义又丰富多彩。

2. 工会的建立与活动

江苏师院成立之初，由原东吴大学、苏南文教学院、江南大学推选人员组成工会筹备小组，临时行使工会职能，并着手筹备建立基层工会组织。工会筹备组发展了一批新会员，举办了职工业余学校。1953年3月，召开工会会员会议，投票选举秦和鸣等15人为基层工会委员，孙纯一等3人为经费审查委员。工会成立后到1957年3月进行过4次改选，每届基层工会都根据党在各个时期的方针政策开展活动。其主要的经常性工作有如下四方面：

一是努力使教育工会成为教育工作者的共产主义学校。院行政会议决定由工会组织教职员工的政治学习。工会文教委员会聘请有关教师组成政治理论学习委员会，具体负责组织教职员工学习，并给予督促检查。

二是成立俱乐部。购置文体活动器材，组织教师开展课余文体活动，促进身心健康。

三是定期组织科学研究和教学经验交流会，以推动教师进行科学研究，提高教学质量，努力以最新的科研成果充实教学内容，从而增强了教师的科研能力，促进了教学质量的提高。

四是配合院党委贯彻党的知识分子政策，协助办好教工食堂，努力改善教师的工作和生活条件。

3. 学生会的建立和活动

江苏师院成立后，政治辅导处即指导各系科部分学生干部建立学生会筹备组，由筹备组组长何祚永（原东吴大学地下党员）主持筹组学生会的工作。1952年12月举行了首届学生代表大会，此后每年举行一次学生代表大会。

学生会不仅经常组织学生交流学习心得与体会，提高学习效率，巩固专业思想，而且有计划地开展丰富多彩的课余活动，如组织各种文娱体育活动，成立歌咏、美术、舞蹈、话剧等社团和各种球队。在校党委的关怀和校团委的支持下，学生会工作开展得生动活泼，有声有色，促进了学生德智体全面发展。学生会干部在组织活动中能力得到了锻炼提高，学生会成为党组织联系广大学生的纽带。

四、行政管理和教务、总务工作

1. 行政管理组织

江苏师院建立后，在行政管理机构设置上力求精简高效，要求行政管理工作尽快适应教学工作的需要，不断提高工作效率。

这一时期高校的领导体制为校（院）长负责制，在校（院）长领导下，设校务委员会。校务委员会是全校的最高行政会议，也是最高议事机构。校务委员会主任由校（院）长担任。校务委员会下设财务审查组织。学校每学年度的工作计划、总结及人事调配等重大事宜，均经校务委员会讨论议决后由校（院）长批准实施。

师院建校之初的行政组织为：院长、副院长各一名。院长统一领导全院教学、科研和行政工作。院部设院长办公室、政治辅导处、教务处与总务处。1954年，学院行政机构进行调整，仍设有院长办公室、政治辅导处、教务处与总务处，但各处下设科室有所改变。总务处设总务长，负责管理财务科、校产管理科、事务科、工程科、医务室及生产标本供应所，膳食组由事务科管理；教务处设正副教务长，下设教务行政科、教学研究科、印刷科、图书馆及体育室；政治辅导处设正副主任，下设组织科与宣教科，撤销青年科。为了加强相互间的联系，更好地发挥集体领导的作用，规定每周召开一至两次行政会议。1955年，政治辅导处重设青年科。

1956年，师院组织机构进行全面改革，各处、科室等都做了很大调整。撤销政治辅导处。设教务处、人事处、总务处及院长办公室。教务处设教务长、副教务长，领导全院教学、科研和师资培养工作，下设教务、教材教具、函授等三科，图书馆、体育馆、印刷厂也属教务处管理；人事处设处长、副处长，负责全院人事工作，下设干部、学生、档案三科及职工业余学校，并建立治安保卫委员会；总务处设处长一人，领导全院总务工作，下设总务、财务、房产、膳食管理、卫生保健等科及医务室；院长办公室设主任一人，协助院长处理日常行政工作，下设秘书科及校刊编辑室。

1957年，根据精简上层、充实下层、减少层次、精简机构的原则，师院精简了行政各科室的人员编制，由此前的323人减少至228人。

2. 教务工作

1957年前，师院实行院、处、系三级管理制，设教务长，由副院长潘慎明兼任。教务长领导全院各系科、各教学组织的教学工作和科研工作，对院长负责。教务处的主要工作为：对学生从入学到毕业整个学习过程中各个环节上的质量把关，负责新生入学后的专业思想教育及政治、文化、健康复查；配备上课教师，选派教学经验丰富、学术水平较高的教师担任基础课教学；负责学生的学籍管理，对学生进行学习成绩的考核，严格考试制度和升留级制度，组织学生教育见习、实习等；调研毕业生的工作情况，针对毕业生在工作实践中出现的问题改进教学。

师院建立初期，教务处就制定了各项教学规章制度，汇编成册。针对有些学生学习松懈、不遵守纪律的现象，教务处拟定了学生管理制度，建立健全了各项规章制度，如学生守则、学籍管理办法、考勤及请假办法、学生学习成绩考核及升留级办法、学生奖惩暂行办法和课代表制实行办法等。师院于1957年上半年编印了教务部门有关规章制度汇集，包括江苏师范学院暂行学则，课程考试与考查暂行办法，课程选修、免修暂行办法，以及图书馆阅览、借书规则，教育实习成绩评定办法等18项规章制度。

3. 总务和基建工作

总务工作认真贯彻增产节约、勤俭办学方针和艰苦创业精神，努力保证教学物资的供应，修缮和扩充校舍设备，严格财务管理与经费使用。1956年年底，结合学习党的八大文件，制订了开展增产节约运动的计划，拟定了水电和办公用品节约办法，要求师生员工养成艰苦朴素的作风。同时加强师生的保健工作，开展爱国卫生运动，改善校园环境，做好医疗预防工作，管好师生膳食，提高伙食质量。

师院建院初接收的原东吴大学校舍已远远不能适应新学院发展的需要，因而基本建设任务十分繁重。当时全院师生员工有1 400余人，教室、宿舍、食堂均已超负荷，特别是迫切需要建造图书馆和礼堂。但因基建经费不足，只能分期逐步实施。1953年3月，建成一所建筑面积为249.5平方米的团体会所，为院工会开展活动提供了场地。11月，先后落成了建筑面积为1 940.8平方米的图书馆和2 012.3平方米的女生宿舍。为了解决食堂拥挤和雨天上体育课的问题，临时用竹子、麦草搭建了两个简易食堂和一个风雨操场。这年年底又为解决教工住宿紧张问题，建成了363.75平方米的教工宿舍。1955年年初，附设工农速成中学建成了建筑面积为5 164.14平方米的教学行政大楼，可容纳学生900余人。此外，还整修了校园里的道路和场地。

为了保证教学的需要，总务处制定了一系列校产管理规章制度，对全院校产建立财产登记账、明细分类账和总账等表册；对全院器材设备编号登记，确立分工负责保管制度；会同相关系科健全了教学设备的采购、验收、保养、出借、赔偿、报损等制度。

为保障师生员工的身体健康，师院于1952年10月建立了院医务室。医务室属总务处领导，开始时仅有5名医务人员，担负了全院1 400余名师生员工的医疗保健工作。到1953年5月又先后接受苏州市卫生局委托代办院本部、附速中、附女中、附小及省体育干部训练班2 400余名师生员工的公费医疗门诊业务，任务相当繁重。卫生保健工作，贯彻预防为主、医疗为辅的方针，医务室的工作是对师生员工进行健康检查、预防注射、新生入学时的健康复查和应届毕业生的健康检查等。全校的环境卫生和饮食卫生等工作也都由医务室派专人负责检查督促，从而保证了师生员工的健康，使之以充沛的精力投入工作和学习中。

1952年年底，为减少教职员工的后顾之忧，师院建造了职工子女托儿所。托儿所由小到大，逐步发展，至1956年收托的幼儿已有数十名，还举办了全托。日托的幼儿还有儿童车接送，大受教职工的欢迎。

经过从1952年到1957年春的建设和发展，江苏师院已成为一所颇具规模、在全国较有影响的师范学院。在党的方针政策的指引下，院领导团结带领广大教职员工艰苦创业、辛勤工作。学院党政主要领导认真贯彻党的教育方针和党的知识分子政策，尊重知识分子，依靠知识分子，政治上关心和帮助知识分子进步，业务上加强培养、提高，生活上、工作上尽量为教师创造条件，从而调动了教职员工的积极性，学校事业获得了稳步发展。

第四节 吴天石的办学思想和实践

吴天石是江苏师院的首任院长,他兼有革命家与教育家的气度,忠诚于人民教育事业,对社会主义教育事业具有高度责任感,在办学中表现出难能可贵的远见卓识,对办好社会主义大学形成了较为系统的理念。他的办学思想和实践是留给后人的宝贵财富。

吴天石

吴天石(1910—1966),人民教育家,1923年毕业于南通师范学校,后入无锡国学专修馆学习,1943年加入中国共产党。在革命战争时代,他长期致力于党的干部教育,为抗日战争和解放战争的胜利及新中国的建设培养了大批干部。从1952年秋院系调整开始,任江苏师范学院筹建委员会主任(即首任院长)、党委书记,1954年春调任江苏省教育厅副厅长兼党组书记,1958年起任省委宣传部副部长兼省教育厅厅长、党委书记,主持江苏省教育厅工作长达13年之久。

一、坚持党对教育工作的领导,高度重视思想政治工作

吴天石经常强调教育工作必须由党来领导。他说,没有共产党就没有新中国,党是管全局的,党考虑问题的出发点是整个国家和全体人民的最根本的利益。他忠诚党的教育事业,坚持从实际出发,遵循客观规律,创造性地为党工作,为全面贯彻党的教育方针,坚持社会主义办学方向,呕心沥血,鞠躬尽瘁。

吴天石高度重视思想政治工作,积极宣传马列主义、毛泽东思想。他指出,要使学生懂得为什么要读书、读了书干什么的道理,教育学生树立远大理想。他主张改革政治课,开设道德品质教育、社会发展史和辩证唯物主义等课程,为培养学生具有共产主义世界观和人生观打下扎实基础。他常说,教师是人类灵魂的工程师,担负着培养具有高尚道德品质的社会主义和共产主义建设者的光荣任务,教师自身的世界观、行为、道德都深刻地影响着学生。因此,教师要培养师德,树立师表。

为了加强马列主义、毛泽东思想的宣传,江苏师院建院之初,吴天石就决定着手筹办出版院刊《教学生活》。他十分注重院刊这一宣传阵地,亲自撰写社论和署名文章,并负责审选和修改一些重要来稿。院刊从创办到他调省教育厅一年多时间,出版了20期,每期都有明确的中心和指导性文章,成为思想

政治工作的一个重要阵地,也有力地推动了教学改革。为了宣传阐发党的教育方针,吴天石一生发表了大量文章,留下了100多万字的精神遗产。

为了便于指导政治理论课教学,他主动把自己编在马列主义教研组教师的政治学习小组中,与教师共同学习,一起探讨问题。他密切联系群众,经常到教室、食堂、操场、学生宿舍等处,与教职员工和学生促膝谈心,还登门访问老教师,与他们成为知心朋友,把思想政治工作做深做实做细,充分调动师生员工的积极性,从而使全校教育教学生机勃勃,秩序井然。

二、培养全面发展的人才

吴天石一贯主张教育要随时代前进,为人民、为社会、为国家服务。他在教育实践中始终坚持教育必须为社会主义建设服务的方向,致力于培养社会主义建设需要的人才。他指出:"教育工作为经济建设服务,它必须随着经济的发展而发展。"

吴天石认为,学校要培养的是全面发展的人,而不是白面书生。他明确提出,我们培养的学生应当"既是社会主义建设者,又是劳动者",成为社会主义社会全面发展的成员。他一贯认为教育质量不能单看智育,而必须看包括德育、体育在内的全面质量。

吴天石心目中的人才是能够独立思考、具有创造性的人才,而不是"唯书""唯上"的奴仆。他期望青年学子能坚持唯物主义者实事求是的原则和无产阶级无私无畏的精神。他到无锡国专演讲,把自己演讲的内容概括为一句话:"读书毋为古人奴。"他指出:"要用正确的立场、观点、方法来分析书本上所讲的事情和道理,取其精华,去其糟粕,批判地接受。"

吴天石心目中的人才是学以致用、躬行实践的人,而不是脱离实际,"遇到事情就不会办、办不好"的书呆子。他强调,学习要联系实际,身体力行,"要从书本子里解放出来","以增强改造社会、改造自然和改造自己的本领"。他在江苏师院积极倡导"采用学生自选专题、自找资料、自写阅读笔记、向同学讲课等形式",以锻炼学生独立工作的能力。

吴天石心目中的人才,是多层次、多种规格的"三十六行"的状元,而不限于单一的大学生、研究生。新中国成立初期,为了解决发展教育与教师奇缺的矛盾,他在师院刚建立时便提出分别设立本科、专科和速成班,把学校的工作重心放在专科班和速成班上。他还把艺术系改为两个专业,并设理化专修科,以培养多层次、多种规格的毕业生。

三、教师是学校工作中的主力

吴天石常说:"教师是学校工作中的主力。"这是他一生教育实践中始终坚持的信念。他指出:"在教育工作中,教师起着主导作用,没有教师就不可能有学校教育。"他认为,教师在教育和教学过程中的主导作用是激发学生的求知欲,并以身作则,身教言传,陶冶学生的高尚情操和道德品质。教师对学生的学习方向、内容和方法及道德行为等起着潜移默化的作用。他尊重知识,爱惜人才。在当时强调改造知识分子的气氛中,吴天石却认为贯彻党的知识分子政策,"当前主要问题是团结教师",大胆任用一些具有真才实学但由于种种原因未能展其所长的知识分子来为人民教育事业服务。他提倡领导干部与教师"经常个别谈心,要做到亲密无间",必须"将教师的一切积极因素充分发动和巩固起来"。他提出了全面关心教师的观点。在政治上,要求"加强教师政治理论学习的领导,提高教师马克思列宁主义水平","积极地在学校进行党建工作,吸收已具备条件的教师入党"。在业务上,他要求"必须为教师的业务进修创造条件,为教师解决时间问题和学习资料问题"。在生活上,他要求"必须切实关怀和认真解决教职员工的生活福利问题"。

吴天石十分重视提高教师队伍的素质,指出"建设一支合格的师资队伍,是提高教育水平的根本大计"。他说,"名师出高徒","希望师范生将来都成为'名师'",师范学院要"成为培育名师的摇篮"。他强调师范学院必须坚持师范性,要求师院加强教育科学课程的教学与研究,各科教学都要面向中小学实际。他尊重和依靠老教师,注意培养中年教师,高度重视青年教师的成长。他对青年教师提出了明确的目标和严格的要求,要求每个青年教师都制订进修计划,并认真按计划进修。他狠抓在职教师的进修提高,要求教师必须提高政治理论水平,必须加强道德品质方面的修养,必须学好教育理论,必须加强专业知识的修养,加强基本功。1953年江苏师院仅有助教40名左右,在他的建议下,先后送到校外和国外去进修深造的就有17名之多,他们学成回校后,都成为教学、科研的骨干。当年的青年助教吴建国被送到莫斯科大学攻读辩证逻辑副博士,回国后曾先后任江苏师院政治系主任、《红旗》(《求是》)杂志副总编、中央文献研究室副主任,成为全国知名的马克思主义理论家。

第二章 在探索中曲折发展

从1956年9月党的八大到1966年5月"文化大革命"前的十年，是中国共产党领导全国各族人民开始全面建设社会主义的十年，是党对建设社会主义道路进行艰辛探索的十年，这十年也是江苏师范学院在探索中曲折发展的时期。

第一节 在"左"的干扰下的教育革命

一、整风运动与反右派斗争

1957年4月27日，中共中央发出《关于整风运动的指示》，决定在全党进行一次普遍、深入的，以正确处理人民内部矛盾为主题的反对官僚主义、宗派主义、主观主义的整风运动。

根据党中央的指示，江苏师范学院于1957年5月起开展整风运动。5—6月，师院党委连续召开各民主党派负责人和无党派人士座谈会、工友和教师座谈会、全校师生大会，请大家对学校各方面工作提出批评，揭露矛盾，帮助党整风。

江苏师院于6月下旬起开展了反对资产阶级右派的斗争。自1957年夏至1958年春，全校有117人被错划为"右派分子"（其中教师18名、职员5名、学生94名）。反右派斗争在当时是正确的和必要的，但是被严重扩大化了。

是年9月4日，中共江苏省委任命原省人民委员会秘书长、省委政法部部长刘烈人为江苏师范学院党委书记，杨巩改任副书记。

反右派斗争告一段落后，因反右斗争暂时中断的整风运动转入整改阶段。10月初，党委书记刘烈人向全校师生员工做整风运动转入整改阶段的动员报告。1957年年底，全院有56名教师、干部被批准下乡当农民，15名教工被批准退职退休。

党委书记、院长刘烈人做关于党的教育方针的报告

二、"大跃进"中的教育革命

1958年,在全国各条战线开展"大跃进"的形势下,江苏师院也掀起了"大跃进"的浪潮。院党委在1958年7月11日召开全院师生员工大会。接着,全院掀起了勤工俭学的热潮,各系师生大办工厂,参加晒粮、运煤等劳动。师生员工还组成填河大军,参加"除四害"、填河劳动。但在这股热潮中,出现了脱离客观实际、违反教育规律的高指标、浮夸风等现象。

1958年9月,中共中央、国务院发布了《关于教育工作的指示》,把"教育为无产阶级政治服务、教育与生产劳动相结合"作为党的教育方针明确地提了出来,并规定:在一切学校中必须把生产劳动列为正式课程。为了贯彻党的教育方针,江苏师院开始进行教育革命的探索。

10月初,学校开展大炼钢铁运动,从老教授到青年学生,从工友到职员,都积极投入大炼钢铁。全院建造土高炉50只,师生员工不分白天黑夜,守在高炉旁,教学工作难以进行。

10月4日,江苏师院召开行政扩大会议,研究如何贯彻教育与生产劳动相结合的方针。当时生产劳动已在全院普遍展开,迫切需要解决如何适当安排教学与生产,如何使教学形式、方法、制度适应教育与生产劳动相结合的方针的问题。会议决定各班级劳动时间的安排由系科根据具体情况而定,可以按旬、按月或换季轮流。会议提出采取党委领导下干部、教师、学生三结合的教学方法,提高教学质量,使教学内容符合社会主义建设的需要。

在这期间,江苏师院对"教育与生产劳动相结合"的形式和内容做了一些探索。校办工厂、系办工厂纷纷建立,全校开办大小工厂19个,生产产品60种。师生下乡下厂和农民、工人一起劳动,在生产实践中学习知识。苏州市委划出地方国营的光学仪器厂归江苏师院领导,成为江苏师院附属教学仪器厂。该厂除了完成其生产任务外,还便于学生参加生产劳动,便于师生结合生产进行科研,同时也作为工厂办学校的实验场所。

在下厂下乡参加劳动、进行社会调查中,师生增强了与劳动人民的感情,也取得了一些成果。物理系师生在工厂与工人师傅合作制成产品65万多件,写出小册子103本。数学系一年级的测量学课程和劳动相结合,收到了显著的成效。他们下乡35天,完成了金山乡人民公社的水库测量、水利规划、农田规划及新村规划,编写了2本测量学讲义和27本有关测量技术的小册子,试制和改制了很多测量仪器,还在农民中培养了20多个测量员,同时也完成了测量学这门课程的教学任务。从教学质量来说,过去他们学了测量学,有些仪器还不会使用,甚至有的人还不会读标尺,而现在则能够熟练地掌握多种仪器。过去测量实习是学生选择最理想的条件进行的,而现在学生能够在复杂的地形中进行测量,克服各种障碍物的困难,使误差不超过3毫米,准确程度超过书本上规定的十倍。化学系在生产肥猪粉过程中,按照书本上的配方,浪费了许多原料,可是在生产中找到了另一种方法,节约材料50%,补充了书本上所得不到的知识。中文系师生在劳动过程中丰富了自己的语言和感情,提高了写作能力,创作小型作品45部、诗歌127首,搜集民歌300首。政专科师生参加了生产劳动和社会工作后,提升了运用政治经济学和哲学原理分析实际问题的能力。历史系师生参加编写《江苏十年史》,还编写了114个村的村史。

1958年夏,以江苏师院物理工厂为基础,将苏州市眼镜厂并入学校,建立了江苏师院教学仪器厂,生产"东风"牌干涉仪、单色仪、投影仪等。1962年5月,江苏省人民委员会工业办公室决定,江苏师院教学仪器厂归苏州市领导,该厂从此与师院脱钩。

1958年秋季,作为解放思想的一项学制改革试验,经江苏省教育厅批准,江苏师院数学、物理、化学、中文、历史等五系从初中毕业生中招生,学制5年(后改为6年),毕业生要求达到高师本科毕业水平。

由于这次教育革命是在"大跃进"这一背景下开展的,"教育大革命"成为"教育大跃进"。为了适应教育事业"大跃进"的形势,多快好省地培养中学师资,师院掀起了声势浩大的"教育大跃进"热潮,在学制、教学计划、课程教材、教学方法等方面,实行了一系列重大改革。学校将本科三年级的学生提前分配工作,缩短了修学年限;削弱了某些公共课和辅助课。

广大师生以高度的热情投入这场"教育大革命",力图探索我国社会主义高等教育的办学道路,在促进教育与生产劳动相结合、知识分子思想改造等方面,做了有益的尝试。但是,由于片面强调与生产劳动相结合,过多地组织师生参加各种生产劳动,课堂教学和基础理论的学习受到很大冲击。

三、"反右倾"下再次掀起的教育革命

1959年上半年，师院在贯彻党的八届六中全会精神的过程中，初步总结了1958年教育革命的经验教训，对明显违反教育规律的做法进行了初步的纠正，并制定了一系列继续推进教育革命的办法和措施。

1959年3月，院党委举行全委会，在传达、学习中共中央教育工作会议精神的基础上，提出全日制学校应贯彻以教学为主的原则，正确处理学校教育中感性知识和理性知识的关系；在党的领导和教学相长的原则下，发挥教师在教学工作中的主导作用，建立正常的师生关系；正确地贯彻执行党的团结、教育、改造知识分子的政策，纠正党员领导干部和部分师生中存在的宁"左"毋右的思想倾向和"资产阶级知识分子是革命对象"的错误提法。根据中央教育工作会议精神，学校立即着手以教学为中心合理安排各项工作，把教学、生产劳动和科学研究结合起来，克服轻视读书、轻视理论的倾向。规定学生的学习时间（包括自学在内）每天要有9小时左右，保证每天8小时睡眠。学习、劳动、假期的安排为：理科和外语系教学9个月，劳动1个半月；文科教学8个半月，劳动2个月，各系科假期均为1个半月。在课程设置方面也进行了一些改进，开设了社会主义概论、哲学、政治经济学和中国革命史等四门政治理论课；加强了教育学、心理学、教学法、公共外语等课程，对教育实习也有所加强。

3月26日，时任中共中央委员、共青团中央书记胡耀邦来到江苏师院，了解学校的历史和师生的情况，并与团干部进行座谈。他希望同学们有远大的理想，要有勇气斗争，不但要提高政治品质，而且要提高理论水平、政策水平、科学文化水平。"学习要争时间，聚精会神。"他希望青年人有共产主义信念，有共产主义斗志。他还在钟楼前草坪发表了热情洋溢的讲话，全院师生受到很大的鼓舞。

1959年上半年，由于对教育革命中"左"的倾向有所纠正，正常的教学秩序得到初步恢复，党的教育方针得到较好的贯彻执行，教育质量开始回升。但是，这种纠"左"的努力刚刚迈出第一步，就被"反右倾"运动打断。在省委的统一部署下，江苏师院从9月起在党内开展"反右倾"斗争。9月22日至10月25日，院党委召开扩大会议，学习《为保卫党的总路线，反对右倾机会主义而斗争》等中央文件和省委扩大会议精神，并联系思想、工作，开展批评与自我批评。10月中旬至12月中旬，院党委正副书记、常委和全体委员分别在党委扩大会或党委会上做出"检查"，总支委员、党员科长以上干部在各总支、支部内分别进行"检查"。12月下旬开始进行"重点批判"。至1960

年2月，先后被列入"重点对象"批判的有5人，还对12名同志进行了所谓"重点帮助"。

1959年12月20日，院党委决定任命刘烈人为江苏师院民兵师师长兼政治委员，杨巩为副师长兼副政治委员，潘慎明为副师长，吴甦为副政治委员。通过军政训练，广大学生增强了爱国主义观念和组织纪律性，提高了军事素养。

1960年年初，中共中央、国务院决定于6月在北京召开全国文教战线群英大会，全院各系科普遍举行党、团、工会、民主党派等各种群英会、座谈会，广大教职员工对照出席群英会的条件进行讨论。1960年4月举行了江苏师院社会主义建设先进集体、先进工作者评比大会，出席这次大会的有先进集体代表17人，先进工作者103人。会上推选了参加苏州市文教群英大会的先进集体和先进工作者。在苏州市文教群英会上，江苏师院及物理系、电学教研组、中国近现代史教研组被评为参加省群英会的先进集体；张伯康、蔡铭之、沈叔良、陈克潜、曹阳被评为出席省群英会的先进工作者。在江苏省群英会上，江苏师院及附中被评为出席全国文教战线群英大会的先进单位。6月24日，出席全国文教群英大会的代表回院后向全体师生员工做了传达。

1960年11月3日和5日，中共中央先后发出《关于农村人民公社当前政策问题的紧急指示信》和《关于彻底纠正"五风"问题的指示》，指出必须彻底纠正共产风、浮夸风、命令风、干部特殊化风和对生产的瞎指挥风。12月3日，中共中央同意江苏省委从大专院校抽调一批学生参加整风整社工作。这年冬天，根据江苏省委和苏州地委的部署，江苏师院文科师生900余人在党委书记刘烈人和有关总支领导的带领下到常熟等地农村参加"整社"，宣讲中共中央文件，参加农业劳动，开展与生产劳动相结合的科学研究。

江苏师院的函授教育始于1956年，是全国较早开展函授教育的高校之一。1958年，招收函授生的专业在原有的数学、物理两个专修科的基础上增设了数学、物理与化学三个本科专业，招收学员1 101名。1959年又扩招至1 302名，4年中共招收函授生3 067名。为保证函授质量，学院除组织教师巡回辅导、寒暑假集中面授外，还编印了多种函授教材及辅导资料，总字数达250万字以上。这些教材及辅导资料供本校及其他高师院校共1万名函授生使用。1960年，学校根据江苏省教育厅关于函授生全部转入学员所在地、市教师进修学校学习的规定，不再招收函授生。

四、贯彻"八字方针"

1961年1月，党的八届九中全会制定了对国民经济实行"调整、巩固、充实、提高"的"八字方针"。在"八字方针"的指引下，江苏师院也进行了全面调整，制定了《江苏师院关于贯彻文教工作八字方针的初步意见》，提出要通过调整，建立新的教学秩序，大力提高教学质量。明确师院的任务是培养能够胜任新学制中学高年级课程的教师。

第一，简化学制，压缩办学。取消之前过多的专修科和 5 年制，均改为 4 年制。为了集中精力提高教育质量，从 1961 年开始，中文、历史、政治、外语、数学、物理、化学等系只招 4 年制本科，体育仍招 2 年制专修科。其余各专业的专修科及 6 年制不再招生。除物理系无线电专业已上马可续办外，其他各系均不设置专业，但可在高年级开设一些比较专门化的课程。在招生规模方面，减少招生人数，提高办学质量。从 1956 年以来，全院学生人数每年都有大幅度的增长，到 1960 年秋有学生 4 600 多人，加上进修生与师训班近 5 000 人，数、理两系的学生均达到 1 300 人左右，在教学设备和生活管理等方面都遇到了不少困难。因此，1961 年全院共招收新生 904 人，1962 年招收 600 人，1963—1965 年又缩减到每年 300 余人，在校学生总数大为减少。

第二，调整编制。1961 年在校学生与教职工的比例为 7.08∶1，编制过紧，公共政治课教师、外语教师、教辅人员、厨工和管理校舍的工友、行政管理人员、医务人员都严重不足。因此，学校决定适当将比例放宽到 6∶1。

第三，修订教学计划和课程设置。1961 年 5 月 16 日和 6 月 2 日，院党委举行全委会，传达学习中共中央宣传部召开的高校文科教材编选计划会议和中央书记处讨论文教工作的会议精神，结合本院具体情况修订了《江苏师范学院教育计划》。这个教育计划强调，必须把思想政治教育渗透到教学过程的每个环节中，教师要把本学科与我国社会主义建设和我国教育发展的关系阐述清楚，在教学过程中培养学生优良的品格，如责任感、纪律性、诚实和勤奋谦虚的作风等。所有教师都要把专业教育和思想政治教育紧密结合。同时加强实习，把教育实习视为检验高等师范院校教学质量、全面锻炼学生的主要途径，对本专科的实习时间具体规定为本科为 4—6 周，专科为 3—4 周。

学校还提出科学研究工作必须在现有的基础上进一步提高质量，科学研究应面向教学，为不断提高教学质量服务，同时在科研中必须贯彻"百花齐放，百家争鸣"的方针。学校的科学研究课题一是编写教材和研究各科教学中存在的重点及难点；二是研究中等教育中的问题；三是结合学校的专业，适当进行有关我国工农业生产的技术和理论研究。为了使学校科研工作在过去的基础上进一步提高，根据"调整、巩固、充实、提高"的方针和缩短战线的精神，整

物理系教授朱正元在讲学　　化学系教授程有庆在进行演示实验

理"大跃进"以来科研项目成果，根据学校的任务和条件制订科研计划。通过各种有效形式来开展科研活动，培养科研力量，不断提高科研质量。对于学生的科研活动也做了安排，低年级学生首先要学好基础知识，一般不布置科学研究活动；高年级学生在教学时间内可布置适当的科学研究活动。

自1961年起至"文革"前，学校切实贯彻以教学为主的原则，加强了对于教学工作的领导，全院的教学质量特别是在基础理论、基本知识和基本技能训练方面普遍有所提升。

五、贯彻"高教六十条"

为了在教育领域进一步贯彻"八字方针"，1961年9月，中共中央批准了《教育部直属高等学校暂行工作条例（草案）》（简称"高教六十条"），中央批示指出，高等学校必须以教学为主，努力提高教学质量。生产劳动、科学研究、社会活动的时间应该安排得当，以利教学。要正确执行党的知识分子政策和"百花齐放，百家争鸣"的方针，实行党委领导的以校长为首的校务委员会负责制，充分发挥校长、校务委员会和各级行政组织的作用。

江苏师院党委及时传达学习这一重要文件，研究并贯彻落实。为切实贯彻以教学为主的原则，提高教学质量，学校采取了一系列措施。一是修订教学计划，调整教学、劳动、假期的比例，充分保证教学时间，基本上保证了教师以六分之五的时间用于教学，适当安排劳动、科研和社会活动的时间，周学时也有所减少，从而使学生自学和课外活动时间有了保证。二是稳定教学秩序，实行教学大纲、教材、课表和任课教师"四固定"，逐步健全和严格各项教育制度。在1961—1962学年度第一学期所开90门课程中，除政治课程外，其他课程都有了教学大纲。三是根据培养目标的要求，加强基础理论、基本知识的教学和基本技能的训练，在教学过程中，要求教师以严肃、严格、严谨的"三严"精神，把基本概念讲全、讲深、讲透。四是恢复教育学、心理学、中学教材教法等课程和教育实习，二、三、四年级均开设公共政治理论课。五是对毕业班进行补课。六是结合教学，适当开展科学研究和小型多样的学术活动。对于教学中重大的疑难问题和学术界正在争论的问题，组织教师进行研究和讨论，同时邀请校外著名学者来校讲学。在学术活动中切实贯彻"百花齐放，百家争鸣"的方针，鼓励各种学术观点自由讨论，将学术问题和政治问题、人民内部矛盾和敌我矛盾严格区分开来。七是安排有经验的教师加强低年级基础课的教学，加强师资的培养和提高。这些措施大大调动了广大教师的积极性、创造性和学生的学习主动性。

1962年6月，教育部在北京召开高等学校理科教学工作会议。通过学习讨论这次会议精神，院系两级领导一致认为，要切实提高教学质量，贯彻因材施教和实现劳逸结合，就必须减少课程门类和教学内容上存在的"多而杂"情况，认真贯彻"少而精"的原则。"少而精"并非教学内容越少越好，而是必须根据培养目标设置课程和精选教材内容。经过调查研究，根据学生的实际水平、接受能力和"学到手"的原则，学校提出在教学中采取"削枝强干"的办法，增加主要课程和实验，减少次要课程的学时，削减一部分非基本的内容，归并一部分可以整合的内容，使"少而精"和加强"三基"（基础理论、基本知识、基本技能）相互促进。自1962年秋至1965年冬，各系逐步将课程和教材数砍掉三分之一到二分之一，课外作业和其他活动也相应减少。

为了深入了解师院历届毕业生的质量和他们在中学教育实践中存在的问题，了解中学教育对高等师范教育提出的要求，以便有针对性地改进教学，提高教学质量，1961年10月4日至21日，院、系两级党政领导和教师组成两个调查组分赴淮阴、徐州调研。淮阴调查组由党委副书记、副院长杨巩带队，主要了解理科毕业生的质量；徐州调查组由党委副书记吴甦带队，主要了解文科毕业生的质量。徐州组还到新海连市（今连云港市）进行了调查。调查结果表明，绝大多数毕业生具备了中学教师必需的基础理论和基本技能，教学效果较好。其中有不少人已担任班主任、教研组长、教导主任，成为中学教学骨干力量。同时也发现了一些存在的问题，有的毕业生基础理论知识掌握得不够全面、深透、牢固；教学方法不够熟练，基本训练较差；极少数人工作不安心，工作态度不端正。根据调查发现的问题进行了归类梳理，提出了改进措施，适当调整教育计划，对存在知识结构欠缺的毕业班学生进行补课，加强了教育学科和教学方法的指导和训练，以使学生毕业后尽快适应中学教学。

为了保障正常的教学秩序，师院从1961年开始陆续建立健全了各项规章制度。1961年9月制定了《关于生产劳动若干问题的规定（草案）》，1962年5月制定了《教育实习暂行办法（修正草案）》，10月制定了《学生报到注册办法（草案）》，12月修订了《课程考试考查办法（草案）》。1963年8月印发了《教务规章制度汇集》，共辑录24个有关教务方面的规定、规程、条例等。

六、学习贯彻毛泽东的"春节谈话"

1964年年初，师院党委组织院、系两级领导干部学习毛泽东在教育工作座谈会（春节座谈会）上的讲话，要求各系在充分理解、吃透精神的基础上认真贯彻，边学习边改革。党委认为，在教学中必须启发学生学习的自觉性，充分发挥学生学习的主动性，使学生学得生动活泼。要培养学生的自学能力，动手能力和分析问题、解决问题的能力。要切实减轻学生的负担，增加学生课余支配的时间。各系科把教学任务规定在每天6小时内完成，使学生有充分的时间从事各种有益的活动，发展自己的特长。学生在自由支配时间内，学习毛泽东著作，举办政治或业务讲座，进行科技、体育、文娱等活动，每天晚上根据自己的学习情况和爱好进行自学。教师把考试作为培养和检查学生能力的一种手段，不少课程实行开卷考试，有些课程还采用评议学习情况代替评分。

根据教育部《关于高等学校文科学生参加农村社会主义教育运动问题的通知》和江苏省委、省教育厅的有关规定，从1963年6月至1965年8月，师院组织了7批师生参加城乡社会主义教育运动，总人数达1 604人次，其中教职员385人次，学生1 219人（占全校学生总数的61.8%）。社教工作的地点大多在苏州专区和南通专区的公社、集镇、农场，还有部分同志参加苏州、徐州两市市区的城市社教运动。院党委书记、院长刘烈人于1965年率政教、中文等系师生到太仓县参加社教运动。党委副书记、副院长杨巩率院直机关及物理、外语等系部分师生到常熟县参加社教。"文化大革命"开始后，根据上级决定，正在参加社教的师生于1966年9月全部撤回学校。

七、两种教育制度的试点

1965年1月4日，师院领导向全院教职员传达中央高等教育部召开的高校理工科教学工作会议精神。这次会议提出，要将参加"四清"和军训正式列入教育计划，举办半工（农）半读试点班，大力贯彻少而精原则等。院党委根据毛泽东、刘少奇关于教改和半工半读、半农半读两种教育制度的指示和高教部会议精神，决定文理科各搞一个试点。

理科以物理系为试点单位。1965年2月,物理系一年级50名学生,在系党政领导和教师带领下,以厂校挂钩的方式到苏州动力机械厂试行半工半读,开展教育革命。开始时做工和学习间周轮换,以后改为三天轮换。教师除备课时间外,其余时间也跟班到车间做工。学生以工人为师,跟工人学做车工和钳工,因为这两种金工技术是各种生产技术的基础,又能与物理专业的学习相结合。院系领导对思想政治工作、课堂教学、辅导、实验、考试、课外活动和培养学生的能力及行政管理等方面做了一系列改革的尝试。在教学上认真贯彻少而精、启发式、理论联系实际和因材施教的原则,切实培养学生的自学能力,动手能力,分析问题与解决问题的能力和写作、口头表达能力。减轻学生负担,使工读相互促进,把学生培养成为有社会主义觉悟,有文化科学知识,有实际操作技能,富有创造精神,身体健康的新型大学生。从1965年2月至1966年6月,经过一年半的实践,学生不仅学到了科学文化知识,而且学到不少生产知识和操作技能,能独立完成一般零件加工任务。有些学生还掌握了比较复杂的工艺,能运用学到的理论解释在生产劳动中经常接触到的各种机械运动和一些物理现象。教师利用工厂车间这个课堂进行现场教学,由教师、工人、技术员对照实物讲课。这些现场教学的方法,形象、生动、具体,引起了学生很大的学习兴趣,有利于贯彻理论联系实际的原则,加深了学生对基本概念的理解,取得了较好的教学效果。这些学生除了完成课程规定的习题和实验外,还利用课外时间做习题和教师规定以外的实验。物理系的教改试点当时影响甚大,先后有33所兄弟院校的领导和教师前来参观、听课。参加试点的蔡铭之老师于1966年7月作为中国代表团成员出席了由34个国家和地区学术组织的科学家参加的北京物理讨论会,并在大会上做了关于半工半读和贯彻自学为主方针的发言。

文科以中文、政教两系为试点,地点在吴江国营庞山湖农场。从1965级新生开始,实行半农半读教改试点。每周课堂教学与生产劳动时间的比例为5∶1,每学期安排两周时间让学生到生产队进行社会调查。两系在庞山湖还举办了农场职工和农民业余学校,扫除文盲,推广农业科学技术,活跃农村文化生活,受到当地农民的好评。

参加半工半读和半农半读试点的党政领导和全体教师都与学生同吃、同住、同劳动。学生由于经常和工人、农民在一起劳动,不仅学会了从事工农业生产劳动的技能,还培养了劳动观念,养成了劳动习惯,学习了劳动人民的优良品德。

由于学校各级党政领导认真贯彻了"八字方针"和"高教六十条",经过全院师生员工共同努力,学校的教育质量稳步上升。这几年培养出一大批热爱党,热爱社会主义,理论知识比较扎实,实际工作能力较强的建设人才。到20世纪80年代,这些毕业生绝大多数已成为高校、科研单位和中等学校的教学、科研骨干,以及其他战线上的优秀人才。他们有的成为大学教授、博士生导师,有的被授予"国家级有突出贡献的中青年专家"称号;在分配到中学工作的毕业生中,不少被评为特级教师;担任省、市、县教育行政部门领导或大专院校校长的也很多,还有不少出任省、市、县党委或政府的领导职务。例如,1965届数学系毕业生朱烈,后来成为数学系教授、博士生导师,1987年被授予"国家级有突出贡献的中青年专家"称号,1988年被英国剑桥国际传记中心载入《世界知识分子名人录》,1991年获政府特殊津贴;曾任中共中央候补委员、江苏省委副书记、省文联主席的顾浩(1964届中文系),曾任江苏省政协副主席的陆军(1965届中文系),曾任南京市政协主席的汪正生(1966届物理系)等走上了省、市领导岗位的都是江苏师院这一时期的毕业生。

第二节 科学研究与师资培养

一、结合教学、生产,开展科研

1958年,江苏师院提出教学、生产劳动、科学研究三结合。当时学校的科研工作主要是围绕教学,结合生产劳动进行的。1958年,师生编写了不少教材和科普读物,如《大众物理学》《大众化学》《大众数学》等,还编撰了百余种普及自然科学的小册子。历史系编写了《江苏十年》,还编出100多种厂史、公社史及各种专史。数学系为了解决数学结合生产的问题,广泛开展调查研究,找出生产实践中的数学问题1 000多个。物理系结合生产劳动试制成功了20多种较高级的产品,如超高频波长计、高频加热器、核子技数管、核子计数器、迈克尔逊干涉仪、光敏电阻、热敏电阻等,半导体和硅的提纯也取得了一些成果。还与有关工厂协作,基本上解决了静电拣茶、静电纺织、静电植绒、静电检查等技术问题,其中静电拣茶在我国是首次采用。这些新产品的试制,在解决重大生产问题中推动了科学研究,也有助于提高教学质量。

1959年,围绕提高教学质量,面向中学,结合生产劳动,全院掀起了大搞科研的群众性运动。这一年编写教材和教学参考书81种、计1 111万字,完成教学理论问题研究的论文51篇、教学方法的专题研究5篇,完成实验改革项目211个,自制教具仪器454种,设计和完成演示实验196个。面向中学,完成了中学教学问题研究报告447篇。面向生产，试制了9种新产品。完成了基础理论研究方面的论文19篇。化学系与工厂合作研制的醋酸高温催化脱水剂醋酐，拓宽了塑料工业的原料来源，受到中央和省市轻工业部门领导的重视，并在学校教学仪器厂开始中间型生产。化学系还制成了高纯度光谱。物理系与苏州人民广播电台协作制成的电视转播发射机开始转送上海电视节目。

1959年，教师中参加科研者达244人，占全院教师总数的75.3%。各系高年级学生也广泛参加了科研活动。

1960年，物理系结合教学自制全套物理演示实验仪器，设计新的演示实验仪器178件，并试制成功高频介质加热器。教学仪器厂职工试制成功我国第一架可以放大5 000倍的万能投影显微镜，由市、院领导联合命名为"东风牌"。理科出版的教材、专著有《制图学》《普通化学课演示实验》《电磁学讲义》《力学讲义》《画法几何》《江苏农业高中物理学》《农村半日制中学化学》等，文科有《鲍参军集注》《人境庐诗草笺注》《韩昌黎诗系年集释》《原因前置词研究》等著作。

为了促进科研工作开展，《江苏师院学报》于1960年4月出刊。1962年12月制定的《江苏师院出版发行学报办法（草案）》中规定：学报分为数学、物理、化学、中国语文、政治教育、历史、外语和综合等版，必要时，性质相同者也可出联合版。

1962年是江苏师院建院十周年，开展了庆祝建院十周年的系列学术活动，收到论文125篇，举行学术报告会20次。历史、数学、中文、政教四系编辑出版了学报。物理系一位青年教师在安装光栅方面取得了一定的成果。有些教研组集体编写了教材，如历史系中国近代史教研组的《太平军在苏州》、数学系的《数学分析》、物理系的《中学物理教材教法》等。

1961—1963年，师院积极贯彻"百花齐放，百家争鸣"方针，校园内学术气氛相当活跃，几乎每周都有学术讲座、学术讨论会。各系都邀请了国内著名专家学者来校做学术报告，如华罗庚、翦伯赞、邓广铭、孙叔平、郭绍虞、刘大杰、叶以群、汪保璿等，在当时全国学术界有声望的专家大多先后来院做过学术讲座。本校教师也有23人次应兄弟院校或地方教育部门之邀外出讲学。这些都对活跃学术空气、提高学术水平起了促进作用。

1961—1963年，全校教师发表学术论文151篇。1963年，全院完成科研项目91项，在江苏省属高校中居于前列。

1964年，经教育部批准，物理系周孝谦教授招收原子核物理专业的研究生

2名，这是江苏师院第一次招收研究生，学校成为当年全国招收研究生的118所高校之一。

1964年后，学校由于受到"左"的错误干扰，忽视了科研工作，科研成果呈下降趋势。当时江苏师院曾上报教育部"1963—1967年招收研究生的计划"，原计划1965年招收研究生的导师有7人，后由于"四清"运动及"文革"的影响，未能执行这一计划，研究生工作被迫中断12年之久。

周孝谦教授（左二）等教师和研究生合影

二、师资培养

为了不断提高教学质量，江苏师院对培养师资相当重视。一是制定师资培养提高规划。1963年制定了培养提高师资的十年规划。各系也都拟定了培养规划。有些系对每个教师进行了"三定"，即定具体的专业方向、定任务和定时间。二是针对不同类型、不同层次的教师提出不同的要求，采取不同的培养方法。要求老教师积极开设新课，进行科学研究，指导青年教师，在不断提高自身水平的同时，以老带新，帮助青年教师提高。要求青年教师认真参加教研组、教学小组的集体备课，编写教材，随班听课，做好辅导等，在教学小组的集体帮助和老教师的指导下逐步开课。三是依靠本校力量，以在职进修为主，同时把有培养前途的青年教师派往全国各重点大学脱产进修。在校内培养主要是采取辅导、备课、讲课和老教师带徒弟的办法。1952—1962年建校十周年中，全校共派出115名教师外出进修，其中文科46人，理科59人，出国留学10人；派出人员中副教授1人，讲师34人，助教70人。四是注重检查督促。院系领导都把培养师资作为一项重要任务，经常进行检查和考核。1963年下半年起，学校更加重视对青年教师的考察，院、系领导对脱产进修和在职进修的教师普遍进行了检查，检查其工作和进修情况，查看进修笔记并进行口试。数学、物理、化学三系还对青年教师进行了外语测验，以考促学，使绝大部分青年教师外语水平显著提高。

这几年，学院师资培养工作措施比较有力，成效显著，学校的师资水平有了明显提升，初步形成了一批教学骨干。至 1963 年时，339 名青年教师中，有 168 名先后独立开课，有 53 名青年教师在 1961 年下半年由助教晋升为讲师。

学校还向国防、科研单位输送了一批骨干力量。如物理系教师乔登江，1963 年由中央组织部和教育部抽调至塔里木参加我国核科学试验事业，他编写的有关核理论专著，先后获国家科技进步一等奖和国家技术发明奖等国家级科技奖三项，部、委级优秀成果奖十余项，后当选为中国工程院院士。

第三节　党的建设和行政管理

江苏师院十分重视党建工作，注重发挥各级党组织的战斗堡垒作用，加强了党对学校的领导。学校党委通过举办短训班、建立马列主义教研室、贯彻党的知识分子政策等，加强了师生思想政治工作。

一、党的建设和思想政治工作

从 1956 年 8 月至 1966 年 1 月，江苏师院先后召开了四次全院党员大会。

1959 年 8 月 26 日至 29 日，召开第二次党员大会，刘烈人致开幕词，杨巩代表上届党委做《1958—1959 学年度第二学期工作总结与 1959—1960 学年度工作要点》报告。大会选举产生了由 15 人组成的第二届党委会。刘烈人、杨巩、吴甦、李鹤皋、陆士南、江静、秦和鸣当选为党委常委，刘烈人为书记，杨巩、吴甦为副书记。

1963 年 8 月 25 日至 28 日，召开第三次党员大会。大会审议通过了上届党委会的工作总结和 1963—1964 学年度工作意见，选举产生了由 17 人组成的第三届党委，刘烈人、杨巩、吴甦、李鹤皋、江静、陆士南、吴曾祥、李荫生、刘照为党委常委，刘烈人为书记，杨巩、吴甦为副书记。

1965 年 3 月，中共江苏省委任命姚焕熙为江苏师院党委副书记。同年 7 月任命石平为副院长。

1966 年 1 月 26 日至 1 月 29 日，召开第四次党员大会。这次大会认真检查和总结了上届党员大会以来的工作；讨论如何进一步深入开展教育革命；如何进一步加强党的领导和党组织的战斗力，团结广大师生员工，促进思想上的革命化；选举新的党委会。本届党委委员由 21 人组成，刘烈人、杨巩、吴甦、姚焕熙、石平、陆士南、刘照、李荫生为党委常委，刘烈人为党委书记，杨巩、吴甦、姚焕熙为副书记。党委会还选举了党委监察委员会委员（7 人），姚焕熙为监委书记（兼）。

这一时期，院党委认真学习和贯彻执行党中央提出的"党要管党""执政党永远要注意加强党的建设"的指示，大力加强党的组织建设和思想建设，有力地保证了各项任务的完成。同时，注意培养党员干部，吸收了一批优秀知识分子加入党的队伍。

1. 加强思想建设

学校从党委到支部都十分重视学习、宣传毛泽东思想，坚持省委规定的学习制度，组织党内外干部和群众学习毛泽东著作，在学习方法上提倡联系工作、联系思想、讲求实效，不断克服教条主义、形式主义。广大师生员工学习毛泽东著作的自觉性不断提高，学习积极分子越来越多，促进了思想革命化。1963年4月，毛泽东发出"向雷锋同志学习"的号召后，院党委组织党团员和全院师生员工深入、持久地开展学习雷锋、争当先进的活动，发扬"毫不利己，专门利人"，一心为革命的共产主义精神，加强共产主义道德品质的培养，涌现出不少好人好事。为了加强马列主义基础理论教育，院党委于1964年决定建立马列主义教研室，负责全校学生的马列主义理论教育。马列主义教师既是教师又是政治工作干部，每人都在任课的系科兼任班主任，和学生同吃、同住、同学习、同劳动、同娱乐，对加强学生的思想政治工作发挥了较大作用。为了加强党员干部党的基础知识教育，党委举办了短期轮训班，先后有60名党员干部（其中教师32名，行政干部28名）参加轮训，认真学习毛泽东关于党的建设的理论，联系思想实际，开展批评和自我批评，提高了觉悟，增强了组织观念，为党的基层建设培养了骨干力量。与此同时，各总支和直属支部也联系本单位的实际，建立了党课制度，对广大党员进行党的基础知识教育。

2. 加强了对党员干部的考察、培训工作

通过"五反"运动，着重考察了院一级和部、处、总支一级党员负责干部，以及经济管理部门的党员干部，同时教育全体党员。结合党员干部轮训、党的组织生活及年终思想小结对全院党员干部进行考察，使党组织及时了解党员干部的思想情况，使每个党员干部都经常置于党组织和群众的监督之下。党委把培养干部，特别是培养青年干部作为一项经常性工作和战略性任务，这段时间学校提拔了11名干部到总支、处、科级的领导岗位上来。

3. 加强党支部建设

健全了党的组织，严格了组织生活，批评和自我批评有所开展。党支部在保证行政工作和教学任务完成方面，作用也有所加强，基本上克服了过去组织生活松弛、民主生活不正常的现象。

4. 积极慎重地发展新党员

1959年时，全校有党员392人，仅占全校总人数的7.6%。为适应形势发展的要求，各系各部门加快了对党外积极分子的培养和考察，按照党员标准，在师生员工中发展了一批党员。在第二次至第三次党员大会的四年里，发展了528名党员，调进党员329人，因毕业和调动工作而转出党员557人。在第三次至第四次党员大会期间，发展了55名新党员。在发展工作中存在的问题是青年党员偏少，学生党员更少。1966年年初，全校35岁以下的党员仅有35人，占党员总数的10.1%。学生党员仅占全校学生总数的2.7%，有的系的学生中没有一个党员，全校50个班级有35个班没有党员。

这几年由于各党支部发挥了战斗堡垒作用，各级党政领导和广大党员绝大多数能廉洁奉公、以身作则。党委和各总支团结广大师生员工群策群力，艰苦奋斗，克服了三年困难时期学校面临的困扰。1960年前后，在粮食定量减少、副食品供应严重紧缺的情况下，各系、各部门领导和师生员工一起劳动，种植"十边地"，生产粮食、蔬菜，食堂工人养猪、养鱼，努力改善伙食，全院师生员工形成了相互关心、共度艰难、同心同德、团结奋斗的局面。

二、调整组织机构

江苏师院的组织机构于1958年由三级制过渡到两级制，取消了教务长制，教务处的负责人为教务处长，处以下不再设科。行政机构设教务处、人事处、总务处三处。其中，教务处下设教务组、函授组；人事处下设干部组、学生组、保卫组和职工业余夜校；总务处下设总务组、财务组、膳食组、基建组、医务室和托儿所。1960年后，处以下又陆续恢复了科的建制。1961年，教研工作从院长办公室划出，归教务处领导。教务处下属机构除改组为科外，增设科研办公室；人事处下设干部科、学生科、保卫科、业余学校、治保办公室；总务处下设事务科、财务科、校产科、基建组、膳食科、医务室、生产办公室。1964年，学校再一次调整了组织机构，教务处下设教学研究科、教学行政科；人事处下设人事科、保卫科、职工夜校；总务处下设事务科、财务科、校产科、膳食科、医务处、印刷厂、托儿所等。1966年，教务处增设教材教具科，并将职工夜校从人事处划出。

院党委下属机构也有较大变动。1958年7月撤销组织科，设立组织部；同年8月撤销宣传科，设立宣传部。1960年5月增设党委办公室。1964年又增设人民武装部，受院党委和苏州市人民武装部双重领导。至1966年年初，学校党委下设党委办公室、组织部、宣传部、人民武装部，以及各系总支、各处直属支部、院办直属支部、附中直属支部、庞山湖临时直属支部、共青团委员会、工会等19个部门（单位）。

三、贯彻党的知识分子政策

"三大改造"后，江苏师院知识分子的政治思想和教学工作面貌发生了深刻而积极的变化。但是，这一时期特别是1960年以前，学校的知识分子工作也存在不少问题，主要是对知识分子的进步和作用估计不足，团结合作注意得不够；在教育、改造方面要求过高过急，简单粗糙，界限不清；在历次运动中错批、错划了一些同志，挫伤了他们的积极性。在工作上对有些同志的安排不够适当，没有充分发挥其专长、特长。发挥党外系主任的作用也不够，存在党总支包揽一切的现象。在处理青年教师和老年教师、学生和教师的关系上，一度出现对老教师否定过多、尊重不够，青老之间、师生之间的关系比较紧张等情况。对知识分子的生活关心不够，一度任务过重，会议过多，社会活动过多，影响了劳逸结合。

1961年后，通过学习贯彻"高教六十条"、全国科学技术工作会议（广州会议）精神、"科学工作十四条"，院党委检查了在执行如识分子政策中存在的问题，提出了加强和改进知识分子工作的措施。1962年4月19日，院党委召开扩大会议，传达周恩来总理《关于知识分子问题的报告》。周总理指出，对待知识分子要信任、帮助，承认和改正过去一些错误做法。陈毅副总理关于"知识分子是人民的劳动者，是为无产阶级服务的脑力劳动者"的重要指示，在党内外引起了强烈的反响。根据上述精神，师院在知识分子工作方面采取了以下措施：

认真进行甄别工作。院党委根据中央和省委指示精神，从1961年10月至1962年11月，对1958年以来历次政治运动中经上级有组织有领导地进行批判和处理、基层自发进行批判处理，以及平时组织生活中受到批判处理的人员，按照党的政策，进行了实事求是的甄别。教职员中甄别的对象共54人，其中教学人员45人（含正副教授12人，讲师、教员27人，助教6人），干部9人（含党员正副处长2人，党员科级干部7人）。对以往历次运动中被错误批判斗争的同志进行了平反，并由院党委和系总支领导向有关同志赔礼道歉。经过甄别、个别谈心，不少知识分子放下了包袱，从内心感谢党组织的关怀，从而调动了工作积极性，心情舒畅地投入教学和科研，为培养合格人才贡献自己的力量。

认真贯彻"双百方针"，发扬民主，实行"三不"（不抓辫子、不打棍子、不戴帽子），推动师生敞开思想，积极投入学术活动，开展学术讨论。民主党派组织生活提倡开"神仙会"，各党派成员在组织生活会上的发言不做记录，使大家打消顾虑，畅所欲言。在教学方面，改变了限制过多、干涉过多的现象，允许教师采用自己的教学方法，发表自己的学术见解。在深入了解教师的专长和特长的基础上，合理安排教师的工作，对一部分原来安排不当的情况做了调整。注意改进领导作风和工作方法，充分发挥系主任的作用，使党外行政负责人有职有权。精简会议，减少社会活动时间，保证教师每周有六分之五的时间用于教学、科研和业务进修。注意吸收具备党员条件的知识分子入党，如副院长、苏州市副市长、民盟苏州市委主任委员潘慎明教授光荣加入中国共产党。

充分发挥知识分子在政治上的作用。如无党派民主人士、物理系主任朱正元教授当选为第三届全国人民代表大会代表，陈志安、程有庆当选为江苏省人民代表，柴德赓、刘开荣、许国樑担任省政协委员。还有些民主人士当选为苏州市人民代表或被推选为市政协委员。

关心知识分子的生活。在经济生活困难时期，党委书记刘烈人、副书记杨巩积极设法，多方联系，采购食品，为教职员工特别是老教师和骨干教师优先供应了一些副食品，并在粮食、医药等方面适当照顾老知识分子。

通过上述一系列举措，党的知识分子政策得到贯彻，从而增进了全院的团结，活跃了思想，调动了广大知识分子的积极性。

四、基建和绿化工作

1957年12月，学校开始建造物理教学大楼，1958年7月该大楼竣工，共2 800平方米。1960年年初，又建造了1幢物理实验大楼，面积4 700多平方米，从而使物理系的实验条件大为改观。建成高等物理实验室后，增添了一批先进仪器设备。化学系也增辟了物理化学实验室、仪器分析实验室。

1960年又建造1幢学生饭厅和1幢家属宿舍，新建了2幢学生宿舍。建成了400米跑道的标准田径场，体育设施有了较大改善。

学校十分重视校园绿化。师院的绿化工作原本就有较好的基础，但由于校园面积的扩大，急需填补新的绿化带。院园林绿化委员会采取"以园林为主，香化、美化为辅"的方针，开辟了"三八"苗场，培育红枫、法桐、棕榈、垂柳、龙柏、香樟等苗木12万余株，种植法桐、柏等数万株，增植白玉兰、广玉兰、垂丝海棠、山茶花、桂花等多种名贵花木，逐步成园成林。在学校南部原东吴大学校园里增辟了樱花园、梅花园和桂花园。沿城河一带大批种植垂柳，间植花桃，在主干道路两旁栽种各种应时花草。对护城河东侧旧城墙，按照园林化的要求进行整修，栽植雪松等树木，美化了校园，为师生提供了良好的学习和休息环境。建立和健全了各项绿化制度，建立了一支熟悉绿化技艺的专业队伍，在校园里逐步形成了群众绿化和爱护花木的好风气，从而使校园成为全国高颜值大学之一。

第四节　艰难前进与拨乱反正

一、"文革"十年

党的十一届六中全会通过的《关于建国以来党的若干历史问题的决议》中指出："'文化大革命'是一场由领导者错误发动，被反革命集团利用，给党、国家和各族人民带来严重灾难的内乱。"在这十年中，江苏师院也饱经劫难。但是，江苏师院的干部、党员和师生员工，绝大多数都没有动摇热爱祖国和拥护党、拥护社会主义的立场。他们坚守学校岗位，并对"左"倾错误和林彪、江青反革命集团的破坏活动，进行了各种形式的抵制和抗争。

1966年6月中旬，在中央决定向北京大中学校派工作组后，苏州市委也派工作组进驻江苏师院，并建立了院领导小组，负责领导运动。

7月29日，中央正式宣布各大中小学校放假半年，"停课闹革命"。同时，宣布撤销所有工作组。8月上旬，苏州市委驻江苏师院工作组在奉命撤离前，筹建了江苏师院文化革命筹备委员会（简称"文革筹委会"）及各系、各部门文化革命筹备分会。

9月，继院党委副书记、副院长杨巩等同志被错误地宣布罢官后，院、系两级和部处干部也大多被罢官，学校各级党政组织和行政机构陷于瘫痪状态，整个学校的教学、科研工作陷于停顿状态。

1967年1月6日，在张春桥等人操纵下，上海"造反派"篡夺了上海市党政大权，掀起所谓"一月风暴"。江苏师院造反派组织也夺取了学校党、政、财、文大权。由于在夺权问题上发生分歧，师院的造反派组织分裂为两大对立的派别，派性纷争愈演愈烈，多次发生打、砸、抢事件，直至发展为武斗。

7月，江青抛出"文攻武卫"的口号，煽动各地武斗。苏州市也爆发大规模武斗，江苏师院被校内外武斗人员占据、控制，学校遭受严重破坏。直到1968年3月9日，师院"红色造反兵团"与"新师院公社"两派群众组织达成协议，成立了"江苏师范学院大联合委员会"，学院各群众组织交出了武器，武斗才得到了制止。

1968年6月30日，江苏师范学院革命委员会成立，姚焕熙为主任，徐树人、曲世忠（军代表）为副主任。7月1日，革命委员会举行了成立大会。7月至9月，各系革委会也先后成立。

1968年9月5日，按照中央《关于派工人宣传队进驻学校的通知》，苏州市"工人毛泽东思想宣传队"进驻师院。工宣队与先期进院的军宣队（军代表）和院革委会一起领导了师院"斗、批、改""清理阶级队伍""整党""一打三反"、清查"5·16"等一系列运动。

1969年5月，经苏州市革委会整党办公室同意，江苏师院成立院整党领导小组，各系、各部门也分别组成整党领导小组。这次"整党建党"，批判所谓"修正主义建党路线"，把党的光荣传统、优良作风和党员的组织观念作为"修正主义"进行批判。在"整党"基础上，中共江苏师范学院核心小组于12月24日成立，行使党委的职权。

1970年3月，党中央发出《关于清查"5·16"反革命集团的通知》。为加强对清查"5·16"的领导，第二批军宣队于1970年8月进院，并成立了运动领导小组。

1971年11月28日，江苏省委决定，南京以外的高等学校均由所在地区的地、市委领导。江苏师院也由省委领导下放为苏州市委领导。

1972年8月29日，院党的核心小组转发中共苏州市委批复，同意江苏师院数学系、物理系、化学系、政教系、中文系、历史系、外语系、体育专业分别建立党的总支委员会。

1972年10月，江苏省委决定，原院党委副书记、副院长杨巩任扬州师院党的核心小组组长（党委书记），后又调任南京师院党委书记。

1973年11月，江苏省委通知，凡一任江苏师范学院党的核心小组组长。

1975年4月11日，江苏师院召开平反大会，院党的核心小组为被错误打成"5·16"分子者予以平反，恢复名誉。1976年1月9日，院党的核心小组又对在清查"5·16"运动中被迫害致死的几位同志予以平反，恢复名誉。

"九一三"事件后，全国开始了"批林整风"运动。其后，"批林整风"转成"批林批孔"。江苏师院党的核心小组建立了"批林批孔"领导小组，层层动员，开展"批林批孔"运动。

1976年9月，学校隆重召开毛泽东主席追悼大会

二、"文革"时期的教学与科研

从1966年6月至1972年4月，整个学校的教学科研基本上陷于停顿状态。"文革"前招收的四届学生，除1966届学生在"文革"开始时已基本上完成学业之外，其余各届学生从此再未进行专业学习。1969年8月，根据毛泽东"大学还是要办的"指示，江苏师院开始"复课闹革命"，开展"教育革命"。

1969年春至1970年冬，各系先后派出132名教师，组成10个"教育革命小分队"，分赴苏州市、太仓县、沙洲县和吴县，举办了各种类型的短期"红色师训班"11期，参加培训的有城乡中小学教师1 542人。尽管由于受当时历史条件的限制，这些短训班的教学质量难以保证，但承担短训班教学工作的干部和教师出于对人民教育事业的责任感，认真制订教学计划，积极编写教材，尽最大努力教好课、办好班，收到了一定的成效。

1970年6月27日，中共中央批转《北京大学、清华大学关于招生（试点）的请示报告》，江苏省也在少数高校中开始了招生工作试点。此后，江苏师院也制订了方案，成立机构，着手进行招生准备工作。

1. 工农兵学员进校

1972年2月9日，江苏省革委会通知，全省高等学校当年全部招生。江苏

1972年，江苏师院迎来第一批工农兵学员

师院也按照"群众推荐、领导批准、学校复审"的招生办法，着手招收工农兵学员。

4月15日，江苏师院首届工农兵学员正式开学。第一次招收工农兵学员350人，其中，中文系90人，外语系英语专业65人、俄语专业15人，数学系90人，物理系60人，化学系30人。暑假后，体育系也招收了60人。学制均为两年。由于工农兵学员入学起点较低，文化程度参差不齐，因而入学后学校先安排半年时间对其进行文化课补习，帮助其掌握必要的基础知识，工农兵学员实际在校学习时间为两年半。

1973年，政教系、历史系也招收了工农兵学员，这一年全院共招收工农兵学员749人；1974年，全院招收工农兵学员645人。1975年招收工农兵学员599人，其中"社来社去"试点班75人（中文系50人，数学系25人）。1976年招收工农兵学员672人（1977年3月入学），其中"社来社去"试点班74人（中文系24人，数学系50人）。1975年和1976年入学的除体育系为两年制外，其他各系学制均为三年。"社来社去"试点班学制为一年。

1972—1976年，全院共招收五届工农兵学员3 125名。此外，1975年和1976年还招收函授生2 916人，分中文、数学、农业化学、英语4个专业。农业化学函授于1976年改办为短训班。

1972年，在批判林彪的过程中，周恩来正确地提出要批判极"左"思潮的意见，并针对高等教育的实际，多次做出加强基础理论教学和研究的重要指示。这给处在"两个估计"沉重枷锁之下的广大教师和干部以巨大的动力。尽管学制已被不适当地缩短，课程已被一再删减，但广大教师仍然认真教课并积极编写教材。

尽管受到政治运动和"开门办学"的冲击，江苏师院的广大干部和教师依然遵循教育规律，注重对学生基础理论和基本知识的教学。绝大多数工农兵学员十分珍惜当时的学习机会，刻苦钻研，努力学习，在学业上获得了较大进

"社来社去"班毕业合影

步。他们毕业后在各自的工作岗位上做出了不俗的成绩,其中不乏佼佼者,不少成为中学校长、高级教师乃至特级教师,有的成为大学教授、博士生导师,有的走上领导岗位,担任县处、厅局乃至省部级领导干部,为建设中国特色社会主义做出了积极贡献。例如,政教系工农兵学员任平,后来成为教授、博士生导师,曾任江苏师范大学校长,还被省委省政府表彰为"江苏社科名家";中文系工农兵学员何家正毕业后长期在《人民日报》社工作,是人民网首任总裁;徐思源等多人由于在中学教学中成绩卓著,被评为正高级特级教师;外语系工农兵学员朱永生后来被复旦大学聘为外语系主任、教授、博士生导师,并任中国功能语言学研究会副会长;政教系工农兵学员陈家宝曾任南京市人大常委会主任。

2. 逆境中的科学研究

"文革"期间,江苏师院的干部、教师顶着逆流,承受"两个估计"的压力,冒着被"打棍子""抓辫子""戴帽子"的危险,坚持教学科研。

在教学方面,广大干部和教师不仅想方设法给工农兵学员补习必要的文化基础知识,努力搞好专业课的教学,而且还注意在思想上帮助学生,生活上关心学生,受到了广大工农兵学员的欢迎。

朱正元

"文革"期间，科学研究虽已基本中断，但仍有部分教师克服种种困难，坚持结合教学开展科研，在极端困难的条件下，取得了不少科研成果。如物理系老教授朱正元不顾年老多病，带领青年教师从事物理演示实验研究，他因陋就简，"坛坛罐罐当仪器，拼拼凑凑做实验"的演示，被北京教育电影制片厂拍摄成该厂第一部教学经验纪录片，在全国上映。1973年，周孝谦教授与校办工厂仪表车间协同上海519厂，承接了邮电部科委任务，研制了JSD-I型高频小功率晶体管KP测试仪，为国内首创。物理系一位教师与校办工厂金工车间合作，研制出晶体管制版九头精缩仪，达到当时国内先进水平。1974年，化学系一位教师参与了苏州中药厂承接的合成麝香酮的省级项目。数学系与吴江县供电所协作，在芦墟变电站共同研制出了变电式整流装置。周孝谦教授等进行了明胶银蓝全息凹面光栅的实验，其成果由省科技局推荐，在全国激光应用展览中展出，受到好评。沈雷洪参加了国家地理研究所承接的手持式光电数字风速表的研究项目，并在其中承担数字显示线路的工作。1975年，物理系一教师与苏州感光材料厂承接了微观法拷贝胶片曝光仪的项目，生产的全国第一台非银拷贝胶片曝光仪在全国电影胶片会上获普遍赞许。物理系许国樑教授等进行了金属卤化物灯诱捕农业害虫的试验研究，该成果先后在徐州、镇江、苏州等21个社、队农科站试用。外语系教师先后承担了两批翻译联合国文件的任务。1972年5月底，江苏师院还接受编写援外教材的任务，共编写12门课14本教材，约220万字。

在"文革"十年动乱中，江苏师院的广大师生员工，与"左"倾错误和林彪、江青反革命集团的斗争虽然艰难曲折，但是一直没有停止。即使是在处境十分困难的情况下，他们仍然以各种方式对林彪、"四人帮"的倒行逆施进行了不同程度的抵制和抗争。

三、拨乱反正

1976年10月，党中央一举粉碎"四人帮"，标志着"文化大革命"的结束，中国的发展进入了新的历史阶段。江苏师院也结束了混乱局面，进入拨乱反正、恢复整顿、逐步发展的新时期。

1. 拨乱反正初见成效

（1）开展"揭、批、查"

为了彻底清算林彪、江青反革命集团的罪行，师院党组织在省委工作组的帮助下，遵照党中央的战略部署，放手发动群众，深入开展"揭、批、查"群众运动，揭发林彪、江青反革命集团的罪行，批判他们推行的极"左"路线，清查与林彪、江青反革命集团篡党夺权阴谋活动有牵连的人和事，彻底肃清其流毒，以统一全院师生员工的思想与行动，调动各方面的积极因素，推动学校教育事业的发展。

1976年11月，师院党的核心小组印发《关于深入揭发批判"四人帮"反党集团滔天罪行的几点意见》，要求全院师生员工加深对同"四人帮"反党集团斗争的性质和意义的认识，广泛运用各种宣传工具，深入批判"四人帮"篡党夺权的罪行。

从1977年4月开始，全院开展了群众性的学、揭、批、查活动。广大师生通过学习中央文件，充分揭露"四人帮"大搞篡党夺权的反革命罪行，批判他们散布的大量反革命谬论，进一步认清"四人帮"及其帮派体系的罪恶野心。在群众性学、揭、批、查的基础上开展了"讲路线、讲党性、讲团结"的"三大讲"活动，使揭批"四人帮"斗争在更广泛的范围和领域内更深入地展开。10月25日，院党的核心小组举办了揭批"四人帮"罪行专题学习班。

1977年9月，邓小平在谈教育战线的拨乱反正问题时指出，要对1971年的《全国教育工作会议纪要》进行批判，划清是非界限，"两个估计"是不符合实际的。全院掀起了批判"两个估计"的热潮，广大教师和干部纷纷以亲身经历和确凿例证揭发、控诉在"两个估计"大棒下所遭受的打击和迫害以及学校教育事业所遭受的巨大破坏，以建院14年在党的路线、方针、政策指引下所发生的深刻变化和教育战线取得的成就，批驳了林彪、江青反革命集团诬蔑教育战线17年是黑线专政的谬论；以建院14年教师在政治思想上的提高，对学校教学科研的贡献，以及在"文革"中对林彪、江青反党集团进行抵制斗争的事实，有力地说明知识分子不是专政对象，而是革命动力，是工人阶级的一部分，是社会主义事业的依靠力量。

（2）平反冤假错案，落实各项政策

党的十一届三中全会后，学校根据中央和省、市委的统一部署，积极落实党的知识分子政策。

粉碎"四人帮"后，根据中央有关落实政策的指示，师院于1977年7月成立了落实政策办公室，严肃认真地对"文革"中的案件进行调查研究，平反冤假错案。到 1979 年 6 月底，对"文化大革命"以来受到立案审查的对象，不论其本人或家属是否提出申诉，都进行了复查，做出了结论。凡属冤假错案者，都在一定范围内召开了平反大会，恢复名誉及待遇。对虽未被立案审查，但也被强加各种诬陷不实之词者，也在全校大会上宣布，一律予以推倒。根据党的政策，对有关同志补发了"文革"期间被扣发的工资，发给抚恤金和家属生活困难补助费。对"5·16"问题也进行了公开平反。同时，宣布举办"老东吴学习班"是错误的，推倒所谓"老东吴问题"的诬陷不实之词。

根据中央有关文件精神，1979 年，学校组织专门班子对 1957 年被错划为右派分子的 125 人进行复查。通过复查，全部予以改正，是党员、团员的，恢复其党籍和团籍，原是学生的补发了毕业证书或学历证明。对 1959 年以所谓犯有"右倾机会主义错误"而受到批判和处理的同志，也进行了平反，恢复其名誉。

1980 年后，学校又对"文革"前的申诉案件进行了复查和处理，至 1982 年共复查"文革"前的案件 38 起，改变了原结论，为这些同志落实了政策。

在政治上充分信任，在工作上放手使用。选拔德才兼备、有一定组织领导能力的 54 名知识分子担任各级领导职务，其中校级领导 3 人（1 名教授、2 名副教授），处级领导 29 人，科级领导 21 人。对一些在社会上有影响的老知识分子，根据其具体情况适当安排了他们的工作，有 2 人当选为省人大代表，7 人当选为市人大代表（其中 1 人当选市人大常委会副主任），1 人当选全国政协委员，2 人当选省政协委员，15 人当选市政协委员（其中 1 人当选市政协副主席）。还有一些同志担任了全国或省市各种学术组织的领导工作。

在业务上充分发挥其作用，调动其积极性。从 1978 年起，恢复教师职称评定工作，至 1982 年上半年，晋升教授 3 人、副教授 54 人、讲师 257 人。

在生活上尽可能给予关心照顾。先后解决了 33 位讲师以上的教师夫妻分居两地问题和 5 位老教师身边无子女问题。1977 年至 1982 年 6 月，两次调整了部分教工工资，绝大部分知识分子都增加了工资。新建了 13 000 多平方米教工宿舍，教工住房条件有了不同程度的改善。

通过落实党的知识分子政策，广大知识分子政治热情高涨，积极投入学校教学、科研和各项管理工作中去，努力为学校教育事业发展贡献力量。

（3）调整领导班子，加强党的建设

粉碎"四人帮"后，学校在省委、市委领导下，逐步调整、充实和加强了院、系两级领导班子。

1977年5月至10月,中共江苏省委先后委派4位领导干部来师院充实领导班子,并把两位在"文革"中受到打击迫害的优秀中层干部提到校级领导岗位上,组成了以过鉴清为组长,张乃康、陈凤仪、赵凯为副组长的党的核心小组和以过鉴清为主任,张乃康、陈凤仪、赵凯、夏存宜、邵玉彬、王春元为副主任的院革委会领导班子,推进了拨乱反正、恢复整顿的步伐。

1977年8月,师院举行党的核心小组扩大会议,认真学习毛泽东的建党学说和中央有关文件,联系学校实际,批判"四人帮"破坏党的建设的罪行,提高认识,分清路线是非,增强党性,增强团结,重点解决核心组领导成员存在的思想作风方面的问题,从思想上为开门整风做好准备。

1977年8月下旬至11月,师院全面开展了整党整风,分为学习文件、查整、组织建设三个阶段,要求根据党的十一大精神,紧紧抓住揭批"四人帮"斗争这个纲,坚持党的基本路线,认真解决由于"四人帮"破坏而造成的思想、组织、作风不纯的问题,以加强党的集中统一领导,加强党的民主集中制,发扬党的优良作风。整党整风在全校党员中进行了一次普遍的马克思主义教育,提高了广大党员的认识,初步解决了党内存在的一些思想、组织、作风不纯的问题,恢复了党的优良传统和作风。1977年11月,工人毛泽东思想宣传队撤离江苏师院。

党的十一届三中全会后,江苏省委加强了江苏师院领导班子建设,撤销原核心小组和革命委员会。1978年12月,省委任命张乃康为江苏师院党委书记、院长。1979年3月,省委任命赵凯为院党委副书记、副院长,冯秀峰、夏存宜、王春元、石平、李鹤皋为党委常委、副院长,刘照、杨普农为党委常委。5月,任命江静为党委常委、副院长。

1979年,院党委组织全院党员认真学习党的十一届三中全会精神,开展真理标准的讨论。广大师生通过学习,对完整地、准确地掌握毛泽东思想的科学体系加深了理解,对十一届三中全会提出的"解放思想,开动脑筋,实事求是,团结一致向前看"的方针提高了认识,广大党员拥护三中全会提出的政治路线和思想路线。通过真理标准问题的学习和讨论,广大党员受到一次马列主义基本原理的教育,进一步发扬实事求是的学风,在一些问题上破除了迷信,解放了思想,促进了各项政策的落实,推动了各项工作的发展。院党委还组织全院党员学习了《关于党内政治生活的若干准则》,并在暑期集中一段时间,对全体党员进行整顿党风的教育,各级党组织的战斗堡垒作用和党员的先锋模范作用以及民主集中制等党的优良传统逐步得到恢复和发扬。党委常委定期过民主生活，开展批评和自我批评。"三会一课"（支部会、支委会、小组会、党课）制度逐步恢复，党员领导干部都以普通党员身份参加基层党支部过组织生活，党员的组织观念有所增强。

在加强党的思想建设的同时，加强了党的组织建设。全校各级党组织逐步进行了调整和充实，使其能担负起领导揭批"四人帮"，落实党的政策，恢复、整顿学校教学、科研和各项管理工作的任务。1979年下半年，各党总支按照党章规定，先后进行了改选。改选后的8个党总支44名总支委员中，教师和业务干部占70.4%。院党委根据中央苏州市委有关文件的规定，对"文化大革命"期间突击发展入党的9名党员的党籍问题分别做了承认或取消的处理决定。在党员发展工作中，坚持积极慎重的方针，坚持党员标准，条件成熟一个发展一个，1977—1982年全院共发展党员92人（其中学生76人、教职工16人）。

1979年5月，经上级党委批准，建立了院纪律检查委员会；恢复了工会工作，重建了院工会委员会。

党的组织建设和思想建设的加强，使广大党员的思想觉悟进一步提高，"实事求是、团结一致向前看"的方针深入人心，进一步巩固和发展了安定团结的政治局面，促进了教学、科研等各项工作的开展，从根本上改变了学校的面貌，也为师院第五届党代会的召开做了思想准备和组织准备。

中共江苏师范学院第五次党员代表大会于1979年12月1日召开。这次党代会是继1966年4月后相隔13年的一次大会，标志着师院党组织拨乱反正，走向新时期的新起点。出席这次党代会的代表有193名。张乃康受党委常委的委托，向大会做了工作报告。省委常委、省革委会副主任、省教卫办主任宫维桢和苏州市委副书记梅村分别代表省委、市委到会讲话。党代会以差额选举，选出第五届党委委员21名。大会一致通过了《中国共产党江苏师范学院第五次代表大会决议》，肯定了粉碎"四人帮"后的三年中，院党委在上级党组织的领导下，在开展揭批查、落实党的干部政策和知识分子政策、调整领导班子和组织机构、加强教学和科研、搞好各项管理和后勤工作、恢复和发扬政治工作的优良传统和作风等方面所取得的成绩，赞同工作报告中提出的今后工作任务和奋斗目标，责成第五届党委切实领导和组织实施。

五届一次党委会选举了党委常委和院纪律检查委员会委员。江苏省委批复同意张乃康、赵凯、冯秀峰、王春元、李鹤皋、江静、杨普农、刘照为党委常委,张乃康为党委书记,赵凯为副书记兼纪委书记。

1981年6月,党的十一届六中全会通过《关于建国以来党的若干历史问题的决议》,标志着党在指导思想上的拨乱反正胜利完成,推进了十一届三中全会以来的伟大历史转折,对于改革开放和社会主义现代化建设事业的发展具有重要的指导意义。院党委邀请参加编写《关于建国以来党的若干历史问题的决议注释本》的中央党史研究室负责同志来校做辅导报告,举办了4期科以上干部短训班,有130名同志脱产学习了决议。通过深入学习、广泛宣传,广大党员和群众对正确认识中华人民共和国成立以来党走过的历史道路,科学总结历史的经验教训;正确认识毛泽东的历史地位,坚持和发展毛泽东思想;明确党的十一届三中全会以来我们党已经逐步确立了一条适合我国情况的社会主义现代化建设的正确道路及其主要特点,统一了思想,提高了认识。

党的十一届三中全会以来,在全院各级党组织和广大党员共同努力下,党的建设得到了加强,党风有所好转,党员的觉悟有所提高,调动了广大党员和群众的积极性,学校各项工作稳步向前推进。

(4)恢复和加强思想政治工作

为发扬党的思想政治工作的优良传统,学校深入持久地开展"学雷锋"、争"三好"活动,提高了全院师生员工的思想觉悟和道德水准,师生员工的精神面貌焕然一新,好人好事、先进人物不断涌现。

1977年11月,师院召开了首届先进集体、三好学生代表大会,表彰先进集体57个,三好学生316名。

1978年1月,召开了教职员工先进集体、先进工作者代表大会,表彰先进集体15个,先进工作者206名。数学系物理教研组、物理系凹面光栅科研组、外语系俄语教研组、体育系球类教研组、后勤水电组等5个先进集体代表和12名先进个人出席了江苏省教育战线先进集体、先进个人代表会。

党的十一届三中全会后,江苏师院进一步加强了思想政治工作。1979年5月,院党委召开政治工作会议。会议的主题是,肃清林彪、"四人帮"对学院思想政治工作破坏所产生的影响,从思想上、组织上、制度上进行全面整顿,恢复党的思想政治工作优良传统,加强全院的思想政治工作。学校整顿了政工队伍,充实了专职和兼职政治辅导员,逐步健全了思想政治工作的队伍;修订和制定了《政治辅导员工作条例》和《开展"学雷锋、创三好"、评定三好学生的意见》等,以及党委改进领导作风的制度,使思想政治工作逐步走向制度化。

1980年，院党委开展了形势与任务教育、革命理想和革命传统教育、爱国主义教育、共产主义道德教育、组织纪律性教育、法制教育以及"学雷锋、树新风，创三好"等活动，加强了思想政治工作。工会、共青团、学生会等各方面积极配合、协同工作，促进了全院安定团结。

学校还恢复设置了意见箱，听取师生员工对学校各方面工作的建议、批评。党委还建立了党政领导干部接待群众的接待日制度，规定每周四下午为接待日。

1981年4月，学校召开了第二次思想政治工作会议，会议修订了《评选职工先进工作者条例》《政治辅导员、班主任工作条例》《评选三好学生条例》《开展"五讲""四美"文明细则》等条例。会议提出当前学院思想政治工作的六项主要任务：理直气壮地宣传和贯彻四项基本原则；加强全院团结，调动一切积极因素，抓好社会主义精神文明建设；保证学生德智体全面发展，努力为"四化"培养合格人才；搞好党风，带动校风；加强党对思想政治工作的领导；加强制度建设。

为了进一步加强思想政治工作，院党委决定建立党的报告员制度，由院系党组织领导和理论水平较高的政治教师定期向师生员工宣讲形势和任务，宣讲党的路线、方针和政策。

1981年6月，校刊《江苏师院》复刊。校刊积极宣传党的路线方针和政策，报道学校的中心工作和教学、科研活动，交流经验，对学校各项工作起了推动作用。

1981年12月，开始实行学生品德评等、评语制度，以进一步加强学生思想政治工作，克服软弱涣散状况，从制度上保证德育在德智体"三育"中的重要地位。学生品德评等、评语制度，首先在中文、体育两系进行试点，取得经验后在全校推开。实施这一制度后，改变了过去德育考核不具体、不严格的状况，引起了广大学生对德育考核的普遍重视。

在党的十一届三中全会路线、方针、政策的指引下，思想政治工作不断加强和改善，师生员工的思想觉悟不断提高。"解放思想、开动脑筋、实事求是、团结一致向前看"的方针日益深入人心。一些错误认识和糊涂观念不断得到纠正和澄清，安定团结的政治局面日益发展。

2. 整顿教学秩序，各项工作稳步开展

粉碎"四人帮"后，特别是党的十一届三中全会后，师院努力按照教育工作规律进行恢复整顿，使各项工作走上正轨并逐步发展。

（1）教学工作走上正轨

十年内乱，学校教育工作受到严重破坏，教师备受歧视、排斥，学生学不到知识，教育质量严重下降。通过批判"两个估计"和"朝农经验"，知识分子解除了精神枷锁，分清了是非界限。知识分子政策的落实，又大大提高了广大教师和干部的积极性，为恢复教学秩序、发展教育事业奠定了良好的基础。

恢复高校招生考试后招收的第一届学生毕业合影的中间部分

恢复高考制度。1977年10月，在邓小平的推动下，全国高校招生工作会议通过了《关于1977年高等学校招生工作的意见》，正式决定从当年起改变"文革"期间高校招生不考试的做法，采取自愿报名、统一考试、择优录取的办法。国务院批转了这一意见。高考制度的恢复和"两个估计"被否定，使教育领域的拨乱反正迈出了关键的一步。通过政审、体检、文化考试，学校录取了1977级新生749名（1978年3月入学），招生专业有中文、政史、体育、数学、物理、化学、外语7个系。

作为恢复高考招生制度后的首届，1977级学生十分珍惜来之不易的学习机会，发奋努力，刻苦认真，毕业后很快成为各条战线特别是文教战线的中坚力量，其中不乏出类拔萃者。例如：政治系朱永新，于20世纪80年代先后被破格晋升为副教授、教授，成为当时江苏省高校最年轻的教授，历任校教育科学教研部主任、教务处处长，苏州市副市长，全国政协副秘书长，第十四届全国政协副主席。他发起并主持的"新教育实验"获国家级教学成果一等奖，还荣获全球最大教育奖项"一丹教育发展奖"。数学系王诗宬现为北京大学教授，

朱永新

于2005年当选中国科学院院士。物理系芮筱亭现为南京理工大学学术委员会主任，于2017年当选中国科学院院士。中文系范小青成为著名作家，先后获鲁迅文学奖、紫金文化奖章等，曾任江苏省作家协会主席、党组书记多年。外语系高志凯毕业后曾担任邓小平、胡耀邦、李先念、杨尚昆等党和国家领导的高级翻译，现任全球化智库副主任、中国国际电视台时事评论员等职。

此外，以江苏师院名义招生的还有江苏师院盐城分院、江苏师院苏州地区师资专科班、江苏师院无锡市师资专科班、江苏师院苏州市师资专科班，分别招收专科生218名、223名、50名和30名。恢复全国统一高考制度后，经统一考试录取的新生，文化水平有了明显的提高，思想觉悟也较高，为提高教学质量打下良好基础。1977级的学制恢复为四年（体育系仍为三年），师资专科班的学制为两年。1978年，根据教育部电话会议精神，扩大招生42人。1978年5月，经江苏省高教局同意，恢复了"文革"期间在所谓"教育革命"大改过程中被砍掉的政教、历史两个系的建制，同年分别开始招生。1979年，经江苏省高教局研究决定，体育系1977级、1978级学生的学制改为四年。

制订教学计划。学校制定了1977级教育计划实施意见，提出师院的培养目标是：认真贯彻执行毛泽东提出的"教育必须为无产阶级政治服务，必须同生产劳动相结合"，"使受教育者在德育、智育、体育几方面都得到发展，成为有社会主义觉悟的有文化的劳动者"的教育方针，培养又红又专的忠诚党的教育事业的中学教师，并对培养规格、课时安排、课程设置等都提出了具体要求。特别强调课程设置要根据师范学院的培养目标和中学教育发展的需要进行考量，切实贯彻理论联系实际的原则，课程设置要少而精，课程安排和课程内容要循序渐进。要集中主要精力加强基础理论、基本知识、基本技能的教学，充分保证时间学好基础课，保证公共必修课的教学时间。各系都根据学校1977级教学计划意见，制订了教学计划和教学大纲，提出了具体培养规格、要求和措施。

为规范教学秩序，学校从1977年开始先后制定了学生守则、学生成绩考核考勤等规章制度，扭转了被"四人帮"破坏所造成的教学秩序混乱局面，使学校的教学秩序逐步走向正常。

恢复与健全教研室。为了加强师范教育，师院正式恢复教育科学教研室，开展教育学、心理学的教学和教育科学的研究。各系相继恢复了教研组活动，加强了对教研组活动的管理与指导。教研组活动的恢复与健全，对教师开展教学研究、交流教学经验、提高教学水平发挥了重要作用。

恢复和发展研究生教育。1978年，江苏师院恢复了因"文革"中断了14年之久的研究生招收工作。研究生入学考试由省招办统一组织，学校具体办理。政治、外语等公共课由全国统一命题，基础课和专业课由学校组织单独命题。考生经政审、体检合格，再经导师复试后，按考生成绩择优录取。这一年，物理系核物理专业和激光专业招收硕士研究生10名。这是师院在粉碎"四人帮"后招收的第一批研究生，学校对此十分重视，在认真学习教育部关于研究生培养工作的文件基础上，制订了研究生培养计划和有关规章制度。这届研究生大多是经过实践锻炼的本科毕业生，其中有2人在"文革"前已开始攻读硕士研究生学位，因"文革"而中断学习。这批研究生由于基础知识较为扎实，入学后在导师指导下，刻苦钻研，进步很快，成为学校培养的首批高层次专业人才。1979年，研究生招生专业和规模较前大为增加。古代文论、哲学原理、英美文学、现代英语语法、一般拓扑学、核物理、红外物理与技术、物理化学、有机合成、萃取色层10个专业共招收17名研究生。

1981年11月，国务院学位委员会批准江苏师院为江苏省首批博士学位授予单位，专业为中国古代文学，指导教师为钱仲联教授。同时，国务院学位委员会批准江苏师院为江苏省首批硕士学位授予单位，有辩证唯物主义、中国古代文学、中国文学批评史、光学、原子核物理及核技术、物理化学、有机化学等7个专业。为了做好研究生培养工作，有关系科都制订了各专业硕士研究生培养计划和《关于研究生毕业论文评阅、答辩工作的实施办法》等规章制度，使研究生的招生培养、毕业答辩等工作有章可循。

恢复和发展函授教育。粉碎"四人帮"后，师院逐步恢复了函授教育。开始是协助有关县举办函授班。如化学系协助吴县、常熟、大丰县举办高中化学教师函授班，学员60人；中文系和数学系分别协助吴县举办高中语文、数学教师函授班，学员160人。

1978年10月，师院正式恢复高师函授教育工作，并与苏州地区行政公署教育局签署了《关于苏州地区开展高师函授教育的工作意见》。为帮助苏州地区中学教师提高专业知识水平，师院开办了中文、数学、物理、化学四个函授专修科，学制三年，学员共3 126人，其中中文1 894人、数学685人、物理311人、化学236人。

根据"地办校助"的原则，学校与有关地区签订了开展高师函授教育的协议，确定函授教育由地方教育行政部门领导，地区教师进修学院设立函授科，负责招生、学籍管理、组织专职辅导教师集中备课、安排计划、发放教材、组织结业考试、发放结业证书等。学校函授工作由教务处负责。教务处设专人管理，中文、数学、物理、化学四系各有一名副主任分管函授工作，有关教研室配备教师指导各县专职辅导教师备课，每学期3—4次，每次3天左右。

1980年，师院在苏州与盐城两地举办的高师函授教育共有函授生3 900多名，其中中文专业2 200名、数学专业1 000名、物理专业400名、化学专业300名，学制为四年。1981年，江苏省高教局决定，同意江苏师院举办本科函授教育，从1982年起在江苏师院开设中文、数学、物理、化学、历史五个专业本科函授教育。

重视师资队伍建设。由于林彪、"四人帮"的干扰破坏，当时江苏师院的教师队伍，无论从数量上还是质量上都极不适应新时期的要求。教师队伍的建设是教学质量提高的关键，学校对此极为重视，召开了一系列座谈会，分别对老、中、青教师的思想、业务情况进行了调查研究，制定了关于教师队伍建设的意见，开始建立教师业务档案。各系、各教研组都对教师进修工作制订了具体计划。为学有专长的老教师配备了必要的助手，以更好地发挥其作用；对中年教师着重提高其专业水平，并帮助其攻克外语关；对新留校的工农兵学员则着重补基础知识，争取在一年内普遍达到本科毕业水平。进修的方式以在职为主、自学为主，以老带新，能者为师，同时安排少量教师脱产进修或外出进修。学校还规定，保证教师每周有六分之五的时间从事教学、科研业务活动。

制定发展规划。1978年10月，张乃康院长向全院师生员工传达了全国和全省教育工作会议精神，组织党员领导干部和院学术委员会委员、各系正副系主任深入学习，统一思想，提高认识，结合学校实际落实全国和全省教育工作会议关于办好教育的各项措施，在此基础上认真讨论了学校"八年规划设想"。学校广泛发动群众，统一认识，献计献策。各系各部门围绕提高教学质量这个重点制定了落实措施。

在干部、群众充分讨论的基础上，学院出台了《江苏师范学院1978—1985年发展规划初步设想》，规划至1985年在校生达到6 000人规模。从

1979年起,扩大研究生招生数,有条件的系可成立研究生班,规划八年内培养研究生150—200名。数学、物理、化学等系要增设专业,并积极创造条件成立研究所(室),以提高教学水平和科研水平。

(2) 全面贯彻党的教育方针

党的十一届三中全会实现了中华人民共和国成立以来我们党历史上具有深远意义的伟大转折。江苏师院党委组织干部认真学习三中全会精神,讨论学校工作如何适应全党工作着重点的转移,把重点转移到教学、科研上来,全面贯彻党的教育方针,提高教学质量。

修订教学计划和教学大纲。为了使提高教学质量有坚实的基础,学校提出要改变教学计划年年订、教材年年变、有些课程无大纲的现象,做到教学计划、教学大纲、教材"三稳定"。修订教学计划要注意加强基础理论、基本知识的教育和基本技能的训练,注意学生能力的培养,更好地贯彻德智体全面发展方针,培养合格的中学教师。各系根据学校的要求,结合实际情况认真修订了1979级的教学计划,全院制定和修订了40门课程的教学大纲(主要是低年级的基础课程),同时边实践边总结,逐步制定高年级课程的教学大纲。在认真调查研究的基础上,把主要基础课教材相对稳定了下来。

重视德育和体育的教育和考核。切实贯彻《关于学生品德评等、评语制度的意见》,进一步加强了学生思想政治工作。为了培养学生的劳动观点,克服轻视体力劳动和体力劳动者的观念,学校制定了《关于学生参加生产劳动的意见》,安排学生每学期参加一周的生产劳动。同时,大力开展群众性体育运动,组织各种体育竞赛。1980年10月,师院受教育部和江苏省高教局委托,承办了全国部分高校体育教学邀请赛,有16个省、市20所高校的体育系参加了竞赛。邀请赛期间,各校还交流了高校体育教学和训练的经验,扩展了体育系师生的视野,促进了学校体育运动水平和教学质量的提高。学校还组织学生开展了文娱、科技、普通话、板书等有益的课外活动,丰富课余生活,扩大知识面,使学生在德育、智育、体育诸方面都得到生动活泼的发展。

改进教学方法。交流教学经验,研究教学方法,是提高教学质量的一个重要环节。1980年年初,教务处在物理系、历史系和马列主义教研室组织了三次公开课,进行观摩教学,院系领导和有关教师在听课后进行了评议。通过观摩教学,总结推广老教师的教学经验,研究教学方法,提高了教师改革教学内容、教学方法的积极性,对提高教学质量大有裨益。教务处还分别召开了理科、文科教学经验交流会,交流了教学中的好经验,好方法,取长补短,推动了教学方法的研究。在加强课堂教学的同时，学校十分重视考试、考查工作，并根据考试情况进行教学质量分析，以总结经验，改进教学。

加强师资队伍建设。各系都对本系的师资情况进行全面摸底，根据具体情况制订了切实可行的培养计划。对教师的业务进修，除派出少数青年教师去兄弟院校进修外，提倡以在校为主，在职为主，自学为主，各系提出了定方向、定任务、定要求、定时间落实到每个人的具体要求，充分发掘本校现有师资力量，以老带新提高师资质量。学校还举办英语进修班和英语高级班，以提高教师外语水平，按教师不同程度，举办了5个外语进修班，由外籍教师讲授，为青年教师提供了良好的进修条件。学校还给年事已高、学术造诣较深的老教师配备得力助手，把他们的业务专长、丰富的教学经验，接过来、传下去。加强教研室的建设，通过民主选举，一批为群众拥护，有较丰富教学经验的教师担任了教研室的正副主任，领导组内业务学习和开展教学研究活动。健全教师考核制度，逐步推行教师工作量定额等制度，使师资队伍建设真正落到实处，教师的政治水平、业务水平和教学能力逐步得到提高，初步改变了学校教师队伍青黄不接的状况。

加强教育实习。教育实习是师院教学工作的重要组成部分，是培养学生把学到的专业知识和工作能力运用到教学实践的重要环节。为了了解中学教学情况，搞好学生的教育实习，师院与苏州市40所中学建立了联系，并与苏州市教育局商定，各系与苏州中学等13所中学建立了挂钩联系，制定了挂钩联系条例，密切了与中学的关系，了解了中学教学的实际，较好地解决了教育实习的场所，为学生进行教育实习提供了良好的条件。

支援边疆教育工作。根据中央和江苏省政府有关文件精神，江苏师院承担了支援广西、新疆教育工作的任务，并与广西民族学院建立对口联系，于1981年4月签订了江苏师范学院、广西民族学院建立协作关系的协议书。1981年，师院派出8名有丰富教学经验的教师为广西民族学院学生开设8门课程，广西民族学院和广西其他院校派出21名教师来江苏师院进修。此外，江苏师院还接受了新疆各兄弟院校36名教师进修，支援了边疆教育事业的发展。

由于全面贯彻党的教育方针，坚持以教学为主，建立和健全了必要的规章制度，稳定了教学秩序，发挥了教师在教学中的主导作用，对学生严格要求、严格训练，师院的教学质量提高较快。1980年，学校组织数学、物理、化学、中文、外语、政教、历史等系进行了教学质量的调查，调查结果表明，各系专业基础课教学得到了加强。在教学计划的安排、课程内容的深度广度、"三基"

和"两个能力"的训练和培养等方面,基本上恢复到"文化大革命"前的水平。绝大多数学生学习认真,刻苦钻研,能较好地掌握基础理论、基本知识,实践能力有了明显的增强,自学能力、独立工作能力、分析问题和解决问题的能力也有所提高。

3. 积极开展科研

1978年3月,党中央召开全国科学大会,江苏师院物理系一位教师参加了大会。4月,江苏师院有两项科研成果获江苏省科学大会奖。

学院认真贯彻全国、全省科学大会的精神,并结合本校实际制定了《江苏师范学院1978—1985年科学研究规划》。学院的科研工作从师范教育特点出发,重点放在基础理论和技术科学的研究、编著较高水平的教科书和教学参考书、教育科学研究这三个方面。

党中央"向科学技术现代化进军"的伟大号召,激发了广大教师和科技工作者的积极性,他们在做好教学工作的同时,结合教学和生产实际,积极开展科学研究工作,参加科研的教师人数大大增加,科研项目不断增多,科研课题涉及自然科学、社会科学众多方面。"双百"方针得到贯彻,学术气氛活跃,一扫"文革"期间的沉闷空气,科研工作有了较大的发展,出现了前所未有的新气象。

1977年,全院有16个科研项目,1978年增至53个,其中省科委下达属省重大研究项目2个:全息凹面光栅、红外遥测,省高教局下达的省局重点项目8个:红外技术应用、超声全息、激光调频、诱虫光源、萃取机理、光刻正胶、太阳能化学能转换、离子电极理论。文科各系学

外语系列宁著作译校组翻译《列宁全集》

术研究空气也很活跃,向全国和全省学术研讨会提供论文数百篇,编写教材数十种,应约出版的教材和教学研究项目24个。1978年是江苏师院建校26周年,各系都举办了各种学术活动,前后一个月,共举行了109个专题学术报告会。政治系主任吴建国与崔绪治合作在《中国社会科学》上发表了重磅论文《坚持实践观上的唯物主义一元论》,在全国理论界产生较大影响。外语系教师

完成了中共中央马恩列斯编译局委托的《列宁全集》第二卷 40 万字和《列宁年谱》40 万字的翻译工作，还完成了外交部委托的 16 万字联合国文件的翻译工作。1977—1978 年，全校有 14 项科研成果获得省、市科技成果奖。1979—1982 年，学校又有 9 项科研成果获省、市科研成果奖。

为了进一步贯彻"双百"方针，推动学术活动的开展，促进科研和教学水平的提高，1978 年 5 月成立了院学术委员会，由 23 人组成，张乃康任主任委员，朱正元、程有庆、陈志安任副主任委员。1981 年 10 月，院学术委员会根据 5 月底修订的《关于选举院、系两级学术委员会的意见》，进行了改选，选出委员 37 名（文科 19 名，理科 18 名），经委员以无记名投票差额选举的方式，选举李鹤皋为院学术委员会主任委员，周大炎、张梦白、周孝谦为副主任委员。院学术委员会下设文科和理科两个委员会，并选举张梦白和吴建国、沈制平为文科委员会正副主任委员，周大炎和许嘉祥、许国樑为理科委员会正副主任委员。

为更好地结合教学搞好科学研究，1979 年 4 月，激光研究室成立；1980 年 9 月，苏州地方史研究室成立；1981 年 5 月，明清诗文研究室成立。《江苏师范学院学报》在哲学社会科学版的基础上，于 1978 年增设了自然科学版，每年出版 2 期。党的十一届三中全会后，学报真正成为教师开展学术研究和进行学术交流的阵地，有力地促进了学术研究，成为反映学校教学、科研水平的窗口。1979 年，江苏省委批准《江苏师范学院学报》（哲学社会科学版）在国内公开发行，每年出版 4 期，发行量逐年扩大，质量逐年提高。

为了研究中学教学经验，不断提高教学质量，1978 年出版了《中学数学》，1979 年出版了《中学历史》，1980 年出版了《物理教师》，这三种教学杂志均为双月刊。1981 年 4 月，江苏省出版局批准《中学历史》《中学数学》《物理教师》3 个刊物在国内公开发行。这些刊物促进了有关系科教师的科研工作，也成为密切联系中学实际的重要阵地，有助于提高师范教育的质量。

4. 提高行政管理水平

1980 年，院党委常委会研究了学校党政分工问题，通过了党政分工的决议，要求建立强有力的行政工作系统，加强行政管理，使党委和总支尽可能摆脱过多的日常行政事务，集中精力加强党的建设，做好思想政治工作。

明确了院党政领导的具体分工，对各系党政领导的分工也做了研究，明确了各系党政领导主持日常工作的负责人。对一些年老体弱的系领导，减轻其工作负担，以保证其有足够时间和精力用于教学、科研和培养青年教师。在新的领导体制下，属于教学、科研、总务等行政方面的日常工作均由行政系统负责，从而逐步加强了行政管理职能。

1980年9月，院党委印发《认真吸取教训，抓紧建立岗位责任制》的通知，要求机关各部门改进工作作风，加强事业心和责任心，建立岗位责任制。根据学校事业发展的需要，陆续制定了各种规章制度，使行政指挥系统正常运转起来。各方面的管理工作有章可循，提高了行政工作的效率。

加强了人事管理工作，健全了干部、教职工的考勤、考核、奖励制度，较好地完成了教师职称的确定和晋升工作、教职工工资调整工作。加强治安管理，整顿了校内秩序，学校治安面貌得到改善。加强财务管理，严格财务制度，加强了财务监督，精打细算，勤俭办校，精心管理学校预算内外的经费，把有限的财力物力用在最需要的地方。同时积极开辟财源，建立了"江师基金"，改善了教学、科研条件和教职员工的生活福利。

加强了对基建施工的管理，保质保量完成基建任务。1977—1982年完成了光学车间、激光研究室、学生宿舍、学生食堂、教工家属宿舍、医务室等基建工程20项计21 481.6平方米的基建任务，初步改善了教学、科研、生产和生活福利用房，有200多户教工搬入了新居。校产科有计划地对房屋进行保养和维修，对年久失修的危险房屋及时修缮，确保安全。

从1979年开始，全院进行清产核资工作。经一年多的工作，至1980年11月基本上摸清了学校家底。在清产核资中处理了相互拖用、长期积压的仪器设备，挖掘了物资潜力，加强了保养维护工作，修订了规章制度，重建了账卡报表，初步清理了长期挂账的债务债权，提出了改善管理的意见，使学校物资管理工作逐步完善。

进行了食堂管理制度的改革，实行半企业化管理。1979年首先改革食堂管理制度，明确规定各项考核指标，建立以岗位责任制为核心的各项规章制度，加强伙食管理，确保师生员工的伙食质量。学校制定了一系列食堂管理制度，明确规定各项考核指标，如伙食质量、饮食卫生、服务态度、经济指标、人员编制等，强化了岗位责任制，加强了成本核算，调动了食堂员工的积极性，食堂员工服务态度大为改善，食堂秩序好转，增加了饭菜的花式品种，提高了饭菜质量，改善了食堂卫生状况，师生员工较为满意。

医务保健工作也得到了加强。医务室定期对师生进行体检，对食堂进行卫生监督，宣传卫生知识，做好疾病预防工作。1977年和1982年两次对全校教工进行全面体格检查。1979年对35岁以上教工进行心血管普查，1980年对全校教工进行肝功能及HBSAG测定，1981年对教工有慢性胃病者进行体检，

1982年对中青年知识分子进行体检，每次体检中发现患病者都立即进行治疗。对学生除入学体检外，还定期进行检查。

学校十分重视改善校园环境，绿化美化校园。制定了校园建设绿化规划，1977—1982年种植了桂花、雪松、香樟、垂丝海棠、红梅、绿梅等乔木灌木及观赏花卉近3 000株，还种植了黄杨绿篱200米，草皮2 000平方米，重修2座亭子，新造石凳40多条，新建、重修沿河石驳岸340米，改善了校园环境。1979年、1980年、1982年，江苏师院均被评为苏州市绿化工作先进单位。

四、筹备改为苏州大学

1981年7月，江苏省高教局根据中央关于在调整中使教育事业尽可能有所发展的精神，为切实解决江苏省某些部门对高等专业人才的迫切需要，建议在教育事业调整中建立一所文理结合的综合性大学，提出了《关于建立省属综合性大学的初步意见》，并指出这所综合性大学拟在江苏师范学院的基础上改建，定名为苏州大学。该"意见"阐述了建立综合性大学的必要性和可行性，并提出分两步进行改建的具体方案。1982年2月，省政府决定将江苏师范学院改建为苏州大学，在批文中提出，改为苏州大学后，"除继续担负培养中学师资的任务外，积极创造条件，增设省缺门专业，逐步做到文、理、工科齐全，先增设法律、财政两系和外语系的日语专业"。院党委常委会对此进行了认真讨论，回顾了学校历史，分析了学校现状，展望未来，一致赞同省政府的意见，并对改建中需要解决的问题提出了建议。

为了加快改建工作的步伐，江苏省财政厅、省高教局根据江苏省人民政府"关于将江苏师范学院改为苏州大学的批复"精神，经商得苏州市人民政府同意，于1982年2月22日联合发文，决定将苏州市财经学校并入苏州大学，建立财政系，以培养高级财政和财会专门人才。从发文之日起，原苏州市财经学校行政关系即转入江苏师范学院，以利筹建苏州大学财政系。

学校根据江苏省政府"将江苏师范学院改为苏州大学"和省财政厅、省高教局"将苏州市财经学校并入苏州大学，建立财政系"的两个文件精神，积极开展了学校改建、新系筹建和新专业增设的准备工作。

1982年2月17日，召开全校教职员工会议，张乃康院长传达了江苏省人民政府关于将江苏师院改为苏州大学的批复，要求全校教职员工共同努力，积极认真地做好准备工作。为使筹建综合性大学的工作有步骤地顺利进行，院党委大力宣传改建的指导思想，要求各级干部充分认识到改为综合性大学是为了适应国民经济的发展需要，是为江苏省四化建设培养各种专业人才。要筹建好综合性大学，需要大家积极努力，做大量艰巨的工作。对部分干部和教师的一些思想问题，针对不同对象，采取各种座谈会等多种形式进行宣传教育，动员全校上下共同努力，为筹建综合性大学而出力。

学校组织专人，从调查研究入手，充分走群众路线，制定学校发展的总体规划。为了使专业设置规划尽可能适应江苏四化建设的客观需要，各系派员到省有关部、委、局等11个部门，进行调查研究，根据需要与可能，以积极慎重的原则，结合学校具体情况进行了反复的认真讨论，拟订出专业设置的初步规划。规划提出，1982年设数学、物理、化学、外语、中文、政治、历史、体育、财政、法律10个系，设数学、物理、化学、体育、英语、俄语、日语、汉语言文学、政治学、历史学、财政、财务会计、法律等13个专业；1983年、1984年创造条件再逐步增设计算机应用软件、应用电子学、应用物理、理论物理、有机化学、应用数学、物理化学、分析化学、历史档案等专业。考虑到面向全省、为江苏的四化建设服务，专业设置以应用专业为主，专业设置的面要宽，专业的内容要有特色，即实用性、适应性宽。为此，基础课与专业课时间实行"三一制"，即三年基础课、一年专业课。培养中学师资仍然是学校今后的重要任务之一，要保留原江苏师院办师范的长处和经验，把师范性与综合性更好地结合起来，办出特色。新专业的开设，要稳妥推进，积极创造条件，充分准备，条件成熟一个上一个，确保质量；条件尚不成熟时，通过开选修课的办法创造条件，到条件具备时再正式招生。

1982年2月底，成立了法律系筹备小组，负责法律系的筹建工作。3月初，成立财校工作组，负责办理财校的交接工作和财政系的筹建工作。同时组织有关人员去兄弟院校学习财政、法律专业的办学经验，着手制订财政、法律两系的教学计划、教学大纲，明确学生培养规格，积极准备教材，多方设法引进专业教师。学校还组织有关系科和公共课教研室，给财政、法律两系予以基础课师资的支持，以保证两个新建系招生上课的需要。由于全校上下共同努力，学校改建和新系科的筹建工作得以顺利进行。

1982年4月，省委决定张影任江苏师院党委副书记，周孝谦任副院长。5月中旬，省人民政府派副省长宫维桢、省高教局局长顾尔钥来校，宣布学校有关领导的任职通知。5月下旬，省委决定陈克潜、周大炎任副院长，学校领导班子得到充实和加强。

1982年6月25日，国务院正式批准江苏师范学院改为苏州大学。从此，学校走上了新的历史发展阶段。

江苏师范学院自1952年10月建院至1982年6月国务院批准改为苏州大学，历时30年，其间经历了发展、曲折、动乱、恢复、发展的历程，在磨炼中焕发了青春，在探索中不断发展，教师和干部队伍在锤炼中日益坚强成熟，教育质量和科研水平不断提高，为国家培养了大批社会主义建设人才，毕业生遍布江苏全省及全国部分省市，其中大多已成为教育、科研事业中的业务骨干，不少同志担任了省、市、县党政机关和大专院校的领导职务。30年来，江苏师院共毕业学生15 452人（其中本科毕业生9 311人，专科毕业生6 141人），还培养了研究生55名、函授专科毕业生2 739人。学校教职员工队伍有较大发展，1952年建院时，全院教职员工仅有265人，至1982年达到1 502人，为建院时的5.67倍。建院时全院教师有115人，1982年达到673人，为建院时的5.85倍。校园面积也有所扩大，建院时校园面积为97.798 8亩，校舍建筑面积为25 584.94平方米，1982年校园面积为382.9亩，校舍建筑面积为100 299.5平方米，分别为建院时的3.9倍和3.92倍。图书和仪器设备也增添较多，建院时馆藏图书为24万册，1982年为97万册，是建院时的4.04倍。建院时没有万元以上的仪器设备，1952年以后，陆续购置万元以上的仪器设备53台件。建院时学校固定资产为3 872 329元，至1980年11月统计，学校固定资产总值为13 504 604.74元，为建院时的3.5倍。

第三章　从苏北医学院到苏州医学院

中华人民共和国成立后，私立南通学院医科改建为公立的苏北医学院，迎来了新的发展时期，进而迈入了学院的高速发展期。

第一节　医科独立发展期

在全国院系大调整中，私立南通学院医科建立单系科医学院，易名为公立苏北医学院。之后，根据高教部和卫生部的联合通知，苏北医学院又更名为南通医学院。在党的教育方针指引下，学院逐步创建成一所社会主义的新型高等医学院校。

一、全国院系调整，两次更改校名

在全国院系调整中，私立南通学院一分为三，农科迁至扬州，与无锡江南大学农艺系、苏南文教学院农学系合并成立"苏北农学院"，后改为江苏农学院，即现在的扬州大学农学院；纺科迁至上海，与上海纺专合并成立华东纺织工学院，即后来的中国纺织大学，现在的东华大学；医科则保留在南通原址，取名为"苏北医学院"，由私立改为公立。

经苏北区党委批准，中国共产党苏北医学院委员会成立，顾尔钥任党委书记，赵定、郑白、钱峰为党委委员。同时，政务院任命顾尔钥为院长，黄竺如为副院长。

1953年时苏北医学院有7个党支部，党员155名（1956年12月，顾尔钥调江苏省卫生厅工作，汪青辰接任院长兼党委书记）。苏北医学院归中央教育部与华东军政委员会共同领导。

1952年12月4日，南通医院改名为苏北医学院附属医院，苏北第二医士学校、第二护士学校改称为苏

顾尔钥

北医学院卫生学校。12月23日,《苏北医学院院刊》创刊。12月27日,"苏北医学院"举行命名典礼,华东军政委员会卫生部派员致辞,南通市市长孙卜菁和南通军分区等有关方面负责人参加命名典礼。

新建立的公立苏北医学院,健全了学校行政领导机构,设立院长办公室、政治处、总务处、教务处等部门,制定了院长和各部门职责及工作范围的试行草案。

1956年9月,根据高等教育部和卫生部关于统一全国高等医药院校名称的联合通知,苏北医学院改名为南通医学院。

二、改造与调整中的教学工作

全国院系大调整后的苏北医学院,在国家投资支持下,建造了一批教学用房、学生宿舍,添置了必需的教学、科研仪器设备和图书资料,通过学习苏联教学工作经验和北京师范大学教研组工作的经验,进行教学改革,明确了以教学为中心的目标,教学工作逐渐步入规范化。

实施课程改革,统一教学计划。1951年11月22日,中央教育部与卫生部联合颁发了《高等学校医学院本科各系教学计划》,所规定的新课程多,实习实验时数多,要求也较高。私立南通学院医科(含苏北医学院、南通医学院)限于办学条件和师资力量,初时教学计划只能做相应的修改,直至1956年才完全按统一教学计划开课。

专业设置与学时调整。1952年全国院系调整后,苏北医学院设医疗专业,本科学制5年,专科学制3年(仅办1届)。1953年,学时实行每天5小时一贯制,1954年取消。根据卫生部指示,每周学时控制在34小时以内。1955—1956年,5年制本科前4年总学时为5 382,其中讲授2 542学时,实验室实习1 242学时,实地实习和课堂讨论555学时,临床实习1 043学时;第5年生产实习,时间由原来半年改为1年。

教学组织与课程设置。1952年,学院建立教学研究室,统管下设的教研小组。1953年建立教学研究委员会,原教学研究室归属教学研究委员会。有条件的学科均建立教研小组。1955年,绝大部分教研小组都改称教研组。按照医学本科的教学要求建立了医疗系,分批将原来的各科室逐步改为教研组。1955年秋开始,本科课程按照1954年10月卫生部颁布的医疗专业教学计划设置,计36门。

"听、看、做三者合一"的教学方法。苏北医学院在教学工作中强调理论联系实际,采用"大班上课,小班实习"。临床实习施行"小组交叉轮回",

进行临床实习等方法；建立急诊、夜班轮流值班制，从而大大增加了学生接触实际的机会，增强了操作能力。大部分教研组十分重视直观教学，制作了不少直观教材、切片、幻灯片等模具和菌种标本，尸体解剖的数量也逐年增加。编写了《儿科汇编》《组织图谱》《针灸学》《诊疗手册》等教材和医学资料。在教学工作中有了一定的规范，教育质量有了明显提高。

拓展学生实习基地。苏北医学院成立了生产实习指导委员会，与南京、无锡、苏州、常州等地医院联系，建立了10个教学基地。

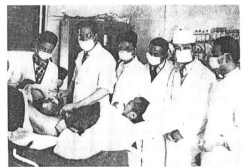

学生在内科、外科实习

三、科学研究与师资阵容

1954年，苏北医学院建立科学研究工作筹备委员会，管理科研工作。编辑出版了《医学译丛》杂志，以介绍苏联先进的临床诊断、治疗、预防及基础医学为主，并附有汉俄对照。1956年9月，成立南通医学院学报编审委员会，出版了《南通医学院学报》。

20世纪50年代，学校的科研重点在亟待解决的职业病、流行病等疾病防治和教学改革等方面。1955—1956年重点科研项目有：植物杀菌剂防治滴虫阴道炎研究、几种国药对日本血吸虫病疗效观察及治疗作用机制探索、南通专区钩虫病调查研究及综合措施初步试验、脊髓灰白质炎防治研究等，获

《医学译丛》

得中央卫生部的赞誉和专家们的好评。这个时期，学院获得中央卫生部和省卫生厅批准的科研项目有6个，各教研组确定的科研课题达70余项，完成的科研课题40余项，发表论文23篇，形成了良好的科研和学术氛围。

脊髓灰白质炎防治的研究。1955年初夏，脊髓灰白质炎流行于南通地区，波及盐城地区和苏南常熟等地，流行面积达1万平方千米以上。此病大规模流行，在中国历史上是第一次。苏北医学院该项研究为诊断、治疗、消毒与隔离技术等方面系统地提供了经验。《中华医学杂志》于1957年第2期和第3期连续刊载了该项研究报告。人民出版社1965年出版的高等医药院校教材《传染病学》，在防治脊髓灰白质炎篇章中，较多引用了此研究成果。

植物杀菌剂治疗滴虫性阴道炎的研究。20世纪50年代初，滴虫性阴道炎在纺织女工中发病率较高，影响女工健康和工作。苏北医学院妇产科教研组提出"植物杀菌剂治疗滴虫性阴道炎研究"课题，获卫生部医学科学研究委员会批准。从1955年7月至1956年6月，先后试验植物410种，其中植物性中药324种。

对出土的明代6具古尸的研究。1956年2月，南通市郊区褚准乡发现古尸3具；5月，扬州市又发现古尸3具。两市将古尸移交给苏北医学院研究。6具古尸均系明代嘉靖年间埋葬，6具尸体3具解剖，2具保存，1具已腐。1956年5月14日，《人民日报》刊登《江苏南通发现3具古代尸腊》的新闻，报道了苏北医学院解剖研究3具尸腊的情况。

私立转公立后的教师阵容。1956年，学院专任教师为152名，其中教授19名，副教授15名，讲师37名，助教81名。为了迅速提高师资队伍水平，学院派出15名教授、副教授、讲师外出进修。1955年以后，学校先后派5名教师，到苏联攻读副博士，同时聘请苏联教师来校教俄语。

20世纪50年代，著名妇产科专家王同观教授、著名耳鼻喉科专家戈绍龙教授、著名组织胚胎学家汤不器教授等来校任教，增强了师资力量，提高了学院的学术地位和知名度。

四、校舍及仪器设备与附属医院概况

校舍。1952年院系调整时，医科在私立南通学院原址改建苏北医学院，原址校舍全部归属苏北医学院。是年，学校建成阶梯教室、大礼堂、女生宿舍、护士宿舍等。1953年，建成男生宿舍、教师与医师宿舍、自来水塔等。1954年，全校校舍建筑面积为18 415平方米。

仪器设备。1956年，重要仪器有显微镜184架，显微镜照相机3架，显微投射仪1架，电冰箱9台，阴极射线示波器1架，电泳仪1架，分析天平42架，比色计16架，自动双鼓描纹器9架，人工呼吸器2架，电保温箱13只，电子干燥箱7只，电离心机15架，真空抽气机3架，紫外线杀菌灯5架，麻醉机 1 架，红外线灯 1 架等，共 300 余件。

附属医院。1952 年 11 月，随着私立南通学院更名为苏北医学院，医院改称为苏北医学院附属医院。1956 年 9 月，苏北医学院易名南通医学院后，又改称南通医学院附属医院。至 1956 年，全院工作人员 361 名，病床由 1949 年的 100 张增至 350 张，全年门诊量 15 万人次，比 1948 年增加 1.5 倍。手术增加食道空肠吻合、输尿管乙状结肠移植、人工股骨头置换、关节融合、喉癌全喉切除等项目。1954 年 6 月，附属医院增设中医科，增添了大型 X 光机、心脏波动描写仪等仪器设备，新建一批医疗用房和职工宿舍。1952—1957 年，在附属医院临床学习和毕业实习的学生有 400 余名。

学校经费。院系调整之前，学校经费大部分仍由大生纱厂承担，人民政府适当补助。私立南通学院相继更名为苏北医学院、南通医学院之后，经费由中央人民政府高教部和卫生部委托华东军政委员会卫生部管理，后由华东行政委员会卫生局管理，1954 年起由江苏省人民政府管理。

第二节　搬迁苏州发展期

1957 年 3 月，南通医学院从南通搬迁到苏州，更名为苏州医学院。鉴于临床教学规模的不断拓展，在发展附一院的基础上，1959 年又筹建附二院、附儿院。1962 年 12 月隶属第二机械工业部（简称"二机部"）。二机部从全国高校抽调知名专家学者加盟，充实师资队伍，学校自此步入发展期。苏州医学院的血液病学、放射医学等学科崛起，成为全国名闻遐迩的品牌学科。

一、从南通迁校苏州，易名苏州医学院

1957 年，高等教育部和卫生部从医学院建设和发展布局的需要出发，决定将南通医学院搬迁到苏州市。3 月 7 日，经国务院同意，江苏省人民委员会下达南通医学院迁往苏州，更名为"苏州医学院"的正式通知。原苏州航空专科学校迁南京后，其全部校舍移交给苏州医学院使用。

1. 成立迁校委员会，落实搬迁工作

1957 年 3 月，江苏省人民委员会批复南通医学院，同意所报迁至苏州基本建设计划，成立 21 人迁校委员会，由南通医学院院长汪青辰任主任委员。新校址原为苏州航空专科学校，环境优雅，但按医学院的发展规模，其遗留下的建筑物不敷使用。于是，国家拨款 88 万元，着手建造苏州医学院 7 134.59 平方米的教学大楼。这年暑假，苏州医学院新校址的校舍建设和教学准备等基础工作基本就绪。迁校委员会便利用暑假，分批落实学校搬迁工作。原南通医学院师生前往苏州新校址工作学习，教学用具、仪器设备全部搬往新校址。同时，留下医学院副院长黄竺如教授等43名教职员工，以保证原南通医学院附属医院医疗工作的正常运转。

在迁校过程中，中央和省委对南通医学院主要领导人做了调整：汪青辰任院长兼党委书记；顾尔钥调任江苏省卫生厅副厅长，免去南通医学院院长职务；戈绍龙任南通医学院副院长。11月5日，中共江苏省委决定：苏州地委副书记刘铁珊任苏州医学院党委书记，免去汪青辰兼任的党委书记职务。

迁校工作于1957年6月下旬开始，分6批进行，8月底搬迁工作全部结束。9月13日，高等教育部发出启用苏州医学院及其附属医院新印章的通知。9月23日，苏州医学院正式开学上课。郭沫若题写了校名"苏州医学院"和附属医院院名"苏州医学院附属医院"。

汪青辰

郭沫若题写校名和附属医院院名

2. 从苏州医学院南通分院到南通医学院

1957年12月23日，江苏省人民委员会发出《关于建立苏州医学院南通分院有关问题的通知》，决定在南通建立苏州医学院南通分院，由江苏省卫生厅、苏州医学院共同领导，南通市人民委员会代管。

1958年2月，南通分院招收医疗专修科学生107名。南通医学院附属医院改名为苏州医学院南通分院附属医院。

1958年8月，江苏省人民政府批复，苏州医学院南通分院恢复原校名"南通医学院"，属省管。1978年经国务院批准，

苏州医学院校门

南通医学院改为由交通部和江苏省双重领导,以交通部为主。

二、迁校苏州后的发展

迁校苏州后,根据上级统一部署,学校先后开展了整风反右、"大跃进"、贯彻"高教六十条"等工作。

1. 整风反右和"大跃进"中的苏医

1957年5月,苏州医学院党委根据党中央指示,开展整风运动,反对官僚主义、宗派主义、主观主义。院党委书记汪青辰向全院师生员工做动员报告,号召全体师生员工帮助党整风。同年6月8日,苏州医学院开展大鸣、大放、大字报、大辩论,广大教职员工对学校的建设与发展提出建议和要求。

1957年6月27日,根据上级指示,苏州医学院开始反右派斗争。反右派斗争是正确和必要的,但被严重扩大化,把一些教职员和学生错划为右派分子(1978年,苏州医学院根据中共中央文件精神,对错划的右派做了改正)。

1958年3月,由上海第一医学院、上海第二医学院、福建医学院、南京医学院、苏州医学院、安徽医学院、江西医学院等7个医学院组成教学协作区,以便互相学习,共同提高。

1958年6月25日,苏州医学院物理教研组教师同苏州市光学仪器眼镜生产合作社合作,在校办工厂(267厂)试制成功1 500倍斜视式显微镜,达到当时国内领先水平。同年7月11日,苏州医学院附属医院一位主治医师在支援蒙古的医疗工作中,用针灸治好了一例当时国际上尚不能治疗的"无脉症"患者,因此被中国医学科学院聘为特约研究员。

在大办工厂的热潮中,苏州医学院接收苏州市人民政府划归的苏州市光学仪器厂,使之成为苏州医学院附属医学仪器厂。该厂成立第二年就生产出我国第一台缩影机,此后又相继生产出多种显微镜和光学仪器。1964年1月1日,第二机械工业部决定,将苏州医学院附属医学仪器厂移交给部十局管理,更名为苏州光学仪器厂。苏州医学院附属医院也相继办起细菌肥料厂、葡萄糖盐水厂、缝纫厂、奶糕厂、木板箱厂、化学试剂厂、X线机械附件修配厂、矿石机装配厂等8个工厂,全院医务员工前往各工厂劳动。

1958年12月至1959年2月,学院贯彻执行江苏省委关于"高等医学院校下放农村劳动锻炼"的指示,全院1 000余名师生和医护员工组成一支千人大军,分赴吴县、常熟、太仓、盐城、建湖、阜宁等6个县的24个人民公社和3个矿区及4个水利工地,参加除害灭病和劳动锻炼。留校学生参加本院细菌肥料的生产。同年12月,苏州医学院开设西医学习中医班。

2. 贯彻"高教六十条"

1958 年开始的教育革命，本是以勤工俭学、教育与生产劳动相结合和实行"两条腿走路"为指导方针，来探索适合中国国情的教育体制改革，但由于指导思想上"左"的错误，在实践中做过了头，造成了不良后果。

为了不断总结教学经验，根据中共中央、国务院关于教育工作的指示中"一切高等学校中应当实行学校党委领导下的校务委员会负责制"的精神，苏州医学院实行了党委领导下的院务委员会负责制。

1959 年 7 月 29 日至 30 日，苏州医学院召开第一届院务委员会成立大会暨第一次（扩大）会议。刘铁珊院长在题为"加强党领导，发挥群众智慧"的开幕词中阐明了院务委员会的性质和任务。会上宣布了苏州医学院第一届院务委员会成员 29 人名单，刘铁珊任主任委员，黄文锦、戈绍龙、王同观任副主任委员。

1960 年 6 月 1 日，全国文教群英大会在北京开幕，苏州医学院附属第一医院一位医师和苏州医学院附属儿童医院院长赴京出席大会。

1961 年 9 月，中共中央书记处讨论并通过了"高教六十条"。苏州医学院认真贯彻"高教六十条""科研工作十四条（草案）""高等医药院校附属医院工作条例（试行草案）"，建立和健全正常的教学秩序，调整领导体制，实行院党委领导下的院长为首的院务委员会负责制。根据自身办学条件，适量减少招生数，合理设置学科专业，加大学科建设力度，稳定了教学规模和教学秩序，促进了教学质量的提高。

苏州医学院设有临床医学系，为 5 年制本科。1961 年年初，为适应农业发展需要，面向农村设置农村医疗专业（3 年制专科）。1961 年 11 月，成立儿科系，附属儿童医院院长陈务民兼任儿科系主任。1962 年，为贯彻落实党的"调整、充实、巩固、提高"的八字方针和"高教六十条"，解决办学条件与提高教学质量不相适应的矛盾，停办了农村医疗专业，并及时调整教学计划。1962 年底，经国务院批准，苏州医学院划归第二机械工业部领导。1963 年起，临床医学专业改为 6 年制。因二机部亟需医疗、卫生防护、辐射剂量等方面的技术人员，苏医在继续培养临床医疗人才外，于 1964 年创办了放射医学系（对外称"卫生系"），为 6 年制本科。

3. 坚持以教为主的原则，积极开展教学改革

为了贯彻"教育为无产阶级政治服务、教育与生产劳动相结合"的方针，苏州医学院进行了一系列教学改革。制订新的教学计划，改变过去教学脱离实

际、忽视学生思想实际的状况。要求政治课教师尤其是青年教师兼做班主任，了解学生情况，增强课堂教学的针对性与实效性。遵循以教学为主的原则，调整了教学、医疗、科研、生产劳动、社会活动和假期的时间，保证学习时数，使学生有较为充足的时间学习基本知识、基本技能和基础理论。

广泛开展勤工俭学活动，结合医学教育的特点，将医学教育与群众性卫生工作、防病治病工作相结合。苏医组织10个血防小组和医疗队到苏北的盐城、建湖、阜宁、东台和苏南的常熟、昆山、太仓等地，开展卫生宣教和寄生虫病、血吸虫病的防治工作。贯彻党的中医政策，组织西医学习中医，开展中西医结合工作，在基础课教师中定期举行"中医学概论"讲座，学习中医理论、经络学说和针灸技能，鼓励教师开展中西医相结合的研究工作，选派基础课和临床课教师去中医院校系统学习中医。在教学计划中，增设中医课。调整课程设置，探索相关学科的合并教学，如人体解剖学与组织胚胎学、病理解剖学与病理生理学、流行病学与传染病学等试行合并教学。

为了培养学生独立思考和独立解决问题的能力，成立学生课外科研小组，吸收学生参加教师的科研工作。加强教研室集体备课，在青年教师中开展课前预讲活动，注意精选教学内容和形象化教学，重视培养学生的动手能力。教师开始注意"少而精、启发式"，改进教学方法，进行教具改革，改变过去那种"上课记笔记、下课对笔记、考试背笔记、考完就忘记"的情况。组织观摩教学，进行评教评学，从而使学生独立思考能力和实际操作能力均有所加强。

为贯彻我国高等教育"两条腿走路"的方针，适应卫生事业发展需求，1958年，经高等教育部批准成立苏州医学院业余医学院，为专科层次，业余形式，即夜大学。1960年春季招生，设有临床医学和医学检验两个专业，学员来自苏州市和学院的卫生医务人员和教学辅助人员。

4. 加强师资队伍建设，培养高层次医学人才

根据《教育部直属高等学校暂行工作条例》的精神，结合本院的实际，1961年11月制订了《苏州医学院师资培养计划（草案）》，对基础课教师和临床课教师提出不同的培养内容和要求。培养方法为院内重点培养和院内一般培养。重点培养方面，一是招收青年教师为在职研究生，二是开展在职进修，组织老教师分别带青年教师1—2人，传授其专长。

为了培养高层次医学人才，1960—1965年，陈王善继、陈悦书、张奎、杨汝杰等4位教授分别开始招收研究生。陈王善继教授指导研究生完成"胃癌的X线诊断"的课题；陈悦书教授瞄准医学前沿，在国内外对白血病患者肾上腺

皮质功能研究不多的情况下，指导研究生分别完成了"63例白血病患者尿17—酮类固醇的观察""86例急性白血病幼稚细胞的过碘酸—雪夫氏（PAS）反应观察""白血病患者尿17—酮类固醇和三天促肾上腺皮质激素刺激试验的观察"等研究课题。

5. 成立医学科学研究委员会

为了推动医学科研不断发展，1958年2月，苏州医学院科学研究委员会成立，由汪青辰任主任委员，戈绍龙、王同观、杨汝杰任副主任委员，何馥贞、陈王善继、王致中、鲍耀东、陈务民为委员。这是苏州医学院历史上第一个院级科研领导机构。1959年成立了江苏省第一个同位素实验室（设在苏州医学院附属第一医院内），并组织师生开展口服酒石酸锑钾剂型的研究，取得了预防血吸虫病的良好效果，受到卫生部的表彰。1960年1月，由苏州医学院与苏州市科学技术委员会、苏州市医学科学研究委员会共同创办了医学杂志《苏州医报》，1960年8月改名为《苏州医学院学报》。

苏州医学院隶属第二机械工业部领导之后，科研呈现很好的势头。承担了"血吸虫诊断的研究""传染性肝炎病毒的分离和鉴定""经络针灸机制的研究""白血病（淋巴瘤）的中西结合治疗""急性放射病的发热机制探讨""中药去除物体表面放射性沾染的研究""口服锑片的研究""脾切除后某些疾病生理改变和血吸虫病免疫的研究"等重点科研课题。1964年，经第二机械工业部批准，苏州医学院相继成立了职业病研究室、放射卫生研究室、血液病

苏州医学院总结评功表彰大会

研究室和基础医学研究室（先后改称电生理研究室、神经生物学研究室），推动了科研的发展。

三、巩固发展附一院，筹建创办附二院、附儿院

1957年迁校苏州后，经江苏省政府和苏州市政府批准，苏州市第一人民医院为苏州医学院附属医院；苏州市第二人民医院、苏州市第三人民医院、苏州地区工人医院为教学合作医院。在省市政府的支持下，苏医在大力发展附一院的基础上，1959年又开始筹建苏医附二院和附儿院。

1. 巩固发展苏医附一院

位于苏州城东天赐庄的苏州医学院附属医院（苏州第一人民医院）是一所历史悠久的综合性医院，原名苏州博习医院。1877年由美国基督教监理公会蓝华德创办，初名中西医院。1883年，柏乐文等得到教会和苏州地方人士的捐款1万美金，于天赐庄建立医院，命名为苏州博习医院（Soochow Hospital）。这年11月8日，苏州博习医院正式开院接诊，由柏乐文、蓝华德两名美籍医生主持院务，并有几位中国人襄助工作。1909年，美国外科医生苏迈尔来院担任外科主任。1913年，美国福耳门作为第一位正式护士到院工作，并创办苏州博习医院护士学校。1917年，苏迈尔任院长。1919年，苏迈尔筹得银圆20万，将旧屋全部拆除重建，于1922年春建成新院，占地七亩六分，筑有三层半住院大楼和二层门诊大楼各1幢，总面积3 329平方米，设计床位100张，室内有热水汀和冷热水管、电灯、电话等装置。新院建成之后，延聘了不少中西职员，并开始全部雇用女看护。1927年8月，苏州博习医院董事会推选华人李广勋博士任院长，此为苏州博习医院第一位由中国人担任的院长。

博习医院创始人蓝华德博士

博习医院第一任院长柏乐文博士

华人院长李广勋博士

经 40 余年的发展，苏州博习医院声誉日隆，负有盛名。1926 年 8 月，美国外科专门医学院派员来院审定，"视（建筑、人才、仪器）三项之设备完全"，认为苏州博习医院为合格医院，"如此医院全国仅三四处而已"。苏州博习医院的"医术之精良，器具之完备，诊断之热心，更护之周密"，为当时世人所称颂。

1941 年 12 月 8 日，珍珠港事件爆发，苏州博习医院被日本同仁会接收。1945 年 8 月，日本投降。10 月 12 日，同仁会撤出，由美国教会收复。11 月 1 日，苏州博习医院正式恢复门诊，并收治住院病人。

1950 年 6 月 10 日，最后一任美籍院长赵乐门离院回国。1951 年 11 月 9 日，由苏南行政公署正式接办医院，为全民所有制性质。陈王善继、诸荣恩分别任正、副院长，院董事会自行消失。自此，苏州博习医院结束了私立教会医院的历史，开始了中国共产党领导下的新里程。

1951 年 11 月，苏州私立博习高级护士职业学校改为公立，归苏南行政公署卫生处领导。1952 年 1 月 1 日起，该校与苏州博习医院脱离隶属关系，同年 10 月改名为苏州护士学校。5 月，苏州博习医院奉苏南行政公署卫生处指示，协助筹建苏州医士学校，校址设在严衙前 48 号内。10 月 15 日，苏州医士学校开学，苏州博习医院成为苏州医士学校教学合作医院，承担培养中级医务人员的任务。1953 年江苏省人民政府成立后，苏州博习医院亦随之属江苏省人民政府卫生厅领导。5 月，江苏省人民政府决定，将苏州博习医院划归苏州市人民政府领导。1954 年 10 月，苏州市人民政府决定将苏州博习医院改名为苏州市第一人民医院。

1957 年 8 月，江苏省卫生厅决定，苏州市第一人民医院又名苏州医学院附属医院，陈王善继任院长，并改属苏州医学院直接领导。9 月，苏州市卫生局、苏州医学院和附属医院举行了交接仪式。同时，苏州医士学校迁往南通，全部校舍无偿归并苏州医学院附属医院。

苏州市第一人民医院由市属医院成为苏州医学院附属医院之后，医疗、教学、科研水平发生了质的变化，其重要标志为各三级临床医学专业学科相继创建。一批知名专家按照高等医学的教学要求，开始了临床分科和学科专业化建设，各个门类的实验室和教研室相继成立并迅速发展，医院步入规范化、科学化发展的轨道。

在此期间，苏州医学院附属医院先后添置了体外循环器、原子核计数器、深层 X 线治疗机、200 mAX 线诊断机、肺功能测定器、角膜显微镜、阴道放大

第二编 艰苦奋斗 调整发展（1952—1982）

苏州医学院附属医院天赐庄大门

镜、胃镜、腹腔镜、电睡眠机、大型血库冰箱、缩影机、γ计量器等先进医疗仪器，并能成功地开展二尖瓣分离术、半肾切除、经胸结核病灶清除、脊柱前融合术、低温麻醉、鼓室成形术、全喉切除、宫颈癌子宫广泛截除术等新手术。

附属医院于1958年9月又开办一所护校，校名为苏州医学院附属医院护士学校（1959年更名为苏州医学院附属第一医院护士学校），陈王善继院长兼任校长。

1959年9月1日，苏州医学院附属医院更名为苏州医学院第一附属医院，9月9日，又易名为苏州医学院附属第一医院，陈王善继任院长。是年，内科开设高血压、心脏病、砂肺专科门诊，开展了胃镜、腹腔镜等新诊疗技术。外科教研组应用人工心肺机体外循环实验获得成功，为进行复杂的心脏直视手术开辟了新途径。11月，在甫桥西街王长河头动工建造新门诊楼。1961年春，2 600平方米的新门诊楼竣工。9月，内科和肺科病房由天赐庄迁到严衙前48号原医士学校内，医院总床位从210张扩展到400张。自此苏州医学院附属第一医院分成东西两个部分（原博习医院旧址为东部，严衙前48号为西部）。1962年9月2日至4日，将门诊各科从天赐庄迁到王长河头新址。同年年底，苏州医学院归属二机部。苏州医学院附属第一医院由江苏省卫生厅和苏州医学院双重领导，苏州医学院统一管理。1963年1月起，苏医附一院经费由江苏省卫生厅直接拨款。这一年，成立血液病研究室和传染病科。1964年，苏医附一院开展了皮肤病理切片、脑电图、假关节融合术等29项新疗法和34项新技术，同年年底，骨科开展的断肢再植手术第一次获得成功。

经过数十年的建设与发展，苏州医学院附属第一医院在省内外声名鹊起，陈王善继教授领导的医学影像学学科和陈悦书教授领导的血液病学学科尤为世人瞩目，其学术水平在国内处于领先地位。

苏医附二院旧址

2. 筹建创办苏医附二院

1959年8月，为适应临床教学需要，经苏州市政府同意，苏州医学院在苏州市阊门内的下塘街外五泾庙永安里西中市139号原苏州市妇幼保健院基础上建立附属第二医院，于8月17日挂牌开诊。该院有250张床位，设内、外、妇、眼、口、耳鼻咽喉、神经、中医、皮肤等临床专科，是一所综合性教学医院。1960年1月，著名普通外科专家，时任苏州医学院附属第一医院副院长的陈明斋教授调任苏州医学院附属第二医院院长。

1962年年底，苏州医学院隶属第二机械工业部领导，苏州医学院附属第二医院即成为部属医院。1963年年底，附二院取消外科与妇产科，临床业务遂以内科为主。为加强内地"三线"建设，1969年11月，第二机械工业部决定将苏州医学院附属第二医院内迁至四川省内江市，成立了规模为300张病床的综合性医院（定名为部属西南416医院），收治二机部在四川各单位的病员。1970年5月，苏州医学院附属第二医院完成迁址。

3. 筹建创办苏医附儿院

为适应儿科临床教学和苏州地区儿童医疗保健工作的需要，1959年，苏州医学院以原儿科临床教学实习基地——苏医附一院儿科病房为基础，筹建创办附属儿童医院。

在苏州市人民政府的支持下，该院院址定于慕家花园16号遂园（当时为苏州市文化工艺美术厂使用）旧址。但由于院门在慕家花园小巷内，患者就诊和车辆进出困难，经苏州市人民政府批准，又征用景德路303、305号民房，使医院大门开在景德路上。8月，苏州市文化工艺美术厂迁址，苏州医学院附属儿童医院正式征用遂园旧址。9月22日正式开院接诊，院名为"苏州医学院附属儿童医院"和"苏州市儿童医院"。

建院初期，开设儿内科和中医儿内科门诊，仅有内科病房床位50张；60年代开设了外科、急诊室、儿保、化验室、放射科、心电图室等业务科室。1960年，陈务民任院长，何馥贞、彭大恩、戴立干任副院长。1964年12月，副院长何馥贞当选为第三届全国人民代表大会代表。

苏医附属儿童医院设有儿科教研室，担负苏州医学院临床医学系的儿科教学和临床实习工作，该院的一系列具有一定学术价值的科研论著和研究成果，受到医学界同人的关注。

四、隶属二机部，筹建创办放射医学系

1962年12月底，经国务院批准，苏州医学院划归第二机械工业部及江苏省双重领导。第二机械工业部立足我国核工业长远发展之计，又从全国高校抽调知名专家学者和重点高校毕业的高才生充实苏州医学院的师资、科研、医疗队伍，为苏州医学院筹建放射医学系打基础、做准备。

1. 培养核专业医学人才，筹建创办放射医学系

1962年，卫生部副部长钱信忠来苏州医学院考察和调研时，就拟设放射医学专业。同年12月，苏州医学院隶属第二机械工业部领导后，二机部因急需医疗、卫生防护、辐射剂量等方面的技术人员，要求苏州医学院在近两年内建立放射医学系。

第二机械工业部为了帮助苏州医学院筹建创办放射医学系，将当时所属西北203所的放射医学研究所移交给苏州医学院放射医学系，并从北京、上海等地的相关机构抽调了一批具有放射卫生、放射毒理等专业知识的专业人员到苏州医学院工作。1964年10月，苏州医学院正式建立放射医学系。

2. 开办放射专修班，参加核爆监测工作

根据第二机械工业部的需求，苏州医学院放射医学系开办了各种不定期放射专修班，如放射卫生训练班（包括放射毒理班）、放射医疗班（包括高级检验训练班）、放射剂量测量班等。负责第二机械工业部南方各厂矿的职业病和职业中毒的治疗，指导解决南方各厂矿疑难病症的诊治，在附属医院设立血液病病房，收治血液病病人，探索放射病的诊断和治疗方法等。

1964年，我国第一颗原子弹爆炸，苏州医学院放射医学系组织部分科技人员参加了核爆现场和核爆后苏州地区放射性落下灰的监测工作，及时准确地报出了数据。1965年，我国第二颗原子弹爆炸，放射医学系又组织科技人员进

行该项工作，两次均得到第二机械工业部的赞誉。1965年和1966年，放射医学系组织部分人员两次下厂矿，解决了氡子体的放射性监测、砂肺防治、废水排放监测和传染病预防等问题，并对核工业厂矿一线工人30年职业病损伤进行评估调查及黄海和渤海海域、长江中下游等放射性核素的本底调查，均收到良好成效。

五、党的建设

1957—1965年，苏州医学院党委共召开了六次党员大会和一次党员代表大会，其中五次为换届选举。历次大会，除了认真学习贯彻中央的方针政策和省、市会议精神外，重点是部署学院教学、科研、医疗等各项工作。

苏州医学院第一次党员大会于1958年2月14日至17日召开。郑白致开幕词，汪青辰代表上届党委（南通医学院时期的党委）做了《1957年下半年工作情况和1958年上半年工作任务》的报告。苏州医学院《关于响应南京大学倡议开展办好社会主义大学的革命竞赛指标（修正草案）》也提交大会讨论。刘铁珊致闭幕词。会议选举苏州医学院第一届党委会，刘铁珊等11位同志为党委委员；刘铁珊、汪青辰、郑白为党委常委；刘铁珊为党委书记，郑白为党委副书记。

苏州医学院第二次党员大会于1958年8月23日至27日召开。这次大会的任务是：总结整风运动的成绩和经验，明确下半年的任务；贯彻落实党的教育方针，破除迷信，解放思想；大搞群众性的技术革命，提高教学、科研、医疗质量；为办好社会主义医学院而奋斗。刘铁珊和汪青辰代表党委分别向大会做了《关于整风运动的总结报告》和《1958年下半年工作任务的报告》。

苏州医学院第三次党员大会于1959年8月23日至27日召开。大会传达和学习了中共八届八中全会的有关文件，总结了一年半来的工作，确定了下一年度的工作任务，选举产生了苏州医学院第二届党委委员。刘铁珊、黄文锦、陈少青、毛之衡、邵曼伯为党委常委，刘铁珊为党委书记。

苏州医学院第四次党员大会于1960年8月15日至17日召开。这次会议的主要任务是：传达学习卫生部在上海召开的全国中西医结合研究工作经验交流会与教育革命座谈会的精神，总结第三次党员大会以来的工作和经验，讨论下一年度的工作任务，选举苏州医学院第三届党委会。赵凯向大会传达了上海会议精神，并代表上届党委做了《关于1960—1961学年度工作任务的报告》。大会选举产生了12名党委委员，刘铁珊、赵凯、黄文锦、陈少青、毛之衡为党委常委，刘铁珊任党委书记、赵凯任副书记。

苏州医学院第五次党员大会于 1963 年 2 月 1 日至 3 日、2 月 9 日至 10 日召开。会议的主要任务是：传达学习党的八届十中全会精神和中共江苏省第四次代表大会精神，听取和审议上届党委工作报告，讨论确定本学期的工作任务，选举苏州医学院第四届党委会。刘铁珊、赵凯、黄文锦、陈少青、邰曼伯、毛之衡为党委常委；刘铁珊为党委书记，赵凯为党委副书记。

苏州医学院第六次党员大会于 1964 年 2 月 7 日至 9 日召开。大会的主要任务是：听取院党委关于开展"五反"运动的检查报告，在学习解放军、大庆油田的政治工作经验，贯彻全国医学教育工作会议和医院工作会议精神的基础上，讨论本学期的工作任务。

1965 年 10 月 9 日至 16 日，苏州医学院召开党员代表大会。出席这次大会的 90 名党员代表是由各党支部民主推选产生的。大会的主要任务是：在贯彻执行党的"八字方针"和"高教六十条"并取得成绩的基础上，制定本学年的工作任务；听取和审议上届党委会的工作报告；选举苏州医学院第五届党委会。毛之衡、刘铁珊、李杰、陈少青、邰曼伯、赵凯、黄文锦当选党委常委；刘铁珊为党委书记，赵凯为党委副书记。

在历次党员大会和党员代表大会召开期间，上级党委对苏州医学院的党政领导成员亦做了相应调整。1959 年 2 月 6 日，中共江苏省委决定：汪青辰调任南京药学院党委书记兼院长；党委书记刘铁珊兼任苏州医学院院长，黄文锦任副院长。1960 年 4 月，江苏省委决定，赵凯任苏州医学院党委副书记。1961 年 6 月，江苏省委批准陈少青任苏州医学院副院长。1964 年 4 月，经第二机械工业部批准，苏州医学院成立政治部，党委副书记赵凯兼任政治部主任。

发展期的苏州医学院，地处交通便捷的沪宁线，位居"人间天堂"之域，颇具"天时地利人和"之势。苏州医学院隶属二机部之后，知名专家学者加盟云集，临床教学规模不断拓展，血液病学、放射医学等学科崛起，成为全国闻名遐迩的品牌学科。

第三节 "文革"十年与拨乱反正

在"文化大革命"中，苏州医学院和全国高校一样，停止招生 6 年，仅在 1972—1976 年，招收了 3 年制工农兵学员。"文革"十年，学校举步维艰，但是广大教职员工在极其艰难的情况下坚持工作，做出了一定的成绩。

一、十年"文革"

1966 年 6 月 17 日，中共苏州市委派"文化革命工作组"进驻苏州医学院领导运动。8月31日，苏州市委撤销党委书记刘铁珊和赵凯、陈少青、顾介玉等院领导的职务。9月，苏州医学院"文化大革命"筹备委员会成立。

在上海"一月风暴"的影响下，1967年1月26日，苏州医学院造反派组织夺取了学校党、政、财、文大权，并成立了临时管委会。

1967年4月5日，苏州医学院革命委员会成立。李杰任主任，刘山海、王成标任副主任。1968年5月，苏州医学院革命委员会进行调整充实，史玉符（军代表）任主任委员，李杰、刘山海、羊超等任副主任。

1968年8月25日，中央文革小组等发出《关于派工人宣传队进学校的通知》。9月5日，由苏州长风机械厂、苏州阀门厂组成的苏州市工人毛泽东思想宣传队进驻苏州医学院，苏医的"文化大革命"进入"斗、批、改"阶段。

1969年3月13日，苏州市革命委员会通知，免去史玉符苏州医学院革命委员会主任职务，调离苏州医学院。7月6日，苏州市革命委员会批复，增补驻苏州医学院工宣队队长徐学平为苏州医学院革命委员会党的核心小组副组长。1973年，中共江苏省委任命刘铁珊为苏州医学院革命委员会主任，汪青辰、陆继珍（军代表）、黄文锦、陈少青、吴甦为副主任。

1970年1月，根据中共中央关于高等院校下放地方的通知，苏州医学院由第二机械工业部划归江苏省领导管理。1973年6月1日，经国务院批准，同意苏州医学院由江苏省和第二机械工业部实行双重领导，以江苏省为主。此后，苏州医学院的经费、基建和部分仪器设备的供应由二机部负责安排。放射医学系的毕业生全部由二机部分配，医疗系毕业生由江苏省和二机部各占一半负责分配。

1970年，苏州医学院开展整党工作。整党后期，大部分党员恢复了党的组织生活，重建了党的支部。1971年12月6日，中共苏州市委批复：苏州医学院党的核心小组由陆继珍（军代表）等9人组成，陆继珍任组长，李杰、杨永奎任副组长。1972年4月13日，中共苏州市委决定：刘铁珊任苏州医学院党的核心小组第一组长，陆继珍任苏州医学院革命委员会主任。

1973年5月25日至27日，苏州医学院召开党员代表大会，选举刘铁珊等22人为党委委员；刘铁珊、陆继珍、李杰、陈少青、钱永华、黄文锦、汪青辰为党委常委；刘铁珊为党委书记，汪青辰、陆继珍（军代表）、李杰为党委副书记。

1974年11月12日，中共江苏省委决定：任命汪青辰为苏州医学院党委书记兼革委会主任。原党委书记刘铁珊调离苏州医学院。

1976年10月，"四人帮"被粉碎。苏州医学院全体师生员工举行盛大的游行活动,欢庆胜利。苏州医学院党委根据党中央部署,在全院师生员工中开展了揭批"四人帮"的斗争。

1. "文革"时期的教学

在"文化大革命"中,苏州医学院的教学工作虽然受到严重干扰和冲击,但广大干部和知识分子努力克服困难,完成了一定数量的工作任务,有的工作还取得了新的进展。

(1) "开门办学"与编写教材

1969年,苏州医学院先后组织有关教师和医师,参加"教育革命"小分队和"五七"小分队,采取"走出去"的形式,实行"开门办学",分赴苏南、苏北,开办"赤脚医生培训班"10余期。小分队建立集体备课和试讲制度,让文化程度偏低的赤脚医生了解一些基本的医学常识。还举办了"社来社去班",将工厂、农村的赤脚医生"请进来"培训,毕业后都回原单位工作。

1971年,江苏省高教局下达编写教材的任务。苏州医学院组织50余名教师,与南通医学院、徐州医学院、南京铁道医学院、江苏新医学院的教师联合编写了《医用理化基础》《英语》《中医学基础》《人体解剖学》《病原生物学》《病理学》《药理学》《卫生学》《诊断学基础》《内科学》《外科学》《妇产科学》《五官科学》《针灸与新医疗法》等教材,于1972年年初出版,供3年制医学专业学生使用。

(2) 恢复招生,招收工农兵学员

根据国务院《关于大专院校放暑假和招生工作的通知》精神和江苏省高教局的决定,苏州医学院于1972年春恢复招生。招收270名工农兵大学生,学制为3年。同时,卫生系从二机部所属的厂矿招收学员,办了多期进修班。"文革"期间,苏州医学院共招收工农兵大学生5届,培养毕业生1 380名,

苏州医学院1972级学生毕业留影

其中有 754 名学员输送给二机部。

2. "文革"时期的医疗工作

在"文化大革命"中,苏州医学院三所附属医院的广大医务人员坚守岗位,坚持履行救死扶伤的神圣职责,完成了大量医疗任务。

(1) 组建"医教革命连",开展血防工作

1969 年,苏州医学院三所附属医院按照中央召开的南方十三省市血防会议精神,抽调了数十名医务人员组成"医教革命连",分赴苏州地区各县开展血防工作。在昆山县对 181 例晚期血吸虫病患者施行了脾切手术。还组织一支医疗小分队赴江苏省最为艰苦、缺医少药的盐城专区响水县小尖公社行医,挽救了不少重危病人,受到当地人民和政府的赞誉。与此同时,附属医院的门诊量并未减少。1969 年,附属第一医院年门诊量达 582 221 人次,年住院量达 8 587 人次;附属儿童医院年门诊量达 116 461 人次,年住院量达 3 035 人次;附属第二医院因准备内迁,停止门诊。

(2) 援外支边,抗震救灾

1972 年至 20 世纪 80 年代末,苏州医学院附一院和附儿院先后派出 8 批 30 人次医护人员赴坦桑尼亚进行医疗援助;派出 11 人次医务人员分赴苏丹、马耳他、阿联酋和圭亚那等国家进行医疗援助。

1973 年 8 月,根据江苏省革命委员会关于组织赴藏医疗队通知,苏州医学院抽调医务人员参加第一期医疗队去西藏工作 2 年,此后多年陆续派出多名医护人员参加援藏医疗工作。

1976 年 7 月 28 日,河北省唐山、丰南一带发生强烈地震。苏州医学院迅速组成了 100 余人的医疗救护队奔赴唐山灾区,共抢救运送伤员千余人。同时,附属一院、附属儿童医院收治了唐山运送来的伤病员 40 余人。苏州医学院派员参加了中共中央、国务院在北京召开的唐山、丰南抗震救灾先进单位和模范人物代表大会。根据二机部的要求,苏州医学院组织多批临床医生和基础理论教师,分赴陕西、四川等省的医院和厂矿,传授医护知识,进行巡回医疗,深受厂矿医院及职工的欢迎。

3. "文革"时期的科研

十年中,苏州医学院在完成二机部下达的科研任务的同时,积极完成省卫生厅下达的科研任务,开展了小规模的群众性科研工作。

1969 年,江苏省防护工作会议分配给苏州医学院在苏州硫酸厂和苏州电阻厂开展职业病防治工作的任务,苏州医学院组织以放射医学系的专业教师为主

的科研小分队赴这两厂,边调查边劳动,于 1970 年撰写了《接触放射性物质工人所受内照射剂量和健康状况调查报告》等 3 份材料,为国家制定剂量防护标准提供了依据。

1971 年 7 月,江苏省革命委员会卫生办拨给苏州医学院年度科研经费 1.2 万元,并下达"防治老年慢性气管炎(药理、病理、临床)研究""抗癌药物(以白血病为重点)研究""职业病(铅、苯、汞为重点)研究""放射测量仪器""钩端螺旋体病的研究"等研究项目。

1974 年,由第二机械工业部投资建造的 2 700 平方米苏州医学院图书馆大楼落成。原苏医图书馆移交给毗邻的二机部国营二六七厂。

苏州医学院根据临床实际,克服种种困难,采用有关教研室和临床科室相结合的形式,开展项目研究,主要项目有:钩端螺旋体病简易诊断方法;江苏省钩端螺旋体的整理鉴定及比较;钩端螺旋体培养基改进方法;对常见风湿性心脏病的外科诊疗并寻找简易有效的治疗方法;先天性心脏病的外科治疗;设计、制造简单的适应战备及急救的人工心脏;寻找安全、有效、适应广泛的口服治疗血吸虫病的药物,包括动物试验和临床观察。开展对白血病病因调查,摸索发病规律,大力收集民间单方、验方,进行筛选和验证,对已应用的抗白血病中草药,改革剂型,提高疗效,研究治疗白血病的中西医药物,等等。

在药麻醉方面,继续探索研究具有麻醉作用的其他中草药;寻找高效、速效、长效的口服治疗支气管炎的药物,进行病因调查,加强预防措施,开展气管炎病理、药理、细菌等方面的研究。

成立中草药抑菌试验小组,对 130 种临床上常用的中草药进行筛选和试验,对其中 50 种抑菌作用较强的中草药做了抑菌浓度的测定,并结合临床中受金黄色葡萄球菌和绿脓杆菌感染的常见病和多发病病例进行筛选试验。

苏医附一院内科呼吸组开展的"碳酸氢钠治疗严重哮喘持续状态"新疗法,使危重哮喘病人转危为安,该新疗法为国内首次报道(1966 年)。血液病研究室(含实验室和临床血液组)采用中西医结合方法,首创"HOAP"治疗方法,在最初的 28 例急性非淋巴细胞白血病患者中,完全缓解率高达 82.1%,达到当时国内和国际先进水平。

十年中,苏州医学院先后编印科研资料 13 期,发表文章 88 篇,完成科普读物《农村常用手术图谱》《体检参考图谱》《中草药手册》等初稿,这些对于普及卫生工作起了良好的作用。

二、正本清源

1978年,苏州医学院复归二机部领导。党的十一届三中全会重新确立了党的马克思主义思想路线,苏州医学院认真贯彻党在新时期的路线和方针政策,先后制定了《1978—1985规划纲要》《苏州医学院总体发展规划纲要(1982—1990)》,各项工作均取得了显著成绩。1981年国家实施学位制度后,苏州医学院成为首批具有学士、硕士、博士三级学位授予权的高校之一。此时的苏州医学院焕发出勃勃生机,昂首阔步迈入正本清源的繁荣期。

1. 拨乱反正,恢复重建各项秩序

粉碎"四人帮"后,苏州医学院在政治上拨乱反正,在思想上正本清源,在组织上清理整顿,恢复和重建正常的教学秩序和工作秩序,调动广大师生员工的积极性,为把工作重心转移到教学、科研、医疗、管理上来奠定了良好的基础,为学校健康快速发展扫清了障碍,铺平了道路。

(1)落实政策,平反冤假错案

粉碎"四人帮"后,苏医广大师生积极揭批林彪、江青反革命集团的罪行,特别是结合教育战线的实际,揭露和批判了"四人帮"破坏教育、科技工作的罪行。1977年,苏医党委组织全院师生员工认真学习邓小平在全国科学大会上的讲话和全国教育工作会议上的讲话,使广大知识分子和干部挣脱了思想上的桎梏,心情无比振奋。

苏医党委遵照党的十一届三中全会确定的路线、方针和政策,成立了"落实政策办公室",加快了落实政策的步伐,切实纠正"文化大革命"及其之前的"左"倾错误,认真清理和复查冤假错案,对269名干部、知识分子和群众的冤假错案,召开全院大会公开平反昭雪,恢复名誉;对被查抄的财物及被挤占的住房等均做了归还和退赔处理。成立了"右派改正办公室",对被错划为右派者进行甄别、改正。对当年因被错划为"右派分子"或"坏分子",分配去边远地区工作或劳教的几名学生,经平反改正后,想方设法与苏州市劳动人事部门联系,将其调回苏州,重新安排工作。随着落实政策工作的深入,苏医对历年所积的老案也进行了认真的清理,按照党的方针政策做了妥善处理。

由于落实政策工作有力,广大知识分子、干部和群众精神面貌焕然一新,苏州医学院各项工作蒸蒸日上,呈现一派新气象。

(2)调整领导班子,健全组织机构

在拨乱反正、恢复重建各项秩序的过程中,第二机械工业部(核工业部)和江苏省委、苏州市委对苏州医学院的党政领导班子成员做了相应的调整。

1977年，原党委书记兼革委会主任汪青辰调离苏州医学院。1978年5月，中共江苏省委决定：陈法森任苏州医学院党委书记，王鹤滨任苏州医学院党委副书记、第一副院长；陈少青、苏广义、黄文锦、蒋继汉、吴盦、刘林、陈王善继任苏州医学院副院长；王同观改任苏州医学院顾问。1979年7月7日，第二机械工业部党组决定：霍慎斋任苏州医学院党委副书记。11月21日，江苏省委决定，陈少青兼任中共苏州医学院纪律检查委员会书记。

1980年8月，二机部党组任命陈王善继为苏州医学院院长，杜子威为苏州医学院副院长，郑白为苏州医学院党委副书记兼副院长。1981年12月，二机部党组决定：刘光任苏州医学院党委书记，原党委书记陈法森改任苏州医学院顾问。

苏州医学院根据部、省有关文件精神，按照"党委领导下的院长负责制"的要求和教学、科研、医疗、管理的实际，重新设置党委系统和行政系统机构。1979年10月，江苏省卫生办党组批复，苏州医学院党委下设党委办公室、组织部、宣传部、人民武装部、纪律检查委员会、工会、团委（1983年增设统战部）；行政下设院长办公室、人事处、保卫处、教务处、科研处、总务处、图书馆、基础部、医学系、放射医学系（1984年增设外事办公室）。

在此期间，苏州医学院整顿了教学秩序、工作秩序、治安秩序，恢复和健全了学生学籍管理，制定了学生守则等一系列规章制度，从而使学校各方面的管理工作逐步走上了正轨。随着苏医领导班子的革命化、知识化、专业化、年轻化和党政机构的充实、调整，教学、医疗、科研及各项管理工作水平得到明显提高。

（3）恢复职称评审，调动教工积极性

1978年5月，国务院颁发《关于恢复教师和卫生技术人员职称评定工作的通知》。苏州医学院在中断职称评审十余年后，开始恢复教师和卫技人员的专业职称评审工作。是年，苏州医学院依据教师和卫技人员职称评审程序和实施细则，上报了18名晋升教授、副教授的名单。《光明日报》《新华日报》在第一版刊登了晋升人员名单，极大地鼓舞了苏州医学院教职人员的积极性。1981年，又进行了一批教授、副教授的职称评定工作，经江苏省高教局批复，评定教授1名、副教授38名。此外，核工业部和江苏省卫生厅确定和晋升了36名医务人员的主任医师和副主任医师职称。

2. 以教学为中心，实现工作重点转移

苏州医学院党委和行政认真学习贯彻党的十一届三中全会精神，全院教职员工的主要精力逐步转移到教学、科研、医疗等业务工作上来，确立了以教学为主，努力提高教学、科研及医疗质量与水平的中心任务；围绕提高教学质量进行全面整顿，合理有效地使用人、财、物，使学校各项工作不断取得进展。

（1）恢复高考制度，招收新生

1977年8月，邓小平主持召开了科学和教育工作座谈会，决定恢复从高中毕业生中直接招考学生。10月12日，国务院批转教育部《关于1977年高等学校招生工作的意见》和《关于高等学校招收研究生的意见》，废除了群众推荐的招生办法，在全国恢复从高中毕业生中招收新生，并实行学生自愿报名，统一考试，学校择优录取的制度。

苏州医学院1977级放医系卫班毕业生合影

苏州医学院1977级共录取本科（5年制）新生354名。1978年8月，录取1978级本科新生396人。1979年1月，苏州医学院根据江苏省有关文件精神，在1978年参加全国统一高考的考生中，择优扩招了51名临床医学专科生，学制为3年。这是"文革"后苏州医学院首次开办的临床医学专科班。

（2）修订教学计划和大纲，开展教改和教学研究

1978年和1981年，卫生部先后下发《高等医学院校专业教学计划（试行草案）》和重新修订的《高等医学院校五年制医学专业教学计划》，强调对学

生能力的培养，要求学生在校要获得科学研究的初步训练，具有一定的阅读外文书刊能力，毕业实习安排在县级以上医院进行。遵照卫生部颁发的教学计划和学位条例暂行办法，苏医制订了临床医学专业和放射医学专业本科教学计划和教学大纲，使全院教学工作有章可循。1982年，苏州医学院1983届333名学生参加卫生部组织的全国高等医学院校医学专业应届毕业生业务统考，平均成绩为83.65分，高于当年全国统考的平均成绩（82.63分）。

1984年，苏医开设教改试点班，进行教改试点。该班由教务处直接领导，选派一名高年资教师担任班主任。允许教改试点班的学生自由听课，课堂授课不考勤，但必须参加政治课、体育课、实验实习课，完成课外作业和参加考试，鼓励教师授课时多使用英语。自由、灵活的教学方式，提高了学生的自学能力和理解能力。在教改过程中，利用课余时间聘请院内外专家做边缘学科或新技术、新方法、新进展的学术报告；增开了共产党宣言、大学语文、高等数学、医学心理学、心身医学、生物医学工程、医用电子学、生物物理、计算机应用、康复医学、文献利用与检索、电镜技术、生物新技术、病解新技术、医学科技写作等15门选修课。

为了进一步提高医学生运用所学基础理论和专业知识分析问题和解决问题的能力，达到教学计划规定的培养目标，使医学生在实习期间切实掌握诊治疾病和预防疾病的基本技能，根据卫生部《高等医学院校五年制医学专业基本技能训练项目》，结合苏州医学院《临床学科教学大纲和实习大纲》的要求，采取"实际操作、病历书写、综述及论文、结合病历口试、定题答辩"等方式让学生进行临床实习。定期召开临床实习工作交流会，及时总结和推广优良临床实习基地的经验，以保证和促进临床实习教学质量的提高。

加强了对高等医学教育的研究，组织全院师生开展教学研究。从1983年起，编辑内部刊物《医学教育研究》，进行校际交流，共刊出9期。1985年又成立了高教研究室。

（3）恢复研究生招生制度，招收硕士生和博士生

1978年12月，经教育部批准，苏州医学院招收了"文革"后的第一批研究生14名，涵盖生理学、寄生虫学、神经外科学、内科血液病学、放射诊断学等5个专业。

1981年10月，国务院学位委员会公布了首批学位授予单位名单，批准苏州医学院内科学（血液病）、外科学（神外）2个博士点和陈悦书、鲍耀东、杜子威3位教授为第一批博士生导师，生理学、生物化学与分子生物学、病原

陈悦书教授

生物学（含寄生虫学与微生物学）、病理学与病理生理学、医学影像与核医学、外科学（神外）、外科学（普外）、外科学（骨外）、内科学（心血管病）、内科学（血液病）等10个硕士点。苏州医学院被国务院学位委员会确定为首批同时拥有博士、硕士、学士三级学位授予权的单位。1979—1985年，共招收研究生120名。

杜子威教授（左二）在指导博士研究生

鲍耀东教授（左三）在查房

1982年3月9日，苏州医学院成立学位评定委员会，由15人组成，院长陈王善继任主席，副院长黄文锦、杜子威任副主席。

3. 设置科研机构与管理机构，不断拓展科研新领域

党的十一届三中全会之后，苏州医学院在教研室、研究室大量增加的基础上，院一级的科研机构也逐步成立，科研管理机构相应恢复。1979年10月，恢复科研处，对全院的科研工作进行计划管理、经费管理、成果管理，并负责学报编辑工作和对外学术交流活动。

根据学科建设和医学科研方向，先后成立了一批研究室，其中部、省合批的研究室有血液病研究室和脑神经研究室，部批的研究室有同位素临床应用研究室、临床寄生虫研究室、临床药理学研究室、劳动卫生与职业病研究室、放射卫生研究室、电生理研究室、神经生物学研究室、放射损伤研究室、儿科学研究室、呼吸系统疾病研究室和神经外科学研究室等。1983年后，又成立了血栓与止血研究室、血液病基础研究室、临床血液学研究室、免疫学研究室、医学寄生虫学研究室、创伤骨科学研究室、脑循环和脑代谢研究室、烧伤整形外科研究室、泌尿外科研究室、普外科研究室、妇产科研究室、消化内科研究

室、心血管研究室、脑神经研究室和基因工程研究室、药理学研究室等29个研究室。

为了进一步发展苏医核医学的特色和优势，经核工业部批准，苏州医学院于1983年成立核工业放射医学研究所，这是学院最早成立的院级科研机构，也是适应核事业发展需要，更好地为核事业服务而成立的科研机构。该所是核工业部所属的主要从事电离辐射效应、辐射损伤诊断、防护和治疗的综合研究机构。

1978—1985年，苏州医学院有80项（次）的科研项目分别获国防科工委、核工业部、卫生部、江苏省和苏州市人民政府的嘉奖。

1978年2月，苏州医学院的"白血病的诊断"（血液病研究室）、"中药肌松剂溴甲素的研制"（中药麻醉研究室）、"抢救硝酸铀酰复合烧伤成功"（苏医附一院普外科）、"高本底地区居民健康状况的调查"（放射卫生学教研室）、"复方苯酚糊剂药物绝育术"（苏医附一院妇产科）、"我国食品卫生标准的研究"（放射卫生学教研室）、"颅内动脉瘤夹和颅内动脉瘤瘤蒂夹闭术"（苏医附一院脑外科）等7项科研成果获全国科学大会奖。

《苏州医学院学报》复刊号
（1981年第1期）

1978—1985年，苏州医学院的"国产NJS-S型脑室腹腔内引流装置""杀螨灭鼠的研究""晚期血吸虫病性大肠炎与癌变关系的病理形态观察""针刺麻醉原理研究""二醋酸纤维素薄膜""革螨吸血的研究""人脑恶性胶质瘤体外细胞SHG-44建系及其特征""革螨附感器的研究""猪红细胞超氧化物歧化酶的纯化"等9项科研成果，分别获得部（省）科技大会奖、国防科学技术工业委员会二等奖、卫生部乙级成果奖、江苏省人民政府二等奖。

1981年6月，《苏州医学院学报》编辑委员会成立。院长陈王善继任主编，黄文锦、刘林、杜子威、陈明斋、陈务民、陈悦书、鲍耀东、印其章任副主编。同年8月，《苏州医学院学报》复刊号出版。

4. 开展国际合作与对外学术交流

随着改革开放的深入发展，苏州医学院与国外学术交流日趋频繁。经杜子威教授的积极努力，1979年，苏州医学院邀请日本庆应大学脑外科教授工藤达之访问苏州医学院。之后，工藤达之教授联系日本名古屋保健卫生大学与苏

陈王善继院长（左一）向日本名古屋保健卫生大学神经外科教授神野哲夫（左二）颁发客座教授证书

州医学院建立合作关系。这年7月，名古屋保健卫生大学脑外科教授神野哲夫一行4人，首次应邀访问苏州医学院，并进行学术交流。10月，苏医派出以王鹤滨副院长为团长的代表团，回访名古屋保健卫生大学，并与该校签署了《中国苏州医学院与日本名古屋保健卫生大学技术合作交流协议书》。根据协议，苏医附一院两名脑外科医师赴日本，在名古屋保健卫生大学神野哲夫教授的指导下，学习CT诊断脑血管病、显微手术并进行脑肿瘤实验研究等。这两位脑外科医师后来成为苏医神经外科领域的学科带头人。1983年，名古屋保健卫生大学神经外科主任神野哲夫教授等，应邀参加了在苏州医学院举办的全国神经外科学会议，并就进一步发展两校间的合作与交流问题进行了认真的研讨。

苏州医学院与法国的巴黎第七大学、巴黎卫生局、蒙贝利埃大学及总医院、斯特拉斯堡大学及总医院、卢斯特研究所以及格勒诺布尔大学医院等开展了交流合作。苏州医学院与法国医学高等院校和科研机构间的学术交流和合作始于1979年，由国家教委派出苏州医学院血液学讲师阮长耿赴法国巴黎第七大学血液病研究所血液学专业学习。在法国两年半的学习期间，阮长耿在血小板膜糖蛋白-I单克隆抗体的研究方面取得重大突破，获法国国家博士学位后回国。1981年5月，经国家科委批准，法国巴黎第七大学血液病研究所卡昂教授应邀来苏州医学院进行参观讲学和学术交流，并由苏医陈悦书教授与卡昂教授共同签署了为期5年的《中华人民共和国苏州医学院血液病研究室和法兰西共和国巴黎第七大学血栓形成和止血研究中心学术交流和合作议定书》，从而成功开辟了苏州医学院与法国方面卓有成效的合作与交流。

苏州医学院与美国罗马林达大学、南佛罗里达大学以及西海岸医学中心开展了合作与交流。与美国的医学交流与合作始于洛杉矶华裔医师协会的威尔费雷达·谭和查理斯·谭两兄弟。谭氏兄弟是心脏外科专家，于1980年组织心血管外科8位专家访问苏医，开展治疗心脏疾病的手术和学术交流活动。之后，苏州医学院组团回访了洛杉矶华裔医师协会，并与罗马林达大学医学院建立了良好的合作关系。

第二届中法血栓与止血交流活动合影

5. 改善办学条件，振兴附属医院

为了适应医学教育事业的蓬勃发展，1978年之后，苏医加快了基本建设的步伐，使教学、科研、医疗工作的条件和师生员工的生活条件有了较大的改善。一是新建、改建和维修放射医学系大楼等校舍，增加教学用房面积；二是配置教学、科研普通仪器设备和中高档的先进设备，逐年添购医学图书期刊，提高教学、科研工作的手段和能力；三是通过重建附二院、发展附儿院、振兴附一院，保证日益增长的医疗工作需求，完成不断发展的临床教学任务；四是加强校园管理和建设，学院面貌焕然一新。

（1）建造新校舍，增添新设备

1979年，经核工业部批准，苏医投资219万元，新建5 300平方米的放射医学系大楼。放射医学系大楼竣工后，放射医学系各教研室、研究室和行政办公室由2号教学楼搬往新大楼，2号教学楼做了重新调整，从而缓解了各教研室用房一度紧张的状况，改善了教职员工的教学、科研工作条件。

为了保证教学、医疗和科研工作的需要，图书馆重点购置了生理、生化、病理、免疫、辐射、遗传、血液、神经、心血管等方面的专著，每年购书经费达26万元左右，占学院总经费的5%—6%。1979年馆藏期刊有135 641册。

1980年，着手筹建电化教研室，隶属教务处领导。筹建初期，在教学用房较为困难的情况下，调拨了300平方米的专门用房，供电化教研室使用。

(2) 发展附儿院，振兴附一院

在"文革"结束后，苏州医学院附属儿童医院经过整顿和推行岗位责任制，基本建设步伐加快，院容院貌焕然一新。1978年建造建筑面积为2 049平方米的病房大楼一幢，1985年又建造建筑面积为2 540平方米的病房大楼一幢，改善了病人的住院环境。

1980年4月，成立苏州医学院附属儿童医院党总支委员会，实行党总支领导下的院长分工负责制。医院的职能科室逐步健全，医技、辅助科（室）增至18个。住院病床增加至150张，分呼吸、消化和心肾、血液及外科、新生儿等4个专业病区。1982年，经江苏省卫生厅批准，医院病床由150张增至210张。1982年，苏医附属儿童医院被江苏省卫生厅指定为江苏省儿童保健骨干培训基地，成立儿科研究室，下设生化、病毒、血液、遗传4个专业组。1982年，该院放射科和外科合作研制的CF81A型肠套叠诊疗机试验成功，通过鉴定获江苏省和苏州市科技成果奖。

"文革"结束后，苏州医学院附属第一医院的医疗、教学、科研工作都成绩斐然。医疗方面，年门急诊量达65万余人次，积极开展新技术、新疗法70余项。1978年2月，开展同种异体肾移植术首次获得成功，为江苏省第一例。教学方面，除完成苏州医学院、附属卫生学校的课堂教学和实习任务外，还培训了部、省和兄弟单位来院的进修医师。科研方面，有26个科室承担了国家、部、省、市和医学院的科研课题83项，7项科研成果获部、省级科技进步奖，4项成果被有关专家鉴定达到了国际先进水平或处于国内领先地位。其中，"人脑恶性胶质瘤体外细胞SHG-44建系及其特征"属国内首次报道，获得国防科工委和卫生部、江苏省的二等奖。

1976年，我国血液病学奠基人之一陈悦书教授首先发现急性早幼粒细胞白血病的细颗粒型，并与有关学科合作，在国内首先开展了慢性粒细胞白血病的细胞膜相关抗原的探讨，在诊断急性白血病的综合研究上取得丰硕成果，有力地推动了我国白血病临床工作的开展和基础理论研究的发展。1978年，他的科研成果"白血病的诊断"获全国科学大会奖。在他的带领下，苏医附一院血液科的临床、教学、科研工作迅速发展，形成较强的实力，并具备相当规模，在许多方面处于国内领先地位。

苏医附一院还组织和承办了1978年全国白血病诊断分型会、1980年全国脑神经外科学术会议。

第四章 蚕校的调整与发展

在全国高校院系调整中,苏南蚕丝专科学校(简称"蚕校")的大专部分养蚕专业、制丝专业先后调整到浙江农学院。调整后,学校更名为江苏省浒墅关蚕丝学校。1954年增设丝织科,学制3年。1956年,制丝、丝织两专业从江苏省浒墅关蚕丝学校分出,新建江苏省丝绸工业学校。1958年,学校恢复大专,改名为苏州蚕桑专科学校。20世纪60年代初,学校得到新的发展。在"文革"中,学校发展严重受阻,"文革"后拨乱反正,恢复整顿,蚕校进入提高与发展的新时期。

第一节 院系调整后的蚕校

一、院系调整

1952年,教育部发布了《关于全国高等学校1952年的调整设置方案》,仿照苏联高校模式,以华北、华东和东北三区为重点,实施全国高校院系调整。这次调整的特点是:除保留少数文理科综合性大学外,按行业归口建立单科性高校;大力发展独立建制的工科院校。1953年8月10日,根据高等院校调整方案,华东区高等教育管理局决定,将蚕校的养蚕专业并入浙江农学院。9月11日,华东区高等教育管理局发函,同意蚕校制丝专业调整并入浙江农学院蚕桑系。随学生并入浙江农学院的教师有俞懋襄等7人,部分大专教师仍留在蚕校中专任教。还有部分教师根据本人意见,由上级调配至其他院校与科研单位。11月31日,在蚕校专科部分调整结束后,学校更名江苏省浒墅关蚕丝学校(简称"江苏蚕校")。时任省教育厅厅长吴贻芳来校宣布省人民政府通知,并召开部分教师座谈会。自此,蚕校降格为中等专科学校,设蚕桑、制丝两科。省农林厅转发省人民政府任命书,委派郑辟疆为江苏省浒墅关蚕丝学校校长,管守孟、孙奇真为副校长。学校归江苏省农林厅与江苏省纺织工业厅共同领导。

1953年8月,按照《江苏省1953年农业性质中等技术学校调整整顿实施方案》,镇江蚕业学校改称江苏省镇江农业学校,所有中级班及五年一贯制三年级并入浒墅关江苏蚕校技术科。

为了贯彻"教育为工农服务,学校向工农开门"的方针,1952年,苏州第一丝厂、江南丝厂及学校实习丝厂选送有初中毕业文化水平或具有同等学力的青年工人来校学习,学制3年,毕业后授予中专学历。青工班学生刚开学时,由于文化程度不齐,先补习半年文化课,实际学习三年半,所有学员享受调干生待遇。青工班学生毕业回厂后,不少人担负起了各厂技术部门的领导工作。

为了贯彻中共中央关于对知识分子进行思想改造的方针,苏南行政公署在1949年、1950年和1951年三年的暑期,分别在无锡、苏州两地举行第一、二、三届教师暑期研究会,对广大教师进行形势与任务、文教方针政策、知识分子政策、土地改革以及镇压反革命形势的教育。蚕校也逐步建立起了经常性的时事政治学习制度,定期组织教职工进行时事政策学习。

郑辟疆(左二)与费达生(左一)喜结连理

1950年3月12日,在蚕校校庆期间,在蚕丝教育和改进领域并肩奋斗了20余年的郑辟疆与费达生宣布结为夫妻,一时传为蚕丝界佳话。

1952年11月,蚕校教师汪家麟自愿将浒墅关虎疁蚕种场的资产赠予学校。1954年,汪家麟又将虎疁蚕种场的蚕种余款3 000万元(当时币值)捐赠给学校,以充学校实验蚕桑场添置设备及翻译蚕桑科技资料之费用。

二、学习苏联经验的教学改革

20世纪50年代初期及中期,学校教学工作逐渐走上正轨,并通过学习苏联教学工作的经验,进行了一系列教学改革,教学工作逐步规范化。按照培养初级蚕学家的要求,制订了蚕桑专业教学计划。规定开设普通课7门,基础技术课4门,专业课7门,六学期的平均周学时为36教时。教学实习与生产实习安排4次,合计34周。制丝专业的教学计划也做了相应修改。学校受农业部委托,结合蚕桑专业的7门专业课程,于1954—1955年编写了蚕桑专业的教学大纲与教材。蚕校专业教师承担主编了《蚕的生物学》《蚕白病虫害防治学》《鲜茧收购与处理》《柞蚕学》等4门课程的教材,还参与编写了《养蚕学》《桑树栽培附病虫害防治学》《家蚕良种繁育学》等教材。

由于江苏省丝绸工业的发展需要织绸方面的专门人才,1954年经省纺织工业厅批准,蚕校增设丝织科,学制为3年,并招收第一班学生20名。同年秋,教育部分配朝鲜留学生7人来校学习。

1956年11月,受农业部委托,蚕校举办第一期全国桑蚕蓖麻蚕干部训练班,学员300人,来自广东、广西、辽宁、山东等省、区。培训班至1957年6月下旬结束。

1957年上半年,郑辟疆致函省农林厅蚕管局,将1956年公私合营的壬戌馆蚕种场郑氏名下的权益自愿交与国家。该场所有房屋资产(大部分桑田由吴县浒墅关蚕种场接收)充实学校实验蚕桑场,原该场技术人员与桑工等8人由学校安排工作。商务印书馆早年出版了郑辟疆编写的几本教材,郑先生用这笔稿费在学校北面买了4亩地,盖了4间房,周围栽了桑树,作为私人寓所,取名"潜庐"。1922年(壬戌年),因学校试养的新蚕种失败,他自己买了10张蚕种,在私寓中腾出两间房子,雇请工人帮助饲养,试验取得成功。后因养蚕改革,新蚕种需要量增大,他便开始制种出售,他的寓所遂取名为"壬戌馆"。

壬戌馆蚕室

三、蚕桑与制丝专业分离,各自独立办学

1953年11月,学校改称江苏省浒墅关蚕丝学校后,由江苏省农林厅与江苏省纺织工业厅共同领导。其中，蚕桑专业由江苏省农林厅领导，制丝和丝织专业由江苏省纺织工业厅领导，而有关基建、仪器设备及经费来源，起初一直由农林厅拨给。后因制丝、丝织两专业招生人数日益增多，需要大量添置设备和增聘教师，1956年7月，两厅研究后报请教育部批准，决定将制丝、丝织两专业从江苏省浒墅关蚕丝学校分出，另在浒墅关上塘绞纱浜南征地，新建江苏省丝绸工业学校，原蚕丝学校改称江苏省浒墅关蚕桑学校。两校划分原则为：专业师资、仪器设备、实验室、专业图书等项分属原专业，行政、教务、总务及基础课师资一分为二，各自进入新的学校。分校工作从1956年下半年开始，到1957年上半年基本完成。在领导体制上，江苏省浒墅关蚕桑学校归省农林厅领导，江苏省丝绸工业学校归省纺织工业厅领导，两校均系中专性质，学制为3年。郑辟疆仍兼任两校校长。

江苏省浒墅关蚕桑学校毕业生合影

第二节　更名苏州蚕桑专科学校

一、恢复大专，改名苏州蚕桑专科学校

1958年8月，苏州地区行政公署决定于当年创办10所高等学校。于是，蚕校呈请利用院系调整后留在学校的原专科师资和设备恢复蚕桑专业专科的招生，此项申请很快获准。学校在恢复大专的同时，也继续保留中专部分，更改

校名为苏州蚕桑专科学校（简称"蚕专"），旋即于秋季招收大专班两个班60人。10月13日，苏州地区行政公署任命郑辟疆为苏州蚕桑专科学校校长，李成山、管守孟为副校长，学校隶属中共苏州地委及苏州地区行政公署。在恢复大专之前，蚕校的招生规模就已开始扩大，而大

苏州蚕桑专科学校校门

专的恢复使招生规模进一步发展。以20世纪50年代末、60年代初蚕校的毕业生数量为例：1958年，蚕校的毕业生为中专蚕桑专业75人，而1959年猛增到269人；1961年，有大专毕业生62人，1962年发展到105人；到1963年，蚕专毕业学生为304人，其中中专毕业生165人，大专毕业生139人。学校规模快速扩张不但给学校增加了经费负担，也在一定程度上带来了管理上的滞后。1959年8月，学校十里亭桑场采叶临时工搭乘运叶船返家途中，船被撞翻，造成采叶临时工10人落水溺死的重大事故。为了防止此类事件再次发生，学校于1959年下半年与保安公社协商，将偏远地区桑地、房屋及附属设施分别划给就近大队，将与学校桑田毗邻的兴贤大队第五、六、七、九等生产队的部分土地置换给学校。自此，学校原有实习桑地400余亩的绝大部分都集中在学校附近，学生实习以及平时的桑园管理都比较安全、方便。

1953年1月，江苏省人民政府委派李仲祥担任学校副校长。1956年，学校实验丝厂党组织划归学校，学校建立了党总支委员会，孙奇真为首任总支书记。1958年12月，中共苏州地委任命李成山为学校党委书记兼副校长。1960年2月，苏州地委组织部决定成立中共苏州蚕桑专科学校委员会，并颁发新印章。1960年后，蚕专的行政工作由校党委全面领导。

二、教育工作的调整

1961年9月，中共中央书记处讨论并通过了《教育部直属高等学校暂行工作条例》（简称"高教六十条"）。蚕专的教学工作也在"高教六十条"指导下，得到了新的发展。

1961年年初，根据高校教材分两步走的要求，江苏省农林局组织蚕专师生

深入蚕桑生产第一线进行调查研究，将蚕桑理论和生产实践相结合，初步编写出一套供专科学生使用的蚕桑新教材。

同年秋，镇江蚕桑专科学校调整并入苏州蚕专。

1962年6月，江苏省农林厅决定撤销蚕专的中专部，集中力量办好大专。

1962年8月，时任农垦部部长王震来校视察，并邀请蚕专陆辉俭、章步青两位副教授去新疆维吾尔自治区考察蚕桑生产。这两位蚕桑专家于次年6月到新疆进行了为期两个月的考察，对发展该地区的蚕桑生产提出了许多建设性的意见。为适应新疆军区生产建设兵团发展边疆蚕桑事业的需要，蚕专1962届、1963届大专毕业生大部分分配到新疆生产建设兵团从事蚕桑生产及科研工作。

1962年，党中央提出"以农业为基础""全党大办农业""把一切工作转移到为农业服务的轨道上来"的号召，动员来自农村的职工回乡支援农业。其时，正值中专停办，中专学生全部回家，部分中专教职员也调到苏州市的中学及企事业单位，有20名属农业户口、家在农村的职工，下放农村支援农业。经请示省农林厅同意，学校于1964年2月将155.58亩桑田及附属设施调拨给吴县蚕种场使用，学校仅保留毗连校园的桑田137亩。

1965年4月，经江苏省人民委员会批准，蚕专蚕桑专业成为省属高校半农半读试点单位，由学校负责制订实施方案。方案确定："设蚕桑一个专业。学制三年。1965年起将现有一年级转为半农半读，按新方案进行教学；二年级今后一年半时间，尽量按新方案调整；三年级适当加强劳动时间，按照教改精神，充实理论知识和实际技能方面的薄弱环节，不实行半农半读。"试行教学计划规定，三年内劳动时间为15个月，教学时间为16个月，劳动、教学、假期的比例为5∶6∶1。在具体安排上，学校注意了两方面的工作：

一是教育与生产劳动结合。各年级都结合专业安排劳动，一年级重点放在育苗与栽桑技术上，二年级着重解决养蚕技术，三年级重点放在培养学生独立思考、独立工作的能力上。

二是建立新的教学体系。在课程设置上，要求精简课程，精简内容，分清主次。对原设置的16门课程，进行停（外语、林果基础知识、专业补充课）、并（微生物学、蚕种学）、调（体育课改变形式和内容），在专业课程中明确以桑树栽培学与家蚕饲养学为主课；两门基础课（无机和分析化学、有机化学）、三门专业基础课（土壤肥料学、家蚕解剖生理学、桑树栽培生理学）要为专业课服务，内容要符合专业课要求；两门蚕桑保护课（蚕病学与桑病虫防治学）也要以养好蚕与栽好桑为落脚点。

通过一年的试点,蚕专发现,在高等农业学校试行半农半读有其优点,师生的劳动观念有所增强,动手能力有所提高,但也削弱了基础理论学习,使学生的知识面狭窄;将体育课改变了形式,实际上是以劳动代替体育,未能正确贯彻德、智、体全面发展的教育方针。1966年后即停止试点。

第三节　动荡与恢复

一、"文革"时期的蚕专

1966年7月,蚕专学生开始建立红卫兵组织。8月,苏州市委派出文化革命工作组进驻学校,并在学校成立了文化革命委员会。1968年3月,蚕专建立了大联合委员会,并在此基础上产生革命委员会,由军代表尚国斌任革委会主任,徐静夫为副主任。1969年11月29日,将自己的一生都献给了蚕丝事业和蚕校建设的郑辟疆老校长离世。

1970年5月,由苏州市第二丝厂(江南丝厂)职工组成的毛泽东思想工人宣传队进驻蚕专,"文革"进入斗、批、改阶段。学校采取"招进来""走出去"的办学形式,开展了一些教学工作。"招进来"是指招收有实践经验的工人、农民到校学习,即办"试点班";"走出去"是指把部分教师组成教育革命小分队分赴各地农村调查研究,在政治思想上接受贫下中农的再教育,在业务上举办专业短训班。

举办试点班的工作从1969年上半年开始,招收苏州地区具有高小文化程度、18岁以上,具有蚕桑生产实践经验的农民和基层干部,学制暂定一年。学习内容包括政治、军体、劳动、养蚕、栽桑等课程。学员于1969年9月入学,1970年6月结业,结业后都回原地工作。试点班学员由于文化程度悬殊,实践经验差距也大,加之学制又短,难以达到原定培养目标的要求。

与此同时,从1969年5月开始,学校先后派出5个教育革命小分队分赴吴县、淮阴、东台等地农村举办专业短训班,至1972年1月撤回。校内没有教学任务的教职工则组成"五七"小分队,在学校实习场参加劳动。

1. 招收工农兵学员

1971年7月,苏州市革委会派军代表王文选担任中共苏州蚕专核心小组第一组长兼革委会主任。1972年,根据《全国教育工作会议纪要》精神,蚕专制订了"教育革命方案",面向全省招收工农兵学员3个班,首批学员108人于4月入学,1975年8月毕业。1973—1974年,学校继续招收工农兵学员,经数次修订教学计划,学生分别于1976年8月和1977年8月毕业。

1972年4月,原党委书记李成山担任校革委会主任、党的核心小组副组长。12月,江南丝厂工宣队撤回。1973年年初,江苏省第四地质队组成的工宣队进驻学校。

1975年,全国农林院校到朝阳农学院参观学习"朝农经验",强调按生产季节程序安排教学,基础理论要为专业课服务,对原有课程进行砍、并、压(取消外语课;植物与植物生理、土壤农化、蚕体解剖生理学、微生物等课程分别并入栽桑、养蚕、蚕病、桑病虫防治等课程内;压缩理论教学时数)。9月,蚕专开始招收"社来社去"班(从人民公社中来,回人民公社中去),搞"开门办学","请进来"(请有实践经验的农民为专业教师)、"走出去"(下乡拜贫下中农为师)。1976年,续招两个"社来社去"班,毕业生"哪里来回到哪里去"。

2. "文革"后期的教学工作

1975年5月,蚕专改由苏州地区领导,江苏省第四地质队工宣队撤离学校。12月,苏州地委任命夏明波为学校党委书记、革委会主任,并派吴江新生丝织厂组成的工宣队进驻学校。1977年11月,工宣队撤回原单位,学校逐步恢复正常的行政和教学机构。

1975—1976年,蚕专曾派专业教师帮助淮阴农校创办蚕桑专业,在仪征县和南通地区各县举办多期函授班。还受省农林厅委托举办了两个培训班:一是蚕桑干部进修班,1年制,学员41人;一是根据本省各蚕种场的需要,培养工人技术员,称蚕种进修班,学制也是1年,第一期39人。以后又连续办了两期。

1969年,部分教师组织科研小组,同群众性科研活动相结合,开展科学实验活动。1970年后研究的课题有:杀螟杆菌对家蚕的毒害及其防治方法,壮蚕简易屋外育试验,桑树袋接、削接穗机的革新,家蚕新品种的培育,"920"在养蚕生产上的应用等。"文革"后期,还有家蚕青头病病原及防治研究、东风-12型手扶拖拉机桑田配套机具研制、蚕室消毒工具、电热补湿器、桑树短根接试验、桑树剪梢研究和小麦赤霉菌对家蚕影响的研究等课题。

二、学校工作的恢复与整顿

1. 恢复组织机构

粉碎"四人帮"后,蚕专广大教职工认真学习邓小平在全国科学大会和全国教育工作会议上的讲话,揭批"四人帮"在教育战线上的流毒,并对"文革"期间学校的教学工作进行了反思。

1977年1月,蚕专恢复并调整了党政机构。学校党委下设组织科、宣传科及各党支部。1979年5月,省委任命仲若愚为校党委书记,管守孟为校长,冯仁怀为党委副书记,夏昌明为副校长。同年10月,裴家璜来校任副校长。1981年11月,学校领导班子调整,管守孟为名誉校长,夏昌明任校长,裴家璜任党委副书记、副校长,郑声镛任副校长。

2. 平反冤假错案

在拨乱反正过程中,蚕专党委认真落实党的干部政策和知识分子政策。1978年前,党委对"文革"期间被重点审查的对象逐个进行了审查,落实政策的有31名,尚有6人待复查。1978年后,党委经过调查研究,对一些因派性而遭受冤屈者,全部做出符合实际的结论,平反了全部冤假错案。同时,按照政策处理了"文革"期间被查抄财物和被挤占私房等遗留问题。1979年4月,校党委对被错划为右派的4人予以改正。

3. 教学工作的调整

1978年上半年,学校研究了今后的发展方向,认为按照高等学校的办学规律,单学科与单专业性质的学校不利于教学质量的提高,也不能提高办学效益,应向多学科、多专业方向发展。经调查,当时江苏省有蚕种场29所,全国有200多所,在恢复生产的过程中急需不断补充技术力量。同时,生产中使用的家蚕品种也有待改进,需要有新的蚕种替代。因此,有必要在学校增设家蚕育种专业,培养家蚕育种专门人才。鉴于江苏省茶叶生产有很大发展,生产部门也急需这方面的高级专门人才,在江苏省农林厅的支持下,蚕校于1978年获准增设家蚕育种和茶叶两个专业,并于当年各招生一个班,每班学生20名。但由于有关师资及实习基地未能及时配齐与建立,在江苏省农林厅对省内高级茶叶科技人才的实际需要进行调查之后,决定蚕专的茶叶专业暂停招生。在校学生到三年级时,由农林厅安排委托安徽农学院茶叶系代培一年。至1981年,蚕专茶叶专业停止招生。

学校除招收普通班外,还兼办成人教育,培训在职人员。从1977年起,学校先后接受省农林厅委托续办江苏省蚕桑干部进修班和蚕种进修班各两期,学制均为1年。自1979年起,学校受农业部委托举办全国桑蚕良种繁育技术训练班四期,学制为1年。1981年,受省农林厅委托举办江苏省蚕桑行政干部培训班五期,每期3个月。1982年,举办江苏省蚕桑技术干部进修班三期。1983年,受江苏省教育厅委托举办中学蚕桑教师进修班,为期1年。

高等农业院校除担负培养高级农业技术人才外,同时还担负提高科学技术水平的任务。早在50年代初,学校即设有试验部,有专人负责运用遗传学原理进行家蚕新品种的培育工作。1959年,在蚕桑机具改革上,电动脱水机、活动蚕台等器具的研制已基本定型。许多教师紧密配合教学进行科学研究,但因"文革"而被打断。1978年后,学校科研工作逐步重上正轨,取得了一些新的成果,其中研制成功的电热补湿器获江苏省科技大会奖;东风-12型手扶拖拉机配套机具、中耕除草机和拔桑树机,1978年获江苏省革委会奖状;1980年8月,"家蚕青头病病原及防治方法的研究"获农业部1978年度技术改进一等奖;同年,PCK-IC自控蚕种催青箱获江苏省农林厅1979年度农业技术改进二等奖。

1977年9月,农业部委托蚕专与浙江农学院共同牵头制订了高等农业院校本科蚕桑专业教学计划,编写高等农业院校蚕桑专业教材。在本科蚕桑专业七门专业教材中,蚕专承担了《桑树栽培及育种学》《桑树病虫害防治学》两本教材的主编,并参与了《蚕体解剖生理学》《养蚕学》《家蚕良种繁育及育种学》《蚕病学》等教材的编写工作。这几本教材于1980年下半年陆续出版。

1963年,江苏省蚕桑学会成立之时,其组织机构便挂靠在蚕专。1978年,蚕桑学会恢复活动。1979年起,该学会主编的《江苏蚕业》(季刊)编辑室也挂靠在学校,管守孟任主编。

1979年后,学校加强了对体育工作的组织领导,成立了体育运动委员会,下设各学科体育领导小组,开展经常性的体育竞赛活动,每年召开一次田径运动会,贯彻普及与提高相结合的方针,坚持各项运动队的训练。学校坚持严格的早操和考勤制度,把课外活动列入课表。体育锻炼的开展以《国家体育锻炼标准》为基础,通过课内外相结合的办法,在规定时间内进行达标测验与辅导。体育教研室与医务室配合做好学生身体素质、机能的测试调查工作。从1980级开始,学校为每个学生建立了健康卡片。

第五章 苏州丝绸工学院的建立与发展

1956年，在江苏省浒墅关蚕丝学校基础上，实行蚕、丝分科建校，建立中专层次的江苏省立丝绸工业学校，归省纺织工业厅领导。1958年升格为专科，定名为苏州丝绸工业专科学校，归苏州行政公署领导。1960年，经国务院批准，在苏州丝绸工业专科学校的基础上，创办苏州丝绸工学院，并正式招收四年制本科生，归纺织工业部领导，院址在苏州市相门外。首任院长为郑辟疆。1962年，苏州丝绸工学院停办，1963年归属江苏省纺织工业厅。1964—1972年，更名为苏州纺织工学院，归属纺织工业部。1972年8月，恢复苏州丝绸工学院校名，1972—1977年，归属江苏省，招收工农兵学员。1978年重归纺织工业部。

第一节 苏州丝绸工学院的建立

一、蚕、丝分校，建立江苏省丝绸工业学校

在全国院系调整中，1953年8月，华东区高等教育管理局决定江苏省蚕丝学校养蚕专科调整并入浙江农学院（后为浙江农业大学，1998年并入浙江大学）蚕桑科。9月11日，又决定将蚕校制丝专科也并入农学院。经此调整后，学校更名为江苏省浒墅关蚕丝学校，设有蚕桑、制丝两科，归江苏省农林厅和纺织工业厅领导。江苏省蚕丝学校在专科部分调出并确定为蚕丝中等专业学校以后，蚕丝教育又做了较大的调整。1953年前后，苏州农业学校、宜兴农业学校的养蚕科先后并入江苏省蚕丝学校。1954年下半年，杭州工业学校、南通工业学校的制丝科也并入该校。至此，江苏蚕桑、制丝科基本上都集中到浒墅关，江苏省蚕丝学校也成为华东地区培养中等蚕丝技术人才的主要基地。中华人民共和国成立后，经过对私营企业的改造，众多的私营丝工厂逐渐变为具有一定规模的公私合营企业，丝织工业有了较大的发展，需要大量的丝织技术人员。为适应丝绸工业发展的需要，1954年，经江苏省纺织工业厅批准，学

校增设丝织科，学制3年。

经过调整，江苏省蚕丝学校规模逐年扩大，到1956年，在校学生已有20个班894人，其中制丝科7个班，丝织科4个班。由于蚕桑和丝绸专业分属江苏省农业厅和丝绸工业局领导，体制重叠，矛盾颇多，不利于教育管理和学校的建设与发展，1956年，经两部门研究并报请省人民政府批准，蚕丝学校一分为二，制丝、丝织两专业从原校分离出来，在浒墅关兴贤桥西堍征地新建江苏省丝绸工业学校，属江苏省丝绸工业局（后又重归纺织工业厅）领导。原蚕丝学校改为江苏省浒墅关蚕桑学校，属省农业厅领导。两校学制不变，郑辟疆兼任两校校长。1956年暑期开学，江苏省浒墅关蚕桑学校与江苏省丝绸工业学校就分开办公、教学，江苏省丝绸工业学校进入边教学、边建设的艰苦创业阶段。

蚕、丝按学科分校，是我国产业与教育领导体制使然，分校有利于消除多头领导的扯皮推诿，有利于加强对学校的领导与专业建设。但蚕桑与丝绸是互相依存、密切关联的学科，属于同一产业链上的上下游，分校削弱了蚕、丝专业教育应有的内在联系，在一定程度上影响了高等教育中蚕丝科学技术的发展。

江苏省丝绸工业学校成立后，在江苏省丝绸工业局的领导和支持下，在浒墅关大运河西岸的兴贤桥堍征用了30亩土地，进行学校的基本建设。学校新建面临许多困难，边教学，边建设，逐步改善教学条件和生活条件。

分校以后，新老生的教学工作同时展开，虽然从原蚕丝学校分过来的师资力量不足，但由于在建校之初大力抓了教师队伍的建设，积极争取从高校毕业生中吸纳一批青年教师，又从外地引进一部分教师，还通过江苏省教育厅从社会上招聘一些教师，从而保证了应开课程的师资需要。同时，建立了教学研究小组，选择具有一定教学经验的老教师担任教研组组长，以确保专业课具有较好的教学效果。在组织教学方面，学校按工科教学的要求，加强了基础课教学，增开了基础技术课，采用教育部规定的统一教材，坚持理论联系实际的原则，加强实验室和实习工厂的建设，注重学生实习工作，培养学生的动手能力。

党总支和校行政团结全校师生员工，发扬艰苦创业的精神，因陋就简，克服困难，边建校，边教学，很快就稳定了师生的情绪，逐步建立起正常的教学秩序和工作秩序。注重加强师生的思想政治工作，聘任骨干教师担任班主任，配备专职团委书记。还开展了多样的文娱体育活动，学校虽地处偏僻的浒墅关镇，教职员工都能安心地工作与生活。

1956年前，学校基本上在苏州、无锡一带招生，毕业生全国分配。1956年试行在盛产丝绸的辽宁省招生5名，翌年又在辽宁省招生40名，广东省招生15名，毕业后都分配回原省工作，对这些地区丝绸工业的建设与发展发挥了积极作用。1957年，学校扩大招生，制丝科有4个班、丝织科2个班，合计约300人。

到1958年，相继建成了教学楼两幢，以及办公楼、物理与化学实验室、制丝与丝织专业实验室、电工实验室、教工宿舍、学生宿舍、食堂、运动场等设施。全校新增建筑面积约8 000平方米，连同原大有蚕种场、校办丝绸厂旧房在内计12 000平方米，占地53亩，可容纳1 000名学生。在缫丝车间基础上，丝绸实习工厂新建了400平方米的丝织车间，安装了60多台各种类型的丝织机和前后工序相配套的设备；扩建了金工厂，配备了车、钳、铣、锻、焊等设备，基本上能适应教学的需要，并有一定的生产能力。在这期间，图书和教学设备都有较大的充实发展。

在1958年的"大跃进"中，江苏省政府决定在江苏省丝绸工业学校的基础上成立苏州丝绸工业专科学校，升格为专科，归属苏州行政公署领导，并附设中专丝绸工业学校。丝绸工专招收高中毕业生，学制3年，郑辟疆为校长，钱仁中、费达生为副校长。学校随即成立党委，由副书记钱仁中主持工作。当年暑期，学校即招收制丝专科36人，丝织专科43人；中专部分仍继续举办，直至1962年随苏州丝绸工学院一并停办。

专科学校成立后，按部颁教学计划组织教学，各基础课和专业课采用高教部指定的统编教材，专业课教材由教师自己编写。苏州丝绸工业专科学校办了两年，共培养制丝专科生84人，丝织专科生94人。

二、划归纺织工业部领导，升格为苏州丝绸工学院

1959年11月，国务院决定将苏州丝绸工业专科学校划归纺织工业部领导，1960年1月正式启用纺织工业部颁发的新印章。根据纺织工业部的决定，学校迁建到丝绸之乡的苏州市区，经苏州市政府批准，选定相门外建校。为了加强对建校工作领导，苏州市委文教书记凡一兼任建校办事处主任。委托华东工业建筑设计院规划学校的总体布局和第一期工程教学大楼等项目的设计。苏州市委研究决定，将丝绸工业学校的基建工程列为苏州市1960年四大重点工程之一，5月破土开工。

1960年6月27日，纺织工业部决定学校从1960—1961学年起升格为苏州

丝绸工学院，办 4 年制本科。纺织工业部将苏州丝绸工学院确定为部属重点学校，当年招生列为第二批录取高校。10 月 15 日，苏州丝绸工学院启用部颁新印章，我国第一所面向全国的丝绸高等学府诞生了。1960 年暑假，学校一边进行基本建设，一边即开始招收首届本科生。纺织工业部下达 1960—1961 学年招生计划，苏州丝绸工学院招收高中毕业生，制丝专业 50 名，丝织专业 45 名，纺织品染整工程 25 名，纺织品工艺美术设计 30 名；附属中技招收初中毕业生，制丝 150 名，丝织 150 名。

从 1956 年蚕丝分校、建立江苏省丝绸工业学校，到 1960 年成立苏州丝绸工学院，与全国各地大中专院校一样，学校经历了整风、"大跃进"及"反右倾"等运动。1957 年 5 月，苏州市委主要领导到浒墅关地区动员"鸣放"、开门整风。6 月初，根据苏州市委的部署，丝绸学校开展反右派斗争。由于反右派斗争严重扩大化，学校有 6 人（教师 4 人、干部 2 人）被错划为右派分子。反右以后，又动员教师、干部下乡支援农业生产，进行劳动锻炼，有 7 人被批准到吴县俞宅头村，与农民同住、同吃、同劳动半年多。

1958 年夏，学校开展了教育革命"大跃进"，全校停止正常教学，师生员工大炼钢铁，大办工厂，造成了很大的浪费。在此期间，也有些教师通过刻苦钻研，克服重重困难，取得了喜人的科研成果。如研制成功定纤自动缫丝机的关键部件长杆式隔距式定纤感知器，1959 年在江苏省技术革新、技术革命成果展览会上展出，经过长期中间试验，定型成为我国全面推广的 D101 型定纤自动缫丝机上使用的纤度感知器。1960 年，该研究团队获全国文教战线先进集体称号。

第二节 建院初期的发展

一、相门外新校舍建设

苏州丝绸工学院的成立，标志着学校发展跨上了一个新的台阶，担负起了为国家培养丝绸行业高级技术人才的任务。苏州丝绸工学院成立初期，设置制丝、丝织、染整和丝绸美术设计 4 个专业，学制 4 年，1960 年招收本科生 160 人。原丝绸专科学校办到在校学生毕业为止，不再招生；原中等丝绸工业学校改为苏州丝绸工学院附属丝绸工业学校，在浒墅关原址继续招生，仍设制丝、丝织两科。1961 年 11 月 1 日，纺织工业部任命郑辟疆为院长，魏佑卿、钟颖、费达生为副院长；魏佑卿为院党委书记。院党委任命钱仁中为附属丝绸工业学校校长，周成伦为党总支书记。

修复后的相门大桥

建院之初，相门外一片荒冢土丘，护城河边只有一家棉花仓库和散落的农民村舍。相门大桥在抗日战争中被日寇炸毁，过河须靠木舟摆渡。为连接苏丝院到市内的交通，学院出资 5 万元修复了相门大桥。经苏州市人民政府批准，苏州丝绸工学院在相门外干将路北侧征用 261.5 亩基建用地。学校组织在浒墅关的大专、中专师生轮流到相门工地参加建校劳动，为学院早日建成添砖加瓦。1960 年 9 月，苏州丝绸工学院第一届新生入学，即参加了建校劳动。1961 年 4 月，12 340 平方米的六层教学大楼落成，该楼是当时苏州市楼层最高、体量最大的建筑。在教学大楼落成前，一号学生宿舍已先建成使用，解决了住宿、上课、办公的场所问题，本科已开始进行教学，原在浒墅关的专科部分也迁到相门新校区上课。教学大楼建成后，教职工的宿舍、办公室以及教室、实验室、图书馆、医务室等都挤在这座大楼里，条件虽差，但师生的情绪很高涨。

学院初创时，因规模尚小，人员较少，为精简机构、减少层次，仅设丝绸工程系（包括制丝、丝织两专业）和染整工程系（包括染整和美术设计专业）。行政机构设院办公室、教务处、科研处、总务处、人事处，处以下不设科。业务相近的党政部门合署办公，如党委办公室和院长办公室，组织部、人事处，纪委、监察处，宣传部和马列主义教研室等都是一套班子、两块（或几块）牌子。

二、贯彻"高教六十条"，整顿教学秩序

苏州丝绸工学院新招的本科生于 1961 年春开始上课。是年 1 月，党的八届九中全会决定从 1961 年起对国民经济实行"调整、巩固、充实、提高"的八字方针。同年 9 月，在中央书记处和邓小平的亲自主持下，教育部党组和中央宣传部制定了《教育部直属高等学校暂行工作条例》（即"高教六十条"）。学院组织教师、干部总结检查了 1958 年以来专科学校时期连续不断的政治运动和过多的劳动以及频繁的社会活动导致学校经常停课，教学秩序混乱，教学质量得不到保证等情况。为了贯彻"高教六十条"，学院拟订了《贯彻高校六十条的意见（草案）》作为学校工作规程，提出学校一切工作都是为了培养学生，本科生的培养目标应是德、智、体全面发展的，完成工程师或设计师基本训练的高级专门人才。为落实这一培养目标，学院贯彻以教学为主的原则，发挥教师的主导作用；认真制订了各专业的教学计划；规定不得随意停课，控制劳动时间，保证有六分之五的时间用于教学；同时把劳动列入教学计划，使之正常化、制度化，在安排上也注意让学生得到各方面的锻炼，制定考核制度，以使学生养成劳动习惯，向工农群众学习；强调各科教学必须按计划进行，建立正常的作息制度、课堂规则、教师工作制度（包括辅导制度）、成绩考核制度等，使教师可以把主要精力集中到教学上；狠抓本科生基础课教学、加强专科生专业课教学和生产实习。

与此同时，院党委对反右倾运动中遭到错误批判、处分的同志进行甄别平反，重申了党的知识分子政策和"百花齐放、百家争鸣"的方针，学校有了一个安定宽松的政治环境，教师们解除了思想上的压抑，一心投入教学工作中。

为贯彻八字方针，学院的实习工厂也做了较大的调整。校办工厂自 1928 年创设以来，历经沧桑，业已建成缫丝、丝织、金工三个车间，基本上能满足教学实习和生产实习的需要，并成为研究、推广新型缫丝机的基地。缫丝机的更新换代，从脚踏缫丝到座缫车、立缫车再到定粒自动缫丝机、定纤自动缫丝机，都是在实习工厂试验成功并开始推广的。在技术培训方面也摸索到一些经验，且具备了一定的生产能力，盈利所得除装备自身外，还可以补充学校的经费。1961 年，学院在调整中把大批职工和设备调给江南丝厂和苏州第一丝厂，全厂只留 50 人，其中缫丝车间仅有 7 个缫丝工人，职工工资全部从教学经费中支出，使校办工厂完全成为教学实习工厂。由于学生人数少及原料紧缺，实习工厂的烟囱长期不冒烟。1962 年下半年，学院加强了对工厂的领导，整顿了秩序，人员增加到近 100 人，独立经营，自负盈亏。在制订生产计划时，实习工厂按学校教学计划接纳学生下厂实习，第二年就扭亏为盈，1964 年盈利超过该厂历史最高纪录，为 1959 年的 10 倍以上。在这一阶段，工厂积极配合江苏省自动缫丝机研究小组的科研工作，改制400绪定纤自动缫丝机，经运转试验，通过鉴定，成为60年代全国推广的D101型定纤自动缫丝机。工厂特别是缫丝车间，摸索和总结指导学生实习和培训技术工人的经验，制订了工人操作的技术规范，在同类型缫丝机车间中无论产量还是质量都处于领先地位。工厂还经常接纳外厂的委托代培，1964年派出缫丝小分队，到浙江省杭州丝绸印染联合工厂进行操作示范，现场指导，受到欢迎和赞赏。

通过贯彻"高教六十条"，学院开始出现稳步提高、积极向上的好局面。1962年7月，专科生已全部毕业分配，学院得以集中全力办好本科教育，此后学院师资力量也有所加强，教学管理日臻完善，2号学生宿舍和食堂、教工宿舍、浴室、水塔相继落成。1963年又建成了1号教工宿舍，两年多时间中建成了2万多平方米建筑面积的校舍，教学仪器设备也相应充实，改善了教学条件和生活条件，教师安心工作，努力搞好教学，学生学习自觉性也较高，教学质量不断提高。

三、建院伊始遇调整

1962年3月，纺织工业部召开全国纺织工业厅局长与院校长会议，传达贯彻中央"调整、巩固、充实、提高"的八字方针，为克服暂时困难，会议决定苏州丝绸工学院调整停办。5月9日，纺织工业部党组发文通知：根据国家计委意见，决定苏州丝绸工学院停止建设。停建的通知下达后，陆续将征而未用的土地退耕还民。7月23日，江苏省纺织工业厅党组发文通知：在文教事业调整中，中央已决定撤销苏州丝绸工学院。根据江苏省丝绸工业生产的需要，决定将本科在校的一、二年级238名学生全部保留，继续学习，办完为止。在此期间不再招生，院名不变，改为省属高校。学校刚开始规划建设就被调整下马，郑辟疆校长及多位专业教师将继续办院的建议反映到国务院。这样，一所当时全国唯一培养高级丝绸技术人才的院校终于保留了下来。

为了克服三年经济困难，压缩城市人口，减轻城市负担，学院从1961年8月起，紧缩编制，精简人员，动员职工下乡支援农业生产，教师外调，职工家属回乡，半年内教职工由492人减少到347人，其中有30人支援新建单位南京化纤厂。

1962年6月，江苏省人民政府决定学院附属丝绸工业学校停办。学院制订实施方案，同时派员分赴学生家庭所在地联系安排，7月3日正式向学生宣布学校停办。三年级学生已在校学了三年，因为在前一年调整学制，由三年制改为四年制，未能毕业，包括一、二年级学生共501人，全部动员回家。1984

年,江苏省纺织工业厅批准,给当年在校读完两年的学生落实政策,发给基本学完课程者毕业证明书,转为城镇户口,就地安排工作。中专停办后,省政府决定,原在浒墅关的校舍调拨给国营175厂使用,后又有偿划给苏州市外贸公司;教学设备除充实学院有关实验室外,其余由苏州市教育局调配充实有关中、小学校;教职工除少数几位专业教师调到院部外,大部分充实到中学作师资。

四、改为苏州纺织工学院,实行半工半读制度

1964年9月,纺织工业部转发国务院的指示,同意将原决定撤销的苏州丝绸工学院与华东纺织工学院的制丝专门组、无锡轻工业学院的纺织系合并,建立苏州纺织工学院,由纺织工业部主管,修业年限为4年。于是,原拟停办的学院又有了新的转机。在这期间,虽有大批教师、干部外调,但保留了100多名骨干教师和干部,得以有条件积极筹备继续办学。根据纺织工业部的意见,华东纺织工学院的制丝专门组停办,少数专业教师调来苏州纺织工学院任教。

1965年4月,纺织工业部通知苏州纺织工学院,原决定并入苏州纺织工学院的无锡轻工业学院纺织系不再并入,苏州纺织工学院校名暂不变。7月,纺织工业部调陈凤仪来院任副院长;8月,调党委书记魏佑卿到上海第七纺织机械厂参加社会主义教育运动。经院党委讨论并报苏州市委同意,在魏佑卿离职期间,院党委工作由周广之负责。

1965年9月,学院在停止招生3年、在校学生即将全部毕业之时,在全国统一招生125人(其中制丝专业26人、丝织专业51人、染整专业32人、美术设计专业16人),试行半工半读制度,学制5年。半工半读制度其初衷是培养又红又专,体魄健全,既能从事体力劳动、又有文化技术的全面发展的新型人才,要求学生在5年中有60%的时间从事学习,40%的时间参加专业生产劳动、社会主义教育运动或去连队当兵。为了充分发挥半工半读在理论与实际结合、感性与理性结合、体力劳动与脑力劳动结合方面的优越性,1965级的教学方案把原来全日制的课程做了较大的改变,教学时数有一定的压缩,集中力量保证基础课程的教学和基本技能的训练,着重提高分析问题和解决问题的能力。

第三节 艰难中前进

一、"文革"十年

从1966年5月到1967年10月,在"怀疑一切、打倒一切"的极"左"

思潮笼罩下，学校处于无政府状态，一度还成为"武斗"据点。1967年10月，军宣队进驻学校。1968年5月20日，成立苏州纺织工学院革委会，并成立学院党的核心小组。1969年3月，工宣队进校。工宣队、军宣队领导了"斗、批、改"，清队、整党，造成了一批冤假错案。1972年3月，江苏省革委会决定，苏州纺织工学院改名为苏州丝绸工学院。这年8月，召开中共苏州丝绸工学院第一次党代会，选举产生党委委员10人，赵爱科（军代表）为书记，周广之、魏佑卿为副书记。

1969年9月，学院根据毛泽东"大学还是要办的"指示，走上海机床厂的道路，从苏州市有关丝绸厂选调36名中年技术工人来院学习，开设制丝、丝织两个工人试点班。经过一年试点，收效不大。

1972年8月招收第一届工农兵学员入学，学制三年，其中制丝专业38人，丝织专业42人，染整专业30人，染织美术设计专业19人。

学院先后在吴县善人桥麒麟公墓、尹山湖开辟"五七"农场，组织师生轮流劳动。

十年中，学院广大教职工依然没有放弃自己教书育人的责任，设法开展教学和研究，使学院教学科研在逆境中仍取得一些进展。自1972年到1976年共培养工农兵学员830人，其中制丝专业232人，丝织专业275人，染整专业176人，染织美术专业117人，化纤专业30人。许多学员毕业后，继续刻苦钻研，成为国家有用之才。如1973级工农兵学员白伦毕业后留校任教，并去日本深造，获博士学位，在教学科研中取得突出成果。

在当时的困境中，有些教师仍坚持科学研究和委托试验，有的利用"开门办学"的机会，直接到生产第一线，参加生产设计和技术革新工作，为国家建设做出贡献。1970年，学院丝绸工厂研制成功射流泵，1975年由轻工业部（当时纺工部合并于轻工业部）列为全国技术革新项目推广。1973年完成的射流自动定量控制技术，被商业部燃化局列为全国推广项目。1975年，电工实验室在苏州玻璃厂的协作下，完成电子程序控制制瓶机的研制工作，该厂三个制瓶机全部实行电子程序控制，实现了制瓶自动化。1976年，丝绸工厂研制的剥茧机获苏州市科技成果奖。

为适应江苏省发展小化纤的需要，受江苏省教育厅与轻工局的委托，学院增设化纤专业，于1975年开始招生。该专业方向以合成纤维中的熔法纺丝为工艺教学的重点内容。化纤专业的筹建，贯彻了勤俭办学的方针，未向上级申请一分钱开办费。高分子物理、高分子化学、化纤工艺等实验室的建设，全由教师自己动手实现，节省了开支，也基本满足了教学需要，培养出来的毕业生质量较高，普遍受到用人单位的欢迎。

十年中，学院的基本建设也有一定的发展。1967年，完成了丝绸实习工厂3 700平方米新厂房的建设。在这期间，还新建了3 700平方米的图书馆、7 544平方米的教工宿舍和580平方米的教工食堂，教学设施和生活条件有所改善。

二、拨乱反正

粉碎"四人帮"后，军、工宣队相继撤离学校。1977年6月，江苏省委派以曹鄂为组长的工作组进驻学校，协助党委开展清查运动。12月30日，苏州市委任命钟文综为学院革委会副主任和党委委员。1978年9月1日，学院启用纺织工业部颁发的"苏州丝绸工学院"印章，原"苏州丝绸工学院革命委员会"印章作废。1979年6月27日，江苏省革命委员会教育卫生办公室党组发文，任命曹鄂为党委书记，陈凤仪为院长、党委副书记。纺织工业部党组同意牟能、钟文综、金均、邵玉彬、秦和鸣、张复升为副院长。6月28日，江苏省委决定，牟能、钟文综、金均、邵玉彬、秦和鸣为党委常委。1980年1月，举行了中共苏州丝绸工学院第二次代表大会，出席代表81名。大会一致通过了曹鄂代表院党委所做的工作报告，明确了今后的奋斗目标和工作任务。大会在充分酝酿的基础上采取无记名投票方式，选举产生了曹鄂、陈凤仪等17名同志组成的第二届党委会。1980年6月，纺织工业部党组调吴辛石任学院党委副书记。

1. 平反冤假错案

在党的十一届三中全会路线的指引下，学院党委克服各种障碍，及时把复查纠错、落实政策工作列入重要议事日程。1978年4月底，成立了落实政策领导小组，并抽调人员建立了落实政策复查工作班子。对"文革"中的冤假错案进行了复查纠正，为"文革"中受冲击、迫害的38位同志平反昭雪，推倒了一切诬蔑不实之词，并于1979年1月20日召开全院平反昭雪大会，为这些同志恢复名誉。3月上旬对在反右斗争中被错划为右派的6位同志予以改正。接着，又全面复查了历史老案，有5位同志的问题属错搞、错判，予以平反纠正；对1位同志的错判部分也进行了改正。4月底，学院的复查纠错工作基本结束。1981年9月起，根据中央组织部关于清理和整理干部档案的有关规定和省、市委组织部的意见，对全院488名教职工的历史档案进行了全面清理。

2. 机构调整

1977年8月31日，院党委研究决定把原按专业连队管理的方式改为按学科教学管理体制，成立公共基础教研室和各专业教研组。公共基础教研室直属学院领导，各专业教研组分别由各专业组（相当于系）领导。院内中层机构也由原来的三组一室（即政工组、教革组、后勤组与办公室）调整为三部六处一室（即组织部、宣传部、人武部、教务处、科研处、后勤处、基建处、人事处、保卫处和办公室），并明确规定了各自的职责范围。随后，教学行政机构改变了原来的专业组建制，1979年3月，经纺织工业部同意，学院设立四个系一个部（即丝绸工程系、染整化纤工程系、工艺美术系、机械自动化工程系和基础课部），并按学科建立了21个教研室，民主选举了教研室主任。各系科加强对教学工作的领导，重视发挥教研室的作用，定期进行学术讨论和开展教研活动。1978年年底，学校开始试行党委领导下的院长分工负责制，使党委从日常行政事务中摆脱出来，切实加强党的建设和思想政治工作，充分发挥正副院长在行政管理及教学科研管理上的作用，改进工作作风，提高工作效率。

3. 整顿教学秩序，加强教学管理

1978年年初，学院提出初步整顿教学秩序的八点要求，制定、修订了各专业的教学计划和各门课程的教学大纲，采用了统编教材，使教学工作有计划有秩序地进行，扭转了教学无计划、管理无章法的混乱局面。同时，切实加强了基础理论教学，重视对学生进行基础理论、基本知识的教学和基本技能的训练，努力提高课堂讲授水平，组织教学经验比较丰富的教师到教学第一线讲课。在1978级新生入学后，对英语、数学两门课程试行了按学习程度分班教学。1981年1月，国务院学位委员会、教育部发文《关于做好应届本科生授予学士学位准备工作的通知》，苏州丝绸工学院成为首批授予学士学位的高等学校。

学院切实加强了对教学工作的具体指导。1978年11月，召开了全院教学经验交流会，组织有经验的教师就如何改进教学方法、提高课堂教学质量介绍了各自的体会。12月，又组织全院观摩教学，英语、党史、高等数学、电工、制图、物理、力学、无机化学等八门课程的九位教师上了公开课，并要求各教研室将观摩教学列为经常工作，重视教学研究，努力提高教学水平。1979年4月，学院通过听取师生反映、听课等形式，对教学情况进行调查分析，着重提出了教学工作中须注意的几个问题：一是改进课堂教学必须从学生的实际出发；二是重视实验教学的准备工作，对学生严格要求；三是妥善安排期中测验，以免学习负担过重，关心学生德智体全面发展；四是加强课堂纪律，继续稳定教学秩序；五是抓好思想教育，切实加强政治理论课教学。5月下旬至6月，全院进行了教学质量检查。各系和基础课部及各教研室分别召集教师、学生、班干部进行座谈，领导干部参加听课，组织教师观摩教学，检查教师教学、学生学习和教学秩序方面的情况，及时总结、表扬，树立榜样。之后形成了每学期都要进行一次期中教学检查的制度。1982年，学院对1977级、1978级本科学生教育质量进行初步调查，全面检查了学生在校期间德智体各方面的发展情况，找出工作中存在的问题并提出改进的措施。12月，学院进一步提出了关于稳定教学秩序的意见，强调要有相对稳定的教学计划，严格执行考试和评分制度、学生考勤制度，加强自修课的管理和课外阅读指导，积极开展教研活动，进一步发挥教师的主导作用和学生的学习主动性，不断提高教学质量。

学院还努力搞好教材建设，把编好教材作为重要的科研活动。这一时期，陆续编写和出版了各种专业教科书和教学参考书近10种，自编自印了部分教科书和教学参考书，翻译了大量国外科技资料。外语教研室参加了英汉词典的编写工作，还有部分同志参加了大百科全书纺织分支词目的编写工作。

4. 积极开展科学研究

开展科学研究必须拥有一支优秀的教师队伍。学院不断加强师资队伍的建设。1977年10月，分期、分批地举办教师进修班。第一期从青年教师抓起，除工作需要无法脱产者外，全部青年教师脱产进修半年。之后，举办了多种内容的教师进修班。随着教学和科研工作逐步走上正轨，教师的进修也逐步转为以在职进修为主，注重在教学和科研工作的实践中进修提高。1979年6月15日，召开了全院教师进修、培养经验交流会。会上有七位教师围绕如何搞好在职进修，提高教师业务水平进行了交流。10月中下旬，教务处会同人事处召开了几次教师座谈会，就中年教师的培养提高问题听取意见，进行商讨。大家普遍认为：中年教师担负着当前教学科研的主要工作任务，在十年浩劫期间，被剥夺了教学、科研的权利，纷纷投笔从工、从农；而随着科学技术日新月异的迅速发展，原来熟悉的知识陈旧了，新的知识需要补充，进修提高刻不容缓。据此，学院制定了中年教师培养规划，由教研室负责具体组织实施，要求教师根据任务定向，制订个人三至五年的业务进修计划。同时举办了外语进修班、计算机扫盲班和工程数学学习班等一系列进修班。

1978年，在全国科学大会精神的指引下，学院的科研工作紧紧围绕丝绸工业生产和教学积极地开展起来，先后取得了 10 项科技成果奖。其中，获部省级科技成果奖的有 FD-1 型单丝动态张力仪、自动真空煮茧机、扭力式纤度秤等项目。为提高科研水平，学院积极开展学术活动，加强学术交流。这一时期，学院教师在有关学术期刊上发表了 120 余篇论文，组织了由院内外专家和科技人员参加的有关蚕丝理化性能、缩短碳钢热处理时间、真空煮茧机等学术讨论会。在改革开放的春风中，学院在纺织工业部支持下，积极开展了国际学术交流活动。1979 年邀请嶋崎昭典、石川博、小林安等外国学者来院讲学，请出国考察的同志做国外考察报告，促使全院师生扩大眼界，增长知识，全面了解国内外丝绸工业生产、教育和科研的情况。各系也普遍开展学术活动，如染化系自 1979 年开始，坚持每年春季组织一次全系的教学、科研学术交流会，活跃了学术空气。

学院大力开展科普工作。学院教师编写出版了《制丝学》《丝织基础知识》《制丝》《丝织》《染整》等科普读物近 300 万字，作为丝绸工厂的培训教材。各系举办了多种科普讲座。为使院、系两级干部熟悉专业知识，学院举办了为期一年的专业基础知识讲座。1981 年 10 月，学院被江苏省纺织工程学会评为江苏省纺织工业科普先进集体，1982 年 5 月，又被评为全国纺织科普先进集体。

1981 年学院科技情报工作获奖

学院加强了科技情报工作。编辑出版了《丝绸科技》《丝绸简报》《国外丝绸》等丝绸专业期刊，编有丝绸方面的科技情报资料《蚕丝理化性能》《喷水织机》《剑杆织机》《纹版工艺自动化》等多种专辑。1981 年，在纺织工业部召开的全国纺织科技情报会议上，学院受到了表扬，同年又获江苏省纺织工业厅纺织科技情报先进集体奖。1981 年 3 月，经纺织工业部同意，创办《苏州丝绸工学院学报》（季刊），在国内正式发行。这一年还成立了科技档案室，把全院大量的科技档案资料全面系统地编目归档，并逐步充实。1982 年，学院承担了纺工部纺织教育情报研究任务。

随着科研经费逐步增加，学院陆续添置和引进了一批精密仪器设备，加速了实验室的建设。蚕丝理化性能课题添置了 X 射线衍射仪、园二色光谱仪、氨基酸自动分析仪、薄层层析扫描仪等贵重精密仪器，纹制工艺自动化研究项目添置了小型多功能电子计算机及其他一些贵重的电子仪器设备，碳钢热处理项目购进了磨损实验机等。这些仪器的添置和引进，使相关实验室得到较快发展，科研能力得到有效提升。

　　这一时期，学院的教育事业出现了新的转机。经过拨乱反正，学院把工作着重点逐步转移到教学科研上来，取得了显著的成绩，学院面貌焕然一新。一方面，清理了"左"的错误指导思想，逐步清除"文化大革命"给学院工作带来的流毒和影响。另一方面，学院工作开始转移到以教学为中心的轨道上来：端正办学思想，改革教学领导体制，新建、充实系科、专业，招收了研究生；举办了干部专修科和各种培训班、进修班和夜大学，实行多规格、多层次、多种形式模式办学；大力开展科研和科技开发工作，扩大对外学术交流，加强师资队伍建设；随着学校规模的不断扩大，迅速扩建校舍，增添了大量图书资料和教学设备，办学条件有了较大的改善；教学、行政管理逐步进行了改革，开创了学院工作的新局面。

◎ 第三编　改革开放　百川汇海（1982—2000）◎

第三编 改革开放 百川汇海（1982—2000）

第一章 向综合性大学转变（1982—1989）

为适应经济建设和社会发展的需要，合理调整高等学校专业结构，1982年6月25日，经国务院批准，江苏师范学院改为多科的综合性大学——苏州大学，由此，学校进入了一个新的发展时期。改办为苏州大学后，学校明确了新的办学方向，制定了新的发展规划，在办好原有师范专业的基础上，增设新的专业，扩大招生数，建立了财经学院、法学院和工学院。到20世纪80年代末，基本形成了文、理、工、师、财、法多学科综合性大学的新格局。

第一节 改为苏州大学

一、改为多科性综合性大学

1982年6月25日，国务院正式批准江苏师范学院改为苏州大学。8月28日，举行悬挂苏州大学校牌仪式。9月9日，隆重举行庆祝苏州大学成立大会暨第一届新生开学典礼。张乃康校长在会上号召全校师生员工共同努力，为把苏州大学办成新型的综合性大学而奋斗。教育部发来专电祝贺。全国人大常委会原副委员长、全国政协原副主席许德珩校友寄来了"树立远大理想，培育科学真才"的题词。知名校友雷洁琼、孙起孟、赵朴初、谈家桢、吴大琨、徐迟、许国璋、陆鸿钰等来信来电或寄来书画、题词表示祝贺。江苏师范学院改为苏州大学，由单一的师范学院改办为多科性的综合

教育部关于江苏师范学院改为苏州大学的批文

大学，这是学校的重大历史转折，标志着学校进入了一个崭新的发展时期。

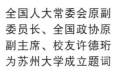

全国人大常委会原副委员长、全国政协原副主席、校友许德珩为苏州大学成立题词

庆祝苏州大学成立大会

苏州大学成立后，面临的首要任务是如何根据国务院和江苏省委、省政府的指示精神，结合学校实际情况，制定切实可行的发展规划。学校组织人员至全省各地进行广泛的社会调查，在摸清江苏经济社会结构与发展特点及人才需求情况的基础上，根据学校原有基础，组织群众讨论，提出系科设置初步意见。大家一致认为，改为苏州大学后，一定要办出自己的特色，充分发挥老校、老学科的优势，打破长期以来我国综合性大学不办师范教育的传统模式，继续努力提高师范教育的质量；新设系科和专业要适应江苏经济社会发展的需要，以应用学科为主，增设财经、法律、外经、外贸等缺门专业，填补江苏高校专业结构的空白点；注意文理渗透、理工相通，使学生基础扎实，独立工作能力强，适应性强。在认识基本统一的基础上，1983年5月，学校就办学规模、专业设置、师资来源和基建投资等问题，向省政府提出报告。7月30日，江苏省人民政府批复原则同意，并批准将位于学校附近护城河东岸的一片土地作为学校扩建之用。

1984年6月，根据江苏省委批转的省高教局《关于加速发展全省高等教育事业报告》的精神，制定了《苏州大学系科专业规划》，提出把学校办成文、理、工、师、财、法多学科的综合大学。江苏省人民政府批复同意并核定学校规模为7 000人（不包括其后建立的工学院学生数），其中，本科、专科学生 6 000 人，研究生、进修生 1 000 人。

校领导研究学校发展规划

苏州大学校门

1985 年，全校师生认真学习贯彻《中共中央关于教育体制改革的决定》，进一步明确学校的发展方向和战略目标。1986 年 5 月，在江苏省六届人大四次会议通过的江苏省国民经济和社会发展第七个五年计划中，苏州大学被列为投资重点。10 月，江苏省教育委员会负责同志专门召开会议，听取苏州大学领导汇报，充分肯定学校改办为综合性大学后取得的成绩，并对办学方向和发展规模提出了意见。学校遵照《中共中央关于教育体制改革的决定》和《江苏省国民经济和社会发展第七个五年计划》的要求，经过调查研究、预测估算和座谈论证，制定了《苏州大学 1986—1990 年发展规划（草案）》，提出了"七五"期间总的任务是以面向现代化、面向世界、面向未来为指针，巩固已经形成的文、理、工、师、财、法六个学科的雏形，适当控制发展速度，着重提高教育质量，改善办学条件，按照江苏省四化建设的需要，把学校办成多层次、多规格、多学科、高质量的新型大学；加强社会主义精神文明建设，培养有理想、有道德、有知识、有纪律的一代新人；改革教育思想和教学方法，树立全面教育质量观；搞好管理改革，调动全校师生员工的积极性；加强对外开放，利用学校在地理和历史上的有利条件，开展国内和国际间的横向联系。这个规划草案，经 1987 年 1 月召开的学校第六次党代表大会讨论原则同意，并提交 1987 年 6 月召开的全校首届教职工代表大会讨论通过，作为全校师生员工在"七五"期间的共同奋斗目标。

1988 年年初，全校中层干部在学习党的十三大精神的基础上，举办了苏州大学发展战略研讨会，提出了苏州大学发展战略目标和深化改革的设想：从学校实际出发，遵循客观规律，坚持实事求是，全面贯彻党的教育方针，深化改革，调整结构，把培养合格的各类专门人才作为学校的根本任务，逐步建立起适应社会对专门人才需要的有效机制,为经济振兴和社会发展做出更大贡献。

二、建设东校区,创建三个学院

随着学校事业的发展,原校区的校舍已远远不能适应需求。为了加速实现学校发展规划,缓解日益紧张的土地、房舍矛盾,校领导多次向苏州市人民政府和江苏省教委、江苏省人民政府汇报、磋商征地扩充校区问题。1983年7月,江苏省人民政府批准苏州大学征用苏州市护城河东岸一片土地作为新校区。1984年12月,苏州市规划局批准学校征用土地申请书,确定征地红线,即东至东环路,西至蒋家浜河西岸,南至娄葑乡文化站,北至新建路,总面积为206 000平方米,作为苏大东校区。

东校区建设前状况

为加快东校区建设步伐,学校组织力量,充实基建队伍,从1985年起,积极着手进行基础工作,主要是通水、通电、通路的"三通"和平整地面工作。新征土地原先是一片低洼的水生作物区,要在这片土地上盖高楼,困难是很大的,因此,填土就成了当务之急。基建处想方设法利用疏通大运河的土,填土26万多立方米,使地面平均增高1米。

东校区建设规划讨论现场

建设中的东校区运动场看台

东校区规划体现了苏州旅游城市的特点,在风格上既有现代化的气息,又考虑同老校区基本和谐协调。整体规划分为教学活动区、学生生活区和教工住宅区三个部分,计划建造9.5万平方米的房屋,根据学校发展规划,分期分批实施。东校区自1986年10月破土动工至"七五"期末，建成财经学院教学大楼1幢，教工住宅楼10幢，学生宿舍楼3幢，以及食堂、锅炉房、浴室等，合计33 456平方米。还建成了田径运动场及由香港"朱敬文教育基金会"资助的8 900平方米的敬文图书馆。1989年暑假，财经学院师生全部迁入东校区上课。

敬文图书馆

东校区启用仪式

建立财经学院。1982年2月，江苏省财政厅、江苏省高教局根据江苏省人民政府《关于将江苏师范学院改为苏州大学的批复》精神，商得苏州市人民政府同意，决定将苏州市财经学校并入苏州大学，建立财政系。

苏州市财经学校的前身为苏州市会计学校，位于苏州市天赐庄百狮子桥9号，筹建于1964年2月，属苏州市教育局主管，1965年改由苏州市财政局主管。"文革"期间，该校停止招收中专生，改为苏州市第三十二中学。1970年，苏州市财政局将该校改为苏州市财经学校，实施"两条腿走路"的办学形式，在培养财务会计中专生的同时，短期培训在职会计人员。1973年5月，经江苏省高教局批准，苏州市财经学校面向全省招生，为江苏省培养财经专业人才。1980年8月，该校开始招收三年制大专生。1982年5月，该校并入苏州大学。

原苏州市财经学校

财经学院教学楼

苏州大学财政系先设置财政和财务会计两个专业，为本省财政部门和厂矿企业培养高级财政、财务管理干部和会计师。1982年招收第一届新生，并举办了工业企业财务会计函授专修班，第一届招生1750名，学员遍及全省。1984年4月，财政系改为财经系。

随着改革开放和经济建设的迅速发展，高级财经人才紧缺，而江苏省当时尚无财经学院，因此，江苏省财政厅考虑需要建立一所学科齐全的财经学院。

1984年夏，时任校长陈克潜、副校长张圻福等专程到省财政厅商谈建立财经学院的问题，经过多次磋商研究，与财政厅达成了共识，一致认为在苏州大学内建立财经学院，可以依托老校，发挥综合性大学的优势，克服单科性学院的弊端；可以节省人力、财力，收到投资少、见效快的效益；同时也不致在一个省内重复建立相同的系科和专业，可以相对集中资金，加快高等财经教育建设发展的步伐。于是，江苏省财政厅和苏州大学联合向江苏省教委、江苏省人民政府报告，建议在苏州大学设立财经学院。

1984年9月，江苏省人民政府正式批复同意在苏州大学财经系的基础上，建立苏州大学财经学院，在校学生规模为1200人。投资1200万元，主要由省财政厅负责筹集，不足部分由省基建自筹资金安排。在省财政厅的支持下，财经学院和东校区的建设得以顺利进行。

1985年6月24日，举行苏州大学财经学院成立大会和苏州大学财经学院新校址奠基仪式。苏州大学财经学院的成立，是江苏省社会主义现代化建设的需要，也是江苏省各界人士特别是财经界多年的愿望。财经学院的成立，是苏州大学发展史上迈出的关键的一步，使学校有计划有步骤地向多科性发展，也为苏州大学上规模、上水平创造了条件。

苏州大学财经学院是当时江苏省唯一的本科财经院校，经过几年的努力，初具规模。至20世纪80年代末，财院设有财政、会计、经济管理三个系，财政、税收、会计、计划统计、经济管理、国际贸易（同外语系合办）6个专业，在校学生1000余名，

江苏省人民政府关于成立苏州大学财经学院的批复

并设有乡镇企业研究室和效率研究室。有电子计算机室、电化教育室、语音室和图书阅览室，基本上满足了教学要求。有专任教师69名，其中，教授2名、研究员1名、副教授14名。教师在搞好教学工作的同时，积极开展科学研究，五年中出版专著、教材86部，在国内外刊物上发表学术论文250多篇，并承担了7个国家和省的科研项目。根据社会需要，实行多层次、多形式办学，发展了函授、夜大学、干部进修班、专业证书班等多种形式的成人教育。至1989年，财经学院毕业本专科生近4 000人，函授、夜大学和各种短训班毕业或结业5 000多人，为江苏省经济建设做出了贡献。

建立法学院。20世纪80年代初，江苏省尚无一所政法学院，法学人才奇缺，而当时司法干部普遍文化偏低，很不适应经济建设和法制建设的需要。因此，苏州大学于1985年6月，报告江苏省人民政府，提出在法律系的基础上，建立苏州大学法学院。1985年12月，经江苏省高教局、江苏省司法厅研究，认为将苏州大学法律系扩建为法学院是必要的，也是可行的，于是联合向省人民政府提出《关于建立苏州大学法学院的报告》。江苏省委、省政府于1986年1月批复同意将苏州大学法律系扩建为苏州大学法学院，设置法律学、经济法、国际法三个专业，在校学生规模为900人。建院基建投资由省在增加的基建投资中优先考虑安排。

1986年6月，举行苏州大学法学院成立大会，司法部教育司、江苏省人大常委会和江苏省法学会等发来贺电。苏州大学法学院的成立，标志着江苏省法学教育开始了一个新的历程。

从苏州大学法律系到苏州大学法学院，经历了艰苦创业的过程。我国的法学教育因种种原因，曾中断了一个时期，原来从事法学教育的教师，有的已改行，有的已年迈，中青年教师奇缺。苏州大学法学院在一缺教师，二无教室、宿舍和设备的条件下，克服种种困难，依靠老校和社会支持，逐步形成规模，设有法律学系和经济法系，有专任教师48人（其中教授2人、副教授8人），在校学生近400人。除招收本科生外，1985年开始招收研究生，

江苏省人民政府关于成立苏州大学法学院的批复

还承担了江苏省高校普法教育师资培训的任务，为全省高校培训了一批法律基础课教师。

建院之后的短短几年中，法学院教师承担国家和省级科研项目 7 个，出版专著、教材、教学参考书、工具书等 23 部，发表学术论文 198 篇，获得江苏省哲学社会科学优秀成果奖 6 项。1985 年 11 月，经江苏省司法厅批准，法律学系建立律师工作机构——苏州市第三律师事务所，作为师生教学实践的基地和为社会服务的窗口，这对加强教学实践，提高教学质量，起到了积极作用。

建立工学院。随着经济建设的发展，特别是苏州地区乡镇企业异军突起，培养工科人才越来越迫切。学校党政领导在多种场合提出筹建工学院的意向，校长陈克潜亲自草拟计划，赴宁向江苏省委、省政府领导汇报，商谈筹建计划。省委、省政府领导认为，苏州大学在巩固和提高现有文、理、师、财、法五个学科的同时，以联办形式发展工科是适宜的，并指示学校迅速会同苏州市通过地方集资途径，着手筹建苏州大学工学院，为江苏省特别是苏州地区经济建设培养工科人才。学校于 1984 年 7 月 16 日致函苏州市委、市政府，提出筹建苏州大学工学院的设想。9 月 24 日，时任江苏省委副书记孙颔、省高教局局长徐福基到校考察，召集苏州市及苏州大学领导就省、市联办工学院问题进行座谈。孙颔指出，苏州大学学科比较齐全，基础较好，依托老校，省市联办工学院是一种极好的形式，并就土地征用、基建经费、专业设置、学生分配等具体问题发表了意见。

1985 年 6 月 17 日，苏州大学和苏州市人民政府签订了联合办学协议书，正式向江苏省人民政府提出联办苏州大学工学院的报告。1986 年 1 月 26 日，江苏省人民政府召开办公会议，专门讨论苏州大学发展和建立苏州大学工学院的问题。2 月 5 日，江苏省人民政府批复同意采取省、市联办的形式建立苏州大学工学院，在校学生规模为 1 200 人，设置计算机及应用、电子工程、电气技术、化工工程、机械制造工艺与设备、工业管理工程等六个专业，学制四年。

1987 年 7 月 27 日，苏州市政府和江苏省教委签订联办苏州大学工学院的协议。8 月 27 日，苏州大学和苏州市人民政府签订了协议书，规定苏州大学工学院作为苏州大学的一个组成部分，由江苏省教委、苏州市政府和苏州大学派员组成董事会，主要商讨工学院的发展规模、事业计划、专业设置及办学中的重大问题。后因情况变化，苏州市并未实际投入资金，学校主要依托物理、数学等系科原有基础发展出一批工科专业。

1987年10月3日,苏州大学工学院正式成立,省委副书记孙颔等专程来校参加成立大会并讲话致贺。这是苏州大学继财经学院、法学院之后建立的第三个学院,从而基本形成文、理、工、师、财、法六个方面学科的办学格局。

三、多种形式办学,加强对外学术交流

为适应江苏经济社会发展的需要,苏州大学改变过去比较单一的办学形式,逐步形成以完成国家计划任务为主,多层次、多形式的办学结构。在培养层次上,有博士研究生、硕士研究生、本科生和专科生,同时举办函授、夜大学、干部培训班、专业证书班、广播电视教育及各种短期进修班;在办学形式上,有国家计划招生的,有为地方和部门定向培养的,有委托代培的,有自费生和走读生。

函授教育。根据国务院关于"发展高等教育应贯彻两条腿走路的方针,采取多种形式办学。高等学校除办好全日制大学外,还应根据自己学校情况,积极举办函授教育和夜大学"的指示,苏州大学积极发展成人教育,扩大了学校教育事业的规模,适应了加快培养社会主义现代化建设亟须专门人才的需要。从1982年开始,苏州大学根据省政府批文恢复本科函授教育,专业也从理科扩展到文理各科。除继续招收高师函授生外,举办了工业财会专科函授班,第一期就招收1 750名学员,此后又陆续增设了其他非师范专业的函授教育。1982—1989年,共招收本、专科函授生11 834人。

函授教育均参加全省统一考试录取,每个班设班主任一名,负责思想教育和学籍管理。在教学形式上以自学为主,各专业都根据培养要求编写教学计划、教学大纲、教材、教学参考资料,有的还编写了自学指导书。平时教师到各地进行巡回辅导、答疑,检查学习情况。每学年集中在学校进行面授,讲授教材中的重点、难点,到实验室做实验。工业财会函授采取二级函授办法进行,各市设函授站,由学校聘请一批有较高业务水平和教学经验者担任兼职教师,定期给学员面授,学校每学期将兼职教师集中培训,统一教学进度和要求,进行集体备课。采取这种形式,既能满足社会需求,招收较多学员入学,又能保证教学质量,取得较好的效果。

夜大学。夜大学授课在晚上进行,一般招收苏州市区在职干部和职工。开设的专业有中文、政治、历史、档案、法律学、经济管理、行政管理、无线电等。1984—1989年,共招收1 068名学生。夜大学各专业均为3年制专科,每周授课10教时,各门课程考试及格,发给苏州大学夜大学毕业证书。

干部专修班。从培养财经、司法、档案及政工干部的实际需要出发,学校自1984年起举办干部专修班，共招收学生817人。从1989年开始，又举办各科专业证书班，招收学员855名。各类短期培训班每年都招生，大多为应用性专业。历史系从1982年起开办档案短训班，至80年代末为中央多个部委和全国各地培训了2 000多名档案干部。1987年，国家档案局正式批准在苏州大学建立"全国档案业务进修班"，承担全国档案人员的业务培训。地方志培训班从1982—1989年办了8期，面向全国，为各地培训地方志编纂人员近千名。

为适应地方经济建设和社会发展对各类专门人才的需要，学校抽调教师于1987年在无锡市设立了苏州大学无锡教育站，设经济管理、财会、宣传文化三个专业，招收不脱产的成人入学。同年在吴江县建立了吴江教育站，设行政管理、财会等专业。1988年年初，同南通市签订了全面合作协议书，建立了苏州大学南通教学中心，帮助南通市培养外经、外贸、管理、法律等专业的紧缺人才，南通市为学校提供社会调查和教学实习基地。为了适应发展外向型经济的需要，培养各类外经外贸人才，由财经学院、法学院和外语系联合成立"对外经济贸易培训中心"，1988年，该中心受苏州市乡镇工业局委托，举办了乡镇涉外经济英语翻译人员培训班。通过多种形式办学，学校及各院系创收资金大幅增加，从改办为综合性大学初期的20多万元增长至1988年的500多万元，改善了教职工的生活条件，反哺了教学科研。

这几年，学校专业增加，规模扩大。1989年，全校学生达8 044人，其中研究生165人，本专科生5 007人，函授生2 713人，夜大学学生159人。

党的十一届三中全会后，随着改革开放的不断深化，学校与国外学术交流日趋频繁。1982年，学校设立外事办公室。

发展国际交流关系。陈克潜校长等校领导先后出访美国、澳大利亚、加拿大、日本等国。通过访问、交流，苏州大学先后与美国萨基诺学院、加州大学萨克拉门托分校、休斯敦大学明湖分校，澳大利亚维多利亚大学，日本关西学院大学、帝冢山大学、花园大学、关东国际高等学校等，建立了校际联系和学术交流关系，并分别签订了协议书或意向书。

引进国外智力。为加强师资队伍建设，提高教育质量，学校积极聘请外国专家来校工作。1979—1989年，聘请美国、英国、日本、加拿大、澳大利亚等国语言专家和外籍教师70人次。外国专家开设的课程大多是研究生和高年级学生的写作课、文学作品选、史学史等。学校为每位专家配备了合作教师，了解其上课情况，同时也向他们学习相关知识，提高了教师的业务水平。一些外籍教师担任外语系低年级的听说课教学，对训练学生的听说能力大有好处。

其间,还邀请了一些国外著名学者来校讲学或访问,为师生带来不少国外学术界的前沿信息。

举办国际性学术会议。1983年9月,苏州大学和美国德莱塞尔大学及北京大学、兰州大学、吉林大学联合举办的"国际原子核集体运动态专题讨论会"在苏州举行。应邀

授予李政道(右)名誉博士学位

参加讨论会的有来自美国、英国、日本、意大利、联邦德国、荷兰、瑞典、印度、阿根廷等12个国家的27名外国学者和国内20多所大学与科研机构的60多名代表,会上有35位中外学者做了52个学术报告。苏州大学物理系教授周孝谦做了"S-d-g相互作用玻色子和168Er能谱"的学术报告,受到与会代表的好评。这是学校第一次举办国际性会议。

招收外国留学生,举办外国学生短期学习班。从1982年开始,学校先后为美国、日本、澳大利亚等国的学生举办了13期汉语短训班,参加学习的外国学生有400多人。从1985年起,中文系招收来自美国、日本、加拿大等国的长期留学生,其中有高级进修生、普通进修生和研究生,学习课程除汉语外,还兼学中国文学、书法、艺术、武术、历史等。

第二节 教学工作新局面

一、增设新专业

1982年改为苏州大学后,遵照江苏省人民政府关于"积极创造条件,增设本省缺门专业,逐步做到文、理、工齐全,办成新型综合性大学"的要求,学校逐步增设了新专业。

1982年,建立财政系(1984年改为财经系),设财政本科和财会专修科;建立法律系,设法律学专业;外语系增设日语专业;体育系增设体育专修科。1983年,中文系增设宣传文化专门化,物理系增设无线电技术、能源利用专门化和物理实验专修科,化学系增设有机化学、分析化学专门化,历史系增设档案学专业。1984年,政治系增设政治干部专修科,财经系增设财政干部专修科,数学系增设计算机及应用专业。1985年,在财经系的基础上建立财经

学院，外语系增设专门用途英语和专门用途日语专业，化学系增设实验化学专修科，政治系增设思想政治教育专修科。1986年，在法律系的基础上建立法学院，设法律学系和经济法系；财经学院增设计划统计专修科。1987年，苏州大学工学院成立，原数学系的计算机专业和物理系的无线电技术专业划归工学院，建立计算机系和电子工程系；财经学院增设税务专业。增设档案学、经济法、经济管理、计算机及应用、无线电技术等5个本科专业和国际贸易、税收2个专科专业。1988年，政治系增设行政管理专业。1989年，经省教委批准，学校在苏州昆剧传习所协助下举办了汉语言文学专业昆剧艺术本科班，这是中国昆曲史上的首个本科班。

改办为苏州大学以来新设的专业，大多属应用学科，有些是江苏省的缺门专业，从而使学校从单一的师范学院向文、理、工、师、财、法学科比较齐全的综合性大学转变。

二、探索教学领域的改革

改办为综合性大学后，就办学指导思想、发展方向、提高教学质量等问题，发动全校师生开展了充分讨论。大家认识到苏州大学是地方综合性大学，必须立足本省，为本省经济社会发展服务，应处理好三个关系：师范教育与非师范教育的关系，在创建和发展非师范专业的同时，努力提高师范教育的质量；教学与科研的关系，要以教学为中心，培养合格的人才，积极开展科学研究，为教学和生产服务；全日制教育与成人教育的关系，要以全日制本科教育为主，积极发展成人教育，努力办出自己的特色。在明确指导思想的基础上，探索教学计划、课程建设、教学内容和教学方法等方面的改革。

制订和修订教学计划，优化课程结构。对于新增设的专业，按照社会主义现代化建设的需要，确定培养目标，制订教学计划，控制总学时，合理安排各门课程的比例，突出主干课程。根据现代科学技术迅猛发展的趋势，修订原有各专业的教学计划。1985年4月，出台了《关于修订教学计划和教学改革的几点意见》，总的方向是加强基础，拓宽知识，优化课程结构，增强适应能力。本科总学时控制在2500学时左右。理科有关专业均把高等数学、普通物理等课程作为基础课，文科部分专业开设了高等数学、计算机、自然科学史等课程，逐步实行文理渗透。增加选修课的比例，选修课约占总学时的15%~25%。书法、美学、音乐、大学语文、电化教育和学校健康学等列为全校性的选修课。1987年，全校开设选修课137门，其中15门为跨系开设，鼓励学有余力的学生跨学科、跨专业选修。

加强基础课程建设。1985年，学校做出了关于加强基础课程建设的决定，提出基础课程建设的目标，要有革新的教学大纲，有反映现代科学水平、分量适当的教材，有新的教学方法，有科学的考核办法，有比较合理的师资梯队，并确定实施的步骤和评估、奖励的办法。学校成立了课程建设委员会，负责规划、实施、评估。1986年，参加第一批重点建设的课程有29门，至1987年12月，经过评估验收，21门课程达到要求。1988年，又确定21门课为第二批重点建设课程。

不少教师在教书育人方面成绩卓著。1987年，有13位教师获得教书育人奖，16位教师评上优秀教学质量奖。其中，有9位教师获江苏省首届优秀教学质量奖，陆昇、王恤民获一等奖。1989年，许国梁、束炳如、倪汉彬的《高师中学物理教材教法课程建设与改革》被国家教委、人事部、全国教育工会授予全国优秀教学成果特等奖，王恤民、陆昇、朱烈被授予全国优秀教师、优秀教育工作者称号。程肖彭、董蔡时、钱培德被江苏省教委、省人事局、省教育工会授予江苏省优秀教师、优秀教育工作者称号，段本洛、曹阳获江苏省教委颁发的优秀研究生导师教书育人奖。朱士群获霍英东教育基金会青年教师教学奖。

为了鼓励教师教学、科研的积极性，学校于1989年建立了陆氏教学、科研奖励基金（系校友、美籍华人陆恂如捐资建立），每年奖励8名在教学、科研上取得突出成绩的教师。

整顿教学秩序，提高教学质量。1989年9月，全校教育工作会议提出整顿教学秩序，深化教学改革，努力提高教学质量。要求切实把好四个关：提高教授、副教授在教学第一线的比例；青年教师初上讲台时，必须指定有经验的教师指导，并进行试讲；开设新课必须具有教学大纲、配套教材及教学参考资料；专业基础课的教材要经系和校教务处审定。同时，完善四项制度：制定和完善备课、讲课、辅导、实验、考试、考查等各个教学环节的规范；完善讲课、评估和校系领导听课制度；继续完善重点课程建设的制度；完善校、系、教研室三级研究教学工作，教研室定期进行教学研究活动的制度。

三、改革教学管理

实行优异生选拔培养制。为了贯彻因材施教的原则，1985年5月14日，学校颁布了《苏州大学关于选拔和培养优异生的试行条例》，对一部分特别优异的学生，采取特殊培养措施，如配备导师，优先借阅图书资料，参加教师的部分科研工作，免修部分课程等。实行严格的考核制度，一年评选一次，优胜劣汰。1986—1989年评选了三次，评出优异生92人，其中5人连续三年获评优异生，取得免试保送攻读硕士学位研究生资格。

加强实践环节。理科加强实验教学，严格实验操作要求和实验考核制度。在低年级，精选并保证基本实验，删去不必要的实验步骤，使学生有更多时间用于思考和动手，举办实验操作运动会，苦练基本功。对高年级学生开放实验室，安排适量的设计性实验，由教师出题，学生撰写设计实验报告，经教师审阅后，学生自己做实验，使实验过程成为理论联系实际，培养学生独立工作和创造能力的过程。在改革实验教学的同时，还与大型工矿企业挂钩，设立见习实习基地，使学生接触现代化的设备和实验手段，掌握现代科学技术，促进智能发展。吴县中学（1988年）、张家港市梁丰中学（1988年）、苏州市第一中学（1989年）先后成为苏州大学附属中学，作为师范专业学生教育实习的主要基地。

严格学籍管理。苏州大学1987年10月修订了《学生学籍管理办法及实施细则》，在全日制学生中试行。《实施细则》以"严"字当头，贯彻严格管理与思想教育相结合、严格管理与搞活教学相结合、严格管理与因材施教相结合的精神，规定学生在试读期间，或者降级、留级及延长修学年限的，一律停发奖学金。严格新生入学复查、旷课处理、自学纪律、考试纪律、补考手续、留级等有关学生管理方面的规章制度。

设立人民奖学金。从1986年起，先后设立了人民奖学金和单项奖学金等项目，扩大综合奖学金的总金额和覆盖面，由1984年平均每生24元扩大到1987年平均每生57元。大力表彰勤奋学习、德智体全面发展的优秀学生，受奖面达学生总数的37%，为学生提供了平等竞争的平台和机遇，强化竞争向上

朱敬文奖学金首批授奖仪式

的意识，促进学风建设。1988年9月，由香港著名实业家朱敬文先生捐助的朱敬文奖助学金在学校设立，首批138名同学获得奖励和资助。之后30多年里，朱敬文教育基金会不断扩大对苏大的支持，截至2019年，共有1.6万多名学生获得资助。

开展自我教学评估试点

工作。为了贯彻德智体全面发展的教育方针,建立有效机制,增强学校的应变能力、适应能力和竞争能力,从1985年起,学校进行自我教学评估实践尝试。1989年,学校制订了《苏州大学课程教学质量评估方案》,以教学态度、教学内容、教学方法、教学效果作为评估的主要因素。在全校各系抽1~2门基础课进行教学质量评估。拟定了七个评估项目,每个项目分四个等级,分别确定不同的权重系数。全校共评89门课程,涉及22个班级113位教师。从评估结果的分析看,七项加权平均总值达80分以上的人数占113位教师的55.8%,70~80分的占37%,说明大部分教师的课堂教学质量是比较好的。

四、加强教材、实验室和图书资料建设

教材建设。改办为苏州大学后,面对当时我国教材严重落后的困难局面,学校大力加强教材建设。1982—1989年,先后编写文理工各类教材和教学参考书339种,有120种公开出版。在1986年全国教学理论与教材建设学术讨论会上,苏州大学有103种教材参展,其中21种被全国教材交流中心列入交流教材目录。中文系编写出版31种教材,其中《文学的基本原理》等9种教材获全国和江苏省优秀社会科学著作奖。

为鼓励教师从事教材建设的积极性,1986年,学校设立了"优秀教材奖"。1987年,经校学术委员会审核,评出《史籍举要》《有限元方法》《中学物理教材教法》《中学化学教材教法》《解析几何》《量子化学》《世界近代史》《古典文学文献及其检索》8种教材,参加国家教委首次举行的优秀教材奖评选活动。柴德赓教授

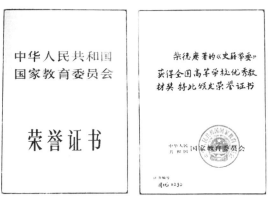

柴德赓教授著《史籍举要》获全国高等学校优秀教材奖

的《史籍举要》获国家级优秀教材奖,姜礼尚教授的《有限元方法及其理论基础》获国家教委高校优秀教材一等奖。

实验室建设。1982年,全校教学、科研仪器8 902台件,合计金额544万元;1989年增至11 347台件,合计金额1 683万元,比1982年增长了2倍。1985年,经过评选学校获得世界银行贷款205万美元,并配套经费1 000万元,大大改善了学校的实验条件。

新建了校中心实验室,下设衍射、光谱、气相、波谱、电子测量、计算机6个实验分室,拥有X射线衍射仪、扫描透射电子显微镜、光声光谱仪、红外光谱仪、紫外-可见光谱仪、激光拉曼光谱仪、气相色谱仪、液相色谱仪、核磁共振仪、色谱-质谱联用仪、高精度的电子参数测量仪和超级微型计算机等较先进设备。

1982年,学校电教室设备总值为30万元,至"七五"期末已有80万元,拥有主控台、编辑台、全频道闭路电视系统、彩色摄像机、录像机、放像机、电视机、监视器等配套设备。闭路电视系统有97个终端,每年收看者达15万人次以上,制作电视教学片60部,其中7部获江苏省优秀电视教材奖,还受国家教委委托拍摄了解析几何卫星电视教学片。1989年,电教室扩建为电教中心,按照教学计划的要求,开设电化教育课,配合思想政治教育,收集、编辑电化教材和资料,为教学服务。

苏州大学本部图书馆

图书资料建设。1984年,新建图书馆6 600平方米,连同原红楼分馆,总面积达8 600多平方米。由朱敬文教育基金会资助的8 000平方米的敬文图书馆于1990年奠基。至1989年,校图书馆有藏书131万册,其中线装古籍13万册,许多古籍珍本被列入国家善本书目录。新图书馆设有4个阅览室,座位700多个;红楼分馆设平装书、线装书和工具书三个阅览室,主要向教师和研究生开放。各院、系和直属教研室、研究室也都设有图书资料室。图书馆收藏的外文录音磁带和缩微胶卷等声像资料逐年增加,视听室、复印室相继建立,开展微机应用,用计算机存储和检查文献及管理书刊,实现由单功能、单层次服务的图书馆向多功能、多层次、高水平服务的图书馆发展。

第三节 科学的春天

一、增设科研机构

1979年4月,学校成立第一个研究室——激光研究室。此后,随着学校事业的发展,特别是改为综合性大学后,为提高教学质量,更好地为社会主义现代化建设服务,学校逐步增设了一批科研机构。至1989年年底,全校有文学研究所、历史研究所、应用化学研究所、社会与发展研究所等4个研究所,教育科学研究中心、非线性科学研究中心、公共关系研究中心、化学科技信息中心、非金属电镀研究中心、比较文学研究中心等6个研究中心,明清诗文研究室等33个研究室。此外,还同苏州市第一电子仪器厂联合建立了苏州信息技术研究室。

不少科研机构已具备一定的特色和优势。明清诗文研究室在钱仲联教授主持下,成果丰硕,在国内影响颇大。激光研究室拥有巨大的全息台群和多种先进的激光实验仪器,主要从事全息元件及物理学仪器和激光物理等方面的研究,研制的全息凹面光栅、单色仪、小型激光拉曼光谱仪、摄谱仪等多项成果获省市科技成果奖。原子及原子核物理研究室专门从事原子核结构理论研究,在结构和对称性研究方面取得了较大成果,周孝谦教授和吴华川教授被聘任为南斯拉夫"1986年核结构、核反应和对称性国际讨论会"的顾问委员会委员。有机合成研究室主要从事生理活性物质、萃取剂和非银感光材料的合成与研究,有8项成果获省市科技成果奖。中国近代政治、经济史研究室,主要从事1840—1949年中国近代政治和经济发展史的研究,出版了《太平天国在苏州》《左宗棠评传》《谭嗣同传》《苏州手工业史》等著作,受到史学界的好评。基础数学研究室主要研究方向为一般拓扑学、函数论、微分方程、近世代数和组合论等,在国内外学术刊物上发表论文78篇,编著出版教材8部,译著2部。1989年10月建立的"非线性科学研究中心"是由数学、物理、化学三系联合创办的开展横向科研合作和交流活动的机构。苏州信息技术研究室是厂校联合的科研机构,以市场为导向,技术为基础,技工贸一体化,研究、开发、生产、销售、服务、反馈一条龙,主营计算机技术及其软硬件产品、传统监控设备、医疗电子产品的研究开发、生产经营和技术服务等。

二、科研项目与科研成果

学校在科学研究中,努力贯彻科研面向教育、面向经济建设的方针,在重视基础理论研究的同时,特别加强应用课题和现实问题的研究,取得了显著的成果。

1986年2月，国家设立自然科学基金；10月，设立国家社会科学基金。这两大基金成为我国在自然科学和哲学社会科学研究领域支持基础研究的主渠道，面向全国，重点资助具有良好研究条件、研究实力的高等院校和科研机构中的研究人员。1986年12月，学校获5项国家自然科学资助项目，资助经费5.5万元；1988年10月，获国家自然科学基金资助项目4项，资助经费6.4万元。1986年11月，中文系申报的《中国近现代通俗文学史》被列为全国哲学社会科学"七五"规划重点项目。1988年，学校理工科获江苏省科委科技三项费用资助课题1项，资助经费2万元；获省教委自然科学基金资助课题17项，资助经费17.8万元。1988年7月，学校获江苏省哲学社会科学"七五"规划研究课题16项，资助经费7.5万元。

1982—1989年，全校教师和科研人员出版各种专著、译著和教材451部，在国内外学术刊物上发表论文2 453篇。1985年2月，在江苏省首届哲学社会科学优秀成果评选中，苏州大学获2项荣誉奖、2项二等奖、24项三等奖。钱仲联的《梦苕庵清代文学论集》、顾树森的《中国历代教育制度》获荣誉奖，范伯群的《冰心评传》《郁达夫评传》和董蔡时的《太平天国在苏州》获二等奖。1987年，11项文科研究成果获江苏省第二次哲学社会科学优秀成果奖，其中范伯群的《鲁迅小说新论》，朱栋霖的《论曹禺的戏剧创作》，段本洛、张圻福的《苏州手工业史》，董蔡时的《左宗棠评传》，崔绪治等的《现代管理哲学概论》等获优秀成果二等奖。学校的研究氛围日益浓厚。以国学大师钱仲联为学科带头人的中国古代文学学科掀起著述高潮，在全国影响很大。钱仲联主编的《清诗纪事》，计600万字，被学界誉为"传世之作"。杨海明的《唐宋词史》、王钟陵的《中国中古诗歌史》等在学术界产生轰动。外语系王文昌教授主编的《英语搭配大词典》参加国际图书博览会，被同行专家誉为"鸿篇巨著"。朱永新、耿曙生、方世南等青年教师编写的《中国一百个军事家》获全国第二届通俗政治读物评比一等奖。

在科技应用方面，通过国家和省、市科学技术鉴定的有64个项目，其中，有41项获得国家和江苏省、苏州市的各种奖励。1983年，激光研究室研制的SD-R1小型激光拉曼光谱仪在全国综合性大学近代物理实验交流会上获二等奖（本届会议最高为二等奖）。1987年，陈克潜教授主持研究的新农药昆虫几丁质抑制剂"苏脲1号"，获国家发明奖、国家科技进步三等奖、林业部科技进步二等奖。物理系姜锦虎、陈炳泉研制的LSV-1型机械式激光频闪振动控制测量仪参加第三届全国发明展览会获铜牌奖。

认真贯彻科研工作为经济建设服务，积极开展对外科技服务。1984年成立科技咨询服务部，到1987年年底，进行了117项科技咨询服务，技术转让25项。

1982—1989年，苏州大学还举办了不少有影响力的全国性学术会议。1983年，明清诗文研究室和中国社会科学院文学研究所《文学遗产》季刊联合举办清诗讨论会，这是中华人民共和国成立以来首次全国性的清诗讨论会。1984年，中文系和中国作家协会江苏分会、江苏省社会科学院、苏州市文联联合举办"陆文夫作品学术讨论会"，这是中华人民共和国成立以来江苏省召开的第一个讨论本省当代作家的全国性学术会议。1984年11月，为纪念无锡国专创始人、原江苏师范学院名誉教授唐文治先生120周年诞辰，学校举行了唐文治学术思想讨论会，全国人大常委会副委员长、原无锡国专教授周谷城及唐文治的学生和无锡国专校友钱伟长、赵祖康、朱东润等知名学者发来了贺电，周谷城、周振甫等著名学者提交了44篇论文。1985年11月，历史系和江苏省史学会联合召开全国首次"左宗棠历史评价学术讨论会"。1989年10月，苏州大学与苏州市政协联合举办"纪念范仲淹诞辰一千周年学术讨论会"，并出版了《范仲淹学术讨论会论文集》。

理工科方面较有影响的学术活动有：1986年4月，在苏州大学召开"第三届全国穆斯堡尔谱学学术会议"，国际著名穆斯堡尔谱学学者、联邦德国萨尔大学金属物理研究所所长贡泽尔教授应邀到会做了学术报告。1987年4月，苏州大学与大连工学院、华南师范大学、华中工学院、中国科学院合肥分院等单位联合举办"全国第三届组合数学学术会议"，美国、加拿大一些著名教授到会做了学术报告。这次会议决定筹建中国组合数学研究会。

三、研究生教育和学位授予工作

苏州大学是全国首批具有博、硕士学位授予权的单位之一。1981年11月，经国务院学位委员会审批，钱仲联被评为全国首批博士生导师。1982年，有博士学位授予权的专业1个（中国古代文学），有硕士学位授权点7个（辩证唯物主义与历史唯物主义、中国古代文学、中国文学批评史、光学、原子核物理及核技术、物理化学、有机化学）。1985年12月，由钱仲联教授指导的中国古代文学专业的2名首届博士研究生通过了论文答辩，被授予博士学位。至1989年，有硕士学位授予权的专业增至18个（中国古代文学、中国文学批评史、中国现当代文学、文艺学、中国近现代史、世界近现代史、马克思主义哲学、政治学理论、英语语言文学、基础数学、应用数学、原子核物理、理论物理、光学、学科教学论〈物理〉、有机化学、无机化学、物理化学）。基础数学、物理化学、理论物理、英语语言文学、辩证唯物主义与历史唯物主义、中国近现代史等专业还开办了研究生班。

1983年1月，经江苏省高教局批准，苏州大学建立学位评定委员会，陈克潜任主席，张梦白任副主席；1987年进行换届选举，陈克潜任主席，姜礼尚、段本洛任副主席；1989年年初，新任校长姜礼尚任学位评定委员会主席。

学校十分重视重点学科建设，在人力上不断充实加强，在经费上加以扶持。1985年和1988年，理科的基础数学、核物理与核技术、光学、有机化学、物理化学、应用数学6个学科被评为江苏省属高校的重点学科。文科未开展评审工作，但学校十分注意加强文科学科建设，力争办出特色，中国古代文学、中国现当代文学、中国近现代史、英语语言文学、马克思主义哲学等学科，在江苏省内已具有一定优势。新建的财经、法律、档案和计算机等学科，也已有一批学术带头人，逐步形成自己的特色。

研究生管理工作逐步走上正轨。1985年，经兄弟院校领导和专家小组评估与考核，一致认为苏州大学研究生教育管理制度基本齐全，学位授予工作正确。1987年5月，学校编印了《苏州大学研究生管理工作规章制度汇编》，使研究生的学籍、培养、学位及管理等都有章可循。

第四节　建设合格的师资队伍

一、广辟才源，壮大师资队伍

1982年改办为综合性大学后，学校增设了新专业和新学科，壮大和提高师资队伍成为重要任务。经过七八年的努力，初步形成了一支结构合理，素质较好，能够适应教学、科研任务的师资队伍。到1989年年底，全校有1 947名教职员工，其中专任教师867人，专任科研人员81人。在教师和科研人员中，教授（含研究员）48人，占教学科研人员的5%；副教授（含副研究员）263人，占教学科研人员的28%；讲师438人，占教学科研人员的47%；助教199人，占教学科研人员的20%。

为壮大和提高师资队伍，这几年主要采取四个途径。一是依靠老学科，发展新专业。学校原有一批老学科，师资队伍较强，基础理论扎实，将其中一部分教师充实到新的专业。通过参加各种学术活动、合作研究，教师的知识得以更新，学术水平得以提高。二是积极引进，解决缺门。从财经、政法等部门调入既有专业理论知识，又有实践经验的师资，如潘抱存、郑裕国、包尚文等。三是吸收青年教师，充实新生力量。1982—1989 年，增加青年教师 435 名，其中博士、硕士 133 名。钱培德、朱秀林、杨海坤、殷爱荪等被引进后成为教学科研的骨干。四是利用苏州的地理环境和原东吴大学的人脉，邀请海外有名望的专家教授来校做短期访问、讲学，先后聘请 78 位国内外著名教授为兼职教授，定期或不定期来校讲学。

二、加强培养，提高师资质量

为适应当代科学技术发展，改变原有教师队伍知识陈旧、青黄不接的情况，学校采取多种措施，千方百计提高师资质量。

一是充分发挥老教授的作用，继承学术财富。学校原有不少老教授学术水平较高，学校根据各人的专长，为他们配备了助手，一方面帮助他们整理资料、出版著作，另一方面使青年教师得到培养、提高。

二是鼓励青年教师攻读学位。对于本科毕业生留校任教的，鼓励他们攻读高一级学位。20 世纪 80 年代中后期，有 5 位青年教师获博士学位，107 位青年教师获硕士学位。

三是举办助教进修班，增强青年教师的基础理论和业务能力。学校举办了基础数学、核物理与原子物理、物理化学、有机化学、明清诗文、辩证唯物主义与历史唯物主义等助教进修班，还举办了各种形式的读书班、讨论班，让中青年教师一边工作，一边进修。文科主要是围绕学术界争论的热点，定期开展讨论；理科主要是通过举办读书班，定期做读书报告，提高教师基础理论知识和学术水平。举办外语进修班，提高中青年教师的外语水平。1982—1989 年，举办了 28 期英、俄、日语班，参加者达 600 多人次，从而提高了中青年教师的外语水平，有助于其参加国际学术交流活动，吸收当代国际先进科技知识。

四是选派出国进修，开展对外学术交流。1982—1989 年，先后公派教师 130 人出国攻读学位或进修。他们在国外专家指导下，充分利用国外先进的仪器设备和丰富的图书资料，勤奋学习，刻苦钻研，学成回国后大多成为教学科研的骨干，有的成为学科带头人。此外，有 50 多人次出国访问、考察、讲学或参加国际学术会议，提高了学术水平。

五是严格考核，不拘一格选拔人才。为了提高教师的素质，1984 年制定了教师工作规范，对各类教师提出了明确的要求，并进行严格考核。在考核中把平时考核与集中考核结合起来，把政治思想、教学水平、科研能力、教书育人等方面考核结合起来，并以此作为教师评职、聘任、评奖的依据。对于取得突出成果的教师，予以破格晋升。

三、实行职务聘任制，优化师资结构

1986年后，学校以改革精神积极进行教师职务聘任制工作。改革职称评定，实行教师职务聘任制，优化了师资结构，促进了学科建设。

提高了教师的政治与业务素质。1986年，校党委对于教师聘任的政治条件提出了具体要求，特别强调教书育人，把政治条件实化、细化。对于业务条件，兼顾教学和科研两个方面，既全面、准确地考察教师的教学水平和教学效果，又考察教师的科研能力和成果。

改善了师资队伍的结构。通过职务聘任，师资队伍的年龄结构有了较大的改观，教授的平均年龄由74.4岁下降到59.6岁，副教授的平均年龄由59.6岁下降到52.6岁，讲师的平均年龄由50.7岁下降到40.9岁。正副教授中60岁以下者占92.4%，最年轻的教授为44岁；最年轻的副教授为30岁，40岁以下的副教授有10名。职务结构也有了较大的变化，教授、副教授由占教师总数的9.7%上升到33%。教师队伍结构逐步趋向合理。

青年教师脱颖而出，成为学科带头人。至"六五"期末，全校40岁以下的青年教师465人，占教师总数的51%，他们学历层次较高，思想活跃，进取心强，基础理论扎实，多数人能胜任本职工作。其中不乏脱颖而出者，在教学和科研中都成绩不俗，成为教学科研的骨干。在职务聘任工作中，采取"戴帽下指标"或不占本单位限额的办法，破格提拔在教学、科研上做出贡献的青年教师，有10名40岁以下的青年教师被聘为高级职务。朱永新、钱培德、任平、范培松、殷爱荪、周川、方世南、朱永生等一批中青年骨干教师脱颖而出。

第五节 改善后勤管理

一、改善物质条件

随着学校事业的发展，学校的办学经费有了较大幅度的增长。1982年，国家拨给苏州大学的经费为590万元，1989年增至1 300万元，学校物质条件得到相应改善。1982年，苏大占地面积约为30.5万平方米，1989年增至约55万平方米；校舍建筑面积1982年为10万平方米，1989年增至20万平方米；学校固定资产1985年为2 307万元，1989年增至4 386万元。

学校克服种种困难，办了不少实事。1982年后，整修了东小桥、孔付司巷、钟楼新村等家属区，维修了旧房，增辟了学生宿舍管理小区，整修了全校

大大小小的路面。1983年翻建了浴室，改善了师生员工洗澡的条件。1984年改建了自来水管道，增掘了深井泵，增建了水塔，缓和了校内用水紧张的状况。改建了两路进电的设施，改变了学校经常停电的状况。1985年开办了生菜供应部，缓解了教职工买菜难的问题。1986年建造了电话总机房，更新了电话交换机；扩建了托儿所，并把托儿所改为幼儿园，增设了婴托班，基本解决了教职工子女入托难、入园难的问题，1988年，校幼儿园被定为苏州市重点幼儿园，1989年，幼儿园托儿部被定为苏州市第一批一类托儿所。1987年，利用学校旧有建筑修建了学生活动中心，为学生提供了课余活动的场所；还将原保健科扩建为苏州大学医院，增设病床30张，增添了B超、医用二氧化碳激光治疗仪等诊疗器械，担负全校临床医疗、卫生保健、健康教育、职业病防治和计划生育指导等工作。

20世纪80年代中期，苏州市曾规划将道前街、十梓街打通，穿过苏州大学，向东跨过护城河成为苏州市区东西主干道。考虑到美丽悠久的东吴校园可能因此遭到破坏，校领导积极向国家有关部门和省、市政府领导反映情况，费孝通等东吴老校友对此也非常关心。经过学校据理力争，苏州市调整了规划，改为兴建干将路作为苏州城东西主干道。

为适应学校事业迅速发展的需要，校领导多方筹集资金，加快基本建设，调整充实了基建部门，将原总务处基建科升格为基建处，并单独设党支部。从1984—1989年的六年中，完成8.2万平方米的基建任务，新建教学大楼、化学实验楼、电工实验楼、图书馆、计算机楼等教学科研用房1.6万平方米，学生生活用房1.7万平方米，教职工住宅楼3.6万平方米，还增建、扩建了食堂、浴室、配电房、电话间、锅炉房等附属用房1.3万平方米。1982—1989年，有766户教职工迁入新居，住房条件得到改善。

二、改革后勤管理

后勤管理改革是从改革学生食堂管理起步的。1984年，学校开始试行半企业化管理，实行按就餐人数和营业额的比例提取管理费的经济承包责任制，调动了炊管人员的积极性，改善了服务态度，提高了服务质量，增加了主副食品的花色品种，增设了夜点小吃部、面包房和冷饮部，在主副食品价格上涨的情况下，力求价廉物美，服务热情周到。1987年和1989年，食堂两度被评为江苏省高校文明食堂。1985年11月，营养学家、时任中共中央书记处顾问于若木和全国政协委员王定国来校考察学生食堂，予以高度评价。

1985年，学校车队试行经济承包责任制，实行定额承包、用车收费、超额奖励的办法，将工作效率与经济效益挂钩，从完全服务型管理转变为经营服务型管理，调动了驾驶员的积极性，基本解决了用车难的问题。学校车队连续八年安全无事故，被评为苏州市安全行车先进单位。

对学生宿舍、教室和校产的管理和维修，实行多种形式的经济承包，健全规章制度，确定质量指标，明确岗位责任，制定奖惩办法，开展竞赛评比，增收节支，减少浪费。

为了促使后勤工作逐步走向社会化，1985年3月，建立独立核算、自负盈亏的苏州大学劳动服务公司，设有日用百货、烟糖食品、书店、文化艺术品等类商业门市部8个，缝纫、自行车修理、生面加工、运送煤炭等服务网点4个，后又办了具有油印、扫描、复印、打字、圆盘铅印、高速胶印等多种印刷手段的誉印社。

三、办好校办工厂

学校先后办了科学教育仪器厂、化学实验厂、激光研究室附属厂和印刷厂，至1989年年底，有职工173人。校办工厂主要是为教学、科研服务，并逐步形成教学、科研和生产的联合体。例如科教仪器厂有职工99人，其中工程技术人员13人，设有机电研究室，厂房4 368平方米，固定资产109万元，拥有各种机床40余台，电子仪器仪表能配套使用，具有一定的测试手段，能制造水平较高的物理实验仪器，有的仪器远销国外。化学实验厂是中国人民银行定点生产贵金属化学试剂的工厂，主要产品有氰化金钾、三氯化金、氟化银钾、氧化银、硝酸银等贵金属系列试剂。该厂仅有职工17人，但他们利用技术优势，积极开展科学研究和科技咨询服务，研制的"氰化金钾生产工艺""滚镀镀金新技术""多层节金电镀新工艺"，先后获得江苏省和苏州市科技成果奖。激光研究室附属工厂有工人11人，厂房280平方米，固定资产42万元，主要生产教学用光栅、单色仪、激光拉曼光谱仪、光子计数器、彩虹镜等。印刷厂是建于1952年的老厂，有一定的技术力量，有职工46人，厂房900平方米，固定资产50余万元，逐步由铅排、铅印发展为微机排版、彩色胶印，基本上能满足学校教学、科研的需要。

第六节　在改革开放中加强党建工作

一、党的建设

加强党的思想建设。1982年9月，党的十二大召开后，校党委即研究部署学习党的十二大文件，结合学习《邓小平文选》和《三中全会以来重要文献选编》，全面领会和掌握十二大精神。根据全国党员教育工作会议精神，着重对党员进行马列主义、毛泽东思想教育，党的路线方针政策教育，党的基本知识教育，党性、党风、党纪教育，坚持四项基本原则的教育。为使教育经常化、制度化，1987年3月，学校建立业余党校，分期分批轮训党员干部。

1987年10月，校党委书记程肖彭当选为十三大代表并出席了党的十三大。大会结束后，程肖彭立即向全校党员和师生员工传达了大会的盛况和主要精神，组织广大党员认真学习十三大文件，深刻领会十三大精神，坚持党在社会主义初级阶段的基本路线。

在1989年春夏之交的政治风波中，校党委及时地向全校共产党员传达党中央的声音，全校各级党组织和绝大多数党员在这场斗争中经受住考验，学校正常的教学秩序很快得以恢复。

校党委十分重视加强党的组织建设。1982—1989年，先后制定了党委每年召开一次党员大会或代表会议的制度，各总支每年召开两次党员大会的制度，每三个月召开一次支部大会的制度、党课制度、党员分工联系群众的制度、正式党员分工联系预备党员的制度、预备党员每季度向党支部汇报思想、定期过民主生活的制度、两年评选一次先进党支部和优秀党员的制度等十项加强党的组织建设的制度。还制定了"党支部工作条例""支部书记工作职责"等，使党的组织工作制度化、规范化。为了恢复和发扬党的优良传统，端正党风，提高党员的素质、增强党的战斗力，在党内开展了"创先争优"评选活动，创建先进党支部，争当优秀党员。

为了有计划地做好发展党员的工作，保证新党员的质量，校党委任命了一批兼职组织员。各党支部每年都制定建党规划，按照"积极慎重"和"坚持标准、保证质量，改善结构，慎重发展"的方针，1982—1989年发展党员913名，吸收了一批优秀知识分子和业务骨干入党，壮大了党的队伍。

至1989年年底，全校共有13个党总支，50个党支部（其中直属支部5个），共产党员921名，其中教职工党员819名，占全校教职工总数的40%。

加强党的作风建设。着重对党员进行党性、党风、党纪教育。1983年5月，校党委为了做好整党的准备，实现党风的根本好转，专门组织了党风调查组，对全校党风现状和存在问题及其原因，进行了全面的实事求是的调查，在调查研究的基础上，对党员进行有针对性的教育。

根据党中央关于整党决定的精神，在苏州市委统一部署下，学校于1985年3月至10月进行了整党，全校共有791名党员（其中正式党员645名）参加。整党工作经过学习文件、对照检查、组织处理和党员登记、制订整改方案和检查总结等四个阶段。学习整党文件，分四个专题进行，每个专题在学习之前，都由校党委负责同志做动员，提出学习要求，学习结束后进行总结，做到有计划、有布置、有检查、有总结，取得了较好的效果。对照检查阶段，由各级领导层层带头，做出表率，每个党员在各自党小组做个人对照检查。组织处理和党员登记阶段，对犯有错误的党员，根据其错误性质，给予必要的组织处理。参加整党的645名正式党员中，除一名党员被除名外，其余全部登记。制订整改方案和检查总结阶段，党委提出了整改意见，重点是认真贯彻执行《中共中央关于教育体制改革的决定》，加强和改善思想政治工作，巩固和发展整党成果。1985年12月20日，苏州市委整党办公室批准苏大整党工作结束。

为了巩固发展整党成果，学校于1987年建立了党风责任制。1989年9月，校领导班子成员做出保持廉洁的十条规定，并成立了惩治腐败、加强廉政建设领导小组。

为了加强党的建设，加强和改善党的领导，开创学校工作新局面，1987年1月10日至11日，召开了第六届党代会。江苏省教委党委副书记林敏端、苏州市委副书记周治华到会祝贺并讲话。大会由陈克潜致开幕词，顾佩兰受上届党委的委托，做了"坚持改革，团结奋斗，努力开创苏州大学工作新局面"的工作报告，江村代表纪委做了纪委工作报告。大会用差额选举的办法，选举产生了由程肖彭、顾佩兰、江村、陈克潜、张圻福、郑薇青、徐惠德、陈学基、姜建成9位同志组成的新的党委会，程肖彭为党委书记，顾佩兰为副书记。作为党组织改革的一次尝试，经请示上级党委同意，这届党委未设常委。大会还选举了纪律检查委员会，江村为纪委书记。大会号召全校共产党员认真学习党的十二届六中全会决议，争当坚持四项基本原则，坚持改革开放的模范；紧密联系学校1990年前的奋斗目标、建设任务和各自的岗位职责，扎扎实实地做好工作，团结全校师生员工，齐心协力，艰苦奋斗，积极改革，开拓前进。

二、领导班子建设

江苏师范学院改为苏州大学后，根据中共中央组织部、教育部党组《关于高校领导干部管理工作通知》"学校改变名称，原任职务自然生效"的规定，原江苏师范学院的党委成员，即为苏州大学的党委成员；原江苏师范学院的院长、副院长，即为苏州大学的校长、副校长。1982年7月，江苏省委决定时任江苏省常务副省长宫维桢为苏州大学名誉校长。

1983年上半年，江苏省委派干部考察组来校考察，为调整学校领导班子做准备。经过民意测验、群众推荐和考察组的考察，1983年9月，江苏省委决定张影任代理党委书记，顾佩兰任副书记，陈克潜任代理校长，王春元、周大炎、张圻福任副校长，周孝谦任顾问。同年11月，江苏省委决定张影任苏州大学党委书记，陈克潜任苏州大学校长。

1985年1月，江苏省委决定免去张影党委书记职务，调省委另行安排；由党委副书记顾佩兰主持党委工作，同时决定江村任党委副书记兼纪委书记，沈雷洪、袁沧洲任副校长，免去周大炎副校长职务，调任苏州市副市长。

1986年5月，江苏省委决定调南京航空学院党委副书记程肖彭来校任党委书记。

1988年下半年，江苏省教委干部考察组来校对校领导班子成员在德、能、勤、绩等方面的表现进行民主测评，经过民主推荐，1989年1月，江苏省委决定姜礼尚任校长，张云朋任副校长；原校长陈克潜因年事已高卸任，副校长王春元离职休养，其他校领导任职不变。

在加强学校领导班子建设的同时，部处系中层领导班子的建设也得到加强。根据中共中央宣传部、教育部党组1983年3月20日《关于高等学校领导班子调整工作的几点意见》的精神，1983年5月至11月，经过个别了解、小型座谈、群众推荐、民意测验、党委集体讨论决定，对部、处、系中层领导干部进行了调整。调整后的中层干部，平均年龄由原来的55岁下降为49岁，初步实现了中层领导干部的新老交替。

1986年2月，校党委认真学习、贯彻党中央关于严格按照党的原则选拔任用干部的文件精神，严格按照党性原则选拔任用干部，充分走群众路线，按规定的程序进行工作，结合本校实际情况，对干部工作进行了一些改革，拟订了《关于干部工作的几项规定》，建立了校人事工作小组，由分管组织人事工作的党委书记、校长和组织人事部门负责人组成，研究中层干部的选拔任用及调整机构等工作。

从1987年下半年起，对部分中层领导干部实行任期制，规定凡教学人员新任教学单位行政正副处级领导者，任期为4年。同时对干部进行民主测评，这是对领导干部实行民主监督的有效措施。1988年，在中文系试行系主任选举制。

校党政领导十分重视老干部工作。1982年12月，校党委决定建立离休干部党支部，属党委领导，由组织部代管。1983年4月，举行颁发离休干部荣誉证大会。张乃康代表校党委、校行政向离休老干部颁发了荣誉证，并赠送了纪念品。

三、民主建设与民主党派工作

为了充分发扬民主，调动全校教职员工的积极性和主人翁责任感，1987年6月，校首届教职工代表大会和工会第八次代表大会同时召开。这次大会的主要任务是听取和讨论关于学校五年来的工作回顾，讨论并通过1990年前学校发展规划。会前征集了提案。大会听取了陈克潜校长"群策群力，团结奋斗，为办好苏州大学共同努力"的报告和张圻福副校长"苏州大学1990年前发展规划"的报告。袁沧洲副校长就修改《苏州大学教职工家属宿舍分配规定》、制定《苏州大学基金管理暂行办法》做了说明。大会充分发扬民主，与会代表对提高教育质量，加强师资队伍培养，改善思想政治工作，关心教职工的生活福利等方面提出了积极的建议和有益的意见。

1989年下半年，召开了首届二次教职工代表大会，姜礼尚校长做了"振奋精神，努力拼搏，把苏州大学办成培养社会主义接班人的坚强阵地"的报告。大会充分发扬民主，广泛听取教职工的意见，进一步明确了社会主义办学方向，调动了广大教职员工为办好苏州大学而出力的积极性。

校首届和首届二次教代会的召开，为民主管理学校开辟了渠道。教代会闭幕以后，学校定期召开教代会代表团长会议，听取大家的意见和批评，推进了学校民主建设的进程。

苏州大学当时有民盟、民进、九三、民革、农工、民建、致公党等7个民主党派组织179名成员，其中副教授（包括副高职称）以上者36名，占全校高级职称的12%，其中有些是全国著名的专家。

校党委十分重视民主党派的工作。一是组织校系二级党组织分管统战工作的同志学习新时期统一战线的理论和方针政策，增强做好统战工作重要性的认识和责任感。多次组织部分干部参加江苏省委、苏州市委、厦门大学台湾研究所等举办的统战理论学习班。二是支持各民主党派独立自主地开展工作，建立和健全与民主党派定期协商的制度，校党委每两个月同民主党派座谈一次。三是支持民主党派组织的发展工作，使民主党派组织由原来的4个增加到7个。各民主党派也加强了自身建设，进行了换届改选，补充了一些年富力强并有一定影响的成员进入领导班子。校民主党派成员中，陈志安为九三学社中央委员，邱光为民主促进会中央委员，徐永端为民革中央候补委员。四是落实党的知识分子政策。着重解决各级政协委员和其他统战对象在落实政策方面的遗留问题，如冤假错案平反、抄家物资清退、扣发工资补发及部分成员改善生活条件等。

四、加强和改善思想政治工作

为适应改革开放的形势，学校积极探索在新的历史时期思想政治工作的新途径，在马克思主义理论学习与教育、理想纪律教育、坚持四项基本原则、政工队伍建设等方面做了大量工作。

学习马克思主义理论，坚持四项基本原则。1982年11月，校党委召开理论工作座谈会，加深对党的十二大精神的理解，进一步清除"左"的影响，确立实事求是，一切从实际出发的思想路线。1983年，全校开展纪念马克思逝世100周年和纪念毛泽东90周年诞辰活动，党委举办了各种类型的报告会，组织师生学习马克思主义经典著作。在全校掀起了学习马列主义、毛泽东思想的热潮。1986年下半年，学校组织全校师生员工认真学习党的十二届六中全会通过的《关于社会主义精神文明建设指导方针的决议》，加强校园精神文明建设。1987年，在全校开展了坚持四项基本原则，反对资产阶级自由化的教育。1989年12月，校党委召开"坚持四项基本原则，反对资产阶级自由化"理论讨论会，围绕如何正确理解和处理坚持四项基本原则与坚持改革开放的辩证关系、政治上坚持四项基本原则与学术上贯彻"双百"方针的辩证关系等问题，开展了热烈的讨论。

改革马列主义理论课的教学。1984年，根据中宣部关于加强和改进高校马列主义理论教育的若干规定的精神，中共党史课程增加了近代史的内容，政治经济学课程以中国社会主义经济建设为主线、突出讲解我国经济体制改革的重要步骤及理论依据，哲学课程教学注意联系分析学生中影响较大的某些当代西方哲学的流派。1986年，马克思主义理论课原来开设的三门课程被改为中国革命史、社会主义建设问题和马克思主义原理，后又增设世界政治经济与国际关系课程。

加强理想和纪律教育。组织学生学习、贯彻《大学生行为规范》，严格校规校纪；加强校园管理，净化育人环境，开展以整顿校园秩序，优化校园环境为中心的校园文明建设。学校集思广益，提出了"团结、勤奋、求实、创新"的八字校风，在全体学生中进行树立文明校风和优良学风的教育。

开展灵活多样、讲求实效的活动。开展"五讲四美三热爱"活动——对广大师生进行讲理想、讲文明、讲礼貌、讲道德、讲卫生，心灵美、语言美、行为美、环境美和热爱祖国、热爱共产党、热爱社会主义的教育。开展"文明礼貌月"活动——以建设社会主义精神文明为指导思想，进行理想、信念和道德教育，制定创文明单位公约，开展竞赛活动。开展"学雷锋、学先进、创三好"活动——采取"请进来"的方式，把青年学生敬仰的英雄模范人物、先进典型和知名人士请进学校，向学生做生动的报告和面对面的交谈。校团委连续多年开展"学雷锋，做好事"的活动，并举办展览会，对学生进行雷锋精神再教育。

开辟第二课堂。通过社会调查、社会考察、社会咨询、共建文明、勤工俭学、社团活动等，学生能够扩大眼界，增长才干，提高素质。历史系于1984年和1985年先后组织学生到农村进行社会调查，编写了《勇于改革的先锋》一书，介绍无锡县堰桥乡全面改革的经验，该书荣获江苏省哲学社会科学优秀成果三等奖。政治系学生在乡镇考察的基础上，撰写了《小城镇大世界》一书，受到有关部门的赞扬。1985—1989年，学校先后组织了14支暑假社会考察队，到11个市40多个县，128个工厂、农村和居委会调研，重点探索研究苏南乡镇企业发展中的新情况、新经验，并为72个乡培训技术人员和解决生产技术难题，写出了不少有参考价值的调查报告，其中有4篇分别获得江苏省大学生优秀调查报告一、二、三等奖。

提倡教书育人，加强政工队伍建设。动员专业教师做学生思想政治工作，任课教师在专业课教学过程中，密切结合学生的思想情况，教育学生树立正确的学习目的和端正学习态度，任课教师参加学生的政治学习，建立联系学生的制度，定期到学生宿舍去，有的系还建立了导师制，全面关心学生的专业学习和政治思想。

学校不断克服淡化思想政治工作的倾向，组成党政工团紧密配合，建立上下左右齐抓共管的思想政治工作网络，努力克服人数偏少，青黄不接，思想不稳的情况，逐步建成一支以少数专职人员为骨干与多数兼职人员相结合的思想政治工作队伍。1985年，建立学生工作指导组，由党委副书记和副校长分别担任正副组长，院系建立学生工作组，统一领导学生工作。1989年6月，为加强学生思想政治教育和管理工作，强化学生管理体制，学校撤销人事处学生科，建立校党委学生工作部和校学生工作处（两块牌子，一套班子），由校党委和校长共同领导。

为了总结经验，探索新时期思想政治教育工作的规律，学校于1986年成立苏州大学思想政治教育研究会。1988年1月，学校建立思想政治教育教研室，开设形势与政策、法律基础、大学生修养、人生哲理、职业道德等必修课和选修课，并指导学生开展第二课堂和社团活动。

第二章　争进"211 工程"（1990—1995）

通过 20 世纪 80 年代的不懈努力，苏州大学已从一所单一的师范院校初步转变为多科性综合大学。进入 90 年代后，学校顺应改革开放的新形势，确立教学、科研两个中心，坚持以改革统揽全局，加强内涵建设，不断推进与深化教学科研、人事制度、办学模式、管理体制、后勤服务等各领域的改革，成为国内新一轮高校改革的排头兵，大大促进了教育质量和办学水平的提高，为学校以改革开放的优异成绩跻身国家"211 工程"行列奠定了坚实的基础。

第一节　三军用命，争进"211 工程"

一、坚持改革开放，增强办学活力

20 世纪 90 年代初，学校根据江苏省经济与社会发展需要，确立了"坚持方向，稳定规模，优化结构，深化改革，改善条件，提高质量，突出重点，办出特色"的办学思路，加大了体制机制、人才培养、社会服务等方面改革的力度，显著增强了办学活力，逐步发展为在国内颇具影响力的地方综合性大学，办学水平和教育质量在国内同类大学中位于前列。

1991 年 6 月 7 日至 9 日，中共苏州大学第七次代表大会召开。程肖彭代表校第六届党委会做了"坚定方向，团结奋进，为把苏州大学建成培养社会主义建设者和接班人的坚强阵地而努力奋斗"的报告；江村代表上届纪委做了纪委工作报告。第七届党代会总结了"七五"期间学校改革发展的经验，确定了"八五"期间学校的奋斗目标：遵循党的基本路线和教育方针，根据江苏省经济和社会发展的要求，优化结构，发扬优势，形成办学特色，全面提高教育质量、科研水平和办学效益，不断改善办学条件，把苏州大学建设成为适应社会主义现代化需要、面向 21 世纪的社会主义大学，争取在全国地方综合性大学中居于前列。大会选举产生了七届党委委员 21 名，纪委委员 7 名。党委七届一次全会选举产生程肖彭、姜礼尚、郑薇青、徐惠德、张圻福、刘有儒、宋锦汶为党委常委；程肖彭为书记，郑薇青、徐惠德为副书记；刘有儒为纪委书记。第七届党代会对于学校进一步加强党的建设和干部队伍建设，坚持正确的办学方向，全面贯彻党的路线方针政策，实施学校"八五"发展计划，鼓舞广大党员和师生员工团结一致、奋发进取，具有重要意义。

1991年8月，学校研究制定《苏州大学十年规划和"八五"计划要点》并报省教委。1992年3月，姜礼尚校长在校第二届教代会上，汇报了学校"八五"计划、十年规划及开展综合改革的要点，提出加强学科建设，提高教学质量，改革科研体制、分配体制、后勤体制等加强内涵建设的一系列改革设想。

1992年邓小平发表南方谈话后，中国掀起了改革开放的新高潮。同年6月，中央决定"以上海浦东为龙头，进一步开放长江沿岸地区"，使长江沿岸地区站到了面向世界的前沿。同年10月党的十四大召开，以江泽民为核心的党中央宣布：中国经济体制改革的目标，是建立社会主义市场经济体制。社会主义市场经济的不断发展，极大地促进了江苏经济社会的发展，也给苏州大学的发展提供了大好机遇。学校在顺应社会主义市场经济体制的发展需要、服务地方经济社会发展的过程中，实现了从封闭型办学向开放式办学的转变。在这一转变过程中，苏州大学作为地方综合性大学，始终把为地方经济建设和社会发展服务作为其鲜明的办学特色和动力。

在这一过程中，苏州大学确立了"立足苏南、服务江苏、辐射全国、影响海外"的办学定位。苏州大学为地方经济建设服务的突出例子是为苏州工业园区建设服务。苏州工业园区是中国和新加坡两国政府的重要合作项目，1994年2月经国务院批准设立，同年5月实施启动，开创了中外经济技术互利合作的新形式。苏州工业园区的建设不仅对苏州的发展具有划时代意义，也是苏州大学跨越发展的契机。当年江苏省1/3的考生第一志愿报考苏州大学，创造了江苏高考史上的一个纪录。

时任新加坡副总理王鼎昌（中）访问苏州大学

1993年5月，在争取工业园区落户苏州的关键时刻，时任新加坡副总理王鼎昌率代表团在时任苏州市市长章新胜等陪同下考察苏州大学。一所历史悠久、具有较高办学水平的大学给予地方强有力的人才资源和科技文化等方面的支持，也是新加坡方面最终选择苏州为合作伙伴的一个重要考量。

1994年4月，中国、新加坡两国政府签订合作建设苏州工业园区协议后不久，学校召开了"学校工作与工业园区建设接轨问题"研讨会。姜礼尚校长在会上指出，学校工作尽快与园区建设接轨已是迫在眉睫，这个问题解决好了，对于学校近

新加坡经验与苏州工业园区开发建设学术研讨会

期和长期发展均有很大的推动作用，也有助于学校争取进入"211工程"行列。会议认为，要密切与有关方面的联系，努力争取中央和省、市对学校参与园区建设的支持，并初步拟订了近期工作计划。会后，学校旋即组织精干科研力量，于9月6日成立了我国第一家新加坡研究机构"中国—新加坡比较研究中心"。

1995年12月，举行了"新加坡经验与苏州工业园区开发建设情况"学术研讨会。这是国内第一次专门研究新加坡经验的学术研讨会，也是由国内科研机构举办的、由中新两国专家学者共同参加的、借鉴新加坡经验开发建设苏州工业园区的双边研讨会。

学校注重加强与新加坡高校的友好合作交流，每年接待新加坡理工学院、义安理工学院的两批学生来校研修，也派出各类教师到新加坡高校讲学、交流，促进了国际交流的发展，有助于更好地为苏州工业园区的建设和发展服务。

高校管理体制改革是20世纪90年代中国高等教育改革的重点和难点，苏州大学是国内较早积极推进这一改革的高校之一。苏州蚕桑专科学校在与苏州大学多年联合办学的过程中，感到由于受"蚕桑"校名的束缚，进一步提高层次在体制上有困难；而苏州大学缺少农科和生物学科，苏州蚕桑专科学校并入后可弥补学科空白，促进生物学科和现有理科基础学科的融合发展。经教育部和省政府批准，1995年11月，省委高校工委、省教委到苏大宣布：苏州蚕桑专科学校并入苏州大学，组建苏州大学生物技术学院。学校提出《关于组建苏

州大学生物技术学院的若干意见》，明确了生物技术学院的办学目标、基本思路、领导体制和管理模式。对于生物技术学院的学科建设，学校确定了"依托优势、突出重点、全面提高、协调发展"的思路，注重挖掘原苏州蚕桑专科学校的潜力，依托和发挥传统专业的优势，一方面加强现代生物技术对传统的蚕学、水产学等学科的渗透，另一方面加强学科间的交叉，积极发展新学科，逐步提高办学层次。

苏州蚕桑专科学校并入苏州大学的批文

为顺应国际高等教育发展潮流和满足社会主义市场经济体制的发展需要，1994年，在总结以往学科专业建设经验的基础上，学校全面推进了学院制改革，调整学科、专业发展格局，促进应用学科的进一步发展和学科间的交叉渗透。学院制改革并非简单地将原有的系改建为学院，而是在原有系科的基础上，进一步拓宽学科发展空间，增强院系的办学自主权，及时顺应国家经济社会发展对人才培养、科学研究的新需求，为学校在新世纪的发展提供更大空间。学院制改革既保持了各学科原有优势，又培育出新的学科专业生长点。1995年，在原中文系、历史系、政治系与马列部、外语系（大外部）、数学系、物理系、化学系、体育系（公体部）的基础上组建了文学院（新闻传播学院）、社会学院、政治与公共管理学院、外国语学院、数学科学学院、物理科学与技术学院、化学化工学院、体育学院等。加上原有的财经学院、法学院、工学院、生物技术学院以及成人教育学院、国际文化交流学院，共14个学院，58个本专科专业，从而形成了文、理、工、教、财、法、管、生等多学科协调发展的新格局。

二、高举改革旗帜，争进"211工程"

"211工程"是党中央、国务院面向21世纪，重点办好一批100所左右高等院校这一宏大工程的简称，是中华人民共和国成立以来由国家立项在高等教育领域进行的规模最大的重点建设工作。20世纪90年代初，中央就在考虑世纪之交乃至21世纪初叶的中国高等教育发展战略。1990年6月，国家教委在制定全国教育事业十年规划和"八五"计划时，提出在二到三个五年计划内，有计划地重点投资建成30所左右的重点大学，后来调整为100所左右，并要求将此作为面向21世纪的大事来抓。1992年8月，国务院第111次常务会议纪要指出："会议原则同意教委和有关部门提出的要面向21世纪，重点办好一批（100所）高等院校的'211工程'规划意见。"1993年2月，中共中央、国务院颁布的《中国教育改革和发展纲要》中明确指出："为了迎接新技术革命的挑战，要集中力量办好100所左右的大学和一批重点学科、专业，在教学质量、科学研究和管理等方面，达到世界较高水平。"

"211工程"是整个20世纪90年代苏州大学改革发展的关键词。能否跻身国家"211工程"重点建设高校行列，关系新世纪苏州大学的发展格局。苏州地处沪宁杭地区中心地段，附近名校众多，作为省属院校的苏州大学进入"211工程"的难度很大。如何才能脱颖而出跻身国家"211工程"行列，是全校上下都十分关注的问题。

1993年6月，校党委召开七届十三次全会扩大会，学习《中国教育改革和发展纲要》，讨论通过了《苏州大学申请进入"211工程"报告》。

1994年2月，学校召开七届党委会第16次全委扩大会议，全会一致同意姜礼尚校长所做的"关于我校争取进入国家'211工程'计划的若干意见"的报告。全会号召全校各级党组织和全体共产党员，认真学习《邓小平文选》第三卷和党的十四届三中全会精神，以争取学校进入国家"211工程"行列为中心，抓住机遇，敢冒风险，真抓实干，勇创大业，为学校争取进入"211工程"行列努力做出贡献。1994年3月，学校又分别召开全校教师和学生骨干动员大会。同年12月，学校成立申请进入"211工程"办公室，朱秀林兼任办公室主任。

1995年3月，学校召开二届二次教代会暨全校教职工大会，这次大会的主题是：紧紧围绕苏州大学的改革发展，振奋精神，团结拼搏，为争取进入国家"211工程"而努力奋斗。姜礼尚校长做了"振奋精神、深化改革，为争取进入'211工程'而努力奋斗"的报告，党委书记周炳秋在闭幕式上做了动员讲话。与会者认真审议了《苏州大学实施"211工程"改革与发展规划》，提出了许多中肯的建议和意见。

"211工程"既是学校的宝贵发展机遇，也是学校面临的严峻挑战。对于进入"211工程"的条件，时任中共中央政治局常委、国务院副总理李岚清指出："重点建设'211工程'的院校必须改革，你得具体说出有几项什么样的改革措施。如果还是老面孔，我认为不应该进入'211工程'。"全校上下群策群力、集思广益，确立了高举改革大旗，以改革的鲜明特色、发展的优异成绩争取进入"211工程"的思路。此后几年中，苏州大学突出地方特色，在具有全局示范意义的领域推动了管理体制改革、教学改革和后勤服务社会化改革，在全国产生很大影响和示范效应。

苏州大学的改革与发展得到李岚清的亲切关心。李岚清时任国务院副总理，在分管外经贸的同时还分管教育，为中新合作开发建设苏州工业园区，他经常来苏州。1993年10月26日，李岚清副总理第一次来苏州大学视察，提出"穷国如何办大教育"的问题，希望苏州大学以改革发展的优异成绩写好这篇大文章。校党委书记程肖彭汇报了学校的历史沿革、现状和发展规划，校长姜礼尚汇报了学校近几年在教学、科研、管理等方面取得的成绩和发展中的困难。李岚清在听取汇报后，明确要求苏州大学探索后勤服务社会化道路，加快联合办学步伐，优化资源配置，进一步提高办学水平和效益。他指出，我国是个发展中国家，办大教育要办出更高的效益，高等教育要打开思路，打破框框，从实际出发，搞开放型办学，教学设备和实验室不要搞小而全，搞低水平的重复。在谈到师范教育时，李岚清说，大学要努力提高教育质量，要重视基础教育和有中国特色的德育，弘扬我国五千年的灿烂文化。李岚清还高兴地接受了苏州大学著名教授、国学大师钱仲联先生的赠书，并欣然挥笔签名留念。

1995年10月10日，李岚清同志在东山宾馆接见姜礼尚校长时说："苏州大学是一所地处苏南的综合性大学，苏州工业园区的开发迫切需要大量的工科人才。苏州丝绸工学院由于体制的原因，学科、专业等办学面比较窄，但是有特色，苏州大学的工学院办学时间不长、比较弱，但是综合性大学应办好工科，我认为，苏州丝绸工学院应并入苏州大学，组建苏州大学工学院。"

针对中国高等教育当时存在的条块分割、规模小、效益差等突出问题，李岚清高度肯定苏州大学在管理体制、后勤社会化、教育教学等领域的大胆探索。苏州大学的改革实践回答了"穷国办大教育"的问题，大大提高了办学效益和水平，为跻身国家"211工程"行列奠定了坚实基础。

1995年5月，经江苏省人民政府批准，由省教委副主任刘迪吉带队、以省学位委员会副主任胡星善为组长的"211工程"试预审专家组一行10人，对苏州大学申请进入"211工程"准备工作情况进行了全面的检查考察。时任省委常委、副省长、苏州市委书记杨晓堂在开幕式上的讲话中指出，苏州大学进入"211工程"行列是苏州市社会、经济发展的必然趋势，是苏州地区实现基本现代化的重要组成部分,是基本现代化的一个重要标志。杨晓堂说,苏州大学进入"211工程"的目标与选择是与苏州地区的经济发展相吻合的,苏州市要把苏州大学进入"211工程"看成是苏州市自己的事,是苏州市奔向新世纪、实现基本现代化的重要工程。他表示,苏州市委、市政府将全力以赴支持苏州大学进入国家"211工程",为苏州市争光。无锡市和常州市领导也在讲话中表示全力支持苏大进入"211工程"。经过为期三天的考察,专家组充分肯定了苏州大学各项工作取得的成绩,并要求学校进一步做好预审的细化工作。同年5月11日,时任国家教委主任朱开轩来校检查工作,听取了姜礼尚校长关于苏州大学争进"211工程"的工作情况汇报,并实地考察了学校纵横汉字信息技术研究所、激光研究所和数学科学学院。

时任国家教委主任朱开轩(中)来校考察

苏州大学申请进入"211工程"汇报会

第二节 适应社会主义市场经济的教学改革

20世纪90年代以来,学校主动适应地方经济建设和社会发展对新型人才的需要,不断深化教学改革,加强教学管理,努力提高人才培养质量。

一、推动外向型复合型人才的培养

社会主义市场经济体制的确立及大开放、大开发、大发展格局的建立,使江苏特别是苏南的经济得到快速发展。苏南尤其是苏州经济建设和社会发展对外向型、复合型紧俏专业人才的需求特别迫切。为此,学校不断瞄准社会需求,提出"巩固和发展基础专业,更新传统专业,大力发展应用型专业"的专业建设方针,大力培养实用型、复合型人才。在对江苏省特别是苏、锡、常等地区的用人部门进行人才调查的基础上,组织各院系及时增设了一批社会短缺的应用性专业及专业方向。1992年后,学校新增了英语、专门用途英语(旅游)、市场营销、公共关系、计算机数学与计算机应用软件、汉语言文学、金融学、劳动经济、国际经济法、电器及仪表、工商行政管理、应用电子技术、自动控制与通信工程、计算机应用与维护、计算机信息管理（方向）、广告制作与管理、涉外文秘（方向）等专业。至"八五"期末，在58个本专科专业中，应用性专业已发展到45个，占专业总数的77%，从而使人才培养较好地满足了地方经济建设和社会发展的需要。

为适应社会需要，培养一专多能的复合型应用人才，学校自1993年开始实施"一本一专"主副修制和单课选修制，开设了涉外文秘、办公自动化、公共关系、英语、经济法、计算机应用、房地产经营管理等7个副修专业和90门选修单课。主副修制对修读学生提出一定的要求，如本科专业课平均成绩80分以上、无单科不及格等。1995年实行学分制后，副修专业及选修单课也因学分制改革的需要做出相应的调整。至1995年年底，有673名学生参加了副修专业的学习，301人获得副修专业证书；修读单选课达2 570人次，1 740人获单课结业证书。

外向型经济的发展和信息技术的进步，要求学生有较强的外语与计算机能力，而这是我国大学生以往知识能力结构中的薄弱环节。因此，学校加强了外语与计算机教学，在全校本专科生和研究生中开设外语课，强化了学生的应用和操作技能。学校还组建了应用文科强化试点班和六年一贯制外贸英语班。

从1990年开始，学校将学生的四级英语考试成绩与学士学位挂钩，将六级英语考试成绩与硕士学位挂钩，并在职称评审、派出和奖惩等方面为公外、公体制定了倾斜政策，以充分调动公共课教师的积极性。经过广大教师和学生的共同努力，学生四、六级英语考试成绩大幅度提高，1994年，学校学生四级英语考试通过率达到88.27%，比全国重点院校的平均通过率高出近15个百分点；1995年四级英语考试通过率达到76.4%，比全国重点院校的平均通过率高出近11个百分点，连续数年在江苏省省属院校中名列第一。

1993年后，学校连续投资205万元全面改造计算机教学设备，提高学生的上机时数，使文科学生上机时数达到人均100学时，理工科学生人均为120学时。1995年，在全省计算机等级考试中，学校以高出全省高校平均通过率14个百分点的优异成绩，名列全省省属高校之首。

二、推进以学分制为核心的各项教学改革

学分制是与学年制对应的一种教学管理制度，以选课为核心，以教师指导为辅助，通过绩点和学分，衡量学生学习质量。学分制有利于因材施教，有助于适应社会主义市场经济发展对人才的需求。

为进一步加强基础，拓宽口径，强化实践，提高人才培养质量，学校于1993年开始积极着手学分制的前期准备工作，打破传统的课程结构体系，建立普通教育课程、学科基础课程、专业教学课程与任意选修课程四大模块组成的立体课程结构新体系。1994年12月，印发了《苏州大学学分制规定》《苏州大学学生学籍管理补充规定（试行）》《苏州大学学分制学生选课办法》等文件。与此相适应，修订学分制条件下的教学计划，编印成《教学手册》，人手一册，从1994级学生开始执行。

为使学分制运作更趋合理，教务处与工学院联合开发、编制了计算机选课系统，于1995年12月正式投入使用。计算机选课中心的投入使用，不仅提高了学生选课的准确率，也减少了院系参与选课过程这一中间环节，大大提高了工作效率。

为适应社会主义市场经济对人才培养的需要，学校积极探索文科教学改革的新路子。1994年，进行强化基础教学改革实验，在1994级新生中抽选近80名学生组成应用文科强化试点班，重点对学生的英语、计算机进行强化训练，并加强高等数学与应用写作的教学，拓宽基础，强化应用。在1995年6月的大学英语四级考试中，该班有94.8%的学生通过，92.2%的学生达到全省非计算机专业计算机等级考试一级标准。文科强化班的教改经验逐步推广到1995级财经学院、法学院的10个本科专业。根据强化的要求，学校修订了这些专业的教学计划，重点强化了计算机、英语、大学语文和高等数学等基础课程的教学。

培养学生人文精神，实施必读书制度。市场经济的快速发展，价值的多元化，使得培养大学生人文精神成为高等教育一项紧迫的使命。为提高学生的基本素质、综合能力和道德修养水准，促进学风、校风建设，1995年，学校在全国率先实施必读书制度。学生除完成专业学习任务外，必须完成包括全校性必读书、学科（学科群）必读书和专业必读书在内的总量为80本的必读书阅读任务，并需通过10余篇读书笔记的考核。这些必读书涵盖政治理论、文化素质、专业知识等方面，对拓宽学生视野、完善知识结构、培养人文精神大有裨益。

三、加强课程、教材、实习实践等环节的基础建设

课程建设和教材建设是提高教学质量的基本保障，这一时期，学校在课程建设、教材建设方面也成绩卓著。

从1991年起，学校结合重点课程建设，对必修课程制定和实施了课程教

学规范。自 1986 年实施重点课程建设以来，至 1992 年年底建设了三批重点课程。1993 年，又对第四批 16 门重点课程进行建设。在前三批重点课程中推荐出部分优秀课程参加全省重点课程评比，其中 5 门课程被评为省级优秀课程，中学物理教学法和中国现代文学被评为一类优秀课程。

教材建设方面，自 1990 年以来，苏州大学教师共编写教材 358 种。1992 年，在第二届全国高校优秀教材评选中，姜礼尚等编著的《数学物理方程讲义》获优秀教材一等奖，吕林根、许子道编著的《解析几何》（第三版）获优秀奖，王铭编著的《文书学理论与文书工作》获中青年奖。1995 年，学校又出台了一系列教材建设与教材管理的规范化措施：及时修订了《苏州大学教材管理办法》，拟订了《苏州大学教材建设工作条例》，设立了苏州大学教材建设基金，成立了校教材工作委员会。

1993 年 3 月，江苏省普通高校优秀教学成果奖揭晓，苏州大学获奖数位列省属高校之首。9 月，国家教委公布 1993 年全国普通高校优秀教学成果奖评选结果，苏州大学马经德与兰州大学等校合作的项目"大学基础化学实验课系统改革的研究与实践"荣获特等奖，杨海坤主持的"'行政法学'教学研究与改革"获全国二等奖和省一等奖，应启后主持的"'马列文论'课程建设与改革"获全国二等奖。

教学管理方面，1990 年 9 月，学校在原课程建设委员会的基础上成立了教学委员会。1994 年 1 月，苏州大学教务处被国家教委评为全国教材管理先进集体和全国普通高等学校优秀教学成果奖励工作先进单位，夏存达被评为全国教材管理先进个人。4 月，苏州大学教务处被评为全国普通高等学校先进教务处。

学校十分注重加强学生实践能力的培养，增强人才培养的社会适应性。1991 年起，对师范专业学生进行师范基本技能"三字一话"的训练，并将该课程列入师范专业的教学计划中。1991 年下半年开始，重点抓实验教学。在对全校实验教学进行摸底的基础上，制订了《实验教学质量评估方案》，并在有关院系进行试点。1991 年 12 月，物理系普通物理实验室荣获全国高校实验室工作先进集体奖，化学系中心实验室被评为江苏省高校实验室工作先进集体。同时，加强学生社会实践基地的建设，至"八五"末已建成实习基地 72 个。

四、加强学风建设，建立学生学习动力的激励机制

从 1990 年开始，学校提出"抓评估促教风，抓考试促学风"。为进一步加

强考试管理，1991年，学校制定了《关于考试工作的若干规定》《监考人员守则》《考试规则》，张贴到每个考场，还组织巡考队伍，严格考试纪律，加强考试管理。对于考试作弊的学生，一经发现，一律给予留校察看以上的处分，考试成绩以零分计，并不得参加正常补考。为使全校考试工作规范化、科学化，从1993年6月起，学校对全校所有的考试课程实行统一抽卷、统一印发、统一考试，先后制定了《苏州大学关于考试工作的若干规定的补充规定》《关于统一补考的有关规定》《加强考试工作的意见》等，通过完善统一考试制度有力地整顿了考风。统一考试也促进了试卷库及试题库的建设，1993—1994年，全校有63门课程向教务处递交了试卷库试卷，有13门课程参加了试题库建设。

1994年，我国高等教育有一项重大改革：高校招生取消双轨制，不再有计划外指标，不分公费、自费，统一并轨为缴费上学。并轨缓解了高等教育经费紧缺的状况，调动了各方扩大高等教育规模的积极性，但随着高校招生体制的改革，困难学生的救助问题也逐步成为社会关注的热点。学校较早地重视了这个问题，将之提到"温暖人心、净化灵魂、稳定校园、支持改革"的高度，及早规划，多管齐下，不让一个贫困学生因经济困难而辍学。学校在助学工作中坚持两条原则：一是注重全方位解困，从"奖、助、贷、补、勤、帮"等多种渠道着手，对不同层次和不同对象分流处理。二是加强管理，规范行为，建立健全贫困生档案，使帮困助学工作得以有序进行。为规范校内外学生勤工助学行为，进一步完善了勤工助学条例，与外界接洽勤工助学事宜均依章办事，以保护双方的合法权益。

调动学生的学习积极性是提高人才培养质量的关键。1994年，为了配合教学改革，在全校形成良好的激励机制，学校推出了新的奖学金条例，改变了过去面广量小的平均主义状况，增大了奖学金的力度。新条例设立学习优秀奖、社会工作奖、单向优胜奖、校长特别奖四个种类，单项金额最高为每人每年1 000元，并可兼得，最高者每人每年达3 000元。在抓好评奖评优活动的同时，注重加强校风校纪教育，对后进生实施相对计分法和相对淘汰制，对部分后进生还采取补缴培养费的办法予以警戒、鞭策。

五、适应社会需求，成人教育走上发展的快车道

为了适应社会主义市场经济发展对各类人才的需求，学校注重发挥成人教育工作的功能，主动适应、积极服务于地方经济建设。1990年10月，撤销原教务处业余教育科，设立成人教育学院，对全校成人教育实行"归口管理，严

格管理，全程管理"。1991年3月，成立校自学考试办公室。

地方经济快速发展，新兴产业、新兴行业层出不穷，而成人教育对市场经济最为敏感，响应最快，因此，成人教育成为满足地方对人才迫切需求的快捷方式，苏州大学成人教育也因此走上了发展的快车道。1993年，成人学历教育规模迅速增至3 288人，1994年达4 145人，1995年成人教育在校生人数达5 338人。

为促进成人教育的发展，学校与不少地方政府、部门和办学机构建立了稳定的合作关系。在分析全省社会经济发展形势及人才需求分布状况的基础上，从抓教育布局、抓专业设置、抓生源着手，发挥综合性大学优势，立足苏、锡、常地区，办好成人高考复习班，牢牢抓住生源关。为便于成人学生就近学习，在原有14个财会函授站、点的基础上，1993—1994年，学校分别在苏、锡、常地区建立了3个成人教育学院分院，在有关县市建立了30多个教学点，在全省形成了成人教育的网络体系。

1993年11月，由全国成人教育协会主办的全国成人教育与社会主义市场经济研讨会在苏州大学举行，与会专家围绕成人教育如何适应社会主义市场经济的发展这一主题展开了热烈讨论。1994年1月，苏州大学召开了建校以来第一次成人教育工作会议，国家教委成教司领导到会，就成人教育如何适应社会主义市场经济体制的需要、成人教育的质量及发展等问题做了主旨讲话。

成人教育的快速发展离不开各院系积极性的发挥，学校注重调动院系发展成人教育的积极性，成人教育也逐步成为院系服务社会、增强财力的重要手段。1993年10月，政治系举办了成教教学研讨会暨政治系举办成人教育10周年庆祝会。

学校成人教育走在全省各高校前列。1992年，苏州大学被评为江苏省普通高校成人教育先进单位。在1994年省教委对学校1993级会计学专科函授财务会计学课程的抽考中，398人应试，及格率为94.2%，平均成绩为79.76分，在全省名列前茅；在1995年对学校1994级文秘专科函授应用文写作课程的抽考中，54人应试，及格率为98%，平均成绩为72分，名列全省榜首。"八五"期末，学校成人教育毕业生中已有200多人担任县处级以上领导工作，为江苏省的社会主义现代化建设做出了重要贡献。

六、抓好研究生教育，学位点建设快速发展

20世纪90年代以来，苏州大学研究生教育发展较快，研究生管理与培养工作从科研处独立出来。这一时期，学校积极完善学位点和指导教师队伍建设，积极调整学科专业结构；开展研究生招生宣传工作，扩大招生规模；加强研究生管理，健全各项规章制度，提高研究生培养质量。

在全国第二批、第三批学位点审报工作中，学校申报多个博士点均功亏一篑。为此，学校卧薪尝胆，认真总结经验，精心做好申报工作。1990年10月，在全国第四次学位点增列工作中，学校新增应用数学、中国现当代文学、中国近现代史3个博士点和凝聚态物理硕士学位点。姜礼尚（全国第二批增列）、朱烈、范伯群、段本洛为苏州大学新增博士点指导教师。同年11月，召开了苏州大学研究生工作会议，苏州大学研究生部成立。

1991—1992年，学校进一步加强研究生招生宣传，努力扩大生源，招生人数比往年分别增加9%、12.3%。在研究生管理方面，进一步完善制度建设，先后编印《苏州大学博士学位研究生培养工作暂行规定实施细则（修改稿）》《关于硕士研究生免修第一外语（英语）的几项具体规定》《苏州大学举办助教进修班的暂行规定》等。根据上级有关文件要求，学校对文科部分研究生学科专业进行了清理，对学位论文进行了自查；对物理学科学位点进行了评估，并总结上报。根据学科专业建设的实际情况，学校对硕士点的布局进行了可行性论证，并向省学位委员会上报了《苏州大学"八五"期间硕士点布局调研报告》。其间，学校还修订了《苏州大学学位评定委员会章程》，并调整了校、系两级学位评定委员会。

1993年12月，国务院学位委员会批准苏州大学新增行政法学、应用社会学、工业心理学、运动生物力学、通信与电子系统、计算机应用、农业经济及管理等7个硕士点，各院、系、部、所都布上了硕士学位点，并扩大了学科门类的覆盖面，全校硕士点达26个。在搞好研究生教育、提高教学质量的过程中，学校积极要求扩大办学自主权，以选拔优秀人才、提高生源质量。1993年，学校向国家教委申请开展在职人员硕士研究生入学单独考试权，经国家教委批准，苏州大学从1994年开始开展在职人员硕士研究生入学单独考试工作。

20世纪90年代，博士后流动站的设立逐渐向地方高校开放，学校抓住机遇，积极争取。先后争取江苏省和苏州市政府向国家人事部发函表示大力支持苏州大学设立博士后流动站。1995年2月，在全面审核的基础上，全国博士后管理委员会同意苏州大学建立数学博士后流动站，使学校在培养人才方面又上了一个层次。同年10月，学校又申报了"中国近现代通俗文学史"项目博士后。

1995年，在全国第六次学位点增列工作中，经国务院学位委员会批准，苏州大学新增凝聚态物理博士点。经江苏省学位委员会批准，新增货币银行学、世界经济、法学理论、教育管理学、学科教学论（数学）、比较文学、中国地方史、高分子化学与物理、概率论与数理统计、应用化学、汉语史、材料物理、光学仪器等13个硕士点。在此次申报中，学校抓住调整学位点的有利时机，将部分基础学科学位点调整为应用型学科，扩大了应用文科专业与工科专业的覆盖面。

至"八五"期末，学校共有58个专业，有全日制本专科生9 127人，博士生54人，硕士生393人，各类成人教育学生6 037人，外国留学生104人。已经形成了文、理、工、教、财、法、管、生等多学科协调发展的崭新格局，苏州大学应用学科发展迅速，硕士点基本覆盖了现有的所有学科门类，建立起了从成人教育到学士—硕士—博士—博士后的完整的人才培养体系，能够介入社会、政治、经济、科技、文化等诸多领域，推动社会的发展和进步，较好地满足地方经济建设和社会发展对高级专门人才的迫切需求。

第三节　学科建设和科研水平的新突破

一、以学科建设为学校工作的龙头

在向综合性大学转型的过程中，学校改革与发展的一个重要标志就是完成了从过去单一师范院校"以教学为中心"向综合性大学"以教学、科研为中心"的过渡，变传统的"一个中心"为"两个中心"。在多年的办学实践中，学校认识到要进一步提高教学水平必须依靠科学研究来促进；进一步发展综合性大学，必须依靠科学研究来推动。这就要求在办学过程中不断提高对科研工作重要性的认识，正确处理教学与科研的关系，将科研工作的改革与科研水平的提高提到重要议事日程上来。

学校坚持以学科建设为龙头，追踪世界科技发展主流，积极调整学科结构，重视培养和引进学术带头人，促进学科建设和学位点建设，取得了明显的成效，并逐步形成了"发扬优势，支持重点，加强应用，形成特色"的学科建设指导思想。

20世纪90年代初，省教委在继理工科之后又启动了文科的省属高校重点学科建设工作。1991年6月，经专家评审、省教委审批，苏州大学中国古代文学、中国现当代文学、英语语言文学、中国近现代史、马克思主义哲学、财政学、劳动经济学等7个学科被评为省属高校文科重点学科。1993年8月，苏州大学应用数学、中国古典文学学科被评为全省普通高校优秀学科梯队，姜礼

尚、钱仲联教授被评为省普通高校优秀学科带头人。1994年，苏州大学行政法学、工业心理学、中国近现代史、中国现当代文学、中国古代文学、英语语言文学、马克思主义哲学、农业经济及管理、有机化学、光学、物理化学、应用数学、凝聚态物理、通信与电子系统、基础数学等15个学科成为省级重点学科。为了加强和保护基础科学人才的培养，国家教委在一批基础学科较有优势的知名高校设置"国家基础科学人才培养基地"。1994年11月，学校数学专业获准为国家理科基础科学研究和教学人才培养基地；1995年1月，中国语言文学获准为国家文科基础学科人才培养和科学研究基地。

至"八五"期末，全校共有硕士点37个，覆盖了学校绝大多数学科门类，应用数学、中国古代文学、中国现当代文学、中国近现代史、凝聚态物理等5个学科具有博士学位授予权；数学学科设有博士后流动站；15个学科为省级重点学科，有机合成实验室和薄膜材料实验室为省级重点实验室。

二、加强师资队伍建设

为实现"八五"计划提出的"在全国地方综合性大学中居于前列"的目标，真正办成教学和科研两个中心，学校面临着对原有师资队伍的知识结构、层次结构、学历结构和年龄结构等方面进行改造的任务。为此，学校通过一系列改革措施，加强师资队伍建设，以适应工作中心的转型，促进学校的发展。

为了优化师资队伍的知识结构，学校加强了人才引进与派出工作。学校规定，凡获得博士学位以上的高层次人才来校工作，按其学术成果和科研水平，职称随到随评，并从校长提留房中安排二室一厅成套住房，给予一定的科研启动费及其他优惠政策等。在派出工作中，学校严格执行"坚持标准，按需派出，严格管理，保质保回"的方针。由于狠抓了高层次人才引进和派出工作，20世纪90年代学校引进了一批包括博士生导师沈琪教授在内的具有高级职称的教师和年轻博士，使师资队伍的层次结构发生了很大变化。至"八五"期末，教师中有博士学位者42人，占教师总数的4.2%；硕士学位者271人，占教师总数的27.3%。派遣出国留学人员194人（次），其中90%能按期回国。至1995年，学校具有出国留学、合作研究或进修、讲学一年以上经历者190多人，占全校教师总数的近20%，这对于加强学科建设，培养高水平的学科带头人起到了积极作用。

为了优化师资队伍的年龄结构，弥补学术断层、解决师资队伍的新老交替问题，学校在职称评聘中采取了合理疏导的方法，严格掌握标准，打破论资排辈，为优秀中青年教师脱颖而出创造了条件。至1995年，全校师资队伍的平均年龄为40.6岁，其中45岁以下的中青年教师占65.8%，45岁以下的正、副教授占高级职称总数的31.8%，各类职称的结构比例为1.18∶2.82∶4∶2。

经过几年的努力，学校师资队伍青黄不接和断层状况基本上得到了缓解，形成了一支年龄结构合理、素质优良、精干高效的师资队伍，师资队伍建设初见成效并具有了一定的优势。至1995年，学校有6位教授获"国家级有突出贡献的中青年专家"称号，3位教师为"有突出贡献的中国博士硕士学位获得者"，86位专家享受政府特殊津贴。有18名博士生导师，平均年龄为56岁，其中55岁以下的博导11人。

学校教师在教书育人工作中也取得了显著成绩。谢惠民、严迪昌等教授先后被评为全国优秀教师，姜礼尚教授被评为全国教育系统劳动模范，陈克潜教授获曾宪梓教育基金会1993年高等师范院校教师奖一等奖。

1995年9月，经国家教委批准，学校获教授整体评审权，评定学科为中国语言文学、数学、历史学（中国古代史、中国近现代史、世界近现代史）、物理学、化学、英语语言文学、电子学与通信、哲学等。"八五"计划提出的建设一支面向21世纪的，适应经济和社会改革发展需要的，素质优良、结构合理、相对稳定、充满活力的师资队伍的任务已基本实现。

三、多渠道争取科研项目，产生一批有影响力的科研成果

学校通过调整科研方向，瞄准学科前沿，明确科研重点，积极组织申报等措施，狠抓科研大项目和国家项目。这一时期，学校教师主持国家"八五"重点科技攻关项目1项，承担国家攀登计划6项，国家自然科学基金重点项目1项，国家自然科学基金项目47项，国家社科基金重点项目6项、一般项目44项，国家古籍整理重点项目2项；国家教委社科基金规划项目13项，国家教委全国高校古籍整理委员会项目31项；省级科研基金近400项。

根据科研工作实际，学校调整了科研管理中有关横向课题等政策，充分发挥院系的积极性，大力加强横向开发，促进科研经费大幅提高。1994年，学校科研经费增至1 101.9万元；1995年，科研经费达1 312.65万元，连续两年居江苏省省属高校之首。其中，钱培德教授主持的"纵横汉字信息技术研究"项目获科研经费320万元；信息光学工程研究所的国家"八五"重点科技攻关项目获科研经费544万元；朱烈教授主持的国家自然科学基金重点项目获科研费21万元；受苏州物贸集团委托，物理科学与技术学院的"苏州物贸国债管理信息系统"获科研费115万元；张雅文教授主持的"多肽曲普瑞林研究"得到江苏省高新技术风险投资公司资助，获科研经费30万元；潘树广教授主

持的国家古籍整理重点项目"中国古籍（丛书）总目提要"获科研经费30万元；石汝杰副教授主持的《近代苏州方言词典》编撰，获科研经费1 000万日元；吴企明教授主持的国家教委全国高校古籍整理委员会重点项目"重编《全唐五代诗》"获科研经费60万元。

自1993年学校出台科研奖励条例以来，不断改革成果管理办法，大大调动了广大教师和科研人员的积极性，使学校科研成果有了较大增长，学术水平有了较大提高。

中国科技信息研究所公布的数据表明，1991年，苏州大学被SCI收录的论文数居全国高校第58位，1992年为第42位，1993年为第39位，1994年和1995年为第35位，上述名次在江苏省省属高校中均名列第一。这一时期，先后获部、省级以上科研成果奖109项。其中，姜礼尚教授主持的"自由边界问题"获1991年国家自然科学三等奖；钱仲联教授主持的古籍整理项目《清诗纪事》，先后获全国优秀图书一等奖（1990年），全国古籍整理一等奖（1992年），国家图书奖（1994年）和国家教委首届人文社会科学成果一等奖（1995年）；范伯群、朱栋霖教授主编的《1898—1949年中外文学比较史》和杨海坤教授的专著《中国行政法的基本理论》获1994年江苏省哲学社会科学优秀成果一等奖。

学校注重总结社会主义在苏南的发展经验，成立了社会与发展研究所、乡镇经济研究所等科研机构，对苏南的社会发展、乡镇经济等课题进行专门研究。社会与发展研究所与苏南三市通力合作，以1978—1993年苏锡常的发展实践为基础，共同完成了《苏锡常发展报告》及《苏锡常发展特色研究》两部专著，为促进地方经济的进一步发展和推广社会主义在苏南的成功经验做出了贡献。

调整校内科研机构，组织科研队伍，促进学科交叉，形成科研群体。20世纪90年代，学校对校内科研机构进行了调整，成立了非线性科学研究中心、吴文化国际研究中心、邓小平理论研究中心、苏南社会经济发展研究中心、中国—新加坡比较研究中心、比较文化研究中心、信息光学工程研究所、纵横汉字信息技术研究所、材料科学研究中心、社会与发展研究所等10个校属科研机构和40多个院属科研机构，形成了科研群体。

1993—1994年，学校制定了10多个科研管理的规章制度和条例，其内容覆盖了科研计划管理、经费管理、成果管理、科研机构、科研统计、科研基金和学术交流管理，使学校科研管理逐步走上科学化、规范化轨道。1995年，学校科研处被省教委评为全省普通高校科技工作先进集体。

学校大力发展以转化科技成果、实现技术创新为主的高新技术产业和与技术进步相关的第三产业，努力增加校办产业的高科技含量。经过几年的建设，校办产业有了较大发展，1995年实现产值3 200万元，利润400万元。其中模压全息技术在全国处于领先地位，面向18个省市近80家模压全息企业提供优质全息制版服务；真彩色全息制版技术在国内处于领先水平，填补了国内空白，该项成果于1993年荣获国家高新技术博览会金奖。化工厂在镀金技术研究方面也取得了可喜成果，平均每生产100克黄金试剂就能节约黄金1.5克，为节约黄金和提高镀金质量做出了贡献。

四、大力开展学术交流，加强国际交流与合作

进入20世纪90年代后，学校更加重视开展学术活动，举办了一批有较大影响力的国际和全国性学术研讨会，如"一般拓扑学国际学术会议""国际教育学研究大会""汉语修辞和汉文化国际学术研讨会""中日文化比较研究国际学术会议""当代华文散文国际研讨会""21世纪基础数学改革国际讨论会""超导的数学模型及其分析国际会议""新加坡经验与苏州工业园区开发建设国际学术研讨会"等。

在大开放的格局下，学校加强了对外合作交流，与境外不少高校建立合作交流关系。合作的层次与深度都有显著提升。如姜礼尚校长与香港中文大学校长高锟签订两校学术交流协议；与日本宫崎公立大学签署了两校学术交流协议书，在教师、学生、学术刊物的交换、共同培养研究生等方面进行合作交流，该校也是与苏州大学签署交流协议的第一所日本公立大学；与韩国大邱大学签署了合作备忘录等。至1995年，学校已与日本、韩国、新加坡、加拿大、澳大利亚等国家及我国香港、台湾地区的30所高校建立了友好合作关系，交流合作的主要形式有教学科研资料的交流、教员交流、学生交流、行政人员互访、专题合作研究、联合举办国际学术会议、联合培养研究生等。

国际合作与交流促进和推动了学校的学科建设和发展，如组合数学专业通过国际合作既培养造就了一支坚强的学术梯队，又使该专业保持世界领先的地位；应用数学专业的大型合作项目既出成果又出人，对学科发展和经济建设做出了贡献；日语专业的创建和发展离不开外籍教员持续不断的支持，英语师资队伍的发展也留存着历任外籍专家的心血；纵横汉字信息技术研究所的创立和发展直接得益于境外实业家的支持。

这一时期，学校应用数学、中国文学、教育学、法学、计算机科学和技术、物理学、化学、符号学和比较文学等专业的教授多次应邀出国讲学和合作

研究，其学术造诣得到了国外同行的高度评价。

通过友好学校关系，学校连续三年派出日语专业学生赴日短期免费进修，连续两年派出小批量学生以奖学金获得者身份到日方友好学校进修一年，先后两次派出研究生到香港理工大学、韩国全北大学免费攻读硕士、博士学位。

20世纪90年代，学校留学生教育发展迅速，留学生的教学体系和管理体制也不断健全。1992年3月，成立对外汉语教学中心。1995年，学校长期留学生招生64人，其中语言生60人，硕士、博士研究生4人；短期留学生314人。留学生选送单位有日本关东国际高等学校、日本宫崎公立大学、北陆大学、关西学院大学、韩国全北大学、加拿大卡普兰诺大学。

这几年学校新建的图书馆、教学楼、大礼堂、学术报告厅等主要建筑都由外资捐赠。由香港朱敬文教育基金捐资建造的敬文图书馆于1992年开馆；由原籍苏州的旅美爱国人士朱菊萍女士捐资兴建的存菊堂于1994年举行落成典礼，时任全国政协副主席赵朴初校友题写了堂名；1992年，由美籍华人陆恟如校友捐资建造的学术报告厅举行落成典礼。1994年，香港著名实业家邵逸夫捐赠的逸夫楼竣工。同年，由东吴大学海内外校友、台湾东吴大学校友会和学校共同集资筹建的"东吴之家"竣工，牌匾为著名法学家倪征𠖎校友题写。

敬文图书馆

存菊堂

学术报告厅

逸夫楼

至 1995 年，学校国际合作项目获国（境）外科研经费累计约 300 万元人民币，获海外捐赠物款累计约 1 400 万元人民币，每年通过友好学校交流渠道和留学生教育渠道为学校筹集办学经费 250 万元人民币左右。

第四节　广开渠道与内增活力

校办产业在邓小平南方谈话后迅猛发展，学校进一步明确了校办产业应发挥高校人才、技术、信息优势，除了进一步为教学、科研服务外，应直接参与经济建设主战场，增强社会服务的功能。

1991 年 11 月，国家教委在苏州大学召开全国高校校办厂"科技兴厂、经营开路"研讨会。著名教育家匡亚明、国家教委条件装备司司长等到会讲话。学校也召开经济工作会议，讨论校办产业发展问题，并成立了校办企业管理办公室和经济开发总公司筹备组。

1992 年 6 月成立的江苏苏达经济技术发展总公司，是学校创办的第一家科、工、贸一体化的校办公司。

1992 年 10 月，国家新闻出版署批准建立苏州大学出版社，实行学校领导下的社长负责制，作为校属企业，实行企业化管理。全国人大常委会副委员长费孝通校友为苏州大学出版社题写了社名。苏州大学出版社的成立，为学校加强文化建设、服务教学科研、改善办学条件增添了平台。

费孝通为苏州大学出版社题写社牌

在发展校办企业的热潮中，不少院系也纷纷创办公司。为规范管理，1991 年 4 月，学校要求各系建立经济管理领导小组。1992 年，学校批准成立工会的三联经贸公司、政治系的广联信息服务部、以数学系为主的期刊读者服务部、财院的会计师事务所苏大东吴分所，形成了发挥学校、院系多个积极性和优势，发展校办企业的思路和格局。院系创收成为改善办学条件、提高教工待遇的重要补充。

进入20世纪90年代，苏州大学的后勤社会化改革逐步走出一条独具特色的道路。1992年，学校按照"小机关，多实体，大服务"的原则，本着逐步实施后勤服务职能与行政管理职能分开的精神，实施了全方位的后勤改革。原后勤处与基建处合并为后勤处，原有的科室合并组建为11个经济实体性的服务中心。1992年年底，后勤正式员工有375名，临时工250名，为全校1931名教工和6157名学生提供后勤保障服务；1995年，后勤正式员工为420人、临时工298人，为全校2282名教工和9127名全日制学生及2464名成人教育在校生提供服务。

由于强化了服务意识，加大了改革力度，因此，后勤开始进入良性循环轨道。1995年，在学校向后勤正常维持费投入相对减少的情况下（仅投入300万元），通过有偿发展后勤产业解决了包括130名离退休职工在内的后勤员工生活福利问题，较好地完成了全校的后勤服务工作。

学校多渠道筹措办学经费，拓宽经费渠道，积极改善办学条件。这一时期，学校进一步争取省财政厅的大力支持。经学校积极争取，1990年，省财政厅安排专项资金开工建设东校区体育馆。1993年6月，由香港著名实业家周忠继投资兴建的纵横汉字信息技术研究室建成。1995年，苏州利苏对外经济贸易公司在我校设立利苏奖教基金。学校还注重发挥学校和院系两个积极性，通过各种形式的教育服务，积累资金，既改善了教工待遇，稳定了师资队伍，也在一定程度上弥补了教学、科研及行政经费的不足。仅1994年一年，除学校按规定从计划外收入中抵冲办学经费597万元以外，各院系自筹资金用于购置仪器设备和改善教职工住宿条件的费用就达500万元左右。

学校开始探索拓宽"生存空间"，有效增加办学空间。从20世纪90年代初开始，学校每年有2000多名成人教育学生通过挖掘校园周边地区潜力来解决食宿问题。这为日后学校周边企业转向为学校提供后勤服务打下了基础。

充分利用有限的经费，积极改善办学条件。从1991年开始，学校几乎每年维修一幢学生宿舍。从1992年开始，每年改造一个基础实验室。学校千方百计拨出200万元用于改善校园环境，加强水、电、煤气、通信等基础设施的建设与改造。加强安居工程建设力度，探索集资建房的新途径，加快了杨枝塘新村教职工住宅的建设步伐。至"八五"期末，共兴建教学实验用房2.5万平方米，兴建教工住宅3万平方米，有513户教职工喜迁新居，苏州大学成为江苏省教育安居工程示范单位之一。

这一时期，学校后勤改革成绩突出。1990年，学校被授予"全国高校后

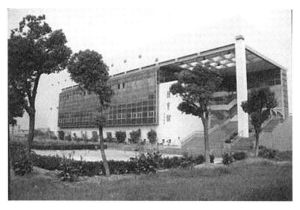

东校区体育馆

勤先进单位"称号；1993年，学校劳动服务公司获全国高校劳动服务公司先进集体称号；1994年，学校学生食堂被评为江苏省高等学校文明食堂先进单位；1995年，学校被评为江苏省"花园式校园"。

经过几年建设，办学条件有所改善。图书馆面积近2万平方米，藏书达172万册，中外期刊2 200种。学校购置了1 020万元的教学设备，至1995年，教学科研设备总价值已有3 700万元以上。

第五节 加快改革步伐的组织和思想保障

一、加强党的建设，为改革发展提供坚强的政治保证

20世纪90年代初，校党委以旗帜鲜明地坚持四项基本原则、加强党建和思想政治工作为工作重点。全校各级党组织认真学习贯彻党的教育方针，紧密围绕学校的中心工作，把党建工作放在突出位置来抓。为此，1990年、1992年、1993年，学校先后召开三次党建工作会议，研究部署加强党的建设和思想政治工作，1992年成立了苏州大学党建研究会。

1991年5—6月，校党委开展了"创先争优"评选活动，进而积极探索党员目标管理工作的新路子。1992年4月，校党委提出《关于实行党员目标管理、实现民主评议党员制度化的实施意见》，并举办党支部书记培训班予以部署，体育系教工二支部、膳食科支部、政治系学生支部等作为试点单位介绍了经验，为全校推开这项工作奠定了基础。1992年5月，校党委和团委印发了《关于进一步做好推荐优秀团员作党的发展对象工作的意见》，把"推优"工作纳入党建工作目标管理中。同年12月，全校进行了新党员质量自查工作，总结发展党员工作情况，增加了在低年级学生中发展党员数，逐步扭转了在毕业班集中发展党员的状况。

在干部人事制度改革方面，学校于1992年推出了全员聘任制。首先从校部机关、后勤系统开始实施。校党委明确提出了机关改革的要求："简政放权，人员分流，政企分开，强化服务，提高效率，有效监督。"学校严格控制机关的

岗位、干部职数和人员编制，实行定编、定岗、定职责。1992年，制定了《苏州大学全员聘任试行办法》，紧缩机关编制67名，在机关实行全员聘任，明确工作人员岗位职责，制定考核办法，并增设人才交流中心，以安置聘余人员。经过机构调整，机关人员精简了25.4%。后勤系统按照"小机关，多实体，大服务"的思路和企业化、社会化的方向，通过公开选聘干部、职工自主择岗等改革措施，实行优化组合，引进竞争激励机制，给后勤工作注入了生机和活力。1993年1月，举行校部机关党政部门负责人聘任大会，校党委书记程肖彭在会上指出，学校干部制度实现了两个突破，一是突破了干部终身制，二是突破了干部和工人的界线，使学校的人事制度逐步采用选任制、聘任制和任命制等三种形式。

1993年，校党委组织部制定了《兼职组织员工作职责暂行条例》。1994年，在原有建党工作制度的基础上，进一步提出"第一次谈话制度""张榜公布制度"等规定，促进学校发展党员工作的制度化和规范化。1995年3月，校党委在党支部建设和党员目标管理工作的基础上，制订了《教工（学生）党支部建设目标管理考核评估方案（试行）》，并推行新一轮党员、党支部建设目标管理工作。同时，在全校党员中继续开展"创先争优"活动。这年12月，党委组织部采用"听、看、谈、评"相结合的方法，对发展党员工作进行自查。全校发展党员工作基本做到规范化、制度化。同年，校党委召开了组织工作会议，形成《处级干部管理暂行条例》及四个附件，有力地促进了学校干部管理体制的完善。

纪检、监察工作方面，1991年1月，学校设立监察处，与纪委合署办公。校党委重视纪检监察工作，先后制定了《校、院（系）级领导干部和校部党政机关党风廉政建设的暂行规定》《关于领导干部抓党风廉政建设责任制的意见》《苏州大学贯彻〈关于党和国家机关工作人员在国内外交往中接受礼品实行登记制度的规定〉的实施意见》，并对处级以上领导干部收入申报和企业招待费的支出要向职工大会或职工代表大会公布的制度进行了监督检查。校纪委协助党委在切实抓好领导干部的廉洁自律工作，增强反腐防变的能力方面建立健全有关制度，规范领导干部行为，促进了反腐倡廉教育和党风廉政建设。

校工会配合党委做好教工思想政治工作，积极推进学校管理的科学化、民主化，维护教职工的合法权益，促进教职工身心健康，开展"教工之家"活动，办好工会经济实体，搞好教职工集体福利，围绕苏州大学进入国家"211工程"的目标，发挥了积极作用。1993年，学校获"江苏省教育工会先进单位"和"先进教工之家"称号。

统一战线工作围绕和服务于学校争取进入"211工程"这一中心任务，充分调动各民主党派、侨联、台联和东吴校友会的积极性，为学校改革和发展做出积极贡献。在1995年年初的苏州市政协会议上，苏州大学参会的市政协委员集体提案，希望苏州市政府与省政府共建苏州大学，推进苏州大学早日进入"211工程"，此提案受到苏州市委、市政府的高度重视。1993年3月，苏州市民盟主委、苏州大学数学系沈树民教授当选为苏州市副市长。

学校十分重视离退休老干部工作。校党委开展了丰富多彩的文娱、体育和参观游览活动，受到离退休老同志的欢迎。1995年，学校召开抗日战争和世界反法西斯战争胜利50周年纪念大会，向抗日战争时期参加革命的老干部颁发了纪念品，70多位离退休老同志登台演唱了革命歌曲。

调整充实了学校领导班子。1993年5月，时任省委高校工委书记陈万年代表省委来校宣布学校领导班子调整的决定。调整后的校领导班子为：校党委常委会由程肖彭、徐惠德、宋锦汶、姜礼尚、刘有儒、钱培德、周德欣组成。程肖彭为书记，徐惠德、宋锦汶为副书记，刘有儒为纪委书记。姜礼尚为校长，钱培德为常务副校长，张云朋、周德欣、陆昇、朱秀林为副校长。原领导班子成员郑薇青、张圻福、袁沧洲任副校级调研员。1994年1月，省委决定程肖彭调任南京中医药大学党委书记；1994年8月，周炳秋任苏州大学党委书记，增补殷爱荪、孙伟为副校长。

二、学习《邓小平文选》，强化思想政治工作

1992年，邓小平南方谈话发表后，学校认真制订学习计划，以邓小平建设有中国特色社会主义理论和党的十四大文件为中心内容，采取多种形式组织学习，并在分层次、有重点、讲实效上下功夫，取得了良好的学习效果。1993年《邓小平文选》第三卷出版后，学校党校举办了三期学习培训班。教职工利用政治学习时间集中学习，通过"两课"、青年政治学校、党校、学马列小组等形式对学生进行中国特色社会主义理论的教育。

积极开展各类主题教育活动。1990年，学校结合纪念五四运动71周年、鸦片战争150周年等重大纪念日及我国举办亚运会，广泛开展爱国主义教育活动，激发师生的爱国热忱。1991年6月下旬，全校开展了以"学党史、讲传统、比贡献、树形象"为主题的纪念建党70周年系列活动，弘扬党的优良传统和作风，增强新时期共产党员的责任感和使命感。1992年，学校组织了朱敬文特别奖学金征文活动，引导广大青年学生正确看待中西文化，加强爱国主义教育。1993年，认真学习贯彻《爱国主义教育实施纲要》，围绕纪念毛泽东

100周年诞辰等活动，在全校党员中进行了爱国主义、社会主义、集体主义和革命传统教育。1994年，开展了"爱国主义教育月"活动，举办"社会主义市场经济与大学生形象"征文活动，开展以"南湖行"为主题的革命传统教育，举行"志在四方，献身改革"座谈会。1995年，结合抗日战争和世界反法西斯战争胜利50周年，党委召开了老党员、老同志座谈会并出版纪念刊物，邀请国际大法官倪征燠校友为全校党员做报告。1995年，学校开展向领导干部的楷模孔繁森学习活动。针对师生思想实际，积极开展形势政策教育，组织"二五"普法知识教育，学习贯彻教育法、教师法等法规。1995年，学校获江苏省"二五"普法知识竞赛优秀组织奖，被评为江苏省"二五"普法先进单位。

加强爱校荣校教育，先后举办了东吴大学和苏州大学的校庆纪念活动。

1991年11月16日，东吴大学建校90周年庆祝大会在校大礼堂隆重举行。时任全国人大常委会副委员长费孝通，时任全国政协常委、上海市人大常委会副主任谈家桢等500余位来自大陆各地及台、港和美、加、日等地的东吴校友，以及时任江苏省委副书记曹鸿鸣等省市领导出席了庆祝大会。校庆期间，海内外校友兴致勃勃地参观了"东吴大学校史资料陈列"。

1992年10月22日，苏州大学（原江苏师范学院）举行建校40周年纪念活动，历届校友代表、在校师生代表4 000余人在苏州市体育馆隆重集会，共庆建校40周年。国家教委发来贺电，省长陈焕友、国家教委副主任滕藤等为校庆题词。江苏省委、省政府，苏州市委、市政府和有关部门领导同志出席了庆祝大会。校庆期间，学校和各院系组织了为期两周近50场次的学术报告会，举办了校史陈列，教学、科研成果展览会；召开了多种类型的校友座谈会。

东吴大学建校90周年庆祝大会

苏州大学（原江苏师范学院）
建校40周年庆祝大会

1991年6月,校党委书记程肖彭被评为全国普通高校优秀思想政治工作者。1992年9月,程肖彭当选为十四大代表,出席了党的十四大。在党的十四大上当选为中共中央候补委员的顾浩校友也专程回母校宣讲十四大精神。1993年7月,学校被中组部、中宣部和国家教委党组评为全国"党建和思想政治工作先进普通高校"。

三、抓好学生工作,加强校风、学风建设

学校以抓校风学风建设为重点,加强学生思想政治工作和学生管理工作,对如何做好经济转轨时期的学生工作做了有益的探索。

1990年,学校开展了"学雷锋,树新风"等校园文明建设活动,承办了全省大学生运动会,增添了学校的美誉度,也促进了校园文明建设。1991年组织学生进行"三节约"活动,拟订了《苏州大学学生节粮、节水、节电公约》,发至各班,把"三节约"情况与学生的评奖评优挂钩。1992年10月进行了一次全校性的学风建设情况调查,在大量数据统计的基础上,学生处等部门对如何加强学风建设提出了具体措施。

1993年,学校全面修订了学生处分条例,将各种处分条例编印成册,使学生处分工作更加规范化。从1993年下半年起,对新生宿舍实行标准化管理,为学生创造了一个舒适的学习生活环境。1994年11月,成立苏州大学勤工助学领导小组和勤工助学办公室,制定了《苏州大学勤工助学条例》。

1995年是学校以"211工程"试预审、校风检查为契机,抓住机遇,大干快上的一年。能否在全省校风检查评估中获得优异成绩关系学校能否跻身"211工程"的大局。学校以抓校风学风建设为重点,切实开展学生思想政治教育和日常管理工作,以此带动全校各项工作的改进。1995年10月,由省教委主任袁相碗、副主任刘迪吉带队,以南京大学教务长许敖敖为组长,由省教委政教处、总务办及省内兄弟院校领导组成的省教委校风建设检查组,对学校的校风建设工作进行了检查和评估。经过为期三天的考察,检查组组长许敖敖在意见反馈会上宣布:评议和检查的意见与学校自查的意见基本相符。这表明,学校的校风建设已基本达到省教委的要求,校园文化建设登上一个新的台阶。

学校各级党团组织把树立良好的校风系风放在首位,注重校园文化活动的广泛性和层次性,积极开展学生业余科研学术活动,活跃校园学术气氛,提高学生活动层次。1992年,学校获"全国社会实践活动先进集体"称号。1991年、1993年、1995年,学校先后举办的三届"科技文化艺术节"也大大丰富了校园文化生活。

  这一时期涌现的优秀学生王晓军是苏州大学校风建设和精神文明建设成效的重要体现。1994年,苏州大学法学院法律系1990级学生王晓军在法院实习期间,因执行公务遭歹徒袭击,以身殉职。1995年2月,江苏省委追认王晓军为中共党员;同年9月,江苏省政府授予王晓军烈士称号;次年3月,学校设立王晓军精神文明奖励基金,把王晓军作为推动校园精神文明建设,提高学生思想政治素质的榜样。

第三章　并校、融合与发展（1996—2000）

1996年11月，经国家教委批准，江苏省政府组织专家对苏州大学进行了"211工程"部门预审，这标志着苏州大学以改革发展的优异成绩和为地方经济建设服务的鲜明特色成功跻身国家"211工程"。1995年、1997年、2000年，苏州蚕桑专科学校、苏州丝绸工学院和苏州医学院先后并入苏州大学。这一时期，苏州大学增加了农学和医学两大学科门类，加强了工科和理科等学科，从而发展成为一所拥有哲学、经济学、法学、教育学、文学、历史学、理学、工学、农学、医学、管理学等十一大学科门类，具有相当规模，基础较为扎实，办学效益显著，在国内外具有一定知名度的全国一流的地方综合性大学。

苏州大学"211工程"立项审核工作会议

第一节　推进管理体制改革

"九五"以来，在全国高等教育管理体制改革宏观形势的有力推动下，苏州大学加快了管理体制改革的步伐，先后完成了与苏州丝绸工学院和苏州医学院的合并工作。

一、苏州丝绸工学院并入苏州大学

溯源于1903年、创办于1960年的苏州丝绸工学院是一所以丝绸和艺术为优势，以工为主，工、艺、经、贸相结合，多学科协调发展的高校。1996年，苏州丝绸工学院从纺织总会划归江苏省管理。1997年6月9日，根据国家教育委员会和江苏省人民政府的决定，苏州丝绸工学院并入苏州大学。苏州大学领导班子随之调整，原苏州丝绸工学院党委书记兼院长赵忠令任苏州大学党委副书记（正厅级），施明干、白伦任苏州大学副校长。两校的人、财、物、机构设置进行了实质性合并，并于8月31日举行了挂牌仪式。

学校制订了《并校工作总体方案》，落实各项接口工作。按照学校"整建制合并与对口合并""先消化后优化"的原则，对相关部门、院系人员进行了安排。并校后，学校以"发扬优势，强化应用，促进交叉，办出特色"为原则，在充分调查研究的基础上统一调整学科、专业：原苏州丝绸工学院下属丝绸工程系、染整工程系、《国外丝绸》编辑部、丝绸研究所合并组建成立苏州大学丝绸学院；在原苏丝纺织艺术分院的基础上，组建艺术学院；原苏丝机电系及管理系中的管理工程专业并入苏州大学工学院；原苏丝管理系中经济类专业并入苏州大学财经学院；原苏丝染化系中的化工类专业并入苏州大学化学化工系；其他学科专业及公共基础课分别并入苏州大学相关院系。

通过上述调整，一些学科的特色得以保持和发扬。例如，丝绸学院的组建保留了为行业服务的特色，进一步发挥了丝绸学科的优势；同时，该院专门设立了院所合一的丝绸研究所，申报了丝绸省级重点实验室和博士学位授权点，学校将此学科列为"211工程"重点支持学科，并在"211工程"建设的机动经费中拨专款用于该学科建设。并校后学科实力的支撑使得苏州大学丝绸工程实验室很快就顺利通过专家评审，成为省级重点实验室，江苏省分期分批投入重点建设经费300万元；纺织工程被评为博士学位授权点。一些学科的优势得到了充分发挥。例如，原苏丝机电系力量较强，但受到单科性学院的局限，过去未能得到更大的发展，与工学院合并后，增强了办学实力，拓宽了学校为地方经济建设的服务面，同时也使该学科有了更大的发展空间。一些学科空白点得以弥补，如艺术学院的组建弥补了苏州大学原来的艺术类空白，使学科更为齐全，内涵更为丰富。并校后，学校新增纺织工程、设计艺术学、机械设计及理论、纺织化学与染整工程等4个硕士点。

并校后，校部内设机构也做了调整：教务处增设了实验实习科，科研处增设了仪器设备科，研究生部增设了招生办公室、教学管理科、学位办公室，学生处增设了勤工助学办公室，图书馆增设了北校区流通部和期刊部，保卫处增设了治安三科。

并校工作对原两校的财务工作是一个严峻考验。当时正值暑假，原两校财务处的同志都以高度负责的态度，认真做好两校资金与账务的合并工作。在工资福利方面，学校吸取了原两校方案中的长处，兼顾各类人员的情况，对1 400多人的工资进行了相应调整，教工思想稳定，确保了并校工作的顺利进行。

并校后的教学秩序稳定。教务处严格管理并校前后的专业教学计划，先后审批了近百门课程设置的调整。为确保教学秩序，兼顾两校原有习惯和两校接轨的客观需要，合理调整1997年下半年排课和教室安排，使两校课表趋于一体化。对课务安排进行了电脑化管理，学分制、必读书制度、校院两级督导员制度、信息员制度等多项教学改革也覆盖了全校学生。

并校后对各校区名称做了规范。苏州大学校部机关所在地（苏州市十梓街1号）定名为"苏州大学校本部"，原苏州丝绸工学院所在地（苏州市干将东路178号）定名为"苏州大学北校区"，苏州大学财经学院、法学院、体育系所在地（苏州市东环路50号）定名为"苏州大学东校区"，苏州大学生物技术学院所在地（苏州市浒关镇毛家弄14号）定名为"苏州大学西校区（浒墅关）"。

为充分展示管理体制改革的成果，学校于1997年10月11日举行了隆重的并校庆祝活动。中国纺织总会、江苏省人民政府、苏州市委市政府、省委教育工委、省教委的领导同志参加了并校庆祝大会。与会领导高度评价两校的合并工作，认为两校的成功合并使苏州大学资源配置更合理，整体实力更强大，学科体系更完善，办学效益更突出，为进一步深化高等教育管理体制改革提供了很好的经验。会后举行了东校区主楼的奠基仪式。在两校合并庆典活动中，学校还举办了"面向21世纪的苏大"系列学术报告活动及科研教学成果展览，在校内外影响甚大。

并校庆祝大会

苏州丝绸工学院并入苏州大学的批文

苏州大学与苏州丝绸工学院的合并是李岚清同志亲自提议并高度关注的。1997年11月28日上午，校党委书记周炳秋、校长钱培德等前往中南海向李岚清汇报工作。李岚清详细询问了苏州蚕桑专科学校、苏州丝绸工学院与苏州大学合并后的状况及教师住房和学科建设等方面的情况。李岚清对并校的成功予以充分肯定，并对苏大组建职业技术学院、百年校庆等做了重要指示。

1998年，经江苏省教委批准，撤销生物技术学院，成立苏州大学蚕桑学院、水产学院两个二级学院。1998年6月，学校举行了蚕桑学院成立暨蚕桑办学95周年庆祝活动。

苏州大学蚕桑学院成立暨纪念蚕桑办学95周年大会

原苏州蚕桑专科学校和原苏州丝绸工学院相继并入苏州大学后，学校形成了全国高校中独一无二的从种桑、养蚕、缫丝、丝织、染整、服装设计与制作到时装表演的全过程、全方位的学科群，能够满足与丝绸有关的各行业对于培养各类人才的需求。丝绸、蚕桑相关学科与30多家大中型企业建立了稳定的合作关系，在家蚕天然蚕茧开发、高速喷气织机研制等方面取得了一批在国内乃至国际领先的标志性成果。

二、苏州医学院并入苏州大学

在这一轮全国高校管理体制改革中，国家鼓励医学院校与综合性大学合并，取长补短，优势互补，实行多学科融合，发展我国现代医学教育。

2000年3月30日，江苏省人民政府发出《省政府关于将苏州医学院并入苏州大学的通知》："为深化我省高等教育管理体制改革，优化高等教育资源配置，经研究并报教育部批准，决定将苏州医学院并入苏州大学。"苏州医学院是以核医学、放射医学、核技术和生物技术为特色的医工结合的医学院校，1999年由中国核工业总公司划归江苏省管理，2000年并入苏州大学。并校后，原苏州医学院所在地（苏州市人民路48号及竹辉路62号）定名为"苏州大学南校区"。

两校合并大会于2000年4月5日下午在苏州大学东吴饭店大会堂召开。会上，省政府领导宣读了江苏省政府关于苏州医学院并入苏州大学的文件。省

江苏省人民政府文件

苏政发〔2000〕42号

省政府关于将苏州医学院并入苏州大学的通知

各市、县人民政府，省各委、办、厅、局，省各直属单位：

为深化我省高等教育管理体制改革，优化高等教育资源配置，经研究并报教育部批准，决定将苏州医学院并入苏州大学，同时撤销苏州医学院建制。

苏州医学院并入苏州大学的批文

委教育工委、省教委领导宣布了有关干部职务任免的通知。苏州市委、市政府负责同志也到会祝贺。夏东民任苏州大学党委副书记，张学光、葛建一任苏州大学副校长；周德欣、顾钢任苏州大学正校级调研员，原苏州医学院院级党政领导干部职务自然免除。

医学学科的加盟，填补了苏州大学学科发展的空白，苏州大学学科专业首次覆盖了十一大门类。新增免疫学、外科学、内科学、病原生物学、放射医学等8个医学类博士点，新增医学类硕士点22个，新增7个省部级重点学科：放射医学、影像医学与核医学、劳动卫生与环境卫生、生物技术、内科学（血液学）、急诊医学、放射治疗学，新增核医学生物技术实验室为部级重点实验室，新增临床医学博士后流动站，新增10个校属科研机构：核医学研究所、神经科学研究所、中核总核事故医学应急中心、血液研究所、中药研究所、医学生物技术研究所、保健食品研究所、放射医学研究所、辐照技术研究所、卫生发展研究中心。

为了做好并校工作，学校在各院（系）和附属医院召开了10多个座谈会，广泛听取了老教授、老专家及原苏医老领导等100多人的意见。从学校整体建设的需要和学科特点、优势的具体情况出发，决定成立医学院、生命科学学院和核医学院，撤销南校区和西校区原有院（系）建制。医学院下设基础医学系、药学系、临床医学一系、临床医学二系、儿科学系、临床医学三系、临床医学四系，生命科学学院下设生物技术系、水产系（生物科学系）、蚕桑系。

根据并校后教学管理的实际情况，学校采用"老生老办法、新生新办法"的管理方法，对南校区2000级新生采用学分制管理办法，对1999级以前的学生仍采用学年制管理办法。为此，学校修订了南校区2000级的教学计划，对课程的模块结构、学期的标准周数、课程名称等都做了统一规范。

与苏州医学院的实质性合并，实现了两校间人、财、物的全面融合。并校后，以一校一制为原则，对原苏医900多名教职工的工资，在查阅个人档案的基础上，学校根据江苏省政策制定了《关于并校后有关工资待遇等问题的处理意见》，使在职职工自2000年7月1日起除职务工资外的其他项目全部统一到江苏省的工资政策上来。完成了财务的合并工作，统一两校的经费指标管理方式、会计科目核算的范围、各类项目的设置、经济开支标准等。

学校新增实验室与设备管理处，下设设备管理科和实验室管理科。对两校不同的管理体制和运行体制，采取边运行边调整的措施，调整了仪器设备管理、实验室管理、实验材料供应和经费结算办法等，明确各院系实验室工作的分管领导、业务负责人和资产管理人员。

有着88年历史的苏州医学院，其基础医学和临床医学实力较强，血液和放射医学学科在全国享有盛誉，尤其是为我国核医学的发展做出了可贵的探索和贡献。原苏州大学的生物技术、材料等新兴学科和化学制药、医疗仪器的研制开发在医学学科的支撑下得以高水平发展。原苏医的学科建设、人才培养和基础设施在依托综合性大学办学资源的基础上也加快了发展步伐。两校合并顺应了高等教育发展的潮流。

四校的平稳合并，使苏州大学教学资源得到优化整合，为培养复合型人才构筑了宽广的平台。无机非金属材料工程、法医学、电子商务、生物信息科学、医学检验等新专业的设置，就充分利用了四校合并学科门类齐全的优势。四校合并后的苏州大学，通过重组与整合，巩固和发展基础专业，更新和改造传统专业，大力发展工科、医科、应用性学科、特色学科专业和适应经济全球化发展趋势的外向型学科专业。

截至2000年，苏州大学设有人文学院中文系（新闻传播系）、政治与公共管理系（社会科学系）、历史学系（档案学系），理学院数学系、物理系、化学化工系，财经学院，法学院，外国语学院，体育学院，教育学院，工学院计算机工程系（信息技术系）、通信与电子工程系、机电工程系，材料工程学院，艺术学院，生命科学学院生物技术系、蚕桑系、水产系（生物科学系），核医学院，医学院基础医学系、药学系、临床医学一系（医学影像学系、护理学系）、临床医学二系、儿科学系、临床医学三系、临床医学四系，职业技术学院，文正学院，国际合作交流学院和成人教育学院等31个院系；有3个博士后流动站、22个博士点、84个硕士点及3个专业硕士学位授予点，23个省部级重点学科，6个省部级重点实验室，2个国家基础科学研究和人才培养基地。拥有各类在校生38 490人（其中研究生1 488人、本专科生25 790人、成人学历教育11 212人）；教职工3 964人，其中，中国工程院院士3人，教授、副教授837人，其他系列高级职称261人。一个面向新世纪的崭新的办学格局业已形成。

三、积极推进办学体制改革，发展民办和高职教育

1996年5月15日，江苏省教委与苏州市政府在苏州大学学术报告厅正式签订协议，共同建设苏州大学。这是江苏省深化高教改革，探索具有江苏特色的高等教育体制的一个战略性举措。共建后的苏州大学实行省市共管、以省为主的体制。

江苏省教委、苏州市政府共建苏州大学协议签字仪式

为贯彻落实党的十五大精神和李岚清同志的指示，探索更好地为地方经济建设发展服务的新路子，苏州大学积极推进办学体制改革，开始发展高等职业技术教育，根据市场经济对人才多样化的需求，构建以培养职业岗位能力为中心、理论教学与职业实践训练并重的高等职业技术教育教学体系。

1997年7月，学校成立了职业技术学院筹备组。筹备组成员深入中等职业学校、兄弟高校、行业主管部门、教育主管部门等，进行调研论证。经过一段时间的调研和筹建，于9月29日形成了苏州大学发展高等职业技术教育调研论证报告，上报省教委、国家教委。

1997年12月，作为省市共建苏州大学的一个重要举措，并为学校发展高等职业教育提供必要的场地校舍，在时任江苏省委常委、苏州市委书记杨晓堂的直接关心下，苏州大学与苏州市政府和市化工局经过一年多的洽谈决定，苏州市化工局职工大学的人、财、物、土地及其附属单位整建制并入苏州大学。

原苏州市化工局职工大学主要承担苏州市化工行业干部、工人的培训业务，其前身为苏州市燃化局"七·二一"工人大学，建于1975年5月。该校位于苏州市葑门外北栅头26号，占地8 667平方米，建筑面积1万平方米。该地块正处于苏州大学东西两校区最近直线距离的中点上，学校跨越护城河连接两个校区的大桥需从这一块地经过。

1998年5月，经省教委批准，苏州大学职业技术学院成立。这是全国最早

在本科院校内依托老校举办的高等职业技术学院。作为苏州大学的二级学院，职业技术学院自成立起就确立了为地方经济社会发展服务，培养高素质职业技术人才和职教师资的办学定位，以培养职教本科师资为主，兼顾其他行业需求。学院还充分利用苏州市化工局培训中心原有教育资源，将该中心改建为苏州大学职业技术学院中专部，主要开设化工类专业。

原苏州市化工局职工大学校门

在发展高等职业技术教育的同时，苏州大学积极尝试创办公有民办二级学院。1999年，学校采用新的办学机制，利用社会资金，与有意盘活资产、投资教育的苏州市凯达房地产发展有限公司合作创办了公有民办二级学院——苏州大学文正学院。该学院为独立法人，独立核算，有独立的校区，总投入为3.5亿元，学生规模6 000余人，占地面积约33万平方米。文正学院所有的教学、生活设施及资金投入均由凯达公司负责，教学计划、课程设置、教学管理、学生工作等则由苏州大学负责。

文正学院管理及教学人员的聘任、聘用均按岗就职，享受相应待遇，不与其原有职称、职级挂钩。在专业设置上，学院享有充分的自主权，文正学院的专业是依据社会需要和苏州大学师资等方面的条件开设的，随社会需要进行调整。文正学院是改革的产物，在教学改革、探索学生培养新模式方面进行了有益的尝试：对传统的教学计划做了修订，适当减少课时，留给学生更多自学的时间；实行学分制，学生在选课方面有更大的自主权，学生在校期间只有课程的要求，没有时间的限制；强调养成教育，立足于培养学生的自觉性，特别注重培养学生的自我管理能力。

苏州大学文正学院是全国最早由本科院校设立的二级民办学院，通过高校与社会力量合作办学，破解了高校适应规

苏州大学文正学院

模发展的难题，对全国高校二级民办学院的发展具有示范作用。

四、新一轮校内管理体制改革

深化高校内部管理体制改革，是高等教育改革和发展的需要，也是学校提高教育质量、办学水平和效益的内在要求。由于高等教育管理体制改革与校内管理体制改革同步进行，因此，在改革进程中，学校注意将校内管理体制改革与高教管理体制改革相衔接。

1999年，学校以人事制度改革为突破口，全面启动了新一轮校内管理体制改革。在巩固以往管理体制改革成果的基础上，通过进一步定编、定岗、定职、聘任、考核等措施优化人员结构、促进人员合理流动，建立自我约束和平等竞争的机制及奖惩激励机制。在对全校教职工各类人员分布状况全面调查分析的基础上，按照"规范合理、精简高效"的原则，精简机构，减员增效。对现有机构进行分类，以工作性质确定党政管理机构、教学科研业务机构、教辅机构、群团组织等，确定了18个党政管理机构、34个科级机构；同时调整了全校机构设置和管理部门的职能，对现有机构中工作职能相近或交叉的进行调整归并，有些职能下放到院系。对机关党政管理人员进行定编，确定编制控制数，人员精简15%左右，对于不符合要求的人员和冗员则实行下岗转岗分流。严格核定各机构的领导职数，区分领导职务和非领导职务，领导职数控制在46个，于同年10月份到位。在校内分配制度改革调研论证工作的基础上，以"按劳分配，效益优先，兼顾公平"为原则，推进校内分配制度改革，在增量部分扩大分配差距，将岗位待遇与业绩挂钩，充分发挥分配的导向激励作用，调动广大教职员工的积极性。

经过充分调研、广泛征求意见，学校对部分院（系）、专业做了调整。1999年8月，在教育科学教研部基础上组建了教育学院。丝绸学院更名为材料工程学院，丝绸研究所更名为丝绸研究院，两院合一。化学化工学院高分子材料与工程专业划归材料工程学院。组建了理学院，数学科学学院、物理科学与技术学院、化学化工学院分别更名为理学院数学系、物理系、化学化工系。这三系均为与其他学院平行的实体系，其原有职能不变。9月，在文学院、社会学院、政治与公共管理学院的基础上组建了苏州大学人文学院，这三个学院分别更名为人文学院中文系（新闻传播系），历史学系（档案学系），政治与公共管理系（社会科学系），均为与其他学院平行的实体系。苏南发展研究院划归人文学院，为校直属科研机构。11月，为加快学校工学有关学科的发展步伐，增强为地方经济建设和社会发展服务的能力，调整了工学院的体制，将工学院变更为虚体学院,下设三系一所,计算机工程系(信息技术系)、机电工程系、通信与电子工程系和苏州大学信息技术研究所,这三个系均为实体系,正处级建制,信息技术研究所为校直属科研机构。

五、举办百年校庆,迈向新世纪

从1900年建立东吴大学算起,至2000年,苏州大学已有百年历史,不少学校并入苏州大学,成为苏州大学大家庭里不可分割的重要组成部分。为展示改革发展成就,总结办学经验,弘扬优秀传统,凝聚人心,为新世纪的发展奠定坚实基础,学校决定于2000年5月18日举办百年校庆庆典活动。

1997年9月,成立了苏州大学百年校庆筹备工作领导小组,下设校庆办公室及宣传组、联络接待组等9个职能组。各院系也分别成立了百年校庆筹备小组。1999年5月18日,学校召开迎百年校庆动员大会,会上宣读了教育部办公厅《关于同意苏州大学举行百年校庆的批复》、中共中央统战部《关于苏州大学举行百年校庆有关问题的批复》。还举行了迎百年校庆倒计时揭牌仪式,518名师生将印有"苏大百年"字样的纪念明信片投向邮车,把苏州大学百年校庆的喜讯传向了五洲四海。同日举行了苏州大学校友会成立仪式。

在校庆筹备过程中,掀起了校园学术活动的热潮。庆典前后,有24名两院院士来到苏州大学,全校性学术报告会和由各院系主办的学术报告会达88场,数万人次参加,创造了苏州大学历史上的新纪录。诺贝尔奖得主李政道校友、著名作家金庸校友、美国CA公司总裁王嘉廉,时任省委常委、苏州市委书记梁保华及著名学者余秋雨等先后登上苏州大学讲台,为师生奉献了一场场高水平的学术报告。费孝通、雷洁琼、孙起孟、赵朴初、倪征𣋉、杨铁梁、谈家桢、金庸等东吴老校友被聘为苏州大学名誉教授。

经中央统战部同意,苏州大学校与同根同源的台湾东吴大学两岸同庆百年华诞。校党委书记周炳秋率团赴台参加台湾东吴大学百年校庆,并在3月16日庆祝大会上代表苏州大学发表讲话。

百年校庆期间,学校还举行了两院院士与学生见面会、校友代表大会、"世纪之约"苏州大学百年校庆文艺晚会、苏州大学摩托

聘请校友金庸(左二)为名誉教授

罗拉单片机实验室揭牌仪式、苏州大学微软 AATP 授权暨软件赠送仪式、苏州大学新大门落成典礼、百年校庆纪念雕塑奠基仪式、东吴桥通车和凌云楼落成典礼、国际丝绸会议、江苏省现代光学技术重点实验室暨苏州大学现代光学研究所揭牌仪式等一系列活动。

第四届国际丝绸会议在苏州大学召开

江苏省现代光学技术重点实验室暨苏州大学现代光学研究所揭牌仪式

2000 年 5 月 18 日上午,苏州大学建校一百年庆祝大会在吴县市体育馆隆重举行。可容纳 3 000 多人的体育馆内座无虚席。来自国务院有关部门和省、市及有关部门的领导,兄弟院校、企事业单位及群众团体的领导,海内外各界人士和众多校友代表们欢聚一堂,共同庆祝苏州大学百年华诞。会上宣读了时任中共中央总书记、国家主席江泽民为苏大百年校庆的题词:"努力将苏州大学办成高素质创新人才的培养基地。"时任中共中央政治局常委、国务院副总理李岚清发来贺电,中共中央统战部、教育部发来贺词。

校党委书记周炳秋主持庆祝大会,校长钱培德在会上代表全校 4 万多名师生员工向关心和支持我校发展的各界人士表示感谢,他回顾了自 1900 年东吴大学诞生至 2000 年苏州大学一百年来不平凡的办学历程,尤其是改革开放以来,在全国高校管理体制改革的大潮中,学校在管理体制改革、教学改革、学科建设和科学研究及后勤社会化改革等诸多领域取得的突出成果。

江苏省委副书记顾浩校友代表省委、省政府致贺词,江苏省作家协会主席范小青作为校友代表做大会发言。台湾东吴大学校长刘源俊也到会致辞。

原东吴大学法学院毕业的校友王健先生心怀故土、情系母校,为了表达其对母校的赤子之心,由其次子、美国 CA 公司董事长、首席执行官王嘉廉慷慨捐资 1 000 万美元,用于苏州大学法学院新大楼一期工程建设,法学院因此命名为"王健法学院"。百年校庆期间,苏州大学还收到社会各界捐款人民币

1 426.2万元。

苏州大学百年校庆大会

王健法学院签约仪式暨记者招待会

百年校庆的举办，大大提升了苏州大学的知名度、美誉度。1999年5月18日，《人民日报》（海外版）及《光明日报》《新华日报》《苏州日报》等中央和地方报纸同时刊登了苏州大学百年校庆的公告。11月29日晚，中央电视台新闻联播在头条节目中向海内外亿万观众介绍了苏州大学后勤社会化改革所的硕果。2000年5月6日和5月19日，中央人民广播电台早间新闻节目先后两次报道苏州大学的成果。《中国新闻报》以"穷国如何办好大教育，苏州大学——花这么少的钱，办这么多的事"为题，用3 000字的篇幅，在头版头条报道了苏州大学改革发展的成就。2000年5月18日，中央电视台新闻联播、中央四台中国新闻节目、中国教育电视台新闻联播、《人民日报》《光明日报》《中国教育报》《中国青年报》《科技日报》《新华日报》《解放日报》、香港《大公报》及苏州的所有媒体，对苏州大学的百年庆典都及时做了报道。2000年1—5月，各种媒体编发了近百篇有关苏州大学的新闻稿。

百年校庆是苏州大学发展史上的一块里程碑。百年校庆的成功举办，标志着学校在总结百年办学经验与优良传统的基础上，开始了迈向新世纪的征程，是在全社会、广大校友中进行的一次苏州大学形象的总宣传，是在全校师生中进行的迈向新世纪的一次总动员，是苏州大学迈向新世纪、新百年的新起点。

第二节　合而能融，推进素质教育

一、加强教学管理，深化教学改革

这一时期，苏州大学的教学改革围绕贯彻落实第三次全国教育工作会议精神和《中共中央、国务院关于深化教育改革全面推进素质教育的决定》，大力推进素质教育，强化教学中心地位，将苏州大学办成高素质创新人才的培养基地而展开。

为推进高等教育大众化进程，江苏省委省政府决定从1996年起每年增招1万人。学校积极响应省委、省政府扩招的决定，当年增招本专科生1 000人，同时以增招为契机，深化教学改革，主动与地方政府联系，共同探讨联合办学新路以改善办学条件，解决因增招而带来的困难。

学校依据社会需求和自身办学条件，认真拟订招生计划，精心组织招生宣传，积极参与招生录取工作。在专业安排上，重点安排社会急需的专业，继续保持财、法、工等热门专业的招生数量，增设社会急需的新专业。同时结合理科教改，开始招收理科强化班。

针对学分制教学计划制订与实施之间的差距，尤其是原苏州丝绸工学院与苏州大学两校教学计划的差异，学校于1997年开展了全校性的教学计划修订和重新编制工作。对1995—1997年原苏州大学、1995—1996年原苏州丝绸工学院的教学计划进行微调，对北校区1997级教学计划做大调整，与苏州大学教学计划相统一。在上述调整的基础上，编制新的教学计划。新教学计划鼓励学生选修艺术类课程学分和外院系课程学分，以加强素质教育。

学校继续推进必读书制度，对全校性必读书中的16本考核书，组织有关院系教师编撰导读材料，正式出版。同时，教务部门还与图书馆联合研制了上机考试软件。

为加强教学过程管理，从1996—1997学年第二学期开始，学校正式启动了全校性教学督导员和教学信息员两项深化教学改革的举措。

为适应学分制教学改革的需要，鼓励各院系及教师的开课积极性，学校从1997—1998学年度第二学期起，对开设公共课、公选课的各学院、直属教研部适当给予经费补贴。

1999年，学校在全面修订教学计划的基础上，组织实施大学英语、公共体育课的教改试点和法学人才培养模式的改革。从1999级法、财、工三学院的新生中抽出一批综合素质较好者组成三个"英语综合能力培养实验班"，注重对学生听、说、读、写、译等英语综合能力的培养，并面向全校学生推出英语口试，开设网上英语科技写作课。

为使公共体育教学更好适应素质教育的要求，学校在课程设置、选编教材、理论教学与实践教学、体育课程的考核与成绩评定等方面都进行了改革和探索，推出了俱乐部制度，以促进不同层次、不同兴趣与爱好的学生更加积极地投身体育锻炼。

学校还对全校专业进行调整，特别是对院系间交叉设置的专业进行了梳理，并按照知识、能力和素质三统一的原则全面修订了各专业的教学计划。积极开展"面向 21 世纪教学内容和课程体系改革计划"和教育部"高师教学改革计划"，其中"21 世纪法学应用人才'一体化'培养模式的研究与实践"被列为省级重中之重项目。学校推出了《关于法学人才培养模式的试点方案》，开设五年制法学教育试点班，学生前两年在其他学院学习有关专业知识，经选拔，后三年在法学院学习。这项培养计划经省教委批准后在 2000 级新生中试行。

2000 年，苏州医学院并入苏州大学后，南校区 1999 级以前的学生仍采用学年制管理办法，2000 级新生则采用学分制管理办法。同年，经省教委批准，设立"江苏省高校大学生文化素质教育基地"。这一年，学校初步完成了全校教学管理网络系统的第一期开发工作，包括教学计划管理系统、选课与课务管理系统、学籍管理系统和考试管理系统等，大大提高了现代化教学管理水平。

二、研究生教育

针对学校博士点增加、指导教师队伍年龄偏大、力量单薄的情况，1996 年，学校增补了两批博士生指导教师，同时大力扩展硕士生指导教师队伍，让一部分具有副高以上职称的年轻教师走上培养硕士研究生的岗位。学校严格把关，加强研究生英语教学，提高学位授予质量。校学位评定委员会做出了博士生学位英语考试与大学英语六级挂钩的决定，从 1997 级博士生开始，将取得六级英语合格证书作为授予博士学位的要求之一。学校加强管理，完善各项规章制度，研究生工作逐步走上规范化、科学化的道路。

为了适应研究生扩招的需要，1997 年，学校又增补了一批博士生、硕士生指导教师，并对各学院、部的学位评定分委员会进行了调整。经省学位委员会批准，杨海坤、万解秋、王文英、周川、李振亚、王国平等当选为第一届省学位委员会学科评议组成员。

1998 年，在全国第七批学位点增列工作中，学校新增马克思主义哲学、宪法学与行政法学、比较文学与世界文学、有机化学和纺织工程 5 个博士点，其中，宪法学与行政法学及纺织工程是江苏省相应的一级学科中唯一的博士点。全校博士点增至 10 个，涉及 5 个学科门类。新增硕士点 12 个，全校硕士点达 52 个，在 12 个学科门类中占了 10 个，覆盖了学校大部分本科专业。此外，学校还获工程硕士专业学位（纺织领域）授予权。

1999年，学校积极扩大研究生招生规模，并首次招收港澳台博士研究生8人，硕士研究生2人。加强导师队伍建设，建立了研究生导师定期考核制度，对不合格的导师限期改进，不能改进的将停止招生。增列了7名博士生导师，增补了65名硕士生导师。同时，积极申报硕士专业学位授予权。是年学校获得法律硕士专业学位的授予权，工程硕士专业学位在原有纺织工程领域的基础上，又增加了计算机技术领域。新增了"中国语言文学"博士后流动站。

2000年，在全国第八批学位点增列工作中，经国务院学位委员会批准，学校增列了金融学（含保险学）、政治学理论、体育教育训练学、设计艺术学、物理化学、材料学、计算机应用技术、免疫学、外科学、内科学、病原生物学、放射医学等12个博士点（其中外科学在原有基础上拓展了3个三级学科），并获临床医学博士专业学位点。硕士点增至84个。同时增补了博士生导师28名，硕士生导师4名。

学科建设和学位点建设的进步，促进了研究生办学规模的迅速扩大。2000年学校共招收博士研究生101名，硕士研究生571名，在职攻读工程、法律、临床医学硕士专业学位研究生135人。博士生招生数比1999年增加了53%，硕士生招生数比1999年增加了88%，在校研究生总数达1 800余人。2000年学校毕业博士研究生39人，硕士研究生211人；授予38人博士学位（其中补授3人），241人硕士学位（其中补授32人），89人同等学力硕士学位。研究生教育的快速发展为我校向研究教学型大学转化奠定了良好的基础。

三、成人教育的发展

根据地方经济建设和社会发展的需要，1996年，学校先后在苏州、常熟、无锡、通州、昆山设立了苏州大学成人教育苏州体育分院、常熟分院、无锡商贸分院、通州分院、昆山分院，成人教育办班点相对集中在分院，充分发挥分院作为成教办学的基地作用。根据学校的办学力量及社会的需要，适当调整办学结构。1996年，学校新增计算机辅助设计及信息管理等8个专科专业；首次增招了行政管理等2个非师范专升本专业。根据省教委要求，首次开招了应用电子技术等3个专业的职教师资专升本班；获准独立主考新闻专科、与南京大学合作开考新闻学本科的自学考试。1996年9月，江苏省教委函授夜大学教育评估工作组对苏州大学函授夜大学教育工作进行了严格认真的检查，对学校成人高等教育在学校投入、教育管理、教育质量等方面的情况给予高度评价，评估结果为最高等第"优良"。

1997年,学校实行"计划预分"制度,根据各院系的教学资源状况,尤其是师生比状况,压缩成教财经、管理类专业招生数量,向理工科倾斜,扩大本科招生。

1998年,苏州大学作为自学考试主考学校,新增独立本科段经济学主考专业。1998年6月,成立"苏州大学助考中心",挂靠在成人教育学院,统一管理全校的自学考试助考工作,制定了《苏州大学高等教育自学考试助学工作管理暂行规定(讨论稿)》,明确一切助考活动必须以学院为单位统一举办,严禁个人或小集团借学校或学院名义办学,实行分级负责,扎口管理。

1999年,经省教委审批,苏州大学获准新增脱产英语、计算机科学与技术、会计学及函授会计学等4个高中起点成人教育本科专业。2000年,学校首次建立了以计算机网络技术为支撑的招生管理模式。同时,基于2000年4月原苏州医学院并入苏州大学,医学类成教事业发展需要扶持,在招生工作中,从计划安排上向医学类专业做了倾斜。

四、留学生教育

1996年,苏州大学长期留学生招生125人,其中语言生121人,硕士、博士研究生4人;短期生321人。留学生选送单位新增美国克利夫兰州立大学。新加坡南洋理工大学、理工学院、义安学院分别向苏州大学派出了工商行政管理专业、经济管理专业的进修实习生。

1997年,两名韩国留学生通过博士生论文答辩,这是苏州大学首批毕业的外国博士生。6月,举办首届外国留学生汉语演讲比赛。11月,国家教委批复同意苏州大学招收港澳台学生。

1999年,学校共接受长、短期外国留学生484人,列全国高校第18位。11月,首次组织留学生招生宣传团赴韩国、日本做招生宣传,访问了韩国、日本的近20所学校,同这些学校的校长、国际交流部门及有关院系的教授做了深入交流,还在学生中召开苏州大学留学说明会,全面介绍苏州大学,取得了较好的成效。在挖掘潜力,拓宽留学生招生渠道的同时,不断完善留学生教学和管理制度,苏州大学留学生教育逐步走向规范化。

2000年,学校接受长、短期外国留学生530人,其中长期生152人,短期语言文化进修生378人。4月,江苏省外国留学生教育评估专家组来校检查评估,充分肯定苏州大学的留学生工作。

第三节　跻身国家"211工程"行列

一、"211工程"建设与学科发展新局面

1996年11月21日至23日，江苏省人民政府组织专家组进行了苏州大学"211工程"部门预审。专家组组长是时任省长助理，副组长是中国工程院院士、内蒙古大学校长旭日干教授和中国科学院院士、南京大学闵乃本教授。经过两天半的考察，专家组一致认为：作为一所具有近百年悠久办学历史的省属重点综合性大学，苏州大学近年来以改革促发展，在管理体制改革、教学科研、学科建设、后勤服务社会化等方面都取得了显著成效，形成了鲜明的办学特色，学校的综合实力和整体水平已居于全国同类高校的先进水平。专家组一致建议苏州大学通过"211工程"预审。

至此，苏州大学以改革和发展的优异成绩顺利通过国家"211工程"部门预审，成功跻身国家"211工程"行列，这标志着学校的发展迈上了一个新台阶，为学校开创更加生机勃勃的崭新局面打下了坚实基础。此后，学校加快了改革的步伐，以"211工程"建设为契机，不断提升学科和科研水平。

"九五"期间，学校以制定与实施"211工程"建设规划为重点，加强了学科建设，重点建设中国纯文学与通俗文学、低维物理和低维复合材料、有机合成化学、计算机信息处理新技术、区域（苏南）经济与社会发展、现代蚕桑丝绸工程、现代光学与技术等学科建设项目，取得了一批标志性成果，形成了一批优势学科。

学科结构的调整与优化，克服了原来办学中的"小而全"和重复设置的现象，通过合并，激活了原有学科，进一步发挥了原有学科和专业的优势和特色，促进了学科交叉与渗透，形成了一批新的学科、专业增长点，合理配置了教育资源，也使苏州大学的专业建设如虎添翼。

二、科学研究能力的增强

"九五"期间，学校以学科建设为龙头，切实加强学科建设和科研队伍建设，深化科研管理体制改革，强化了科技成果转化工作，使学校的科学研究能力显著增强，综合科技实力居全国同类高校前列。

1997年5月，学校召开科研工作会议，与会200多名代表围绕钱培德校长做的"抓住机遇加快发展，努力使我校科研工作再上新台阶"主题报告及相关科研政策展开了热烈讨论。这次会议进一步确立了学校教学、科研两个中心的地位。

1997年,苏州大学与苏州丝绸工学院合并后的科研工作取得新的发展。是年全校科研经费3 922.7万元,其中纵向经费309.6万元,横向经费965.1万元,重点学科、重点实验室、"211工程"建设经费2 648万元。当年上级有关部门批准各类纵向项目175项。

学校整合并入各校资源,加强科研机构的建设。至2000年,仅校级科研机构就有苏南发展研究院、社会与发展研究所、邓小平理论研究中心、吴文化国际研究中心、中国—新加坡比较研究中心、比较文学研究中心、信息光学工程研究所、非线性研究中心、纵横汉字信息技术研究所、材料科学研究中心、丝绸科学研究院、核医学研究所、神经科学研究所、中核总核事故医学应急中心、现代光学技术研究所、信息技术研究所、多媒体应用技术研究室、血液研究所、中药研究所、蚕桑研究所、医学生物技术研究所、保健食品研究所、放射医学研究所、辐照技术研究所、卫生发展研究中心等。

学校依托各类科研机构和科研团队,瞄准学科前沿,结合自身优势,明确重点,精心组织、积极申报,狠抓科研大项目和国家项目。积极鼓励各院系科研机构及广大教学科研人员申报项目,2000年共组织申报国家自然科学基金项目77项,国家社科基金项目56项。获得国家自然科学基金项目14项,国家社科基金项目5项,教育部首批学术骨干资助项目7项,省教育厅项目44项。2000年度学校纵、横向科研经费达4 377万元,比1996年增加了3 033万元。

在科研成果获奖方面也取得了长足的进步。2000年,获省部级科技进步奖一等奖1项(信息光学工程研究所的高品质模压全息制品的制版系统与生产技术),二等奖5项,三等奖7项;江苏省普通高校社科成果奖一等奖1项(任平教授的专著《交往实践与主体际》),二等奖7项,三等奖4项。被SCI收录的论文从1996年的23篇、居全国高校50名上升到2000年的56篇、居全国高校36名。国际被引用的论文有60篇100次,居全国高校第28位。

"九五"期间,学校科研经费总额为16 800万元,科研项目563项,获市级以上奖励437项,其中省、部级以上奖励143项。在科技成果产业化方面,也取得了一批科技含量高、经济效益好、深受企业欢迎的科技产业化成果,可供利用或转让的科技成果达739项。

第四节 推进后勤社会化改革

江苏省高校自1996年扩招以来,原本就十分有限的校内资源已难以适应发展的需要。这一时期影响高等教育发展、制约高校扩招最直接、最迫切的问题就是后勤设施问题，而解决这个问题的主要出路就在于加速高校后勤体制改革的进程。为改善办学条件，适应学校发展需要，学校一方面加大投入，改善基础设施；一方面紧紧抓住苏州市工业企业"退二进三"产业布局调整的有利时机，大力推进后勤服务社会化改革，以减轻学校的后勤负担。

一、基础设施建设

1996年年初，学校与锡山、通州两市政府分别签订了共建"苏州大学锡山学院""苏州大学通州学院"的协议书，两市分别在学校兴建了锡山公寓、通州公寓，缓解了学生宿舍的紧缺状况。此后，学校又与吴江、靖江等市签订了联合办学协议，两市政府资助学校基建资金，用于兴建学生食堂、教学楼、实验室等。这一年，学校建成教工住宅3幢（6 797平方米）、学生公寓2幢（6 840平方米）、研究生宿舍2幢（3 814平方米），函授生宿舍1幢（1 371平方米）。1997年，又建成教工住宅（17 133平方米）、东区文科楼（6 610平方米）、东区学生食堂（4 300平方米）、东区单身教工宿舍（2 600平方米）。

苏州大学与通州市人民政府联合办学签字仪式

锡山公寓

1998年，学校分别与轻工机械总厂、苏化农药集团联建学生公寓18 882平方米，解决了1998年秋季入学的3 000余名学生的住宿问题。与市供销社集团公司、市房管局、市房地产开发公司联建相门北河沿、富华苑小区二期、里河"引进楼"等教工住宅共24 200平方米。这一年，完成了东校区财经科学馆、游泳池、东区塑胶跑道、教工住宅、学生公寓等24个基建项目，合计面积6.65万平方米。

东校区游泳馆　　　　　　　　　财经科学馆

1999年，面对不断扩大的办学规模，学校积极开展联建工作。与广大置业有限公司联建后庄学生公寓2万平方米，与苏州勤达房地产有限公司联建后庄学生公寓2.5万平方米，保证了1 680名新生的入住。与苏州市签订了征购东校区南侧娄葑影剧院地块9 667平方米的协议，签订了征购干将路北校门用地4 333平方米的协议，为建造校本部北大门提供了基础条件。与此同时，富华苑教工住宅和里河"引进楼"住宅也完工交付使用。

2000年，学校积极实施联建项目，完成了与苏州勤达房地产开发公司、广大置业有限公司联建的后庄学生公寓一期工程4.6万平方米，完成了北河沿二期教工住宅1.5万平方米和葑谊新村教工住宅1万平方米的建设。同时，一批重要建设项目竣工，东区凌云楼、逸夫楼二期接建、红楼会议中心改造、北区艺术教学楼、校医院、研究生宿舍、十全街133号住宅、北河沿二期、杨枝塘活动中心、东吴桥等13个项目投入使用。

凌云楼　　　　　　　　　　　　东吴桥

为改善校容校貌，学校大兴绿化工程，美化校园。2000年平整土方2.5万平方米，新种草坪2万平方米，修复了本部龙泉草坪、凌云楼景点等。2000年，学校荣获全国绿化委员会颁发的"全国部门造林绿化400佳单位"称号。此时的苏州大学，拥有5个校区，占地面积137万平方米，建筑面积94万平方米。校园里美丽精致的亭台楼阁与气势恢宏的现代化教学大楼交相辉映，一年四季风景如画。

理工实验大楼

"九五"期间，学校共建成教学、科研、行政用房10.3万平方米，完成大中项目500多项，凌云楼、校内大桥、理工实验大楼等一批标志性工程竣工，校园环境和办学环境大为改善。学生宿舍建设方面，加强了与周边企业、单位合作，采取引建、租建、代建等方式共建学生公寓14.1万多平方米，共有13 000余名学生入住。教职工住宅建设方面，学校通过联建、租建、购建等多种方式加快建设步伐，改善教职工居住条件，新增教职工住宅13.4万平方米，住房成套率上升到97%。1996年、1997年，学校连续两年被省政府评为"教职工住房建设先进单位"。

二、后勤社会化改革

随着后勤社会化改革的不断深化，苏州大学于1999年、2000年两次参加全国高校后勤社会化改革交流会。在1999年的上海会议上，苏州大学做了后勤社会化改革的经验介绍。

苏州大学后勤社会化改革的优异成绩得到教育部和中央领导的多次肯定。1999年9月13日，李岚清一行在省市领导的陪同下第三次来苏州大学视察，对学校的教育改革和发展给予了充分肯定，并向全校广大师生致以亲切的问候。在东校区财经科学馆会议室，李岚清听取了时任校党委书记周炳秋关于近年来学校深化管理体制改革、科学研究和科技成果转化、后勤服务社会化、办学体制改革等情况的汇报。同年11月6日，时任教育部部长陈至立在考察苏州大学时称赞："苏大花钱少，办大事，经验值得向全国推广。"

2000年3月，学校成立了隶属东区后勤服务中心的凌云楼物业管理办公室,对21层集办公与科研于一体的大楼进行24小时的管理和服务工作,迈出了物业管理的第一步。4月底,成立了红楼会议中心物业管理组,对红楼会议中心、学术报告厅、大礼堂、现代光学研究所进行物业管理。2000年11月14日,正式注册成立了苏州市东吴物业管理有限公司。

"九五"期间,学校充分利用三个校区相连、苏州市对企业进行调整的有利条件和社会主义市场经济体制逐步建立的大环境,开拓多种渠道筹措办学资金,采取多种形式拓展办学空间,运用多种手段改善办学条件,大力推进学生公寓向社会转移,逐步实现教职工住宅向社会外移,校办产业向校外转移,部分后勤、生活设施和服务项目向社会转移,并以此扩大了教学、科研空间,提高了办学效益,走出了一条具有鲜明苏州大学特色的后勤服务社会化道路。

三、公共服务体系建设

公共服务体系建设作为"211工程"建设的重要内容之一,在"九五"期间得到显著加强。

图书馆建设。2000年7月,图书馆由原来的21个部室精简为8部1室(办公室、文献建设部、信息咨询部、技术服务部和5个校区读者工作部)。图书馆书刊分类由"科图法"改为"中图法",从而使图书馆的文献分类工作跨上了一个新台阶,在标准化、规范化、现代化方面步入了新里程。2000年8月至9月完成了"汇文"软件升级,软件操作平台由"PC"机改为小型机,校本部馆、东校区馆和西校区馆均纳入"汇文"系统,三校区馆之间实行联网通借。在硬件方面,北校区40座电子阅览室和东校区36座电子阅览室,分别于2000年5月和9月投入使用;软件方面,加大了网上数据库建设力度,开通了维普和清华两个大型全文镜像数据库,使文献保障能力大大提高。至2000年底,全校馆藏文献总量达286.6万件。

计算机与网络管理工作。学校网络办公自动化软件系统于1999年9月启动运行,解决了多校区发文时效缓慢的问题。2000年1月,校长办公室委托计算机工程系进行"基于LOTUS NOTES5的苏州大学办公自动化系统"的研制开发工作,由计算机与网络管理中心负责系统维护。该系统于2000年11月研制开发成功后,立即投入运行。该系统适合学校办公的特点和流程,真正做到交互式信息沟通。系统使用时界面清晰、操作便捷,可确保系统数据的安全性和保密性,基本满足学校办公的需要,实现了无纸化公文流转。

经过"九五"时期的建设,计算机与网络管理中心与校本部图书馆、钟楼、逸夫楼、东校区凌云楼实现了主干千兆连接,校内千兆主干以太星型网络架构基本成型。至2000年11月，本部各大楼和东校区各大楼基本实现百兆光纤接入。鉴于四校合并后学校规模扩大、校区增多的情况，学校计算机中心积极摸索建设城域网，分别与苏州工业园区网络科技公司、苏州市供电局及中国电信（苏州）公司等洽谈租用光纤，实现多校区光纤联网。

实验室与设备管理工作。"211工程"建设启动后，学校实验室与设备建设和管理工作进展很大。特别是在2000年，学校为教学、科研、重点学科和重点实验室建设、"211工程"建设等购置大量仪器设备，完成1924台件1655万元的仪器设备购置任务。其中，购置进口仪器设备46台件，价值767万元；购置实验材料53万元。利用"211工程"建设经费和学校自筹经费，学校加强了"211工程"公共服务体系的建设。基础物理、基础化学、电路与电子技术、农业生物4个基础实验室得到继续更新，其中，近代物理、仪器分析、生物教学检测仪器得到了改善；电路与电子实验室面貌焕然一新。

第五节 固本强基，继往开来

"九五"期间，学校以邓小平理论为指导，切实加强党的建设和思想政治工作，加强了各级党组织和领导班子的建设，坚持贯彻党委领导下的校长负责制，增强了党委对学校改革发展事业的驾驭能力，有力地促进了学校的发展。

一、领导班子建设与"三讲"教育活动

1996年6月，校第八次党代会之前，省委决定钱培德任苏州大学校长，姜礼尚不再担任校党委常委和校长职务。傅大友任党委常委、副书记、副校长。1996年9月27日至28日，学校召开第八次党代会。会议审议并通过了七届党委工作报告和纪委工作报告，选举产生了八届党委委员23名，纪委委员7名。大会提出，"九五"时期和21世纪初，学校改革与发展的总体目标是：坚持社会主义办学方向，积极探索地方大学办学新路，以改革与发展的优异成绩，积极争取进入"211工程"；把学校建设成为培养高层次人才和实现"科教兴省"战略的重要基地；成为坚持四项基本原则，建设社会主义精神文明的坚强阵地；成为为江苏特别是苏南地区提供智力服务的重要园地；努力使学校成为在国内外较有影响力的地方综合性大学，达到全国地方综合性大学的一流水平。在随后召开的八届党委一次全会上，选举产生了党委常委、书记、副书记和纪委书记。周炳秋任书记，宋锦汶、傅大友任副书记；宋锦汶任纪委书记；周炳秋、钱培德、宋锦汶、傅大友、孙伟、钱贵江、侯星芳任党委常委。

为了加强领导班子建设，根据中共江苏省委组织部的统一部署，2000年

10月18日至12月10日，校党委以整风精神，在全校处级以上干部中认真开展了以"讲学习、讲政治、讲正气"为主要内容的党性党风教育活动。校党委书记周炳秋为"三讲"教育领导小组组长，党委常委、校长钱培德为副组长。党委常委、组织部部长王尧，党委常委、宣传部部长侯星芳和

苏州大学"三讲"教育动员大会

党委办公室主任江涌为"三讲"教育领导小组成员兼"三讲"办公室正、副主任。学校还抽调3名同志参加省"三讲"教育巡视组。"三讲"教育的开展取得了明显的成效。

加强了中层领导班子和干部队伍建设。1996年4月，校党委颁发《院系领导班子建设暂行规定》《处级干部管理暂行条例》。与苏州丝绸学院、苏州医学院合并后，党委及时做好有关干部和领导班子的选拔、调配工作，党委组织部编印了《苏州大学组织工作文件选编》《苏州大学院（系）领导班子建设暂行规定（讨论稿）》《苏州大学院（系）党委（总支）工作暂行条例（讨论稿）》。建立了后备干部名册，一批年轻干部先后走上中层领导岗位。干部的交流正常化，院系、机关的干部交流得到加强。校党委每年都举办中层干部培训班、中青年骨干培训班、机关干部培训班等，加强了干部培训工作。截至2000年12月30日，全校共有中层干部281名。其中女干部40名，党外干部18名，调研员51名；具有高级职称者162名。

注重抓好老干部工作。为加强离退休党组织及退教协会的建设，学校出台了《苏州大学离退休工作管理办法》《苏州大学党委关于加强离退休党支部建设的意见》等，召开了全校离退休工作会议，统一了并校后在老干部工作方面的制度与做法。组织离退休老同志开展政治学习，召开座谈会，举办各种丰富多彩的活动。1996年，全国高校离退休工作研讨会在苏大举行，上级主管部门及与会代表充分肯定苏州大学对离退休工作实行两级管理，并通过两级管理促进老同志两级做贡献、两级共享学校改革发展成果的做法。

二、学习党的十五大精神，加强师生思想政治教育

学校认真组织全校师生员工学习邓小平理论和党的十五大精神，抓好各级

中心组学习，提高了各级领导班子的政治理论素养。1997年，校党委组织了三期学习党的十五大精神培训班，对全校200多名中层以上干部进行集中培训。1998年年底，举办了三期邓小平教育理论学习班，253名中层干部参加了学习。2000年，组织校、院（系）中心组深入学习"三个代表"重要思想和第三次全国教育工作会议精神，认真学习贯彻中共中央《关于加强和改进思想政治工作的实施意见》和江泽民在中央思想政治工作会议上的重要讲话精神，从"三个代表"的高度加强和改进思想政治工作，推动改革向纵深发展。

校党委以"两课"教学为主渠道，通过党校、青年政校，加强对青年学生的理论武装工作，组织广大学生学习党的十五大精神，使学校的思想政治工作得到有力加强。每年根据不同主题，针对师生思想实际，开展形势与政策教育。围绕纪念中国共产党成立75周年、"三五"普法教育、香港回归、纪念真理标准讨论20周年、纪念十一届三中全会召开20周年、抗洪救灾等重大事件，开展了一系列内容丰富、形式多样的主题教育活动，使广大师生及时了解国内外形势，提高理论素养。1998年10月，学校邀请时任中共中央委员、中央党校副校长、《求是》总编邢贲思教授为教职工做了"从真理标准到十一届三中全会"及"邓小平理论的逻辑起点"两场报告。

从并校后的实际出发，充分发挥4个校区宣传工具的作用，及时宣传报道学校的各项活动，更好地为校园精神文明建设服务。积极与各媒体联系，宣传学校改革发展成果，推动学校改革向纵深发展，进一步扩大影响。组织广大教职工认真学习了《邓小平教育理论学习纲要》《面向21世纪教育振兴行动计划》《中国教育改革和发展纲要》《中共中央、国务院关于深化教育改革全面推进素质教育的决定》及江泽民为苏州大学百年校庆的题词等。

为探索学生工作的规范化、科学化，校党委于1996年9月推出了学生工作考评制度，对学生管理的各个层次、各个方面加强监督和考核，特别是对各院系学生工作的内容和要求规范化、具体化，并建立奖惩机制。各院系党政班子高度重视每年的学生工作考评，本着"重基础，创特色，争一流"的宗旨做了大量扎实、细致的基础工作，形成了学生工作的新局面，在全省高校中产生较大影响。

注重学生的思想教育和学生骨干队伍的建设。1997年，以学习党的十五大精神为主要内容，举办了"青年政治学校"学生骨干培训班，两次召开学生骨干大会，统一思想，提高认识，发挥其在学生中的示范榜样作用。加强专兼职学生工作队伍的建设，每年组织全校新生班主任进行上岗培训，加强对全校专职学生工作干部的考核、评定工作。

宿舍管理、心理健康等工作也得到加强。1997年是苏州市创建国家卫生城市关键的一年。学校为迎接省级考核和国家级调研，加强了学生宿舍管理力度，检查、督促内务卫生。学校重视学生心理健康教育，充实队伍，定期开办专题讲座，接待学生心理咨询。2000年9月，建成心理咨询中心网页，接待学生网上咨询。

三、党的组织建设和作风建设

组织全校各院系党政领导、党支部书记和广大党员认真学习贯彻省委教育工委的《江苏省普通高等学校院（系）党组织暂行规定》。注重党支部战斗堡垒作用的发挥和规范化建设，在支部换届中，一批讲学习、讲政治、讲正气，政治业务素质好、作风正派、有奉献精神，并具有一定党务工作经验的同志当选为支部书记。

1997年4月，全校推行新一轮党委、党总支目标管理及新一轮党员和党支部目标管理，修订了《教工（学生）党支部目标管理考核评估方案》，对党员人数较多的院级党组织设置基层党委。1998年，政治与公共管理学院、工学院先后成立党委。苏州丝绸工学院、苏州医学院并入苏州大学后，党委及时抓好有关总支、支部的设置，接转好党员的组织关系。

加强廉政教育。1996年，组织全校1 200名党员、干部参加党纪政纪条规学习竞赛，并围绕开展"三讲一学"宣传教育活动组织了演讲比赛、知识竞赛和征文活动。1997年，在全校党员干部中深入开展了"勤政廉政、艰苦奋斗"主题教育活动。1998年，在全校党员干部中开展以"十个一"为具体内容的"高举旗帜，增强党性，艰苦创业"主题教育活动。2000年，根据反腐败三项工作格局和标本兼治的要求，以落实党风廉政建设责任制为龙头，以开展"三讲"教育为动力，以加强行风建设迎接行风检查为契机，紧紧围绕学校的中心工作，开展了富有成效的廉政教育活动。

廉政制度建设方面，1998年5月，学校召开首次纪监审工作会议，并组织全校党员干部学习会后下发的11个有关文件。1999年，对各部门、各学院执行《接待工作暂行规定》情况和校部机关、后勤执行勤政廉政暂行规定的情况进行了检查。认真做好中层干部收入申报、礼品登记、民主生活会等工作，加强对干部的管理。加强对两级领导班子民主生活会的管理，将廉洁自律列为民主生活会的重要内容。1997年7月，组织了廉洁自律专题民主生活会。在审计工作中突出重点，扩大审计覆盖面，加大了审计监督力度。

进一步加强统一战线工作。充分调动各民主党派、台联、侨联和东吴校友会的积极性，为学校事业发展做出积极贡献。为配合省市共建苏州大学工作的落实，学校人大代表、政协委员提交了多份提案，要求市委市政府采取多种措施支持苏州大学发展，在苏州大学发展控制区规划、减免教职工住房建设的配套费等方面建言献策。1998年，学校成立江苏省高校首家社会主义学院，与党校两块牌子一套班子。各民主党派组织注重加强思想建设，开展了形式多样的教育活动和调研献策活动。并校后，学校各民主党派组织也进行了相应的合并，建立了民盟、民进、农工、九三学社四个基层委员会及民革苏大总支、民建苏大支部、致公党苏大支部。至2000年12月底，全校各民主党派成员有757名。党外代表人物队伍也明显扩大，有区以上各级人大代表、政协委员60多名，校级民主党派组织副主委以上负责人30名。钱海鑫当选全国人大代表，杨海坤、强亦忠当选全国政协委员；周桑漪当选江苏省政协副主席；朱永新当选苏州市副市长。

注重民主管理，加强工会和教代会工作。1996年12月，召开苏州大学第十届工代会暨第三届教代会，完成了工会和教代会的换届工作。代表们听取并认真讨论了校长工作报告，审议了第九届工会委员会的工作报告，审议通过了《苏州大学教职工住房安排调整暂行规定》。1997年，三届二次教代会召开，讨论通过了《苏州大学教职工代表大会暂行工作条例》，审议了并校后重新修订的学校改革和发展"九五"规划及2010年远景目标。1999年，在三届四次教代会上，学校通报了校内管理体制改革、校庆筹备工作、后勤社会化改革进展及房改、医疗改革的情况。一些新组建的单位建立了分工会组织，如文正学院分工会、教育学院分工会、产业分工会等。二级教代会制度进一步推广，政治与公共管理学院、社会学院、材料工程学院等先后召开了二级教代会。截至2000年，苏州大学工会共有会员3 976名，下辖28个分工会，工会活动阵地6处，固定资产150万元，被全国教育工会命名为"全国高校教工活动阵地示范单位"。

第四章　苏州医学院的改革与发展

自改革开放至20世纪末，苏州医学院开拓创新，加快发展，逐渐成为享誉国内外、以两医（核医学和放射医学）两技（核技术和生物技术）为特色、医工结合、文理相通的综合性医学院校。世纪之交，在全国高等教育管理体制改革浪潮中，1999年4月，苏州医学院重新划归江苏省管理。2000年4月，苏州医学院并入苏州大学，强强联合携手并进，迈进了新的世纪。

第一节　开创教学工作新局面

一、更新教育理念，调整办学结构

1985年，苏州医学院认真贯彻中共中央《关于教育体制改革的决定》精神，转变教育思想，更新教育理念，以"面向现代化，面向世界，面向未来"为指引，深化教学改革，提高教学质量，调整办学结构，开创教学工作新局面。

1. 适应发展需求，设置"九系二部"

为了适应社会发展需要和区域经济发展需求，苏州医学院积极调整专业结构，本科专业由原来的2个逐步扩展到10个，专科专业从1个增加至5个。截至2000年4月，全院设有"九系二部"。九系为临床医学系（含一系、二系、三系、四系）、放射医学系、预防医学系、医学影像系、药学系、儿科医学系、生物技术系、护理系、外语系；二部为基础医学部、社会科学部。全院设基础课、专业课教研室64个，实验室54个，研究所7个。

2000年1月20日，教育部批准苏州医学院设置7年制临床医学专业，并于当年开始面向全国招生，从而进一步提高了苏州医学院的办学声誉和办学质量。

2. 建立教学管理体系，实行教学督导制度

为了规范教学工作，严格教学管理，苏州医学院建立了教学管理体系，实

行教学督导制度。教学管理体系由主管院长领导的教学委员会及其下属机构和教务处及其下属机构与系（部）及教研室等组成。

主管院长全面负责学院的教学管理工作，建立全面质量管理体系；加强教学管理的基本建设，整顿与建立精干的教学管理队伍；定期征询师生对教学工作的意见；建立必要的教学研究与信息系统；充分发挥职能处室和系（部）在教学管理中的作用。教学委员会（教学督导）对学院教学计划、专业设置和教学工作提出咨询意见，并负责审定各类教学评价与评奖工作。教务处在主管院长领导下，拟订学院教学工作计划，制定各项教学管理的规章制度。系（部）及教研室组织制订各专业教学计划、大纲和实施办法，经过教学委员会（教学督导）讨论通过后组织实施。

为了加强业务指导，对课堂教学、实验实习课、临床见习、实习、习题课、辅导答疑、考试考查、学生自学情况、教研室教学活动、教务和教学管理等工作进行督导，建立了教学督导制度，聘任一批资深专家教授担任教学督导。

3. 拓展临床实习基地，严格教学管理

随着苏州医学院的专业设置、办学层次和办学规模的快速发展，临床实习基地不断拓展和延伸，各专业教学实习基地共计 64 个，地跨两省一市（江苏省、浙江省、上海市）。同时，发展常州市第一人民医院（1995 年）、无锡市第四人民医院（1997 年）为非直属附属医院。1998 年，苏州医学院附属第一医院和附属第二医院被江苏省教委评为优秀临床实习医院。

为了严格教学管理，建章立制，制定了《苏州医学院学生学籍管理规定细则》（1995 年 9 月修订）、《苏州医学院授予学士学位暂行规定》《课程建设及其质量评估暂行办法》《学生成绩考核及成绩管理办法》《考场规则》《临床医学类专业本科学生毕业实习出科理论和操作技能考核实施细则》《关于五年级各专业实习教学管理及实习出科考试规定》等。

4. 加强课程建设，编撰优质教材

根据科技发展和教学需要，学院鼓励和支持教师编撰优质教材，主编、参编高质量的全国统一教材、校际协作教材或自编教材。任课教师积极著书立说，主编、参编教材，1983—1999 年正式出版 234 种教材和著作，还有许多自编讲义和实验实习指导手册供学生使用。

成立教材领导小组，建立教材的评估和研究制度。一是定期制定或修订教材建设规划；二是遴选教学经验丰富、学术水平高的教师担任教材主编或与其他兄弟院校合编，实行主编负责制，把好质量关；三是制定调动教师编著教材积极性的激励措施；四是加强系、部和教研室对教材建设的责任心；五是组织学院教材质量的评估及优秀教材的评选，组织学院与兄弟院校的教材交流，推荐优秀教材。1992年，苏州医学院的《电离辐射剂量学》和《简明放射化学教程》获中国核工业总公司优秀教材奖。1995年，苏医的《放射毒理学》获中国核工业总公司优秀教材一等奖。

在课程建设和课程建设评估中，苏州医学院生理学和外语被评为部级一类课程，诊断学、放射卫生学等被评为部级二类课程，生物化学、病理学被评为江苏省优秀课程。

5. 改进教学方法，深入开展教学研究

改进教学方法，推广运用现代化教学手段，提高课堂教学效果。苏州医学院电化教研室引进了大量教学录像片，鼓励和支持教师根据教学需要自制教学录像片。学院有专用放像室，病理解剖学、组织胚胎学和寄生虫学等各形态学实验室均有显微镜摄像和放像装置。建立了多媒体教室，教室内均配置幻灯机和投影仪，大教室内配置无线话筒，要求教师引进和制作多媒体课件进行授课。为了提高学生外语的语言运用能力，苏州医学院建立了有两个频道的英语调频台，在课外时间定期播放英语节目。

改革考试管理，实行考教分离。苏州医学院成立了考试中心，专司各项考务工作。基础医学课程考试、临床医学课程考试和临床医学专业毕业后综合考试，分别采用教育部高等教育司主持编制的三个试题库，其他课程则使用自建的试卷库，预防医学系在毕业考试时采用论文答辩的方法。

为了深入开展教学研究，苏州医学院编辑内部刊物《高教动态》，至2000年年初，共出版22期，还与学报编辑部合作，对教学管理、教学方法、课程建设、素质教育、师资队伍建设、现代教育技术及考试等方面进行了广泛研究和探讨。1989—2000年，苏州医学院共承担部、省级以上教学研究课题3项，获部、省级教学研究成果一、二、三等奖共14项。

周氏医学教育科研基金第七届颁奖典礼

二、稳步发展研究生教育

改革开放以来,苏州医学院先后招收硕士研究生777人,博士研究生215人,在职申请硕士学位510人,研究生课程进修班331人,总计1 833人。其中授予硕士学位594人,授予博士学位105人,授予在职人员硕士182人。2000年4月时,在校硕士研究生196人,博士研究生101人,在职申请硕士学位328人,研究生课程进修班180人,合计805人。

1. 研究生培养

我国1978年恢复研究生招生,1981年实行学位制度。国务院学位委员会批准的第一批博士、硕士学位授权学科专业中,苏州医学院有10个硕士点、2个博士点,陈悦书、鲍耀东、杜子威3位为博士生导师。之后,朱寿彭、董天华、陈易人、蒋文平、阮长耿、李允鹤、苏燎原、唐天驷、林宝爵、惠国桢等先后增列为博士生导师。至1999年年底,已有29个硕士点、7个博士点,60岁以下的硕士生导师233名、博士生导师50名。

苏州医学院神经外科首届博士研究生论文答辩会

苏州医学院研究生教育的质量,受到专家和学界的好评。1987年9月,杜子威教授和鲍耀东教授指导的2名神经外科学博士研究生通过论文答辩,被授予博士学位。1989年10月,陈悦书教授指导的内科血液学博士研究生通过答辩,被授予博士学位。

1989年11月,杜子威教授指导的博士在第9届国际神经外科大会上宣读其论文,受到70多个国家2 000余名神经外科专家的赞誉,并荣获"世界神经外科青年医师"奖。1997年9月,苏州医学院又有1名博士在第11届世界神经外科大会上荣获"世界神经外科青年医师"奖。1991年5月,放射医学系毕业的1名博士被国家教委、国务院学位委员会授予"做出突出贡献的中国博士学位获得者"称号。2000年3月,中国第一个授予生命科学领域在读研究生的专项奖学金——"九源奖学金"评奖结果揭晓,阮长耿院士和张学光教授培养的3位博士生获得了三等奖,包揽了江苏省全部获奖名额。

2. 教学管理与评估

苏州医学院硕士研究生的教学安排，分公共必修课、公共必选课、专业必修课、选修课和自选课五类，并于1990年起实行学分制。公共必修课与专业必修课均为学位课程，共29学分，为考试课程，百分制记载成绩。

为了总结交流教书育人、管理育人的经验，苏州医学院分别于1988年、1992年、1998年召开全院研究生工作会议。学院的研究生教学工作，历经数次国家专家组检查与评估，均取得较好的成绩。

1997年，苏州医学院分别接受了国务院学位委员会组织的对博士点的合格评估和江苏省学位办公室对硕士点的合格评估，7个博士点全部一次性通过合格评估。硕士点中，除泌尿外科、人体解剖学因缺少1名60岁以下的正高职导师被限期整改外，其余均一次性通过合格评估。次年，泌尿外科、人体解剖学经复查顺利通过合格评估。

3. 在职人员申请硕士学位与研究生课程进修班

苏州医学院开展在职人员申请硕士学位试点工作始于1987年。1989年，国务院学位委员会批准苏州医学院为试点免予验收单位。1991年，国务院学位委员会学位办首批批准苏州医学院生理学等16个硕士点有权授予具有研究生毕业同等学力的在职人员硕士学位。随后，学院已授一届硕士学位的27个学科、专业，均接受苏州医学院和院外单位具有研究生毕业同等学力的在职人员申请硕士学位。至1999年年底，苏州医学院已授予在职人员硕士学位182名。2000年，国家下达博士生招生指标，在全省可以招收博士生的4所医药高等院校中，苏州医学院博士生招生数为全省第一。

为主动适应社会主义现代化建设和医疗卫生事业对高层次专门人才的需要，根据国务院学位委员会和江苏省学位委员会的文件精神，学院先后在苏州、南通、常州、昆山、湖州等地举办5个临床医学研究生课程进修班、1个预防医学研究生课程进修班。

2000年2月、3月，苏州医学院又分别与镇江医学院、张家港市卫生局签订了联合举办研究生课程进修班协议。截至2000年3月31日，有3个班共151名学员获得苏州医学院研究生课程进修班结业证书。

4. 临床医学专业学位试点与博士后流动站

1997年4月，国务院学位委员会第十五次会议审议通过了《关于调整医学学位类型和设置专业学位的几点意见》，将医学学位划分为医学科学学位和临床医学专业学位两种类型，并决定首先选择临床医学专业学位进行试点。

1998年，国务院学位委员会批准苏州医学院为临床医学硕士专业学位试点单位之一。

苏州医学院临床医学博士后流动站揭牌仪式

1999年3月，苏州医学院成立了临床医学硕士专业学位指导委员会，并决定首先在内科学、外科学、妇产科学等临床科室中开展试点工作，医技科室暂缓试点。临床医学硕士专业学位班首批培养对象共40名，其中，经国家统一招生考试录取的硕士研究生16名，经住院医师规范化培训第一阶段考核并经在职人员申请硕士学位全国英语统一考试录取的在职临床医师24名。2000年，国务院学位委员会又批准苏州医学院为开展临床医学博士专业学位试点单位之一。

1999年3月，国家人事部、全国博士后管理委员会批准在苏州医学院设立临床医学博士后科研流动站。5月，学院临床医学博士后流动站暨苏州医学院第一临床医学院在附属第一医院挂牌，当日还举行了人才培养研讨会，苏州医学院附一院还举行了大型专家义诊活动。

三、形式多样的成人高等教育

1985年，苏州医学院恢复夜大学招生；1995年11月成立成人教育部，与夜大学办公室合署办公。1995年12月，成立成人教育处，后更名为成人教育学院。

夜大学。1985年，经国家教委同意，苏州医学院恢复成人高等学历教育，以"苏州医学院夜大学"名称备案，成立了夜大学办公室。按照4年制学制和专业培养的需要，拟订了《苏州医学院业余医学专修科教学计划（草案）》。同年夏季，苏州医学院夜大学招收基础医学专业学生49名，护理专业学生39名。设立基础医学（4年制）和护理学（4年制）两个专科专业，前者主要面向苏州医学院教辅人员，以提高其业务水平和学历层次。

自1994年起，苏州医学院夜大学开始进入深化改革、加快发展的阶段，由3个专业增至9个专业，招生数由每年20~80人增至800余人；招生范围由苏州市区扩大至全市乃至省内外其他地区；办学层次由专科扩大至本科和专升本；办学形式由业余（夜大学）扩大至脱产班。夜大学在校生规模由1985年的88人增至1999年的2 804人。

进修班。经卫生部审定，1983年苏州医学院有10个学科为全国医学教育进修基地，包括人类染色体、生理学、病理学、寄生虫学、放射卫生学、放射毒理学、血液病学、神经外科学、放射诊断学、妇产科学和国家计生委批准的优生优育进修班，进修年限为半年至一年，招收对象为讲师、主治医师和主管技师以上的教师、医师和医技人员，为全国各地培养了大批医疗卫生师资和医务人员。1984年，经教育部批准，苏医生理学、放射卫生学、病理学和寄生虫学等4个学科举办助教进修班，共培养青年助教约100人。1984年4月，经核工业部批准，苏州医学院举办了2届思想政治专业（党政干部专修科），学员主要来自核工业部所属单位的党政干部，学制2年，共录取117名学员。

专业证书班。1990年3月开始，苏州医学院接受苏州市卫生局的委托，开设专业证书教学班。凡符合规定入学条件的学员，学完教学计划规定的全部课程、考试合格者，发给省教委统一印制的成人高等教育"专业证书"。共举办11个专业证书教学班，培养学员638名。

在成人高等教育中，为缓解工学矛盾，减轻学生学习负担，改期末集中考试为学期内分散考试，试行几门课相对集中上课，课程结束后即考试。临床医学专业本科和专升本的课程考试与全日制本科使用同一试题库。为了加强考试管理，制定了一系列成人教育考试管理文件，并规定凡教学计划设置的课程都需进行考试。

随着校外教学点的增多，交流教学经验加强规范化管理，提高教学质量，自1996年起，每年召开一次成人教育教学工作会议，并以会议纪要形式归纳研讨内容，提出下一阶段的工作要求。

第二节 科学研究的发展与师资队伍建设

一、科学研究的发展

1. 调整研究方向和领域，设置"七所一室三中心"

改革开放以来，苏州医学院的科研机构设置逐年增加。截至1999年年底，苏州医学院拥有"七所一室三中心"：核工业放射医学研究所（1983年）、江苏省血液研究所（1988年）、医学生物技术研究所（1990年）、苏港合作苏州中药研究所（1991年）、核医学研究所（1994年）、神经科学研究所（1995年）、辐照技术研究所（1997年），核医学生物技术部级重点实验室（1994

全国人大常委会副委员长吴阶平（右三）来校视察，并参加21世纪中医药发展学术研讨会

年），核工业核事故医学应急中心（1992年）、核工业实验动物中心（1987年）、江苏省太湖实验动物开发中心（1997年）等11个院级研究机构。

2. 突出"核"字，促进重点学科发展

苏州医学院先后制定了"七五""八五""九五"科技发展规划，逐步确立了突出"核"字，深化为核事业服务的内涵，加大为核事业服务的力度，以"两医两技"（放射医学、核医学、生物技术、核技术）四个领域为中心，发挥学科群体、研究生培养、重点实验室和国际合作四大优势，加速科技成果向专利、商品、产品、经济和社会效益四个方面转化，推动全院科技工作的全面发展。

为了激励科技工作及成果转化，苏州医学院于1996年出台了一系列优惠政策，包括提高科研立项奖金额，增设论文发表奖，扩大支持论文发表版面费，设立成果奖的配套奖金和科研项目申报组织奖等5项奖励政策和增加院青年科研基金、回国人员科研启动基金、重点实验室运转基金和专利基金等4项基金。

核工业部原部长蒋心雄（右二）来苏州医学院考察

为了建立有自身特色的重点学科，在全国取得领先地位，苏州医学院十分重视学科建设和发展。伴随着学校科研工作的深入发展，在提高原有学科水平的基础上，初步形成了一些较新的基础学科与应用学科，尤其是具有自身特色的重点学科。1985年以来，苏州医学院先后获中国核工业总公司批准的7个部级重点学科、3个重点临床科室，5个江苏省卫生厅批准的省

级临床专科，另有学校审批的8个重点学科。

3. 重大科研课题与主要科研成果

苏州医学院历来十分重视科研课题和科研成果，在全国高校中具有一定的学术地位，影响较大。

科研课题。改革开放以来，苏州医学院共承担国家自然科学基金项目73项，国防预先研究项目3项，核科学基金和核能开发项目11项，中国核工业总公司核能开发项目12项；江苏省各类科研基金项目和社会发展项目及重点项目34项（不含附一院、附儿院）；国际原子能机构（IAEA）及其他国际合作项目5项；卫生部及其他部级科研项目（包括"八五""九五"攻关、863计划）12项。

科技论文。据中国科技信息研究中心统计，苏州医学院科技论文，无论是SCI收录数还是国内发表的统计数，均居全国医学院校前列。在1989—1998年10年间SCI收录的论文，苏州医学院有111篇，名列全国高校第79名、医学院校第16名；在1994—1998年论文数最多的前20所医学院校排名中，苏州医学院以1 204篇名列20位。苏州医学院被SCI收录论文的引用次数列全国高校第47名、医药类高校第8名、江苏省医药类高校第1名。其中苏州医学院附一院陈子兴教授发表在 Blood 的论文《全反式维甲酸治疗急性早幼粒白血病患者的临床和实验研究》被国际引用次数最多，连续3年（1994—1996年）列全国（包括科研院所）之冠。

科研奖项。苏州医学院院长耿、朱寿彭、唐忠义、蒋文平等领衔获国家科技进步奖和国家发明奖二等奖3项、三等奖6项；获部、省级科研成果一等奖2项、二等奖68项、三等奖336项。科技开发成果在国际和全国性评比中获奖7项次；科技成果推广和技术转让41项。授予专利28项，其中，发明专利11项。发明专利"空气离子化除臭氧电极"，系1985年4月1日我国正式实施《专利法》时首批申请，并获法国和联邦德国的专利权。

陈子兴获国家科委信息中心颁发单篇国际论文被引证数全国个人第1名的表彰证书

4. 为核安防和核事业保驾护航

为适应核工业发展需要，苏州医学院调整和增设了放射医学、核医学、核技术、生物技术等专业，组建了一批服务于核事业的研究机构；还成立了核事故医学应急中心，成为核事故医学技术后援单位。苏州医学院在核医学领域的诸多方面代表了国家水平。

苏州医学院是中国核工业体系中的重要成员，为中国核工业系统培养了各级各类专业人才 7 000 多人；参与了 416 医院、419 医院、香蜜湖友谊医院、核工业北京医院的建设，并承担核工业所属医院的医疗新技术推广和卫生技术人员的培养，疑难杂症的转诊、会诊；多次参加"两弹一艇"的现场试验和环境检测，为核工业进行辐射流行病学调查和健康评价，为核潜艇机组人员及秦山、大亚湾核电职工进行"零点"健康检查，对黄海、渤海和长江水系辐射水平开展调查，多次组织师生下厂、下矿和参加秦山核电站义务劳动及巡回医疗，为核辐射防治和核事故医学应急进行预案研究。1985—2000 年，苏州医学院承担了国防预研项目"七五""八五""九五"计划，围绕电离辐射的生物效应、防护、诊治，以及核技术在生命科学和医学上的应用等领域展开了一系列研究，投入了千余人次，承担课题 600 余项（次），发表论文 2 000 余篇，获得国家、部（省）级三等奖以上科技成果 200 余项。在 1992 年全国首届核事故医学应急学术研讨会上，苏州医学院参加人数和发表论文数居全国第二位（仅次于军事医学科学院）。

苏州医学院与国际原子能机构（IAEA）、国际放射防护委员会、联合国辐射效应科学委员会等国际机构保持着密切联系，多次承办 IAEA 的核医学培训班、医疗用品辐射灭菌质量控制培训班及辐射硫化研讨班。1986 年，在苏联切尔诺贝利核电事故期间，苏州医学院多次派专家赴现场考察和救治，并在苏州进行 24 小时连续监测。苏州医学院是我国核环保集团的重要一员，为核工业安全运行保驾护航。

5.《苏州医学院学报》

《苏州医学院学报》自 1981 年复刊后，1987 年经国家科委、中宣部批准为全国性正式刊物（限国内发行）；1988 年经国家科委和新闻出版署复查和重新登记，批准为国内外公开发行刊物。1984 年前不定期出版，1985 年起为季刊，1994 年改为双月刊，1998 年起为月刊。1981 年 8 月至 1985 年采用总期编号（共出版 10 期），1986 年开始取消总期号，按每一年一卷，从 1981 年起计算，连续编卷号至 2000 年出版了 20 卷。

从 1992 年开始,《苏州医学院学报》成为中国科技论文统计分析源期刊之一,并被国际原子能机构、《中国生物医学光盘数据库》(CBMdisc)、《中国科技期刊管理数据库》以及《中国医学文摘》各学科分册等 20 多种数据库及文摘刊物收录。1999 年加入《中国学术期刊(光盘版)》"中国期刊网"和"万方数据系统科技期刊群"。

6. 图书馆文献资源建设与服务

1982 年,苏州医学院成立图书情报委员会,由分管院长担任主任委员,由资深教授及有关职能部门负责人任委员。1997 年,成立文献检索教研室。馆舍为 5 094 平方米的两幢大楼。全院 5 个附属医院都有图书馆,放射医学系、社会科学部、外语系等均设资料室。苏州医学院图书馆文献资源建设,紧密结合学科建设和科学研究方向,初步形成了以核医学、放射医学、血液学、心血管科学、神经科学为重点的馆藏特色。至 1999 年年底,累计馆藏图书 307 万册。馆藏 3 141 种期刊中,外文期刊 1 937 种(其中原版期刊 180 种,中文期刊 1 204 种)。1992 年,苏医图书馆成为中国核工业总公司核医学专业文献中心。

二、师资队伍培养与国外智力引进

苏州医学院十分注重师资培养,强调师资培养工作"三为主"的原则,即国内培养为主、在工作实践中培养为主、个人刻苦自学为主的原则。把培养中青年和骨干教师作为重点,强调基础理论、边缘学科、新兴学科的学习研究和教学、科研、医疗实践的锻炼,不断提高学术水平。根据需要可参加国内外重点院校高级访问学者的培训,少数学科建设需要也可出国短期、单科进修学习。一批又一批的各学科学术带头人、在国内外有影响的专家、学者和中青年骨干教师,在各自的岗位上茁壮成长。各级政府的跨世纪学术带头人和优秀骨干青年教师 75 人;国家级及部、省级有突出贡献的中青年专家 15 人;享受国务院特殊津贴的 72 人;在全国、省级学术团体任委员、理事、副主委、主委的有 98 人(不含各附属医院)。

改革开放以来,苏州医学院通过聘请国外专家、学者和教师,在提高教学质量、科研和医疗水平,加强重点学科和师资队伍建设等方面取得了较好成绩。1986 年后,聘请长期外教 22 名(分别来自澳大利亚、英国、美国、日本和法国),培养了一届又一届医学和外语人才。授予国外专家、学者为苏州医学院名誉教授者 8 名、客座教授者 51 名。这些中外知名专家教授,为苏州医学院的建设和发展做出了重要的贡献。

第三节 国际交流合作与国际医疗援助

随着改革开放的深入发展，苏州医学院努力扩大对外交流的渠道，促进了对外交流与合作的发展，与国外学术交流日趋频繁。1984年，成立外事办公室（1993年后与院办合署办公）。高度重视发展国际合作交流及医疗援助，大力开展民间交往活动。

一、开展校际交流与项目合作

法国巴黎卫生局国际合作局局长一行来校

1987年，日本名古屋保健卫生大学授予苏州医学院院长、神经外科专家杜子威教授为该校客座教授。杜子威院长还对日本庆应大学、昭和大学进行访问并建立了友好合作关系。1989年，庆应大学医学部脑外科与苏州医学院附一院脑外科联合举办中日第一次神经外科学学术交流会。1990年，在日本举办了中日第二次神经外科学学术会议。同年，苏州医学院授予庆应大学医学部户谷重雄教授和昭和大学武重千冬教授为名誉教授，授予脑外科主任松本清为客座教授。1993年4月，神野教授率100余名日本脑卒中病人，来苏州医学院接受中医推拿、针灸等康复治疗，经过短期治疗，有效率达83%，这一活动在中日两国产生了巨大反响，扩大了苏州医学院在海外的知名度。1996年9月，苏州医学院成功举行了第三次中日脑外科研讨会，对苏州医学院神经外科向高层次发展起到了积极的推动作用。

苏州医学院与日本的高等医学院校频繁交往达31次，合作的专业从神经外科发展到神经内科、普外科、神经生理和耳鼻喉科等专业，曾有25名专业人员赴日进修，为时一年以上，其中大多已成为苏州医学院各专业的学科带头人或硕士生、博士生导师。

作为中法友谊和科技合作的典范，中法友好医院于1992年10月在苏州医学院附二院揭牌。法国其他高等医学院校、医院及科研机构，如斯特拉斯堡大学、格勒诺布尔大学等也先后与苏州医学院建立校际合作关系，为苏州医学院科研人员和医师提供了赴法国学习进修的机会。卡昂教授致力于发展中法的科技合作与交流，曾来华访问20多次，为促进苏州医学院血液学科的建设和人才培养做出了贡献，1985年5月他被苏州医学院授予名誉教授。

中法交流与合作结出了丰硕的成果，三次血液专业的国际会议在苏州医学院举行。截至1999年，苏州医学院向法国派出包括血液学、免疫学、骨外科学、创伤外科学、病理生理学、消化内科学、神经内科学、普外科学、妇产科学、医学影像、护理学和医院管理等45名专业人员进修，他们学成回国后，在各自的岗位上发挥了重要作用。

从1996年开始，苏州医学院与美国南佛罗里达大学护理学院建立了良好的合作关系，推动了苏州医学院护理专业的学科建设。美国西海岸医学中心曾三次在苏州医学院举办了以医院管理、财务管理和人员素质为题的医院管理研讨会。根据协议，美国南佛罗里达大学接受苏州医学院基础医学和临床医学派出赴美学习1年以上的教师和医师共9名，促进了苏州医学院的学科建设。

二、开展区域合作与交流

根据苏州医学院与日本科技厅（STA）双边交流计划，从1989年开始，苏州医学院有14名科技人员获STA项目资助，赴日本原子力研究所和国立放射医学研究所从事合作研究，了解国际上相关领域研究的前沿水平。

在原子能利用项目的对外合作与交流中，苏州医学院附一院烧伤科开展辐照猪皮治疗烧伤的临床应用的研究，取得了突破性的进展。在辐照血管、骨、神经、肌腱等方面也开展了研究，经国际原子能机构官员及美国专家的多次考察认可，苏州医学院建立了中心组织库，这在东南亚地区产生了一定影响。该项目曾两次获IAEA的资助，开展临床应用的研究和人才培训。据1999年统计，1985年以来，苏州医学院经IAEA批准的技术援助项目5个，获得资助85万余美元；批准的合同6个，获3.5万美元的资助。苏州医学院与IAEA项目有关的各种培训班、核医学会议、进修和学者访问等合作与交流形式的出访人员达62人次，分别与苏联、匈牙利、奥地利、德国、法国、英国、美国、日本、泰国、印尼、越南、韩国、马来西亚、新加坡、印度等国家进行了广泛而深入的接触与交流。IAEA在苏州医学院举办了7次国际会议和核技师培训班。

1990年苏州医学院与香港大学同位素研究所建立了合作关系，共同对电离辐射剂量进行研究和培养研究生。1991年，苏州医学院与香港百草堂联合建立苏港合作苏州中药研究所，开拓了与香港方面的长期合作渠道。至1999年，香港为苏州医学院培养博士生 5 名,接受高级访问学者 3 人次。

苏港合作苏州中药研究所揭牌仪式

1985—2000 年,苏州医学院接待了 450 批、1 910 人次国外学者、教授和专家;与 25 个国家和地区的高等医学院校和科研机构建立了合作关系;在苏州医学院召开了 16 次国际性和地区性学术会议;8 名国外知名学者为名誉教授。

三、派遣教师出国进修与接收外国留学生

改革开放以来,苏州医学院通过各种渠道派遣教师出国进修、科技人员出国讲学及出席各种国际学术会议,为学院培养了一批高层次的学术人才和科研骨干。截至 1999 年,苏州医学院出国留学和进修人员(指国家公派和单位公派的长期生)达 218 名,已回国 138 名,占出国人数的 63%。其中,通过校际关系或双边合作派出的均学成回国。

留法博士阮长耿 1981 年获法国生物学国家博士学位回国后,先后创建了我国第一个血栓与止血研究室和江苏省血液研究所;与国外尤其与法国建立了长期和稳定的合作关系。通过他的联系,苏州医学院派出大量科研人员赴法国和美国进修,其中大部分人员按期回国,成为各学科的带头人,有力地促进了苏州医学院教学和科研的发展。他先后获得国家有突出贡献的中青年专家、全国先进工作者等荣誉称号和"全国五一劳动奖章"。由于

法中友协主席卡昂教授(左二)将"法国功勋骑士"勋章佩戴在阮长耿教授胸前(左三)

他在中法交流中做出了卓越贡献，1994年9月被法国总统授予"法国功勋骑士"勋章。阮长耿教授于1997年当选为中国工程院院士。

留法博士张学光，1990年学成回国，创建了集教学、科研和科技开发于一体的医学生物技术研究所，并与蒙贝利埃科技大学、南特大学、巴斯特研究所等法国知名院校和科研机构保持长期的友好合作关系，使苏医的免疫学学科得到迅速发展。因其在人多发性骨髓瘤细胞研究上取得了突出成就，于1990年获得法国抗肿瘤协会颁发的东比利牛斯奖。1995年，他被评为全国先进工作者；1996年，他被评为国家级有突出贡献的中青年专家；1997年，他被列入国家"百千万人才工程"和"跨世纪人才计划"。他完成的"人多发性骨髓瘤及其B细胞增殖病的免疫病理和有关生物调节因子的研究"课题获国家教委科技进步一等奖。

1995年，苏州医学院获准列入接收外国留学生高校之一。学院根据实际，确定以传统医学为招收国外留学生的重点。截至1999年，共接收国外留学生和进修生43名。

四、开展国际医疗援助与派遣援外医疗队

1986年4月26日，苏联切尔诺贝利核电站发生了一起重大的核泄漏事故，苏州医学院放射医学系主任李延义教授于1991年2月至1993年4月先后参加了中国核工业总公司、卫生部等组织的考察团，三次前往白俄罗斯进行医疗援助。

至2000年年初，苏州医学院的三所附属医院（附一院、附二院、附儿院）先后组建6支援外医疗队，出国担负援外医疗任务。其中，援助坦桑尼亚医疗队8批25人次，援助巴基斯坦医疗队6批37人次，援助苏丹医疗队1人次，援助马耳他医疗队1人次，援助阿联酋医疗队1人次，援助圭亚那医疗队2批10人次。

第四节　后勤保障与校办企业

一、后勤保障

总务处认真做好学校基建、维修、水电及行政事务等后勤保障工作，努力办好食堂，全心全意为师生员工的生活服务，从而保证了苏州医学院的教育、科研及师生员工生活的正常运行。

1993年开始，总务处实施总体改革方案，将原来的八科一室组建为总务处办公室、行政管理办公室、生活服务办公室、保健科、幼儿园、实业总公司。

苏州医学院幼儿园从1957年开办到1999年关闭,一直保持120～150名幼儿在园。1990年以后,国家贯彻独生子女政策,幼儿园人数逐渐减少,学院幼儿园从1996年开始向社会开放。1995—1997年先后将苏州医学院工会主办的婴托班和苏州医学院附一院托儿所并入本园,开始招收18个月的婴儿入园。

苏州医学院保健科隶属总务处领导,设有内科、外科、五官、中医、妇科、检验、放射、B超、理疗等各专科,主要承担全校师生员工的门诊治疗、公费管理、预防保健、健康体检,以及计划生育、爱卫会工作等。保健科逐步增添了B型超声、心电图机、生化等项目,开设了观察室,年门诊量为1.4万～2万人次,输液病人1 000余人次/年。除正常门诊外,还承担每年一次的新生入学体检、毕业生体检,以及2年一次的教职工体检工作,并建立了教职工及离退休老干部的健康档案。

二、发展校办企业

改革开放以来,苏州医学院发挥自身优势,逐步形成有高校特色的院、系两级自负盈亏的校办企业。

在对外服务方面,开展环境污染监测,对药物、毒物、化工产品、生物制剂等进行毒理试验和三致(致畸、致突变、致癌)试验;营养食品卫生、医疗制品、食品辐照灭菌和防腐、妇幼保健中的遗传咨询;各类卫生化学指标测试和超微结构观察;医疗服务中的特色门诊、专科门诊;创办具有高科技成果和产品的科技开发公司等。在生活服务方面,有房屋租赁、招待所、维修等社会服务项目,进而发展成为工贸实业公司。

为了统一管理校办企业,成立了开发办公室。1988年,组建成立了校产管理委员会,下设办公室,统一领导管理全院创收开发工作。1997年11月,校产管理委员会更名为科技产业委员会。

学院的辐射加工产业取得了明显的社会效益和经济效益。苏州医学院辐照室自1984年开始开发后,经济效益逐年增加,之后每年的经济收益一直保持较高水平。利用辐照创收的经济收入,增添了钴源,增盖了仓库、实验室,添置了仪器设备,改善了苏州医学院和放射医学系教职工的生活待遇。

苏州生物基因技术有限公司是由苏州医学院生物技术研究所在苏州高新技术产业开发区创业服务中心注册成立的高科技留学生企业。该公司的宗旨是迅速将苏州医学院生物技术研究所最新科研成果从实验室推向市场,走产、学、研一体化道路,从而使生物技术研究所用基因工程在生产人重组蛋白、单克隆抗体和相关免疫检测试剂等领域取得快速发展。

发展中的校办企业为学校各项工作的开展增强了活力,不仅取得了较好的社会效益,还增加了学院的收入,缓解了办学经费紧缺的燃眉之急,增添了教学、科研的后劲。

第五节 附属医院建设

附属医院是对学生进行实践性教学的重要场所,其医疗、临床教学、科研的质量和水平,关系毕业生的质量。苏州医学院有5所附属医院,分布在苏州、无锡、常州三地,各附属医院医学文化积淀深厚,医疗技术和教学科研在省内外处于先进水平,在社会上享有盛誉。1985年10月,苏州医学院还派员支援香蜜湖友谊医院建设,促进了深圳特区的医学教学和医疗保健事业的发展。

一、附属第一医院(苏州市第一人民医院)

苏州医学院附属第一医院,又名苏州市第一人民医院。改革开放以来,该院医疗、教学、科研、管理等方面都得到长足的发展。1993年苏州医学院附一院,通过江苏省卫生厅专家组的考核,其中,心内科、血液科、骨科、脑外科、妇产科被批准为省级临床重点专科;呼吸内科、泌尿外科、普外科3个专科于1999年增列为苏州市重点专科。1994年9月,苏州医学院附属第一医院首批通过三级甲等医院的评审,获卫生部颁发的三级甲等医院匾牌。

苏州医学院附属第一医院门急诊大楼

医院的法定床位由1984年的530张增至750张，1994年，16 000平方米的新门急诊大楼竣工投入使用，缓解了看病难、住院难的矛盾。该院年门急诊平均80万余人次，年均住院1.6万人次，长期担负着苏南地区和省内外大量的医疗保健任务，以及援外、支农、支边、抗震救灾等医疗任务。

附属第一医院十分重视医学教育工作，不断健全医学教育体系。该院拥有大小教室10余处及现代化电化教学设施，有内、外、妇、护等18个教研室及12个实验医技科室。拥有一批在国内享有较高知名度的专家、教授，其中有32位高级专家享受政府特殊津贴。截至1999年年底，直接参加医疗教学的副教授以上高级职称教师145人，讲师181人。1995年、1996年抽查资料表明，在本科教学中副教授以上的高级职称教师授课比例达46.8%。1997年6月，经省卫生厅及省教委专家组考核评审，确认该院为高分通过的临床教学基地。在临床医学科研中，全院有各类研究室、实验室18个，医技科室13个。1993年该院在"三甲"医院评审中，科研方面得分为全省最高分。

附属第一医院拥有医学博士后流动站1个；博士点5个（血液、脑外、心内、骨科、普外），博士生导师25名；17个学科（血液、脑外、心内、骨科、普外、医学影像、胸外、泌尿外科、烧伤、肿瘤、神经内科、精神、传染科、妇产、放射、核医学、呼吸）为硕士研究生培养单位，硕士生导师97名。至2000年，已有94名博士、377名硕士在该院通过论文答辩获得学位。

经卫生部和江苏省卫生厅考核，批准附属第一医院的神经外科（脑神经生化）、血液科、放射科、妇产科为卫生部专科医师培训基地；骨科、普外科、呼吸科、心内科为省卫生厅专科医师进修班基地。

1988年经江苏省人民政府批准，附属第一医院在血液科、血液研究室和血栓与止血研究室的基础上，组建了江苏省血液研究所，陈悦书教授任名誉所长、阮长耿教授任所长。该所在血液病基础理论和血液病诊治研究，特别是在白血病和血栓与止血方面的研究上取得了较大进展，获科研成果奖60余项次。1995年，省科委对全省75所省属科研机构综合实力进行考核，该所在"科技发挥力"方面排序第四名，在国内外具有较高学术地位。

20世纪八九十年代，附属第一医院获得省、市级以上课题300多项，科研经费近900万元。科研成果丰硕，由省、市科委颁发的成果奖励达200多项次，其中获部、省级以上科技成果三等奖30余项次。1989—1999年共发表论文3 000余篇，其中，中华级医学刊物的论文716篇、国际刊物的论文82篇，主编（参编）的专著55部。

为提高医院的学术水平，附属第一医院曾组织和承办多次全国性和国际性学术会议。如1982年、1985年两次中法血栓与止血学术交流会；1999年10月全国第7届实验血液学会议，以及骨科、心内科多次举办的区域性专题学术会。该院先后派出200～300人出国交流参加各类专业学术会议，国际交往的国家有美国、法国、日本、澳大利亚、瑞士、英国等，同时接收过法国、美国、日本、瑞士等国的留学进修生多名。

苏州医学院附属第一医院卫生学校，校址在十梓街3号（其前身为苏州博习医院住院部）。学校新建和扩建校舍、图书馆等约3 600平方米，至1996年已有教职工90余名，曾办过护理、药剂、检验、放射4个专业班，后改为护理、药剂两个专业，毕业学生1 000余名。1996年，该校并入苏州卫生学校。

1984年至2000年3月，附属第一医院累计投入医疗设备购置费12 306.349 4万元，其中10万元以上的设备180件，价值10 185.017 8万元，万元以上的设备509件，价值1 637.348 1万元。苏州医学院提供的教学、科研设备共计447件，价值139.448 1万元。

二、附属第二医院（核工业总医院）

苏州医学院附属第二医院，又名核工业总医院、苏州市第六人民医院、中法友好医院，为苏州医学院临床医学二系。该院是一所医技起点较高的三级综合性教学医院。

为适应苏医临床教学需要，1981年1月，苏州医学院向第二机械工业部提出扩增附属医院病床的请求。同年2月，第二机械工业部批准苏州医学院在附属第一医院扩增300张外科病床，并指示，建成后将其列为附属第一医院的"二部"，其所有固定资产和人员编制均归第二机械工业部所有。1982年12月，核工业部批复苏州医学院，将"二部"移至苏州医学院卫生系教学大楼东侧（向南园大队征地）兴建。1983年年底至1984年年初，国务院下达了保护苏州文化古城风貌的指示，停止在古城区内兴建高层建筑，因而工程被移址。苏州市政府决定将苏州医学院附属第二医院工程移至正在开发的苏州高新区兴建。1984年5月，该工程迁至城西郊横塘乡三元大队三元村，征地落址莲香桥埂三香路。苏州医学院附属第二医院在新院址落实后，迅即在此征地50 140平方米，并根据医院坐南朝北的朝向，以及近期、远期的规划，全面调整了原设计方案。

苏州医学院附属第二医院

1988年12月，新建医院开诊。苏州医学院附属第二医院拥有法定床位550张，部级重点临床专科3个（神经外科、骨科、神经内科），市级重点临床专科5个（神经外科、骨科、神经内科、血液科、心内科）。1994年起，该院承担核工业总公司所属医院的医疗新技术推广和卫生技术人员的培养，疑难杂症的转诊、会诊，以及核事故医学应急技术后援任务。1995年8月，经苏州市卫生局组织省、市专家评审，已达到三级医院标准。

1998年，附属第二医院直接隶属核工业总公司领导，为总公司直属事业单位；同时全面承担苏州医学院教学任务，享受苏州医学院附属医院的各种待遇。承担省、市的医疗、教学、科研、预防等任务，并承担核工业辐射损伤医学应急中心、秦山核电核事故应急医疗中心等安防环保卫生工作任务。

附属第二医院既是苏州医学院的重要教学基地，也是国家培养高级医学人才的重要基地。设有14个教研室，15个硕士点，有博士生导师9名、硕士生导师42名；29名教授与主任医师级医技人员、61名副教授与副主任医师级医技人员、199名讲师与主治级医技人员，承担苏州医学院的临床教学任务。1997年6月，江苏省教委和江苏省卫生厅按国家教委和卫生部对教学基地进行评审的要求全面评审该院的教学工作，获评总分为苏南片8所附属医院中第一名。

为了加强和规范科研管理，附属第二医院于1990年3月成立了学术委员会。组建了4个医学医疗中心（中国核工业辐射损伤医学应急中心、秦山核电核事故应急医疗中心、核工业核医学研究中心、苏州市创伤抢救中心），1个研究所（苏州医学院神经科学研究所），11个研究室和3个实验室。承担部、省级重大科研课题50余项，获部、省、市科技进步奖65项。1989—1999年，该院在各专业期刊发表论文1 412篇；参加各级学术会议交流论文1 229篇；主编、参编医学专著20余部；主办全国发行的期刊《全科医师》；40余人次担任部省级学术团体的理事长、副理事长、副主委、理事、委员等职。

为了加强与法国医学界的交流合作，苏州医学院将正在筹建中的附属第二医院向法国做了介绍，并于1982年邀请巴黎卫生局局长巴莱斯访华。1983年，中国核工业部与法国医院协会经济利益集团签订了合作协议书。按照协议，1984年，巴黎卫生局派出一个医院小组来校访问，双方就附属第二医院的医疗设施方案进行商讨，深化了这一领域的合作意向。1988年10月，时任苏州医学院副院长阮长耿教授与法国巴黎卫生局局长让·苏萨签订了《1989—1990年苏州医学院与巴黎卫生局合作协议书》，在扩大苏州医学院医务人员赴法学习进修范围，以及在医院的组织、规划、医疗评估、提供医疗设备等领域，达成了进一步的合作。

1992年10月，在苏州医学院建院80周年校庆之际，经两国政府同意，苏州医学院附属第二医院又名为"中法友好医院"。10月31日，在苏州医学院附属第二医院隆重举行了"中法友好医院"揭牌仪式。

附属第二医院把建设目标定为三级甲等医院，因此，重要的医疗仪器装备均采用了20世纪末国际国内先进型。十余年间，医疗仪器每年投入的购置费一般都在上千万元，最多时年购置费达四五千万元。1999年年底，全院医疗设备总价值已达8 048.9万元，其中，价值万元以上的有400余台（套），价值7 503.9万元，其装备已跨入省内综合性医院的先进行列，为医教研水平在较短的时间内达到省内先进提供了有力的保障。

三、附属儿童医院（苏州市儿童医院）

苏州医学院附属儿童医院为苏州医学院临床医学儿科系，是江苏省唯一的省卫生厅直属综合性儿科医院。该院专业齐全，设施先进，拥有雄厚的技术力量、较高的学术水平和优质的医疗服务，多次被评为省、市文明医院，4次获苏州市"白求恩杯"竞赛活动优胜杯奖。

附属儿童医院占地面积1.6万多平方米，建筑面积3万多平方米。年门诊、急诊量25万人次，年收治病人8 000人次左右，治愈好转率达95%以上，年抢救重危病人2 200余人次，抢救成功率90%以上。该院有职工500余人，其中，卫生技术人员394人，高级专业人员60余人；博士生导师和硕士生导师共27名。

在基本建设方面，1990年，由香港朱恩馀先生捐资建筑的"仁爱楼"落成，建筑面积为538.73平方米。1991年建造教学楼一幢，建筑面积为2 147.73平方米。1996年扩建门诊大楼763平方米。1999年，在江苏省卫生厅和苏州市政府的关心下，儿童医院以925万元征购东邻的苏州低压电器厂，再建病房大楼一幢，建筑面积为15 343.65平方米。在医疗设备方面，20世纪90年代前，医疗设备固定资产共180万元，1995年增至540万元，1999年年底达1 440万元。

全院设内科、外科、急救科、中医科、皮肤科、眼科、口腔科、麻醉科、儿童保健科等临床业务科室和儿科研究室。医技科室有药剂科、检验科、放射科、病理科、理疗科、脑电图室、B超室、彩色多普勒室等。内科分设新生儿、血液、心脏、肾脏、呼吸、消化、神经、内分泌、康复等专科。外科分设新生儿、普外、脑外、骨科、泌尿和心脑外科等专科。在解决疑难杂症和抢救危重病人方面积累了丰富的临床经验。其血液专科为江苏省重点学科，新生儿、肾脏专科为苏州市重点学科；呼吸、循环、骨科、泌尿外科和心胸外科等专科在省内外享有较高声誉。

附属儿童医院设有儿科学、小儿传染病学、小儿内科学、儿基儿保学、小儿外科学等教研室，承担着苏州医学院儿科系及临床医学、放射、预防、影像、护理等系的教学任务。1983—1999年共招收儿内、儿外、儿保专业硕士研究生57名。1986—1999年，接受临床医学、儿科医学、预防、核医学、影像、放射医学本科实习生1 807人及苏州卫校实习生1 505人。

附属儿童医院有数百篇学术论文在各级各类杂志上发表，承接各级研究课题近百项，获省部级科技进步奖21项。有20余人（次）担任部省级学术团体的理事长、副理事长、副主委、理事、委员等职。

四、附属第三医院（常州市第一人民医院）

苏州医学院附属第三医院（常州市第一人民医院）前身为美国监理公会1918年创办的教会医院（武进医院）。1955年更名为常州市人民医院，1956年又易名为常州市第一人民医院，1983年成为苏州医学院教学医院。改革开放以来，附属第三医院发展成为一所科室设置齐全、技术力量雄厚、设备先进、学术水平较高的城市综合性医院。占地面积4.3万平方米，建筑面积4万余平方米，床位862张。设临床业务科35个、医技科室11个。有兼职教授、副教授 31 名，其中 22 人被聘为苏州医学院硕士生导师，1 名教授为博士生导师。1994 年 8 月，该院通过江苏省卫生厅三级甲等医院的评审。卫生部授予该院"全国卫生系统先进集体"称号。1995 年 4 月，该院通过了江苏省卫生厅职业道德建设试点单位的考核评估验收。同年，据全国 500 家综合性大医院信息处理公布显示，该院已跻身于全国前 60 家医院之列。

1995 年 12 月，在省卫生厅和常州市政府的大力支持下，经与苏州医学院友好协商，决定在隶属关系、经费渠道、领导体制不变的情况下，建立江苏省内第一家异地非直属附属医院，经中国核工业总公司及常州市政府批准，正式列为苏州医学院附属第三医院。1996 年 2 月，在附属第三医院成立临床医学三系，设有 11 个教研室，实行院系合一体制，由院长兼任临床医学三系主任。1997 年 4 月，附属第三医院顺利通过江苏省教委高等医学院校临床教学基地评审。

截至 1999 年年底，该院获市级以上科研成果奖 89 项，在省级以上期刊发表医学论文 1 560 余篇，主编、参编医学专著 22 部。

五、附属第四医院（无锡市第四人民医院）

苏州医学院附属第四医院（无锡市第四人民医院）筹建于 1972 年，正式开诊于 1976 年 9 月，是一所年轻的市属综合性医院。该院在胸心外科和肿瘤学科拥有较强实力。1989 年 6 月和 9 月，无锡市肿瘤防治研究所和无锡市胸心外科治疗中心在该院相继建立。

1994 年，经江苏省卫生厅组织专家评审，首批评定为"三级乙等医院"。截至 1999 年年底，全院在职职工 845 人，其中卫技人员 679 人，有高级技术职务职称 69 人，中级技术职称 188 人，编制床位 610 张，设有 13 个行政科室，15 个临床科室，5 个医技科室，共有 12 个病区。该院占地面积 36 000 平方米，建筑总面积 38 636 平方米，其中医疗用房 26 254 平方米，大中型医疗设备基本配套齐全，拥有净资产 1.2 亿元，开设专家门诊 36 个、专科门诊 58 个。

十多年中，该院临床各科室开展新技术、新项目 368 项，有 68 项达到国内先进水平。完成中科院、卫生部、省市下达的科研课题 22 项，获奖 21 项。参加学术交流论文共 346 篇，其中国际性学术交流论文 147 篇，省内学术交流的论文 86 篇；发表学术论文 954 篇，其中中华级 97 篇、国家级 139 篇、省级 334 篇；主编和参编医学专著 4 部。

1989 年 9 月，该院成为苏州医学院的教学医院。1997 年 7 月，经核工业总公司和无锡市政府批准，成为苏州医学院附属第四医院。同年 10 月成立了临床医学四系，院长与分管教学的副院长兼任系主任和副主任。随后制定了临床医学四系的工作制度、教学工作条例、工作程序及其考核办法等，并与苏州医学院附属第二医院建立了教学结对关系，多次进行集体备课，上示范课，共同研讨教学工作中的问题。该院已拥有一支结构合理、卓有成效的师资队伍，有教授、副教授19人，硕士生导师12人，主任、副主任医师67人，主治医师199人，承担苏州医学院本专科和研究生教学任务。

第六节 党的建设

在改革开放的新形势下，苏州医学院积极探索实践党委领导下的校（院）长负责制，抓好领导班子建设，根据发展需要调整党政机构设置，围绕培养德、智、体、美全面发展的高素质医学专门人才的中心任务，不断加强和改进学校党的组织建设，加强宣传思想政治工作，积极开展师生文明共建活动，重视统一战线工作，调动各方面的积极性，为学校的改革与发展提供了强有力的组织和思想保障。

一、党的组织建设与党政机构设置

院党委根据党在不同时期发展党员的工作方针与发展重点，努力把好发展党员的"入口关"，贯彻"坚持标准，保证质量，改善结构，慎重发展"的方针，制定了年度发展与积极分子培养教育规划、组织发展工作程序、预备党员的教育与转正等有关规定，使苏医党的组织发展工作逐步走上了规范化的轨道。1999年年底，苏州医学院党员数为1 050人。在大学生中发展党员是组织发展工作的重点，1989年1月至2000年4月，发展党员数占学生总数的比例大幅增加，1995年时已达17.59%。

加强了党员的教育与管理，比较系统地对党员、干部进行党的"三基"教育，有计划地轮训党员和干部，在原业余党校的基础上成立了党校，由党委书记兼任校长。每年安排2～3次全院性的党课教育，各党总支、党支部根据实际情况再做具体安排，使党员与非党积极分子及时接受党的基本知识教育。1988年，组织500余名党员参加了由中央电视台、辽宁电视台联合主办的党的基础知识竞赛，成绩优良，院党委组织部荣获优秀组织奖。1990年，院党委开展了党建目标管理，设个人、支部、总支、党委四级目标，每年总结检查修订一次。1997年10月，江苏省高教工委公布全省高校党建工作评估结果显示，苏州医学院为达标单位。

深入开展党风廉政建设和反腐斗争的教育活动。1992年，开展了"普及党的纪律基础知识"教育。1993年，进行了"做党的忠诚卫士"的教育。1994年，苏州医学院开展了"学理论、学党章"的双学教育，获苏州市"双学"知识竞赛第一名。1995年，进行了"民主集中制"主题教育活动。1996年，苏州医学院开展了"三讲一学"教育活动，在中纪委组织的"党纪政纪条规"知识竞赛活动中，获苏州市优秀组织奖。1997年，苏州医学院开展了"廉政勤政、艰苦创业"主题教育活动，被评为苏州市"廉政勤政、艰苦创业"先进集体。1998年，苏州医学院开展了"高举旗帜、增强党性、艰苦创业"主题教育活动。1999年，苏州医学院进行了"学习理论、弘扬正气、振奋精神、加快发展"主题教育活动。在教育活动中，充分利用党委中心组学习、党校、组织生活、领导干部双重民主生活等，采用上党课、做专题报告、开设专栏、知识竞赛、教育录像等多种形式，增强学习的吸引力，扩大受教育面，保证学习的实效。

院党委认真贯彻落实党中央和上级党委、纪委颁布的一系列党纪政纪条规和领导干部勤政廉政、廉洁自律的各项规定，结合本院实际，建立健全了相关制度，先后制定了《苏州医学院党风廉政建设的规定》《进一步坚持和健全党委民主集中制的意见》《党政领导班子议事制度》《党政领导干部廉洁自律的规定》等近20项制度。认真实行领导干部报告个人重大事项、收入申报、离任审计、新任干部廉政谈话和诫勉谈话等制度。1997—1999年，对15人次进行了离任审计，对30余名新任干部进行了廉政谈话，有效地遏制了腐败现象的发生。

1983—2000年，核工业部、中国核工业总公司对苏州医学院党政领导班子做了几次充实和调整。

1983年6月，按照中央关于干部"四化"的方针，一批资深望重的老干部离职休养。核工业部党组任命：印其章为苏州医学院院长，蔡衍郎为苏州医学院党委副书记，何寿春为苏州医学院副院长，陈少青改任苏州医学院顾问。

为了充分发挥退下来的老同志的参谋咨询作用，苏州医学院于1984年6月成立"改革发展规划咨询委员会"。陈王善继为主任，陈少青、陈务民、顾介玉为副主任。同年8月，核工业部党组决定，杜子威任苏州医学院院长，蔡衍郎、何寿春任副院长；印其章任院党委书记，原党委书记刘光离职休养。

1987年12月，阮长耿任苏州医学院副院长。1989年9月，蔡衍郎任院党委书记，何寿春任常务副院长。1990年10月，赵经涌任副院长。1993年4月，何寿春任院党委书记，阮长耿任院长；顾钢任常务副院长兼党委副书记，赵经涌、许鸿儒任副院长；聘任原院长杜子威教授为名誉院长。同年9月，夏东民任党委副书记兼纪委书记。1997年10月，阮长耿继续担任苏州医学院院长，顾钢继续担任常务副院长，王顺利、张学光、葛建一、朱南康任副院长。

1984年11月，苏州医学院召开第七次党代会。印其章代表上届党委做"奋发有为，开拓前进"的工作报告，选举产生第七届党委会和纪委会。党委委员15名，印其章、顾钢、蔡衍郎、何寿春为党委常委，印其章为党委书记，顾钢为党委副书记兼纪委书记。

1990年12月，苏州医学院召开第八次党代会，大会正式代表146名。蔡衍郎代表七届党委做"加强党的领导，坚持社会主义办学方向，在深化改革中稳步前进"的工作报告。大会选举产生第八届党委会和纪委会。党委委员17名。蔡衍郎、顾钢、何寿春、阮长耿、赵经涌、苏允执、赵子川为党委常委；蔡衍郎为党委书记，顾钢为党委副书记、纪委书记。

1994年12月，苏州医学院召开第九次党代会，大会正式代表180名。何寿春代表上届党委做了"坚持党的基本路线，加快改革和发展的步伐，努力争创一流水平的高等医学院校"的工作报告，夏东民代表上届纪委做了"全面履行监督职能，保证改革稳定发展"的工作报告。大会选举产生了新一届党委会和纪委会。19人当选为党委委员。阮长耿、许鸿儒、何寿春、赵子川、夏东民、顾钢、黄厚甫为党委常委，何寿春为党委书记，夏东民为党委副书记、纪委书记。

二、学生工作

1. 共青团工作

改革开放以来，苏州医学院以提高团员、青年整体素质为目标，以把握大局、突出重点、讲求实效为工作思路，不断加强团的基层组织建设，以文化艺术、知识竞赛，社会实践等活动为载体，组织开展了丰富多彩的第二课堂活动，成绩显著。

1986年，院团委积极响应团中央号召，积极开展"组织建设合格团委"竞赛活动，认真做好团干部培训、考核工作，开展推优评先、组织发展等工作，团的工作形成了"有班子、有活力、有制度、有经费"的良好局面。1988年始，院团委与党委宣传部、工会、学生工作处等有关部门一起，认真组织社会实践活动，取得较大成效。苏州医学院赴秦山核电站社会实践医疗服务队被核工业部、全国总工会、全国妇联和共青团中央命名为"全国核电社会主义劳动竞赛先进集体"。

坚持把思想教育放在首位，以学习邓小平理论为重点，充分利用宣传栏、橱窗、板报、《苏医团讯》《学生报》、广播台等宣传阵地，广泛宣传党的路线、方针和政策，通过学生骨干培训班、业余党（团）校、党章学习小组，引导团员、青年在思想上紧扣时代脉搏，坚定走中国特色社会主义道路的信念。根据学生特点，先后建立了学生心理协会、神剑文学社、皮纹协会、抗癌协会、传统医学协会、日知社、大学生科协、业余京剧社、大学生艺术团等学生社团，为大学生的成长营造了良好的氛围。开展了纪念抗战胜利50周年和反法西斯战争胜利50周年、纪念红军长征胜利60周年、纪念建党75周年、迎接香港回归等一系列主题鲜明的教育活动，使广大团员、青年受到了生动的爱国主义教育，促进了青年人才的健康成长。从培养跨世纪社会主义事业接班人的战略高度出发，认真做好团员推优工作。按照团章要求，分别于1986年、1990年、1993年、1998年召开了团代会。

2. 学生会工作

学生会充分利用广播台、学通社、文学社等阵地，广泛、深入地开展以爱国主义、集体主义、社会主义为主题的思想政治教育，积极组织学雷锋，树新风活动，每年都有近千名学生参加无偿献血，受到社会各界好评。为响应团中央发出的"青年志愿者义务奉献"口号，以学生会执委为主体组成的医疗咨询队，一次次走上街头，为苏州市民提供义务服务。积极组织学生"自我管理、自我教育、自我服务"，在宿舍管理、食堂就餐秩序、校园禁烟、图书馆就座及帮助贫困生勤工助学等方面，学生会自我管理委员会下属的校园事务部、宿舍工作部、食堂工作部、勤工助学部和学生纠察队做出了不懈的努力，做了大量卓有成效的工作。

三、统战工作

苏州医学院党委高度重视统一战线工作，于1983年成立统战部。1993年党委机构调整，统战部与宣传部合署办公，设宣传统战部。

杜子威教授当选为全国第五、六届人大代表和江苏省第五、六届人大代表，并任江苏省第六届人大常委和省政协第五届副主席。苏州医学院有8人当选为江苏省第五、六届人大代表；7人当选为江苏省第四、五届政协委员，其中何馥贞、陈王善继当选为江苏省第五届政协常委。

1992年12月，苏州医学院被江苏省委统战部授予"江苏省统一战线工作先进单位"；1999年3月，苏州医学院被苏州市委统战部、苏州市人事局授予"苏州市统一战线工作先进集体"。

在苏州医学院建设和发展的进程中，各民主党派发挥了重要作用，各民主党派的自身建设也取得了长足发展。1980年2月，中国农工民主党苏医支部组建（1987年成立苏医总支）；翌年6月，中国民主同盟苏医支部诞生（1988年9月成立苏医总支）。1986年1月和10月，中国国民党革命委员会苏医小组（1987年3月成立苏医支部）和九三学社苏医支社相继成立。1992年12月，中国民主促进会苏医支部诞生，1993年，中国致公党苏医小组建立。至此，苏州医学院有了6个民主党派的基层组织，民主党派成员人数跃居江苏高校前列，民主党派工作空前活跃。到2000年4月，苏医各民主党派成员达338人。

苏州医学院侨联于1990年5月成立，有70多名成员。苏州医学院台属联谊会于1998年7月成立，有56名成员。他们是苏医教学、科研和医疗的一支重要力量，也是苏州医学院开展对外学术交流的桥梁和纽带。原苏州医学院院长杜子威教授是日本归侨，他与海外华侨、外籍华人及其社团广泛联系，积极开展对外学术交流、培养学科带头人等方面工作，为苏医的教学、科研、医疗水平的提高做出了重大贡献。由侨眷李灏教授牵线，美国华裔医师协会赠给学院8台医用麻醉机，价值10余万美元，为附属医院麻醉科的发展做出了贡献。神经内科专家、归侨姜书枫教授与其他专家合作，于1984年成功研制出"脑部外瘤疾病声响诊断仪"，受到核工业部和江苏省卫生厅的奖励。苏州医学院侨联第二届主席顾振纶教授，参与创办了由苏州医学院与香港百草堂有限公司合作的江苏省首家苏港合作苏州中药研究所。1994年起，顾振纶教授白手起家、从无到有参与筹建了苏州医学院药学系。

四、工会与教代会

1985年7月，苏州医学院首届一次教职工代表大会召开，222名代表出席会议。大会一致通过了《苏州医学院教职工代表大会实施细则》和《提案工作暂行办法》。大会闭会期间，由教代会主席团或代表团长联席会行使教代会的职能。

1987年6月，首届二次教职工代表大会召开，出席代表222人。大会的中心议题是，全面贯彻党的教育方针，开展教育思想大讨论，深入进行教育领域的各项改革，提高教育质量。与会代表听取了院长杜子威的院长工作报告和副院长蔡衍郎"认真开展教育思想的学习讨论，深化教育改革，切实加强本科教育"的专题报告。王顺利代表院分房工作小组做了"关于教职工住房分配"的报告。大会通过了《苏州医学院教职工住房分配条例》和《关于开展为秦山核电站建设立功竞赛活动的号召书》。

1991年11月，二届一次教职工代表大会召开，出席代表194人。大会的中心议题是加强科技开发，坚持科教兴校。代表们听取常务副院长何寿春的院长工作报告和赵经涌副院长的"锐意进取、开拓奋进——'七五'以来科技工作情况回顾及'八五'期间的初步设想"的专题报告。院工会做了"关于开展秦山核电站社会主义劳动竞赛的报告"。大会通过《关于进一步开展师生共建活动，搞好"三育人"的倡议书》。

1993年12月，二届二次教职工代表大会召开，出席代表194人。大会中心议题是苏州医学院"211工程"规划。代表们听取和审议了阮长耿院长的"以国家'211工程'为标杆，深化改革、争创一流，全面提高整体办学水平——苏州医学院'211工程'建设规划纲要（1994—2000）"的专题报告和常务副院长顾钢的"苏州医学院深化内部管理体制改革实施意见和'八五'深化改革工作的打算"。

1995年6月，三届一次教职工代表大会召开，出席代表188人。大会中心议题为：深化教育教学改革，提高教学质量。代表们听取了常务副院长顾钢的院长工作报告和许鸿儒副院长的"深化教育教学改革，加快发展步伐，提高教学质量"的专题报告。大会通过了《关于校风建设，优化育人环境的倡议书》。

1996年11月，三届二次教职工代表大会召开，出席代表186人。大会中心议题是加强师资队伍建设。代表们听取了阮长耿院长的院长工作报告和常务副院长顾钢的"贯彻全省师资工作会议精神，加强师资队伍建设"的专题报告。大会通过了《苏州医学院教职工代表大会提案工作条例》和《关于认真学习贯彻党的十四届六中全会精神，开创我院精神文明建设新局面的倡议书》。

院工会积极组织师生参加"秦山核电站社会主义劳动竞赛"。竞赛期间，苏州医学院每年都派出两批医疗队为核电建设者提供医疗服务。截至1997年6月，核电秦山联青公司（秦山核电二期工程）开工，苏州医学院先后派遣了15批医疗队。

五、特色鲜明的师生文明共建

从1986年开始，苏州医学院开展了师生共建社会主义精神文明活动，至2000年4月并入苏州大学止，有14年之久。全院37个本、专科班级，6个硕士研究生班和3个博士研究生班与71个教研室、机关党政部门及各实习医院结成"共建"对子，参加共建活动的教师、干部和职工有800余人。

为全面推动"师生共建精神文明"活动的开展，1988年3月，苏州医学院党委和行政联合颁发了《苏州医学院师生文明共建实施意见（试行）》；1995年11月，制定了《苏州医学院师生文明共建工作暂行条例》。党委还规定把共建活动作为评比优秀教师、先进单位和文明科室的条件之一。

特色鲜明的师生文明共建活动，是苏州医学院的一项创新，较好地发挥了教师、干部和职工的群体优势，调动了师生两方面的积极性，得到江苏省教委的充分肯定，并在全省高校中推广。1996年，苏州医学院被苏州市委、市政府授予"文明共建先进集体"称号。

1992年10月31日，来自全国各地的校友、国际友人、各界领导、社会贤达、师生代表4 000余人欢聚在苏州市体育馆，隆重庆祝苏州医学院建校80周年。庆典大会上，院长杜子威教授做了"深化改革，开拓创新，为把我院办成具有苏医特色的社会主义高等医学院校而奋斗"的报告。原国防部部长、国防科工委主任张爱萍上将参加了庆典，并为苏州医学院校庆80周年题词，为苏州医学院附属第一医院题写院名，还为《苏州医学院院报》题写新报名《苏医报》。

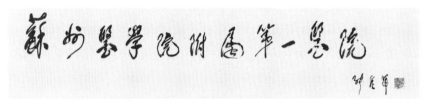

张爱萍为苏州医学院附属第一医院题写院名

参加庆典的还有中国核工业总公司，江苏省委、省政协、省教委、省卫生厅、省国防工办，苏州市委、市人大常委会、市政协的领导，以及江苏省各兄弟院校的代表，历届校友和来自澳大利亚、日本、法国、美国、白俄罗斯等国及我国香港地区的嘉宾。国家教委、卫生部、国务院学位委员会、中国核工业总公司、核工业管理干部学院、遵义医学院、衡阳415医院等单位和时任江苏省人大常委会主任韩培信等发来贺电、贺信。

1999年4月，苏州医学院华丽转身，由部属复归江苏省属。经过改革开放以来的建设与发展，风华正茂的苏州医学院开拓创新，与时俱进，教书育人成绩显赫，科研成就硕果累累，医疗水平声誉鹊起，国内国际颇具知名度，学院进入了发展的鼎盛期。

在世纪之交，高等教育体制转换之际，有着88年办学历史的苏州医学院于2000年4月并入苏州大学，强强联手，团结奋进，走向更加灿烂辉煌的新世纪，开始新的起航、新的辉煌。

第五章　苏州丝绸工学院的改革与发展

20世纪80年代，苏州丝绸工学院进入快速发展阶段，逐渐发展成为一所以丝绸和艺术为特色的，工程、贸易、艺术配套的具有国内丝绸行业一流水平的高等学校。1983—1986年学院归中国丝绸总公司领导，1987—1996年归纺织工业部领导，1997年后归江苏省领导。1997年6月，为了适应深化江苏高教体制改革的需要，更好地为江苏经济建设与社会发展服务，苏州丝绸工学院并入苏州大学。

第一节　在改革中发展

改革开放以来，苏州丝绸工学院经历了整顿提高、迅速发展、深化改革、推进管理体制改革等四个阶段。

"六五"期间是整顿提高阶段。随着全党全国工作重点转移到以经济建设为中心，学院确立了以"教学为中心"的指导思想。20世纪80年代初，为了适应经济社会的转型发展和丝绸产业技术改造对专业技术人才的迫切需要，学院的招生数逐年增加，在校学生由1978年年底的659名猛增至1985学年度的1 875名。

"七五"期间是迅速发展阶段。学生人数剧增，各种基本设施不能及时跟上，超负荷运转给学校工作带来了困难。因此，1985年年底学院在制订《"七五"教育事业发展计划》时，确定了以充实提高为主的稳步发展方针，大力改善办学条件，加强基础建设，提高教学质量。1987年学院隶属关系由中国丝绸总公司重新划归纺织工业部领导，学院重新修订"七五"规划，确定学院发展方向是建成一所工程技术、工艺美术、经济管理相结合的具有丝绸和艺术特色的高等院校。通过学习邓小平"三个面向"的战略方针，统一认识，明确方向，相继确立了"三个为主"（以教学为主、以本科教学为主、以提高教学质量为主）；"三个从严"（从严治学、从严治教、从严治校）的办学原则，强化高校"三个职能"(教学、科研、社会服务),不断深化改革,促进学校的建设和发展,提高办学水平、教学质量和办学效益。

"八五"进入深化改革阶段。为加快学院发展步伐,1990年,学院制定了《苏州丝绸工学院"八五"规划纲要》,1993年又对此规划纲要提出调整方案,按照"坚持方向、面向社会、深化改革、提高质量、增强活力、办出特色"的发展方针进一步踏实、有效地拓展各项工作。围绕培养适应经济建设和社会发展需要的"四有"人才,加强德育教育,强调教学质量,狠抓四重建设(重点学科、重点课程、重点实验室、重点教材),坚持多层次、多形式办学,推动教学管理科学化,提高学院的总体实力和办学水平,初步办成以丝绸和艺术为特色的,工程、贸易、艺术配套的具有中国特色的高等学校。

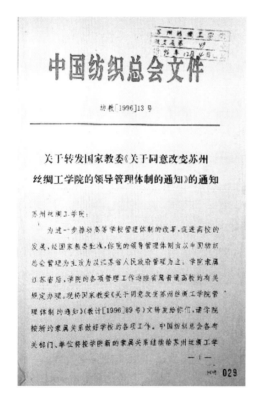

苏州丝绸工学院转隶江苏省的文件

"九五"前期推进管理体制改革阶段。1996年6月,学院上报中国纺织总会、教育部《苏州丝绸工学院"九五"计划和2010年规划》。经过长期的建设,至1997年学院已初步发展成为培养层次较为齐全,办学形式多样,教学科研具有较好水平,以丝绸和艺术为优势,以工为主,工艺经贸相结合,各学科协调发展,在国内外有一定知名度的高校,特别是在国内一直保持丝绸学科的领先地位。学校由建院初期的四个专业(制丝、丝织、染整、染织美术)发展为五系(丝绸工程系、染化工程系、机电工程系、管理工程系、工艺美术系)与二部(公共基础课部、社科部)、14个本科专业和16个专科专业。此外,还有4个硕士学位点(丝绸工程、染整工程、纺织机械、染织美术)。

1995年10月,李岚清同志来苏州丝绸工学院视察时指出,高等学校面临调整、改革时期,教育要适应社会主义市场经济的需要。调整的方式有多种,比如联办、共建,最高形式是合并,要增强规模效益、优势互补,充分利用价值资源。他提出,可以先走一步,共建首先要考虑为地方做贡献,然后慢慢过渡。苏州丝绸工学院要根据需要进行专业调整,为苏州地区、江苏省多培养人才,需要通过改革找出路,提高效益。

江苏省人民政府、中国纺织总会改变苏州丝绸工学院管理体制签字仪式

根据《中国教育改革和发展纲要》和国务院办公厅转发的国家教委《关于深化高等教育改革若干意见的通知》精神,经江苏省人民政府和中国纺织总会协商,改变苏州丝绸工学院领导体制,由隶属纺织总会管理改变成隶属江苏省管理。1996年12月26日,召开了苏州丝绸工学院改变管理体制会议,中国纺织总会副会长杜钰洲,省教委副主任、省委高校工委书记陈万年在会上宣布苏州丝绸工学院办学管理体制由原隶属行业主管部门转换成隶属江苏省。隶属关系改变后,学院的发展规划纳入江苏省教育发展的总体规划,同时学院的各项工作也都按照省属普通高校的有关规定、有关政策来办理,享受江苏省对高校的各项政策;同时,纺织总会继续将苏州丝绸工学院作为重要的教学科研基地,对学院有关专业教学给予指导。

苏州丝绸工学院校门

第二节 面向行业与地方的人才培养

一、加强教学基础建设

20世纪八九十年代,为了培养适应经济建设和社会发展需要的丝绸高级专业技术人才,不断提高办学水平和教学质量,苏州丝绸工学院坚持不懈地加强专业、课程、教材和实践教学等教学基础建设,努力提高人才培养质量。

1. 专业改造和建设

"文革"前，苏州丝绸工学院设有制丝、丝织、染整、丝绸美术设计（后改名为染织美术）4个专业，1975年增设了化学纤维专业。20世纪80年代，为适应经济社会发展的需要，先后增设了纺织机械、工业电气自动化、服装设计、工业管理工程、纺织品设计等5个新专业。

学院以"加强基础，拓宽专业，重视实践，培养能力"为指导思想，不断深化教育改革，改造老专业、建设新专业，调整学科知识结构，拓宽专业面，加强实践环节和能力培养，努力适应社会主义现代化建设对人才的要求。截至1997年年初，学院共有14个本科专业、16个专科专业。本科专业有丝绸工程、纺材与纺品设计、服装；染整工程、高分子材料与工程；工业自动化、计算机及应用、机械设计与制造（含机制工艺与设备方向）；管理工程、工业外贸；染织艺术设计、装潢艺术设计、环境艺术设计、服装艺术设计等。专科专业有制丝、丝织、纺品营销、供热通风与空调工程、外贸日语；染整工程、高分子材料与工程、精细化工；工业自动化、机械设计与制造；工业外贸、涉外会计、国际贸易、管理信息系统；时装表演、计算机美术设计等。学院还拥有计算机中心、电教中心、服装中心、17个实验室和实验总厂，创建了以32家企业为核心层的实习基地和遍布全国各地的实习点。学院的专业建设得到了长足发展，专业设置逐步由原来以丝绸行业为依托的单一专业体系发展到工、艺、经贸相结合、多学科专业相配套、综合发展的教学体系，对社会的适应性明显增强。在进一步提高原有的丝绸学科优势的同时，许多新的学科专业点也得到健康发展。

丝绸工程专业属传统优势专业，于1985年由制丝和丝织两个专业合并而成。合并后的丝绸工程专业培养掌握丝绸生产（包括制丝、丝织）基本理论和实践能力，从事丝绸生产管理、质量控制、工艺设计、技术改造和新产品开发的高级工程技术人才。调整了课程设置和课程内容，人才培养目标从建院初"以工艺为主，加强机械"改变为"以工艺为主，机、电、化并重"。改革了专业课程体系，把原来单设的专业课改为制丝学、丝织学、织物学和纹织学、丝绸设计等5门专业必修课，使专业课形成体系。为拓宽知识面，增设了专业选修课。加强了实践环节，第八学期增加试缫、试织等生产性实习。为了提高传统专业的科研水平，1990年，学院成立了丝绸科学研究所。

染整专业是一个传统专业，20世纪80年代，专业改造着重加强工程技术训练，拓宽知识面和专业面，增强实践能力和适应性。在教学内容上，由原来单一丝绸染整增加了棉、毛、麻、化纤（仿真丝）的染整教学内容，为适应丝绸印染业技术改造，拓宽出"特种印染""特种整理""针织物染整"等新技术相关课程；在实践教学上，通过实验、实习、课程设计、毕业设计（论文）、微机操作等环节训练，加强了与生产过程相结合的要求。

纺织机械、工业电气自动化专业在加强基础的前提下，适应丝绸企业机械化、自动化趋势，强调优化学科知识、拓宽专业、重视实践，加强能力培养。纺机专业以丝织机械设计为主干课，开设丝绸、染整、服装工艺与设备方面的课程，加强制图和设计训练，增加计算机应用课程，致力于培养实践能力。

管理工程专业也不断发展，由1980年的"丝绸工业管理"到1987年向"服装管理"分流，1988年分设"工业外贸"，1992年又增加"涉外企业管理"方向。管理工程加强计算机教学，工业外贸加强外语教学。同时加强染整、丝织工艺等专业基础课程教学，强化实践环节，开展企业管理咨询活动，使学生既懂技术又懂管理，增强企业全面管理能力。

染织美术设计是苏州丝绸工学院建校初期就设置的老专业。为适应社会对染织工艺美术人才的需求，1983年，学院创办服装设计专业，1988年增设纺织品装潢设计专业，1989年创办服装表演及设计专业（学制3年），1992年创办环境艺术设计专业，1996年招收计算机美术专科（学制3年）。专业改造与建设体现现代工艺美术"艺术、技术、商品"融合的基本特征，强调"实用、经济、美观"，通过学科交叉、课程渗透、拓宽知识面的课程设置，着力于增强设计能力的培养。1987年创办的纺织品设计专业以纺织品设计与开发为主，在强调原料性能、工艺生产、美术图案基础知识教学的同时，加强实践环节，开设了织物分析、织物性能测试、织物切片、手织机、电力机织素花织物试样等实验。

2. 课程与教材建设

学院把课程建设作为教学基础建设的主要内容和提高教学质量的重要措施，在修改教学大纲、选用和编写课程教材、提高教师教学水平、加强实验室建设和实践环节、改革教学内容与方法、开展教学研究活动、建立严格的考核制度、加强课程教学的组织管理等方面，做了大量的基础建设工作。

1990年后，苏州丝绸工学院开始实施"院重点课程建设的实施方案"，明确了建设目标，拟建设30～40门重点课程（每年6～8门）。经逐级申报，反复论证，由院教学委员会审定，分管院长批准，首批院级重点课程为制丝学、纺织品染色印花、纺织机械设计、技术经济学、电工学、物理化学、高等数学和英语。学院投入课程建设资金4万元。1992年5月,江苏省教委派专家组来院对"工程材料及机械制造基础"课程进行评估。专家组认为该课程在实习教学、实验教学及课堂教学各环节成绩显著。首批院级重点课程经验收评优,获江苏省普通高校一类优秀课程1门,二类优秀课程2门,院级优秀课程3门。

学院把教材建设作为教学基础建设和创办学特色的重要内容,抓三方面重点教材建设:一是列入出版计划的教材(包括修订教材),二是重点课程的教材,三是选编有特色的教材,同时加强音像教材建设。为使教材建设走上规范化的轨道,学院加强了教材管理工作,组织教材建设队伍,提高编写质量,选用好各课程教材。主编出版教材和专著41种,自编各类讲义172种。吴融如主编的《丝绸厂供热与空气调节》和周本立主编的《制丝学》于1988年获纺织工业部优秀教材奖。1991年,《中国历代丝绸纹样》获全国优秀科技图书一等奖。1994年,《现代丝绸企业管理学》获省哲学社会科学三等奖。1995年,《制丝学》《纺织品图案设计基础》获第三届全国纺织高等院校优秀教材二等奖,与浙江丝绸工学院合编的《织物组织和纹织学》获纺织部优秀教材奖。《数学物理方程》为国家教委择优推荐采用的数学教材,《图案学原理》《装饰色彩基础》分别获江苏省高校优秀教学质量二等奖和三等奖。电教教材建设方面,自制录像片52部(其中教学录像片32部、专题片20部),《涤纶工艺》获纺织部电教工作会议二等奖,《立体构成》获纺织部录像教材一等奖。《粘胶人造丝工艺》《全国缫丝操作经验交流会》《电机》《丝绸印花》《真丝绸素织物织造操作》等分别获部、省的音像教材奖。工艺美术系的染织设计、图案、装饰色彩教学在全国处于领先地位,三门课均有公开出版发行的教材,其教学成果曾获江苏省高校教学优秀奖,并在兄弟院校中推广应用。

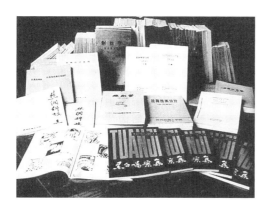

学院教师编写的部分教材和讲义

3. 实践教学

1978—1982 年,学院添置了近 340 万元的教学仪器设备,其中单价在 5 000 元以上的仪器设备 84 台(套),进口的分级精密仪器 7 台(套)。1981 年、1982 年分别新建成 1 500 平方米的化学实验楼和 4 574 平方米的综合实验楼,实验教学条件得到初步改善,基本上达到教学大纲的要求。

1984 年 9 月下旬,学院召开了改革实验室管理体制的专门会议,提出学院实验室管理体制必须进行改革。要求各系做出全面规划,提高实验用房和实验设备的使用效率,并决定在计算机实验室的基础上成立计算机中心。通过实验室管理体制改革,成立丝绸测试中心实验室、染化测试中心实验室、机电测试中心实验室等三个系级中心实验室;对实验室进行分级管理,面广量大的常规实验室与仪器设备专业性较强的实验室由教研室负责管理;对于实验教学内容相互交叉的实验课程,其实验室合并由系统一领导。

"七五"时期,是苏州丝绸工学院实验室建设水平提高与发展阶段。自 1988 年 9 月始,学院决定对全院实验室进行为期一年半的整顿验收工作。从队伍建设、规章制度、实验教学、资料文件、固定资产、文明建设和近期建设计划 7 个方面逐个进行验收。首次申报验收的电工、制丝、物理、电教、计算机中心等 5 个实验室全部合格,评选一、二、三等奖各 1 个;第二批 12 个实验室验收也全部合格,评出二等奖 2 个、三等奖 3 个,最后一个实验室限期验收也合格。通过整顿验收,进一步明确实验室建设在高教事业发展、提高办学水平和提高教学质量中的地位与作用,调动实验室教工的积极性,推动实验教学的改革,提高实验教学的质量,发挥了其综合功能。

在整顿验收的基础上,1991 年年底,学院贯彻国家教委与纺织部召开的实验室工作会议精神,制订了《院重点实验室建设实施方案》。全院共建实验室 19 个,初步建成计算机中心、电教中心,教学设备总值 1 000 万元,生均占有值 5 000 元,2 万元以上的仪器设备总值 355.6 万元(59 台件),实验室用房 10 076 平方米。实验室承担任务不断增大,1991 年共开出 439 个实验,有 9 个实验室实验开出率为 100%,全院平均实验开出率为 94.7%。物理实验室成立了实验物理教研室,物理实验单独设课,除普通物理实验外,还开设提高实验、选修实验。1991 年,电工实验室被评为江苏省实验室建设先进集体。

在加强实验室建设的同时,学院不断加强实习基地建设,培养学生实践能力。学院实习工厂既肩负教学、科研任务,又搞好生产,使教学、科研与生产有机结合在一起,在培养学生的实践能力方面起了重要作用。实习工厂的金工车间、缫丝车间、丝织车间一直是校实习基地，分别承担全院的金工实习、保全实习及部分挡车实习。各厂设实习教学组，根据教学计划的安排和实习要求，组织实施。随着学院的发展和机电专业的建立，1982年11月，学院决定成立机械实习工厂，属机电系领导。原实习工厂的金工车间，除留一些机台和技工为丝绸实习工厂维修之用外，都移交给机械实习工厂。1983年，学院新建了2074平方米的机械实习工厂厂房，添置了大批新的机床设备和锻压设备，该厂成为全国工科高校中条件较好的机械工厂之一。金工车间分出后，原实习工厂改名为"丝绸实习工厂"，更新生产设备，用新型的K252织机代替陈旧的铁木机，并将自行研制的车头煮茧机投入使用，引起同行业的关注。

为了充分调动广大职工的生产积极性，1984年上半年，学院对丝绸实习工厂的生产管理进行了改革，实行全额利润承包的办法，把企业的经济效益与工人的奖金挂钩，实现利润分成。其中80%纳入学校基金，15%作为工厂奖励基金，5%为工厂发展基金。承包以后，职工的出勤率明显提高，停台率大降，质量渐趋稳定。机械实习工厂也于1985年实行了经费定额承包，"定额补贴，节约留用，逐年递减"，要求逐步过渡到自负盈亏、独立核算。1988年开始实行"事业单位，企业化管理，独立核算，自负盈亏"的办法，学校不再给工厂补贴。经过管理改革，调动了广大职工的生产积极性，两个实习工厂在完成学生实习任务的同时，经济效益大幅提高。

根据国家教委、财政部《普通高等学校校办工厂管理的规定》，1989年，学院决定成立校办总厂，原丝绸实习工厂、机械实习工厂、印刷厂归属总厂统一管理。同时加强校外基地建设，1990年后，与苏州市内14个工厂企业签订协议，并在江苏省内、上海等地建立实习点，基本解决了生产实践问题。1991—1995年分期分批共建校外实习基地27个，全院在校外实习基地实习人数约占校外实习总人数的2/3。

二、深化教学改革

学院根据邓小平"教育要面向现代化、面向世界、面向未来"的指示和《中共中央关于教育体制改革决定》的精神，逐步进行了教学改革，把全面提高教育质量放在突出的重要位置；通过多次组织优秀教学质量奖的评审，广大教师明确了努力方向，推动了教学质量的全面提高。

1992年邓小平南方谈话之后，学院加快了教学改革的步伐。1993年，学院颁布实施了《关于我院深化教学改革，全面提高教育质量的实施方案》。学院首先抓了拓宽专业口径、增强学生适应性的问题，调整、合并了一些专业面过窄的专业，强调所有专业都要贯彻拓宽知识面的要求。同时，不断加强新兴学科与边缘学科相关的课程建设，注意文理渗透，开设宽泛的选修课程。

为了减轻学生的学习负担，根据"少而精"的原则，学院对一些课程调整了内容，压缩了学时。为提高人才培养质量和办学效益，拓宽学生知识面，培养复合型人才，积极推进副修专业制的实施。1994年年初，学院确定了"管理营销"和"外贸实务"两个副修专业。积极推进实施学分制，1995年确定了学分制实施方案，拟订了学分制教学计划框架和学分制学籍管理办法。

改革教学方法，改变"满堂灌"的教学方式，提倡启发式，注意培养学生的独立思考的能力和解决实际问题的能力。加强学生的基本技能训练，努力把传授知识与发展智能结合起来。不断丰富与更新教学内容，积极编写出版教材、教学参考资料及各类专著。有20多个学科把教学与科研结合起来，及时将科研成果和学术上的新观点充实到教学中，使教学充分反映丝绸产业水平及科技进步的趋势。

不断增强计算机和外语的教学，1995年成立了外语部，大学英语作为院级重点建设课程通过了验收，学生英语四六级通过率也不断提高。为加强计算机教学，学院在"八五"期间修建了1 700平方米计算机中心用房，基本满足计算机的教学用房；从1993年开始连续以年投入15万元购置计算机，使学生上机课时比1991年增加了3倍。

1982年，学院在原来助学金的基础上实行助学金与奖学金并行的制度。1988年，在一年级试行了奖学金与贷款制度，以促进学生积极向上，勤奋学习。

为了进一步加强对教育教学的研究，经纺织工业部批准，学院于1989年设立高等教育研究室。为了促进教育改革，探讨丝绸教育的规律，总结交流教学改革的经验，学院于1983年10月创办了《教学研究》杂志，刊登高等教育特别是丝绸教学改革方面的文章，并适当介绍国外教学研究的成果。1993年，学院设立了院教学研究与教学改革科研基金，制定了《教学研究与教学改革工作暂行管理办法》。

三、加强教学管理

1. 调整教学管理机构

加强了教学管理，不断健全和完善各级教学管理咨询决策系统，先后设立了院教学委员会、学术委员会、图书情报委员会、外语和计算机教学委员会等。院教学委员会下设4个研究指导组（课程与教材建设、实验室与实习基地建设、教学质量和师资队伍建设），各系分设系级教学委员会，分层次参与学校教学发展规划、专业建设、课程建设、实验室建设、教材建设等重大问题的讨论，发挥参谋咨询作用，促进了教学管理的民主化。

为了贯彻"三个为主"（以教学为主、以本科教学为主、以提高教学质量为主）的原则，提高管理水平和效率，学院对全校不同层次、不同形式的教学环节实行归口管理，在教务处下设研究生科、设备科、实验实习科等。

2. 建立健全教学管理制度

学校先后制定了《教学管理规章制度》《学生手册》《教师手册》《研究生手册》《研究生工作条例》《成人教育管理条例》《教研室工作条例》《教学计划》《课程简介》《教学大纲》《实习工作条例》《毕业设计（论文）工作条例》《大学生体育合格标准》等实施细则，形成了一个较为规范的教学规章体系。

3. 加强教学过程管理

20世纪80年代后，在理论教学方面，不断完善教学大纲，坚持任课教师填写教学日历，通过听课检查执行情况。抓教师备课、批改作业、辅导答疑质量。教师新开课必须事前申报、审核，获准后才列入教学计划；要求教师不断更新教学内容，修改和补充讲稿。安排教学水平、教学效果好的中老年教师上教学第一线。同时，严格课堂纪律和考试管理。在实践教学方面，制订实验、实习计划，实习大纲，严格执行实验室规章制度和实习纪律，加强对毕业设计（论文）选题、计划进度、答辩评分的全程管理，以保证毕业设计（论文）的质量。根据教育部《全日制普通高校学生学籍管理办法》，1983年，学院制定了学籍管理办法，强化学籍管理，认真做好留级、退学、授予学士学位、毕业等工作。

4. 加强教风建设

1987年，学院开展"三从严"教育，提高对教风建设重要性的认识，采取了一系列措施。每学期期中检查，均对教师的授课质量进行抽查或测评；为保证授课质量，凡新开课的教师必须申报审批；召开教研室工作和教学改革经验交流会，总结经验，促进教学水平的提高。1988年起，坚持每两年开展一次优秀教学质量奖评选工作。坚持教书育人，加强学风建设，学院制定了《关于加强教书育人工作的几项意见》和《教书育人守则》，开展"三育人"活动、"师生共建"精神文明活动，召开教书育人经验交流会，评选"师生共建"先进集体。

四、招收研究生，开展多层次办学

为了培养丝绸工程高层次专业技术人才，1978年苏州丝绸工学院开始招收研究生。当年招收了工业自动化、制丝、丝织及染整工程4个专业12名研究生，这届研究生于1981年毕业。

从1982年开始，学院其他学科、专业也陆续招收研究生。1984年1月，丝绸工程专业被批准为硕士点，这是国内丝绸工程专业首批硕士学位授权点。1986年7月，染整工程专业和纺织机械专业被批准为硕士点。1994年1月，工艺美术设计专业被批准为硕士点。至此，苏州丝绸工学院的丝绸工程、纺织机械、染整工程、工艺美术4个专业均具有硕士学位授予权。至1997年，苏州丝绸工学院共招收研究生17届、158名。这些研究生毕业后很多已成为生产、科研、管理、贸易、教育等领域的专家和骨干力量。

为了使研究生管理工作规范化、制度化，学院相继制定了有关规章制度，编制了《研究生手册》和《研究生教学一览》。1986年5月和1988年12月，在江苏省高校检查、评估研究生管理工作专家组两次对苏州丝绸工学院研究生管理工作的检查评估中，苏州丝绸工学院的研究生培养工作中都得到充分肯定。

学院重视应用型研究生的培养，于1988年对应用型研究生培养模式改革问题做了研究，进行了应用型研究生培养的试点。

为了加快人才培养，更好地满足经济社会建设对多层次专业人才的需要，推动我国丝绸行业的转型升级发展，学院除了保证研究生和本科的教学质量外，充分挖掘师资和设备的潜力，积极试行多层次多规格多种形式办学。从1983年起，学院接受江苏省丝绸公司、苏州市丝绸公司（包括吴江、吴县）委托代培本科生20名、3年制专科生100名，为江苏、湖北、四川、山西等省代培1年制进修生140名，同时举办各类短训班。1984年，在全国教育成果展览会上专窗展览了苏丝院实行多层次、多规格、多种形式的办学经验。自1988年起，学院开始招收自费生。此外，每年约有20个学科接受为期一年的进修生，举办30余类一个月到一年的各种规格的短期培训班。办学形式更趋多样化，除了在院内办班外，学院还派教师走出去，直接到用人单位去办班。受苏州市教委委托，学院还开办了政治教育、英语教育、物理教育和数学教育4个专科师资班。

为了进一步挖掘潜力，提高办学效益，经纺织工业部和国家教委批准，1988年，学院创办了夜大学，招收第一届本科生。成人教育中，学历教育有夜大，非学历教育有"专业证书"班、岗位培训、函授、自学考试辅导等。为了理顺关系，健全管理制度，1988年12月对各种类型培训班统一归口教务处管理，在教务处下设立成人教育科作为具体管理机构。1995年，学院成立成人教育处。

学院逐步形成了硕士研究生、本科生、专科生和培训班4个层次，硕士、学士两级学位，普通教育与成人教育两个办学类别，全日制、业余和短期培训班3种培养形式的多层次、多规格、多种形式的办学体系，向社会输送了各种层次、不同规格的急需人才，同时也密切了学校与社会的联系，促进了教育与经济社会的紧密结合。

五、加强德育，促进学生全面发展

党的十一届三中全会以来，学校大力加强德育，致力于培养学生成为德智体全面发展的有理想、有道德、有文化、有纪律的一代新人。

加强了马列主义理论课的教学与教师队伍建设。为了适应新时期的要求，马列主义理论教师队伍不断充实，马列主义理论课的教学内容进行了初步的改革，精简了一部分陈旧的教材，增补了一些新的内容。把原中共党史、政治经济学、哲学三门课分别改为中国革命史、中国社会主义建设、马克思主义原理。增设科学社会主义的理论与实践、世界经济、政治和国际关系、自然辩证法等课程，使政治理论教学密切联系实际，与思想政治教育及社会主义现代化建设实际更好地结合起来。教学中在力求准确地讲清马列主义基本原理的同时，联系实际，积极宣传党的十一届三中全会以来的路线、方针和政策。进行爱国主义和坚定共产主义信念的教育，特别是坚持四项基本原则的教育、理想纪律教育，发挥了马列主义理论课的战斗作用，收到了良好的成效。

为了加强学生的思想品德教育，1982年9月，苏州丝绸工学院成立了德育教研室，之后在马列主义教研室的基础上建立了社会科学部。其教研人员采取专、兼结合，以兼为主，配备少量必要的专职教师，提倡政工干部兼教这门课，这一做法有利于推动政工干部深入班级、联系群众。全校教职员工都以育人为己任，使教书育人、管理育人、服务育人成为全员的共同实践。遵循大学生思想品德形成的客观规律，综合运用心理学、教育学等有关学科的知识，对大学生进行形势政策、法律基础知识、人生哲理、大学生思想修养及职业道德等课程的教育。

为了全面贯彻党的教育方针，加强对体育工作的领导，1980年，学院成立了院体育运动工作委员会，明确院体委为院行政系统中主管体育的综合机构。

各系也分别成立了体育运动领导小组,健全了各级体育组织。认真实施"大学生体育合格标准",通过不断训练,反复补课、补测,全院大部分学生通过了体育合格标准。学校把体育工作列入重要议事日程,增加体育经费,持续增添体育设备和运动器材,整修并新建运动场地。1985年新建了1 500平方米的体育馆,为大力开展体育活动创造了条件。学校高度重视军训,1995年,苏州丝绸工学院被评为苏州市高校国防教育先进单位。

学生认真上好形体课

第三节 科研与师资水平的提升

一、开展科学研究,活跃学术空气

为使学院科研工作登上新台阶,苏州丝绸工学院于1982年6月召开了全院科研工作会议。全院上下对科研工作重要性的认识达到了一个新高度,工作重点由开展科普调整为科研攻关,攀登科学技术高峰。为此,先后建立了制丝、丝织、制丝化学、染整、丝绸机械、丝绸工程自动化、工业管理工程、丝绸检测仪器、工艺美术等12个研究室,制定了一整套科研工作管理条例,使科研工作逐步成为学院教育工作的重要一环。

学科建设的发展直接推动了科研活动的展开。为了进一步推进学科与专业的建设,学院确立了以学科建设为龙头,以专业建设为基础,全面提高教学水平、科研水平和办学综合实力的方针。1991—1992学年,制订了"院重点学科建设的实施方案",经院学术委员会审议、院长办公会议讨论,确定丝绸工程、染整工程和染织美术设计3个学科为苏州丝绸工学院首批重点建设学科,并确定了学科带头人,优化了学科建设队伍,加强科研力量,落实科研任务,发展、巩固和提高硕士学位点。学院投入学科建设资金12.5万元。丝绸工程学科为部级重点学科,1993年被评为省级优秀梯队,周本立教授被评为优秀学科带头人。

科研工作取得了可喜的成果,先后获28项科技成果奖,"YD102支数电子秤(附数据处理)""新型自动缫丝机给茧机构""多项并列连杆式DBL-1型无极变速器""新型有梭丝织机"(与苏州第二纺机厂合作研制)"SR-851高校精炼剂""长度与形位误差测量的微机数据处理""生丝国家标准的研究和制定"等多项成果获部、省级科技成果奖。

20世纪90年代,学院获省、部级以上科技成果奖8项,其中王华杰副教授领衔的课题组研制的"桑蚕丝与棉麻复合丝工艺及设备"获国家发明三等奖。这些科技成果中有不少都是科技含量较高的新设备、新仪器及新材料、新工艺。

新设备方面有SPD-507自动缫丝机、DBL型五级变速器、ASKV601高速络筒机及SGD601型丝织机等成果。其中,由苏州丝绸工学院与苏州丝绸机械厂合作开发的SPD-507新型自动缫丝机被列为江苏省优秀火炬项目,1992年度国家级新产品,1993年5月正式通过中试鉴定,提前完成了国家级重点新产品试制鉴定计划。该缫丝机于1993年、1995年获中国高新技术、新产品博览会金奖,产值近亿元。1993年7月28日《人民日报》头版头条刊文《丝畅人舒奏新曲》,报道了SFD-507型机电一体高速自动缫丝机为地方经济建设做出的贡献。

《人民日报》报道《丝畅人舒奏新曲》

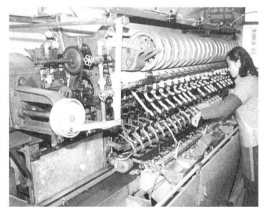

SFD-507新型自动缫丝机获
中国高新技术博览会金奖

新仪器方面有静电激振式纤维细度仪，医用随机发生器，随机脉冲电针医疗仪，TZ-1调动触发器，生丝样照等成果。

新材料方面有复合丝、丝素人工皮、蓬松丝、舒适性改性涤纶长丝等成果。学院还不断拓展蚕丝新用途研究，将蚕丝成功应用于医药领域，制成人工皮，在上海、苏州几家著名医院临床应用，取得良好的疗效，在国内外产生重大影响。1994年9月，由苏州丝绸工学院与上海第二医科大学附属瑞金医院、苏州市第三人民医院共同承担的纺织工业部科研项目"蚕丝新用途的研究——蚕丝蛋白人工皮肤的研制和应用"，通过了中国纺织总会组织的专家鉴定。蚕丝蛋白人工皮肤为新型治疗烧伤皮肤代用品，系国内外首创。

新工艺方面，真丝蜡染工艺、石材染色工艺、涤纶仿真丝碱减量工艺等成果均带来了较好的经济效益与社会效益。由王华杰、叶康民、陈德瑜等6人发明的"桑蚕丝与棉麻复合丝工艺与设备研制"项目，在北京展览馆举行的1992年国际发明展览会上获银奖。

科研项目层次也逐步提高，不断有较高水平的科技成果通过技术鉴定。1985年，学院承担的江苏省重大科研项目"提花丝织物纹制工艺自动化信息采集与处理系统"通过科研技术鉴定。1988年，染化系成功研制SMR-1稀土染色助剂，通过省级科技成果鉴定。1989年3月，由中国石油化工总公司委托学院承担的项目"改进聚酯纤维的仿真丝研究"和宁夏回族自治区科委委托学院与宁夏农学院共同承担的"中山羊毛工业改进及加工利用的研究"项目通过专家鉴定。同年4月，在纺织部主持召开的鉴定会上，学院与苏州丝绸炼染一厂共同承担的国家"七五"重点科技攻关项目"SR-875真丝绸快速平幅精炼剂"通过了技术鉴定。1992年，周本立等承担的"七五"期间纺织部技术开发项目"煮茧新工艺、新设备"在无锡缫丝厂通过部级鉴定。由范录宝等承担的纺织部科技三项费用项目"真丝蜡染系列产品开发与理论研究"和周本立等承担的"桑蚕膨松丝的试验"在纺织部科技发展公司举办的鉴定会上通过鉴定。

学术论文与艺术作品方面，1982—1988年，全院发表学术论文300余篇，其中10篇在国外学术刊物上发表，40篇获市以上优秀论文奖。出版或参加省级以上画展展出的美术作品有60余幅，其中10幅被送往英国、意大利、比利时、卢森堡、日本、加拿大等国展出。有3人获香港服装设计大赛奖。1987年4月，在江苏省时装设计大奖赛上，3名学生的作品分别获一、二、三等奖。进入90年代，全院共发表学术论文390余篇，其中在国外学术刊物上发表了

20篇，在全国性学术刊物上发表了311篇，先后有100多篇论文获奖。

1981年3月，经纺织工业部批准，创办了《苏州丝绸工学院学报》（季刊），向全国发行。1986年10月，院科研处编辑出版的《国外丝绸》杂志，经国家科委审核，报中宣部批准为国内公开发行刊物，成为我国第一本专门介绍国外丝绸技术信息的专业性刊物。

二、开展国际学术交流，扩大学院海内外影响力

苏州丝绸工学院与日本信州大学
友好交流协议书签字仪式

苏州丝绸工学院在传播中国丝绸文化方面也做出了重大贡献。随着我国改革开放日益深化，国际学术交流也越来越广泛，学校除先后派出一批教师出国进修、攻读学位外，还派出一批教师和干部出国考察，参加国际学术会议，同时也邀请一批国际知名学者、专家来校讲学，并与日本信州大学和香港理工学院建立了校际联系，签订了友好往来与学术交流协议。

信州大学校长北条舒正于1984年2月和1985年10月两次来院访问。1985年6月，院党委书记曹鄂和吴融如副教授参加中国丝绸公司赴日教育考察团进行丝绸教育考察并访问了信州大学。1986年5月，日本信州大学纤维学部长篠原昭教授和评议员屿崎昭典教授，代表日本信州大学来校，草签了"两校进一步加强友好往来和学术交流的协议书"。秦和鸣副院长与篠原昭教授签署了与信州大学纤维学部关于促进学术交流和合作研究的备忘录。5月21日，秦和鸣副院长与日本信州大学校长北条舒正签订了《苏州丝绸工学院、信州大学关于加强友好往来和学术交流合作的协议书》。同年12月，吴融如副院长和党委书记朱和生应邀前往日本信州大学举行缔结协议的庆祝仪式。1987年9月，篠原昭赠送给学校书刊1444册。在此期间，苏州丝绸工学院先后派出8位教师前往进修和攻读学位。白伦由屿崎昭典教授推荐向日本东京大学提交《生丝检验及分级理论》论文博士学位申请，并于1987年6月在东京大学通过了博士学位答辩与考试，成为我国制丝工程研究领域中的第一位博士。苏州丝绸工

学院与日本信州大学于1989年7月共同举办中日两院丝绸科学会议，加强了中日丝绸科学交流。1990年，信州大学近田淳雄教授来院访问讲学。1992年，苏州丝绸工学院聘请日本蚕丝学会会长、日本信州大学教授屿崎昭典博士为名誉教授。1990—1993年白伦应日本信州大学邀请担任文部教官教授3年。

香港理工学院成为苏州丝绸工学院的重要合作伙伴。1983年6月，香港中华总商会副会长张永珍和香港理工学院纺织系主任陈家驹等应邀来院访问讲学，交流了纺织教育的情况与经验。1985年6月，秦和鸣副院长赴香港与香港理工学院签订了学术交流合作协议书，建立了校

香港理工学院代表团访问苏州丝绸工学院

际友好关系。1985年10月，学院举行授聘仪式，聘请张永珍为苏州丝绸工学院服装中心顾问、香港理工学院纺织制衣学院主任陈家驹为名誉教授、区伟文为名誉高级讲师。之后，苏州丝绸工学院先后派出4名教师去港进修。

广泛邀请外国学者来院讲学。除邀请日本信州大学和香港理工学院的学者来院访问讲学外，学院还邀请了法国米鲁兹高等纺织工业学校校长，英国纽卡斯尔综合大学时装学院、荷兰艾因霍芬大学、美国辛辛那提大学服装系、东京农工大学、东京理科大学、日本奈良女子大学、澳大利亚新南威尔士大学等校的专家、教授来校访问和讲学。其中，东京农工大学的平林洁博士、北村爱夫博士被授聘为苏州丝绸工学院客座教授。丝绸工程系周本立教授的"膨松丝及其产品的研究"项目被列入"八五"外国文教专家专项计划，学院于1992年6月聘请从事丝绸新材料膨松丝、复合丝和变形丝研究的日本专家水出通男先生来院同周本立教授一起从事该项目研究。1993年5月，国际丝绸协会秘书长罗纳德·卡里应邀来院访问。1997年1月，美国弗吉尼亚大学美术学院副院长保罗·皮彻教授一行来院访问讲学，并与学院签订了有关教学、科研方面的合作协议。

学院凭借自身专业特色不断扩大在海内外的影响力，海外同行纷纷来院参观学习交流。1989年，法国阿尔萨斯大学、日本东京文化女子大学等校访问

第一届中国国际丝绸会议

团及加拿大安大略省高等职业技术教育考察团和泰国工业促进部等来院访问考察。苏州丝绸工学院服装设计专业影响较大，1990年，日本NHK电视台来院拍摄《时装与文明》片段。1992年4月，俄罗斯莫斯科工艺学院院长斯维尔琴柯·尤·帕一行来院参观访问。1997年，法国牟省兹纺织学院访华团也曾来院参观访问。

为了推进国际丝绸事业的发展，交流各国丝绸科学技术，经院长王书昭教授倡议并得到中国纺织总会的支持，由苏州丝绸工学院承办的中国国际丝绸会议于1991年、1993年和1996年连续召开了三届。三届中国国际丝绸会议的成功召开，弘扬了我国的丝绸文化，大大提高了学院在国内外的知名度，中国国际丝绸会议也成为国际丝绸行业中具有广泛影响的重要学术会议。

三、进行科技开发，服务社会

学院大力开展科技开发，相继成立了丝绸科学研究所、科技开发培训服务中心，统筹规划和组织全院的科技开发工作。

1. 发挥自身优势，加强校企合作

从本校实际出发提供技术服务，侧重在"丝绸"上下功夫，发挥学校的专业优势，为振兴丝绸行业做贡献，同时亦可获得一定的经济效益。1988年年初，将《苏州丝绸工学院关于科技开发与人才培训服务项目》分发到全国各地，并组织专门力量分赴广东、四川、安徽、苏北等丝绸行业的主要基地进行综合调查，积极开展有偿服务。邀请吴江县、吴县、昆山县、常熟市、张家港市等县市领导同志来院，全面介绍学院在丝绸、服装、染织美术、机械、电子、染整、化学纤维、管理工程等方面的技术力量，为扩大与苏州地区各县、市的经济合作敞开了大门。学院还参加了国家教委组织的杭嘉湖开发工作。1988年4月，成立江苏省丝绸协会苏州丝绸工学院分会，在多层次办学、发展横向联系、扶助乡镇企业、解决生产技术问题等方面积极开展工作，取得了很好的成绩。学院和有关高校与研究机构一起成立了科技开发公司，苏州丝绸工学院为经理单位和秘书长单位。

为了加强对科技开发工作的组织领导，学院建立了科技开发培训服务中心，统筹管理全院科技开发、培训方面的社会服务，并负责学院的基金管理和分配。学校毕业生大部分分配到县以上的企业，而蓬勃发展的乡镇企业此前一般分不到毕业生，但这些企业发展极需专业技术人才，为此，学校积极举办半年和一年制各类专业短训班。1989—1991年举办了32个短训班，培训学员1 667人，他们中很多已成为企业的技术骨干，有的还担任了企业领导工作。南通市海安丝绸公司选拔了两批近100名车间主任、科级、副厂级的干部来院培训。

20世纪八九十年代，苏州丝绸工学院为各地设计了缫丝、丝织、印染厂近20家。这些企业有的地处老、少、边、穷地区，学校根据国家的扶贫政策，为这些地区提供工厂设计、人员培训、设备安装调试和指导生产管理等服务，受到广泛好评。苏州郊区枫桥上海外贸吴县丝织联营厂根据生产发展需要新建丝绸印染厂，1991年先上炼漂部分，学院科技人员只用了一个多月就完成了全部设计，该厂从土建到设备安装投产仅用了半年时间，当年投产当年产生经济效益，厂方十分满意。

加强校厂合作，共同进行技术开发。学校的优势是具有相当的技术开发潜力。1988年5月，苏州丝绸工学院和常熟特种化纤总厂建立厂校联合体"特种化纤总厂实习工厂"。双方共同开发高强高速缝纫线、充气式救生衣用锦纶66长丝等产品，改造了两条2000T/年的PDY生产线。美术系与丹阳绒厂联合建立纺织品开发研究所，学校提供产品设计样稿，由厂方组织生产。该厂是一家乡镇企业，在1992年时是丹阳市床上用品集团的龙头企业。机电系开发的LGD721和普及型剑杆织机，由学校提供全套设计图纸，山东丝绸公司淄博纺织厂及四川丝绸公司南充纺织机械厂试制。此厂校共同合作开发的产品，由两省作为地区技术改造指令性计划下达，为企业技术改造增添了活力。

苏州丝绸工学院、常熟市特种化纤总厂实习工厂协议草签仪式

2. 加速科技成果推广与转化

过去学院的科技成果往往是"论文—鉴定—归档",科研成果成为样品、展品、礼品,很难成为商品。1989年,苏州丝绸工学院成立了科技开发部,专营技术贸易,将学校的科技成果尽快转让转化为商品。1989—1992年,签订技术合同17项,取得了很好的社会效益。染化系范绿宝副教授研制的"棉布蜡染"转让给浙江桐乡工艺印染厂,该厂利用这项技术生产的产品获得1989年全国星火计划科技成果金质奖。染化系杨如馨副研究员将其"高速精炼剂"的科研成果转让给江苏如皋丁埝化工厂,使该厂在濒临倒闭时,产品更新换代,打开市场销路,当年就扭亏为盈。王华杰副教授等研究的"真丝棉复合丝工艺与设备"申请了专利,获江苏省科技进步二等奖。研究室将全机分解到四个工厂加工生产,由研究室统一安装调试,每两组设备和技术转给一个厂。机电系以张威德副教授为主开发的SFD-507高速自动缫丝机由原苏州涂装厂(后改名为苏州丝绸机械厂)为主组织生产,1991—1992年销售68组,成为该厂主要产品和发展方向。

3. 改造和发展校办企业,更好适应丝绸行业发展

校办企业还承担学校科研加工、产品技术开发的任务,办好已有的校办企业有助于推动发展科技产业。丝绸实习工厂是20世纪60年代建立的,厂房陈旧,设备落后。80年代末学校对丝绸实习工厂进行全面改造。在缫丝车间更新了学生实习用的立缫车,对原有的两台D101自动缫丝机进行了改造,增添了一台高速自动缫样车,从而学生实习时对一般立缫车和新型高速自动缫丝都能得到实缫挡车的机会,较全面地认识缫丝工程,真正掌握缫丝操作技能,扩大了知识面,增强了动手能力。同时也充实了生产车间的生产能力,增加了产量,提高了效益。丝织车间通过全厂集资20万元,对原有的20台皮带传送的铁木狭机进行全面改造,增添了10台K274和4台K252-160阔机,扩大了产品开发面,生产适销对路的新产品,使丝绸实习工厂旧貌换新颜。1989年上半年开始,筹建苏州丝绸工学院工艺美术厂。该厂在学校无资金投入的情况下依靠银行贷款及各专业教师提供技术服务收益充实运转预算,摆脱了僵化的管理体制,管理人员采用聘用制,工人采用合同制。由于机制灵活,企业办得有生气,1991年产值突破百万,利税超过20万元。

四、加强师资队伍建设

学院始终把教师队伍建设作为重要任务。进入20世纪80年代,学校有计划地补充师资,根据老专业改造、新专业建设的需要,逐步改善师资结构。每

年从应届毕业生和研究生中增补一大批教师,还引进不少教师,以充实师资和管理队伍。

为了加强师资队伍建设,学院采取"两个倾斜"政策,即在队伍建设上向教师倾斜,在教师队伍建设上向中青年教师倾斜。先后组织青年教师分赴淮阴和吴江两县参加社会实践,组织非师范类院校毕业的青年教师参加纺工部举办的青年教师进修班,系统学习教育学、心理学基础理论。试行青年教师导师制,举办青年教师在职进修班等多种形式对青年教师进行培养。

1992年12月,首次青年教师工作会议召开,明确了加快青年教师队伍建设的方向、任务和措施。一是为了加快形成一支中青年骨干教师队伍,造就一批学科、学术带头人,制定了《选拔和培养优秀青年教师暂行规定》,首批挑选了青年骨干教师18人,优秀青年骨干教师10人(其中4名被评为江苏省优秀骨干教师);二是强调在教学、科研实践中锻炼、提高、成长,制定了《青年教师优秀成果单项奖励工作试行办法》《青年教师科研基金试行办法》《科技论文评审和奖励办法》等;三是促进进修提高,制定了《关于大学本科毕业学历的青年教师读硕士研究生主要课程的相关规定》《青年教师奖励基金实施办法》;四是从政治、思想和生活上关心青年教师,提出《关于加强我院青年教师思想政治工作的意见》《关于加强我院青年教师建党工作的意见》。对青年教师生活上的困难,学校尽力创造条件帮助解决。为顺利实现教师队伍的新老交替、平稳过渡,1995—1997年又选拔了22名优秀青年骨干教师,其中,被选拔为江苏省普通高校优秀青年骨干教师10人,他们在教学、科研第一线勤奋工作,勇挑重担,发挥了骨干作用。

除在校在职培养教师外,学院积极选派教师去国内外高校脱产进修。开拓各种渠道,让青年教师出国深造。1980年1月到1988年7月,学院先后送出32位教师分赴日本、法国、意大利、英国、美国、西德、澳大利亚、加拿大等国和香港地区进修。他们学成归来后大多成为教学、科研的骨干。

学院在人事管理制度上也进行了一系列的改革。1981年试行了教师工作量制度,对超教学工作量的教师进行奖励。1984年进行定编工作,成立了院定编工作领导小组。根据教育部规定的人员定额,确定全院各类人员的编制总数,按照学生人数与任务轻重把定编数分配到各部门各系科。同时,对教学人员进行全面考核,1984年下半年对教学任务的安排采取"聘任和配档"相结合的试验。1985年开始全面试行教学任务聘任制,其原则是:系主任负责制,聘任数不超过定编数,工作量饱满的教师有权拒聘,允许跨系聘任或校外聘任,根据课程的延续性和本院教师队伍的实际情况进行协调。1986年5月,制定了《教师职务聘任制试行办法》和《教师岗位设置的原则意见》,进行职称改革。成立了院职称改革办公室和院专业技术职务任职资格评审委员会,本着"坚持标准、保证质量、全面考核、择优晋升"的原则,对全院各个系列的高、中、初级职称进行评审。1988年6月,苏州丝绸工学院获纺织机械和纺织工程两学科的副教授评审权。在职务评审工作的基础上,学院于1988年开始实行教师职务聘任制。

1985年全院有专职教师351名,其中教授1名,副教授21名。经过十年的师资队伍建设,1995年,全院371名专任教师中,教授增至17名,教授占教师总数的比例由0.28%提高到4.6%,副高级以上职称占教师总数的35.6%。专任教师中本科以上学历占教师总数的94.3%,有博士学历的教师数量也大大增加。全院享受政府特殊津贴的教师19名,市劳模1名,省优秀重点学科带头人2名,纺织总会有突出贡献的优秀中青年专家4人,江苏省优秀青年骨干教师4人。

1990年年底,王华杰副教授被国家教委、国家科委联合表彰授予全国高等学校先进科技工作者称号。1992年,白伦、陈志浩、李南筑等被评为纺织工业部有突出贡献的中青年科学、技术、管理专家。1994年,徐回祥被国家人事部评为有突出贡献的中青年科学、技术、管理专家。

第四节 加强后勤管理,改善办学条件

由于学校一度调整下马,因此,原华东建筑设计院为学院设计的总体规划未能付诸实施。党的十一届三中全会后,随着我国教育事业突飞猛进,学院的基本建设得到迅速发展。鉴于原规划已不能适应学院发展需要,1983年,学院又委托同济大学城市规划研究室修订了总体规划。学院的教学、科研、办公用房及学生和教职工的居住条件都大为改善。至1997年,学院在20年间共完成建筑总面积120 223平方米。其中,主要基建项目有4 574平方米的丝绸与染整实验室、6 647平方米的机械与物理实验室、

教学主楼

5 770 平方米的电子、电工、化工、化纤、空调实验楼、4 700 平方米的美术楼和 5 700 平方米的科技培训楼等。

1978 年，学院的后勤组下设事务、校产、食堂、医务、会计等 5 个部门，负责全院后勤保障工作，基建单独设立办公室。1979 年 3 月后勤组改为后勤处，下设总务科、校产科、膳食科、财务科、医务室等，另设基建处。1981 年 6 月，基建处与后勤处合并，成立总务处，在总务处之下增设基建科。1984 年 6 月，财务科从总务处分立出来直属院长领导。同年 7 月，为解决教职工的后顾之忧，学院成立了生活服务部，办起了洗衣房、缝纫组和综合商店、理发室等，方便了师生员工的生活。1986 年 3 月，又恢复了基建处的建制。1988 年，将汽车队、幼儿园从总务科中分立出来成为科级单位。为加强基建财务核算，提高基建投资效益，基建财务由原财务科代管划归基建处管理，实行独立核算。同年 12 月成立学生宿舍管理科。1992 年，经苏州市计划委员会同意，苏州丝绸工学院生活服务部更名为苏州丝绸工学院经营服务公司。此后，为了适应高校工作重点转移，使后勤工作更好地为教学、科研服务，为师生员工服务，学院逐步走上后勤工作社会化道路。

1980 年 9 月，学院在食堂试行了半企业化管理。1983 年 9 月，试行"经济责任制"，调动了食堂职工的积极性，服务态度和服务质量都有了明显改观。1987 年，对食堂管理采取以营业额提取管理费的承包办法，从而进一步提高了职工的积极性。除增加主、副食品的供应外，还先后办起了小吃店、面包房、豆腐房、清真食堂等，大大改善了广大师生的生活。在食堂管理改革取得经验后，逐步推广到汽车队、校产科和修建队等单位，汽车队承包千米数，修建队承包学校全部房产的维修。1987 年，总务处在单项经济承包的基础上进行全额经济总承包，实行独立核算，超支不补，自求平衡，节余分成的办法。经济承包责任制的实行有效地控制了学校后勤经费支出的增长幅度，调动了后勤职工的积极性。变单纯依靠行政管理手段为综合运用行政管理、经济管理和思想工作相结合的管理方法，扩大了服务面，提高了服务质量，保证了教学、科研的正常进行。

1993 年，制订实施了《后勤体制改革方案》，后勤服务变过去的行政事业型为以小机关、多实体为主，逐步实行行政管理和经营相对分开的管理体制。改革调动了后勤职工的积极性，搞活了后勤工作，充分利用现有的人、财、物，提供优质服务。1994 年，进一步完善了公费医疗制度，加强医疗管理，制定了公费医疗管理办法及报销药物目录，扩大了院内医疗工作范围。从 1995 年 6 月 1 日起，学生食堂全面使用"金龙卡"电脑系统，现代化科学管理大大便利了学生的用餐。

校园绿化是校园环境建设的一个重要组成部分,对于陶冶情操,提供良好的教学、生活环境具有重要作用。苏州丝绸工学院常年坚持抓绿化,美化校园,调整扩充绿化面积,因地制宜地进行景点建设,建造了"丝之韵""丝绸与世界""十年树木,百年树人"等景点。这些富有特色的校园景观激发了广大师生牢记我国丝绸悠久的历史,勇攀丝绸科学高峰的热情。学院从1980年起连续5次被评为苏州市绿化先进单位,1986年被评为江苏省绿化先进单位,1987年11月,在江苏省教委组织的全省高校绿化工作抽样评估检查中获第三名。1990—1991年,学校重新调整校园绿化布局,在连续多年获得省、市先进的基础上,荣获国家绿化先进单位。此后还获"全国绿化造林先进单位"和江苏省"花园式校园"称号,为全院师生员工创造了一个赏心悦目的校园环境。经过多年持续不断的努力,1995年,学院的绿地面积已达85 557平方米,占全院占地总面积的50%以上,人均绿化面积24平方米,绿化覆盖率达74.95%,校园内一年四季花开不谢。

校园内绿树成荫

校园里的小桥流水

坐落在校园里的雕塑——丝之韵

为加强校园治安保卫工作，学院建立了全院治安责任人网络，明确了职责。1980年，苏州丝绸工学院制定了《校园治安秩序管理规定》，此后，建立了校卫队，开展系列法制宣传教育，添置必要的消防设备，多次举办消防知识竞赛、"百日防火安全活动"等活动，使消防意识深入人心，保障了校园的安全。学院做到了无案件、无火灾事故、无涉外事件。1993年，消防工作被列为苏州市消防重点单位十项标准合格单位。1995年，学院通过了"消防重点单位"验收。

第五节 党的建设与思想政治工作

一、加强和改进思想政治教育

改革开放以来，学校坚持四项基本原则，加强政工队伍建设，大力开展形势政策教育、普法教育、党的基本知识教育，加强了社会主义精神文明建设，提高了广大师生的思想觉悟，推动了教育改革，促进了教育质量的提高。

1. 师生思想政治教育工作

学院的思想政治教育始终坚持正面教育为主与理论联系实际的原则，辅以"请进来、走出去""面向社会"等多种形式进行。改革开放以来，大体经历了四个阶段。第一阶段，是党的十一届三中全会后到1984年10月党的十二届三中全会。学院通过"实践是检验真理的标准大讨论"，解除了"两个凡是"的思想禁锢，通过彻底否定"文革"的教育，清理了"左"的思想影响，重新确立实事求是的思想路线。第二阶段，自党的十二届三中全会到1987年10月党的十三大召开，主要学习了《中共中央关于经济体制改革的决定》和《中共中央关于教育体制改革的决定》等重要文献，激发了大家对改革的满腔热情，并积极投身于改革之中。在这个阶段，就群众关心的工资、物价、教育改革等诸多问题请有关专家、学者、领导来院做报告，启迪思想，开拓视野。组织部分干部、教师到改革先进地区、部门参观学习，使大家目睹改革的艰难与尝到的甜头，从而坚定改革开放的信心。第三阶段，从党的十三大至1991年，组织师生学习社会主义初级阶段理论和党的基本路线，从而认清国情，搞清坚持改革开放与坚持四项基本原则这两个基本点的关系。学院先后组织了"五十天回顾与反思""社会主义初级阶段国情教育""关于社会主义若干问题学习纲要""国情专题教育"等四次宣讲，由党政领导、政工干部及马列、德育教师组成专题宣讲教师队伍，把学习的内容分成若干专题，按系分班对学生进行宣讲，并组织了考试。第四阶段，从1992年党的十四大到1997年年初，学院组织师生学习十四大精神和邓小平建设有中国特色社会主义理论，增进对社会主义市场经济体制的认识，积极投身于改革与发展大潮。

为了充分发挥广大教师教书育人的作用，从1982年开始，学院将原来的政治辅导员改为班主任，负责学生的政治思想教育和日常管理工作，以利于沟通师生感情，有助于教师深入班级了解学生的思想动态，做深入细致的思想工作。1986年1月，学院召开了首届思想政治工作研讨会，并成立了苏州丝绸工学院思想政治工作研讨会。1987年9月，学院召开第二届思想政治工作研讨会，会议收到关于如何进行正面教育、学生思想特点分析、教书育人经验等方面的论文21篇，其中8篇论文送纺工部参加交流，有2篇分获二等奖和三等奖。学院拍摄的电视片《优秀三好学生刘宜升》《优秀三好学生李鑫》送纺工部评选亦获奖。1988年5月，召开第三届思想政治工作研讨会，收到论文24篇，涉及思想政治工作理论研究、教书育人经验交流、教育体制改革探讨、大学生思想特点分析、共青团工作经验等方面内容，这届研讨会将21篇论文汇编成册送纺工部参加交流，其中1篇获二等奖，2篇获三等奖。1989年后，学院进一步加强了教师的思想政治工作，把教书育人摆到了更加重要的位置上，要求教师在教学过程中坚持正确的政治方向，把思想政治教育和专业教学结合起来。学院先后制定了《关于加强教书育人工作的几点意见》和《教书育人守则》，在全院广泛开展教书育人工作。每学期开学初举办负责政治学习的教研室主任的学习班，对每学期政治学习的内容进行提纲挈领的辅导，提高了教职工政治学习的质量。

2. 社会主义精神文明建设

为加强社会主义精神文明建设，1982年起，学院开展了"全民文明礼貌月"活动，集中力量解决"脏、乱、差"现象，使校容明显改观，师生的精神也大为振奋。1984年，学院结合学习华山抢险集体的英雄事迹，进行了"如果我们在华山遇到险情，将会怎样去做"的讨论。1985年，院党委创办《苏州苏丝院》院报，开辟"院内新闻""学习与思考""思想漫谈""党团生活""教学与研究""科教动态""大学生园地"等栏目，丰富了学校的精神文明建设。1990年，召开了庆祝苏州丝绸工学院建校87周年、建院30周年暨校友总会成立大会。同年召开了纪念著名蚕丝教育家郑辟疆先生诞辰110周年纪念会。1993年，举行了学校成立90周年、建院33周年校庆纪念活动。

师生共建是发动群众建设社会主义精神文明的好形式，学院从1990年开始师生共建活动，教研室与班级挂钩共建文明单位。师生共建开展了许多丰富多彩的活动,如共创"文明教研室""文明班级""文明宿舍"等,在广大师生中形成了创文明、争先进的好风气。每年年终和教师节都评选和表彰一大批先进个人和集体。1996年10月,为迎接香港回归,激发广大学生的爱国热情,经江苏省委对外宣传办公室批准,学院举办了"香港周"活动,受到国务院港澳事务办公室的赞赏。

庆祝苏州丝绸工学院建校87周年、建院30周年暨校友总会成立大会

加强了普法教育。1986年3月至8月,根据全国人大常委会关于在5年内进行全民普法教育的决定,学院首先在教师、干部中进行了普法教育,组织观看电视普法教育讲座,系统学习《干部法律知识读本》,努力掌握法律基本知识,增强法制观念,自觉守法,学会运用法律手段管理学校各项工作,并引导广大师生学法、守法、用法,逐步养成依法办事的好风气。1986年6月,宣传部与工会联合组织了法律知识竞赛。9月,在全院教师、干部中进行了普法考试。学生的普法教育作为一门必修课于1986年9月至1987年1月进行,并以个别学生违法犯罪行为作为反面教材,普遍进行法制教育,使广大学生增强了法制观念。1992年3月至6月,进行了"二五"普法教育。1997年3月,制订了《关于全院开展"三五"普法教育的实施计划》。

二、党的组织建设

1. 领导班子建设

20世纪80年代后,学院实行党委领导下的院长负责制,推进领导班子决策的民主化、科学化。1983年7月,纺织工业部党组发文免去陈凤仪院长和党委副书记职务后,学院党委常委研究决定并报请中国丝绸总公司同意,学生毕业证书上院长签章由副院长秦和鸣代签。1983年12月，中国丝绸总公司对院领导班子组成及分工的批复如下：曹鄂任党委书记，朱和生任副书记。秦和鸣任副院长，抓校务工作；陆匡宙任副院长，抓教学、科研工作；吴辛石任顾问，抓后勤工作。由曹鄂、朱和生、秦和鸣组成党委常委会。之后，又批复同意费达生继续担任学院顾问。

1986年7月，中国丝绸总公司任命朱和生为党委书记，诸镇南为党委副书记；吴融如为副院长，列于陆匡宙副院长之前，主持行政工作。1988年3月，纺织工业部党组决定王书昭为苏州丝绸工学院院长。1990年1月，施明干任副院长。

1990年9月，纺织工业部调整学院领导班子，任命王书昭为院党委书记、纪委书记和第三届党代会筹备组组长；朱和生任副院长。

1991年1月，举行中共苏州丝绸工学院第三次代表大会，选举产生了王书昭、施明干、许维馨等组成的第三届党委会。同年2月，江苏省委批复同意，王书昭任党委书记兼纪委书记，施明干任副书记。

1991年12月，纺织工业部党组任命关亨良为党委副书记。1993年2月，纺织总会党组决定宋肇棠任副院长。11月，黄金玉任党委副书记、纪委书记。1994年7月，纺织总会党组研究决定，白伦任副院长。1995年，黄金玉兼任副院长，冯国平任副院长。1996年，丝绸工学院隶属关系划转江苏省后，为推进管理体制改革，省委决定赵忠令任苏州丝绸工学院党委书记、院长。

根据《中共中央关于整党的决定》和苏州市委的部署，1985年3月至1986年6月，学院开展了整党工作。当时学院共有党员365名，其中正式党员300名，预备党员65名。这次整党的主要任务是彻底否定"文化大革命"，克服派性，使广大党员的思想统一到党的十二大确定的总任务、总目标上来，使学院的各项工作真正做到服从于党的总任务和总目标。一年多时间的整党工作取得了一定的成效，基本上达到了统一思想、整顿作风、加强纪律、纯洁组织的目的。

学院党委十分注重抓好干部的思想和作风建设，努力抓好院、系两级领导班子的中心组学习，提高干部的思想认识和理论、政策水平。1990年成立监察审计处，加强了党风廉政建设，1992年苏州丝绸工学院获纺织工业部监察工作先进集体称号。以廉政自律为基点，加强领导班子成员的作风建设。院党委制定了《关于保持廉洁作风的若干规定》，并根据党风廉政工作的要求，开好处级党员干部民主生活会。1993年，院党委研究决定，对苏州丝绸工学院原有党政管理机构进行调整，将党政管理机构由 18 个精简为 13 个，提高了工作效率。

2. 加强基层组织建设

学院党委加强了对党员的教育与申请入党积极分子的培养。1986 年 9 月，学院成立业余党校，1988 年，该党校被苏州市委评为先进基层党校。1990 年，学院与全国优秀思想政治工作先进企业——苏州振亚丝织厂党校建立了共建关系。1991 年，院党委决定将学院"业余党校"改为"苏州丝绸工学院党校"，并成立校务委员会，院党委书记王书昭兼任党校校长。

为了提高基层党支部的战斗堡垒作用，增强党组织的凝聚力和战斗力，院党委通过建立党内生活的若干制度来加强党的建设。1989 年 3 月 8 日，机关第二支部召开支部大会讨论吸收 86 岁高龄的费达生顾问入党，费达生同志长期担任苏州丝绸工学院顾问，对苏州丝绸工学院及丝绸业的发展贡献突出。坚持从严治党，做好民主评议党员工作，学院于 1990 年 3 月进行了第一次民主评议党员的工作。1992 年，院党委制定了《关于我院民主评议党员工作转入制度化的意见》。1991 年，院党委进一步明确，教师党支部一般可按教研室设置，暂不具备条件的，可以专业或课程相近的教研室为单位建立联合党支部，同时制定了《关于加强教师党支部的意见》。

三、加强群团工作

1. 工会及教代会工作

学院注重发挥工会、教代会的作用，1979 年，恢复工会组织活动之后，工会注重通过形式多样、生动活泼的活动，对教职工进行思想政治教育。通过黑板报、组织收看电视录像、看电影、举行专题座谈会，结合参观、访问、举办知识竞赛等形式，积极开展以"五讲、四美、三热爱"为主要内容的社会主义精神文明建设活动，进行爱国主义教育、四项基本原则教育。及时了解并向党政领导反映教职工的思想动态和呼声，使工会成为党组织与教职工沟通的桥梁。多方面关心教职工生活，努力为教职工谋利益、办实事，对遇到困难的教职工，除在经济上、精神上给予关心照顾外，及时向有关部门反应教职工的要求，想方设法帮助解决实际困难。开展广泛的多样的群众性体育活动和健康活泼的文化娱乐活动，增强教职工的体质，丰富教职工的精神生活。

推行教代会制度，提高学校民主管理水平。根据中央有关文件精神，苏州市教育工会建议在苏州丝绸工学院试行党委领导下的教职工代表大会制度。凡学校建设的重大问题和有关群众切身利益问题都通过教代会讨论，教代会行使建议、审议和监督的职能。

1982年4月,首届一次教职工代表大会召开,中心议题为:"明确职责范围,改进工作作风,提高工作效率,为教学科研服务。"大会听取和审议了陈凤仪院长代表校行政所做的工作报告,在肯定成绩的同时,对管理不善、职责不清、作风不纯、效率不高等比较突出的问题提出了批评和建议。代表们审议了各部门的职责范围和校园治安管理规定,通过了创建文明教研室、文明实验室、文明科室、文明班组的倡议书。大会收到教职工提案362条,交院有关部门研究。通过这次教代会,校领导听到了许多过去听不到的批评和建议,看到了过去认识不足的蕴藏在广大教职工中的对办好学校的强烈愿望和巨大的积极性。

1983年10月,首届二次教职工代表大会召开,讨论通过了第9幢教工宿舍的分配办法。

1985年1月,第二届教职工代表大会召开,讨论以教学改革为中心的改革纲要。听取、审议了秦和鸣副院长所做的"加快改革步伐,开创我院工作新局面"的工作报告。大会决议充分肯定了第一届教代会以来学校改革的成绩,提出了本年度的改革工作要点。大会通过了《苏州丝绸工学院教职工代表大会暂行条例实施细则》,使教代会更加制度化,更充分地行使教代会的职权,充分发挥其作用。

1987年4月,第三届教职工代表大会召开,讨论修订院"七五"规划,制定《家属宿舍分配条例》和《基金分配条例》。

1991年6月,第四届教职工代表大会召开,与会代表围绕制订学校"八五"计划进行了讨论。

2. 共青团工作

学院第三届团代会之后,校共青团组织围绕培养"四有"新人,举办了形式多样、生动活泼的活动,如"学雷锋、树理想、比贡献"演讲会,"爱丝绸、爱学校"知识大赛,"厉行节约、反对浪费"展览会,大学生与厂长、经理、个体户对话会,社会调查、"窗外改革世界""国情与改革"征文活动,"文明宿舍、文明班级"竞赛评比,"尊师重教日"活动等等。此外,还组织学生与院领导对话,开办"学生意见半月谈",创办团刊《苏丝院风》,举办三好学生、优秀学生干部夏令营,指导勤工助学,加强团组织的自身建设,健全组织机构等等。其中,"学雷锋、树新风、创三好、争先进"活动获江苏省"百点播火"大学生社会实践活动最佳组织奖。1987年,院团委被共青团苏州市委首批命名为"组织建设合格"团委。1988年,院团委被评为苏州市"名、特、优"十佳团委。1989年,院团委获苏州市组织建设红旗团委。

进入20世纪90年代,院团委在党委领导下,着重抓基层、抓落实。组织全院各级团组织举办了许多有意义的文娱、体育活动。开展"丝绸杯"活动、"一二·九"革命歌曲大合唱等,活跃了校园气氛。为了反映同学呼声,编印了《学生意见反馈》。团组织还大力开展第二课堂活动及社会调查,加强校园文化建设,把学生业余生活引导到文艺、知识、科技活动上。大学生艺术节、激光音乐节、"大学毕业生之夜"时装表演等活动在省、市乃至全国都产生了广泛影响。团组织还积极利用各种宣传阵地如院报和黑板报等,宣传先进思想、报道先进人物。《苏丝院风》连续三年被评为市"十佳团刊"。1991年,院团委被评为苏州市思想教育先进团组织;1995年,院团委被评为江苏省大学生社会实践先进单位;1996年,丝绸系团总支被评为江苏高校"先进团总支"。

3. 民主党派建设

1980年2月,学院各民主党派恢复组织生活。1983年6月,建立九三支社和民进支部。1987年3月,建立民盟支部。1991年成立民革支部。

各民主党派成员积极发挥参政议政作用,就教学、科研、落实知识分子政策、进行科技开发等方面建言献策。学院党委也经常向他们通报情况,征求意见,建立了协商对话制度。在开展科技咨询服务、扶持苏北开发丝绸技术、扶助苏州地区丝绸工业发展等方面,各民主党派都做出了积极的贡献。

为了进一步贯彻落实全国第二次高教管理体制改革座谈会精神,加快江苏高校体制改革的步伐,1997年,江苏省人民政府研究决定,并报国家教育委员会批准,将苏州丝绸工学院并入苏州大学。并校前,苏州丝绸工学院占地面积20万平方米,校舍建筑面积12万余平方米,在校生3 000余人,教职工1 010人,专任教师380人,专业科研人员17人,固定资产4 792万元(其中教学仪器设备资产值1 825万元,图书馆藏书37.4万册)。苏州大学与苏州丝绸工学院合并是深化高教管理体制改革的需要,更是两校事业发展的需要。两校的合并是实质性、一步到位的合并,是联合办学的最高形式。从此,苏州丝绸工学院原有丝绸等学科依托苏州大学更广阔的平台,以崭新的姿态融入新世纪更大的发展中。

第六章　苏州蚕桑专科学校的改革与发展

进入改革开放新时期，苏州蚕桑专科学校从制度管理、专业设置、师资培养及后勤保障等各方面都做了大量卓有成效的工作，办学规模不断扩大，教学工作全方位加强。为了配合教育体制改革，更好地发展蚕桑学科，培养新时代需求的人才，1995年，苏州蚕桑专科学校并入苏州大学，成为苏州大学生物技术学院。

第一节　培养新时代的蚕业人才

一、增设专业，服务社会

1982年，为缓解江苏省普通中学生物师资紧缺的情况，省高教局和教育厅决定在苏州蚕桑专科学校增设生物专业。学校随即拟订了3年制生物专业教学计划，选用教材，筹建动物与动物生理实验室，增建动物饲养房、温室等，并申请调配动物学、动物生理学和教育学方面的师资。江苏省下拨开办费5万元，作为增添设备之用。同年秋季，生物（师资）专业招收第一批30名学生。1983年后每年招收两个班。1986年7月，苏州蚕桑专科学校又增设应用生物专门化（师资），并于当年招生30名，次年招生两个班。1987年7月，学校在江南丝厂归还的6667平方米土地上建立应用生物实验基地。

随着人民生活水平的提高，市场对淡水鱼类的需求也日益增长。为了培养淡水养殖的高级科技人才。1983年，经江苏省人民政府批准，苏州蚕桑专科学校新建淡水养殖专业并于同年秋季招生。为了解决新建淡水养殖专业实习的需要，1986年11月，学校在南大门内改桑田6667平方米为鱼池。1989年12月，学校决定将淡水养殖专业从生物学科中分出，建立了水产学科。

1982年，针对农村普通中学开办职业班缺乏专业师资的情况，江苏省教育厅委托苏州蚕桑专科学校举办蚕桑师资培训班，由教育厅组织各地教育局抽调36名具有生物学基础的中、小学教师入校培训一年。结业后，学员回本地担任蚕桑职业班教师。省高教局会同教育厅研究，决定在此后几年内学校蚕桑专业招收蚕桑师资班，并在1983年秋开始招生。1986年下半年，由于蚕桑师资班毕业生分配去向出现问题，省教委调整了蚕桑师资班的教学计划，将1987年、1988年两届毕业生分配去向调剂给省丝绸公司与省供销总社等部门。1987年后，蚕桑师资班停止招生。

苏州蚕桑专科学校从中华人民共和国成立初到1967年，普通班招生面向本省，毕业生分配面向全国。自1967年以后，改为本省招生，本省分配。根据江苏省蚕桑科技人才更新与补充的需要，每年蚕桑、家蚕育种两专业只能各招生1~2个班，学校在专业师资及设备方面均有潜力。从1981年开始，根据江苏省招生工作会议精神，学校开始与外省区联合办学，招收代培生。先后有河南、山西两省委托代培蚕桑、家蚕育种两专业的专科生。1983年，又有新疆维吾尔自治区农牧厅委托代培蚕桑专业学生1个班。1987年秋，广西壮族自治区环江县委托学校开办广西蚕桑干部培训班1期，学制1年。1988—1989年，又陆续举办蚕桑新技术、收烘茧和蚕桑农艺师等各种形式的培训班。1989年，经省水产局同意，学校招收淡水养殖专业证书班，并向农业部呈报开办面向全国的家蚕育种专业证书班，向省农业厅呈报开办面向全省的蚕桑及家蚕育种专业证书班。

1990年9月，将蚕桑学科、生物学科和水产学科分别改称蚕桑系、生物系和水产系，基础学科改称基础部。1991年6月，学校根据《关于教育发展的"八五"计划和十年规划的报告》，制定自身的目标和步骤，计划到20世纪末，"逐步把我校建设成一所适应农村经济建设和社会发展需要，能发扬蚕桑优势，办出为农业多种经营服务特色，独具风格的农业高等院校"。

按此规划，学校开始了拓展专业设置的计划。1992年12月，苏州蚕桑专科学校获准将蚕茧收烘列入蚕桑专业，同时增设应用生物学，学制均为3年。1993年2月，增设农村经济与贸易专业，淡水养殖专业改名为水产养殖专业，并于秋季开始招生。同年5月，建立经济与贸易系，下设农村经济与贸易专业。鉴于经济与贸易专业和马列主义教研室的学科特点及师资情况，决定两者合署办公。当年招收新生达500人，使学校教学规模上了一个新台阶。1995年2月，江苏省教委批准苏州蚕桑专科学校蚕桑和经贸专业进行双专科制试点招生，学制4年，招生人数达30人。同时，苏州蚕桑专科学校获准将会计专业方向列入经济贸易专业。9月，通过对吴县、淮阴、淮安、盐城、建湖等地的实地调查，了解到这些地区的初中英语教师缺额很大，为适应苏北地区基础教育的要求，学校决定增设英语教育专业，学制为 3 年，重点培养初中英语师资。

在扩大全日制办学规模的同时，苏州蚕桑专科学校也不断扩大成人教育的办学规模。1991 年 10 月，学校在《关于坚持"三结合"办学，主动为社会服务的报告》中，提出要继续"坚持教学、科研、生产三结合的原则"，继续为社会和生产服务。

苏州蚕桑专科学校的函授教育是从 1993 年开始的。这年 3 月，江苏省教委同意学校举办函授部（专科），从 1993 年开始招生，开设全日制普通班已有的专科专业。全日制学制为 3 年的专业，函授或夜大学不得少于 4 年，专科函授总学时不少于 2 500 小时，其中集中教学时间不少于 800 小时。9 月，首届水产养殖专科（3 年制）函授生开学。1995 年，苏州蚕桑专科学校的函授招生规模再次扩大。2 月，蚕桑函授大专获准跨省在河南省招收 20 名学员；10 月又申请开办函授化学分析和生物学教育专业。

教师在苗圃指导学生植物嫁接

在培训蚕业人才方面，学校从 1991 年 9 月开始举办蚕桑技术培训班，面向社会招收具有初中文化程度以上，由所在单位推荐或自愿报名的学生入校学习，培训时间为半年。通过半年的系统学习，学员较牢固地掌握农村蚕桑生产的主要技术环节，承担基层蚕桑生产的技术指导工作。1992 年 11 月，苏州蚕桑专科学校接受农业部委托，为全国各蚕业生产区招收家蚕育种专业代培生，每年招收一个班（30～40 人）。学制 3 年，毕业后由各省委托单位负责安排工作，享受专科毕业生同等待遇。1994 年 9 月，水产系与泗洪县商定开办水产养殖成人大专班，第一批招生 35 人。同时，农村经济与贸易专业也开设了面向高考落榜生的成人教育大专班。

教师在桑园指导学生实习

教师在蚕室指导学生养蚕实习

二、加强教学工作，提高教学质量

根据教育体制改革的新要求，对教学工作进行了重新定位。针对蚕桑农业专业的特点，把加强学生实验和实习作为学校改革教学环节的重点任务。为此，各实验室增添与更新了一些常规仪器设备，逐步满足各门课程教学大纲对实验的要求。1985年1月，江苏省高教局计财处、科技处邀请南京师范大学、江苏农学院、苏州大学等院校的科研管理干部和专业教师为苏州蚕桑专科学校建立中心实验室举行论证会。专家们一致赞同，建立一个为全校各学科并主要为蚕桑重点学科服务的中心实验室。除学校已有仪器设备，如大型生物显微镜、紫外分光光度计、高速离心机、气相色谱仪外，又增添了贝克曼332型高效液相色谱仪、凯氏自动定氮仪、原子吸收分光光度计、电子自动天平、DC-55B冷冻干燥器等精密仪器设备。据1989年统计，全校有实验室25个，中心实验室1个，能开出373个实验，占教学大纲应开实验数的91%。自1979年后，学校购置教学仪器设备费计191万元，共2 081台（件）。有些实践性强的课程，教师采用理论与实验分开评分的办法，实验的成绩及格，才能参加理论部分的考核。为了提高学生的实践能力，加强对学生专业实习的指导，学校设有蚕桑实习场，有实习桑园约53 333平方米，翻建实习及科研蚕室2幢及附属房屋。在省丝绸总公司的支持与资助下，学校增添了丝质鉴定全套设备，作为教学实验之用。

1986年7月，学校部署编写各课程教学大纲，蚕桑学科各门课程教学大纲在1987年完成，生物学科各门课程的教学大纲在1987年年底也基本完成。1989年学校确定蚕桑栽培与育种学、养蚕学、蚕病学、桑树病虫害防治学、植物生理学、微生物学、生物化学、鱼类组织胚胎学、高等数学等10门课程为首批重点课程，省教委先后拨款8万元，由教务处根据各课程教学实际，统一安排使用。

学校为各个专业配备了相应的实习基地。1991年8月至1992年1月,蚕桑系与浒墅关蚕种场、镇江蚕种场、镇江蚕研所及吴县和无锡等地多种经营管理局签订了蚕种、蚕桑生产实习基地协议;生物系与浒墅关、望亭、长青等中学签订了生物师资教育实习基地协议;水产系与苏州娄葑水产养殖场签订了建立水产养殖专业实习基地协议。1995年4月,苏州蚕桑专科学校与吴江市政府合作,在吴江建立贸易经济专业的学生实习点。

为了增强学生掌握计算机应用和外语能力,1993年10月,学校决定从当年秋季开始面向全校学生举办一系列单科选修和短期培训班。其中,单科选修课程有微机操作及数据库系统、英语和市场营销,短期培训班有电脑打字、摄影摄像和仪器分析等课程。对于上述课程学习成绩合格的学生,学校发给相应的学习证明,并推荐其中的优秀学生参加省、市有关的定级考试。

1995年3月,为了深化教学改革,加强学风、校风建设,蚕专决定聘请部分退休教师作为教学巡视员,实行教学巡视员制度。教学巡视员在退休教师中聘任,原则上为义务性质,只适当给予补贴。每位巡视员根据专业负责1~2个系,一般2人一组随堂听课,每月听课6节,实地了解课堂教学情况,对学生出勤、上课纪律、教师讲授水平及学生反映做出记录,填入教务处巡视员听课表。巡视员每月集中一次,反馈教学信息,交流讨论,并对学校的教学改革提出建议。

三、完善校友会建设

改革开放以来,每年都有大批苏州蚕桑专科学校校友回到母校参观,并开展一系列有关蚕业教育和蚕业工作的研讨活动。这些返校的校友为学校带来了大量的实践信息和经验,促进了学校的发展。为了更好地利用这一优势,学校开始筹备恢复在蚕专历史上一直发挥重要作用的校友会。

1988年9月,学校在筹备"大蚕省力化机具研讨会"的过程中,了解到可能有部分校友参与会议,便发布通告,希望以此次研讨会为契机酝酿筹备校友会。1989年4月,苏州蚕桑专科学校校友会筹备委员会第一次会议召开。筹委会由喻叔英、郑声镛等38人组成。校友代表们认真商讨了成立校友会和进行校庆活动的各项筹备工作。会议讨论并通过了《苏州蚕桑专科学校校友会章程(草案)》,确定了校友会成立及校庆活动的时间和内容,讨论了校友会理事会人选的条件,为几项纪念性项目初步筹措了资金。1990年12月,校友会筹委会召开第二次会议,增选朱竹雯等7人为筹委会委员,讨论了校友会章程的修改意见，推举朱竹雯为名誉会长，费达生为顾问，喻叔英为会长，并推荐名誉理事候选人17名，常务理事候选人49名，理事候选人106名。

1991年3月15日，苏州蚕桑专科学校建校88周年庆祝大会召开，会议通过了蚕专校友会章程和理事会人选。会后举行了郑辟疆校长铜像揭幕仪式。有关郑校长铜像的设置，学校早在1989年10月便向上级主管部门提出了申请，次年获准。铜像及其附属设施的费用完全由蚕专校友自发筹集。1991年4月，苏州市民政局正式批准蚕专校友会的成立。

坐落在校园里的郑辟疆校长铜像

第二节 提高科研与师资水平

一、完善师资队伍

苏州蚕桑专科学校师资队伍的建设，首先是培养学科带头人。自1980年起，学校先后选拔中青年教师7人去日本进修，了解世界蚕丝生产及科研动向。20世纪80年代，学校共派出中青年教师148人次到国内重点高校进修，使其业务素质得以提高。在校内多次开设外语班，帮助青年教师掌握1～2门外语，以便及时了解国内外科技动态。同时，学校组织中青年教师参加科研活动，鼓励与支持教师参加本课程的教学研讨会、教学评估和各学会活动。在教研组内以老带新开展教研活动，促使新教师迅速成长。

学校于1979年、1981年、1983年三次进行教师职称评定工作。1986年开始，进行了专业技术职务聘任改革。经评审，取得高级职务任职资格的有17名，中级职务任职资格的有48名，初级职务任职资格的有70名。1988年9月，学校成立专业技术职称评聘委员会，先后聘任高级职务8名、中级职务41名、初级职务5名。1984年后，根据有关政策，将116名中级职称以上的知识分子及原苏州市的职工及其子女的户口迁入苏州市，并帮助部分知识分子解决夫妻两地分居的实际困难；帮助部分教职工解决其家属的农转非问题。

二、提升科研水平

学校蚕桑学科历史悠久，在办学经验、师资力量和教学实习设备方面具有优势。1985年7月，省高教局批准苏州蚕桑专科学校蚕桑学科列为江苏省高校重点学科。为了使蚕桑学科真正成为蚕桑教学与科研两个中心的结合点，学校从两个方面加强了建设：一是对现有教师通过多种形式和渠道进行业务提高，以在职进修、参加科研工作及专业生产活动为主，辅以脱产攻读硕士研究生及单科进修，从而大大提高了各类教师的业务素质；二是于1984年10月，成立蚕桑和家蚕育种两个研究室，以便承担重大科研课题。

1983年，学校改进了对科研工作的管理。校学术委员会在选题上把好关，凡属重点课题，须经校学术委员会论证后上报主管部门审批。自选课题也要组织有关教师论证审查，学校批准。重点课题由学校与有关人员签订合同。同时，加强课题经费的管理使用，按专项建立使用卡，确保专款专用。科研成果及时组织推广，应用于生产。

通过不断加强科研管理，学校的科研工作逐步走上正常的轨道，取得了可喜的成果。其中，温湿度自控仪获江苏省农林厅1983年度农业技术改进三等奖；"湖桑袋接穗头贮藏嫁接试验"获省农林厅1983年度农业技术改进四等奖。仅1984年一年，在国内外学术刊物和学术会议上发表科研论文39篇，其中有10篇发表在国外专业杂志上。《湖桑绿枝土钵扦插研究》获省农林厅1985年度农业技术改进三等奖，《蚕种加密催青机具研制及加密催青》获省农林厅1985年度农业技术改进三等奖，《桑树剪梢技术研究》获省农林厅1985年度农业技术改进四等奖，桑病虫防治教研组与浙江省农科院蚕研所合作课题"桑疫病菌生物学特性研究"获1985年度江苏省科学技术进步三等奖。1988年，桑病虫教研室与上海有机化学研究所合作课题"桑毛虫性信息素的结构测定和化学合成"获中国科学院科技进步三等奖，"湖桑绿枝扦插育苗技术推广"获江苏省农林厅1988年度农业科技进步三等奖，"关于家蚕NPV、CPV感染抵抗性的研究"获江苏省政府1988年度科技进步四等奖。1987年，堵鹤鸣等的《桑疫病菌生物学特性的研究》被列入第15届国际蚕业大会论文。

1989年，成立蚕桑科学研究所，由学校直接领导。凡学校蚕桑科学研究方面的规划、组织和管理均由该所负责。原蚕桑学科所属各教研室同时为蚕研所的研究室，各教研室的科研工作也接受研究所的领导。部分专业教师承担了《辞海》《大众农业辞典》《中国大百科全书》《中国农业百科全书》等辞书关于蚕桑部分条目的编写工作；还为江苏科技出版社编写《蚕桑基础知识》等干部自学教材。由学校部分专业教师编译的《综合蚕丝学》向全国发行；部分专业教师参加了中国农业科学院蚕业研究所主编的《中国养蚕学》《中国栽桑学》两本书部分章节的编写工作。1988年5月，中国农科院蚕业研究所组织编写《世界蚕丝业》，聘请吴友良任编委。1988年、1989年两年，全国高等农林专科基础课程教材委员会下达全国农林专科学校基础课教材编写计划，包括《生物化学》《土壤肥料学》《组织胚胎学》《普通动物学》《高等数学》《植物生理学》等，学校部分教师承担了上述课程的主编、副主编及编写工作。

学校编辑的《蚕桑科技资料》（年刊）作为内部刊物，自1972年起刊印，1987年起改为《教学与研究》。1988年4月，经江苏省新闻出版局同意，将《教学与研究》改为《苏州蚕桑专科学校学报》（半年刊）。

加强了与国外高校的交流。1980年，为苏州蚕桑专科学校发展做出过重大贡献的白泽干回校访问讲学。1985年后，日本蚕丝学会副会长、东京农工大学教授向山文雄，东京大学助教授渡部仁，名古屋大学川濑茂教授、山下兴亚博士，东京农工大学本间慎教授分别访问学校。1988年，加拿大皇后大学生物学教授G. R. Wyatt，日本京都工艺纤维大学纤维学部栗栖戈彦教授等来校讲学与参观。1984年，江苏省农林厅组织蚕桑学会专家考察小组赴日本考察，郑声镛副教授参加了考察小组。1990年，日本京都工艺纤维大学纤维学部松原藤好和松本继男教授来校进行为期一周的学术交流。

在注重对外交流的同时，苏州蚕桑专科学校也努力在校内营造良好的教学和科研氛围，为教学科研水平的提升创造条件。1994年4月，学校开始筹建生物技术研究与开发中心，下设基因工程和细胞工程2个实验室。该中心的仪器设备对全校科技人员开放使用。

第三节 组织、思想和物质保障

一、党建和思想政治工作

1. 领导班子的调整和管理机构的改革

1983年5月，根据中央对干部要实现"四化"的要求，调整和充实了校级和中层领导班子。以省高教局局长顾尔钥为首的工作组来校召开干部与教师会议，广泛听取群众意见，并进行民意测验，为调整学校领导班子做了准备工作。1983年10月，王其惠任党委书记，叶伟衡、吴友良任副校长，夏昌明任顾问。1984年11月，任命裴家璜为调研员（校级）。1985年4月，喻叔英任校长，季伟南任党委副书记。

1984年6月，中共苏州蚕桑专科学校第二届党员大会召开，选举产生了第二届党委会和纪委会，王其惠为党委书记。

1988年1月,蒋欣荣任党委书记,免去王其惠党委书记职务,调省另行安排工作。裴家璜为纪委书记。

1988年12月,中共苏州蚕桑专科学校第三届党员大会召开,选举产生了学校第三届党委会和纪委会。蒋欣荣为党委书记,季伟南为党委副书记,裴家璜为纪委书记。

由于学校专业增多,因此,由教务科统管全校教学、科研工作已不能适应教学改革的要求。1983年9月,校党委经报请上级同意,进行机构改革,增设学科,先建立蚕桑、生物、基础三个学科。同年12月,调整中层领导班子及教研组领导人选,行政上设立教务处、总务处、保卫科、并设实习场(嗣后图书馆、财务科也直属校长领导)。1984年12月,校长办公室成立,负责协调全校各项事务。学校党委下设组织部、宣传部、党委办公室。

1988年,为了进一步推进党政分开,理顺校内机构名称与职级,将财务科、保卫科与新增设的人事科,分别改称为财务处、保卫处和人事处。教务处增设教务科,教务处下属的设备组及总务处下属的行政组、膳食组、校产组、医务室改建为科;各学科下属的教研组及教务处下属电化教研组,均改为教研室。通过领导班子的调整,学校管理机构的改革,学校干部平均年龄下降,实现了年轻化,其中具有大专以上学历的占80%以上,促进了教学与科研的改革。

2. 整党与组织建设

根据中央和省委关于第二期整党工作的指示,在苏州市委的领导下,学校从1985年3月中旬正式开始整党,到9月底结束,历时7个月。在学习文件、统一思想、提高认识的基础上,党委集体和党员个人都做了对照检查。71名正式党员认真填写了党员登记表,经过支部大会讨论,全部同意登记。全体党员还讨论了党委的整改措施。

党委及各支部对这次整党甚为重视,广大党员参加整党的自觉性较强,较好地开展了谈心活动和批评与自我批评。通过整党,主要有以下收获:明确了教育改革的根本目的,进一步端正了业务工作的指导思想;增强了党性,提高了党员的素质;彻底否定"文化大革命",进一步肃清"左"的影响;找准了党委存在的主要问题,制定了整改措施;看到了自己的差距,明确了今后的努力方向;边整边改,加强了党的建设。

整党结束以后,为了加强组织建设,党委专门召开了组织工作座谈会,研究了支部建设和组织发展中的一些问题,强调要做好积极分子的培养、考察教育工作,将真正符合党员条件的同志及时发展入党,注重在知识分子、青年职工和学生中的党员发展工作。

3. 思想政治教育与政工队伍建设

1983年,学校按照国家教委文件规定,开设了思想品德教育课程,进行系统的德育教育。1983年12月,学校建立德育教研室。团委、学生会根据青年特点,联系青年的思想实际,开展多种形式的教育活动,对青年进行理想教育,革命传统教育,爱国主义、集体主义教育,提高广大青年的思想觉悟。

1987年,学校根据中央文件和省教委关于马列主义理论课改革计划和思想品德课教育要求,结合学校实际,逐步改革了课程设置和教学内容,将原来的中共党史课程改成中国革命史;1988年,把政治经济学改成中国社会主义经济建设,哲学改成马克思主义原理。

严格纪律制度,树立文明校风。学校制定和完善了《关于加强学生综合管理制度》《文明班组、三好学生、奖学金评比办法》等规章制度,并且认真抓好规章制度的检查、督促、贯彻落实。学校还开展了争创文明班级、文明宿舍、三好学生等活动,表彰先进,树立典型,扶持正气。着力解决校风建设中存在的突出问题,严肃处理了考试作弊和其他违纪行为,促进了文明校风建设。

重视教职工的思想教育,特别是加强对青年教职工的思想教育,是学校思想政治工作的重要方面。校党委强调教书育人、服务育人、管理育人,促使教师全面关心学生的思想、学习、生活,寓思想政治、品德教育于业务教学之中。学校把教书育人作为考核教师业绩的内容之一。自1981年起,在教职工中开展评选先进活动。1985年9月10日第一个教师节,金琇钰、万志刚、严韩芬被评为江苏省优秀教育工作者。1988年8月,马列主义教研室朱炳元获全省普通高校1986—1987年优秀教学质量三等奖。1989年10月,栽桑教研室副教授沈增学在支农、扶贫和为农林生产服务方面的成绩受到国家教委、农业部、林业部等表彰。

1988年6月,学校召开思想政治教育研究会成立大会,通过了《苏州蚕桑专科学校思想政治教育研究会章程》,选举产生第一届理事会。1988年8月,苏州市职工思想政治工作研究会批复同意学校思想政治教育研究会以团体会员加入该会。

党委一方面注重抓好党委职能部门和各党支部领导骨干队伍的建设,使他们真正能够认真负责地抓好思想政治工作;另一方面抓好专职学生政工队伍的建设，选留了一些政治素质好、活动能力较强的毕业生担任政治辅导员，同时在青年教师中选任兼职政工人员。

4. 民主党派工作

苏州蚕桑专科学校十分重视民主党派建设。1987年10月，建立民盟苏州蚕专小组。同年，九三学社也在学校建立了小组。1980年6月以后，学校先后有近20人次担任省、市人大代表或政协委员。他们都积极参政议政，认真收集本选区人民群众的意见和要求，向政府提出建设性建议；对政府工作中的某些失误，也敢于提出批评。

二、改善办学条件

1. 新建校舍，改善基础设施

1978年后，学校陆续增设新专业，招生数逐年增加，原有的教学条件与生活设施亟待改善。1981年8月，学校划归省高教局主管后，每年都有基建投资。1977—1989年，基建投资总额为570万元，校容大为改观。

学校教学楼

1983年，新建图书馆一幢，面积2 300余平方米，配置了相应的设备。设有学生报刊阅览室、师生借阅图书流通室、中外文期刊资料阅览室、教师阅览室等。1989年，藏书及期刊合订本有152 000余册。除对教师开架外，一般采取半开架流通方式。

2. 改善教职工生活、工作条件

学校后勤服务部门围绕提高服务质量进行改革，重点是抓好食堂和基建工作。食堂实施半企业化管理。1984年，学校为新疆维吾尔自治区代培维吾尔族蚕桑专科生，根据少数民族生活特点，另开办民族食堂，并对原有食堂进行了改建，新建冷库一座，添置冰箱、和面机、面包机及蒸饭机械，改善了师生就餐条件。

学校多方设法，分期分批解决部分教职工生活用液化气100余套，同时解决换气的运输问题。后勤部门还举办了托儿所，接纳教职工子女入托。

1988年5月，经苏州市计委批准，建立苏州蚕桑专科学校服务公司，属集体所有制的校办企业。之后，又先后建立西陵堂湖笔厂、西陵堂发火器厂，均隶属校基金办公室。1989年，经江苏省农林厅同意，学校与吴江县多管局联营建立苏州蚕桑专科学校吴江蚕药厂。同年6月起，总务处下属大多数单位均实行全面承包责任制，进一步调动了总务部门员工的积极性。

第四节　与苏州大学联合办学

20世纪80年代以来，为了紧密配合国家教育体制改革，苏州蚕桑专科学校从制度管理、专业设置、师资培养及后勤保障等方面都进行了卓有成效的工作，展现出旺盛的生命力。进入90年代之后，苏州蚕桑专科学校根据《中国教育改革和发展纲要》的要求，提出深化改革的几方面工作，包括科研管理体制改革、招生制度改革、有偿服务改革、修订奖金分配办法、搞好住房制度改革等。

1986年10月，苏州大学党委书记程肖彭、党委副书记江村，副校长王春元、沈雷洪、袁沧洲等到苏州蚕桑专科学校座谈横向联合办学问题。同年11月，校党委书记王其惠、副书记季伟南，校长喻叔英、副校长叶伟衡及部分中层干部、教研组主任等，前往苏州大学座谈横向联合办学问题，并参观学习。1988年4月，苏州大学、苏州蚕桑专科学校关于两校联合办学的联合报告报江苏省教委。同年12月，蚕专就与苏州丝绸工学院联合办学的有关问题向省教委行文请示。1993年4月，苏州蚕桑专科学校与苏州大学联合发文，向省教委申请将苏州蚕桑专科学校改办为苏州大学生物技术学院。1994年3月，苏州蚕桑专科学校与苏州大学再次联合发出关于联办苏州大学生物技术学院的补充请示。4月，又向江苏省人民政府递交了关于两校联合办学的请示。

在请示中，苏州蚕桑专科学校分析了自身的现状，认为学校自1978年以后，先后增设了家蚕育种、生物（师资）、应用生物、水产养殖和农村经贸等专业，在生物学科，特别是蚕桑专业上具有优势，但限于"蚕桑"校名的束缚，办学规模仍然很小，办学效益也难有较大提高，特别是在人才培养方面不能实现综合性培养，不利于学生适应新时代的需求。而苏州大学作为综合性大学恰恰具备了苏州蚕桑专科学校所缺乏的多学科优势，加之苏州大学也在筹建生物系，因此，两校的联合办学是条件成熟且符合教育体制改革要求的。在联合办学的规划中，苏州蚕桑专科学校提出在依托传统优势，突出生物科学和技术的基础上，"把学院建成以农业生物与技术为重点，结构合理，规模适中（20世纪末在校生2 000人）、具有特色的新型学院。新学院人才培养的目标是应用生物、水产等生命科学领域的应用型复合人才"。苏州蚕桑专科学校还计划从1995年起在蚕学专业，1996年起在生物系科的有关专业招收本科生，争取尽早恢复蚕学专业的省重点学科，以创造条件增设硕士点。在具体办学形式上，两校将实行实体型联合。苏州蚕桑专科学校改办为苏州大学生物技术学院，由苏州大学统一管理，包括申报专业、招生计划、教务活动和管理制度等方面。

1994年11月，苏州大学与苏州蚕桑专科学校联合向国家教委正式提交"关于联合办成苏州大学生物技术学院"的报告。1995年3月，国家教委批复："在全国高等学校设置评议委员会评议的基础上，经研究，同意将苏州蚕桑专科学校并入苏州大学，组建苏州大学生物技术学院，本、专科兼顾，撤销苏州蚕桑专科学校建制。"11月21日，省委高校工委、省教委在苏州大学学术报告厅召开会议，省委高校工委书记陈万年宣读了国家教委、江苏省人民政府关于将苏州蚕桑专科学校并入苏州大学，组建苏州大学生物技术学院的决定。11月24日，苏州大学在西校区举行了苏州大学生物技术学院揭牌典礼，省委副书记顾浩宣读了由朱炳元任苏州大学生物技术学院党委书记，顾仁敖任院长的决定。自此，苏州蚕桑专科学校正式完成了与苏州大学的合并工作，成为苏州大学生物技术学院。

第四编 世纪春风 再展新猷（2001—2019）

第四编 世纪春风 再展新猷（2001—2019）

第一章 融合发展拓空间（2001—2005）

世纪之交，度过百岁华诞的苏州大学，经过"九五"期间的建设，顺利实现了"将苏州大学建成国内地方综合性大学一流水平"的发展目标，树立了苏州大学百年发展史上新的里程碑。新的世纪、新的形势、新的态势，苏州大学加快了改革与发展步伐，翻开了新世纪更加辉煌的篇章。

第一节 新校区、新格局

一、"十五"计划的制订、实施与第九次党代会

进入国家"211工程"行列以来，学校坚持以改革总揽全局，积极为经济建设和社会发展服务，在推进素质教育、提高科研水平、深化管理体制改革和后勤服务社会化等方面取得了突出成绩。为进一步巩固和深化改革发展成果，确立新的发展目标，在新的世纪开好局、起好步，学校以"十五"计划的研究与编制工作为抓手，认真研究了新世纪学校新的发展目标及"十五"期间的发展路径。2001年年初，学校确定了"十五"计划编制工作的任务分工，成立了规划编制工作小组，并通过双月座谈会、教代会等多种形式广泛征求意见。经党代会认真讨论，并报省教育厅审批，学校于2002年3月正式发布《苏州大学改革与发展"十五"计划》。"十五"计划明确了学校世纪之初新的发展目标和工作任务。鉴于已实现"地方综合性大学一流水平"的目标，"着眼于21世纪的人才竞争和需求"，学校提出了"把学校建设成国内一流、国际知名的综合性大学"的总目标。

2002年4月，苏州大学第九次党员代表大会召开。党委书记闵春发代表八届党委会做了"实践'三个代表'，坚持与时俱进，努力创造苏州大学事业发展的新辉煌"的报告，宋锦汶代表上届纪委会做了"以'三个代表'思想为指导，加强党风廉政建设，促进学校改革、发展与稳定"的报告。第九次党代会确定了学校新的指导思想、发展目标和发展路径："以邓小平理论和江泽民

同志'三个代表'重要思想为指导，坚持社会主义办学方向，从面向现代化、面向世界、面向未来的战略高度，大力推进素质教育，不断提高教育质量，聚精会神地抓好内涵建设，努力提高办学水平，走出一条规模、结构、质量、效益协调发展的新路；力争形成一流的教学、科研设施以及一流的校园环境；经过十五至二十年左右的努力，将学校建设成为国内一流、国际知名的综合性大学。"大会选举产生了新一届党委会和纪委会。闵春发、钱培德、宋锦汶、傅大友、夏东民、朱秀林、殷爱荪、白伦、张学光、王尧、侯星芳等11人为党委常委，闵春发为党委书记，宋锦汶、傅大友、夏东民为党委副书记，宋锦汶为纪委书记。

二、"211工程"一期项目验收与二期项目建设

2001年2月，以中科院院士、上海光机所所长徐至展为组长的理工科专家验收组，以国务院学科评议组成员、复旦大学教授苏东水和中国人民大学教授刘大椿为组长的文科专家验收组，以南京大学国家重点实验室主任邢定钰教授为组长的公共服务体系建设专家验收组和以江苏省教育厅原副厅长冒瑞林为组长的基础设施建设专家验收组一行28人来到苏州大学，代表教育部对苏州大学"211工程"一期建设项目进行整体验收。学校"211工程"一期建设的22个项目中有重点学科建设项目11项，公共服务体系建设项目6项，基础设施建设项目5项。经过专家们认真、严格地检查、验收和评审，学校"211工程"一期建设的22个项目全部通过验收，并均被评定为"优秀"。

2001年5月，国家计委对苏州大学"211工程""九五"期间建设项目进行了整体验收，以南京大学常务副校长、博士生导师谢立教授为组长的验收专家组听取了校长钱培德关于学校"211工程""九五"期间建设项目工作的汇报，并就建设项目进行了认真、严格的验收，专家组对学校"211工程"建设付出的努力和取得的成绩给予了充分肯定和高度评价。2002年9月14日，"211工程"部际协调小组办公室发布"九五"期间"211工程"建设项目验收结果，对苏州大学的总体评价为"优秀"。

2002年10月，江苏省教育厅与省发展计划委员会、省财政厅组织了由重庆大学黄尚廉院士为组长的审核专家组，对《苏州大学"十五"期间"211工程"建设项目可行性研究报告》进行了论证与审核。专家组详细审阅了有关材料，听取了钱培德校长关于《苏州大学"十五""211工程"建设项目可行性研究报告》和部分建设项目负责人的答辩。专家组经过认真讨论、充分评议和全面论证，认为苏州大学的可行性研究报告及建设规划完整、科学、合理、实

事求是;同意学校在充分总结"九五"期间"211工程"建设的成绩与经验的基础上提出的"十五"建设目标。

2003年10月,学校接受国家发展和改革委员会组织的专家组(委托中国国际工程咨询公司)对"十五"期间"211建设"项目可行性研究报告进行评估论证,按专家意见再次修改后,报国家发改委、财政部、教育部。11月18日,学校"十五"期间"211工程"建设项目可行性研究报告评估论证会在南京举行。专家组对学校"十五"期间"211工程"重点学科建设项目、公共服务体系建设项目、师资队伍建设项目特别是仪器设备的购置计划和资金的投入方案等进行了详细的评估论证。评估专家组对苏州大学"十五"期间"211工程"建设项目可行性研究报告的编制给予高度评价,研究报告顺利通过专家论证。

2004年6月,国家发改委对学校"十五"期间"211工程"建设项目可行性研究报告做出批复:建设总投资2.27亿元,其中,中央专项资金2700万元,江苏省政府安排1亿元,苏州大学自筹资金1亿元。"十五"期间"211工程"建设的主要任务包括重点学科建设、公共服务体系建设和师资队伍建设。重点学科重点建设中国纯文学与通俗文学、现代光学技术、低维复合材料的物理特性和应用、计算机信息处理新技术、合成化学及应用、现代蚕桑丝绸工程、放射损伤医学基础、临床救治与环境测评、区域(苏南)经济与社会发展等8个项目;公共服务体系重点建设数字化校园、文献信息保障系统、离散与非线性数学研究中心、基础教学项目、大型仪器共享中心等5个项目。

2004年12月,学校先后通过了省教育厅组织的专家检查组和省发改委、财政厅、教育厅组织的审议组对学校"211工程"建设项目中期建设情况进行的全面检查。审议组认为:苏州大学"十五"期间"211工程"建设项

国家发改委关于苏州大学"211工程"建设项目可行性研究报告的批复

目启动以来进展顺利,在学科点建设、学位点建设、人才培养、科学研究和科技开发、师资队伍建设、公共服务平台和科研平台建设等方面,较"九五"末有了很大的进步,取得了显著的效益,产生了一批具有一定显示度的标志性成果,学校的综合实力得到进一步增强,办学水平得到了进一步提高,完成了预定的阶段建设目标。同时,审议组也希望学校在坚持高标准、高质量、高水平地推进项目建设总体进程的前提下,进一步把握建设重点,提高组织管理程度,提高建设效益,进一步确保人才培养质量,努力形成具有更高显示度的标志性成果,确保全面实现学校"十五"期间"211 工程"项目建设的各项目标。

三、独墅湖新校区建设启动及一期竣工

20 世纪 90 年代,学校的校区规划思路是沿护城河两岸拓展。随着管理体制改革不断推进,校区愈加分散,校区面积及教学科研用房不足的矛盾愈加突出,进入新世纪后学校调整了校区规划建设的思路。在广泛征求意见、反复论证的基础上,经教代会、党委扩大会,以及中层干部会等多层次讨论、表决,绝大多数支持建立新校区。学校"十五"计划中提出:"根据发展需要,新增 2000~3000 亩土地,逐步调整校园总体规划,使各校区功能、布局趋于合理。适时启动建设新校区。"

2001 年 11 月,苏州大学新校区征地办公室成立。12 月,江苏省发展计划委员会、江苏省教育厅联合发文《关于苏州大学建设独墅湖新校区可行性研究报告的批复》,同意学校在苏州市吴中区郭巷镇东侧的独墅湖畔征用土地建设新校区,建设规模为在校学生 2 万人(远期 3 万人),建设校舍建筑面积 45.7 万平方米(不含生活福利用房),征用土地 134 万平方米(再预留 67 万平方米作为发展用地)。新校区建设工程分三期进行,总投资估算为 11 亿元,建设资金主要由学校自筹及后勤社会化等渠道解决。一期工程由省计委在省预算内统筹基建计划中分年安排 1 000 万元。

为了加快新校区建设步伐,2002 年 7 月新校区建设领导小组成立,闵春发、钱培德任组长。领导小组下设新校区建设办公室、新校区建设前期工作组、新校区建设投资方案论证组、新校区功能论证组。2003 年 2 月,学校与苏州工业园区管委会签署了新校区建设协议,决定结合苏州研究生城的建设计划建设苏大新校区。协议约定:新校区位于苏州工业园区独墅湖东,占地约 192 万平方米;建设分两期进行,其中绿地带以北为一期区(约 102 万平方米)、绿地带以南为二期区(约 90 万平方米)。第一期用地中 59 万平方米属园区范围内，土地出让价格为每667平方米12万元，同时苏州工业园区管委会补贴学校基础设施到边费每667平方米7万元，学校实际支付土地款每667平方米5万元；第一期用地中其余43万平方米及第二期90万平方米土地属吴中区范围内，出让金为每667平方米12万元，同时苏州工业园区管委会补贴学校每667平方米6万元，学校实际支付土地款每667平方米6万元。2004年6月，江苏省发展和改革委员会批复：由于苏州市城市发展总体规划调整，原新校区校址的教育用地已调整为工业用地。根据苏州市人民政府关于将学校新校区地址变更的意见，经研究，同意学校新校区地址调整到苏州工业园区独墅湖东的高等教育区内，总用地面积不得超过原批复用地面积。

四校合并后，经专业调整、学科重组，各校区功能、专业布局有了较大变动。2001年4月，根据学校整体布局和发展需要，为分期分批做好西校区的搬迁工作，成立西校区搬迁工作领导小组。2001年11月，把蚕丝教育家郑辟疆先生铜像从西校区迁到北校区。2002年年初，学校决定出让西校区，以盘活学校资产。学校选择苏州高新技术开发区浒关分区作为受让单位。经资产评估，并报上级批准，西校区13.7万平方米土地于3月出让，学校净获6300万元人民币，这笔转让费全部用于新校区建设，支付了新校区约80万平方米土地的征地费。

2004年11月，苏州信托投资有限公司与学校签订合作框架协议，双方为推进高校后勤社会化改革工作，经协商，学校向该公司转让独墅湖新校区学生公寓（一期）20年收费收益权，该公司专项设立"苏州大学新校区学生公寓（一期）收费收益权集合资金信托计划"，信托规模为8000万元人民币。

独墅湖新校区建设于2003年9月启动，工程于2004年3月开始实施。新校区建设被列入"江苏省2004年重点建设项目"。一期规划建设约53.3万平方米，规划建筑面积34万平方米，主要满足基础医学、放射医学、药学、生命科学、农学、化学化工、政治与公共管理、艺术等学院整建制办学需要。"十五"期间完成学生公寓及食堂9.04万平方米、公共教学楼5.14万平方米、医学楼4.85万平方米、生农化楼5.1万平方米、专家楼1.38万平方米、实验附属用房0.6万平方米、生活辅助用房0.1万平方米等共26.21万平方米。另有炳麟图书馆3.13万平方米、文科艺术楼4.61万平方米作为续建项目进入"十一五"计划。

2005年7月1日，独墅湖校区搬迁工作正式启动。首期一批南校区各院系及校本部的政治与公共管理学院、化学化工学院和城市科学学院的7000余名学生搬迁至新校区。

独墅湖校区一期

四、深化办学体制改革

进入21世纪,学校加大推动合作办学,加大办学体制改革的力度。2002年2月,在学校的推动下,江苏省人民政府与国防科学技术工业委员会签订共建苏州大学协议书,明确了江苏省政府和国防科工委双方共建苏州大学的责任。2003年12月,学校与中国航天科技集团公司第五研究院第五〇八研究所签署协议,共建空间精密光学工程中心。2004年9月,苏州大学、中国航天科技集团公司第五研究院第五〇八研究所、北京理工大学联合承担总经费达2900万元的"2004年度国家高科技重大基础研究"项目。2005年3月,学校与中国航天科技集团公司第五研究院第五〇八研究所签署全面合作协议,双方重点在光学遥感等领域加强合作,并在学科建设、人才培养、重点项目联合申报等方面达成了合作协议。

继续在办学体制方面探索新的形式。进入21世纪,中国高等职业教育步入快车道,大批学校升格、改建为高等职业技术学院。在此背景下,苏州大学作为一所"211工程"建设高校,开始尝试用新的办学体制来举办高等职业技术教育。2002年1月,学校与昆山周庄太师淀旅游风景区发展有限公司签订联合办学协议,共同在周庄建设公有民办性质的新职业技术学院。协议约定,昆山周庄太师淀旅游风景区发展有限公司将投入人民币1.2亿元,负责学院的征地、基础建设、设备购置等硬件建设;学校在对原职业技术学院改制的基础上负责该学院的师资、学生管理、教育教学管理、专业建设、科学研究等软件建设;双方共同组建学院理事会,实行理事会领导下的院长负责制。3月,江苏省教育厅批复同意学校与昆山周庄太师淀旅游风景区发展有限公司合作,在投资另建新校区的基础上对职业技术学院进行公有民办改制试点。批复明确：改制后的职业技术学院仍为苏州大学的二级学院，仍举办高等职业教育。2003年11月，经学校研究并报江苏省教育厅批准，"苏州大学职业技术学院"更名为"苏州大学应用技术学院"。11月18日，苏州大学应用技术学院举行新址落成典礼暨"百年名校走进千年周庄——云海与你同行"大型文艺晚会。该学院重点发展工科和应用文科，至"十五"期末，已建有机械、电子信息、旅游、艺术、管理等5系科共17个本科（方向）、6个专科专业。

苏州大学应用技术学院周庄新址落成典礼

2005年4月，根据江苏省教育厅统一部署，学校公有民办二级学院性质的文正学院、应用技术学院按照教育部确定的独立学院模式进行改革，并从2005年开始按独立学院进行独立招生。独立学院2004年及以前按国家招生政策招收的普通高等学历教育学生均为具有苏州大学学籍的学生，对这些学生的管理按《苏州大学学生管理规定》执行，直至其毕业或结业、肄业离校。独立学院从2005年开始按国家招生政策招收的普通高等学历教育学生均为具有独立学院学籍的学生，由独立学院制发具有独立学院全称的学生证件、校徽等，并以独立学院名义颁发毕业或结业、肄业等证书。

"十五"期间是文正学院快速发展的时期。至"十五"期末，文正学院校园占地面积为41万平方米，教学行政用房建筑面积5.2万平方米，学生公寓建筑面积9.15万平方米，教学仪器设备总值3 050万元，图书资料11万册，投资方已到位资金人民币 5.13 亿元，基本保证了"四独立"：独立校园、独立财务核算、独立人事管理、相对独立的教学与教学管理。

2001 年 12 月，江苏省决定在宿迁建立一所大学（宿迁学院），定位为多科性、教学型、以培养应用型人才为主的普通高校，设 8 个系和 1 个基础部，采用省属高校对口援建形式，苏州大学负责对口援建宿迁学院一系（社会服务系）。宿迁学院学生的毕业证书，由对口援建学校和宿迁学院共同盖印。2002 年 1 月，学校成立援建宿迁学院领导小组，宿迁学院社会服务系设广告学、行政管理、劳动与社会保障等专业。

五、调整院系（部）设置

为适应四校合并后学校新的学科专业布局，本着既要规范合理，又要有利于促进学校学科发展和调动各方面积极性的原则，学校开始调整原有的院系组织形式。2001 年 1 月，撤销工学院及机电工程系建制，成立信息技术学院和机电工程学院。信息技术学院下设计算机工程系和通信与电子工程系两个实体系。2002 年 7 月，撤销人文学院，人文学院中文系（新闻传播系）、历史学系（档案学系）、政治与公共管理系（社会科学系）分别更名为文学院、社会学院、政治与公共管理学院；撤销理学院，理学院数学系、物理系、化学化工系分别更名为数学科学学院、物理科学与技术学院、化学化工学院，物理科学与技术学院增设热能与动力工程系；撤销信息技术学院，计算机工程系更名为计算机科学与技术学院，通信与电子工程系更名为电子信息学院；财经学院更名为商学院（财经学院）；国际文化交流学院更名为海外教育学院，为独立设置的实体二级学院。同时，对医学教育的院系及机构设置进行了较大幅度的调整：医学院下设综合办公室、教学科研办公室、学生工作办公室、基础医学系、药学系、临床医学一系（医学影像学系、护理学系）、临床医学二系、儿科学系、临床医学三系、临床医学四系；原生命科学学院蚕桑系、水产系（生物学科除外）合并组建农业科学与技术学院；生命科学学院为实体学院，原生命科学学院生物技术系（免疫学、生物化学除外）、水产系中生物学科保留在该院；核医学院更名为放射医学与公共卫生学院。2005 年 9 月，城市科学学院成立。

第二节　全面推进素质教育

一、本科教学水平评估获评优秀等级第一名

我国本科教学评估工作开始于 20 世纪 90 年代中期。进入 21 世纪后，随着高校扩招和高等教育大众化进程的加快，教育部加大了评估力度，并提出新的评估方法。2002年，教育部发布《普通高等学校本科教学工作水平评估方案（试行）》，将原有的合格评估、优秀评估和随机性评估统一整合为水平评估。2002年3月，苏州大学等21所高校被教育部确定为第一批接受本科教学工作水平评估的高校。

2002年4月，学校按照以评促改、以评促建、评建结合、重在建设的原则研究制订了迎接教学评估的总体安排方案，组建了迎评工作机构，成立了以党委书记和校长挂帅的迎评领导小组，明确了迎评办公室、材料组、建设组、宣传组、综合组的人员组成及具体任务。5月，全校性的迎接本科教学工作水平评估动员会召开。9月，江苏省教育厅副厅长丁晓昌率10名省内专家对学校本科教学工作水平开展预评咨询，提出了许多宝贵的意见和建议。

11月9日，以中国政法大学党委书记石亚军为组长，安徽大学副校长易佑民为副组长的教育部评估专家组一行16人来校，全面检查评估学校本科教学工作。专家组通过听课、组织学生考试、现场调阅毕业论文（设计），以及试卷与学生成绩档案，走访各校区、各学院及有关部门，召开学术带头人、中青年教师、基础课教师、新办专业理工科教学院长、新办专业骨干教师、获奖学生、毕业班学生、非英语专业学生、英语专业学生等座谈会，对学校的教学状况进行了全面深入的检查。专家组认为，苏州大学党政领导班子高度重视本科教学工作，不

教育部本科教学工作水平评估开幕式

断强化教学工作的中心地位，在探索四校合并后学校建设发展和本科教学工作的规律中，正确处理改革、发展、稳定的关系，贯彻以评促建、以评促改的原则，迎评工作和本科教学建设取得了明显成效。

12月，学校成立苏州大学本科教学整改工作领导小组，根据专家组的意见，经过认真分析研究，制订了学校的整改方案，同时附上修改后的特色项目报告，报送教育部评估专家委员会。2003年11月，教育部正式发文公布，在

参加教育部组织评估的全国32所高校中,苏州大学的本科教学工作评估成绩为优秀,名列"优秀"等级第一名。

二、加强素质教育

依据四校合并后的实际情况,学校确立了"十五"期间"稳步发展本科教育,适度发展继续教育,重点发展研究生教育,积极发展留学生教育和职业技术教育"的思路,以全面推进素质教育和提高教育质量为目的,深化教学改革。进一步完善学分制,扩大选修课程比例,修订《苏州大学普通高等教育本、专科学生学籍管理办法》,并在本科人才培养方案、教学管理、教材建设、提高教学基础设施和教学条件等方面加以落实;开展全校性大学英语教学改革,提高学生的外语应用能力;实施公共体育俱乐部制度,开展全民健身运动;制定教师工作规范,推出全校性听课制度和党委常委听课制度;建立教学督导员、学生教学信息员制度,完善教学质量监控体系。

根据21世纪社会发展的需要增设新专业。"十五"期间,学校新增专业有:教育技术学、广播电视新闻学、光信息科学与技术、应用心理学、无机非金属材料工程、测控技术与仪器、环境工程、医学检验、口腔医学、信息管理与信息系统、财务管理、电子商务、公共事业管理、图书馆学(2002年增设);社会工作、法语、中药学(2003年增设);戏剧影视文学、生物信息学、高分子材料与工程、机械电子工程、电子资讯工程、电子科学与技术、软件工程、园林、动物科学(2004年增设);材料成型及控制工程、城市规划、城市管理(2005年增设)。撤销核工程与核技术和蚕学2个专业。增设第二学士学位专业,培养复合型人才。增设的第二学士学位专业有:法学、计算机科学与技术、工商管理、行政管理(2004年增设);国际经济与贸易、新闻学(2005年增设)。

开展本科专业分类建设和品牌、特色专业建设。先后进行了师范教育"3+1"模式、法学人才培养"一体化"模式、"俄英双语"人才培养模式、中外合作教育"1-2-1"和"2+2"模式的改革及校企联合培养人才的探索。2004年年初,学校启动了以专业建设为龙头的本科教育教学管理改革质量工程,将全校本科专业分成四大类进行有差别的建设与管理。为了顺利实现从学年学分制向完全学分制的转变,修订并完善了本、专科生的14个教学管理规章制度,进一步规范了教学管理行为。

开展核心课程群和精品教材建设。2002年9月,学校印发《苏州大学核心课程群建设实施指导意见》;2005年1月,学校组织校课程建设指导委员会专家对 6 个核心课程群进行结项验收：工科类基础课程群、医科类基础课程群获"优秀"等级；普通教育类课程群、生命科学类基础课程群、经济与管理类基础课程群、文科类基础课程群获"合格"等级。2005 年 12 月，中国现当代文学等 17 项课程确定为学校第一批精品课程。精品教材建设方面，2002 年 5 月，朱栋霖教授主编的《中国现代文学史 1917—2000》等 6 种教材被列入普通高等教育"十五"国家级教材规划选题。2003 年 8 月，在高等教育出版社公布的"高等教育百门精品课程教材建设计划"中，朱永新教授的《管理心理学》等被列为选题项目。

着眼提高学生的应用能力，学校充分运用现代化实验教学手段，加强了多媒体教室、数字化网络化外语教学及计算机辅助实验教学的硬件等基本设施建设。以"理顺体制、调整布局"为基本思路，对分散建设、分散管理的实验室和实验教学资源进行整合，调整实验布局，实施了实验室的归并与重组。重组后的教学实验中心（实验室）有 36 个，其中面向多学科、多专业教学的校级实验教学中心 9 个，成为共用的实验教学平台。教学实验中心（实验室）实行校、院（系）二级管理，形成了规范的教学实验室体系。

新增一批实习实训基地。2001 年 12 月，新增常州市田家炳实验中学、无锡市玉祁中学、常熟市实验中学、苏州市陆慕高级中学、江阴华姿职业高级中学、武进湟里高级中学、丹阳第五中学、丹阳高级中学、丹阳第六中学、奔牛中学等 10 所学校为苏州大学的教育实习基地。2001 年 9 月，学校与旺宏电子（苏州）有限公司、诺基亚（苏州）电信有限公司、旭电（苏州）科技有限公司、友达光电（苏州）有限公司、明基电通信息技术有限公司、三星半导体科技有限公司、摩托罗拉（中国）电子有限公司苏州分公司、名硕电脑有限公司、安德鲁电信器材有限公司及苏州工业园区管委会等 10 家单位联合成立了苏州大学微电子专业建设企业指导委员会。2004 年 2 月，旭电（苏州）科技有限公司向学校捐赠了价值 1 000 多万元人民币的高精密仪器设备，与学校共同打造国内高校中第一个微电子表面贴装技术实验室。2004 年 5 月，轰动苏州城的"贺普丁"假药案由苏州市平江区人民法院在苏州大学王健法学院模拟法庭开庭审理。法院的正式庭审首次搬入校园，这是教学改革的又一创新之举。

全面加强素质教育是进入 21 世纪中国高等教育教学改革的主题，2001 年 6 月，学校举行教育思想大讨论大会，围绕全面实施素质教育的主题，就如何贯彻实施"江苏省新世纪高等教育教学改革工程"和修订学校学分制条件下的学籍管理办法展开了讨论。学校结合本科教学工作水平评估的要求，推出一系列改革措施，取得了相应的教育教学改革研究成果。2005年9月，白伦教授主持的"工科实验教学的改革与实践"和许庆豫教授主持的"'国别高等教育制度研究'课程教学改革与实践"，获第五届高等教育国家级教学成果二等奖。

李政道（中）来校参加箬政学者基金会议

开展多种形式的大学生文化素质教育，通过开设高质量的文化素质系列讲座，弘扬民族传统文化。2001年3月，省教育厅公布首批江苏省普通高校大学生文化素质教育基地评审结果，苏州大学被列为江苏省首批5个大学生文化素质教育基地之一。"箬政基金"的实施为推动学校素质教育起到很大推动作用。2001年10月，举行"箬政基金"管委会第三次会议。李政道博士专程莅会向2001年度"箬政学者"及指导教师颁发证书，并做了《物理界的挑战与未来》的演讲。他指出，科学成就多出于青年，勉励学生多与导师交流切磋，独立思考，抓住机遇，迎接挑战。

"十五"期间，学校在课外科技文化活动和学科竞赛方面成绩斐然。2001年9月，在第十届"挑战杯"全国大学生课外学术科技作品竞赛中，获团体总分第四，并首次捧得"优胜杯"。2005年第九届"挑战杯"再获"优胜杯"。在2001年的全国大学生英语竞赛中，苏州大学学子获特等奖；在全国大学生数学建模竞赛、全国电子设计竞赛等学科竞赛中也取得突出成绩。

体育工作迈上新台阶。2001年6月，省政府同意苏州市政府与苏州大学共同建设省女子举重队。实行共建后，省女子举重队原承担的任务不变，省体育局的投入不变。2004年8月，在雅典奥运会上，商学院2002级工商管理专业学生陈艳青获女子58公斤级举重金牌。这是学校建校以来第一个奥运冠军。2005年10月，学校被国家体育总局表彰为2001—2004年度全国群众体育先进单位。

奥运举重冠军陈艳青

三、研究生教育的新发展

创建"国内一流、国际知名高水

平大学"需要研究生教育有一个较大的发展。进入21世纪后，学校研究生教育规模与质量有显著进步。2005年，研究生招生规模由2001年的985人增至2 294人，其中硕士生1 999人，博士生295人。2005年，学校的研究生在校人数为8 954人（其中硕士研究生8 049人，博士研究生905人），较2001年增长327%。研究生教育规模的增长伴随着学位点数量的增加。"十五"期间，学校新增6个一级学科博士点，33个二级学科博士点，4个博士后流动站，34个硕士点，7个专业学位硕士点。至"十五"期末，全校拥有6个博士后流动站、63个博士点、132个硕士点、1个一级学科专业学位博士点、10个专业学位硕士点，成为全国博士点最多的地方高校。

为适应培养高层次创新型人才的需要，学校全面修订了研究生培养方案，编写了新的课程教学大纲，并继续深入推进研究生政治课和英语课的教学改革。加强了研究生导师队伍建设，"十五"期间新增博士生导师108名，博士生导师达175名（不含挂靠），平均年龄大幅降低，为57.47岁。

以江苏省研究生培养创新工程等为抓手，改革研究生教学与培养模式，注重创新能力培养，切实加大产学研基地建设力度。"十五"期间，建有江苏省产学研联合培养研究生优秀基地2个（与苏州高新技术开发区、中国石化仪征化纤股份有限公司共建）；江苏省优秀研究生课程（含研究生培养开放课程）10门；江苏省研究生创新计划项目11个；江苏省学位与研究生教育发展重点研究课题6个；江苏省博士研究生学术论坛项目1项、优秀博硕士论文26篇。内科学专业2003届博士研究生戴克胜的博士学位论文《血栓性疾病及抗栓基因工程抗体的分子生物学研究》被评为2004年"全国优秀博士学位论文"。

为适应研究生教育快速发展的需要，2002年1月，学校将研究生处更名为研究生部，下设综合科招生科、培养科、思想教育管理科、学位科；学位委员会办公室、学科建设办公室、"211工程"办公室仍挂靠研究生部。6月，成立研究生党工委，负责研究生党建、思想教育和管理工作，原学生工作部（处）研究生管理职能相应调整至研究生部，原由各院系党委（总支）副书记分管的研究生工作，改由党委（总支）书记分管。

在中国管理科学研究院公布的2003年中国大学研究生院排名中，苏州大学研究生培养综合实力排名为全国高校第41位，在江苏省高校中位列第4位。

四、成人教育领域的拓展

"十五"期间，成人教育按照"稳定规模，调整结构，强化管理，确保质量"的方针，努力适应社会需求，调整专业结构，提高培养层次，重点发展本科层次。2001年全校录取成教本科生2 551人（其中高起本304人、专升本2 247人），成人学历教育毕业学生3 404人（其中专科2 474人，本科930人）。2005年学校录取成教本科生2 701人（其中高起本333人、专升本2 368人），成人学历教育毕业生4 672人（其中专科2 451人，本科2 221人）。

开辟继续教育新领域，大力开展自考助学工作。"十五"期间，学校每年都有新增特色专业自学考试专业。经省高等教育自学考试委员会批准，2002年增加开考档案学专业（独立本科段）、人力资源管理专业（独立本科段），苏州大学为该专业自学考试的主考学校。从2002年下半年起，又增加开考会计与审计本科及独立本科段、电气工程与自动化本科及独立本科段、服装设计与工程本科及独立本科段、电子信息工程专业本科及独立本科段、法学（司法执业和管理方向）专业本科及独立本科段等特色专业，并承担上述专业的主考任务。2003年，新增新闻学（编辑出版方向）（独立本科段）等17个专业，2004年新增软件工程（本科、独立本科）等10个专业，2005年新增机械电子（先进技术制造方向）（本科、独立本科）等6个专业。到2005年，全校自学考试助学专业共48个专业招生（本科22个，独立本科22个，专接本4个），招生5 000人，全校在校自考生12 638人，除医学外的各个学院都有特色自考专业。

苏州大学成人教育学院于2004年4月被评为全国高等教育自学考试示范助学组织；2005年12月，学院获"全国高等教育学历证书电子注册管理工作先进集体"。

五、海外合作交流的拓展

学校继续加大与美国、加拿大、英国、法国、日本、韩国等的学术机构或大学合作办学的力度，1-2-1中美人才培养计划、英国国家文凭教育、加拿大注册会计师协会国际会计专业教育等先后落户苏州大学。积极推进国际化专业人才的培养。2002年4月，学校与美国特洛伊州立大学、中国国际交流中心、美国国际经济文化交流协会合作开展"1-2-1中美人才培养计划"，签订了合作协议。2004年6月，"'1-2-1'中美人才培养计划"首届学生毕业。

2001年5月，与原苏州医学院有长期友好合作关系的法国蒙贝利埃大学总医院蒙贝利埃医学院于并校后首次组团来访，双方签署新的合作协议。2001年11月，澳大利亚邦德大学校长Ken Moores一行来访。Ken Moores从2000年开始就酝酿筹集一笔资金，用于资助两校师生更广泛的交流，这次来访宣布了奖学金计划。从2002年开始，学校每年选拔5名学生和1名教师赴邦德大学学习一学期，邦德大学也派5名学生来校学习一学期。2001年12月，钱培德校长访问台湾东吴大学,与刘源俊校长探讨新形势下开展交流的形式及具体内容,并签署了两校合作举办大陆台商 EMBA 班协议书。

2002 年 12 月,江苏省教育厅同意苏州大学等校从 2002 年起开设港澳台侨学生预科班,招收参加联合招生考试未达到录取分数线、成绩达到一定标准的港澳台侨学生,经一年学习后,成绩合格并报省教育厅批准,可转为正式本科生。

2004 年 10 月,与韩国大真大学签署了《苏州大学与大真大学合作设立大真大学苏州分校协议书》。2005 年 9 月,中韩合作大真大学苏州分校开学。2005 年 12 月,大真大学苏州分校首批 341 名留学生结业。

中韩合作大真大学苏州分校成立大会

第三节 提升学科和科研水平

一、学科建设的新突破

进入 21 世纪后,学校认真实施"211 工程"建设规划,以学科建设为龙头,促进总体办学水平和教育质量的提升。2002 年 5 月,学校召开学科建设工作大会,研究"十五"期间的学科建设。校长钱培德与各院(系)的院长(主任)签订了"十五"期间学科建设计划责任书。学校遵循"提升基础学科,突出重点学科,强化特色学科,推进学科交叉,优化学科结构"的原则,大力加强学科建设,经过几年的努力,学科建设水平显著提升,形成了整体优势,突出了特色。

注重基础学科的提升,将基础学科分为国学研究等五大文科基础学科群和数、理、化、生等四大理科基础学科群进行建设;不断强化特色学科和其他学科建设。在 2002—2004 年的全国第一轮一级学科整体水平评估中,学校参评各一级学科获得较好成绩。2002 年参评的物理学、化学、数学和计算机科学与技术分列全国 33 位、27 位、21 位和 30 位;2003 年参评的哲学和材料科学与工程分列 15 位和 39 位;2004 年参评的应用经济学、政治学、历史学、临床医学、药学分列 21 位、16 位、18 位、16 位和 15 位。评估结果反映了学校学科门类齐全，整体水平较高，但缺乏顶尖学科的实际情况。

注重突出重点学科，瞄准国内一流水平。2002年1月，放射医学、内科学（血液病）2个学科点成为国家重点学科。2002年4月，江苏省教育厅公布"十五"期间江苏省高等学校重点学科名单，放射医学为重中之重学科；马克思主义哲学等17个学科为重点学科。2002年8月，放射医学、内科学（血液病学）2个学科被确定为国防科工委的重点学科，生物技术（免疫学）专业被确定为国防科工委的重点建设专业。

为了孵化更多的重点学科，2002年8月，学校组织专家对31个申报学科进行评审，评出凝聚态物理为校级重中之重学科，汉语言文字学等10个学科为校级重点学科。2004年1月，江苏省教育厅公布江苏省"十五"期间高等学校重点学科中期检查结果，放射医学被评为A级学科，宪法学与行政法学等17个江苏省重点学科被评为B级学科。2005年7月，省教育厅公布江苏省高校国家重点学科培育建设点名单，马克思主义哲学、体育教育训练学、有机化学、光学工程、纺织工程、外科学（骨外科）名列其中。此外，学校还注重强化蚕桑、丝绸、纺织、服装、艺术设计、体育等特色学科的建设。

二、提高科研水平，促进产学研结合

"十五"期间，学校共承担国家、部、省各类自然科学基金项目223项，有68项成果获国家级、省部级奖励；共发表论文9985篇，被SCI/EI/ISTP收录893篇，其中SCI收录544篇、EI收录262篇、ISTP收录87篇。SCI论文收录数连年增加。2001年度被SCI索引收录127篇，居全国高校第29位；2002年度被收录论文192篇，排名全国高校第27位；2003年被收录论文273篇，排名全国高校第23位；2005年被收录论文达295篇，排名全国高校第24位。较之"九五"期末的2000年被收录104篇、居全国高校第31位有了很大进步。

科研项目呈稳定增长态势。2001年，学校获批国家自然科学基金项目17项；2002年获批国家自然科学基金项目23项，基金重大项目子项目1项，数学天元基金1项；2003年获批23项；2004年获批32项；2005年获批38项。年度科研经费从2001年的7900多万元增长到2005年的1.6亿多元。

"十五"期间学校承担了一些重要的科研项目，获得了一些突出的科研成果。2002年2月，陈林森教授主持的"高品质模压全息制品的制版系统与生产技术"获2001年度国家科技进步二等奖，陈林森代表项目组参加了国家科学技术奖励大会。2003年，由附属第一医院骨科教授唐天驷、主任杨惠林等主持的"脊柱后路经椎弓根内固定的基础和临床研究"，获江苏省人民政府科技进步一等奖，这是全省2003年度获省科技进步一等奖的唯一医学类项目。2005年3月，该项目成果获2004年度国家科技进步二等奖，杨惠林教授代表课题组赴京参加2004年度国家科学技术奖励大会领奖。薛鸣球院士因参与中国第一艘载人飞船"神舟五号"研制工程于2003年12月获"中国首次载人航天飞行任务"纪念证书。

坚持"军民结合、寓军于民"，深化科研体制改革，出色完成国防科技项目，苏州大学获评"江苏国防科技工业'十五'科技进步先进单位"。自与国防科工委共建以来，学校整合优势资源，积极发挥科技优势，主动承担了国防科研项目26项，受资助总额为人民币3 714.6万元，在为军工行业服务的同时，也大大提高了学校的整体科研实力和办学水平。

分层次建设实验室，特别是重点实验室。新建"现代光学技术"教育部重点实验室和省国家重点实验室建设培育点、"干细胞研究"省级重点实验室，"实验血液学"省级重点实验室建设培育点和"生物材料"等4个校级重点实验室，形成了以部省级重点实验室、校级重点实验室、分析测试中心为核心的科研实验室体系。

科技产业方面，学校积极面向经济建设主战场，多层次、多形式推进产学研结合。2001年1月，为了进一步发展学校高新技术产业，加强学校资产的管理和运作，成立江苏苏州大学投资有限公司，注册资金2 000万元。2003年8月，筛选出40余项"苏州大学可转让及校地合作项目"赴沿江七市进行交流对接。2004年，苏州大学苏州中核华东辐照有限公司申报的项目"天然橡胶乳液辐射硫化的工业应用高技术产业化示范工程"获国家发改委批准立项，项目总投入3 000万元人民币。2005年10月，江苏苏豪公司（江苏省丝绸进出口总公司）投资500万元人民币为李明忠教授等研制的"丝蛋白人造皮肤"注册成立了"江苏苏豪生命科学技术有限公司"，学校以技术入股，占股20%。机电工程学院与江苏万工科技集团有限公司合作申报的"WG2000型高速喷气织机"项目获江苏省高科技产业化项目经费3 000万元。

2001年年底，苏州苏大维格科技集团股份有限公司在苏州工业园区国际科技园注册，2002年5月正式投入运营。苏大维格公司成为苏州工业园区第一家具有自主知识产权的科技企业。2004年3月，陈林森课题组用2年时间顺利完成了公安部3月底推出的第二代身份证的第一道防伪屏障——视读防伪的攻关任务。2005年，该公司获江苏省高新技术企业认定。

合理调整校办企业的结构，提高科技企业比重。2001年7月，东吴饭店与东苑宾馆合并,成立新的东吴饭店。据学校资产重组规划,东苑宾馆撤销后,除继续保留东苑餐厅外,原东苑宾馆客房部、商场部、停车场等房产划归苏州大学出版社使用,并划拨出版社名下。2003年,学校关闭注销了东吴新技术开发公司、金三元工贸公司、三联经贸公司、特化公司化学添加剂厂;金三元药店退出国有股、转让;特化公司挂靠企业姑苏金店完成改制。

努力提高人文社会科学研究水平,制定了《苏州大学人文社会科学研究2003—2010年发展纲要》,提出要加强人文社会科学研究队伍建设,使苏州大学成为江苏省主要思想库、人文社会科学学术重镇和文化产业的重要创新基地。

"十五"期间,学校积极组织申报各类人文社科研究项目,共承担各类科研项目339项,出版400多部专著,发表论文5 500余篇,被CSSCI收录论文212篇。2001年学校获批国家社科基金项目6项,包括重点项目1项;2002年获批4项,其中重点项目1项;2003年获批10项;2004年13项,其中重大项目1项,重点项目1项;2005年获批10项,其中重点项目1项。

2002年12月,学校获"教育部第三届高校人文社会科学优秀成果奖"一等奖1项,二等奖2项,三等奖1项。范伯群编著《中国近现代通俗文学史》获一等奖,严迪昌著《清诗史(上、下)》、缪良云编著《中国衣经》获二等奖,任平著《交往实践与主体际》获三等奖。方世南教授出席了全国"三个代表"重要思想理论研讨会,受到时任总书记胡锦涛的亲切接见。任平教授作为主要成员参与了"马克思主义理论研究和建设工程",为该工程中唯一一名来自非教育部直属院校的高校在职教师。

加强了人文社科研究基地建设。2004年学校组织相关学科专家组建的中国农村城镇化研究中心入选第五批全国普通高等学校人文社会科学重点研究基地建设计划。2003年2月,体育学院体育社会科学研究中心被国家体育总局确定为体育社会科学重点研究基地。2001年12月,苏州市政府和苏州大学共建中国昆曲研究中心,承担整理昆曲史料、编写昆曲剧本、参与人才培养、建立中国昆曲网、举办昆曲研讨会等工作。

"扬州文化丛书"(八册)获第十三届中国图书奖

苏州大学出版社于2001年

12月策划出版了"扬州文化丛书"（八册），于次年12月荣获"第十三届中国图书奖"。2004年，校图书馆研究员华人德所著《中国书法史》两汉卷荣获国家图书奖。2002年6月，图书馆设立"苏大文库"，收集学校百余年来的学术成果，以便保存利用。2002年11月，江苏省新闻出版局、江苏省科技厅公布江苏省期刊质量评估分级结果：《苏州大学学报》社科版、《苏州大学学报》医学版、《物理教师》为一级期刊，其中社科版入选"江苏期刊方阵优秀期刊"。2001年12月，学校被教育部授予"全国普通高等学校科研管理（人文社会科学类）先进集体"称号。

三、师资队伍显著加强

"十五"期间，学校进一步完善了高层次人才引进政策，加大了专项资金的投入力度，有计划、有重点地引进了一批学科、学术带头人和骨干教师。五年中引进专任教师672人，其中正高职79人、副高职120人、博士213人，从海外引进的高层次人才55人。建立了特聘教授制度，面向海内外公开招聘有较大影响的学科带头人，以加速提升整体学术水平，增强学校的竞争力。首批设置特聘教授岗位20个，并聘任特聘教授3人。2004年4月，学校举行首位特聘教授聘任仪式，来自美国佐治亚大学的终身教授樊赛军博士受聘，这位在美国乳癌研究界颇具盛名的青年学者来校任放射肿瘤学实验室主任。

建立柔性引进机制，以"不求所有，但求所用"的新的用人观念，将引进专家和引进智力结合起来，促进了校内外高层次人才资源的合理配置和使用。五年中先后柔性引进高层次人才10名，有力地推动了相关学科的建设。

完善教师继续教育制度，强化"博硕士工程"，教师队伍学历结构显著优化。学校出台了全额发放在职攻读博硕士学位教师的工资、津贴和福利等一系列优惠政策，并对通过在职培养取得博士学位的教师提供科研启动费。"十五"期间，有233人获博士学位，442人获硕士学位。截至2005年年底，全校具有硕士及以上学位的教师1 320人，占教师总数的61.9%；其中具有博士学位的教师434人，占教师总数的20.4%。同时，加强派出工作，进一步完善了出国（境）人员管理制度，积极推荐骨干教师通过多种途径出国进修、访问、合作研究，拓宽了教师的学术视野，提高了教师的科研水平，优化了教师的知识结构。五年中，学校共推荐298名教师通过国家公派、省公派和校际交流等途径出国（境）深造，回归率达98%以上，并有15人获得教育部留学回国人员科研启动基金，学校给予1∶1配套经费。积极鼓励教师参加外语培训、计算机培训和社会实践，通过多种途径和优惠政策提高教师的综合素质。

加强学科梯队建设,重视优秀学科、学术带头人的选拔和使用,加强了对中青年骨干教师的培养。"十五"期间,学校在积极实施省"青蓝工程""333工程"的基础上,建立健全了优秀中青年学术带头人、优秀青年骨干教师的选拔和培养机制,通过考核和奖励措施,激励优秀拔尖人才脱颖而出。有31人次成为省"青蓝工程"培养对象,36人次成为省"333工程"培养对象;选拔了56名校级优秀中青年学术带头人、79名校级优秀青年骨干教师,并发放了科研资助;对前一批校中青年学术骨干培养人选和校优秀青年骨干教师进行了期满考核,为17名考核优秀人员发放了奖励经费。

进行校内分配制度改革,提高广大教职工的积极性。学校从2001年开始,根据"按劳分配,效率优先,兼顾公平"的原则,利用增量部分扩大分配差距,将岗位待遇与业绩挂钩,充分发挥分配的导向激励作用,制订《苏州大学岗位聘任及岗位津贴方案》,初步形成了国家工资、地方补贴和校内津贴三部分构成的新的收入分配结构。

这一方案也暴露出一些问题:主要是人事分配权过多集中在学校,与学校二级管理体制不相适应;津贴分配与岗位挂钩过紧,缺乏对院系、教职工实际业绩的量化考核;全校执行同一的岗位津贴分配方案,岗位津贴标准刚性较强等。针对上述问题,学校开始了新一轮校内分配制度改革。2004年1月,发布了《关于深化校内人事分配制度改革的实施意见》,教务处、科研处、研究生部等部门也分别拟订了配套的考核奖励办法。经四届三次教代会审议,对奖励考核办法进行了较大修改,形成了《苏州大学年度奖励业绩点考核试行办法》。通过改革,初步建立起符合学校二级管理体制,体现不同院系、学科特点的校内人事分配制度和调节机制。

"十五"期间,学校师资队伍建设有了新的进步。阮长耿院士、王家宏教授分别被聘为国务院学位委员会临床医学、体育学学科第五届学科评议组成员;材料工程学院教授王筱梅获全国"三八红旗手"称号;化学化工学院教授郎建平获"全国优秀教师"称号;特聘教授樊赛军被评为2005年教育部"长江学者奖励计划"特聘教授。截至"十五"期末,全校有专任教师2 132人,其中正高职398人、副高职649人。拥有两院院士3人,教育部长江学者特聘教授1人,国家级有突出贡献的中青年专家15人,省(部)级有突出贡献的中青年专家28人,享受政府特殊津贴68人,全国优秀教师5人,全国高校优秀骨干教师2人。

第四节 大力改善办学条件

一、后勤社会化改革进一步推进

在推进后勤社会化改革方面，苏州大学走在了全省乃至全国高校的前列。进入21世纪后，学校又进一步加大了改革力度。2001年12月，学校决定成立苏州大学后勤集团，并同步成立中共苏州大学后勤集团总支部委员会。2002年1月，学校印发《苏州大学后勤社会化改革实施方案》和《苏州大学后勤集团章程》。2002年3月，后勤集团正式成立，建立了"小机关、大实体"的甲乙方后勤管理模式：将原属校后勤处的服务经营人员和相应资源成建制地从学校行政管理系统中规范分离出来，组建自主经营、独立核算、自负盈亏，按现代企业机制运作的具有教育属性的后勤服务实体——后勤集团；同时设立高效精干的行政管理机构——后勤管理处，会同财务处代表学校行使后勤行政管理职能，与后勤集团之间建立事企分开的契约关系。

2002年11月，学校通过了江苏省教育厅组织的后勤社会化改革规范分离工作检查评估。2003年6月，后勤集团通过ISO 9000国际标准认证，成为江苏省首家也是国内少数通过国际标准的高校后勤集团。

2004年，学校出台《关于进一步深化后勤社会化改革的实施意见》，以后勤集团为基础，按《公司法》规定组建独立法人的经济实体，按民营化方式进行运作。8月，在按照国家有关文件精神对后勤集团现有资产进行评估、审计并明晰产权的基础上，正式成立苏州苏大教育服务投资发展有限公司，为引入民营化运作机制的法人实体，自筹股金。该公司的成立标志着学校后勤社会化改革迈出了关键一步，苏州大学成为国内首家以民营化推进后勤社会化改革的高校。

二、基础设施建设

进入21世纪，随着新校区开工建设及"211工程"建设的推进，学校办学条件明显改善，一批重要建筑落成使用。"十五"期间，校舍建设面积从93.60万平方米增长到109.68万平方米。2003年11月，王健法学院大楼（建筑面积15 016平方米，总面积79 206平方米）落成启用，美国国际联合电脑公司创办人、荣誉董事长王嘉廉来校，为以其父名字命名的王健法学楼的启用剪彩。王健伉俪在王嘉廉夫妇的陪同下，回母校参观王健法学院新楼。钱培德校长向王嘉廉赠送了特殊礼物——王健先生在东吴大学法学院就读期间的全部档案复印资料。2005年11月，根据《江苏省华侨捐赠条例》有关规定，经苏

王健法学院大楼

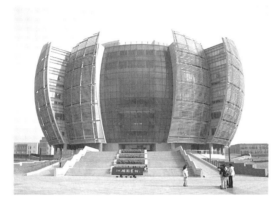

炳麟图书馆

州市人民政府批准，由美籍华人王嘉廉捐资建设的苏州大学法学院，正式冠名为"苏州大学王健法学院"。

2003年1月，理工实验大楼荣获"鲁班奖"；8月，北校区工科实验大楼（面积36 578平方米）、东校区教学楼（面积27 612平方米）竣工；9月，校本部图书馆经过2年多的改扩建，正式向读者开放；2005年11月，由美籍华人唐仲英资助1 000万元人民币建造的独墅湖校区图书馆，冠名为"苏州大学炳麟图书馆"。此外，这一时期较大的建筑项目还有光学实验中心等。

北校区工科实验大楼

东校区教学楼

"十五"期间是学校历史上基建规模最大的时期。除新校区和两个独立学院外，几个老校区共建成教学、科研、实验及学生生活用房计13.9万平方米。同时，学校投入维修经费近5 000万元，维修改造学生宿舍、食堂、教学楼、实验楼和行政办公楼等19.14万平方米。

对老校区周边地块进行了整合，原苏医卫校、娄葑医院、轻工机械厂、化学电源研究所等地块置换与划拨给学校。

三、仪器设备和公共服务体系建设

随着"211工程"建设的推进和学校的事业发展，学校仪器设备总值大幅提高，公共服务体系建设进展顺利。仪器设备固定资产总值明显增长，添置、更新的实验仪器设备价值总计1.21亿元。"十五"期末仪器设备固定资产总值达2.68亿元，其中，教学仪器设备总值1.31亿元，科研仪器设备总值1.37亿元。实验用房面积大幅增加，"十五"期末实验用房达139 500平方米，其中，教学实验用房91 000平方米，科研实验用房49 500平方米。

计算机网络的建设和应用明显加快，对教育教学和管理工作的支撑作用日益明显，基于网络的各种业务系统应用越来越广泛。为适应教育信息化的快速发展，学校成立教育信息化与网络工作指导委员会，撤销原计算机网络管理委员会。2004年11月，"211工程"数字化校园项目中的无线校园网工程建成，并通过了由南京大学、东南大学等校专家组成的专家组验收。图书馆"文献信息保障系统"子项目进展顺利，信息化程度明显提高。"十五"期间采编纸本图书近40万册、订购电子图书50万种；订购中外文数据库43个，其中全文数据库25个，镜像站17个。在数字资源整合方面的工作也取得进展，"一站式"电子文献检索系统和馆藏电子期刊检索系统上网发布使用；数字化项目《中国历代图像人物资料库》《古韵今风》视频资料库、随书光盘上网项目得到完善；电子阅览室经改扩建后达480个机位数，刷卡系统的应用提高了服务和管理水平，馆内推送的读者无线上网服务为省内高校图书馆第一家。

四、建立对外联络发展新机制

进入21世纪后，学校建立健全了董事会、校友会等对外联络发展机构，借助苏南地区良好的经济环境，探索出了一条多元化合作办学的新途径。2001年11月，成立发展与规划办公室，主要职能是为学校办学筹措社会资金，研究学校事业发展的相关政策，推动高层次人才引进工作，负责校友会、董事会和学校发展咨询委员会的日常工作。2002年12月，学校成立董事会，为吸引社会资源支持学校办学构建了一个更加广阔的平台。依托董事会这一平台，学校加强了与来自社会各界的董事之间的联系，促进了社会资源的有效整合，逐步形成了"资源共享、互惠互利、全面合作、共同发展"的局面。原省委书记、省人大常委会主任陈焕友为名誉董事长。

校友会网络不断健全，北京、上海、新疆、陕西、广东、四川、山东、辽宁、广西、江西、内蒙古、浙江、安徽、南京及日本等地校友会陆续成立。

2003年校庆日前夕，苏州大学校友会网站投入试运行。"十五"时期，学校共发展董事124名，成立各地校友会23个，筹集办学资金3 000多万元人民币，有力地支持了学校的建设和发展。2001年9月，新加坡金鹰集团主席陈江和向学校捐赠1 000万元，其中800万元设立苏州大学陈金荣生命科学青年教师科研基金，资助优秀的青年教师及科研人员从事生命科学学科领域的基础研究、应用研究与科技开发；200万元用于建造苏州大学陈金荣生命科学基础实验室。

五、附属医院

2001年6月，附属第一医院参与举办的"生命二十四小时"——两岸三地拯救陈霞活动在海内外影响颇大。在附属第一医院为白血病患者陈霞所做的江苏省首例非亲缘异体骨髓移植手术中，一场骨髓捐赠的接力在台湾花莲、台北、香港、上海、苏州之间展开，两岸三地的电视台动用三颗国际通信卫星、7辆卫星转播车、2辆数字转播车，在500多位电视工作者的共同参与下，实况转播了这次感人肺腑的骨髓捐献、移植，拯救大陆女孩陈霞年轻

附一院为陈霞成功实施骨髓移植手术

生命的过程。这次传递生命火种的20小时，成为中国电视史上规模最大、影响最广、受众最多的新闻行动之一。节目播出后，"中国造血干细胞捐献者资料库"的建设进度明显加快，仅在苏州，2个月内报名捐献骨髓的人数就达此前总和的10倍。

2005年2月，附属第一医院盛泽分院揭牌，吴江市第三人民医院冠名为"苏大附一院盛泽分院"。2005年3月，附属第二医院与苏州市第七人民医院资产兼并重组签约，苏州市第七人民医院成为"苏州大学附属第二医院高新区医院"。2002年12月，江苏省卫生厅决定，附属儿童医院为三级儿童专科医院。2005年12月，张家港市第一人民医院、常熟市第一人民医院、太仓市第一人民医院、常州市肿瘤医院分别增列为苏州大学附属张家港医院、苏州大学附属常熟医院、苏州大学附属太仓医院及苏州大学附属常州肿瘤医院。

2003年年初，我国暴发大规模非典型肺炎疫情，苏州大学人员密集，流

动性大，防治任务严峻；各附属医院肩负抗击"非典"重任。学校第一时间制订《苏州大学预防非典型肺炎工作方案》，全校总动员，取得较好的防治效果。2003年4月，苏州市卫生局召开全市各大医院防治"非典"紧急动员大会，确定附属第一医院感染病科为苏州市防治"非典"的定点病区。2003年5月，苏州大学出版社出版了《中华民族的脊梁——记战斗在抗击"非典"第一线的人们》一书，获第六届国家图书奖特别奖。2003年7月，钟南山院士来附属儿童医院代表中华医学会为"苏州大学附属儿童医院哮喘健康中心"授牌。

第五节 与时俱进抓党建

一、学习"三个代表"重要思想

"十五"期间，校党委坚持以邓小平理论和"三个代表"重要思想为指导，牢固树立、认真落实科学发展观，确立了"转变思想观念、强化阵地建设、优化干部队伍、深化制度创新"的党建和思想政治工作基本思路，紧紧围绕创建"国内一流、国际知名综合性大学"的目标全面推进党的建设，为学校各项事业的全面协调可持续发展提供了坚强的思想和组织保证。

校党委在党员干部和广大师生中大力开展思想政治教育，把学习贯彻"三个代表"重要思想活动不断引向深入，用科学的理论武装师生员工的头脑，指导人才培养的实践。先后在广大党员干部、师生中开展了"坚持和完善民主集中制原则""双思""学习'三个代表'重要思想""两个务必""增强纪律观念、自觉接受监督"等主题教育活动，2002年6月，路建美教授当选为党的十六大代表。11月，路建美向全校中层以上干部传达了党的十六大精神。

从2003年9月开始，在全校本科生中开设了邓小平理论和"三个代表"重要思想概论课程，在艺术学院、文学院的5个班级进行了开设"三个代表"重要思想概论课程的试点，并将党的十六大精神特别是"三个代表"重要思想贯穿于全校研究生政治课教学中，从而形成了系统、完整的讲授"三个代表"重要思想的教学体系。

在充分发挥课堂教学在大学生思想政治教育中主导作用的同时，校党委积极探索拓展新形势下大学生思想政治教育的有效途径，切实增强思想政治教育的针对性、实效性和吸引力、感染力。据不完全统计，2001—2005年，学校举办了大学生"三个代表"重要思想主题学习活动座谈会、研讨会、报告会、演讲会等80多次；建立了"学习'三个代表'重要思想"专题网站和学习专栏；先后组织10多支大学生小分队，利用暑假到全省各地宣讲"三个代表"重要思想。

校党委理论学习中心组围绕"三个代表"重要思想、科学发展观、宪法、党规党纪、构建和谐社会等内容开展了集中学习活动。在2003年5月省委组织部、省委宣传部等部门组织的学习检查评比中，校党委理论学习中心组获评"先进集体"。

2005年下半年，根据党中央在全党开展以实践"三个代表"重要思想为主要内容的保持共产党员先进性教育活动的部署，苏州大学开展了保持共产党员先进性教育活动。从8月20日动员大会到11月30日总结表彰大会结束，历时103天。以"提高党员素质、加强基层组织、服务师生员工、促进各项工作"为目标，坚持以正面教育、自我教育为主，坚持发扬党内民主，坚持领导干部带头。活动分为三个阶段。学习动员阶段：包括全面动员部署、搞好学习培训、开展保持共产党员先进性具体要求大讨论三个环节。分析评议阶段：包括深入查找问题、广泛征求意见、认真撰写党性分析材料、召开组织（民主）生活会、提出评议意见、通报评议意见六个环节。整改提高阶段：包括制定整改措施和整改方案、认真进行整改和公布整改情况三个环节。在师生员工对先进性教育活动的满意度测评中，群众满意度达99.6%。

二、强基工程

根据21世纪党建工作的新情况，校党委制定了《苏州大学教工党支部工作条例》和《苏州大学学生党支部工作条例》，要求各支部的设置尽可能与行政组织相对应，使各党支部建立在能够相对独立完成教学、科研、医疗、管理等各项任务的工作实体上，以利于党建工作与行政工作相互协调、相互促进。组织实施了以"增强凝聚力、战斗力、影响力"为主要内容的"强基工程"，整体提升各基层党组织的建设水平。各基层党组织按照"围绕中心、服务大局、拓宽领域、强化功能"的方针，与时俱进，不断改进工作方式，创新活动内容，严格组织生活制度，提高组织生活质量，扩大党的工作覆盖面，使党组织的工作更加贴近党员、群众的思想、学习、工作和生活。

全面推行分党委、党支部目标管理制度，在党支部、党员目标管理中期考核和民主评议党员工作中，把考核与评议相结合，开展创优争先评比，形成激励机制，着力营造学校党建工作百舸竞发、争创一流的氛围。2002—2005年，学校先后有1名党员被江苏省委评为"优秀共产党员"，2个基层党组织被省委教育工委评为"先进基层党组织"，4名党员被省委教育工委评为"优秀共产党员",2名党务工作者被省委教育工委评为"优秀党务工作者",6个基层党组织的党日活动获省委教育工委"最佳党日活动(方案)优胜奖"。

不断创新党员教育管理的新渠道和新载体,进一步弘扬主旋律,唱响正气歌。2005年,学校开展了"感动苏大"先进人物评选活动,评选出薛鸣球院士等身边的先进人物。该活动以其新颖的形式、广泛的参与性、深刻的教育性和较强的鼓舞性受到全校师生员工的欢迎。

党员发展工作方面,根据学校多校区办学和规模不断扩大的实际,按照降低管理重心的要求,校党委在保证质量、规范管理的前提下对全校29个学院级基层党组织的党员发展审批权限做了调整,同时相应健全了院系党组织发展党员工作责任制和责任追究制。制定了《关于加强在中青年骨干教师中发展党员工作的意见》,切实加大在青年教师特别是骨干教师、学科带头人中发展党员的工作力度,并于2003年扭转了教师入党人数下滑的趋势。制定了《苏州大学推荐优秀团员作为党的发展对象实施办法》,各级团组织向党组织推荐了10 335名优秀团员作为党的发展对象。

为推动高校"强基工程",从2003年开始,省委教育工委决定用2年时间对省部属高校的党建工作进行考核。2005年5月,学校顺利通过省委教育工委组织的党建工作考核。

三、干部队伍建设与党建创新发展

进入21世纪后,省委对学校领导班子进行了调整。2001年8月,江苏省委决定闵春发任苏州大学党委书记。8月23日,学校领导班子主要成员新老交替宣布大会在校本部学术报告厅举行,省委副书记任彦申,省委常委、苏州市委书记陈德铭,省委组织部副部长仇中文、省委教育工委副书记葛高林等到会。省委副书记任彦申就学校领导班子的调整工作做了重要讲话,他充分肯定了周炳秋7年来的工作业绩,并介绍了新任党委书记闵春发的有关情况。

加强干部队伍的培训与教育。党的十六大后,学校先后举办了3期学习十六大精神培训班及新上岗中层干部培训班、牢固树立和认真落实科学发展观培训班、党的十六届四中全会精神培训班,先后培训中层干部658人次。还举办了民主党派骨干培训班、离退休老同志学习党的十六大精神培训班、工会干部和离退休老同志学习党的十六届四中全会精神培训班;举办了以机关科职干部为主要对象的中青年干部培训班,加强了中青年干部队伍建设。

通过公开招聘方式,在全校范围内公开招聘教务处处长,选拔8名高层次人才到苏北地方政府挂职,3名科级干部到苏南乡镇政府挂职。从2003年开始,试行干部任前公示和试用期制度,在重要干部的选拔使用中试行征求党委委员意见并进行无记名测评的制度,在科职干部的使用中率先引入竞争机制,并全面推行机关部门和直属单位的述职测评制度,引导各级领导干部争做服务基层、服务师生、服务发展的标兵。推行党政互换、校系交流的制度,注重在党政干部之间、机关院系之间、院系之间,有计划地开展干部交流工作。推动干部年轻化,至"十五"后期,全校40岁以下的处级干部有56人,占处级干部总数的19%。

树立以人为本的办学理念,推进民主治校进程,制定了《苏州大学教职工代表大会暂行条例》和《苏州大学二级教代会实施细则》。学校重大决策,新校区建设、岗位设置与岗位津贴方案等重大事项都通过教代会充分听取教职工代表的意见。根据学校规模不断扩大、管理重心逐渐下移的实际,学校于1998年开始二级教代会的试点工作。"十五"期间,在校工会及各院系的共同努力下,全校所有院系均实行了二级教代会制度。

在2000年进行院(系)务公开试点的基础上,制订了《苏州大学院(系)务公开制度实施办法》和《苏州大学关于推行校务公开的实施意见》,于2002年在全校推行校务公开,提高了学校工作的透明度,强化了对领导班子工作的监督。2004年年末,学校2005年度工作计划向全校进行了公示。

党内民主建设方面,从2003年开始,学校试行了党委常委会的述职述廉制度。2004年,在党政职能部门正副职负责人、院系和附属医院党政正职负责人、党工委正副书记、校长助理的选拔中,试行征求党委委员意见制度。在新校区建设、后勤社会化改革、校内人事分配制度改革等事关学校发展的重大问题上,充分听取党委委员的意见,切实将全委会的职权落到实处。同时,在院系党委(总支)中开展了党务公开的试点工作。

启动"三室三心"工程,通过"不断改善教师实验室、限期解决教师工作室、合理设置教师休息室",努力营造"生活上安心、工作上顺心、环境上舒心"的良好氛围,教师能够潜心于教学、科研工作。在学校财务非常紧张的情况下,根据属地原则,首先兑现了离退休干部的地方津贴政策,并适度提高了退休人员的生活补贴发放标准,切实改善了离退休人员的生活待遇。2002年,学校进一步完善了与离退休老干部定期交流的制度。2002年3月,学校和有关部门领导在红楼会议中心召开了首次"学生议校"座谈会。2004年2月,学校举行面向全校学生的"新闻发布会",此后每月都举行一次新闻发布会。

推进党风廉政建设责任制的落实工作,抓好责任的分解、考核和责任追究,坚决执行中央和省委关于领导干部廉洁自律的各项规定。认真组织广大党员干部学习贯彻《中国共产党党内监督条例(试行)》和《中国共产党纪律处分条例》。2003年4月,省委教育纪工委对学校党风廉政建设责任制落实情况进行了检查,给予较高评价。

第二章 科学发展提水平（2006—2010）

2006—2010年是学校实施"十一五"规划的时期，也是学校加快发展，快速提高办学水平的一个历史时期。这一时期，学校以创建"国内一流、国际知名高水平大学"为目标，以"稳步发展重质量、突出重点强内涵、分类管理促活力、优化资源增效益"为方针，深入实施"质量兴校、人才强校、创新活校、特色名校"发展战略，一心一意谋发展，聚精会神搞建设，学校办学水平显著提升。

第一节 向"研究教学型大学"转变

2006年8月30日至9月1日，新一届领导班子到任后利用暑假召开了苏州大学发展战略研讨会。会议以"正确认识学校发展面临的机遇和挑战，科学谋划学校中长期发展战略"为主题，分析研究学校的战略定位、办学理念、发展瓶颈、外部开拓、基本战略选择、发展取向等重要问题。江苏省教育厅厅长王斌泰、校党委书记王卓君、校长朱秀林分别做了专题报告。朱秀林解读了"十一五"规划实施的五大战略：顺天时、乘地利、求人和的战略，人才强校的战略，坚持质量的战略，择优原则——突出重点的战略，合作融合的战略。经过三天的研讨，进一步明确了学校"十一五"期间乃至2020年的发展目标：加快实现从"教学研究型大学"向"研究教学型大学"的全面转变，为迈向研究型大学奠定坚实的基础。发展战略研讨会之后，全校上下都瞄准发展目标，根据各项战略措施的需要集中人力物力重点突破。战略管理的导入对学校的发展影响很大，此后每隔三年，学校都会召开发展战略研讨会。

2007年10月，中共苏州大学第十次代表大会召开。江苏省委常委、苏州市委书记王荣等出席大会开幕式并讲话。党委书记王卓君代表第九届党委做了"坚持科学发展，构建和谐校园，为建设国内一流、国际知名高水平大学而努力奋斗"的报告，党委副书记、纪委书记宋锦汶代表上届纪委做了"全面构建惩防体系，深入开展反腐倡廉，为学校改革发展与稳定提供有力保障"的报告。大会选举产生了新一届党委和纪委班子。王卓君为校党委书记，朱秀林、江涌、高祖林为副书记，高祖林为校纪委书记，王卓君、朱秀林、江涌、高祖林、殷爱荪、张学光、葛建一、路建美、田晓明、陈一星、江作军为党委常委。大会进一步明确了学校的奋斗目标，"十一五"期间要加快实现从"教学研究型大学"向"研究教学型大学"的全面转变，为迈向研究型大学奠定坚实的基础。到2020年左右，将苏州大学建设成为具有学科、区域和国际化特色的国内一流、国际知名高水平大学，成为区域内高水平创新人才培养、高新技术研究、高层次决策咨询的重要基地。

大会提出，十届党委要全面加强和改进学校党的建设，以党的建设成效保证学校改革发展与稳定各项工作的落实；要紧紧围绕"坚持科学发展、构建和谐校园"的主题，以人才培养为根本任务，以学科建设为龙头，以队伍建设为关键，以体制和机制创新为突破口，在更高起点上实施"质量兴校、人才强校、创新活校和特色名校"战略，积极探索具有苏州大学特色的规模、结构、质量、效益协调发展之路。第十次党代会后，学校迈入了加快发展的快车道。

经过一段时间的快速发展，学校的发展战略也需要适时进行调整。为做好"十一五"收官工作，更好地科学谋划学校"十二五"和中长期发展，2009年8月下旬，学校又用三天召开了第二次发展战略研讨会。会议以"正确把握形势和任务，加快建设高水平大学"为主题，对第一次发展战略研讨会以来的发展战略进行了调整，提出了学校"十二五"及中长期发展的五大战略："顺天时、乘地利、求人和战略，人才强校战略，质量强校战略，文化强校战略，国际化战略。"在这次战略研讨会上，学校提出要对前期战略做一些调整，如引进人才要从以前"好的都要"调整为"从需要的中间选更好的"；要重点培养和引进可以成为"杰青"和"大师"的青年学者；引进和培养一些战略科学家及未来新学科和新科技储备人才。会议进一步明确提出，通过10～15年的努力，将学校建设成为具有学科、区域和国际化特色的国内一流、国际知名的高水平大学，成为区域内高水平创新人才培养、高新技术研究、高层次决策咨询的重要基地，引领区域经济、社会和文化的发展，冲击全国高校前30强。

为促进向"研究教学型"大学转型,学校进一步优化学科资源,促进学科交叉与融合,分别于2008年1月和7月对医学、材料和化学化工学科的组织形式进行了调整,在医药相关学科的基础上,组建了医学部;在材料和化学化工学科的基础上,组建了材料与化学化工学部,同时组建了纺织与服装工程学院。医学部下设基础医学与生物科学学院、放射医学与公共卫生学院、药学院、护理学院、第一临床医学院、第二临床医学院、儿科临床医学院,以及直属的实验中心(教学、科研)和实验动物中心。为创新学科专业组织方式,学校于2008年6月成立教育科学研究院,专门从事教育学、心理学等学科研究生培养、科学研究及学校规划与政策研究,挂靠教育学院。2009年,在整合能源相关学科的基础上组建了能源学院。

在新一轮学科、院系设置调整工作中,注重服务社会,吸收社会资源,学校与一些大型知名企业合作共建了一批新学院。2007年12月,以原城市学院为基础,与苏州金螳螂建筑装饰股份有限公司共建"苏州大学金螳螂城市建设学院"。2008年5月,成立与苏州轨道交通公司共建的"轨道交通学院"。2009年1月,在新闻传播学院的基础上与香港凤凰传媒合作共建"苏州大学凤凰传媒学院"。2010年4月,与张家港沙钢集团合作共建"苏州大学沙钢钢铁学院"。2010年5月,"苏州大学商学院"更名为"苏州大学东吴商学院",同时冠名"苏州大学东吴证券金融学院"。

功能纳米与软物质(材料)实验室成立

建立和发展了一批科研重镇，如功能纳米与软物质（材料）实验室、现代光学技术（信息光学）研究所、唐仲英血液学研究中心（江苏血液研究所）、现代丝绸国家工程实验室、放射医学国家重点实验室（培育点）、免疫学研究中心、骨科研究所、神经科学研究所、软凝聚态物理及其交叉研究中心、金融工程研究中心、系统生物学研究中心、新药研发与安全评价中心、中国特色城镇化研究中心、苏南发展研究院、吴文化国际研究中心、红十字运动研究基地、国家体育总局体育社会科学重点研究基地等。

唐仲英血液学研究中心揭牌

现代丝绸国家工程实验室揭牌

为实现学校的发展目标和发展战略，学校与地方政府广泛进行合作。2006年12月，与苏州市签署了全面合作框架协议，苏州市与苏州大学在发展战略、科技与产业、人才工作和教育、重点建设与环境支持等方面进行了全面深入的合作。苏州下属各市（区）经济实力雄厚，发展强劲，学校也注

苏州市人民政府与苏州大学签署全面合作协议

重推进与其合作。2006年9月，学校与吴江市签订了全面合作协议；2008年5月，与苏州工业园区签署战略合作会议；2008年11月，与张家港市签署全面

合作协议；2009年6月与常熟市签订全面合作协议。学校还注重与苏南、苏北有关地方政府的合作。2008年与宜兴市签订全面合作协议；2009年9月与泗阳县签署战略合作协议。通过与这些地方政府的合作，苏州大学逐步走出了一条与地方同生共荣、协同发展的道路。

"十一五"期间，独墅湖新校区建设顺利推进，江南大学轻工业化学电源研究所整建制划转苏州大学；依法完成了独立学院的办学模式和出版社体制的改革。学校各项战略实施取得成效。人才强校，"大师＋团队"的师资队伍建设机制初步确立，一大批高层次人才引进来校，一批骨干教师成长起来；质量兴校，以优秀的成绩通过教育部本科教学水平评估，教育教学质量和科研水平显著提升；以"国际知名"带动"国内一流"的战略初见成效；创新活校、合作共赢，形成更加开放的办学格局。

第二节　坚持质量育人才

实施质量兴校战略首先体现在学校高度重视人才培养质量。全校本科在校生从"十五"期末的28 268人，控制为"十一五"期末的22 850人，本科生研究生比例从4.3∶1降为1.85∶1，比例趋向合理。学校坚持"育人为本"的教育教学理念，以教育部本科教学水平评估为契机，积极探索大众化教育背景下的人才培养模式，注重精英教育和素质教育，树立通识教育理念，努力培养能引领社会发展、适应时代需求、具有国际视野和竞争力的高素质人才。

一、以优秀的成绩通过第二轮本科教学水平评估

教育部在《2003—2007年教育振兴计划》中提出将实行五年为一周期的全国高校质量评估计划。苏州大学继2002年接受教育部第一轮本科教学水平评估之后，于2007年又接受了教育部第二轮本科教学水平评估，成为全国首家接受两轮教学评估的高校。

2006年年初，学校全面启动了迎接教育部本科教学水平评估的各项准备工作，并以此为契机，拨款1 000多万元启动了本科教学质量工程培育计划，包括专业建设、课程建设、教材建设、改善教学条件、加强师资队伍建设等11项本科教学质量工作。同时，多次对本科教学的日常运行状态进行专项检查，并及时进行整改。2007年1月，以南京工业大学校长欧阳平凯院士为组长、复旦大学原副校长孙莱祥教授为副组长的专家组一行16人来校进行本科教学咨询评估。

2007年4月，以中山大学原党委书记李延保教授为组长、云南财经大学校

长汪戎教授为副组长,由教育部和16所高校的领导、专家17人组成的教育部专家组,对学校本科教学工作进行了为期5天的评估考察。4月23日,朱秀林校长做了"全力打造一流本科教育,全面提高人才培养质量"的汇报。专家组对学校本科教学工作进行了全面细致的考察。4月27日,举行教育部本科教学工作水平评估专家意见反馈会。专家组高度评价了学校本科教学工作取得的显著成绩,充分肯定了学校的办学特色,并提出了积极的整改建议。2008年4月,教育部发文,苏州大学被列为本科教学工作水平评估优秀学校。

评估之后,学校认真落实教育部评估专家组提出的各项建议,拿出了扎实有力的整改措施和全面系统的整改方案。学校把2007年和2008年确定为本科教学工作质量年,以切实加强本科教学工作的领导和建设力度,深入实施质量工程,有力促进了教学改革的深化和教学质量的提升。

二、深入推进质量工程

在迎接评估及评估后的整改中,学校认真贯彻落实《教育部、财政部关于实施高等学校本科教学质量与教学改革工程的意见》和《教育部关于进一步深化本科教学改革全面提高教学质量的若干意见》等文件精神,充分认识一流本科教育对建设高水平大学的重要意义,大力实施质量工程,在专业、课程、教材、学生实践能力、教学团队、教学改革与研究及教学成果等方面加以重点建设。

专业建设。不断根据社会发展需求增设新专业:材料化学(2006年增设)、朝鲜语、网络工程、非织造材料与工程(2007年增设)、物流管理、信息资源管理(2008年增设)、德语、建筑学(2009年增设)、西班牙语、新能源材料与器件、纳米材料与技术、车辆工程、交通运输、物联网工程(2010年增设)。汉语言文学、纺织工程、档案学、物理学、软件工程、数学与应用数学、放射医学等专业先后被教育部批准为特色专业建设点。

课程建设。学校特别重视精品课程建设和双语课程建设。2007年,经省教育厅遴选,学校推荐国家精品课程5门,其中篮球、中国现当代文学、马克思主义哲学等3门课程被评为国家精品课程。法理学、数学分析与习题课、普通物理学、大学英语应用类课程、中文信息处理也先后被评为国家精品课程。电磁学、细胞微生物、医学免疫学等课程先后被批准为国家双语教学示范课程。29部教材入选教育部普通高等教育"十一五"国家级规划教材。

实验示范中心建设。2007年,物理实验教学中心被评为国家级实验教学示范中心;2009年,纺织与服装设计实验教学中心成为第二批国家级实验教学示范中心。"国际创意产业背景下的导师制艺术设计人才培养模式创新实验区"项目和"理工结合模式培养化学化工科技创业人才实验基地"先后获批国家人才培养模式创新实验区建设项目。

教学名师及团队。谢惠民教授主持的"数学基础课程群教学团队"被确定为2009年国家级教学团队。基础物理（实验）获批2010年国家级教学团队。"21世纪体育教育人才培养的研究"等3项成果获国家级教育教学成果奖。

为使本科教学质量工程落到实处，有力促进高素质人才的培养，学校从2008年开始全面推行完全学分制人才培养模式改革。其特点为：注重通识教育；按学科大类开展教学；优化课程内容，提高课程的综合化程度，压缩教学总学分；减少必修课程，增加选修课程，增设基于网络化的自主学习型课程，进一步拓展学生学习空间，提高学生自主学习的能力；改革实践教学环节，大力推动双语课程的教学。改革后，专业指导性教学计划采用课程平台结构体系，分为通识教育课程平台、大类基础课程平台和专业教学课程平台三大类。其中通识教育课程平台60学分左右；大类基础课程平台约占总学分的25%；专业教学课程平台（含实践教学环节及毕业论文/设计）约占总学分的37%，专业选修学分应占专业教学课程平台学分的30%左右。完全学分制是一项对学生管理、教学管理和师资水平等各方面提出更高要求的综合性、系统性工程。为配合完全学分制改革，学校从2007年8月开始实施暑期学术周制度。2008年开始按大类招生并组织教学；2010年开始对2008级按大类招生的学生进行分流。

重视大学生的创新型实践教育。2007年10月，印发《苏州大学"国家大学生创新性实验计划"实施办法及项目管理暂行规定》。"十一五"期间，学校在"挑战杯"等大学生课外科技活动中继续取得好成绩。2007年11月，在第十届"挑战杯"全国大学生课外学术科技作品竞赛中，学校总分位列全国高校第17名。2009年11月，在第十一届"挑战杯"全国大学生课外学术科技作品竞赛中，学校获特等奖1项、一等奖2项、二等奖3项，总分为全国高校第三，再度捧得"优胜杯"。2008年6月，在第六届"挑战杯"中国大学生创业计划竞赛中，学校3支参赛团体获一金一银一铜的好成绩，实现了参加全国创业计划竞赛获得金奖的历史性突破。2008年7月，学校首次组队参加第二届世界大专华语辩论赛并获冠军。

随着办学水平的不断提升，学校的体育工作也达到了一个新的高度。在全球瞩目的2008年北京奥运会上，学校获得了两金一铜的好成绩，其中，教育学院 2007 级硕士研究生陈艳青卫冕女子举重 58 公斤级的奥运冠军；体育学院 2006 级本科生吴静钰在女子跆拳道 49 公斤级的比赛中获冠军；体育学院 2008 级硕士研究生周春秀夺得女子马拉松比赛的铜牌。2008 年，国际奥委会主席雅克·罗格致信朱秀林校长，对苏州大学在 2008 年北京奥运会期间所做出的重要贡献表示感谢，对

奥运跆拳道冠军吴静钰

学校取得的优异成绩表示衷心祝贺。2009 年，学校获"全国群众体育先进单位"称号。

"十一五"期间，学校成人教育规模保持稳定，质量稳步提升，一批专业成为省品牌和特色专业，一些课程成为省成人高等教育精品课程。2007 年 3 月，学校被评为全国高等教育自学考试工作先进集体。

三、注重研究生培养质量

"十一五"期间，学校研究生教育的规模、质量、水平都有了长足的进步。在校博士生、硕士生分别从"十五"期末的 697 人、5 907 人（其中专业硕士 1 757 人）增长到"十一五"期末的 1 074 人、11 274 人（其中专业硕士 4 700 人）。2010 年，学校授予博士学位 234 人，授予硕士学位 2 249 人。"十一五"期末，学校已拥有 20 个博士后流动站、6 个一级学科博士学位授权点、85 个博士学位授权点（含自设专业）、1 个一级学科专业学位博士点、209 个硕士点（含自设专业）及 21 个专业学位硕士点。这一时期，专业硕士教育发展很快，新增一批专业硕士学位授权点，如金融、应用统计、税务、国际商务、应用心理、新闻与传播、药学、会计等；一些专业拓宽了领域，如农业推广专业学位点新增"渔业"培养领域。

重视研究生培养质量的提升，学校将 2008 年和 2009 年定为研究生培养质量年。2008 年，学校加强了研究生的教学过程管理和质量监控，开展研究生学位论文盲审工作。2009 年 5 月，建立苏州大学研究生教育质量工程指导委员会，负责督导研究生教学工作和学位工作、参与研究生工作评估、开展调查研究，定期发布《苏州大学研究生教育质量工程指导委员会工作通讯》。在标志着研究生培养质量的全国优秀博士论文评选中，继续取得较好成绩。为提高研究生培养质量，学校还积极推进研究生培养国际化工作，学校和国家留学基金委加强合作，从 2007 年开始，积极推荐研究生参与"国家公派留学生专项"。

苏州大学导师学院成立仪式暨首期导师培训班开学典礼

2009年，学校成为第二批"国家建设高水平大学公派研究生项目"高校。

提高研究生培养质量，导师是关键。2009年，制定了《苏州大学学术性学位研究生导师任职资格审核办法》《苏州大学专业学位研究生指导教师评聘办法》等，规范博、硕士生导师的增列和认定工作。2010年10月，出台《苏州大学关于博士生导师上岗招生的实施办法》，对导师的科研活力和学术水平提出了更高的要求，并明确了科研经费方面的要求，理工农医类导师经费不少于12万，人文社科类导师经费不少于3万。2010年11月，学校在国内率先成立"导师学院"。"导师学院"以服务教师成长、提高研究生培养质量为目标，借鉴学习国内外大学教师培训与管理的先进经验，将学院建设成为传播新思想、介绍新知识、探讨新问题、交流新成果、弘扬新文化的"学术家园"。

大力加强研究生创新工程建设，制定《研究生教育创新平台项目实施和管理办法》，建立2个省级"研究生创新与学术交流中心"、10个研究生教育创新平台，资助额度为300万元。"十一五"期间，在江苏省研究生培养创新工程建设中，学校获得优秀研究生课程10项、博士研究生科研创新计划144项、博士研究生学术论坛4项、优秀博士论文28篇、优秀硕士论文58篇、研究生教育教学改革研究与实践重点课题15项。

深化校企合作，建成一批"企业研究生工作站"。学校积极参加"江苏省企业研究生工作站"建设，推动产学研联合培养研究生工作的开展。2009年，首批建成8个"企业研究生工作站"。2010年1月，又有6个"企业研究生工作站"得到认定。

第三节 "顶天立地"的科学研究

一、学科建设的新进展

2006年上半年，学校顺利通过了"十五""211工程"整体验收。2006年

7月，马克思主义哲学等22个学科被评为"十一五"期间江苏省重点学科。同年，学校召开重点学科建设推进会，全面部署"十一五"国家重点学科的评估遴选、校级重点学科的建设等工作。

2007年，纺织工程、外科学（骨外科）被增补为"十一五"国家重点学科，学校的国家重点学科数量名列全国地方高校前茅。2007年下半年，整合国防特色学科专业优势，设立军工保密办，开展军工保密资格认证工作。学校血液研究所通过卫生部重点实验室验收。2007年8月，人事部、全国博士后管委会批准苏州大学的体育学、历史学、物理学、光学工程、材料科学与工程、纺织科学与工程等6个学科设立博士后科研流动站。

2008年，学校完成"211工程"三期建设项目规划编制、论证及经费下拨工作，召开了"211工程"三期建设动员大会暨重点学科建设推进会，成功申报了中国语言文学、化学、光学工程、纺织科学与工程、基础医学、临床医学等6个省级一级学科重点学科。

2009年，学校编制完成了《苏州大学学科建设调研报告》，召开了苏州大学"211工程"项目和重点学科建设情况汇报会并完成反馈工作。2009年1月，教育部学位与研究生教育发展中心反馈苏州大学第二轮学科评估结果，学校参评的33个学科中，艺术学、数学、马克思主义理论、纺织科学与工程等4个学科处于前1/3，参评学科平均分66.39。反映了苏州大学学科门类齐全，总体实力较强，但缺乏顶尖学科的现实状况。

至"十一五"期末，学校拥有国家重点学科4个，一级学科博士点6个，博士后流动站20个，博士学位授权点85个。

二、科研发展的"顶天立地"战略

学校确立了"顶天立地"的科研发展战略。所谓"顶天"，即面向国际科学研究前沿；所谓"立地"，即服务地方经济社会发展需要。

学校积极组织申报国家自然科学基金等项目，项目数每年都有较大幅度增长。2006年，获国家自然科学基金资助项目40项，获资助总经费1 108万元；2007年，获基金资助项目44项；2008年，获资助项目68项；2009年，获资助项目87项；2010年，获资助项目176项，总经费6 165万元。

"十一五"期间，学校自然科学各学科共承担国家级科研项目481项，主持"973"子项目3项，主持"863"项目9项，主持国家自然基金重点项目10项，被SCI（E）收录论文1 346篇，专利受理628项，授权243项。唐人成教授"大豆蛋白复合纤维纺织染整关键技术研究及产品开发"获2007年国家科技进步二等奖。沈振亚教授与中国医学科学院合作完成的"成体干胞生物学特性与规模化制备技术"获2009年度国家技术发明奖二等奖。2006年11月,陈林森教授获中国发明最高奖项"发明创业奖"。

进一步理顺重点实验室的管理体制,加强了重点实验室建设。2006年,"血液学重点实验室"成为卫生部重点实验室,"放射与防护重点实验室"申报了国防重点学科实验室。2007年,"血栓和止血实验室"成为卫生部重点实验室,"先进光学制造技术实验室"成为江苏省重点实验室,"数码激光成像与显示工程研究中心"成为教育部工程研究中心。2008年,江苏省首家、也是国内丝绸行业唯一的国家工程实验室——现代丝绸国家工程实验室落户苏州大学,这是学校国家级创新平台的重大突破。5月,学校立足于传统优势学科血液学,成立了"唐仲英血液学研究中心",目标是成为国家级重点实验室,并最终建成集血液学基础研究、诊疗为一体的亚洲一流、国际领先的血液学研究中心。6月,学校组建了李述汤院士领衔的"功能纳米与软物质(材料)实验室",实验室甫一组建,团队效应就已显现,多篇"亮点"论文在国际权威刊物上发表。同年,"国家化学电源产品质量监督检测中心"落户学校;学校与江苏省体育科学研究所联合申报的"机能评定与体能训练实验室"为首批国家体育总局重点实验室。2010年,干细胞与生物医用材料重点实验室成为国家重点实验室培育基地。

产学研结合服务地方经济建设。2006年开始,学校贯彻江苏省高校科技创新大会精神,采取有效措施探索具有苏州大学特色的产学研创新发展之路。积极调整办学经费支出结构,落实各项科技专项经费,加大为地方经济建设服务的力度,在苏州市政府的协调下,先后与苏州工业园区、苏州高新区、苏州市沧浪区、吴江区,以及张家港市等地方政府、企业签订全面合作协议,共建产学研基地。

苏州大学科技园揭牌仪式

2007年7月,苏州大学科技园成立,分为科技创业园和科技产业园两块,分别建在苏州市沧浪区和吴江市。2008年苏州大学科技园入驻企业达50余家。2009年6

月，学校与苏州工业园区共建节能技术研究所。2009年9月，苏州大学科技园通过省级科技园评估验收，成为苏州首家省级大学科技园。之后，学校与苏州工业园区管委会签订合作共建"苏州大学科技园（园区）"协议。2010年1月，科学技术部、教育部正式发文认定苏州大学科技园为国家级大学科技园。

为促进科研成果转化，2008年7月，学校成立苏州苏大技术转移中心有限公司。2009年3月，成立苏州苏大科技投资管理有限公司，8月成立苏大金螳螂建筑设计有限公司，10月成立苏州天立蓝环保科技有限公司，12月成立苏州大学科技园有限公司。2010年，苏大技术转移中心获"2010年中国产学研合作促进奖"，科技创业孵化中心被认定为省级高新技术创业服务中心。学校与张家港等4个地方政府合作共建了技术转移分中心，与连云港等4个地方政府合作共建了适合地方产业特点的研发平台。

对原有的校办企业进行了改制。2006年，学校对印刷厂、特种化学试剂公司等8家企业进行了资产评估和审计。2007年，关闭注销了苏大印刷厂、苏州大学沧浪宾馆、苏大纺织仪器厂等校办企业，相关资产全部划转到学校投资的全资公司——江苏苏大投资有限公司。将苏州大学特种化学试剂公司、苏州中核华东辐照有限公司等股权划转江苏苏大投资有限公司。2009年，学校完成苏州神华电池科技有限公司的清产核资、债权债务清理和工商注销等工作。2009年11月，新闻出版总署批复同意苏州大学出版社变更为苏州大学出版社有限公司（简称"苏州大学出版社"）。2010年1月，苏州大学出版社有限公司被列为江苏省第一批省属转制文化企业。

"十一五"期间，在服务国防科技工业方面取得了新的成绩。2006年10月，军工保密认证工作动员大会召开。2007年1月，顺利通过由省国防科工办、省保密局组织的军工保密资格审查认证。同年2月，《苏州大学军工质量管理程序设计》《苏州大学军工质量管理手册》等规章制度出台。10月，学校通过了国防科工委"武器装备科研生产许可证认证"现场审查专家组的现场审查。2008年3月，江苏省国防科工办领导代表国家国防武器装备科研生产单位保密资格审查认证委员会授予苏州大学军工科研生产"二级保密资格单位"的铜牌和资格证书。

人文社会科学研究。学校积极贯彻落实中共中央、教育部和江苏省关于进一步繁荣发展哲学社会科学的一系列文件精神，新设人文社科处并召开了首届人文社科大会，以推动学校人文社会学科的新发展。

积极组织申报各类科研项目，特别是国家级项目。2006年，获国家社科基金项目 7 项,其中重点项目 1 项。"地方政府改革与深化行政管理体制改革研究"课题获教育部哲学社会科学研究重大课题攻关项目资助,1 个项目获国家社科基金项目优秀奖。2007 年,获国家社科基金项目 17 项;2008 年,获国家社科基金项目数与 2007 年持平;2009 年,获国家社科基金项目 15 项;2010 年,获国家社科基金项目数大幅增长至 24 项。

2009 年 3 月,中国人民大学书报资料中心公布 2008 年度《复印报刊资料》全文转载量排名,苏州大学 2008 年度被全文转载文章 108 篇,排名 21 位,比 2007 年度的排名 24 位有所提升,位居江苏高校前三名。2010 年度《复印报刊资料》转载学术论文指数排名,学校位列第 24 名,综合指数位列 23 名。

苏州大学首届人文社科大会

2009 年 4 月 16 日,经教育部批准,教育部人文社会科学重点研究基地苏州大学"中国农村城镇化研究中心"更名为"苏州大学中国特色城镇化研究中心"。苏大人文社科注重为地方经济社会发展服务,与苏州市委、市政府有关部委办局合作举办了一批专门研究机构。2009 年 4 月,苏州基层党建研究所获中央组织部党建研究所重点课题"党管干部农村工作若干问题研究"子课题立项。

"十一五"期间,学校人文社科各学科承担国家社科重大招标项目 3 项,重点项目 5 项,教育部重大招标项目 1 项;出版著作 811 部,在一类期刊发表论文 259 篇,CSSCI 论文 1 936 篇。吴文化研究基地、苏南发展研究院入选江苏省哲学社会科学研究基地,国家体育总局机能评定与体能训练重点实验室获批为国家体育总局重点实验室。2007 年 4 月,人文社科处获教育部社科研究管理先进集体称号。

三、师资队伍建设的"大手笔"

从教学研究型大学向研究教学型大学转化的关键在于提高师资队伍建设的水平。"十一五"期间,学校加大师资队伍建设的力度,积极探索"学术大师+创新团队"的队伍建设模式,从海内外广泛引才的同时,注重本校中青年骨干的培养，师资队伍建设的水平迈上了一个新的层次。

人才引进。2006年，学校开始探索"学术大师+创新团队"的队伍建设模式，聘任著名艺术理论家张道一为艺术学院院长，先后启动了"衰老与神经疾病研究实验室"和"围产医学生物学研究"创新团队发展计划。从2007年开始，学校加大了人才引进的力度，当年引进和招聘高层次人才136人，其中有国务院学科评议组成员、特聘教授和国家级教学名师等，引进、组建了7个科研团队。2008年，学校调高人才引进的门槛，确立了"有选择性引进、有计划性培养"的师资队伍建设原则，重点延揽海外高层次人才，加大高水平人才的培养力度。引进了著名纳米与光电子材料学家、中国科学院院士李述汤教授，组建功能纳米与软物质（材料）实验室。2009年，通过在《科学》等国际顶尖刊物上刊登招聘广告等方式，引进了熊思东、镇学初、孙立宁等"长江学者""国家杰出青年基金获得者"和中组部"千人计划"入选者等高层次人才。

"十一五"期间，国家出台了"千人计划"，这是国家层面海外高层次人才引进计划的简称，重点围绕国家发展战略目标，在国家有关部门、地方分层次、有计划地引进一批能够突破关键技术、发展高新技术产业、带动新兴学科的战略科学家、科技创新创业领军人才和青年人才。2009年6月，教育部开始在高校中启动这项工作。9月，功能纳米与软物质（材料）实验室廖良生教授入选国家"千人计划"。

培养本校骨干教师。学校在"十五"期间成功实施"博硕士工程"的基础上，以进一步提高教师学历层次为目标，重点实施"博士化工程"，鼓励教师到国内外重点高校攻读博士学位。同时，参照引进人才的规定，对通过在职培养取得博士学位的教师提供一定的科研启动费或项目资助费，并按学校规定直接领取购房补贴。2007年1月推出"东吴学者计划"，资助校内有较大潜力，近年来取得创见性或创造性的研究成果，并在学术界有一定影响的专任教师及专职研究人员。2008年5月，学校启动"东吴学者计划"首批高层次人才项目资助工作，陈林森等10名优秀中青年学者获项目资助。2009年，启动"东吴学者计划"第二批高层次人才项目资助。

2006年，阮长耿院士当选中华医学会血液学分会第七届委员会主任委员，这是江苏省担任中华医学会各专业分会主任委员的第一人。2007年9月，王家宏被授予"全国模范教师"。2009年1月，王家宏、陈国强、杨惠林被聘为国务院学位委员会第六届学科评议组成员。

转变用人观念，充分挖掘现有资源，在教师队伍建设中引入成本观念，重视用人的成本核算，促使现有人才保值、增值，力争以最小的用人成本取得最大的办学效益。2006年9月，学校印发《关于"十一五"期间加强教师队伍建设的若干意见》，对于师德高尚、业绩显著、为人正派、身体健康的部分教授，根据工作需要可适当延长退休年龄。10月，学校决定对处级女干部和女性高级专家退休政策做适当调整。2008年，根据实施情况又进行了微调。

为合理配置人才资源，切实提高学术水平和教学质量。经上级主管部门授权，从2006年开始，学校按照"分步实施，有序推进"的原则推行了教师职务聘任制试点工作。在教师的岗位设置、聘任条件、岗位职责、聘任组织、聘任程序及聘任管理和考核六个方面进行了规定和调整。2007年6月，出台《苏州大学关于实行人事代理等用人制度的暂行办法》。2009年，开展了岗位设置与聘用制度改革工作，对全校在册在岗事业编制和实行人事代理制的教职工进行了岗位聘用。

人才强校战略初显成效，人才队伍质量明显提升。至"十一五"期末，学校拥有中国科学院院士、第三世界科学院院士1名，中国工程院院士3名，国务院学科评议组成员5名，教育部"长江学者"特聘教授4名，国家杰出青年科学基金获得者7名，中组部"千人计划"人选2名，"百千万人才工程"国家级人选3名，教育部新世纪优秀人才支持计划入选者6名，国家级教学名师1名，全国模范教师3名，全国优秀教师3名，省部级创新团队4个。教师队伍结构更加合理，具有高级职务的教师占比从"十五"期末的50.3%上升到56.6%，具有博士学位的教师占比从"十五"期末的21.2%上升到47.5%。

第四节 实施以国际知名带动国内一流战略

"十一五"期间，学校首次将国际化战略上升到学校发展重要战略的高度，采取各种措施，推进对外开放，提高办学国际化水平，开始构建面向世界的人才培养和学术交流体系，通过与世界高水平大学的实质性合作带动学校办学水平的提升。

"十一五"期间，学校先后与美国佐治亚州立大学、美国阿克隆大学、美国德州大学休斯敦医学中心、日本明治大学等38所高校和科研机构签订合作交流协议，与19所港澳台地区大学建立了友好合作关系。先后派遣350名教职工和160多名学生出国（境）参加学术交流、学习深造。学校获"2009—2010年度江苏省教育国际合作先进学校"称号。

积极推动学生国际交流。学校除通过中美"1+2+1人才培养计划"外，还开发了一些层次更高的校际合作新项目。从2006年起，学校先后与美国马里兰大学、英国兰开夏大学合作开设了"社会工作""护理专业"学士学位课程项目，与新加坡国立大学合作开设了"3+2"本科、硕士合作项目。2006年7月，学校与印度国家信息学院签订培养本科软件人才合作协议。2008年，学校与韩国又松大学签订城市轨道交通专业"2+2"双学位项目。研究生层面，除与新加坡国立大学的合作外，还与英国贝尔法斯特女王大学签订联合培养高分子材料硕士的合作协议。2009年，教育部批准苏州大学为"国家建设高水平大学公派研究生项目"高校，系最早进入该项目的地方大学。

积极发展留学生教育。2009年9月，教育部同意学校成为接受中国政府奖学金生的高校，这为学校来华留学生教育规模与质量的提升提供了很大的助力。2010年3月，学校举行首届西医留学生毕业典礼。"十一五"末，学校留学生达1 359人，其中接受学历教育者1 260人。学校荣获"江苏省2009—2010年度来华留学生教育先进集体"称号。

2007年5月，学校与美国波特兰州立大学合作建设的"孔子学院"在波特兰州立大学成立。该院以汉语教学为载体，为宣传中华传统文化，加强中外交流与合作，搭建了平台。

美国波特兰州立大学孔子学院开院典礼

积极筹建老挝苏州大学。应国家开发银行邀请，苏州工业园区决定承担万象新城的开发建设，并提供融资支持。苏州工业园区从万象新城结构布局和综合发展考虑，邀请苏州大学加入，在万象新城建设一所高等学校。苏州大学积极呼应，走出国门，创办老挝苏州大学，成为中国高等教育走出去的先行者。

2007年9月，苏州大学第一次派代表团访问老挝，对建设老挝苏州大学可行性开展调研。2008年5月，苏州大学设立老挝代表处，启动老挝苏州大学筹建工作。9月，我国首批老挝留学生开学典礼在校本部举行。2009年4月，应老挝教育部长之邀，朱秀林校长率团访问老挝。是年10月，先锋木业（老挝）有限公司与学校就联合在老挝创建"老挝苏州大学"签订协议。2009年1月，苏州大学取得老挝国家投资与计划委员会颁发的老挝苏州大学设立许可证。

2010年，老挝苏州大学项目获老挝政府的批准。同年11月，国务院学位委员会批准苏州大学授予老挝国家主席朱马利和总理波松名誉博士学位。

2009年1月，学校召开教育国际化战略研讨暨工作会议，围绕"以国际知名带动国内一流"的发展战略展开研讨。为深入推进国际化，提高管理干部的国际视野，2008年7月19日至8月18日，学校首批处级干部18人在美国马里兰大学进行了为期一个月的学习培训，并考察了哈佛大学、麻省理工学院等名校。2010年暑期，学校在美国马里兰大学举办第二期中层管理干部海外研修班，部分院系、部门的主要负责人参加了研修。为加快推进国际化战略的实施，2010年学校聘任了国际交流专员，13个学院和部门19位专家、教授被聘为学校首批国际交流专员。

第五节 规模已具的新校区建设

一、新校区建设及校园基本建设

"十一五"期间，学校加快建设独墅湖新校区，拓展办学空间，有效整合了校园周边土地资源，校舍面积从"十五"末的109.68万平方米增至"十一五"后期的155.8万平方米。

2006年，学校完成13.15万平方米新校区建设工程。2007年，完成了新校区第二批用地的规划及老校区用房的调整工作，新建完成文科综合楼项目、新校区第二批学生宿舍项目，建筑面积计12.4万平方米，独墅湖校区炳麟图书馆获2007年度中国建筑工程"鲁班奖"。2008年，完成独墅湖校区一期二批建设用地手续，竣工验收房屋建筑面积13.1万平方米，运动场地3万平方米。天赐庄校区物理院士实验楼及信息电子楼投入使用。2009年，独墅湖校区及校本部总计在建项目建筑面积达13.2万平方米，本部物理电子楼、云轩楼、金螳螂建筑与城市环境学院大楼、独墅湖校区材料大楼2、3、4号楼等项目按期竣工验收，并完成3.6万平方米绿化工作。2010年，完成博物馆、轻工机械厂一期学生宿舍等项目7万平方米基本建设，新增2.45万平方米面积绿化，积极推动苏医新村一区等纳入苏州市老新村改造项目；启动了由香港爱国人士朱恩馀先生捐资的"恩玲学生活动中心"建设。

"十一五"期间，学校对校园周边土地资源进行整合。2007年3月，学校与苏州市工业投资发展有限公司签订苏州轻工机械总厂房地产划拨协议。2009年9月，与苏州创元投资发展（集体）有限公司签订苏州轻工机械总厂房地产划拨补充协议。根据中央机构编制委员会办公室《关于江南大学轻工业化学电源研究所划转苏州大学管理的批复》和《教育部关于江南大学轻工业化学电源研究所事业编制划转苏州大学的通知》，江南大学轻工业化学电源研究所整建制划转苏州大学。

江南大学化学电源研究所整建制划转苏州大学签约移交仪式

二、公共服务体系建设

"十一五"期间，学校投入大量资金改善和加强实验室、图书和校园网络建设。学校固定资产总值、仪器设备总值、图书馆藏书量分别从"十五"末的7.9亿元、2.8亿元和348.2万册增长至"十一五"后期的18亿元、6.1亿元和421.7万册。

2006年，学校加快数字化校园和数字化图书馆、档案馆建设，为博、硕导邮箱扩容，构建教学、科研实验室和大型仪器设备共享中心的三大平台。2007年，加大了仪器设备和图书购置等公共服务体系建设方面的投入，全年采购图书10万册，订购电子文献300万元，配置数据库50个，采购设备6 386万元，为教学、科研提供了有力支撑。完成宽带网进宿舍工程，实现了独墅湖校区的"校园一卡通"。2008年，采购图书9.5万余册，新增电子学位论文、随书光盘、多媒体信息资源等数据2 500 G。采购仪器设备6 000多万元，其中进口仪器设备285台（件），为学校减免进口设备税金545万元。2008年，图书馆入选首批50个"全国古籍重点保护单位"。2009年，完成9万余册图书采购、验收、编目，中外文期刊2 600余种；采购8 070多万元的仪器设备，其中进口仪器设备577台（件），有力保障了教学、科研工作。

初步制定了信息化建设规划，积极整合各部门信息资源，着手实施统一数据平台、统一门户、统一身份认证的工作，并对管理流程进行再造。办公系统升级改造，英文网站上线试运行，"校园一卡通"系统功能得到更大扩展。2010年，建成学生宿舍门禁系统，"苏大通"系统应用领域得到较大拓展，学校网站获评"第四届全国高校百佳网站"。

三、办学资金筹措及财务管理

在事业蓬勃发展而财力相对紧张的情况下,学校按照"量入为出、突出重点、统筹兼顾"的原则,科学编制经费预算,依法多方筹措资金,不断优化资金使用结构,努力提高资金使用效益。

"十一五"期间,学校积极与国家发改委、财政部、教育部,省财政厅、教育厅等部门沟通,与各商业银行联系,宣传学校改革发展的成绩和面临的困难,力争得到更多支持,取得各项教育事业类收入18.4亿元,其中包括省属高校化解基本建设债务专项补助经费、中央与地方共建项目专项资金、中央支持地方高校发展专项经费、高等学校重点实验室建设经费、优势学科建设专项资金和银行贷款等。2008年,学校债务化解工作取得重大进展,获得专项补助金额列省属高校首位。学校的科研收入、教育事业收入和教育发展基金会公益捐赠等,也都为学校基本建设和各项事业的正常运行提供了保证。

进一步加强发展工作,特别是董事会、基金会、校友会工作,为学校发展提供了有力支持。2006年9月,学校印发《关于苏州大学董事条件及权益的暂行规定》等7个董事会、校友会工作文件。同年12月,召开苏州大学董事会二届一次会议暨苏州大学教育发展基金会成立大会。校董事会董事长王荣为138位新一届董事会成员颁发了聘书和纪念铜牌,名誉董事长陈焕友等为苏州大学"董事之家"揭牌;校董事会名誉董事长杨晓堂和名誉董事顾浩共同为"苏州大学教育发展基金会"揭牌。

2007年6月,学校对苏州大学校友会理事进行调整,雷洁琼、孙起孟、李政道、谈家桢任名誉会长,朱秀林任会长;王卓君任苏州大学教育发展基金会理事长。

2009年12月,召开校董事会三届一次会议,蒋宏坤任第三届校董会董事长,荣誉董事长陈焕友为蒋宏坤颁发聘书。董事会作为联结学校与社会的桥梁和纽带,为苏州大学事业注入新的生机,增添新的活力。董事们发挥自身优势广泛参与办学活动,不仅出资出力,为学校各项事业的发展提供物质支持,而且为学校人才培养、科技创新、社会服务、文化建设等献计献策、贡献智慧,并在诸多领域开展了密切的合作。学校积极利用董事会这一平台,充分发挥学科、专业和人才的优势,大力推进办学体制改革、产学研结合和科技成果转化,主动为董事单位人才培养、技术创新、项目研发、决策咨询及重大创新载体建设等提供支持和服务。2007年12月,校教育发展基金会通过了江苏省第一批基金会捐赠税前扣除资格认定。

"十一五"期间,学校发展较快,资金压力巨大。在资金投入方面,学校围绕中心工作,除保证日常人员支出和公用支出外,对重点项目的支出予以保证。进一步完善了经费预算管理,推进了财务管理信息化。针对多校区办学的实际情况,在原有无现金报账系统的基础上,开发公务卡报账系统,在省内高校中率先推行公务卡结算方式;开发并投入使用薪酬网上申报发放系统、学生收费信息查询系统。进一步规范收费工作,成功申报首批"教育收费规范高校"。

2010年5月18日,学校隆重举行苏州大学建校110周年庆典。李岚清、陈至立、蒋树声、孙家正等为苏州大学110周年校庆题词,张梅颖、梁保华、陈德铭、罗志军等发来贺信。全国人大常委会副委员长严隽琪在庆典上致辞,全国人大常委会委员、民进中央副主席朱永新代表校友发言。国家有关部委、江苏省委省政府领导,省有关部门和各地级市、苏州市有关部门和各市区领导,兄弟院校领导,金融机构、医疗系统负责人,境内外知名友好人士,董事会董事,以及校友、师生代表等2000余人参加了庆典。校庆日当天还举办了

苏州大学建校110周年庆典

与全国最大的民营钢铁企业江苏沙钢集团合作共建的苏州大学沙钢钢铁学院揭牌仪式、校友代表会议暨母校与地方经济社会发展研讨会、纪念邮资明信片首发式、大型文艺晚会《荣耀·梦想》等活动。校庆期间还举办了第二届中加先进材料会议、第四届新型金刚石与纳米碳材料国际学术研讨会等高层次学术活动。110周年校庆取得圆满成功，校庆庆典在央视新闻联播和中央人民广播电台播出，新华网全程报道，15家省级以上媒体深度报道。

学校以110周年校庆为契机，积极筹集办学资金，先后出台了《捐赠管理办法》《捐赠奖励办法》等一系列文件，并建立了4个新的捐赠平台，发布了"校庆捐赠倡议书"等捐赠资讯。校庆前后，学校筹集办学资金逾亿元。

第六节 践行科学发展，建设和谐校园

一、坚持和完善党委领导下的校长负责制

"十一五"期间，党委领导下的校长负责制得到较好坚持，学院（部）党政共同负责制和基层组织建设得到加强，校院两级班子建设富有成效，提升了领导科学发展、建设高水平大学的能力。

2006年6月30日，召开全校干部大会，宣布省委关于苏州大学领导班子调整的决定，省委常委、省委宣传部部长孙志军到会并代表省委讲话。原南京工业大学党委书记王卓君调任苏州大学党委书记，原苏州大学副校长朱秀林任苏州大学校长。原党委书记闵春发调任南京邮电大学党委书记，原校长钱培德任正校级调研员。路建美任副校长。2007年7月，江涌任副校长；9月，田晓明、陈一星任副校长。

为更好贯彻党委领导下的校长负责制，2006年，学校出台了《党委会议议事规则（试行）》《行政会议议事规则（试行）》《处级党政干部选拔任用条例》等，充分发挥党委政治核心作用。2010年，学校认真贯彻落实《江苏省高等学校贯彻党委领导下的校长负责制的若干规定》等文件要求，认真对照梳理现行的党委会议议事规则、行政会议议事规则，制定了《苏州大学党委全委会、常委会和校长办公会议事规则（试行）》，进一步理顺了党委领导、校长负责、民主管理、依法办学、群众监督的关系，为贯彻执行民主集中制和党委领导下的校长负责制提供了制度保证。

"十一五"期间，校党委通过战略研讨会等形式统一干部、党员和广大师生的思想；逐步推行党支部公推直选工作，党内民主进一步发展；加强了基层组织建设和党员的教育管理工作，支部建设更具活力，党员队伍建设更富生

机;干部队伍建设特别是干部培训取得重要进展;组织开展了师德建设专题教育活动和师德建设月系列活动,师德师风得到进一步改进和提升;召开全校学生思想政治教育工作会议,大学生思想政治教育得到进一步改进和提升;开展丰富多彩的校园文化活动,大学文化建设得到加强和提高;党风廉政建设成效明显;健全了校院两级教代会制度,充分发挥工会、团委、学生会、研究生会等群众组织在学校事业发展中的重要作用;切实做好统一战线和离退休工作,和谐校园建设初见成效。

2009年3月至7月,学校开展深入学习实践科学发展观活动。紧扣"坚持科学发展,建设高水平大学"的主题,把学习实践科学发展观活动作为推动学校新一轮科学发展的重要契机,组织全校35个党委、党工委,495个党支部的12 890名党员,严格按照"三个阶段、六个环节"的步骤,规范而富有特色地开展活动。作为全省高校学习实践活动9所示范建设的高校之一,学校的学习实践活动得到了省委、省委教育工委的充分肯定。2009年5月,苏州大学党委作为全省唯一的高校代表在省委工作会议上就深入开展学习实践科学发展观活动做了大会交流发言。

苏州大学深入学习实践科学发展观活动动员大会

苏州大学思想政治教育工作会议

二、以科学发展观武装师生

2006年以来,校党委以党的执政能力建设和党的先进性建设为重点,切实加强党的思想建设和理论武装。坚持从"学理论、议大事、把方向、出思路、建班子、求发展"的高度,认真探索和巩固思想政治教育和理论学习工作的长效机制,抓好校、院(部)两级中心组学习和教职工双周三政治学习。

党的十七大后,校党委立即组织开展全校性的党的十七大精神学习活动。组织包括3名校领导在内的15位教授组成的党的十七大精神报告团,为全校师生和校外有关单位做辅导报告近80场,并充分利用网络宣传党的十七大精神,通过组织党的十七大精神进课堂、进社区、进街道等多种方式加强思想政治教育。

2007年8月,学校在常熟举办以"解放思想、统一思想、加强党建、推进和谐、力促发展"为主题的党建工作研讨班,统一全校干部的思想。

2008年,在学习贯彻十七大精神的同时,通过纪念改革开放30周年系列活动、师德建设专题教育等主题,以理论学习报告团、轮训班、研讨会、座谈会、图片展、文艺演出等形式,进一步激发和凝聚了全校师生解放思想、深化改革、加快发展的共识和愿景。通过"师德建设月"系列活动,围绕"立师德,正师风,铸师魂,促和谐"的主题,制定了《苏州大学教师职业道德规范(试行)》,进一步巩固了师德建设的成果,在全校范围内进一步营造"德高为师、行为世范"的良好风尚。是年,学校荣获"江苏省高校思想政治教育工作先进集体"称号。

2009年、2010年,深入学习实践科学发展观,校党委以科学发展观武装广大党员和干部。结合学校第二次战略研讨会及"十二五"和中长期发展规划编制工作,通过调研会、务虚会、座谈会、研讨会等形式,充分发扬民主,集思广益,广大师生将科学发展观的学习理解与凝心聚力、共谋学校发展相结合。加强了外宣工作,成立新闻中心,设立新闻发言人,完善了新闻发布制度,有效统筹和整合了对内宣传和对外宣传。

积极贯彻落实马克思主义理论课和思想品德课的新课程方案。2006年8月,成立由校党委书记任组长的"苏州大学思想政治理论课新课程实施领导小组",积极推进"统分结合,人人受益"的实践化教学改革。课程之外,学校采取多种形式,加强思想政治教育工作。2008年,汶川大地震发生后,学校积极开展缴纳"特殊党费"用于支援抗震救灾工作的活动,全校有8 238名党员缴纳"特殊党费",加上其他师生的捐款,共计1 758 424.90元,为在苏高校第一。地震发生后,苏州大学附属第一医院唐天驷教授任江苏省医疗专家组组长赴灾区开展救援工作。

校园文化建设是思想政治教育的重要方面。2006年12月,在炳麟图书馆举行"苏州大学图书馆百年馆庆暨图书馆开馆"庆典活动。2007年3月,成立苏州大学博物馆。2006年4月,国家

《中国丝绸通史》获首届中华优秀出版物奖

主席胡锦涛向耶鲁大学赠送了一批代表中国优秀传统文化的精品图书,苏州大学出版社出版的《中国丝绸通史》也在其中。该书先后获首届中华优秀出版物奖和首届中国出版政府奖。

三、党建新举措

2006年,学校创新基层党组织工作思路,试点设立了学生党总支,以提高学生党员的发展质量和教育管理工作。2007年,校党委常委会分别就学生、共青团工作及干部人事制度改革进行了集体调研的有益尝试。2007年6月,经校党委常委会研究并与苏州市委组织部商定,苏州基层党建研究所成立,该所挂靠在校党委组织部,王卓君任所长。为贯彻党的十七大提出的"积极推进党内民主建设"的新要求,2008年,校党委在党支部书记换届工作中开展了"公推直选"试点工作。认真抓好基层党组织和党员队伍建设,2009年,制定了《苏州大学学生党总支工作条例(试行)》,全面推行设置学生党总支工作,不断加大学生党组织覆盖面,有效加强了学生党员的教育、管理、监督和服务。2010年,在政治与公共管理学院本科生党总支进行"公推直选"试点工作,将"公推直选"形式由党支部推广到党总支层面。

2010年6月开始,校党委在全校基层党组织和党员中深入开展创先争优活动。2010年6月至当年年底为创先争优活动第一阶段,以动员部署党内评优表彰为活动主题。

加强干部的选拔任用和教育管理工作。2007年10月,校党委面向全校公开选拔党委宣传部、人事处、学生工作部(处)、校团委等部门4个副处职岗位人选。2008年,按照党的十七大精神和第十六次全国高校党建工作会议对干部队伍建设提出的新要求,积极推进干部队伍建设的改革创新。为完善干部考核评价机制,制定了《苏州大学处级领导干部年度考核暂行办法》,提高了民主测评的科学性和准确性。2010年6月,学校出台《苏州大学机关部门群直单位处级领导职务干部任聘工作实施方案》《苏州大学机关部门、群直单位处级领导岗位竞争上岗工作实施方案》《苏州大学派任本校独立学院处级领导职务干部管理暂行办法》等。通过集中开展机关部门、群直单位处级领导职务干部的聘任工作,大力推进任(聘)期管理,进一步增强干部选拔任用工作的整体效应。

创新干部教育培训工作,以能力建设为重点,着力推进培训工作的制度化、专项化和网络化建设。2008年,与国家教育行政学院中国教育干部培训网签订协议,共同建设"苏州大学管理者在线培训中心"。2009年,学校根据干部队伍实际情况,切实加大干部培养培训的力度,依托"苏州大学干部在线学习中心",有效推进学校处级干部的在职自学,制定了《苏州大学干部在线学习中心管理暂行办法》,明确规定学习的各项要求,提高学习效果。

注重党风廉政建设责任制的落实和行政效能建设。加强对重点领域、重点岗位、关键环节的管理监督和审计。每年年初,学校与各单位主要负责人签订责任书,坚持"谁主管、谁负责"的原则,将工作任务逐项细化,落实到人。与此同时,学校还把落实党风廉政建设责任制的成效作为考核各单位工作和领导干部工作实绩的重要内容,并于年底开展了自查自评工作。注重廉政教育和廉政文化建设,开展"廉洁文化周"等活动。为贯彻落实中央《建立健全惩治和预防腐败体系2008—2012年工作规划》,2009年6月,校党委与苏州市纪委合作共建成立苏州廉政建设与行政效能研究所。

学校党政注重离退休工作、统战工作、工会工作等,推进和谐校园建设。根据本校老干部工作实际,将离休党委改建为离休党工委。2006年,成立归国学者联谊会;2008年,成立苏州大学无党派知识分子联谊会。重视教职工工作、生活条件的改善,建设和谐校园。2006年,占地1 200平方米的方塔教工之家正式免费对全校教职工开放。出台《苏州大学教职工医疗爱心互助基金管理办法(试行)》,修订《关于重症病人困难补助的若干规定(修订稿)》,设立苏州大学教职工医疗爱心互助基金。随着新校区建设推进,学校对在岗教职工发放交通补贴。2007年1月,印发了《苏州大学校园机动车停车暨停车场管理规定及实施意见》。2010年,完成独墅湖校区和校本部教工食堂改建,改革物流采供模式,稳定学生食堂物价,师生教学、生活、工作条件得到进一步改善。

第三章 提高质量强内涵（2011—2015）

"十二五"时期（2011—2015），学校全面贯彻党的教育方针，围绕创建"国内一流、国际知名高水平研究型大学"的奋斗目标，解放思想，抢抓机遇，负重奋进，在师资队伍、人才培养、学科建设、科学研究、推进国际化、大学文化建设等方面取得新的成绩，学校综合实力、办学水平和海内外声誉显著提升。

第一节 推进高水平研究型大学建设

一、发展战略调整

为建成高水平大学，学校加强战略管理，以发展为第一要务，以改革创新为推动发展的第一动力，推进综合改革，营造内外和谐发展的氛围，营造了回归大学本位、服务社会的新格局。

学校第二次发展战略研讨会及"十二五"规划提出要建成"国内一流、国际知名的高水平大学"的发展目标，经过几年的发展，高等教育发展的形势要求和学校自身的发展态势，都需要对这一发展目标及其支撑措施进行适当调整。为开好校第十一次党代会，进一步明确学校发展战略，理清发展思路，统一广大干部和教师的思想，学校于2012年暑期新学年开学前召开以"深化改革、提高质量"为主题的第三次发展战略研讨会，邀请国务院学位办副主任、教育部学位管理与研究生教育司司长郭新立，国家教育咨询委员会委员、中山大学原党委书记李延保做主题报告；校有关职能部门主要负责人做专题调研报告。朱秀林校长做了"回归大学本位 提高办学质量"的专题报告，从大学的特征、大学的理念、苏州大学的办学理念等方面解读了大学本位的内涵；从推进教授治学、完善课程体系、加强道德教育等三方面分析了如何回归大学本位，指出学校下一阶段的主要任务是回归大学本位，提高教育质量。

2012年9月26日至27日，中共苏州大学第十一次代表大会召开。王卓君代表第十届党委会做了"深化改革促发展，提高质量强内涵，为建设高水平研究型大学而努力奋斗"的工作报告。高祖林代表十届纪委做了"深入推进反腐倡廉工作，为建设高水平研究型大学提供坚强保证"的工作报告。会议选举产生了新一届党委会和纪委会。王卓君任党委书记，朱秀林、江涌、高祖林任党委副书记，高祖林任纪委书记。王卓君、朱秀林、江涌、高祖林、路建美、田晓明、陈一星、江作军、杨一心、蒋星红、邓敏为党委常委。会议明确了学校的奋斗目标及主要任务：到下届党代会时，学校人才培养质量显著提升，学科建设成效明显，协同创新能力有效增强，高层次人才进一步汇聚，党建创新取得实效，综合办学实力跻身高水平大学行列，成为区域高水平创新人才培养、基础科学研究和高新技术研发、高层次决策咨询、区域文化传承创新的重要基地，为到2020年实现"国内一流、国际知名高水平研究型大学"的奋斗目标打下坚实基础。为达成此目标，提出要实施教学质量工程、重大人才工程、学科提升与协同创新工程、文化传承创新工程、开放办学工程、综合改革工程、民生幸福工程、党建创新工程等八大工程。

在国家有关部门开始酝酿一流大学与一流学科建设方案时，2014年9月初，学校举行了一流大学与学科建设战略研讨会，分析研究苏州大学学科发展与研究绩效，分析QS等排名对苏大发展的启示、ESI（基本科学指标数据库）所反映的苏大基本情况等，围绕什么是一流大学、一流学科，怎样建设一流大学、一流学科等问题展开了热烈讨论。

为制定好"十三五"发展规划，研究新情况下的学校发展战略，2015年8月底，学校召开了第四次发展战略研讨会。校党委书记王卓君就全面深化学校综合改革方案做了主题报告，全面分析改革的背景和形势，改革的总体方向和目标，对自身问题的检省和思考，改革的主要任务和方案，改革的组织领导、保障措施和注意事项。校长朱秀林围绕科学谋划学校"十三五"发展规划做了"创新思路，科学谋划高水平大学的战略规划"的主题报告，剖析愿景、使命、目标和战略行动等学校战略规划中的关键要素，勾勒了苏州大学的发展蓝图。与会者围绕学校"十三五"发展及综合改革开展了深入的交流和讨论。

二、积极推进省高教综合改革试点工作

2010年，江苏和湖北、黑龙江三省率先被确定为全国高等教育综合改革试验区，其主要任务为落实和扩大高等教育办学自主权、完善中国特色现代大学制度、改革人才培养模式、推进协同创新建设、引进国际优质教育资源等。苏州大学随即被确定为江苏省5所高等教育综合改革试点高校之一。在改革试点工作中，学校努力探索以培养高素质人才为根本，以提升教育质量为核心，以服务经济社会发展为导向，以改革创新为动力，着力突破制约高等教育事业科学发展的体制机制性障碍，全面激发高校办学活力的综合改革。

以制定实施《苏州大学章程》，修订《苏州大学学术委员会章程》为抓手，不断完善健全现代大学制度。学校于2011年启动《苏州大学章程》编制工作。在广泛征求意见的基础上，《苏州大学章程》草案经校长办公会、教代会审议及党委常委会审定，2015年3月获江苏省教育厅正式核准生效，5月发文公布。《苏州大学章程》明确了学校的基本性质和准则、举办者、内部治理机构、组织机构、财产与财务管理和学校标识，对学校教职工和学生、校友会、董事会、基金会的权利、义务、职责等做了明确规定。2015年5月，学校开始遴选新一届学术委员会委员，成立了校学术委员会秘书处，负责处理学术委员会的日常事务。

协同创新是高教综合改革的重要内容之一。为了落实胡锦涛同志在2011年清华大学百年校庆讲话中提出的"积极推动协同创新""建立协同创新的战略联盟"的精神，2012年3月23日，在全面提高高等教育质量工作会上，教育部、财政部联合颁布了《关于实施高等学校创新能力提升计划的意见》，该计划简称"2011计划"。这是我国高等教育领域继"211""985"工程之后第三个体现国家意志的战略性计划，于2012年5月7日正式启动。该计划以人才、学科、科研三位一体创新能力提升为核心任务，通过构建面向科学前沿、文化传承创新、行业产业及区域发展重大需求的四类协同创新模式，深化高校的机制体制改革，转变高校创新方式，旨在突破高校内外部机制体制壁垒、释放人才、资源等创新要素活力。

2013年4月11日，教育部发布了2012年度"2011协同创新中心"认定结果的公示通告，首批认定14个"2011协同创新中心"。以苏州大学为牵头单位，以苏州工业园区管委会为主要协同伙伴，联合西安交通大学、中国科技大学、中科院苏州纳米所、东南大学、江苏省纳米技术产业创新联盟等单位参与共同组建的"苏州纳米科技协同创新中心"名列其中。该中心以打造"国家急需、世界一流"的纳米创新体系为目标，瞄准世界纳米科技前沿和国家纳米产业发展的战略需要，围绕纳米材料、微纳制造、纳米光电器件等我国优势特色领域开展科技创新与产业孵化。中心按照"政府搭台、高校唱戏、需求导向、一院多制、人才特区、企业牵引"的思路进行建设，建立以产业需求为导向的管理体制与运行机制，成为高等教育改革创新管理特区、人才特区、教学特区、资源特区和创新特区。

协同中心成立后，得到中央和江苏省领导的重视和关心。2013年10月，江苏省委副书记、省长李学勇来校调研苏州纳米科技协同创新中心的建设与推进情况；2014年2月，省委书记罗志军来校调研纳米科技协同创新中心；2015年4月，中共中央政治局委员、国务院副总理刘延东视察了苏州纳米科技协同创新中心、纳米科技学院和功能纳米与软物质研究院。

此外，学校有4个协同创新中心先后被认定为江苏高校协同创新中心，成为省内获批江苏高校协同创新中心最多的高校之一，从而构建了国家级、省级、校级三级协同创新体系。

拔尖创新人才的培养是高教综合改革的重要内容。2011年10月，苏州大学纳米科技学院获批为教育部首批设立的17所"试点学院"之一，成为高等教育体制机制改革特区之一。纳米科学技术学院成立于2010年12月，是根据国家产业转型升级和苏州工业园区大力发展纳米产业的需求，依托苏州大学功能纳米与软物质研究、材料与化学化工学部等学院（部）雄厚的科研和师资基础组建的国内第一家以培养纳米专业人才为主要目标的学院。

该学院采用教育特区政策和全新的内部治理结构，延揽全球英才，建立国际先进的课程教学体系。学院融合了苏州大学和世界上首家开设纳米技术本科专业的加拿大滑铁卢大学的优势课程，制订了国际化的教学方案，形成了与国际接轨的创新人才培养模式。学院探索推出了"立体化"的创新人才培养模式，在本科人才培养方面实现教学科研融合、学科交叉融合和国际资源融合，提倡本科生早进团队、早进课题、早进实验室。大学一年级分小班互动教学并聘请外籍教师进行全方位英语语言能力强化，二年级开始实施全英文专业课程教学。学院实行导师制，为每个本科生配备导师，指导学生的学业和生活。同时，学院全面推行助教制，即由课程主讲教授负责课内讲授，定时开放答疑时间，助教负责作业批改、课后小班化辅导等工作。2014年9月，纳米科学技术学院获评"全国教育系统先进集体"。

为积极推进人才培养改革，努力探索高等教育大众化条件下的高素质人才培养模式，苏州大学积极推行书院制改革试点，借鉴牛津、剑桥模式在天赐庄校区创建敬文书院；借鉴中国传统的书院制度，在独墅湖校区创建唐文治书院。

2011年6月，学校成立以香港爱国实业家朱敬文先生的名字命名的住宿制书院——敬文书院。9月，聘任朱恩馀先生为敬文书院名誉院长，江涌兼任敬

第四编 世纪春风 再展新猷（2001—2019）

文书院首任院长。

敬文书院的学生从校本部、东校区、北校区的各学院本科生申请者中遴选产生。每个被选拔进书院的学生都有双重身份，既是敬文书院的学生，也是所在专业学院的学生。其第一课堂的专业学习主要由各自所在学院负责，而第一课堂以外的学习和生活则主要由书院负责。书院鼓励不同专业背景的学生互相学习交流，党、团、学生会等组织建设和相关活动均以宿舍和楼层为单位开展。书院实行导师制，其中常任导师由辅导员担任，常驻书院，负责学生的日常思想政治教育和管理工作；学业导师由学校选聘具有高级职称或具有博士学位的优秀在职教师或退休教师担任，负责学生的学业辅导和生涯发展辅导；助理导师由学校选聘责任心强的研究生担任，辅助常任导师和学业导师开展工作；社区导师由学校选聘责任心强的大学毕业生担任，主要负责引导书院学生培养良好的生活习惯和健康的生活方式。敬文书院以"为国储材，自助助人"的敬文精神为院训，倡导"明德至善、博学笃行"

敬文书院

的院风和"育人为本、德育为先、个性培养、全面发展"的理念。

2012年3月，唐文治书院在独墅湖校区成立。书院以学校前身之一无锡国专的创始人唐文治先生的名字命名。书院院长由文学院院长、社会学院院长、政治与公共管理学院院长轮流兼任，王尧为唐文治书院首任院长。书院的学生从文学院、社会学院和政治与公共管理学院的文史哲类专业新生中择优选拔。书院录取之后，学生学籍即转入书院，由书院集中管理，并实行集中住宿。书院采用研究型教学模式，执行全新教学计划，课程设置打通文史哲，兼及艺术与科学。唐文治书院整合文科各学院优质资源，采取教授主讲和教授联合授课的方式，聘请优秀教师承担教学任务并兼任导师，延聘海内外名师主持常设性的讲座课程。

三、加强社会服务战略布局

学校密切与地方政府、行业企业合作，加强社会服务战略布局，争取社会各界对学校办学的支持，学校服务社会能力持续增强。

进一步深化了与苏州市的战略合作。2014年，时任省委副书记、苏州市委书记石泰峰提出"名城名校·创新驱动"的新设想，指出一个城市的持续发展离不开名校的支持，一个"名城"的发展更是需要"名校"的支持。苏州大学拥有悠久的历史，历史上就是名校，一直以来都为苏州市经济社会的发展做出了巨大贡献，提供了智库、创新人才等方面的支撑。"名城名校·创新驱动"设想就是希望苏州市政府与苏州大学创新合作方式，激发学校的创新能力，使其真正成为"名校"，为苏州市的发展提供智力、创新资源、创新人才和具有核心竞争力的一流成果等方面的支持。

为探讨新的"名城名校"融合发展方案，2014年10月，苏州市政府及相关部门负责人来校召开"名城名校"座谈会，探讨具体落实方案。2014年11月，时任苏州市委副书记、市长周乃翔一行来校，就推进名城名校深度融合发展进行调研。随后，作为"名城名校"融合发展具体措施之一的《对话苏州发展》活动率先举行。该活动主要围绕苏州市委、市政府的重大发展战略，每年选择一个主题进行研讨，邀请国内外知名学者、苏州市委市政府领导、著名企业家、学校相关学科教授及"东吴智库"研究员参与。2014年12月，第一次《对话苏州发展》高层峰会以"2014·法治苏州"为主题展开，石泰峰、周乃翔等省市领导、法院和检察院主要领导等参加会议，学校邀请新加坡国立大学东亚研究所所长郑永年教授等国内外知名学者为法制苏州建设提供前瞻性、战略性咨询服务。2015年9月，第二次《对话苏州发展》以"2015·共谋苏州'十三五'"为主题，石泰峰、周乃翔等省市领导和新加坡国立大学、北京大学、上海交通大学、同济大学、苏州大学等校的专家教授参加，为苏州市科学谋划"十三五"发展提供了智力咨询。

"名城名校"座谈会

学校与苏州所辖各市（区）的合作也在不断深化。2011年3月，苏州大学与苏州工业园区签订共建苏州大学纳米研究院协议书；2011年5月，与太仓市人民政府全面合作协议签约；2013年3月，与常熟市联合共建的"苏州大学——常熟低碳应用技术研究院"签约；2015年5月，与昆山市人民政府签署产学研全面合作协议。

大力拓展校外办学资源，深化产学研协作，在为区域发展和产业升级提供有力支持的同时获取学校发展所急需的各类资源。2011年2月，学校与辽宁省盘锦市辽滨沿海经济区签订全面合作协议，并成立苏州大学盘锦辽滨沿海经济区发展研究中心。2011年6月，成立苏州大学南通纺织研究院、苏州大学张家港工业技术研究院。2015年1月，江苏省体育局—苏州大学战略合作推进会召开，双方签署战略合作框架协议。同时，江苏体育产业发展协同创新中心揭牌成立，中心设在苏州大学。

第二节 回归大学本位

一、本科教学质量与教学改革工程

2012年2月，学校印发《苏州大学"十二五"期间本科教学质量与教学改革工程实施方案》，进一步明确了"十二五"期间学校教学管理与教学改革的思路。2012年9月，成立本科课程改革与建设领导小组，加强对课程改革与建设的领导。根据教育部要求，开始每年编制《本科教学质量报告》，作为学校监控教学质量的重要方法和教学评估的依据。

回归大学本位，狠抓本科教学质量成为学校发展的重要动力。为此，学校出台一大批文件，切实加强本科教学，推动质量提升。仅2013年，学校就制定、修订了本科课程考核管理、本科生毕业设计（论文）、转专业、免试攻读硕士学位研究生、创新学分认定、本科生赴国（境）外大学交流学习的课程认定及学分转换等方面的文件，对课堂教学、课程建设、实践实习、学籍管理等方面进行改革，扩大了学生的学习自主权，允许符合条件的学生根据学习兴趣调整专业，破除学生出国出境学习交流的各种障碍，鼓励学生创新，加强教改项目的管理。

"十二五"期间，学校根据社会发展需求，增设了一些新专业：冶金工程、生物功能材料、传感网技术、城市规划等4个专业（2011年增设）；播音与主持艺术、食品质量与安全2个专业（2012年增设）；金融数学、知识产权、翻译、金属材料工程、生物制药、音乐表演等6个专业（2013年增设）；电气工程与智能控制、风景园林、数字媒体艺术等3个本科专业（2014年增设）；运动康复、秘书学、网络与新媒体、历史建筑保护工程等4个本科专业（2015年增设）。此外，新增教育学、生物科学、应用心理学、通信工程等4个第二学士学位专业。

2013年3月，数学与应用数学专业点被教育部批准"本科教学工程"地方高校第一批本科专业综合改革试点。2014年11月，护理学专业认证专家组来校认证考察，2015年12月，经全国护理学专业教学指导委员会表决，苏大护理学专业通过教育部的专业认证。2015年，学校召开多个会议对临床医学、工程教育、师范教育等领域的专业认证工作进行了认真的研究与部署。

"十二五"期间，学校加强了课程教学的过程管理，推进启发式、探究式、讨论式、参与式教学，提高课堂教学质量。2013年年底，启动新生研讨课，将之作为以课程建设与改革为核心的教学改革的重要突破口。新生研讨课在课程导向、课程组织形式、课堂教学模式、课程评价、课程管理等方面都与传统课程不同，是学校探索研究性教学的一次重要实践。学校还加强了精品视频课程的建设。2013年，"昆曲艺术"等5门视频公开课获评"国家级精品视频公开课"；教育资源的开放与利用等8门课程入选国家级精品资源共享课立项建设课程；基础与临床药理学和中国传统文化两门课程入选教育部"2013年度来华留学英语授课品牌课程"；《球类运动——篮球（第二版）》等11种教材入选国家"十二五"规划教材。

为积极探索以"全人"教育为目标，通识教育与专业教育有机结合的人才培养模式，出台《苏州大学通识教育课程改革方案（试行）》。通识教育课程除了新生研讨课、公共基础课和分层次基础课外，还推出包含文学与艺术、历史与哲学、社会科学、数学与自然科学、科技与发展等5个模块的通识选修课程。开放性选修课程中增加了跨专业选修课程、高峰课程、讲座课程、创新课程等新的课程类别。新的课程改革方案有助于将学生培养成为具有人文与科学精神、拥有健全人格和高度责任感的模范公民。

注重学生实践能力的培养，引入"带薪实习"项目。2010年11月，学校与花桥国际商务城、江苏捷美集团共同组建苏州大学人才培训合作教育中心，正式启动学校校企合作带薪实习项目。2013年8月，"计算机与信息技术实验教学中心"获批国家级实验教学示范中心。2015年4月，应用技术学院入选"教育部—中兴通讯ICT产教融合创新基地"首批合作院校。

为加强对本科教学工作的领导，强化管理力量，2012年10月，学校撤销教务处,成立教务部。教务部下设综合办公室、教学运行处、教学质量与资源管理处、教学改革与研究处。为使各学院(部)真正落实教学的中心地位,2014年3月,学校出台《苏州大学学院(部)本科教学工作考评方案(试行)》,开始每年对各学院(部)的本科教学工作进行全面细致的考核。2012年10月,学校荣获"江苏省教学工作先进高校"称号。

二、推进卓越人才培养

"十二五"期间,学校进一步实施本科人才培养模式系统化改革,并在此基础上推进卓越人才培养计划。2011年4月,学校制定了学分制本科人才培养方案的指导性意见,随后又修订了《苏州大学普通高等教育本科学生学分制学籍管理条例(修订稿)》。学校除了成立敬文书院、唐文治书院、纳米科学技术学院等新型学院,探索各种卓越人才的培养模式之外,还大力推进了卓越工程师、卓越法律人才、卓越医师等人才的培养。

2011年10月,学校被批准为教育部第二批卓越工程师教育培养计划高校。该计划旨在培养卓越工程师后备人才,为学生成为卓越工程师打下坚实基础和完成需要的基本训练,特别强调要以行业企业对人才的标准与要求为导向,改进工科人才培养体系实践性和创新性不足的问题,强化学生的工程实践与创新能力。学校组织各相关学院开展试点专业培养方案和相关课程教学大纲修订工作,将培养标准所规定的知识、能力、素质各项要求落实到具体的教学环节。同时,积极开展企业实践教育中心及"卓越计划"工程型师资队伍建设等相关工作,精心做好试点工作资料积累和经验总结。2013年10月,高分子材料与工程、电气工程及其自动化2个本科专业通过教育部组织的第三批卓越工程师教育培养计划专业论证。

在卓越法律人才、卓越医生培养方面也取得较好成绩。2012年12月,经学校申报、省教育厅推荐,教育部、中央政法委组织专家通讯评审和会议评审,学校成功入选教育部首批"应用型、复合型法律职业人才教育培养基地"。根据教育部、卫生部《关于批准第一批卓越医生教育培养计划项目试点高校的通知》,2012年12月,学校获批为5年制临床医学人才培养模式改革试点高校。2014年12月,学校医学部成为中国医学生联合会首批非8年制成员院校。

在挑战杯全国大学生课外学术作品竞赛、创青春全国大学生创业大赛、全国大学生电子设计竞赛、全国信息技术应用水平大赛、全国电子专业人才设计与技能大赛、全国大学生数学竞赛、中国青少年科技创新奖、全球华文青年文学奖等竞赛中我校学生也屡获佳绩。社会学院2007级历史(师范)专业学生张瑞梅获得由团中央、全国学联组织评选的2010年度"中国大学生自强之星"称号；体育学院2011级硕士研究生吴静钰蝉联2012年伦敦奥运会跆拳道女子49公斤级冠军。

三、自主设立研究生院

随着研究生教育的快速发展和学位点数量的增加，苏州大学的研究生教育规模已在全国地方大学中处于领先水平，也超过了一些教育部直属高校。"十二五"期末，学校研究生招生规模扩大到3 626人，研究生在校人数为9 981人（其中硕士研究生8 961人，博士研究生1 020人）。2011年，在第11批学位点申报工作中，学校增列13个一级学科博士点，12个一级学科硕士点。同年8月5日，在学位点对应调整工作中，又有统计学等6个一级学科获博士学位授予权，中国史、软件工程等13个一级学科获硕士学位授予权。至"十二五"期末，学校共拥有48个一级学科硕士学位授权点，24个专业学位硕士点；24个一级学科博士学位授权点，1个一级学科专业学位博士点，29个博士后流动站。

为顺应研究生教育发展的需要，2011年7月，学校成立研究生院，将研究生部、学科建设办公室、"211工程"办公室、学位评定委员会办公室合并。苏州大学研究生院是教育部取消研究生院设置行政审批之后，由高校自主设立的首个研究生院，熊思东教授为研究生院首任院长（兼）。

"十二五"期间，学校大力推进研究生培养创新工程，提高研究生培养质量。2011年12月，学校决定在研究生中开展科学道德和学风建设宣讲教育活动，并充实加强研究生教育质量工程指导委员会。为加强研究生思想政治教育工作，学校于2011年成立党委研究生工作部，2014年出台《苏州大学研究生思想政治课教学改革方案》，将思想政治课程分为思想政治理论课和学术诚信教育两部分。为加强对各学院（部）研究生教育工作的全面管理与监督，学校于2014年开始对下属二级单位开展研究生工作综合考评。2014年，学校积极参加江苏省博士研究生培养模式"五项改革"。为加强研究生教育过程监督与管理，2015年年初，学校启动研究生培养手册电子版建设，并于2015年7月试运行。同年7月，成立苏州大学首届研究生教育督查与指导委员会。学校积极推动研究生招生模式改革，探索实施了"夏令营""秋令营""硕士预录取""博士申请—考核"等制度，扩大了"推荐免试"和"硕博连读"比例，生源质量稳步提高。

积极推进导师管理体制改革，建立导师分类遴选和职岗分离制度，加强导师培训和考核，发挥导师学院和江苏省学位与研究生教育研修培训中心的作用，促进导师队伍的结构、规模协调发展，新增学术学位博导260人，专业学位博导73人，学术学位硕导557人，专业学位硕导318人。

为推进研究生教育国际化，2011年，苏州大学成为国家留学基金委"国家建设高水平大学公派留学生项目"签约高校。学校鼓励与境外高水平大学联合培养博士生，以利于提高人才培养质量，也可缓解学校博士生招生指标紧张的状况。2015年，学校与美国俄亥俄州立大学签订联合培养博士研究生协议书，纳米科学技术学院与加拿大多伦多大学森林学系签订博士联合培养合作协议。"十二五"期间，有2篇论文获全国优秀博士学位论文，4篇获全国优秀博士学位论文提名。2013年，学校所获江苏省研究生培养创新工程建设资助经费名列全省第一。

四、继续教育的挖潜与拓展

"十二五"期间，学校加强继续教育招生宣传和生源组织工作，积极进行新专业的申报建设，积极参加江苏省成人高校招生校企合作改革试点项目，实现了校企合作举办成人高等教育的突破；探索自考助学新途径，与多家大型企业进行校企合作开办自考助学。成教办学规模逐步回升，2012年、2013年，成人教育年招生量均突破4 000人，学生规模再次超万。

为提高教学质量，学校不断深化教学改革，改进成人学历教育的教学手段和学习方法，加强精品课程和特色课程建设。会计学专升本等2个专业、中级财务会计等3门课程分别被选为第三轮江苏省成人高等教育特色专业建设点和江苏省成人高等教育精品课程。2011年开始启动成人学历教育网络课程建设；从2013年起，成人学历教育试行部分课程网络化教学。2011年12月，苏大获"全国自学考试先进集体"称号。

培训教学是"十二五"期间学校继续教育的主要增长点。2011年，新疆党校地厅级领导干部进修班、新疆行政学院系统高级管理人员研修班，青海省委党校、青海省行政学院、青海省社会主义学院培训班等一批高端干部培训项目开班，校地合作共建与培训工作获得长足发展，先后成为江苏、新疆、青海、安徽、浙江、河南等省（自治区）的"干部教育培训基地"，每年为社会培训数万名党政领导干部、企业管理人才和专业技术人才。学校还先后与国家有关部委、行业企业共建20多个教育培训基地，如教育部首批"高等学校继续教育示范基地"、人力资源和社会保障部"国家级专业技术人员继续教育示范基地"、卫生部"放射卫生培训基地""教育部国培计划——骨干教师研修基地"等。

五、教育国际化的推进

随着国际化战略成为学校发展重要战略，国际交流合作不断深化，教师队伍的国际化水平不断提升，在与境外著名大学共建科研合作平台、推进学生出国（境）学习交流、选派优秀管理人员出国培训等方面取得新进展。

境外合作学校层次显著提升。先后与美国威斯康星大学麦迪孙分校、俄亥俄州立大学，加拿大麦克马斯特大学、滑铁卢大学，英国曼彻斯特大学，爱尔兰都柏林圣三一学院，新加坡国立大学等一批世界知名大学新签或续签合作交流协议，在学生交流和联合培养、教职员交流、学术及科技合作等领域开展实质性合作。

与境外高水平大学的合作也不断深入。2012年，纺织工程专业获批国家留学基金管理委员会2012年优秀本科生国际交流项目。2014年5月，学校选派首批5名管理干部赴加拿大滑铁卢大学研修。加拿大安大略省是加拿大高等教育最发达的省份，2015年，学校加入江苏—安省大学合作联盟。2015年，学校与英国卡迪夫大学联合培养硕士、本科双学位等项目。

教师队伍的国际化程度显著提高。"十二五"时期，通过国家公派、省公派、校公派等多种形式，先后选派183名教师赴国外著名高校、科研机构从事为期一年以上的访学或合作科研，有64人获得教育部留学回国人员科研启动基金。至"十二五"末，学校专任教师中取得海外博士学位者331人，占专任教师总数的11.1%；具有一年以上海外工作或学习经历者848人，占专任教师总数的28.4%；拥有外籍专家、教师百余人；先后选派了500余名教师赴国外著名高校、科研机构访学或合作研究。

学生国际化培养力度加大。在本科生、研究生等各个层次大力推行全英文教学。通过开展全英文教学示范课程建设和申报教育部及江苏省全英文教学精品课程，用英文授课的课程数量不断增加。大力发展学生国际交流，积极拓宽学生出国（境）渠道，制定本科生出国（境）交流奖学金管理办法，完善了本科生赴国（境）交流学习学分认定办法，鼓励学生出国（境）交流学习。"十二五"期间，学校赴海外交流学习人数逐年增加，2014年赴海外交流学习的学生超过千人。

"十二五"期间，学校先后向教育部申报并获批"苏州大学与英国曼彻斯特大学纺织工程专业本科教育合作项目""苏州大学与加拿大维多利亚大学金融学专业本科教育合作项目""苏州大学与美国阿肯色大学物流管理（国际供应链方向）本科教育合作项目""苏州大学与加拿大维多利亚大学新能源材料与器件本科教育合作项目"等4个中外合作办学项目。2014年，与加拿大维多利亚大学合作举办的金融学专业本科教育项目通过了教育部的评估。

2011年7月，根据《教育部关于同意设立老挝苏州大学的批复》，老挝苏州大学正式成立。老挝苏州大学是中国在海外创建的第一所高等学府，开创了中国高校赴国外办学之先河。2012年8月，首期汉语言培训班结业典礼举行；2013年1月，首次汉语语言水平考试举办；同年3月，校园建设开工仪式举行；7月，老挝苏州大学申报的中文、计算机科学与技术两个本科专业获老挝教育部批准。老挝苏州大学采取校企合作的模式，由苏州大学和在老挝的中资

教育部关于同意设立老挝苏州大学的批复

企业——先锋木业（老挝）有限公司合作建设。其中，校园建设由先锋木业（老挝）"垫资代建"。主校区位于老挝首都万象市境内，距离市中心直线距离为6千米，占地面积234 724平方米。学校按5 000名学生规模进行总体规划、分期建设，第一期按在校生1 000人规模进行建设。

2011年4月，国务委员刘延东访问由苏大与美国波特兰州立大学合作建设的孔子学院，出席俄勒冈州12所孔子课堂集体揭牌仪式。2013年12月，学校与美国波特兰州立大学合作建设的孔子学院获2013年"先进孔子学院"称号。留学生教育继续发展，外国留学生规模居江苏高校前列。2014年，学校招收各类外国留学生2 813人，在江苏省高校中位列第一。2014年7月，学校获评全国"来华留学生教育先进集体"。2015年4月，由苏州大学与尼日利亚拉格斯大学合作建设的拉格斯大学中国学专业首届学生开学典礼在苏州举行。

第三节　人才强校，提升学术水平

一、师资队伍建设成效显著

学校大力实施人才强校战略，围绕优势学科和新兴学科，通过"特聘教授"制度、"学术大师+创新团队"制度和"千名博士进苏大"计划等形式，

着力引进和培养了一批学术领军人物和优秀后备人才。学校特别注重从海外高水平大学引进人才，先后15次在全球顶尖杂志《科学》上刊登人才招聘公告。

苏州大学获批国家"海外高层次人才创新创业基地"

2011年7月，苏州大学被江苏省人才工作领导小组办公室确定为全省人才强校工作首批试点单位。2011年12月，在第14届中国留学人员广州科技交流会开幕式暨第三批海外高层次人才创新创业基地揭牌仪式上，学校获批国家第三批"海外高层次人才创新创业基地"。学校还先后获评江苏省"人才强校试点高校"、江苏省"师资队伍建设先进高校"、江苏省"教育人才先进高校"等。

"十二五"期间有一大批高层次人才加盟苏州大学，如国家自然科学奖二等奖获得者张晓宏教授，"千人计划"入选者迟力峰教授、周晓方教授等，"青年千人计划"入选者陈晓东教授、吴涛教授等。2014年4月，诺贝尔化学奖得主、美国斯克利普特研究中心教授 K. B. Sharpless 受聘为名誉教授。这一时期，学校共引进各类教学科研人才837人，其中，具有正高职称者173人（含特聘教授107人），副高职称者279人（含特聘副教授70人）；海外回国人员277人，外籍专家75人；具有博士学位者770人；中科院院士4人，外籍院士1人。

人才汇聚效应使得苏州大学在各类人才项目中收获颇丰。2011年11月，中组部人才局公布首批"青年千人计划"入选者名单，赖耘教授、马万里教授入选。2011年1月，王晗、杨立坚、徐广银、张泽新等4位教授受聘为首批江苏特聘教授。2013年，康振辉教授入围"万人计划第一批青年拔尖人才支持计划"；何耀教授入选"万人计划"第一批"科技创新领军人才"；刘海燕、郭述文等教授入选"千人计划"。2011年，高晓明教授领衔的研究团队入选教育部"长江学者和创新团队发展计划"创新团队；2012年和2013年，王尧、金太军、张晓宏等当选"长江学者"特聘教授。学校在江苏"双创计划"遴选中屡获佳绩，名列全省高校前列。吴庆宇教授领衔的江苏省高校优势学科血液转化医学入选2012年度国家教科文卫引智项目计划。

一批教授在教学科研中取得突出成绩。2011年，中华全国总工会授予郎建平"全国五一劳动奖章";2013年,李永舫教授入选汤森路透"2012年度最热门研究者";2013年,康振辉、陈焕阳、侯廷军获全国第四届"青年科学之星"称号;李述汤院士、刘庄教授入选2015年全球高引用科学家。

截至2015年年底,全校有两院院士6人,外籍院士1人,中组部"千人计划"入选者12人,中组部"青年千人计划"入选者31人,国家青年拔尖人才1人,教育部"长江学者"特聘教授7人,国家杰出青年基金获得者15人,国务院学科评议组成员6人,国家级有突出贡献中青年专家11人,"百千万人才工程"国家级人选8人,"跨世纪、新世纪优秀人才支持计划"入选20人,国家高层次留学人才回国资助对象3人,"江苏双创计划"入选者55人,"江苏特聘教授"19人,江苏省"333工程"培养对象143人(其中第一层次4人、第二层次31人),江苏省"青蓝工程"培养对象160人,江苏省"六大人才高峰"项目资助对象43人。

学校求贤若渴,对优秀的高层次人才采取"一人一议"的协议工资制度,在科研启动费、薪酬、研究生培养等方面提供倾斜性支持;按照国际惯例和标准,对引进的高层次人才及其团队设置3～5年的中期考核和期满考核,确保其静心钻研,产出高水平科研成果;通过举行"特聘教授议校会"和聘请高层次人才担任学院、科研机构负责人等形式,倾听特聘教授对学校管理的意见和建议,让他们直接参与学校、学院的建设与管理。

2013年,学校开展了新一轮岗位设置与聘用工作,全面实施绩效工资改革,完善教师基本工作量制度、科研绩效考核及奖励办法。完善教师职务评聘制度,推进教师分类管理改革试点工作。按岗位性质设置了教学为主型、教学科研并重型、科研为主型、应用推广型、创新创业团队型和临床教学型等6种教师高级职务岗位,使各类教师都有适合自己晋升的通道。在评审过程中,实行"申报门槛""同行专家外审""隔年申报""出国(境)研修"等制度,有力地促进了教师教学科研水平的提升。2014年,出台《苏州大学教授学术休假制度暂行办法》,对聘用在教学科研岗位的教授实施学术休假制度,教授可利用学术休假期出国研修、学术交流等。

特聘教授制度也开始惠及原有师资。2013年1月,出台《〈苏州大学特聘教授制度实施办法〉的补充规定》,聘任王尧等8位教授为特聘教授。2014年,进一步改革苏州大学"东吴学者计划"实施办法,并开始对"双肩挑"教授实施学术恢复期制度。为激励教师潜心于本科教学,在医学部、材化部和社会学院先行试点实施了"东吴讲席教授"制度。2013年,出台东吴名医培养计划。制定《苏州大学外籍教师管理暂行办法》，对外籍教师加强了管理。

合理配置人力资源，提高用人效益，形成了以聘用制为主体，编外劳动合同制、劳务派遣、购买社会服务等用人制度并存的体制。"十二五"期末，学校以人事代理制方式聘任人员937名，其中，教师岗位349人，专职辅导员岗位64人，其他专业技术岗位281人，党政管理岗位240人；科研助理及编外劳动合同制聘用人员121名。

人才强校战略的持续实施，使得学校师资队伍水平显著提高，在全国影响颇大。师资队伍的职称结构、学历结构、年龄结构和学缘结构均得到较大程度的优化：高级职务占比从"十一五"末的55.9%上升到64.5%；博士学位占比从"十一五"末的35.3%上升到62.8%；教师平均年龄为42.7岁，正高职平均年龄降至49.5岁，副高职平均年龄降至42.9岁；获得名校学历、学位和有海外留学经历的教师提升至80%。

二、学科和科研水平整体提升

学校以"优秀"等级通过"211工程"三期项目国家验收。2012年3月，根据教育部等部门《关于做好"211工程"三期验收工作的通知》，受江苏省发改委、财政厅、教育厅委托，以中国科学院院士、复旦大学江明教授为组长的专家组对学校"211工程"三期建设项目进行全面验收，专家组对学校"211工程"三期建设项目取得的显著成效给予了充分肯定和高度评价，一致同意苏州大学"211工程"三期建设项目通过验收。

"十二五"期间，国家和江苏省对高校学科建设的资助方式发生了变化。江苏省在省重点学科之外遴选优势学科加以重点资助建设，以期打造高峰学科、培育杰出人才、产出重大成果，引领经济社会发展。2011年1月，艺术学、纺织科学与工程、材料科学与技术、微纳光学、血液转化医学等5个学科被批准为江苏高校优势学科建设工程一期项目立项学科。10月，"地方政府与社会管理"和"特种医学"2个学科又获得立项。"十二五"期间，学校共有13个省高校优势学科建设项目获准立项，获省优势学科资助经费列全省高校第一。

学位点和学科建设取得很大进步。"十二五"期间新增博士学位授权一级学科点18个，硕士学位授权一级学科点23个，硕士专业学位点11个，学位点数量和规模在全国地方高校中名列前茅。2011年9月，哲学、应用经济学等7个一级学科入选"十二五"期间江苏省重点学科。教育学、畜牧学被列为建设培育点。7个学科进入ESI前1%，化学与材料学进入2‰；Nature Index排名已接近全球100名，其中化学和物理分别为63和127名。2012年，学校有32个学科参与第三轮学科评估，其中，纺织科学与工程、体育学、设计学、中国语言文学、外国语言文学、法学、数学7个学科排名进入前20%或前三位，软件工程、化学、光学工程、基础医学4个学科排名进入前30%。

博士后工作取得新突破。"十二五"期间，学校获准新设计算机科学与技术等9个博士后科研流动站，使得学校的博士后科研流动站总数达29个，覆盖了除军事学以外的其他十二大学科门类，在全国地方高校中名列第一。2012年起，学校实行统招博士后协议年薪制和"师资博士后"工作制度，既吸引了优秀博士来校从事博士后研究，也进一步加强了对新进师资的培养。

"十二五"期间，通过创新科技管理体制，完善目标责任考核制，营造了浓厚的创新氛围，促进了科研经费总量、项目数、专利授权数等指标大幅跃升，在承担国家重大科研项目、获国家级奖项、发表高水平成果等方面取得重要突破。

科研项目每年都有增长。2011年，国家自然科学基金立项232项；2012年立项265项；2013年立项300项，项目立项数跃居全国高校第18位，在江苏省内排名仅次于南京大学，居全省第二、全国地方高校第1位；2014年立项308项，项目立项数跃居全国高校第16位；2015年立项数为306项，其中，国家杰出青年科学基金项目4项，为历年最高，与复旦大学等并列全国高校第7位，地方高校第1位。

"十二五"期间，在科技工作方面取得了一些新的突破和新的成绩。2011年5月，廖良生教授主持的"863计划"重大项目"大面积高效长寿命的白光OLED器件及照明器具的研究"获得资助总经费2 676万元。该项目是学校获得的首个由本校教授作为首席科学家主持的"863计划"重大项目。2012年5月，王晗教授作为首席科学家组织申报的国家重大科学研究计划（"973计划"）项目"生物钟在生殖系统与发育中调节的机制"成功立项，实现了学校主持国家"973计划"项目零的突破。2011年12月19日，中共中央政治局常委、国务院总理温家宝一行来苏州调研时，观看了我校陈琛教授团队研发的人工心脏原型样机，听取了陈琛教授对自主研发的新一代人工心脏的介绍并做出重要指示。2012年，陈林森教授主持的"大幅面微纳图形织造技术与产业化应用"获国家科学技术进步二等奖。2014年，陈国强教授的"丝胶回收关键技术及其应用"和路建美教授的"功能吸附纤维的制备及其在工业有机废水处置中的关键技术"2项成果获国家科学技术进步二等奖。

2015年，康振辉、Yeshayahu Lifshitz和李述汤研究组的一项成果入选"2015年度中国科学十大进展"。

2012年10月，在唐仲英血液学研究中心的基础上，唐仲英基金会、江苏省政府、苏州市政府、苏州工业园区和苏州大学共同出资成立唐仲英医学研究院，这是全国第一个以转化医学为特色的医学研究机构。2015年4月，苏州大学剑桥—苏大基因组资源中心揭牌。剑桥大学桑格研究所致力于基因组研究，是引领世界生物医学研究发展的顶级研究所，经过学校和桑格研究所共同努力，剑桥—苏大基因组资源中心落户苏州大学。作为小鼠突变胚胎干细胞资源库全球四大镜像中心之一，剑桥—苏大基因组资源中心的成立实现了中国与世界一流基因组资源同步，标志着苏州大学加入世界基因组研究的大家庭，成为亚太地区基因组研究与共享的中心。

"十二五"期间，学校获批国家发改委"新型功能高分子材料国家地方联合工程实验室"1个，国家安全生产监督管理总局"国家安全生产科技支撑平台"1个，新增省部级科技创新平台17个。2014年学校"江苏省碳基功能材料与器件重点实验室"被江苏省科学技术厅评为"2011—2013年度江苏省优秀重点实验室"，苏州大学被评为2011—2013年度"江苏省重点实验室依托单位先进集体"。

"十二五"期间，军工科技项目到账总经费15 252万元（纵向项目到账6 242万元，横向项目到账9 009万元），获批国家国防科技创新团队1项；国防重大专项实现突破，合同经费2 695万元。与兵器214研究所、航天8358所、中辐院等重大军工集团和科研院所签订了战略合作协议，在人才培养、科学研究、学科建设等方面进行全方位的合作。

在产学研结合和科技产业方面，学校知识产权转移转化近200余项，形成产业化企业近30家，其中，依托学校核心专利转化企业苏州苏大维格光电科技股份于2012年在"创业板"上市，苏州苏大明世光学股份有限公司于2014年在"新三板"上市。苏州大学科技园于2011年10月通过国家大学科技园绩效评价答辩，并被认定为高校学生科技创业实习基地。至2015年，共有390家企业入驻苏州大学科技园。学校技术转移中心被确定为第三批国家技术转移示范机构。2013年10月，化学电源研究所被国家工信部授予"国家中小企业公共服务示范平台"称号。

人文社会科学研究方面。2012年1月，学校出台《关于进一步繁荣发展苏州大学哲学社会科学的实施意见》，推出一系列加强哲学社会科学研究的举措，促进了文科的发展。以国家社科基金立项为例：2011 年，22 项课题获准立项；2012 年，30 项课题获准立项；2013 年，24 项课题获准立项；2014 年，32 项课题获准立项；2015 年，26 项课题获准立项。其中 3 项获准立项重大项目。"十二五"期间，人文社科项目到位经费 15 464 万元，其中纵向项目到位经费 4 577 万元，横向项目到位经费 10 887 万元。

"十二五"期间，我校学者在人文社科一类期刊发表论文 712 篇，在 SSCI、A＆HCI 收录期刊发表学术论文 70 余篇。沈荣华的教育部重大攻关项目成果《地方政府改革与深化行政管理体制改革研究》获评优秀结项等级；王英志的《清代唐宋诗之争流变史》入选《国家哲学社会科学成果文库》；吴永发获"世界华人住宅与住区设计大奖"；华人德获第四届中国书法兰亭奖艺术奖；人文社会科学院获全国"高校哲学社会科学研究管理先进集体"称号；钱仲联、马亚中主编的《陆游全集校注》获第四届中华优秀出版物奖图书奖；7 项成果获教育部第七届高等学校科学研究（人文社会科学）优秀成果奖，其中，金太军和袁建军的论文《政府与企业的交换模式及其演变规律——观察腐败深层机制的微观视角》、王尧的论文《论中国当代文学史的"过渡状态"——以1975—1983 年为中心》、周川等编著的《中国近现代高等教育人物辞典》获二等奖。

科研平台建设。2011 年，学校建立集研究、咨询、育人等功能深度融合的综合性"思想库"和"智囊团"——"苏州社会建设研究院"，2014 年更名为东吴智库，成为国内首家以"智库"名义登记注册的非营利性质、具有法人资格的社会组织，2015 年 1 月被省教育厅批准为江苏高校哲学社会科学重点研究基地。东吴智库举办了"对话苏州发展"等高层论坛，于 2015 年获评"全国社科联创建新型智库先进单位"。

"新型城镇化与社会治理协同创新中心"入选第二批江苏高校协同创新中心。新增省部级科研平台 10 个。与最高人民法院合作共建"生态环境资源司法保护理论研究基地"、与上海市人民政府发展研究中心合作共建了"地方政府与城市治理"等决策咨询研究基地。"老挝—大湄公河次区域国家研究中心"和"国际能源法研究中心"两个国际问题研究中心获江苏省教育厅立项和培育。2013 年，人文社会科学院启动驻院团队建设，首批遴选了"中国文学海外传播研究"等 12 个团队入驻。

学校对学报进行了重组和改革，《苏州大学学报（教育科学版）》于 2013 年创刊，《苏州大学学报（法学版）》于 2014 年创刊，全英文期刊《语言与符号学研究》于2015年创刊。2014年,《苏州大学学报(哲学社会科学版)》入选教育部名栏工程暨2014—2015年度CSSCI来源期刊。学报质量和影响力的提升,为学校人文社会科学研究提供了助力。

"十二五"期间,学校在各类高校排行榜上名次大幅提升。在国内影响力最大的武书连排行榜上,2013年,苏州大学被列为36所研究性大学之一。2012年度中国人民大学《复印报刊资料》转载学术论文指数排名中,苏州大学位列转载量第18名,综合指数排名为第18名;2014年度转载量上升为第17位,综合指数排名第17位。在ESI(基本科学指标)排名方面,2014年5月,学校ESI总体排名在中国大陆高校中排名第27位,药理学与毒理学继化学、临床医学、物理学、材料科学、工程学、生物与生物化学等6个学科之后首次跻身ESI全球排名前1%。2014年11月,教育部网站公布"2013年表现不俗的论文占比较高的高校排名",苏州大学以46.36%的比例名列第一。2014年11月,*Nature*出版集团首次正式发布全球前200名机构的自然指数情况,苏州大学2014自然指数在全球机构中排名第189位,在全国机构中排名第19位。2015年,学校入选汤森路透制药领域全球最具影响力科研机构。2015年5月,由总部位于英国伦敦的QS教育集团主持的2015年最新"QS世界大学学科排名"正式发布,学校的2015年"QS世界大学排名"(亚洲)为181-190,化学学科进入2015"QS世界大学学科排名"前400名。由此可见学校已跻身研究型高校的行列。

第四节 办学和保障体系不断完善

一、校区建设与后勤工作

"十二五"期间,生农化楼接建,材料大楼接建,院士楼、轨道学院大楼和恩玲学生活动中心等建设项目完成,总建筑面积为59 855.37平方米。

南京铁道职业技术学院苏州校区整体并入。根据《省政府关于同意南京铁道职业技术学院苏州校区并入苏州大学的批复》,2012年2月,省教育厅在苏州召开实施工作会议,宣布"南京铁道职业技术学院苏州校区整体并入苏州大学,原南京铁道职业技术学院苏州校区的教育资源由苏州大学统一调配使用"。学校将此校区定名为苏州大学阳澄湖校区,并组建校区管理委员会和党委开展工作。该校初为1954年2月创办的上海铁路管理局职工学校,1962年8月更名为苏州铁路司机学校,1983年10月更名为苏州铁路机械学校。2004年4月,该校由铁道部上海铁路局划转江苏省教育厅管理。同年5月,经江苏省教育厅批准改称为苏州机电高等职业技术学校。2007年8月与南京铁道职业技术学院合并，成立南京铁道职业技术学院苏州校区。2012年2月并入苏州大学。南铁院苏州校区面积为613 060平方米，弥补了苏州大学发展空间不足的问题。轨道交通学院、机电学院等工科院系逐步搬迁到阳澄湖校区。

后勤管理方面，学校开始建立公用房有偿使用机制。按照学校公用房管理改革要求，至2015年完成了31个党政部门2.1万平方米行政用房的摸底清查工作和全校26.5万平方米科研用房、7万平方米的支撑服务用房清查、测算工作。开展后勤节约工作的全面梳理，包括基建维修工程规划方案的节约、建设和装修标准的节约、全校水电能源费用的节约、后勤管理和服务技术革新的节约等，还包含物业服务等管理细节中的节约。2015年，学校被住房和城乡建设部评为"国家节约型公共机构示范单位"。

苏州苏大教育服务投资发展（集团）有限公司经过十年发展已成为全国高校后勤服务类的龙头企业。2014年，教服集团中事业编制人员第二个五年租借期已满，为完善管理，学校对其中事业编制人员采用分类管理、岗位托管的办法，既保障了这部分人员的切身利益，也有利于教服集团的继续发展与品牌建设。

办学水平的提高，对学校的经费筹措和经费管理提出很高要求。学校加强了基金会建设，2011年12月，经省民政厅组织评估，苏州大学教育发展基金会成为江苏省高校基金会中首批AAAAA级社会组织。为贯彻新财务会计制度，加强经费管理，开展了"教育经费管理年"活动，制订了《苏州大学贯彻新财务会计制度实施方案》等规章制度。

二、校园信息化和附属医院建设

随着办学水平的提高，校园信息化建设水平也不断提高，基于校园网运行的各类应用不断增加。2011年，学校首次启用数字迎新系统，实现一站式报到。为加大校园信息化的建设力度，更好统筹校园信息化建设，2013年5月撤销网络中心，成立功能更全面的信息化建设与管理中心，促进了各业务系统开发、苏大通业务、课程录播、安全监控等水平的提高。抓住新媒体发展新机遇，开通了官方微博、官方微信、PU平台、"你好苏大"手机客户端等新媒体平台，获评"江苏省教育系统新媒体宣传综合力十强"，官方微信多次名列江苏高校排行榜榜首，在全国高校微信排行榜上位居50强。2015年4月，学校MOOC在"学堂在线"正式开课。此外，校园综合治理和安全防范体系不断完善，顺利对接苏州政务网及苏州市有关网络舆情预警系统。

随着苏州经济社会的快速发展，作为苏州卫生医疗事业主力军的学校各附属医院的发展受到苏州市委、市政府的高度重视。2011年，省委常委、苏州市委书记蒋宏坤召集市政府、学校和苏州大学附属第一医院领导就附一院总体建设规划进行专题研究，确定了附一院主体迁建至平江新城的发展思路，并将该项目纳入苏州市"十二五"重大医疗卫生发展项目整体推进。2015年8月，苏州大学附属第一医院平江院区正式启用。2011年2月，苏州大学附属儿童医院与苏州工业园区管委会举办儿童医院园区总院土地出让签约仪式，6月举行了开工奠基仪式，2015年6月建成正式启用。2011年12月，苏州大学附属第二医院通过省卫生厅等级医院验收，获评三级甲等医院。2013年2月，学校决定与苏州工业园区共同建设苏州独墅湖医院，随即成立筹建领导小组、筹建工作小组和筹建专家咨询小组。9月，奠基仪式在苏州工业园区独墅湖科教创新区举行。

2011年以来，学校还增列苏州市第五人民医院为苏州大学附属传染病医院；增列无锡市第九人民医院（无锡市手外科医院）为苏州大学附属无锡九院；增列高邮市人民医院为苏州大学附属高邮医院。

第五节 营造风清气正的氛围

一、加强党建和思想政治工作

学校坚持党委领导下的校长负责制，办学治校能力不断提升。领导班子进一步调整充实，2012年7月，省委决定江作军、杨一心、蒋星红任副校长。2014年7月，江作军兼任校党委副书记。

2011年10月，根据省委的要求和省委巡视工作领导小组的部署，省委第六巡视组进驻学校。从10月24日至11月底，巡视组通过民主测评、听取汇报、召开座谈会、个别谈话、接受来电来信、实地考察走访、列席相关会议、查阅有关文件资料等形式全面深入地开展巡视工作，着重对贯彻执行党的路线方针政策、党委领导下的校长负责制、落实党风廉政建设责任制、领导干部廉洁自律情况、选拔任用干部情况等6个方面进行了巡视。2012年3月2日，省委第六巡视组召开巡视工作意见反馈会，通报巡视工作的反馈意见。省委巡视组充分肯定了学校的成绩：学校发展势头强劲，人才引进力度空前，学科建设快速发展，科研创新成果丰硕，人才培养质量不断提升；学校综合办学实力跃进全国高校前40强，在全国地方高校中名列前茅，一些重要办学指标已达到或超过部分国家"985工程"大学，国内外知名度大幅上升；同时也提出了需要改进和加强的 6 方面意见。

"十二五"期间，校党委认真开展党的群众路线教育实践活动和"三严三实"专题教育。2013 年 8 月，学校举行深入开展党的群众路线教育实践活动动员大会。省委常委、苏州市委书记、省委教育实践活动苏州大学联系点领导蒋宏坤和省委第十六督导组组长姜建中对学校开展党的群众路线教育实践活动提出了明确的要求。群众路线教育实践活动分"学习教育、听取意见""查摆问题、开展批评""整改落实、建章立制"三个环节。校党委召开 29 场座谈会，发放 3 000 份调查意见表，汇总梳理干部群众的意见建议 108 条。根据活动的要求及广大师生员工反映强烈的问题，学校两级班子及党员领导干部认真撰写了对照检查材料，广泛开展谈心活动，组织专题民主生活会，制订整改方案，并建章立制。2015 年 4 月，印发《苏州大学党的群众路线教育实践活动后续工作处级单位一把手责任清单》，对整改工作进行全面检视。通过教育实践活动，解决了广大师生关注的一些实事。比如，积极筹措经费在省内率先实施绩效工资，教职工人均年收入增加 1 万余元；采取多种措施缓解作息时间调整后的师生午餐时间紧张问题；推动学校体育场馆设施向教职工免费开放；改造部分学生食堂，较好地满足学生就餐、自习的多样化需求；在新校区安装智能化收发系统，方便师生收发快递等。

根据中央和省委统一部署，2015 年 5 月开始，在全校处级以上领导干部中开展了"三严三实"专题教育。校院两级班子对照"严以修身、严以用权、严以律己，谋事要实、创业要实、做人要实"的要求，聚焦对党忠诚、个人干净、敢于担当，着力解决"不严不实"问题。校院两级党组织认真开展了专题学习研讨、校内外调研、走访群众、开好民主生活会和组织生活会、制订整改方案等工作，取得较好效果。

狠抓干部队伍建设以适应事业的快速发展。校党委认真组织广大党员干部深入学习党的十八大和十八届三中、四中全会精神与习近平总书记系列重要讲话专题培训，加强了干部队伍的选拔任用和后备队伍建设。

积极培育和践行社会主义核心价值观，宣传思想工作机制进一步健全完善，新媒体建设成效显著。2011 年 3 月，成立马克思主义学院。2013 年学校获"2011—2012 年度江苏省高等学校思想政治教育工作先进集体"称号；2013 年 7 月成为"教育部全国高校思想政治理论课教师社会实践研修基地"。2015 年 4 月出台《关于加强马克思主义学院建设的实施意见》，全面加强马克思主义学院的建设。"十二五"期间，校党委被确定为首批"全省学习型党组织学习型领导班子建设工作示范点",获"江苏省创先争优科学发展争一流先进基层党组织"称号。

二、增强基层党组织整体功能

以持续推进"创先争优"活动、开展"党员出口机制"试点等为契机,加强了基层党组织的建设。2011年是"创先争优"活动关键的一年,校党委制订了《苏州大学深入开展"践行师德创先争优,办人民满意教育"主题教育活动工作方案》。在庆祝中国共产党成立90周年大会上,表彰了25个校级先进党支部、35名校级优秀共产党员和30名校级优秀党务工作者和获"创先争优"活动"三最三星"称号者。党员关爱基金是苏州市委在深入开展创先争优活动中倡议全市党员捐款关爱帮扶困难群众的行动之一。全校教职工党员积极参与苏州市2011年党员关爱基金捐款活动,有3 515名党员和42名党外人士捐款近百万元。

2011年开始,校党委积极、稳妥、慎重地开展建立健全党员出口机制的探索,先后安排9个学院(部)分两批进行试点。党员出口机制试点工作有助于加强党员教育管理、规范组织生活、提高党员自律意识。该项工作被省委教育工委授予"江苏高校2011—2012年度党建工作创新奖"。同时,校党委严把进口关,修订《苏州大学发展党员工作实施细则》,出台《苏州大学基层党组织发展党员工作责任制及责任追究暂行规定》,保证了党员发展质量。

注重党建理论研究。2012年1月,苏州基层党建研究所课题组承担中央组织部党建研究所2011年度重点课题"社会阶层构成变化对党的建设影响问题研究"的子课题报告"社会阶层构成变化对党的意识形态工作影响问题研究——以苏州为案例",获中组部党建研究2011年度课题成果二等奖;研究所获评"2011年度江苏高校人文社会科学校外研究基地"。该研究所与地方合作的党建研究成果《党代会常任制在吴江》《苏州学习型党组织建设研究》《科学的基层党建观与张家港"小区域、大党建"实践研究》《村书记:角色、方法、作用研究——中国特色社会主义新农村建设中的村书记》等相继出版发行。

三、贯彻落实"八项规定",加强作风建设

党风廉政建设、作风效能建设取得新成效。2011年6月,校党委出台《苏州大学机关作风效能建设考评办法(试行)》,对机关部门的作风效能进行全面考评。随着学校科研经费的大幅增加,学校加强了对科研经费的管理与审计,2012年3月制定了《苏州大学关于江苏高校优势学科建设工程专项资金跟踪审计实施办法（暂行）》，2013年6月还对全校科研经费和专项经费检查进行了检查。

为更好贯彻中央"八项规定"精神，2013年3月，学校印发了《中共苏州大学委员会关于改进工作作风、密切联系群众的有关规定》。"八项规定"的贯彻落实大大促进了学校的党风廉政建设。2014年1月，校党委出台了《苏州大学关于对处级干部进行关爱告知、关爱提醒、关爱约谈的办法（试行）》。2014年8月，开展了全校范围的"小金库"治理工作。纪检监察工作显著加强。2015年2月，撤销纪监审办公室，保留监察处、审计处、纪委办公室。

离退休老同志、统一战线组织、群团组织等在学校事业发展中的作用也得到有效发挥。2011年4月，学校关工委获评"全国教育系统关心下一代工作先进集体"；2012年1月5日，获评"全省老干部工作先进集体"，为全省唯一获此荣誉的高校。学校重视统战工作，加强了党外中青年骨干队伍建设，团结和凝聚全校党外知识分子投身于学校事业发展。2012年，校党委统战部获"江苏省侨联工作先进集体"称号。2013年10月，与苏州市委统战部合作共建"苏州基层统战理论与实践研究所"。学校还先后获评2010—2011年度、2012—2013年度"江苏省高等学校和谐校园"。

四、推进校园文化建设

"十二五"期间，学校明确了校训、校风、校徽、校旗等学校标识。2013年5月，位于天赐庄校区的东吴大学旧址作为近现代史迹及代表性建筑类别入选国务院"第七批全国重点文保单位"。校史名人系列雕塑落成，博物馆、档案馆内涵建设和育人功能不断加强。2012年12月，学校申报的"继承百年传统　弘扬'惠寒'文化——苏州大学实施'惠寒'行动，践行社会主义核心价值体系"项目获教育部2012年高校校园文化建设优秀成果特等奖。一批校园文化活动产生较大影响：2012年2月，东吴艺术团携昆曲经典剧目《牡丹亭·游园》和民乐演奏《梁祝》首登维也纳金色大厅；2012年10月，学校成立音乐学院，凭借世界一流的设施、国际化的教师队伍，音乐学院提供了一个新的平台，标志着学校音乐文化达到一个新的高度。2013年12月，学校举办首届校园马拉松赛。2015年2月，"苏州大学中国传统文化工作坊"入围全国高校"礼敬中华优秀传统文化"特色展示项目。2015年6月，苏州大学《以"王晓军精神文明奖"为抓手推进校园精神文明建设》获第八届全国高校校园文化建设优秀成果一等奖。2015年6月，学校被国家卫生计生委、中国红十字

苏州大学医学教育百年庆祝大会

首届校园马拉松赛

学校承办第十三届"挑战杯"

会总会、中国人民解放军总后勤卫生部授予"全国无偿献血促进奖"。

2012年5月18日,学校在独墅湖校区隆重举办医学教育百年庆祝大会。全国政协副主席张梅颖、省政协主席张连珍、中国核能协会理事长张华祝及省委常委、苏州市委书记蒋宏坤,副省长曹卫星等出席。校庆日当天还举办了"百年苏医"医学教育院士论坛和"百年苏医"庆典文艺晚会。这次活动对学校医学教育改革发展的百年历程进行了全面总结。

2014年起,学校将每年校庆月5月的第三个星期六定为"校友返校日"。2014年5月17日是首个"校友返校日",近千名苏州大学校友回到母校,校园内举办了丰富多彩的校友返校日活动。

校园科技文化活动方面,2013年10月,学校与苏州工业园区联合承办了第十三届"挑战杯"交通银行杯全国大学生课外学术科技作品竞赛决赛,这是"挑战杯"首次由地方高校举办。苏州大学有6项作品进入决赛,总分名列全国第二,获"优胜杯"。2015年11月,在第十四届全国"挑战杯"竞赛中,学校再获"优胜杯"。

第四章　争创一流再出发（2016—2019）

"十三五"时期，我国进入了全面建成小康社会决胜期，中国特色社会主义进入了新时代。作为地方高校创新发展的先行军，苏州大学也迈入了发展的新阶段。学校党委和行政带领全校师生，全面贯彻党的教育方针，加快高水平研究型大学建设步伐，全面深化综合改革，完善内部治理体系，提高教育教学质量，争创一流的本科教育和一流的学科，向着"人民满意、国际认可、世界一流"的目标阔步前进！

第一节　全面深化改革，聚力攻坚

一、"十三五"规划与综合改革的深化

进入 21 世纪以来的快速发展，使得学校的面貌发生了深刻的变化，学校办学水平达到了一个崭新高度。如何全面深化改革，聚力攻坚，突破长期困扰学校发展的一些瓶颈因素，真正落实好立德树人根本任务，推动一流大学和一流学科建设，是新时代摆在苏大人面前的一个重大课题。2016 年以来，学校党委、行政深入贯彻习近平新时代中国特色社会主义思想，加强党对学校工作的全面领导，遵循教育规律，全面深化改革，以立德树人为根本，以提高质量为核心，以综合改革为牵引，推动发展方式由"以量谋大"向"以质图强"转变、由"增量扩充为主"向"优化存量、强化增量并举"转变、由"规模拉动"向"改革驱动"转变、由"资源消耗"向"资源集成和高效利用"转变，致力于内涵式发展，努力建设中国特色、世界一流的新苏大。

研究制定并实施好"十三五"改革发展规划和学校综合改革方案，是建设好双一流大学的关键。"十二五"期末，学校就成立了以王卓君、朱秀林为组长的"十三五"改革发展规划编制工作领导小组和以袁银男为组长的规划编制起草工作小组，设立了目标定位、发展战略及指标体系研究、高等教育综合改革、人才培养、人才队伍建设、学科建设、科研创新及社会服务、国际化办

学、党的建设和校园文化建设、需求预测与办学支撑体系等9个调研课题进行深入调研分析。在广泛征求意见的基础上，经学术委员会和教代会讨论、审议，2016年6月，校党委全委会审议通过学校"十三五"规划纲要和综合改革方案。2017年4月，经省教育厅审核，印发了《苏州大学改革发展"十三五"规划纲要》。学校"十三五"规划进一步确立了"国内一流、国际知名高水平研究型大学"的发展目标，以及为实现这一目标的改革驱动战略、质量立校战略、人才强校战略、国际化战略和文化名校战略等五大基本战略；强调这一阶段学校的主要任务——构建人才培养新体系、激发人才队伍新活力、提升学科发展新水平、打造自主创新和社会服务新框架、开创国际合作交流新局面和营造文化育人新优势；明确四个方面的保障——落实全面从严治党、完善学校治理结构、强化办学资源保障和优化支撑服务保障。

2017年10月，举行中共苏州大学第十二次代表大会。这次党代会是在学校大力实施"十三五"规划、全面深化综合改革、加快推进国内一流、国际知名高水平研究型大学建设的关键时期召开的一次重要会议。省委常委、苏州市委书记周乃翔出席大会并讲话。江涌代表第十一届党委做了"聚焦立德树人 聚力改革创新 加快建成国内一流、国际知名高水平研究型大学"的工作报告；芮国强做了"聚焦全面从严治党 强化监督执纪问责 为加快建成高水平研究型大学提供坚强纪律保障"的纪委工作报告。会议选举产生了学校新一届党委委员和纪委委员。江涌、路建美、邓敏、杨一心、蒋星红、芮国强、陈卫昌、周高、刘标、张晓宏、陈晓强、张国华、周玉玲为党委常委，江涌为党委书记，路建美、邓敏为党委副书记，芮国强为纪委书记。第十二次党代会总结回顾了学校第十一次党代会以来的工作，研究确定了今后五年的奋斗目标和任务，提出聚焦立德树人，聚力改革创新，加快建成国内一流、国际知名高水平研究型大学的奋斗目标；强调新时代学校党委的重点任务是提高政治站位，深刻认识坚持党的领导的重大意义和实践要求，进一步发挥党委领导核心作用，把方向、管大局、做决策、抓班子、带队伍、保落实，深入落实新发展理念，全面推进综合改革和内涵建设，团结带领全校师生全力冲刺"世界一流大学建设高校"。

为实施好"十三五"发展规划，进一步解放思想、凝聚力量，2018年8月底，学校召开了第五次发展战略研讨会。熊思东校长做了"千帆竞发新时代，百年苏大又出发"的主题报告，回顾了学校召开的四次发展战略研讨会及学校走过的发展历程，总结经验，系统分析了学校面临的重大挑战，以及急需应对解决的定位抉择、竞争态势、路径依赖、发展环境、内涵革新等五大发展困境。他指出，全校上下要准确把握新技术新产业对传统高等教育带来的挑战，深刻认识新形势下高等教育发展的格局和变化，凝聚共识，聚力攻坚，筑牢学校发展基石，努力突破"中等发达"陷阱，打好内部治理改革、卓越人才培养、一流学科建设、人才队伍建设、科研水平提升、资源增效改革、国际化办学及便利校园建设等八大攻坚战。中国高等教育学会原会长瞿振元和中国教育学会会长钟秉林分别做专题报告。学校有关部门负责人分别围绕学科建设、师资队伍建设、科研工作、本科教学及研究生培养、国际合作交流、未来校区建设、后勤保障等方面做了专题报告。校党委书记江涌在大会总结中指出，要准确把握新时代解放思想的要求，加快一流大学和一流学科建设，实现高等教育内涵式发展；要把解放思想着力点放在突破发展瓶颈、解决制约发展的突出问题上来；要把解放思想着力点聚焦在打好"八大攻坚战"上，以破釜沉舟的勇气迎难而上，推进学校的深层次改革；要把解放思想着力点落实在"以本为本"和"四个回归"上，努力打造苏州大学一流本科教育，主动对接国家和区域重大战略需求，以一流学科建设为核心，以优势和特色学科建设为重点，增强学科创新活力，进一步拓展学科"高原"，努力创建学科"高峰"。

苏州大学第五次发展战略研讨会

熊思东校长做主题报告

2018年5月,学校组织开展"十三五"规划中期评估工作。要求各单位进一步加强规划落实工作,统筹推进学校改革发展、省委巡视整改和本科教学审核评估整改工作。各部门根据问题导向、突出重点、评建结合和实事求是四大原则,对本单位规划执行的进展情况进行了总结与分析,提出规划中需要调整和修订的内容建议,对2018—2020年落实规划可能面临的挑战和存在的问题进行预测和分析。6月,《关于〈苏州大学改革发展"十三五"规划纲要〉实施情况中期评估的报告》出台,对规划的主要指标及重点任务进展情况、规划实施中存在的问题及挑战进行了说明,并提出进一步推进规划实施的重点举措。

2019年,江苏省首次将省属高校纳入全省年度综合考核,苏州大学荣获第一等次,其中高质量发展成效得分、办学治校满意度调查得分、综合考核总得分等均列全省本科高校(高水平高校)首位。

二、名城名校融合发展与未来校区建设

2016年,苏州市政府与苏州大学的名城名校融合发展战略全面启动。2016年2月,苏州市人民政府办公室印发《苏州市人民政府、苏州大学关于实施名城名校融合发展战略的意见》。双方按照"名城名校、创新驱动、协同提升、融合发展"的总要求,充分发挥高校作为人才聚集高地和科技创新基地的作用,全面激发大学的创新活力和创造潜能,使学校成为苏州创新驱动发展的强大引擎。

2016年10月,《苏州市人民政府、苏州大学关于印发2016年名城名校融合发展战略工作计划的通知》提出,根据"苏州急需、项目引领、重点突出、协同推进"的原则,统筹推进"十大工程"建设,组织实施一批重点项目,通过三年左右的努力,促进学校人才、科研、智力等创新资源与苏州经济社会转型升级需求深度结合,加速形成校地融合发展共同体。之后,学校先后印发《名城名校——苏州工业研究院项目管理细则》《苏州大学名城名校融合发展项目资金管理暂行办法》等，举办"名城名校"体育战略合作研讨会等活动，与吴中区政府签订全面合作框架协议，全面展开了名城名校融合发展工作。

苏州市人民政府、苏州大学深化名城名校融合发展战略合作签约仪式

2019年9月1日，苏州市人民政府与苏州大学就2020—2035年深化名城名校融合发展战略签署协议，共同推进苏州大学"双一流"建设、苏州市市属公办应用型本科大学建设，以及深度推进校地融合发展，加快推动"名城名校融合发展"战略向更高水平发展。根据协议，苏州市人民政府将支持苏州大学"双一流"建设纳入全市经济社会发展总体规划，在政策、资金方面支持苏州大学在多个领域建设一流学科，强化办学特色，全面提升苏州大学综合实力和国际竞争力。苏州大学则以入选部省共建"双一流"建设高校为契机，聚焦苏州战略性新兴产业集群发展需要，重点建设电子信息、生物医药、纳米材料、人工智能等与苏州产业密切相关的优势学科集群，推动一批学科领域尽快进入世界一流行列或前列。

2018年1月，苏州大学与苏州市吴江区人民政府签订战略合作框架协议；2018年12月11日，与吴江区签署了建设未来校区框架性协议；2019年11月28日，举行未来校区开工仪式。苏州大学未来校区由苏州大学与吴江区人民政府共建，将建成"人才培育储备、前沿先导研究、新兴产业转化"三位一体办学实体，为推进吴江长三角一体化建设示范区建设、实施创新驱动发展战略、构建开放型经济新体制提供支撑。

苏州大学未来校区项目开工仪式

学校不断扩大与校外单位的合作。2016年4月，苏州大学与江西省抚州市签订战略合作协议；2017年11月，与建设银行签订战略合作协议；2018年2月，与交通银行签订深化战略合作协议；2018年3月，与农业银行苏州分行签订全面合作框架协议；2018年12月，苏州大学实验学校（高邮）项目签约；2019年1月，与中国核工业集团签订战略合作框架协议；2019年，江苏省委宣传部、苏州市委宣传部和苏州大学签约共建传媒学院。

2019年9月，学校与中国红十字会、中国红十字基金会共同创办的全球首家红十字国际学院揭牌。学校还先后成立师范学院、东吴学院、巴斯德学院和紫卿书院等，构建了卓越拔尖人才培养新格局。

三、"双一流"建设

建设世界一流大学和一流学科（简称"双一流"建设），是党中央、国务院的重大战略决策，亦是中国高等教育领域继"211工程""985工程"之后的又一国家战略。2015年8月18日，中央全面深化改革领导小组会议审议通过《统筹推进世界一流大学和一流学科建设总体方案》，对高等教育重点建设做出新部署，将"211工程""985工程""优势学科创新平台"等重点建设项目，统一纳入世界一流大学和一流学科建设。该方案由国务院印发。2017年1月，经国务院同意，教育部、财政部、国家发展和改革委员会印发《统筹推进世界一流大学和一流学科建设实施办法（暂行）》。

2017年9月21日，教育部、财政部、国家发改委联合发布《关于公布世界一流大学和一流学科建设高校及建设学科名单的通知》，首批"双一流"建设高校共137所。苏州大学申请物质科学与工程（自定），教育部以其中的首个一级学科即材料科学与工程进行了公布，学校成为"双一流"建设高校。

2019年，教育部与江苏省人民政府联合发文，决定建立部省共建"双一流"高校协作机制，共同推进苏州大学等在苏高校"双一流"建设。学校成为教育部与江苏省共建的"双一流"建设高校。同年，学校成立"苏州大学'双一流'建设领导小组与工作推进组"，进一步加强对"双一流"建设工作的领导，全力推动各项工作顺利进行。

2019年1月，学校发布《"双一流"建设2018年度进展报告》。学校以习近平新时代中国特色社会主义思想为指引，深入贯彻全国教育大会精神，努力把握"双一流"建设新要求，加快推进"双一流"建设重点任务，紧扣中国特色、世界一流目标，落实立德树人根本任务，全面深化综合改革，坚持走以质量提升为核心的内涵式发展道路。报告具体说明了各项工作开展和制度建设情况，并提出学校在"双一流"建设中存在的问题和相应的改进措施。

通过"双一流"建设，我校"材料科学与工程"学科取得了一批标志性成果。以立德树人为根本任务，依托国家"试点学院"，获国家级教学成果奖二等奖1项，本科专业入选首批教育部一流本科专业建设"双万计划"；强化师德师风建设，育引并举，获批"111"引智基地和国家基金委创新群体项目；加强基础研究，获基金委重大研究计划集成项目等国家重大重点科研项目，获国家技术发明奖、国家科技进步二等奖各1项；加强成果转化，自主研发白光OLED器件获地方政府3.5亿支持，促进创新链和产业链无缝对接。学科总体水平得到了提升，软科世界排名第20名，US News "材料科学"世界排名第19位。学校"双一流"建设呈现有序开展的良好态势。

第二节 立德树人，作育英才

一、本科教学审核评估

继2002年、2007年接受教育部本科教学工作水平评估取得"优秀"成绩之后，学校又迎来新一轮本科教学审核评估。教育部改革了原先的高等学校本科教学水平评估的方法。2011年，教育部出台《关于普通高等学校本科教学评估工作的意见》，提出了新的"五位一体"本科教学评估制度，即以学校自我评估为基础，以院校评估、教学基本状态数据常态监测、专业认证及评估、国际评估为主要内容，政府、学校、专门机构和社会多元评价相结合的评估方法。

苏州大学作为参加过院校评估并获得通过的高校，需要参加审核评估。审核评估重点考察学校办学条件、本科教学质量与办学定位、人才培养目标的符合程度、学校内部质量保障体系建设及运行状况、学校深化本科教学改革的措施及成效。审核评估形成写实性报告，不分等级，周期为5年。根据江苏省教育厅统一安排，学校于2017年接受了教育部本科教学工作审核评估。

2017年1月，学校制订了本科教学工作审核评估实施方案，召开了全校审核评估动员大会，成立迎接审核评估的三级组织架构。迎评过程分为4个阶段：（1）学习动员阶段（2016年12月—2017年3月）；（2）自查建设阶段（2017年3月—2017年7月）；（3）整改完善阶段（2017年7月—2017年10月）；（4）现场考察阶段（2017年11月）。在专家组进校现场考察之前，从2017年9月开始，校内预评估专家组对全校24个学院（部）、2个书院、10个教学科研支持机构进行了预评估，找出不足，及时改进。

2017年11月7日至10日，受教育部高等教育教学评估中心委托，以中山大学原校长黄达人为组长、南京大学副校长王志林为副组长的本科教学工作审核评估专家组对学校进行为期4天的审核评估。本次审核评估的范围包括定位与目标、师资队伍、教学资源、培养过程、学生发展、质量保障、自选特色项目在内的"6+1"个审核项目、体现6个审核项目目标要求的25个审核要素，以及对25个审核要素具体阐释的69个审核要点。这些项目、要素、要点涵盖了人才培养和质量保障的各个环节。

专家组对苏州大学本科教学情况开展了4天现场考察活动。听、看课70余次，走访相关部门40个，调研了38个二级学院教研单位，走访842人次，召开了4场学生和教师座谈会，电话访谈了2012级577位毕业生，考察了苏州纳米科技协同创新中心，走访了3个校外实习基地和就业单位，调阅了36个专业的1 363份毕业论文与毕业设计、39门课程的3 193份试卷，查阅了自评报告、支撑材料及学校领导听课记录等资料，并进行了教师和在校学生满意度调查。经过全面考察，专家组认为：苏州大学的办学定位和培养目标适应了国家和社会的发展需求，教师队伍能够为学校人才培养工作提供有效保障，教学资源较好地满足了教学需求，学校建立了教学质量保证体系并能有效运行，学生对学校的教学质量及社会用人单位对毕业生的满意度高，学生学习效果好，学校的培养过程有效实现了培养目标的达成。同时，专家组就办学定位与人才培养目标和保障本科教学工作中心地位、师资队伍建设特别是青年教师成长、教学经费投入与专业调整力度、课堂教学与实践教学水平、学生指导服务体系的完善、学院（部）内部的教学质量保障和持续改进等六方面提出了综合性建议和意见。

根据专家们提出的意见和建议,学校认真研究了整改方案,进行了全面整改提高。

二、创新人才培养模式,建设一流本科教育

进入"十三五"以来,学校开始构建与研究型大学定位相适应的一流本科教育体系。加强了一流本科教学体系的顶层设计,以学生成长成才为中心,全面落实立德树人根本任务,将通识教育与专业教育相融合,推行研究型教学模式,推进多元化、开放型人才培养机制改革。2016年9月,出台《苏州大学关于加强研究性教学工作的指导意见》,2018年6月,又出台《苏州大学一流本科教育改革行动计划》,确立了"到2020年初步形成具有中国底色、苏州大学特色的高水平研究型大学本科人才培养体系,本科教育总体水平进入国内一流行列;到2030年,本科教育总体水平进入世界一流行列"的目标,明确了进一步行动的八大计划。学校先后印发《苏州大学一流本科专业建设方案》《苏州大学一流本科教学团队建设与管理办法》等,开启学校的一流本科教育改革行动计划。

专业建设方面,进一步优化布局,提升内涵。坚持需求导向、超前布局,主动适应国家经济结构调整。2016年后,新增"集成电路设计与集成系统""轨道交通信号与控制""作曲与作曲技术理论""智能制造"等本科专业。学校还出台《苏州大学本科专业设置与调整管理办法(试行)》等文件,建立了专业的增设、改造、调整与退出机制。2018年,为满足江苏人民接受高水平本科教育的需求,学校顾全大局,克服困难,增加招生计划293人,是全省"双一流"和"211工程"大学中在江苏增招最多的大学。2019年,又在2018年的基础上增加招生计划370名。

加强了专业内涵建设。2016年11月,出台《关于制定本科专业人才培养方案的若干意见》,对照《普通高等学校本科专业类教学质量国家标准》及其他专业认证的标准等,调整各专业人才培养方案。积极引进各类专业认证,通过专业认证实现专业的持续改进。2016年5月,教育部临床医学专业认证工作委员会组织专家组来校对临床医学专业认证进行现场考察与指导,启动学校临床医学专业认证工作。2016年6月,中国工程教育专业认证协会组织专家组来校对通信专业进行工程教育专业认证现场考查。2017年,中国工程教育专业认证协会组织专家组先后对学校高分子材料与工程专业、电气工程及其自动化专业等专业进行工程教育专业认证现场考查。2018年之后,学校先后启动师范专业认证,以及计算机科学与技术、服装设计与工程、软件工程等专业认证工作。

课程建设与改革是一流本科教育体系的核心，学校进一步推进"通识教育＋专业教育＋开放选修"的课程体系，推进由"思政课程"到"课程思政"的转变。持续推进苏大课程3I工程项目，丰富课程资源。抢抓互联网＋教学改革制高点，推动信息技术与课堂教育深度融合，改革教学模式，打造卓越课堂。2016年，"纳米新纪元"成为教育部第八批"精品视频公开课"。2018年，"乳腺癌组织分子分型的免疫组织化学检测方法"和"抗流感病毒活性药物的设计与筛选"入选2018年度国家虚拟仿真实验教学项目。2019年，教育部公布2018年国家精品在线开放课程认定结果，苏州大学10门课程榜上有名，认定课程数量居江苏省高校首位。

构建将创新创业教育融入人才培养全过程的新机制，统筹推进"双创"生态系统建设。2016年，学校入选教育部"全国高校实践育人创新创业基地"；2017年，又入选全国第二批深化创新创业教育改革示范高校名单。通过实施创新创业教育，苏州大学学生在各类创新创业竞赛和学科竞赛中屡创佳绩。2017年9月，在教育部等部门共同主办的第三届"建行杯"中国"互联网＋"大学生创新创业大赛全国总决赛上，苏大学子"大数据远距离传输加速"创业项目获银奖。在2016年"创青春"全国大学生创业大赛MBA专项赛、电子商务专项赛中获1金2银1铜；在2018年"创青春"全国大学生创业大赛中获2金2铜。在各类学科竞赛中，获2017年第八届全国大学生数学竞赛决赛一等奖1项；2017年第八届"蓝桥杯"全国软件和信息技术专业人才大赛一等奖1项；2017年"高教社杯"全国大学生数学建模竞赛获一等奖1项；2017年"外研社杯"大学生英语挑战赛英语写作大赛决赛特等奖1项；2018年第二十届中国机器人及人工智能大赛一等奖4项。

2018年，苏州大学5项成果获国家级教学成果奖，创造历史最好成绩。其中，朱永新教授主持的"'新教育实验'的教学改革实践"获基础教育国家级教学成果奖一等奖，李述汤院士主持的"面向战略性新兴产业的纳米科技创新人才'三融合'培养模式探索与实践"、蒋星红教授主持的"能力导向、融通整合、立足转化——地方综合大学医学人才培养体系构建研究和实践"获高等教育国家级教学成果奖二等奖。

三、博士教育综合改革带动研究生培养体系改革

2017年年底，苏州大学作为全国14所高校之一，获批教育部博士研究生教育综合改革试点单位。教育部的博士研究生综合改革试点，旨在落实立德树人根本任务和国家创新驱动发展战略，加快一流大学与一流学科建设，培养时

代需要的创新人才、高端人才和领军人才。教育部要求入选高校在思想政治教育、招生方式、导师评聘、培养模式、课程建设、监控体系、国际化、管理机制等11个领域先行先试。学校结合江苏省开展的博士研究生五项改革，重点在三个方面实现突破：构建"333"招生录取模式、"3+1"导师选聘与上岗模式、思想政治教育"1+3"机制。

"333"招生录取模式重在选拔培养精英人才。2018年，学校在保留原有"公开招考""硕博连读""申请—考核"的招生方式的同时，又启动实施了"博士研究生候选人"培养计划。首批从2018级录取的学术型硕士生中选拔了70名。

2018年4月，出台文件打破导师终身制这一坚冰，向所有符合上岗招生条件的副教授以上职称的教师全面开放博士研究生招生岗位，实现导师竞争上岗。所谓"3+1"导师选聘与上岗模式，是指导师逢招生必申请，还要具备"3+1"能力："3"是指在"科研活跃度、学术贡献度、师生关系和谐度"三方面具有突出成绩，通过教书育人、学术水平、科研条件、科研平台等方面综合考核竞争上岗；"1"则要求首次招生的导师需在上岗前参加导师学院培训并取得合格证书。在2019年申请上岗的导师中，15%的青年教师通过竞争、凭借过硬的学术水平和科研能力获得博导资格，还有2%的导师本因年龄要求停止招生，而因科研成果突出再次上岗。

2018年，建立了"德政导师"工作制，在全校聘请一批资深教授、优秀管理者和党务工作者担任本学科、跨学科专业和外籍导师博士研究生的思想政治教育导师，同时进一步落实和明确了既有的导师责任制，实现思想政治教育全员化。

"十三五"时期，研究生教育发展态势良好。2018年5月，增列马克思主义理论、化学工程与技术、畜牧学、工商管理等4个一级学科博士点，动态增减了一批硕士学位点。报考苏州大学研究生人数连年大幅增长，2016年为16 733人，2017年为21 274人，2018年为25 007人，2019年为32 000人。研究生教育规模创下历史新高：2018年在校全日制硕士生11 959人，在职专业硕士生1 726人，全日制博士生1 788人，临床博士生2 146人。2018年10月，功能纳米与软物质研究院硕士研究生马玮良以第一作者在国际顶尖杂志《自然》上发表论文。

2016年以来，学校全面修订了研究生培养方案，构建起分层分类的培养体系，研究生教育结构趋于合理。至2018年年底，专业学位研究生招生数占整个硕士生招生数的62.3%。学校特别重视深化专业学位研究生培养模式改革,狠抓培养质量。完善了专业学位论文盲审制度,实施专业学位案例教材建设项目,通过研究生工作站等方式,协同社会各方力量,夯实研究生第二课堂的基础。截至2018年年底,学校共建有省级工作站273家,校级工作站228家。

在研究生培养上注重对外交流,设置了研究生国际交流奖学金专项,大力推进研究生培养的国际化进程。2017年,国家公派出国留学研究生正式录取65名,比上年同期增长了67%,创历史新高。其中,35名学生进入美国哈佛大学、斯坦福大学、麻省理工学院、耶鲁大学、约翰霍普金斯大学、加州大学洛杉矶分校等世界顶级大学留学;攻读博士学位17名,联合培养博士生48名,获资助总金额突破1 000万元。

四、全方位推进教育国际化进程

大力实施"一流大学伙伴计划""一流学院伙伴计划",深化与国际知名大学全方位、多层次、宽领域的实质性合作,提高全球协同水平。与英国剑桥大学、澳大利亚悉尼大学、美国新墨西哥大学等一批国际知名院校新签合作交流协议,与牛津大学癌症精准医学中心、美国亚利桑那州立大学生物医学工程联合研究院、哥伦比亚大学金融创新研究院等合作的一批重点国际项目快速推进。成立首个境外大学办事处——威尼斯大学苏州办事处,发起成立中国—东盟医学教育大学联盟、南亚东南亚大学联盟,参与"江苏—英国高水平大学合作联盟""江苏—澳门—葡语国家高校合作联盟",筹建"一带一路医学高等教育联盟",加强了与欧洲及亚太地区高校的高层互动。

学校以拓展国际视野、提升跨文化交流能力为核心,建立起了国内培养与国际交流衔接互通的开放式人才培养体系。加强中外合作办学项目的监督、管理和服务工作,组织赴英国剑桥大学、伦敦政治经济学院、美国加州大学伯克利分校、杜克大学等多个高水平大学的交流项目。2019年全年出国(境)交流学生达1 812名。

推进"留学苏大"品牌工程建设,留学生接收和培养能力、规模和层次、学位学历生比例三方面均有较大幅度提高。2018年,学校各类留学生达3 250人,其中,学历教育留学生1 027人,首次突破千人大关。

学校在成人教育、体育、美育等方面也保持良好的发展态势。2018年9月28日,在江苏省第十九届运动会上,苏州大学以团体总分1 349的绝对优势蝉联本科院校组第一名,并获"校长杯"和"群众体育工作先进集体"称号。东吴艺术团多次参演央视"五月的鲜花"全国大中学生文艺会演,合唱团献歌国家大剧院，学校在全国学校美育工作会议上做大会交流发言。

第三节　梧桐栖凤，建设创新型大学

一、高端人才加速聚集

学校深入实施人才强校主战略，坚持精准引才，针对高端人才、优秀青年学者、专职科研人员、师资博士后、基本师资等各类教师群体，分别出台相应引才办法，以学科为导向，以全球为目标，以学院为主体，以新媒体、招聘信息系统、海外宣讲会、东吴国际论坛等为载体，构建由若干学术大师、领军人才、青年才俊组成的人才金字塔。学校引进的重点是与学科发展高度关联的高层次学术领军人才和具有良好发展潜力的青年学者。2017 年 5 月，2016 年诺贝尔物理学奖获得者迈克尔·科斯特利茨（Michael Kosterlitz）教授受聘学校讲席教授，领衔组建苏州大学高等研究院。

2018 年 4 月，学校首次举办苏州大学国际青年学者东吴论坛，来自全球 22 个国家和地区、112 所知名学府的 146 名青年学者应邀与会。青年学者们走进苏州大学，亲身感受苏州大学的氛围，增进对苏州大学的情感。之后，该论坛成为学校延揽海内外青年才俊的重要平台。2018 年 4 月 21 日，学校赴英国剑桥大学、帝国理工学院举办海外人才招聘宣讲会，吸引了 100 多名来自英国各地的中外青年学者参加。熊思东校长在英国参加学术会议之际，利用周末时间参加了招聘宣讲会。

2018 苏州大学国际青年学者东吴论坛

深化人事制度改革。学校把人才评价制度、使用制度和激励制度作为改革重点，打破妨碍人才成长壁垒，建设人才作用充分发挥、人才价值得到充分尊重的人才制度环境。2017年4月，先后出台《苏州大学优秀青年学者管理办法》《苏州大学高端人才计划实施办法》等。加强人才梯队建设，推出"东吴学者登峰计划"。

2019年，制订了《苏州大学教师岗位供给侧结构性改革方案》，积极推进岗位供给侧结构性改革，根据不同岗位职责选择不同用人制度，形成了以聘用制为主体，编外劳动合同制、劳务派遣、购买社会服务并存的用人制度。深化职称制度改革，强化职称评价导向，淡化行政级别，实现管理人员从身份管理到岗位管理的转变。全面实施绩效工资改革，构建以岗位绩效工资为主体，年薪制、协议工资、科研项目工资并存的多元收入分配体系，实施教师离岗创业制度，促进产学研结合和学校科技成果转化，激发专业技术人员科技创新活力和干事创业热情。

2018年3月，成立党委教师工作部，完善了师德建设工作机制，将教师思想政治教育融入人才队伍建设全过程。先后出台《苏州大学教师党支部书记"双带头人"培育工程实施方案》《苏州大学贯彻落实〈教育部关于全面落实研究生导师立德树人职责的意见〉实施细则》等，把坚持正确的政治方向作为首要条件，推进教书育人。

通过上述改革，学校建立健全人员聘用、考核、评价和激励机制，全面激发人才队伍活力，基本形成了人才辈出的生态系统。2016年以来，高端人才集聚效应加速，师资队伍建设取得新的成绩。

2016年2月，李述汤院士、刘庄教授入选2015年全球最具影响力科学思想科学家名录。9月，张晓宏教授领衔的"光功能纳米材料创新引智基地"入选国家外专局2016年度地方高校"高等学校学科创新引智计划"（即"111计划"）立项名单。方世南教授获评全国"高校思想政治理论课教师2015年度影响力人物"。黄小青教授、李彦光教授获2017年度中国化学会青年化学奖。

2018年7月，郎建平教授当选欧洲科学院院士。张晓宏、刘庄、唐建新、严锋等教授入选第三批国家"万人计划"科技创新领军人才。2019年，康振辉、陈罡入选第四批国家"万人计划"科技创新领军人才。王殳凹获第一届中国环境科学学会青年科学家奖金奖。吴永发获"第七届中国建筑学会建筑教育奖"。钟志远、刘庄当选美国医学与生物工程院会士，蔡阳健当选美国光学学会会士。

科睿唯安发布的全球"高被引科学家"名录中每年都有苏州大学教师的身

影。2018年，在化学、材料科学、物理、药理学与毒物学、跨学科领域，苏州大学有16位专家学者入选，共入选18人次，入选人次位列中国内地高校第四、居江苏高校榜首；2019年，苏州大学又有19人次入选。

二、建设创新型大学，重大成果层出不穷

学校以深入实施"世界一流学科攀登计划"等四大计划为抓手，加强学科建设顶层设计，加强分类指导。坚持一流标准、内涵发展，定期对学科建设与发展情况进行全面评估评价，建立学科动态调整机制，推进学科交叉。推动现有学科在物质科学与工程、医学基础与临床、文化建设与社会治理、人工智能与先进制造等四大领域进行规划建设，培育形成优势学科群，材料科学与工程跻身国家"世界一流学科"建设行列。

据美国基本科学指标数据库ESI（Essential Science Indicators）公布，2017年1月，苏州大学神经科学与行为科学进入ESI全球排名前1%；2018年1月，分子生物与遗传学进入ESI全球排名前1%；2019年，免疫学、数学、计算机科学、农业科学等先后进入全球排名前1%。截至2019年，在22个ESI学科分类中，苏州大学已有13个学科进入ESI全球排名前1%。其中，材料科学、化学2个学科进入全球前1‰。

在第四轮学科评估中，学校共有45个学科参评，41个学科进入榜单，其中，软件工程、设计学获A-，纺织科学与工程位列全国第3位，基础医学进入全国前10位，2个学科进入全国前10%，14个学科进入前20%，19个学科进入前30%，较第三轮评估又有了很大进步。省优势学科三期建设项目由二期建设的13个增至20个，入选学科数位列全省高校首位。2017年，学校在全球具有创新力的科研机构和高校中位列中国大陆高校首位，2018年，自然指数在世界"科研机构与高校"排名位列46位、中国内地高校第9位。

学校发挥综合性大学的优势，面向国际学术前沿、国家战略需求和区域产业布局，进一步调整和优化科研组织模式，建立实体性科研大团队和大平台，通过资源集成和有效配置，着力提升承担重大科研项目的能力，着力培育具有重大影响力的原创性标志成果。

在科研项目方面，2016年，学校获批国家自然科学基金297个，位居全国高校第20名；其中，优秀青年科学基金项目7项，并列全国第10位；2017年国家自然科学基金获批360项，列全国第17位；2018年，获批311项，位列全国第19位，省内第2位，地方高校第1位；2019年312个项目获得资助，资助数列全国第18位，省内高校第2位，资助直接费用16 431万元，创同期资助经费新高。资助项目数连续八年位列全国高校前20位。

承担重大科研项目的能力有所提升。2017年12月,柴之芳院士主持的国家自然科学基金重大项目"乏燃料后处理复杂体系中的锕系元素化学研究"项目启动会召开,该项目是学校获批的首个自然科学基金重大项目。同时,曹永罗教授主持申报的"动力系统的遍历论"也获国家自然科学基金重大项目课题立项。2017年,人工器官研究所陈琛教授作为项目负责人申报的科技部数字诊疗设备试点专项"植入式心室辅助装置研发和临床评价"获立项,项目经费1 148万元。

科研成果越来越多得到广泛认可。在2017年度全国高校科研优秀成果奖(科学技术)评选中,学校以第一完成单位获奖总数在全国高校中排名并列第七。在"2018年度中国光学十大进展"发布会上,纳米科技学院在 Nature 上发表的成果——《天然范德华晶体中面内各项异性超低损耗极化激元》入选"2018年度中国光学十大进展(基础研究类)"。2018年央视新闻报道了苏大人工器官研究所与苏州同心医疗器械有限公司合作研发的全磁悬浮人工心脏在临床应用中取得圆满成功。该项研发技术实现了我国人工心脏领域的一个跨越式发展,标志着我国人工心脏研发技术正在跻身国际先进行列。

吴德沛教授团队研究成果《恶性血液肿瘤关键诊疗技术的创新和推广应用》获2016年度国家科技进步二等奖。杨惠林教授团队研究成果《骨质疏松性椎体骨折微创治疗体系的建立及应用》获2017年度国家科技进步二等奖。

路建美教授团队研究成果《多元催化剂嵌入法富集去除低浓度 VOCs 增强技术及应用》获2019年度国家技术发明奖二等奖,吴德沛教授团队研究成果《血液系统疾病出凝血异常诊疗新策略的建立及推广应用》、陈林森研究员团队研究成果《面向柔性光电子的微纳制造关键技术与应用》获2019年度国家科学技术进步奖二等奖。

科研平台方面,国家科学技术部2018年2月发文公布,剑桥—苏大基因组资源中心申报的"基因组资源国际联合研究中心"获批为国家国际联合研究中心。2018年9月,科技部正式批准省部共建放射医学与辐射防护国家重点实验室立项建设,这是江苏首个省部共建的国家重点实验室。2017年,江苏省科技厅公布省重点实验室评估结果,学校参与评估的5个江苏省重点实验室在评估中取得优异成绩,其中,"江苏省碳基功能材料与器件高技术研究重点实验室""江苏省先进光学制造技术重点实验室""江苏省干细胞与生物医用材料重点实验室(省部共建)"获评"优秀"。学校评估为优秀等级的实验室数量居全省高校第一。

注重服务国家"一带一路"发展战略。2017年11月,老挝科技部与苏州大学合作共建中老绿色丝绸研究中心签约仪式在老挝首都万象隆重举行。2018年1月,受学校派遣,以徐世清教授为首席专家的"老挝现代蚕桑生产技术与发展模式示范窗口建设"项目专家工作组赴老挝,开展项目选址、产业规划、条件评估等工作。这标志着苏州大学先进的蚕桑丝绸技术开始向老挝国转移,中老绿色丝绸研究中心建设迈出了实质性步伐。

科技成果转化方面,学校继续坚持产学研结合的发展方式,落实成果使用、处置和收益分配政策,构建成果转化的长效机制,探索企业研发代工新模式,更好服务区域和企业需求。苏州大学—百度人工智能协同创新院等一大批校企合作的研发中心相继诞生。2019年,与深时数字地球国际卓越研究中心签约,共建苏州大学数字地球科教融合中心。

2016年6月,由苏州大学与吴中高新区、苏州德合集团三方合作共建的苏州大学国家大学科技园(吴中分园)签约;2018年6月,"聚焦科技·聚力创新"苏州大学—吴江区产学研合作对接会在苏大独墅湖校区召开。2019年,教育部办公厅公布首批高等学校科技成果转化和技术转移基地认定结果,苏州大学入选全国首批47所高校之一。

2016年以来,学校深入实施哲学社会科学振兴计划,统筹推进重要科研基地、重大研究规划、重大研究项目建设,铸造精品,延续文脉,全面提升哲学社会科学的创新能力、学术水平和影响力。

2016年,学校获批国家社科基金项目19项,其中重大项目1项、重点项目4项、成果文库4项;2017年,获批国家社科基金项目29项,其中重大项目2项、重点项目2项;2018年,获批国家社科基金年度项目28项,立项数在全国排名第31(并列),省内排名第3;2019年,46项,其中重大项目5项。此外,还有两个课题获国家社科基金"把社会主义核心价值观融入法治建设"重大研究专项立项,1项获批2018年度教育部哲学社会科学研究重大课题攻关项目。

产生了一批精品成果。2017年4月,王锺陵教授耗时15年,独立完成的450万字6卷本的宏著《二十世纪中西文论史》获第六届中华优秀出版物奖;2018年8月,王尧教授的《重读汪曾祺兼论当代文学相关问题》获第七届鲁迅文学奖文学理论评论奖。这是继鲁枢元教授之后,又一位苏州大学教授获此殊荣。2018年10月,任平教授获第三届"江苏社科名家"称号。

人文社科在深入实施"名城名校融合发展"战略中发挥重要作用，2016年以来分别以"聚力创新——苏州如何引领""新时代·新思想·新征程——苏州如何创新、探索与引领""对话苏州高质量发展——思想再解放、改革再出发""长三角一体化发展进程中苏州目标定位与战略思考"等为主题举办"对话苏州"高层论坛，为苏州市委、市政府出谋划策。作为"名城名校"融合发展战略的重要内容和载体，"对话苏州"活动已成为苏州市委、市政府重要的决策咨询活动，新型智库在决策咨询中的"思想库""智囊团"作用得到充分发挥。2016年7月，"东吴智库"获批"江苏省重点培育智库"。2017年11月，由中国社会科学院中国社会科学评价研究院主办的第四届全国人文社会科学评价高峰论坛发布《中国智库综合评价AMI研究报告（2017）》，苏州大学"东吴智库"入选2017年度中国核心智库。2018年12月，2018中国智库治理暨思想理论传播高峰论坛发布"2018年CTTI高校智库百强榜"，东吴智库入选并被评定为"A"。

注重服务国家战略，2017年10月，成立苏州大学"一带一路"发展研究院（老挝研究中心）；2018年11月，学校成立大运河文化带建设研究院苏州分院暨苏大运河文化带建设研究院。2018年1月，苏州大学江苏体育健康产业研究院入选首批国家"体育产业研究基地"，这是唯一一所获此殊荣的地方综合性高校；11月，成立苏州大学健康中国研究院。2019年6月，中国红十字会总会、苏州大学、中国红十字基金会在北京签署创办红十字国际学院合作协议。全国人大常委会副委员长、中国红十字会会长陈竺出席签字仪式，中国红十字会副会长王汝鹏、苏州大学熊思东校长、中国红十字基金会理事长郭长江分别代表合作方在协议上签字。党委书记江涌在致辞中指出，苏州大学与中国红十字会、中国红十字基金会共同创办的红十字国际学院将在红十字理论研究、人才培养、智库建设、国际传播等方面努力成为基地和高地。

《苏州大学学报（哲学社会科学版）》《苏州大学学报（教育科学版）》《苏州大学学报（法学版）》同时入选《复印报刊资料重要转载来源期刊（2017版）》。中国社会科学评价研究院发布的《中国人文社会科学期刊AMI综合评价报告（2018年）》中，《苏州大学学报（哲学社会科学版）》和《苏州大学学报（教育科学版）》被评为中国人文社会科学核心期刊，《苏州大学学报（教育科学版）》是此次唯一入列的教育类新刊。2019年，《苏州大学学报（教育科学版）》首度进入CSSCI扩展版来源期刊（2019—2020）目录，并在2018年度人大复印报刊资料转载指数排名（高校学报）中，分列教育学、心理学学科期刊转载率第一位。

第四节 为一流教育提供坚实保障

一、资源增效与便利校园建设

"十三五"时期，学校更加重视内涵发展，强调资源增效，统筹校园建设规划，完善后勤与公共服务保障体系，不断提高服务保障能力。

学校加大了预算编制科学化精细化改革力度，建立了预算执行动态监控反馈机制和重大专项预算执行进度月通报制度，资金使用效率和效益进一步提高。制定并实施了《苏州大学企业国有资产管理暂行办法》《苏州大学经营性资产管理委员会议事规则》等规章制度，全面加强和规范了国有资产管理，公用房改革、大型仪器设备开放共享等也得到深入推进。全面推进内部控制建设，提高了内部控制管理水平。制定了收费标准目录，加强收费管理，调高了MBA、中外合作办学项目等教育项目学费收费标准，提高部分二级单位社会服务收入分配比例，学校收入有新增长。

积极稳妥推进学校债务化解工作。校领导经济责任审计、省委巡视和本科教学审核评估都指出债务问题影响到学校的可持续发展。学校按照上级要求，严格落实化债举措，通过充分调研认证，经过教代会、党委会研究，与苏州市达成了收储南校区等部分地块支持学校化解债务的意向，收储资金10亿元。同时，苏州市还承诺提供苏州大学附属第一医院二期建设所需的全部资金。学校通过积极争取支持、土地收储、盘活资产等各种途径，实施"换笼引凤"战略，在履行化债责任的同时促进了学校的可持续发展。2019年9月，学校与苏州市达成了文正学院转设为市属公办应用型本科大学的协议。11月，与吴江区政府合作，由吴江区投入建设占地面积为66 667平方米的未来校区。学校与中国建设银行、交通银行签订战略合作协议，融资成本有效降低。成立校园规划编制委员会、校园建设工作小组，校园总体规划修编工作稳步推进。

基本建设方面，由香港实业家朱恩馀捐资8 000万元人民币建设的恩玲艺术中心建成启用，建筑面积8.4万平方米的唐仲英医学研究院大楼建成。此外，轨道交通学院

恩玲艺术中心建成启用

实验大楼、青年教师公寓、留学生公寓建设、912号楼等项目也竣工启用。

唐仲英医学研究大楼

校园信息化建设方面，网络基础设施建设进一步提速，校园网出口宽带从4G扩容到5.7G，带宽容量增加40%，学生宿舍区网信道制式从802.11abg升级到802.11ac。在全国高校率先推进"互联网+"物资集中采购改革，覆盖各校区的快递服务中心及智能投递柜建成并投入运营。2018年，全校6个快递服务站全面启用，并试行跨校区物流服务，因此，学校获评2018年全国高校十佳优秀快递服务站。2019年，根据师生需求，学校又引入食行生鲜、智能咖啡机等。

为抢占数字化、智能化时代高等教育发展的制高点，学校与华为技术有限公司合作建设"云中苏大"项目。当前世界大数据、云计算、人工智能扑面而来，学校未雨绸缪，抢先一步，与华为携手努力打造一个镜像化、数字化、智能化的"云中大学"。2018年10月，苏州大学与华为技术有限公司战略合作框架协议签约仪式在上海世博中心举行。随后，"云中苏大"开工会在校本部红楼学术报告厅举行，此举标志着双方共同探索建立的"云中苏大"项目正式启动。为了更好地协调解决"云中苏大"建设过程中的重大问题，苏州大学与华为共同建立了苏州大学—华为战略合作联席会议制度，由熊思东校长和杨萍副总裁共同担任会议召集人。双方还协商成立了苏州大学—华为公司云中大学联创中心，并聘请张惠展总监和杨一心副校长担任联创中心联合主任。双方将在人才培养、科学研究、校园管理服务等方面开展积极探索，实现更高效的资源调度和配置，将"云中苏大"打造成未来大学的典范，为高校向全数字大学的转型提供可复制推广的成功经验。

学校进一步深化管理体制改革，激发办学活力。全面推进依法治校，以章程为

"云中苏大"开工会

龙头，系统做好学校规章制度的"废、改、立、释"工作，落细落实"放管服"改革内容，健全完善现代大学制度体系。深化机关大部制改革，强化精细化管理、精准化服务，注重体现统分结合，加大分类指导、分类管理力度。深化"院为实体"的综合改革，落实学院（部）在人员管理、经费预算、资源配置方面的主体地位，做到资源投入与事权责任相匹配、激励机制与约束机制相协调。

二、加强附属医院、实验学校建设

2017年2月，苏州大学附属第一医院（平江院区）二期建设首批建设项目综合楼开工。苏州大学附属第一医院新院正式更名为苏州大学附属第一医院（总院），老院为苏州大学附属第一医院（十梓街院区）。2018年12月，苏州大学附属第二医院浒关院区正式启用。2019年1月，苏州工业园区管委会、苏州大学共建苏州市独墅湖医院（苏州大学附属独墅湖医院）合作协议签约。经双方协商，苏州市独墅湖医院（苏州大学附属独墅湖医院）为非营利性公立医院，为苏州大学与苏州工业园区共建共有，双方发挥各自资源优势共建一所集高水平临床诊疗、高质量医学人才培养、高层次医学研究为一体的三级甲等综合医院。医院占地面积约160 000平方米，总床位1 500张，分两期建设。2019年4月，苏州市吴江区人民政府和苏州大学附属儿童医院合作共建的苏州大学附属儿童医院吴江院区（苏州市吴江区儿童医院）签约。

2016年9月，成立苏州大学实验学校。该校为苏州市相城区事业单位、公办学校，在业务上接受相城区教育局的指导，实行理事会领导下的校长负责制。理事会由联合办学双方有关人员组成，校长由苏州大学提名，经理事会批准后任命；校党委书记由理事会推荐并经组织程序考察，提请高铁新城党工委任命。

第五节 德政善治，云程高步新时代

"十三五"时期，学校全面贯彻党的教育方针，落实立德树人根本任务，加强党的政治建设和党对高校的全面领导，大力推进全面从严治党，有效加强和改进了学校党建和思想政治工作，为建设国内一流、国际知名高水平研究型大学奠定坚实的政治基础、思想基础和组织基础。

一、党的政治建设

把学习贯彻习近平新时代中国特色社会主义思想和党的十九大精神作为首要政治任务。2017年10月18日，党的第十九大召开，校党委组织广大师生员工认真收看了十九大开幕的现场直播。各学院（部）、部门也都积极组织师生通过电视、网络、广播等多种媒体，自发收看、收听了十九大盛况。10月19日，校党委理论学习中心组举行了党的十九大报告专题学习。10月27日，校党委召开传达党的十九大精神大会，十九大代表张晓宏副校长向全校党员干部全面、系统地传达了党的十九大精神。11月16日，省委宣讲团成员、省委常委、苏州市委书记周乃翔来校为师生宣讲党的十九大精神。全校师生采取多种形式、开展多种层次的学习活动，掀起了学习十九大精神的高潮。校党委及时制订《苏州大学党委理论学习中心组党的十九大精神专题学习计划》。校十九大精神宣讲团团长、党委书记江涌为全校处级干部做了题为"新成就·新时代·新思想·新目标"的专题辅导报告。学校两级中心组认真组织广大党员干部学习习近平在全国教育大会、北京大学师生座谈会、庆祝改革开放40周年大会、全国组织工作会议、全国宣传思想工作会议上的重要讲话精神，引导全校党员干部和广大师生进一步牢固树立"四个意识"，坚定"四个自信"，做到"两个维护"，始终坚持中国特色社会主义大学的办学方向。

张晓宏传达十九大精神

张晓宏在党的十九大会场

坚持和完善党委领导下的校长负责制，充分发挥党委的政治核心作用，切实加强党的政治建设，制定《贯彻落实"三重一大"决策制度实施办法（试行）》，修订《党委全委会、常委会和校长办公会议事规则（试行）》，强化党委管党治党、办学治校的主体责任，全力支持校长履职尽责。

党委加强了对学校事业发展的总体谋划和战略部署，研究推进一批事关学校长远发展的重大项目，积极争取各级政府和社会各界对学校改革发展更大力度的支持。全力配合省委巡视工作，系统梳理、深入查找学校党委在党的领导、党的建设、全面从严治党等方面存在的问题。

2017年11月9日至12月28日，省委第七巡视组对苏州大学党委开展巡视。巡视组认真贯彻《巡视工作条例》和省委《实施办法》，把握政治站位，以习近平总书记系列重要讲话精神为镜子、以"四个意识"为标杆、以党章党规党纪为尺子，聚焦坚持党的领导、全面从严治党，紧盯党组织领导班子和党员领导干部，深入揭示党的领导、党的建设、全面从严治党等方面突出问题，紧抓"重点人、重点事、重点问题"，从严从实开展巡视监督。通过广泛开展个别谈话，认真受理群众来信来访，调阅有关文件资料，深入了解情况，发现问题、形成震慑，顺利完成了巡视任务。省委巡视工作领导小组及时听取了巡视情况汇报，并向省委书记专题会报告了有关情况。2018年1月26日，省委第七巡视组向苏州大学党委反馈巡视情况。

依据省委巡视组巡视反馈意见，学校成立巡视整改领导小组及16个整改工作小组，研究制订整改工作方案，理清问题、明确责任、落实举措，抓紧推动巡视整改任务落实。经过一段时间的努力，巡视反馈意见指出的16个方面52个问题全面进行了整改。

二、用习近平新时代中国特色社会主义思想武装广大师生

为认真落实中共中央、国务院和江苏省委、省政府关于加强和改进新形势下高校思想政治工作文件精神，用习近平新时代中国特色社会主义思想武装广大师生，校党委持续加强党的创新理论学习教育，强化政治引领和价值引领。

2017年6月7日，召开苏州大学思想政治工作会议。熊思东校长做了"坚守立德树人本位，全面加强思想政治工作"的报告，王卓君书记发表了题为"育人为本，德育为先，努力开创学校思想政治工作的新局面"的讲话。同时，校党委印发了《进一步加强和改进新形势下学校思想政治工作的实施意见》。2018年3月，党委对该实施意见又进行了修订。

校党委认真组织学习贯彻习近平总书记关于教育的一系列重要论述，特别是学校思想政治理论课教师座谈会上的讲话，推动了思想政治理论课改革创新，强调"思政课程"与"课程思政"的协同。从班子配备、资源保障、政策支持等层面全面加强马克思主义学院建设，马克思主义学院再次获批全国高校思想政治理论课教师社会实践基地，成为全省示范马克思主义学院。

通过纪念马克思200周年诞辰、"弘扬爱国奋斗精神、建功立业新时代"等活动，以开学典礼、学位授予仪式、新生第一课等为载体，持续推进社会主义核心价值观培育，广泛开展爱国主义、中国特色社会主义和中国梦宣传教育，坚定广大师生的"四个自信"。2018年6月22日，"学习新思想　千万师

党委书记江涌以"学习新思想 同上一堂课"为题授课

生同上一堂课"苏州大学专场活动在校本部敬贤堂举行,校党委书记江涌以"学习新思想 同上一堂课"为题授课。

落实意识形态责任制,全面加强了阵地建设和管理。2017年12月,成立苏州大学意识形态工作领导小组,制定并实施《苏州大学贯彻落实党委(党组)意识形态工作责任制实施细则》。建立了校院(部)两级"意识形态领域情况分析研判联席会议制度",修订《苏州大学举办形势报告会和哲学社会科学报告会、研讨会、讲座、论坛管理办法》《苏州大学校园新媒体建设与管理办法》《苏州大学学生社团管理办法》等,进一步加强对"理论学习、校园文化、师德建设、教书育人、讲座论坛、宣传舆论"等阵地的建设与管理。

三、加强干部队伍建设和基层组织建设

2016年1月15日,召开全校干部大会,宣布省委关于调整学校领导班子的决定。省委组织部副部长胡金波宣读了省委、省政府党组关于熊思东、朱秀林同志职务任免的决定:熊思东任苏州大学校长,免去朱秀林校长职务。

2017年7月5日,召开全校干部大会,宣布省委关于调整学校领导班子的决定:江涌任苏州大学党委书记,免去王卓君党委书记职务,熊思东任校长,路建美、杨一心、蒋星红、陈卫昌、刘标、张晓宏任副校长,周高任总会计师,路建美、邓敏任党委副书记,芮国强任纪委书记。

在干部队伍建设中,强化党委领导和把关作用,坚持好干部标准,系统推进素质培养、选拔任用、从严管理、知事识人、正向激励等五大体系建设,加大了对专业型干部和年轻干部的选任力度,着力建设一支能够推进学校高质量发展的忠诚干净担当的高素质专业化干部队伍。完善干部选任制度,制定和完善了《聘任制干部管理办法(试行)》等干部队伍建设的制度,强化了处级领导班子分析研判,建立了鼓励激励、容错纠错、能上能下"三项机制";完善了干部选任民主,完善干部推荐预告、考察预告等制度,落实群众知情权、参与权、选择权和监督权;突出政治能力建设,每年都举行干部集中培训,认真组织学习习近平新时代中国特色社会主义思想和党的十九大精神;规范了干部管理监督,加大问责和警示教育力度;重视年轻干部培养,积极选拔、培养年轻干部，2017年开始选拔处级后备干部和党外中青年骨干在校内机关与学院（部）进行挂职交流，2018年举办为期近5个月的青年管理骨干培训班，加强科技镇长团的推荐选派工作和其他年轻干部的挂职、扶贫和交流等工作。

2019年3月，校党委开始实施基层党建"书记项目"，对44个基层党建"书记项目"进行立项。进一步落实党委（党工委）书记抓基层党建工作第一责任人职责，着力破解一批基层党建工作突出问题，充分发挥项目的牵引作用，推动基层党建工作创新发展。

加强基层组织建设，从严落实基层党建工作责任制，常态化开展软弱涣散基层党组织排查工作，深化基层党建述职评议考核，强化政治属性，提升服务功能，把基层党组织建设成坚强的战斗堡垒。2018年5月，制定并开始实施《苏州大学院级单位党组织工作标准》，结合院部专职组织员队伍建设，切实加强基层党组织的建设。

党的十九大后，校党委对下属各党委、党工委开展了三轮巡察工作。2018年3月，校党委印发《中共苏州大学委员会巡察工作实施细则（试行）》。2018年9月，第一轮巡察启动，校党委向数学科学学院党委、后勤党委、文正学院党委、附属第一医院党委和艺术学院党委派出5个巡察组。2019年5月，启动第二轮巡察，校党委向附二院党委、应用技术学院党委、机电工程学院党委、计算机科学与技术学院党委、东吴商学院党委、外国语学院党委、文学院党委、体育学院党委等派出8个巡察组。2019年11月，校党委向政治与公共管理学院党委、马克思主义学院党委、金螳螂建筑学院党委、音乐学院党委、材料与化学化工学部党委、电子信息学院党委、护理学院党委和离退休党工委等派出8个巡察组。各巡察组以党的政治建设为统领，贯彻"发现问题、形成震慑、推动改革、促进发展"的工作方针，严格按照"六围绕一加强"和"五个持续"的要求，精准聚焦巡察监督内容，突出问题导向，深入了解被巡察党委情况，着力发现问题。接受巡察之后，各二级党委进行了全面深入的整改，有力推动了学校的党建工作。

2018年9月，校党委制定并实施《苏州大学党支部工作标准》，推进党支部标准化建设，探索党建工作向最活跃、最具创新能力的组织拓展，扩大党组织的覆盖面。选优配强党支部书记，培育选树先进典型。加强教师党支部建设，推进了教师党支部书记"双带头人"培育工程。党员发展工作以青年骨干教师和优秀大学生为重点，深化党员发展"双质量"工程。深化党员"党性体检、民主评议"，构建党员先锋模范作用发挥长效机制，稳妥处置不合格党员。2018年，材料与化学化工学部党委入选"全国党建工作标杆院系"，教育学院心理学系党支部入选"全国党建工作样板支部"，马克思主义学院研究生党支部入选全国高校"百个研究生样板党支部"。

根据中央统一部署，2016年4月开始，全校各级党组织开展了"两学一做"学习教育。全校各级党组织牢牢抓住"学"这个基础、"做"这个关键，坚持学做结合、以学促做，强化问题导向、真查实改，突出领导带头、层层示范，推动学习教育取得显著成效，2017年5月，校党委制订了"两学一做"学习教育常态化制度化的实施方案。2019年，根据中央统一部署，校党委开展"不忘初心、牢记使命"主题教育，努力用党的创新理论武装广大党员的头脑，推动全校党员更加自觉地为实现新时代党的历史使命和学校的发展目标而不懈奋斗。

四、正风肃纪，推进全面从严治党

严格执行党风廉政建设责任制，建立健全监督体系，构建有效管用的廉政风险防控体系，深化纪检监察体制改革，推进全面从严治党。2018年3月，校党委制定《苏州大学党风廉政建设责任制考核实施办法（试行）》，进一步强化党风廉政建设责任制，制定责任清单，构建主体明晰、责任明确、有机衔接的责任体系，推动全面从严治党落地生根。

校纪委转职能、转方式、转作风，把纪律和规矩挺在前面，切实履行监督执纪问责职能，加大案件查办力度，用好问责这一利器，探索巡察试点工作。充分运用"四种形态"，进一步扩大谈话、函询、诫勉范围，严明纪律，抓早抓小，防止小错酿成大错。2018年11月，开展全校范围的"治理微腐败、淬炼好作风"专项行动。

推进廉洁文化建设，深入开展警示教育，切实筑牢拒腐防变思想道德防线。深化机关作风效能建设，大力治庸治懒治散，努力改作风转学风变文风正会风。2018年8月，学校成立"作风建设自查自纠专项行动"领导小组，推出了一系列进一步加强和改进机关作风效能建设的举措。进一步加强和规范党内政治生活，切实增强党内政治生活的政治性、时代性、原则性、战斗性。加强党内政治文化建设，推进党员干部家庭、家风、家规建设。

2016年9月，受省委组织部委托，省审计厅派出审计组对学校开展了校领导经济责任审计，重点对学校经济有关事项进行了全面的审计，对学校近十年来推动事业发展、履行经济责任、遵守财经纪律、规范财务管理进行了一次"全面体检"。学校围绕审计发现的问题，做了大量整改工作。

根据上级统一部署，推动纪检监察体制改革。江苏省省属高校纪检监察体制明确为"省纪委常委会统一领导，省纪委副书记（常委）、省监委副主任（委员）分管，监督检查室对口联系，相关职能部门分工负责、协调配合"的领导体制。学校纪检监察业务工作以省纪委监委领导为主，学校纪委通过对口联系监督检查室向省纪委监委报告请示工作。校纪委书记担任学校党委领导班子成员，不兼任其他职务或者分管其他工作，一心一意干纪检。校纪委书记由省纪委监委按程序报省委同意后任命为监察专员，设立监察专员办公室，与校纪委合署办公。撤销监察处，充实学校纪委（监察专员办）力量，学校二级单位纪检业务工作以校纪委领导为主；纪检机构、纪委负责人（纪检委员）的考核，以校纪委为主；纪检机构、纪检委员在向同级党组织负责的同时，必须向学校纪委负责。校纪委（监察专员办）下设纪委办公室、监督检查处、审查调查处、案件审理处。在文正学院党委、应用技术学院党委、后勤党委、材料与化学化工学部党委设立纪委；在机关党工委、群团与直属单位党工委以及医学部党工委设立纪工委；在东吴商学院党委、计算机科学与技术学院党委、机电工程学院党委3个二级单位党组织设立专职纪检委员；其他二级单位党组织纪检委员一般由领导班子副职担任。

五、创新群众工作等机制与方法，推进大学文化建设

强化以师生为中心的发展理念，坚持并不断完善学生议校座谈会、研究生事务联席会、学生参事制度、老同志情况通报会、民主党派双月座谈会和党员领导干部与党外代表人士联系交友等制度，全面落实领导干部联系基层、党员联系师生制度，充分利用互联网及新媒体拓展联系群众的有效途径，及时了解、回应和解决师生员工的利益诉求和现实关切。通过教代会讨论研究了一系列重大问题和涉及师生切身利益的议题，包括学校发展规划、教师岗位供给侧结构性改革方案、学术不端行为认定处理办法、校园机动车辆出入停放管理办法等。

关注师生身心健康，关心帮助青年教职工成长，及时做好家庭经济困难群众的帮扶工作，持续加强教师公寓、附属学校建设。关心离退休老同志生活，保障广大师生员工共享学校改革发展的成果，不断提高师生的获得感、幸福感。

深化《共青团改革方案》，加大投入，进一步改善了学生学习生活软硬件设施，优化了助学帮困体系，保障和提高了研究生待遇水平，加大了学生宿舍、教室的建设、维修改造力度，加快推进了大学生活动中心、体育馆等文体活动基础设施建设。完善校园公共安全体系，落实安全稳定工作责任制和责任追究制，健全了校园安全稳定的常态化工作机制、预警机制和应急管理机制。

凝练、传承、创新苏大精神，建设校园文化品牌，进一步增强全体苏大人的价值认同、文化认同。以筹备120周年校庆为契机，加强校史研究，深入做好学校办学育人理念、改革发展实践的梳理、阐述和宣传工作。实施声誉提升工程，讲好苏大人坚守使命、改革创新、服务发展的故事，展示苏大人与时代共进步的"奋斗者"形象。

为新生开讲"大学第一课"作为学校新生入学教育的特色精品项目，对于引导新生尽快适应大学生活，认识自己，准确定位个人发展目标起到至关重要的作用。2017年9月，党委书记江涌、校长熊思东分别在天赐庄校区和独墅湖校区为2017级新生讲授"大学第一课"，帮助新生系好人生的"第一粒扣子"。此后，每年开学季，校党委书记、校长和各学院领导都给新生上"大学第一课"。

2018年5月19日，学校在校友返校日举办了首个美丽校园鉴赏日，欢迎广大市民参观。这是学校第一次举行针对所有市民的开放日活动。活动当天，预约访客在志愿者的带领下，参观校园、校博物馆和校史展览，拍照、选购文创纪念品，并在学生食堂品尝了"大学味道"。自此，学校每年樱花季、银杏季和暑期升学季，对天赐庄校区（本部）试行定期"预约开放"。已成为校园文化品牌的校园马拉松从2016年开始推出市民组。2018年，学校决定将每年10月的第二个星期六确定为苏州大学国际日。2018年10月13日，学校首届国际日活动在天赐庄校区举行。国际日活动由主题论坛、海外教育展和中外学生嘉年华三个部分组成。截至2019年，苏州大学已在海内外建立69个校友分会，成为联络全球校友的纽带。各地校友会积极服务校友、服务母校、服务社会，做了大量富有成效的工作。

2020年5月，苏州大学迎来120周年华诞。为做好校庆筹备工作，2019年3月，成立了120周年校庆筹备工作小组，5月，组建了校友工作组、重大活动组等职能组。2019年，苏州大学先后举办了"深情凝望双甲子，芳华与共再出发"校庆启动仪式、"同根同源同奔跑，两校共迎双甲子"等一系列活动，发布了120周年校庆公告，喜迎双甲子校庆的到来。

苏州大学院士校友一览

本篇收录的两院院士包括苏州大学及各前身校的毕业生及任教过的教师。

马寅初，著名经济学家、教育家。1898年入上海中西书院（1911年并入苏州大学前身——东吴大学）。1955年当选为中国科学院哲学社会科学部首批学部委员（院士）。毕生从事经济学的教学与研究工作，曾任浙江大学、北京大学校长。

胡经甫，昆虫学家。1917年毕业于东吴大学生物系，获理学学士学位，1919年获硕士学位。1955年当选为中国科学院生物学部学部委员（院士）。从事生物学和昆虫教学科研工作50余年，做出了重要贡献。

陆志韦，语言学家、心理学家、教育家。1913年毕业于东吴大学，1957年当选为中国科学院哲学社会科学部学部委员（院士）。在语言学领域里成就卓越，而在汉语音韵学和语法学两方面尤为突出，曾任燕京大学校长。

金善宝，农学家、中国现代小麦科学主要奠基人。曾任江南大学（1952年并入苏州大学前身——苏南师范学院）教授、农学系主任。1955年当选为中国科学院生物学部学部委员（院士）。一生致力于小麦科学研究，为中国农业生产做出了巨大贡献。

刘承钊，动物学家、中国两栖爬行动物学的主要奠基人之一。1934年获美国康奈尔大学哲学博士学位后回国于东吴大学任教。1955年当选为中国科学院生物学部学部委员（院士）。长期从事两栖类自然史的研究，并发现大量新种属，对横断山区两栖动物的分类区系与角蟾亚科的分类系统有深入研究和独创见解。

顾翼东，化学家。1923年毕业于东吴大学化学系。1980年当选为中国科学院化学部学部委员（院士）。主要从事我国丰产元素钨、钼、铌、钽及稀有元素化学的研究，开展有关液-固体系平衡相图及溶剂萃取的工作。

谢少文，微生物学家、免疫学家。1921年毕业于东吴大学。1980年当选为中国科学院生物学部学部委员（院士）。20世纪30—40年代主要研究传染病，50年代开始探讨神经系统与免疫系统的联系，70年代致力于免疫学新方法、新技术的研究、推广和标准化。

周同庆，物理学家。曾任江南大学（1952年并入苏州大学前身——苏南师范学院）教授。1955年当选为中国科学院数学物理学部学部委员（院士）。主要从事光谱学、气体放电光谱学研究，是中国光谱学研究的开拓者之一。

钱俊瑞，中国经济学家。1928年入江苏省立教育学院（1950年并入苏州大学前身——苏南文化教育学院）。1955年当选为中国科学院哲学社会科学部学部委员（院士）。长期从事中国经济和世界经济的研究工作。

高尚荫，病毒学家。1930年毕业于东吴大学，获理学学士学位。1980年当选为中国科学院生物学部学部委员（院士）。长期从事病毒领域的研究。

谈家桢，遗传学家、中国现代遗传学奠基人。1930年毕业于东吴大学。1980年当选为中国科学院生物学部学部委员（院士）。从事遗传学研究和教学七十余年，对中国遗传学工作起了推动作用。

苏元复，化学工程学家。1929年保送东吴大学化学系。1980年当选为中国科学院化学部学部委员（院士）。主要研究领域为液液萃取理论及应用。

钱伟长，著名科学家、教育家，杰出的社会活动家。1926年8月，入无锡国专（苏州大学前身校之一）从唐文治读书。1955年当选为中国科学院学部委员（院士），被誉为中国近代"力学之父"，"应用数学之父"。曾任第六届、七届、八届、九届全国政协副主席。

时钧，化学工程学家。1929年保送东吴大学。1980年当选为中国科学院化学部学部委员（院士）。长期从事化学工程学教学与科研工作。

汪菊渊，花卉园艺、园林学专家。1929年考入东吴大学化学系。1995年当选为中国工程院院士。为国家培养了大批优秀的园林专家和领导人才，对建立中国林学体系、总结传统的园林学、城市绿化和大地景物规划的进展等做出了贡献。

冯新德，高分子化学家。1933年考入东吴大学。1980年当选为中国科学院化学部学部委员（院士）。长期从事高分子化学教学与基础研究，领域涉及烯类自由基聚合与电荷转移光聚合及接枝与嵌段共聚合。

宋鸿钊，妇科肿瘤学专家。1938年毕业于东吴大学生物系。1994年当选为中国工程院院士。长期从事妇科医疗、教学和研究工作，在妇科肿瘤研究方面成绩卓越。

陆宝麟，昆虫学家。1938年毕业于东吴大学生物系。1980年当选为中国科学院生物学部学部委员（院士）。长期研究中国蚊类分类区系，从事媒介蚊虫的生态学疾病传播及防治研究，提出蚊虫综合防治的理论和方法及城市灭蚊的方针策略。

钦俊德，昆虫生理学家。1940年毕业于东吴大学生物系，获理学学士学位。1991年当选为中国科学院生物学部学部委员（院士）。长期从事除灭农作物害虫方面的研究工作，处于国际领先地位。

朱洪元，理论物理学家。1928年入东吴大学附中。1980年当选为中国科学院数学物理学部学部委员（院士）。在推进中国物理学研究事业、北京正负电子对撞机研制等方面做了大量工作。

刘建康，鱼类学、生态学家。1938年毕业于东吴大学。1980年当选为中国科学院生物学部学部委员（院士）。早期从事鱼类学研究工作，1949年后着重开展鱼类生态学、淡水生态学的研究工作，从理论与实践上为发展中国淡水渔业与淡水生态学做出了贡献。

黄培云，金属材料及粉末冶金专家、中国粉末冶金学科的主要创始人之一。1934年毕业于东吴大学附中。1994年当选为中国工程院院士。创立粉末压制理论和烧结理论，研制成功多种用于核、航天、航空、电子等领域的粉末冶金材料。

董申保，岩石学、地质学家。曾就读于上海东吴大学第二中学。1980年当选为中国科学院地学部学部委员（院士）。从事变质岩及花岗岩研究。

汪闻韶，土力学及土坝、地基抗震学家。1938年毕业于东吴大学附中。1980年当选为中国科学院技术科学部学部委员（院士）。从事结合水利水电工程建设和水工建筑物地震震害分析和抗震设计中饱和土液化问题的研究。

殷之文，材料科学家。1938年毕业于东吴大学附中。1993年当选为中国科学院院士。长期从事无机功能材料的研究。

周维善，有机化学家。曾就读于东吴大学附中。1991年当选为中国科学院化学部学部委员（院士）。长期从事甾体、萜类和不对称合成化学研究，为我国甾体化学发展和甾体药物工业的创建做出了重要贡献。

谢毓元，药物化学家。1945年毕业于东吴大学附中。1991年当选为中国科学院化学部学部委员（院士）。主要从事创新药物研究。

陈子元，核农学家。曾任苏南蚕丝专科学校（1995年并入苏州大学）教授。1991年当选为中国科学院生命科学和医学学部学部委员（院士）。是中国最早把同位素应用于农药残留的专家之一,主持协作完成了 29 种农药在 19 种农作物上 61 项农药安全使用标准。

王守觉,半导体电子学家。1936 年入东吴大学附中。1980 年当选为中国科学院技术科学部学部委员(院士)。长期从事半导体与信息科学研究工作。

苏肇冰,物理学家。1950 年入东吴大学附中。1991 年当选为中国科学院数学物理学部学部委员(院士)。主要研究领域为强关联多电子系统,介观系统,低维凝聚态系统和非平衡量子统计。

李政道(Tsung-Dao Lee),物理学家、诺贝尔物理学奖获得者。1938 年入东吴大学附中。1994 年当选为中国科学院外籍院士。因在宇称不守恒、李模型、相对论性重离子碰撞(RHIC)物理和非拓扑孤立子场论等领域的贡献闻名。

郁铭芳,化纤专家。1948 年毕业于东吴大学化工系。1995 年当选为中国工程院院士。主要从事化学纤维的理论和工程应用研制。

乔登江,核技术应用专家。1955—1963 年在江苏师范学院(苏州大学前身)物理系任教。1997 年当选为中国工程院院士。中国核爆炸理论、应用与抗核辐射加固技术研究的开创者之一。

李正名,化学家。1948 年毕业于东吴大学附中。1995 年当选为中国工程院院士。长期从事有机合成,农药化学、生物活性分子设计及构效规律研究。

沈之荃,高分子化学家。1952—1961 年任教于江苏师范学院(苏州大学前身)。1995 年当选为中国科学院院士。从事高分子化学领域的基础研究和应用基础研究,主攻过渡金属和稀土络合催化聚合。

陆埮,天体物理学家。就读于东吴大学附中。2003 年当选为中国科学院院士。长期从事高能天体物理科研和教学。

宋大祥,蛛形学与无脊椎动物学家。1953 年毕业于江苏师范学院(苏州大学前身)生物系。1999 年当选为中国科学院院士。早期研究甲壳动物桡足类、枝角类及环节动物烃类的分类区系和生物学,20 世纪 70 年代末开始从事蛛形学动物的系统学研究。

吴培亨,超导电子学家。曾就读于东吴大学附中。2005 年当选为中国科学院院士。长期从事超导电子学的研究,尤长于超导电子器件的高频(微波到太赫兹波段)应用。

詹启敏,分子肿瘤学家。1982 年毕业于苏州医学院(2000 年并入苏州大学),2011 年当选中国工程院院士。长期致力于肿瘤分子生物学和肿瘤转化医学研究。

芮筱亭，发射动力学家。1982年毕业于苏州大学，2017年当选为中国科学院院士。长期从事发射动力学和多体系统动力学研究，建立了多体系统发射动力学理论与技术体系。

王诗宬，数学家。曾就读于江苏师范学院（苏州大学前身）。2005年当选中国科学院院士。主要从事低维拓扑研究。

薛鸣球，光学专家。曾任苏州大学现代光学技术研究所所长。1995年当选为中国工程院院士。长期从事光学仪器和光学系统设计研究工作。

潘君骅，应用光学专家。苏州大学现代光学研究生研究员、博士生导师。1999年当选为中国工程院院士。长期从事光学仪器研制、光学元件及系统的加工和测试。

阮长耿，血液学专家。苏州大学教授、博士生导师。1997年当选中国工程院院士。长期从事血液学——血栓与止血的研究。

李述汤，材料化学和物理专家。现任苏州大学教授，功能纳米与软物质研究院院长、纳米科学技术学院院长、苏州纳米科技协同创新中心主任。2005年当选为中国科学院院士。长期致力于金刚石、纳米材料、有机电致发光材料与器件的研究。

柴之芳，放射化学家、中国科学院高能物理研究所研究员。现任苏州大学医学部放射医学与防护学院院长。2007年当选中国科学院院士。长期从事放射化学和核分析技术研究。

李永舫，高分子化学家、中国科学院化学研究所研究员、苏州大学材料与化学化工学部特聘教授。2013年当选中国科学院院士。长期从事光电功能高分子领域的研究工作。

王志新，生物化学、生物物理学家。苏州大学医学部教授。1997年当选为中国科学院院士。主要从事分子酶学、蛋白质化学及结构生物学研究，曾任中国科学院生物物理研究所所长。

刘忠范，物理化学家。苏州大学能源学院名誉院长、苏州大学能源与材料创新研究院院长。2011年当选为中国科学院院士。主要从事纳米碳材料、二维原子晶体材料和纳米化学研究，在石墨烯、碳纳米管的化学气相沉积生长方法研究领域做出了一系列开拓性和引领性的工作。

迟力峰，物理化学家。苏州大学功能纳米与软物质研究院教授。其研究对表面物理化学的发展做出重要贡献，取得了系统性创新成果。2021年当选为中国科学院院士。

马余强,物理学家。1990年获苏州大学理学硕士学位,1993年获南京大学理学博士学位,现为南京大学物理学教授。主要从事物理学与化学和生命科学交叉的软凝聚态物理领域研究,在若干前沿领域取得系列原创性成果。2021年当选为中国科学院院士。

主要参考文献

本书除依据苏州大学档案馆馆藏各个历史时期档案、学校发文、工作总结及新闻报道外，主要参考了以下文献：

［1］陈礼江. 国立社会教育学院概况［J］. 社会教育季刊（重庆），1943（4）：28－38.

［2］陈国安，钱万里，王国平. 无锡国专史料选辑［M］. 苏州：苏州大学出版社，2012.

［3］东吴大学上海校友会，苏州大学上海校友会. 东吴春秋：东吴大学建校百十周年纪念［M］. 苏州：苏州大学出版社，2010.

［4］范培松，张颖. 正气完人的精神家园：苏州大学文化研究［M］. 北京：高等教育出版社，2011.

［5］顾明远. 改革开放30年中国教育纪实［M］. 北京：人民出版社，2008.

［6］顾纲，王馨荣. 苏州医学院简史［M］. 苏州：苏州大学出版社，2010.

［7］胡卫清. 东吴大学的起源：上海中西书院简论［J］. 档案与史学，1997，（4）：35－40.

［8］江南大学校友会1947—1952校友分会. 五年历程 业绩辉煌：江南大学1947—1952校史资料［M］. 无锡：江南大学校友会1947—1952校友分会，2012.

［9］《江苏教育》编辑部. 吴天石文集［M］. 南京：江苏教育出版社，1991.

［10］李岚清. 李岚清教育访谈录［M］. 北京：人民教育出版社，2003.

［11］李喆，石明芳，林冈. 苏州蚕桑专科学校简史［M］. 苏州：苏州大

学出版社，2009.

［12］刘桂秋. 无锡国专编年事辑［M］. 北京：中国大百科全书出版社，2011.

［13］陆阳. 无锡国专［M］. 南京：凤凰出版社，2011.

［14］舒新城. 近代中国教育史料［M］. 北京：中国人民大学出版社，2012.

［15］苏州大学社会教育学院武汉校友会. 峥嵘岁月［M］. 武汉：苏州大学社会教育学院武汉校友会，1987.

［16］陈乃林，周新国. 江苏教育史［M］. 南京：江苏人民出版社，2007.

［17］苏州大学（原无锡国专）广西校友会. 无锡国专在广西［M］. 南宁：苏州大学（原无锡国专）广西校友会，1993.

［18］苏州大学研究生院. 苏州大学学位与研究生教育简史［M］. 苏州：苏州大学出版社，2019.

［19］田晓明. 苏州大学大事记：1900—2012［M］. 苏州：苏州大学出版社，2015.

［20］苏州大学、原江苏省立教育学院校友会. 艰苦的探寻：江苏省立教育学院校友回忆录［M］. 苏州：苏州大学（原江苏省立教育学院）校友会，1989.

［21］苏州市地方志编撰委员会. 苏州市志［M］. 南京：江苏人民出版社，1995.

［22］王国平. 东吴大学简史［M］. 苏州：苏州大学出版社，2009.

［23］周建屏，王国平. 苏州大学校史研究文选［M］. 苏州：苏州大学出版社，2008.

［24］王国平，张菊兰，钱万里，等. 东吴大学史料选辑（历程）［M］. 苏州：苏州大学出版社，2010.

［25］王卓君，朱秀林. 世纪鸿影：苏州大学校史图集［M］. 苏州：苏州大学出版社，2007.

［26］［美］文乃史. 东吴大学［M］. 王国平，杨木武，译. 珠海：珠海出版社，1999.

［27］谢竹艳，唐斌，程晋宽，等. 江苏师范学院三十年［J］. 教育论坛，2002（2）特刊.

[28] 徐允修. 东吴六志 [M]. 苏州：利苏印书社，1926.

[29] 薛汉民. 五年历程业绩辉煌：江南大学 1947—1952 [M]. 无锡：江南大学 1947—1952 校史分会，2012.

[30] 岱峻. 风过华西坝：战时教会五大学纪 [M]. 南京：江苏文艺出版社，2013.

[31] 张圻福. 苏州大学校史 [M]. 南京：江苏人民出版社，1992.

[32] 张燕. 东吴大学学生社团研究（1902—1952）[M]. 合肥：合肥工业大学出版社，2015.

[33] 中共江苏省委党史工作办公室. 宫维桢纪念图文集 [M]. 北京：中共党史出版社，2009.

[34]《中国教育年鉴》编辑部. 中国教育年鉴（1948—1981）[M]. 北京：中国大百科全书出版社，1984.

[35] 朱跃. 郑辟疆教育思想与实践研究 [M]. 苏州：苏州大学出版社，2013.

[36] 佚名. 苏州丝绸工学院史（讨论稿）[M]. （未刊行）

[37] Xu Xiaoguang. A Southern Methodist Mission to China：Soochow University，1901—1939 [D]. Murfreesboro：Middle Tennessee State University，1993.

[38] William J. Haas. Gist Gee：A Life in Science and in China 1996 [D]. Cambridge：Harvard University，1991.

后　记

　　为迎接苏州大学建校120周年，学校决定组织力量编撰一本全面反映学校120年来办学历程的校史。学校成立了由党委书记江涌、校长熊思东为主任的校史编写委员会，并成立了校史办公室，形成了以陈少英为主编、王欣为执行主编的编写班子。2018年6月，杨一心副校长主持编委会议，确定校史编写的大致设想，编写指导思想、原则、体例等。

　　苏州大学历史悠久，经历了晚清以来各个复杂的历史阶段，且并入高校众多，涉及多种教育类型和教育形态，这些要在一本校史中全面反映出来是有一定难度的。编写班子确立了"尊重历史，实事求是；依据材料，注重规范；脉络清晰，语言平实；资政育人，彰显形象"的编写原则。院校史研究往往容易夸大自身的成绩，因此，必须首先做到坚持"尊重历史，实事求是"的原则。特别是一些因历史久远已经比较模糊的事件，院校史研究往往会选择有利于本校的材料。比如东吴大学第一次学士学位授予时间有1907年2月和1908年2月两种说法，一般情况下会选择前者。"尊重历史，实事求是"体现在撰写过程中就是要"依据材料，注重规范"。我们在撰写过程中吸收了不少原先的校史著作和文章的研究成果，也做了很多采访，但重大事件必须有原始材料、文件等的支撑。以第一次学士学位授予时间为例，在对比、辨析各种材料后，根据其可靠性，我们最终确定了"1908年2月颁授1907年度毕业生学士学位"这一史实。再如改办为苏州大学后与苏州市政府共建工学院一事，根据陈克潜老校长的回忆，苏州市因情况变化并未实际参与。我们也根据档案材料予以核实确认，对原校史中的有关叙述进行了更改。本书是一本简史性质的校史，要在有限的篇幅内让读者能够比较翔实而清晰地了解学校发展史上的重大事件、重大转折和重大成就，叙事中要"脉络清晰"，尽量做到"语言平实"，增强可读性。我们撰写校史的目的是"资政育人，彰显形象"，通过校史提炼学校的精神，弘扬学校的优秀文化，以文化人，因此，多做正面阐述。

后 记

为反映120年来学校不断发展、百川汇海的宏伟格局,我们在校史结构体例上采用"阶段章节体",以"年经事纬,骨肉结合,干支交错"的方式叙述校史。"年经事纬",即以时代为经,时间为序,按重大发展阶段分编立章,重大事件、各类重要工作,如管理体制、人才培养、科研、党建等次第展开;"骨肉结合",即以综合叙述的历史进程为骨,以重大事件、历史人物等为肉;"干支交错",即主干突出,东吴大学、江苏师范学院、苏州大学的发展脉络力求叙述清晰,苏州医学院、苏州丝绸工学院及苏州蚕桑专科学校等根据不同发展阶段,在相应的编内立章设节,对这些学校的办学历程、办学成果和特色也用浓墨重彩进行书写,对不同历史时期并入苏州大学的不同层次的学校均有所介绍。

学校与祖国共命运,学校的发展阶段与中国近代以来的历史分期是有机联系的。根据不同的历史时期,全书分为四编。第一编从1900年建校到1952年院系调整,包括晚清、民国、中华人民共和国成立初三个历史时期,写社会主义高等教育体系确立前学校的历史;第二编从1952年院系调整到1982年改为苏州大学,写从社会主义改造到改革开放之初各个历史时期学校的发展与变迁;第三编从1982年到2000年百年校庆,写20世纪改革开放以来学校的改革与发展;2000年学校已完成四校合并,形成了面向新世纪的全新办学格局,因此,第四编从2001年写到2019年年底,叙述学校在新世纪的新篇章。

作为一所历史悠久的百年老校,苏州大学的校史研究基础较好。这次编写校史充分吸收了原先的研究成果。王国平教授多年来主持学校校史研究,尤其在东吴大学校史研究方面做出重要贡献。本书东吴大学部分由马敏根据写作提纲,参考王国平《东吴大学简史》《东吴大学·博习天赐庄》等写成初稿,王欣在修改中修订了部分内容。本书第二编、第三编关于江苏师范学院、苏州大学的部分大量吸收了1992年张圻福主编,陈少英、杨恒源副主编的《苏州大学校史》的成果。江苏师范学院部分由杨洁根据写作提纲,参考该书写成初稿,陈少英等进行了补充和删改。本书第三编吸收了王欣、王剑敏等对苏州大学20世纪90年代校史的研究成果。全书医学教育部分主要借鉴和吸收了顾钢、王馨荣主编的《苏州医学院简史》等成果,由杨洁根据写作提纲,主要参考该书写成初稿。蚕桑、丝绸教育部分主要借鉴吸收了《苏州蚕桑专科学校简史》《苏州丝绸工学院史(讨论稿)》(未刊行、未标明作者)等。本书还参考了大量校史研究成果,在此不一一列举,详见参考文献。

此次校史编写得到了周川教授的大力支持。周川教授安排4名高等教育学专业学术型研究生参与校史编写，并将其毕业论文与校史编写相结合。在陈少英、王欣的指导下，杨洁撰写了苏南文教学院、江苏省立教育学院、国立社会教育学院、无锡国专、苏南文化教育学院、江南大学及其数理系等部分的初稿，薛黎萍撰写了苏州蚕桑专科学校、苏州丝绸工学院等蚕桑、丝绸教育部分的初稿，陈恺琦撰写了1982—2000年苏州大学部分的初稿，马敏撰写了2001—2019年苏州大学部分的初稿。全书由陈少英、王欣统稿。

本书在编撰过程中，得到了陈克潜、程肖彭、姜礼尚、周炳秋、杜子威、王书昭等老领导的关心和指导。钱培德、王卓君、朱秀林等历任主要领导对编撰工作给予了支持和理解。顾钢、白伦、朱炳元等老领导分别审阅了医学教育和丝绸、蚕桑教育部分的文稿。

在撰写校史的过程中，江涌书记、熊思东校长及杨一心副校长等校领导给予了充分的关心、支持与精心指导。学校发展办赵阳、胡新华两任主任给予了大力支持，崔昭新承担了校史办公室的编务工作；党委办公室、校长办公室、党委宣传部（新闻中心）、人事处、后勤处、财务处、人文社科处等部门为校史撰写提供了很好的条件；档案馆石明芳馆长、王丽燕副馆长等在档案资料方面给予了大力支持；吴鹏、姚炜、钱万里、张振宇、王杰祥等提出了不少宝贵意见。图书馆原党委书记周建屏认真审阅了丝绸教育部分的全部章节，提出了很多建设性意见。苏州大学出版社盛惠良社长、陈兴昌总编、朱坤泉副总编对校史出版工作十分重视，并从出版角度提出了一些具体建议。

还有很多老领导、老前辈及各有关部门的同志、各方面的朋友为此次校史撰写工作提供了很大帮助，恕不一一列出，这里一并致谢！

校史有罗缕纪存、以彰事功的功能。在编撰过程中，我们深深地为一代代杰出的校史人物所展现的精神风貌而感动。他们中有正心救民、胸怀远大、不断开创学校发展新局面的教育家和领路人，我们至今仍能感受到他们的甘棠遗爱，其德政可歌，功标校史！他们中有春风风人、勤勤恳恳的一代代教书者和研究者，他们追求真理、传授知识、任劳任怨、海润千里、桃李天下！他们中有春诵夏弦、芸窗苦读的一代代学子和校友，他们刻苦学习、勇于实践、服务社会、光前裕后，为母校争光！但限于篇幅和编者能力，很难将为学校发展做出重大贡献的人和事全部反映出来。同时限于本书的体例，也难以将校史的精彩栩栩如生地书写下来。好在校史是由一代代苏大人书写的！

这本校史是为迎接苏州大学120周年校庆而编撰的，时间比较仓促，特别是临近定稿时因新冠肺炎疫情发生，未能广泛、充分地征求意见。加之编写者水平所限，许多征求来的意见难以在此次校史编撰中充分吸收。因此，本书难免存在一些不当和不周之处，我们将会在今后的修订中更广泛、更充分地吸收各种意见和建议，进一步完善。我们也希望以此次校史编撰为契机，学校的校史研究能更加繁荣，形态更加多样，能更充分、更全面、更生动地反映学校的历史和精神，更有效地助力学校的教书育人事业。我们深信，苏州大学的校史编研水平必将随着学校事业的进一步发展而获得更大提高，必将更充分地展示其应有的感染力和无穷魅力！

编　者

2020 年 9 月